U0574292

吴式颖　李明德

丛书总主编

外国教育通史

第十三卷

19 世纪末至 20 世纪前期的教育

（上）

吴明海　单中惠

本卷主编

GENERAL HISTORY OF
FOREIGN EDUCATION

北京师范大学出版集团
BEIJING NORMAL UNIVERSITY PUBLISHING GROUP
北京师范大学出版社

图书在版编目(CIP)数据

外国教育通史 : 全二十一卷 : 套装 / 吴式颖，李
明德总主编. -- 北京 : 北京师范大学出版社，2025.1.
ISBN 978-7-303-30486-8

Ⅰ. G519

中国国家版本馆 CIP 数据核字第 20251WL437

WAIGUO JIAOYU TONGSHI：QUAN ERSHIYI JUAN：TAOZHUANG

出版发行：北京师范大学出版社 https://www.bnupg.com
　　　　　北京市西城区新街口外大街 12-3 号
　　　　　邮政编码：100088

印　　刷：北京盛通印刷股份有限公司
经　　销：全国新华书店
开　　本：787mm×1092mm　1/16
印　　张：684
字　　数：9000 千字
版　　次：2025 年 1 月第 1 版
印　　次：2025 年 1 月第 1 次印刷
定　　价：4988.00 元(全二十一卷)

策划编辑：陈红艳　鲍红玉　　　　责任编辑：姚安峰　李锋娟
美术编辑：焦　丽　　　　　　　　装帧设计：焦　丽
责任校对：段立超　王志远　　　　责任印制：马　洁

版权所有　侵权必究

读者服务电话：010-58806806
如发现印装质量问题，影响阅读，请联系印制管理部：010-58806364

编委会

总主编

吴式颖　李明德

副总主编

王保星　郭法奇　朱旭东　单中惠　史静寰　张斌贤

编　委
（按姓氏笔画顺序排列）

王　立　王　晨　王者鹤　王保星　史静寰　乐先莲

朱旭东　刘淑华　许建美　孙　进　孙　益　李子江

李立国　李先军　李明德　李福春　杨　捷　杨孔炽

杨汉麟　吴式颖　吴明海　何振海　张　宛　张　弢

张斌贤　陈如平　陈露茜　易红郡　岳　龙　周　采

郑　崧　单中惠　赵卫平　姜星海　姜晓燕　洪　明

姚运标　贺国庆　徐小洲　高迎爽　郭　芳　郭　健

郭志明　郭法奇　傅　林　褚宏启

目 录 | Contents

导　言

关于 19 世纪末至 20 世纪前期教育发展的历史研究，本通史共分上、中、下三卷，即第十三卷、第十四卷、第十五卷。其起点大致以美国进步教育运动及英国新教育运动发端的 19 世纪 80 年代为标志，其结束点大致以联合国教育、科学及文化组织成立的 1945 年为标志，共 60 余年。就研究的地域而言，包括美国、巴西等美洲国家，英国、法国、德国、意大利、比利时、瑞典、瑞士、丹麦、挪威、芬兰等欧洲国家以及横跨欧亚的苏联，印度、日本等亚洲国家，埃及等非洲国家。就研究的内容而言，包括各国教育治理制度发展史、各级各类教育发展史、典型教育实验实践运动发展史、著名教育家教育活动与思想以及典型的教育思想流派等。

如何界定 19 世纪末至 20 世纪前期教育发展的历史方位？我们认为，这是伴随第二次工业革命并以此为基础为标志的第二次教育现代化发展时期，或者说是现代教育第二个发展时期。

在人类教育发展的过程中，阶段性与连续性辩证统一于历史长河之中。如果说中世纪及其之前的教育史是以手工劳动为技术基础的古代教育史，从文艺复兴、宗教改革、启蒙运动一直到 18 世纪中叶第一次工业革命之前属于以工场手工业为技术基础的近代教育史，那么，18 世纪中叶第一次工业革命兴起，不仅拉开工业革命的序幕，而且拉开现代教育史暨教育现代化的序幕，人类教育自此进入现代教育暨教育现代化的发展时期。古代教育史是近代教育史的孕育期，近代教育史是现代教育史暨教育现代化的孕育期；近代教育史是古代教育史的产儿，现代教育史暨教育现代化是近代教育史的产儿。

现代教育史是以工业革命为标志的现代生产力暨大工业生产为基础的教育史，是基于现代化、为了现代化、属于现代化、与现代化同步发展的教育史。如果说，从 18 世纪中叶到 19 世纪 80 年代，伴随着以蒸汽机为标志的第一次工业革命，现代教育暨教育现代化进入第一发展期；从 20 世纪中叶到 20 世纪末叶，伴随着以计算机、信息技术为标志的第三次工业革命，现代教育暨教育现代化进入第三发展期；从 21 世纪初年到现在，伴随着以人工智能、量子通信、虚拟现实、可控核聚变、清洁能源以及生物技术为标志的第四次工业革命，现代教育暨教育现代化进入第四发展期；那么，从 19 世纪 80 年代到 20 世纪中叶，伴随着以电气化为标志的第二次工业革命，现代教育暨教育现代化进入第二发展期，在现代教育史暨教育现代化发展史中具有"二传手"般的承上启下的历史地位。

从 19 世纪 80 年代到 20 世纪中叶，以第二次工业革命为基础的现代教育暨教育现代化的第二发展期到底有哪些具体时代特点？我们认为，这是教育民主化运动的新时期、教育科学化运动的新时期、教育国际化运动的新时期、教育民族化运动的新时期。

一、教育民主化运动的新时期

19 世纪末叶至 20 世纪上半叶，各派教育民主化力量在曲折中前行，特别是苏联社会主义教育制度的建立、巩固与发展，极大地推进了世界教育民主化的进程。

教育民主化是教育现代化或现代教育的重要政治属性，是现代生产力发展的必然要求，随着现代生产力的萌芽与发展而发展。教育民主化从意识形态来划分，可以划分为资产阶级教育民主化与无产阶级教育民主化。

　　19、20 世纪之交，是世纪转换时期，也是社会转型与教育变革时期。就经济而言，第一次工业革命已经完成，第二次工业革命开始兴起，把人类带入电气化时代，要求有比蒸汽机时代数量更多、质量更高的人才。就政治而言，在西方，欧美资产阶级所谓民主政治几经波折后需要向深层次发展；在东方，1911 年辛亥革命，中国推翻帝制，1917 年十月革命，俄国推翻沙皇，建立苏维埃政权。尽管军国主义和法西斯主义等独裁的逆流在某些国家、某些地区潜滋暗长，但是社会民主化在这一时代成为主要趋势。社会转型带来教育变革，同时也需要教育变革予以支持，于是教育民主化运动从西方到东方渐次兴起。

　　资产阶级教育民主化随着资本主义经济的萌芽而萌芽，随着资本主义经济政治制度的确立而建立。西方资本主义国家在第一次工业革命期间，已经渐次普及了初等义务教育；在第二次工业革命期间，英国等资本主义国家提出“中等教育的机会均等”，开始普及初中阶段的义务教育。自中世纪后期资本主义萌芽开始，欧洲教育就是双轨制的，无产阶级子弟教育“轨道”短而弱，资产阶级及新贵族子弟教育“轨道”从基础教育到高等教育，长而强。与三次工业革命同步，主要资本主义国家以国家力量先后普及初等教育、初中教育、高中教育，双轨制基本合拢。在第二次工业革命期间，主要资本主义国家普及初中教育延展并充实了无产阶级教育“轨道”，与此同时，学前教育、普通教育、高等教育、职业技术教育、社会教育都得到发展，现代教育体系基本建立完备，教育普及与提高并举，这都为双轨制最终合拢提供了必要前提。

　　这期间，世界教育民主化发生了质的革命与飞跃，这就是苏联无产阶级专政的国家社会主义教育制度的确立与巩固。这是无产阶级教育民主化的革命运动的真正开始。

　　1917 年 11 月 7 日(俄历 10 月 25 日)，俄国爆发十月革命，建立世界上第一个无产阶级专政的社会主义国家及第一个无产阶级教育民主化的社会主义国家教育制度。这是人类教育史上开天辟地的壮举，具有广泛的世界影响与深远的历史意义。苏联革命一成功即进行疾风骤雨般的无产阶级教育民主化革命与建设。这期间，根据政治、经济等国际国内情况变化，苏联先后经历了1917—1920年、1921—1930年、1931—1941年三个改革与发展时期以及卫国战争时期的教育，消灭旧教育双轨制、等级性、宗教性、男女不平等、民族歧视等丑陋本质，实行民主化、非宗教化的国民教育原则，建立面向所有劳动人民子弟的新的学校制度——统一劳动学校，高等学府向工农开放，开展大规模的扫盲运动，大力发展少数民族教育，进行以电气化为主导的综合技术教育等，总之，是最大规模地培养劳动人民的有文化、有技术、有觉悟的各种层次的革命和技术人才，为战胜外国武装干涉，为卫国战争的胜利、为经济建设做出了巨大贡献。值得一提的是，俄国教育在资本主义时期也曾是双轨制，十月革命胜利后，苏联政府以革命手段，实行"统一劳动学校"教育制度，率先实行双轨制并轨，充分展现出社会主义制度的优越性。

19世纪末叶至20世纪上半叶，无论改良还是革命，无论资产阶级性质还是无产阶级性质，这次教育民主化运动都不是孤立发生的，而是相互沟通、相互促进，交汇成历时近半个世纪的世界性的教育革新浪潮，极大地推动了世界教育的民主化进程，为教育民主化理论的形成与实践奠定了历史基础。

有必要指出，迄今为止人类历史上两次世界大战都爆发于这短短的60余年中，这阻碍了世界现代化的进程以及教育现代化的进程。世界大战的罪魁祸首是军国主义及法西斯主义，其破坏现代生产力，不属于现代化，且不能代表现代化思想；同样军国主义教育及法西斯主义教育，给人类和平与民主带来严重的危害，不属于更不能代表教育现代化。这是历史惨痛的教训，必须汲取。

二、教育科学化运动的新时期

19世纪末至20世纪前期，教育研究空前活跃，流派众多，百家争鸣，理论研究与实验探索相结合，在继承与互动的基础上创新，极大地推动了教育科学化的发展。

这一时期，是继文艺复兴、启蒙运动以来，教育研究又一空前活跃期。就其背景而言，第一次工业革命为其奠定了较为坚实的物质基础，第二次工业革命又对其提出了革命性的要求，同时，人文社会科学的革命性的变化又为其奠定了理论基础。就哲学而言，马克思主义发展到列宁主义，辩证唯物主义和历史唯物主义的世界观与方法论随着苏联十月革命的兴起与成功，不仅对苏联无产阶级教育理论起着基础性与指导性的作用，而且对其他国家的教育研究产生了影响。在西方哲学领域，科学主义与人本主义思潮交织，诸如实证主义、实用主义、生命哲学、现象学等，均在教育研究领域发生影响，尤其对西方资产阶级教育研究各种流派产生基础性与指导性作用。就心理学而言，在 19 世纪发展起来的实验心理学、机能主义心理学、精神分析心理学、行为主义心理学、格式塔心理学等对各教育研究流派均产生程度不同的影响。

从意识形态角度来划分，这一时期的教育理论与教育实验流派，主要包括欧美资产阶级教育研究流派与苏联无产阶级教育研究流派。

这一时期，欧美资产阶级教育研究流派在教育史上主要包括教育"现代派"与"新传统派"。1899 年，美国教育家杜威（John Dewey，1859—1952）在《学校与社会》一书中首次用"传统教育"指称以赫尔巴特（Johann Friedrich Herbart，1776—1841）为代表的教育理论；1915 年，杜威在与自己的女儿伊芙琳·杜威合著的《明日之学校》一书中，认为美国进步运动及欧洲新教育运动的实验学校代表着现代教育发展的基本方向。[①] 据此，教育史界将杜威及其门徒的儿童中心主义称为"现代教育"，或教育"现代派"，也扩充解释为包括美

---

① 参见吴式颖、李明德主编：《外国教育史教程》，331~349 页，北京，人民教育出版社，2015；戴本博主编，张法琨副主编：《外国教育史》下册，62 页，北京，人民教育出版社，1990。

国进步主义教育运动和欧洲新教育运动。与之相对应,将从夸美纽斯(Johann Amos Comenius 或 Jan Amos komenský,1592—1670)到赫尔巴特以教师为中心传授系统知识的教育思想流派称为"传统教育",而将此"传统教育"在 20 世纪的新发展称为教育"新传统派"。实际上,无论教育"现代派"还是教育"新传统派",都是 19 世纪末 20 世纪前期的现代资产阶级教育流派,都具有适应新时代的现代性,也都具有继承以往历史传统的"传统性"。不能因为杜威自我标榜"现代教育"而只将"现代教育"或"教育现代化"或"教育现代性"的桂冠都赐予杜威及其所在的教育"现代派"阵营;更不能因为杜威的名望,因为他提出所谓"现代教育"的概念,而将本时期的教育称为现代教育史的开端,因为现代生产力发生、发展才是现代教育史发生、发展的决定性因素。

美国进步教育运动是 19 世纪末 20 世纪初,为南北战争后适应工业革命、城乡变化、开发边疆和大量移民的需要而出现的教育改革运动,其目的是培养具有科学的思维方式与民主生活方式的美国新公民。其开端以"进步教育之父"帕克(F. W. Parker,1837—1902)于 1875 年开展的昆西学校实验为标志,以 1957 年《进步教育》杂志停刊为结束的标志,历时 82 年。主要代表人物及其教育实验:帕克及其昆西学校实验,杜威及其芝加哥大学实验学校,约翰逊(Marietta Pierce Johnson,1864—1938)及其有机教育学校,克伯屈(W. H. Kilpatrick,1871—1965)及其设计教学法,布克·华盛顿(Booker T. Washington,1856—1915)及其塔斯克基学院等。其理论基础虽然多样,但基本可以用杜威实用主义教育思想来概括,其主要观点就是教育即生长、即生活、即经验的改造,学校即社会,做中学。进步学校共同特征:注重保持学生智力发展与身体健康之间的和谐;采用活动教学法,努力使学校为现实生活服务;把兴趣作为教育的出发点,促进学生对民主的认识,以培养他们的社会责任感。美国进步教育运动是美国进步主义运动背景下产生的,是美国教育领域的进步主义运动,不仅推动美国进步主义运动走向自觉与理性,而且比其他领域进步主义运动持续周期长，已经积淀成美国特色的教育传统乃至文化传统，深深影响着美国人的文化性格。

欧洲新教育运动，又称新学校运动，是 19 世纪末 20 世纪初，欧洲主要为培养具有独立性、创造性与领导力的新一代领导阶层而兴起的教育改革运动。起于 1889 年，终于 1966 年，历时 77 年。1889 年，英国教育家雷迪（Cecil Reddie，1858—1932）在阿博茨霍尔姆小镇创办一所有别于传统公学的学校，自称"新学校"，扬言要为重振英国雄风而培养具有创新精神与勇气的"新男儿"。新学校迅速在英国及欧洲大陆传播开，新教育家们纷纷根据本国国情以及自己的思想，或兴办风格各异的新学校，或阐发自己的教育新理念，或二者兼备。新学校蕴含着新的教育理念，而新的教育理念又见诸新学校的实验，二者密切联系。典型的新学校有英国雷迪的阿博茨霍尔姆学校、尼尔（A. S. Neill，1883—1973）的夏山学校、麦克米伦姐妹的保育学校，法国德摩林（Edmond Demolins，1852—1907）的罗歇斯学校，德国利茨（Hermann Lietz，1868—1919）的乡村寄宿学校，瑞士克拉帕雷德（Edouard Claparède，1873—1940）的日内瓦卢梭学院，比利时德可乐利（O. Decroly，1871—1932）的隐修学院、瓦斯孔塞诺（Faria De Vasconcellos，生卒年不详）的彼爱尔实学校，意大利蒙台梭利（Maria Montessori，1870—1952）的"儿童之家"等。新学校的办学经验是学校应有优美的自然环境与完善设施，注重学生生活和学习的自治制度，设置手工劳动课程，注重体育，培养学生智力等。主要理论家有瑞典的爱伦·凯（Ellen Key，1849—1926），瑞士的费里埃尔（Adolph Ferrière，1879—1966），英国的怀特海（Alfred North Whitehead，1861—1947）、罗素（Bertrand Russell，1872—1970）、沛西·能（Thomas Percy Nunn，1870—1944）、苏珊·艾萨克斯（Susan Isaacs，1885—1945），德国的凯兴斯泰纳（Georg Kerschensteiner，1854—1932）。德国的社会教育学思潮、文化教育学理论、人格主义教育学思潮也属于新教育运动。

19 世纪末至 20 世纪 30 年代，欧美还有两场教育研究运动，即教育科学研究运动、儿童研究运动。教育科学研究运动包括实验教育学研究运动、教育心理学研究运动、欧美学校调查运动等。儿童研究运动探索儿童智力的来源、儿童智力的测量及儿童心理的内容等，研制出比奈-西蒙智力量表并开展智力测验运动。这两场教育研究运动为欧洲新教育运动、美国进步教育运动打前站，并与它们相互交织，相互支撑，同步前行，也属于教育"现代派"。

教育"现代派"在教育史上以"反潮流"精神著称。从夸美纽斯到赫尔巴特乃至斯宾塞(Herbert Spencer，1820—1903)，以教师系统传授书本知识的教育传统为主，长期在西方占据主流地位，这就是教育"现代派"主要反对的"潮流"。教育"现代派"打着共同的"旗帜"，这就是导源于 18 世纪法国启蒙运动激进派代表人物卢梭的"儿童中心主义"。尽管他们在"儿童本位"与"社会本位"之间徘徊，但基本偏向"儿童本位"，发现儿童是他们最大的惊喜。他们有共同的发展途径，这就是教育与生活的密切联系，甚至模糊两者之间的界限。杜威曾将此种精神归纳为"六反对"与"六鼓励"：反对从上面的灌输，反对外部纪律，反对唯师是从、死抠书本，反对通过训练的方法获得技能、技巧，反对为遥远的未来做准备，反对固定不变的目标和教材；鼓励个性自主表现，鼓励自主活动，鼓励从经验中学习，鼓励在活动中获得各种技能、技巧，鼓励参与现实生活的各种机会，鼓励熟悉变动中的世界。教育史界一般进一步将之概括为以"现代教育"的三中心反对"传统教育"的三中心，即以学生中心反对教师中心，以经验中心反对书本中心，以活动中心反对讲授中心。

历史文化传统不同，针对问题也有所区别，欧洲新教育运动与美国进步教育运动还是有所不同。西欧是西方文化的发祥地，文化传统深厚，所以新教育运动的变革往往是以推陈出新的形式出现的；欧洲各国的新教育家更多地从国家竞争的角度出发，考虑如何将本国的资产阶级及新贵族子弟培养成精明能干、有核心竞争力的领导者；当然也不能一概而论，如蒙台梭利、麦克米伦姐妹就献身于贫苦儿童的教育事业，尼尔则主要从事问题儿童的教育及研究工作。

此时的美国，经历了独立战争和南北战争以及开发西部的经济运动，资产阶级民主政权建立起来并得到巩固。为了对有不同文化背景的新老移民进行"美国化"改造和对有法西斯倾向的三K党和宗教激进主义进行有效抵制，资本主义民主化程度有必要进一步提高。美国进步教育运动更多地从上述复杂的社会矛盾出发，考虑如何在"美国化"的"大熔炉"里把新老移民"冶炼"成具有所谓美国精神的公民。

教育"新传统派"，又称"新赫尔巴特派"，是"传统教育"之余脉，在教育"现代派"风头正劲时，一直默默坚守，在20世纪20年代末30年代初经济危机爆发而教育"现代派"种种弱点暴露无遗时，作为一股旨在修复传统文化的教育思潮而崭露头角。教育"新传统派"又有三家，即永恒主义、新托马斯主义和要素主义。永恒主义提出回到柏拉图的口号，希望重读古希腊罗马的经典著作，重温西方文化的源头文化，从西方文化源头找寻当代生活的灵感。主要代表人物有美国的赫钦斯，英国的利文斯通，法国的阿兰，等等。新托马斯主义是针对道德滑坡、世风日下的现实生活，企图通过阅读基督教经典著作的方式来修身养性，这也是对西方传统根基的复习，因为它是中世纪西方文化传统之一。主要代表人物有法国的马里坦等人。如果说永恒主义、新托马斯主义只是回头看，发思古之幽情，那么要素主义则是全面地看，不仅回顾历史，而且注重当下，还展望未来，不仅看美国，还看世界，从中萃取人类文化的精华——"要素"，组成课程，希望以此来重铸美国人的精神世界。要素主义将全面性与重点性相结合，在第二次世界大战结束之后逐渐成为美国教育改革的主流思潮。1957年在苏联卫星刺激下于翌年诞生的《国防教育法》，主要采用了要素主义理念。要素主义在20世纪30—40年代的主要代表人物有巴格莱（William Chandler Bagley，1874—1946），在20世纪50—60年代的主要代表人物有科南特（J. B. Conant，1893—1979）等人。科南特通过大规模的实地调研，比较客观地分析了20世纪前期美国进步教育运动的成绩与不足，提出用要素主义改造美国中学课程结构，以综合中学模式改造美国中学，以续建美国教育民主化传统并提高美国教育的质量。

改造主义作为教育"现代派"的一个支流，几乎与教育"新传统派"同时登场，并一直与之相"抗衡"，共同对第二次世界大战后的教育改革发挥作用，旨在强调教育对社会的改良作用，以对"儿童中心主义"进行自我纠偏。该派在20世纪30—40年代的主要代表人物有康茨（G. S. Counts，1889—1974）等人，在20世纪50年代的主要代表人物有布拉梅尔德（Theodore Brameld，1904—1987）等人。

纵观20世纪西方世界，欧美教育"现代派"与教育"新传统派"相互交织，在不同的时间，从不同角度以不同的力度作用于西方教育钟摆，使其发展周期性运动。不仅如此，也产生了世界性的影响，如印度泰戈尔（Rabindranath Tagore，1861—1941）、甘地（Mohandas Karamchand Gandhi，1869—1948）的民族主义教育思想与实践在一定程度上受到英国新教育运动的启蒙。20世纪20—30年代，日本新教育运动的"八大教育主张"、小原国芳的全人教育论，中国"新教育中国化"运动乃至苏联成立初期教育革新均不同程度受到欧美教育"现代派"的影响。当然，各国教育家都根据本国情况对此进行了本土化的改造。

苏联无产阶级教育研究学派的诞生，突破了自文艺复兴运动以来资产阶级教育研究学派一统天下的局面，开辟了20世纪前期教育研究的新局面。列宁将马克思、恩格斯的教育思想与苏联的具体情况相结合，奠定了苏联无产阶级教育思想的基础，对苏联的教育实践和教育理论建设起到根本性的指导作用。① 十月革命至 20 世纪 30 年代初期，苏联集中研究教育为无产阶级政治服务、教育与生活及生产劳动相结合、综合技术教育、统一劳动学校等问题，主要代表人物有克鲁普斯卡娅、卢那察尔斯基、沙茨基、布隆斯基等人。20 世纪 30—40 年代，顺应大规模的工业化建设的需要，苏联教育研究更多地强调系统的科学文化知识学习，强调班级授课制等严格的教育教学管理制度，主要代表人物及其著作有凯洛夫及其所主编的《教育学》(1939 年第一版、1948 年第二版、1956 年第三版)。马卡连柯终其一生从事违法少年及流浪儿童再教育及研究工作。他结合自身在高尔基工学团与捷尔任斯基公社的成功教育实践，提出平行教育与前景教育等集体教育与劳动教育理论，为苏联教育研究做出独特贡献。总之，20 世纪前期，苏联无产阶级教育研究不仅为苏联社会主义教育实践提供了指导，而且对新民主主义革命时期中国共产党革命根据地的教育理论与实践产生了重要影响。

这次教育科学化运动是教育民主化有机组成部分，是属于教育民主化的内涵性建设。如果说杜威的《民主主义与教育》是资产阶级民主主义教育思想集大成之作，克鲁普斯卡娅的《国民教育与民主主义》则是无产阶级民主主义教育思想的宣言。无论资产阶级教育研究学派还是无产阶级教育研究学派，都根据其国际国内的现实问题有针对性地进行研究，对教育舆情及教育政策、法律的制定都产生了深远影响，促进了教育管理体系现代化与教育治理能力现代化，促进了教育民主化的自觉性。

这次教育科学化运动高度重视儿童的教育地位与社会地位。例如，杜威说："现在，我们教育中将引起的改变是重心的转移。这是一种变革，这是一种革命，这是和哥白尼把天文学的中心从地球转到太阳一样的那种革命。这里，儿童变成了太阳，而教育的一切措施则围绕着他们转动，儿童是中心。

---

① 参见吴式颖、任钟印主编：《外国教育思想通史》(第九卷)，15~17 页，长沙，湖南教育出版社，2002。

教育的措施便围绕他们而组织起来。"①同时，重视儿童综合素质的培养，如尊重儿童个性，让儿童个性能够自然和自由地成长；尊重儿童的创造天性，培养儿童创造能力；培养儿童科学精神和科学研究能力；注意学生社会适应性和社会协作精神的培养；等等。

这次教育科学化运动高度重视理论与实验乃至与实践的结合，创造了许多办学模式和教学模式，如西欧新学校的"小共和国"办学模式和"读书·生活·创新"教学模式，美国进步学校"学校即社会"办学模式和"从做中学"的教学模式，苏联"统一劳动学校"的办学模式和"综合技术教育"的教学模式，等等。

这次教育科学化运动是有继承性，无论资产阶级的教育"现代派"、教育"新传统派"，还是无产阶级教育研究学派，都批判性地继承历史遗产，从历史中汲取营养，根据新的情况进行创造；同时，它们也并非截然对立，历史上有共同的源头，现实中也彼此交流。在继承、互动的基础上创新，是这次教育科学化运动的一个显著特点。

三、教育国际化运动的新时期

19世纪末至20世纪前期，教育国际化运动开始出现较有影响的国际组织，这些组织推进教育国际化由"自发"走向"自觉"。

马克思、恩格斯在1848年就大工业生产所带来的人类物质生产与精神生产的世界性，曾预言道："旧的、靠本国产品来满足的需要，被新的、要靠极其遥远的国家和地带的产品来满足的需要所代替了。过去那种地方的和民族的自给自足和闭关自守状态，被各民族的各方面的互相往来和各方面的互相依赖所代替了。物质的生产是如此，精神的生产也是如此。各民族的精神产品成了公共的财产。民族的片面性和局限性日益成为不可能，于是由许多种

---

① 赵祥麟、王承绪编译：《杜威教育论著选》，32页，上海，华东师范大学出版社，1981。

民族的和地方的文学形成了一种世界的文学。"①人类教育事业既有物质生产性也有精神生产性，尽管第一次工业革命期间及其之前的教育史、地方与地方之间、民族与民族之间、国与国之间，均有蛛丝马迹的联系，但主要还是各地方自由发展；但到 19 世纪末至 20 世纪初，从西方到东方，从大陆到岛国，无论大西洋两岸还是印度洋两岸，无论环太平洋地区还是环北冰洋地区，积极的、主动的、充满希望的教育更加自觉地联合与互动，这是由第一次工业革命的物质成果作为社会存在的基础以及第二次工业革命的需要作为其社会发展的动力决定的。我们看到，无论作为资产阶级教育民主化运动的欧洲新教育运动、美国进步教育运动，还是作为无产阶级教育民主化实践的苏联及苏联的社会主义教育革命，都不是局限于某一个地区或国家，都是在互动的。这一时期教育国际化之所以说是"自觉"的，还有一个重要的因素，就是在当时，若干国际性教育组织的建立与发展，起到了很好的导向作用与凝聚作用。欧洲新教育运动本身就是教育国际化运动，1899 年成立的国际新学校局，1921 年成立的新教育联谊会，有力地领导该运动的发展。1919 年，美国进步教育家成立的进步教育协会，并非仅仅局限于美国本土新教育家的联谊，而是开展广泛的国际交流与合作，如其一成立就介绍欧洲新教育家及其新学校。进步教育协会成立后，新教育联谊会和进步教育协会交流得十分火热，每次学术年会，双方都有代表参加。1941 年，新教育联谊会在美国密歇根大学召开年会，杜威应邀担任大会主席。新教育联谊会与进步教育协会合作，积极支持联合国教科文组织。联合国教科文组织自觉地引导教育国际交流与合作。

四、教育民族化运动的新时期

19 世纪末至 20 世纪前期，殖民地半殖民地国家民族主义教育开始觉醒，

---

① 《马克思恩格斯选集》第 1 卷，404 页，北京，人民出版社，2012。

弱国、小国教育在艰难中生存并崛起，教育的民族性显著增强。

西方列强依仗坚船利炮，自 15、16 世纪开始，入侵亚洲、非洲、美洲等地区，使许多国家与地区沦为其殖民地或附属国，使这些国家与地区的教育陷入殖民奴化深渊。哪里有压迫，哪里就有反抗，殖民地半殖民地人民争取民族解放与教育独立的斗争从来就没有停止。20 世纪前期，随着反帝反殖争取民族独立运动的全面兴起，这些国家与地区的民族主义教育开始进一步觉醒。本通史选择印度、埃及作为案例进行研究，据此反映殖民地半殖民地国家的人民是如何争取民族教育的独立与自由的。

16 世纪初，巴西沦为葡萄牙殖民地，1822 年独立建国，成为资本主义世界中心边缘的国家。巴西是发展中国家，建国之后，一直在独立探索自己国家的教育发展道路。本通史对其进行研究，以反映拉丁美洲国家民族教育发展之路。

丹麦、挪威、瑞典、芬兰是北欧主要资本主义国家，也是弱国、小国，在 20 世纪前期欧洲列强争霸的夹缝中艰难生存，本通史对其进行研究，以反映资本主义世界弱小民族教育自强的全貌。

19 世纪末至 20 世纪前期，人类社会中的所有矛盾几乎在此期间集中爆发了：两次世界大战与第一次世界性经济危机、世界性民族解放运动、第一个社会主义国家的成立、联合国及联合国教科文组织的成立等，均发生在这段时间。国内外政治经济格局的变化影响了教育，教育也影响了这些变化，正向作用、负向作用皆有。罗素说："教育是打开新世界的钥匙。"①确切地讲，致力于国际理解与合作的、致力于民主主义的、致力于科学探索的、致力于民族觉醒与人及人民自由解放的教育才具有教育现代化暨现代教育的属性，才是打开新世界的钥匙；反之则不然。总之，这一时期教育现代化暨现代教育发展道路跌宕起伏，其光辉成就及惨痛教训均值得后世铭记。

---

① ［英］伯特兰·罗素：《教育论》，靳建国译，44 页，北京，东方出版社，1990。

第一章

19 世纪末至 20 世纪前期教育变革与发展的历史背景

19 世纪末 20 世纪初，欧洲兴起新教育运动，北美兴起进步主义教育运动，中国、俄国、日本也都兴起教育革新运动，世界教育开始由传统教育向现代教育转变，这是继文艺复兴、宗教改革、启蒙运动之后，又一场具有划时代意义的教育革新运动，现代教育新变革的序幕徐徐拉开。

澳大利亚教育史学家康内尔指出："20 世纪教育的特点之一就是始终致力于发展教育的新形式、新方法和新内容，以适应新时期的要求。"[①]正如康内尔所言，19 世纪末 20 世纪初不仅是世纪转换的新时期，更是处于社会转型的新时期，新时期的教育变革应运而生。这一时期，生产力从蒸汽时代步入电气时代；科学从牛顿时代步入爱因斯坦时代；西方主要国家都进入资本主义时代，客观上又为自由资本主义的发展预留了更大的活动空间；自由资本主义发展到垄断资本主义，国际关系从自由竞争时代进入垄断竞争时代，并激起新的民族主义。同时，西方哲学、心理学、教育学等人文社会学科研究发生转向的趋势。欧洲乃至整个西方的传统教育开始向现代教育转型，出现

---

① [澳]W.F. 康内尔：《二十世纪世界教育史》，张法琨、方能达、李乐天等译，247 页，北京，人民教育出版社，1990。

了许多"未来教育的幼芽"①。这一切构成了19世纪末至20世纪前期教育变革与发展的历史背景。可以说，19世纪末至20世纪前期教育变革与发展是"新时代"的产物和"宠儿"。

第一节　工业革命对19世纪末至20世纪前期教育变革与发展的影响

辩证唯物主义认为，经济是基础，生产力是社会发展的最终决定力量。19、20世纪之交，世界现代教育的兴起，首先是工业革命的成就与需要。19、20世纪之交，第一次工业革命已经完成，第二次工业革命开始兴起，人类进入电气化时代，要求数量更多、质量更高的人才，同时这些人才也为社会发展奠定了经济基础。

一、第一次工业革命的成就为19世纪末至20世纪前期教育变革与发展奠定了物质基础

18世纪中叶，英国率先进行以棉纺织业为龙头、以蒸汽机的发明和广泛使用为标志的第一次工业革命，直到19世纪30—40年代才基本完成。继英国工业革命后，法国、德国、美国、俄国等西方国家也相继进行了工业革命。

---

① "未来教育的幼芽"的概念是马克思在考察了资本主义大工业产生和发展的历史后提出来的，反映了马克思对大工业时代教育发展规律的看法。马克思在评价欧文把生产劳动与智育、体育结合起来的实验时，提出了"未来教育的幼芽"的概念。他指出："正如我们在罗伯特·欧文那里可以详细看到的那样，从工厂制度中萌发出了未来教育的幼芽，未来教育对所有已满一定年龄的儿童来说，就是生产劳动同智育和体育相结合，它不仅是提高社会生产力的一种方法，而且是造就全面发展的人的惟一方法。"(《马克思恩格斯全集》第44卷，556~557页，北京，人民出版社，2001)本书引用此概念包含"生产劳动同智育和体育相结合"的意思，但不局限于此，有更广泛的解释，就是适合现代社会政治、经济、科学、技术、文化发展趋势的一切进步的教育理念和教育实践。

法国第一次工业革命开始于18世纪末期，到19世纪60年代末，法国重工业和机械工业都获得了巨大发展，农业人口第一次低于城市人口，工业开始反哺农业，这说明法国已经完成了第一次工业革命。德意志的普鲁士等经济较为发达的邦国于19世纪30年代开始工业革命，经过普奥战争和普法战争，1871年德国统一，统一后的德国发展迅猛，到19世纪70—80年代完成第一次工业革命。俄国在1861年改革之后，美国在1865年南北战争结束之后，经济发展都比较快，两国在19世纪末已经完成了第一次工业革命。

历时一个多世纪的第一次工业革命，使欧美赢得了在世界经济地位上的优势。1870年，欧洲的工业产量占世界工业总产量的64.7%，美国占23.3%①；在对外投资方面，英国、法国、德国是主要国家，其次是瑞士、荷兰、比利时等国。第一次工业革命及其引发的城市化过程，要求普及初等教育。在此期间及稍后的期间内，先进的资本主义国家先后颁布了普及初等教育的法令，到19世纪末，初等教育已经得到了普及。传统中学与大学重视自然科学与人文学科等现代课程，并成立了一批以现代科学与技术教育为主的新式中学与大学。其间，涌现出裴斯泰洛齐、赫尔巴特、第斯多惠、斯宾塞、赫胥黎、乌申斯基等教育家。可以说，第一次工业革命的成功为19世纪末至20世纪前期的教育变革与发展奠定了物质基础与教育基础。

19世纪50—70年代，英国经济发展到鼎盛时期，取得了世界工业和世界贸易的垄断地位。在第一次工业革命期间，英国建成纺织、钢铁、煤炭、机器制造、交通运输五大工业部门，在随后30年里创造了巨大的经济效益，煤、铸铁、钢的产量成倍增长，动力机械的马力增长得更多。早在1851年，第一届世界博览会在伦敦海德公园举办时，英国就赢得"世界工厂"的美称。1851年，英国在世界贸易总额中占23.3%，1870年占24.5%；英国工业总产

---

① 参见齐世荣本卷主编：《世界史：现代史编》上卷，3页，北京，高等教育出版社，1995。

值中用于出口的比重，从1851年的1/4增长到1871年的3/5。[①] 在出口商品中，重工业产品尤其是机械设备占有十分重要的地位。1845—1870年，机械设备的出口额增长了4倍。欧美各国的第一次工业革命在很大程度上是靠引进英国的技术和设备进行的。英国资本输出也占世界首位，1870年，已经达到14亿英镑。在工业和对外贸易发展的基础上，伦敦逐渐成为世界金融中心，各国的公债和证券可在此进行交易。[②] 第一次工业革命始于英国，首先在英国完成，在其后又造就了30年的"世界工厂黄金时代"，这无疑为19世纪80年代新教育运动首发于英国奠定了物质基础。

美国在18世纪末19世纪初开始了第一次工业革命，涌现出诸如缝纫机、拖拉机和轮船等发明成果，采用和推广机器零件的标准化生产方式，促进了机器制造业的发展，但由于南北市场不统一，进展比较缓慢。19世纪中后期，西进运动与南北战争结束，国内统一大市场形成，国内丰富资源得以综合利用，国际贸易环境得以改善，大量外国移民涌入，提供了廉价的劳动力，还带来了先进的生产技术和生产经验，美国迅速完成第一次工业革命。这为美国进步主义教育的兴起奠定了雄厚物质基础。

二、第二次工业革命的性质对19世纪末至20世纪前期教育变革与发展提出了时代要求

如果说19世纪末至20世纪初欧美现代教育兴起的物质基础主要是由第一次工业革命奠定的，那么，第二次工业革命的性质则对其提出了时代要求。

第二次工业革命大约开始于19世纪70年代，与第一次工业革命有交叉，但不是第一次工业革命在量上的自然延续，而是有质的超越，当然，第一次

[①] 参见吴明海：《欧洲新教育运动的历史研究》，3页，北京，教育科学出版社，2008。

[②] 参见齐世荣、刘宗绪、朱龙华编著：《世界近现代史干部读本(1500—1945)》，132页，北京，中共中央党校出版社，2002。

工业革命期间多方面的成就为第二次工业革命提供了物质基础。

第一次工业革命初期，一些标志性的工具机械的发明在很大程度上是对近200年来手工工场经验的总结，尽管其中蕴含着科学道理，但这些工具机械却不是科研成果直接的转化。发明者基本上都是能工巧匠，如飞梭织布法发明者凯伊是机械师，珍妮纺纱机发明者哈格里夫斯是普通纺织工人，就是"蒸汽机的发明也不例外，它是17世纪末工场手工业时期发明的，后来瓦特对其进行了改良"①。第一次工业革命的技术基础主要是人们长期以来的实践经验的总结，而不是科技工作者直接根据现代科学技术原理所进行的研究和发明。

第二次工业革命则不同，它的技术基础是科学技术，是科研成果的直接转化。这一时期被人们称为电气时代。人们发明了发电机、电动机，并开始进行远距离输电。在动力领域，电力取代了蒸汽动力的地位，此外，电灯、电话、电焊工具、电钻、电车等发明极大地方便了人们的生活和生产。这一时代的突出成就还有内燃机的发明和化工方面的诸多创新。电气时代的这些发明是根据众多科学家的研究成果进一步开发的，如能量守恒定律的发现、电磁感应现象的发现、细胞学说的形成、生物进化论的提出、化学元素周期表的发现等。基于科学成果的发明周期大大缩短，新发明层出不穷，另外又催生出一系列新兴工业部门，如电力、石油、化工、汽车制造等产业，同时这些新技术又迅速改造了冶金、农机制造等传统产业，因而更快地推动了工业化进程，使主要工业国家呈现出日新月异的发展趋势。1900年，美国、德国、英国、法国的工业产值已经占了世界工业总产值的72%。②

因此，电气时代对人的要求与蒸汽时代相比有明显的不同。蒸汽时代需

---

① 潘润涵、林承节：《世界近代史》，237页，北京，北京大学出版社，2000。
② 参见齐世荣、刘宗绪、朱龙华编著：《世界近现代史干部读本(1500—1945)》，192页，北京，中共中央党校出版社，2002。

要大量会读、写、算的工人，因此其教育任务主要是普及初等教育；而电气时代需要大量敢于发现、敢于发明的创新型人才，它呼唤一场教育革新运动。1875年，美国教育家帕克就任马萨诸塞州昆西市督学一职时创造了昆西教学法。1883年，帕克就任芝加哥库克县师范学校校长一职时，进一步发展昆西教学法，积极发起反对传统学校机械教学方法的运动，开辟了美国进步教育运动之先河。如果说，面对第二次工业革命的时代呼唤，进步教育运动是美国教育的回音，那么随后发生的新教育运动则是欧洲教育的回答。

第二节 殖民争霸与民族主义对19世纪末至20世纪前期教育变革与发展的影响

19世纪末20世纪初，资本主义世界由自由竞争向垄断竞争转型，国际殖民争霸激烈，民族主义盛行。民族主义是以新教育运动和进步主义教育运动为主要代表的现代教育革新运动的重要动力之一。

一、民族主义对欧洲新教育运动的影响

自宗教改革到德意志统一，经过无数次战争，欧洲民族国家形成。从1871年普法战争结束到20世纪初，欧洲几乎没有战事，因为此时恰逢新一轮工业革命。西方列强在经济领域和教育领域展开竞争，因此民族主义是欧洲新教育运动兴起的一个重要动因。

第一次工业革命始发于英国，近半个世纪后才有其他国家跟进，且主要依靠购买英国制造的机器来进行。第二次工业革命则不一样，具有多元起源性。例如，德国人在发电机、内燃机的发明和改进方面贡献最大；法国人发明了电影、橡胶轮胎并且造出汽车；美国人发明环锭纺织机、打字机、电话等。如果说在第一次工业革命期间英国独领风骚的话，那么第二次工业革命

期间则是一个国际竞争的时代。

在这场经济竞争中，在大西洋两岸，美国最具竞争力；在英吉利海峡两岸，德国最具竞争力，而英国则渐呈颓势。（表1-1①）

表1-1　主要资本主义国家在世界工业中的地位

年代	第一位	第二位	第三位	第四位
19世纪70年代	英	法	美	德
19世纪80年代	美	英	德	法
20世纪初	美	德	英	法

19世纪70年代，英国在世界工业中排名第一，法国第二。19世纪80年代，美国越过英法排名第一；英国排名第二，丧失了工业垄断地位；德国越过法国，排名第三；到了20世纪初，德国超过英国排名第二，而英国降为世界第三位。

英国在世界工业总产值中的比重持续下滑，由1870年的32%降到1913年的14%；同一时期，在世界贸易中的总额也由22%降为15%。在各个工业部门中，英国经济的落伍以冶金业最为突出。例如，1871年，英国、德国、美国的铁产量分别为660万吨、150万吨、170万吨，到1900年，英国为910万吨，德国为850万吨，美国为1400万吨，德国和美国铁产量的增长速度远远超过英国。②

为什么美国、德国经济走势强劲，而英国经济走势乏力？原因是多方面的。在此，我们着重从进取心和教育两个视角来探索其中的奥秘。

自1783年独立以来，经过南北战争和西进运动，年轻的美国一路创新，充满朝气。德国在1871年统一战争彻底胜利后，民族自尊心被唤起，善于学习，敢于创新，积极进取，充满活力，而英国在取得"世界工厂"的地位后，

---

① 参见潘润涵、林承节：《世界近代史》，512页，北京，北京大学出版社，2000。
② 参见刘世明、王丽君主编：《新编世界近代史》，27页，西安，陕西人民出版社，2008。

进取心衰减，骄傲和守成观念日渐上升。

英国守成思想主要有以下表现。一是不愿放弃旧设备、旧技术。英国的第一次工业革命开始得最早，完成得也最早，但到19世纪后期，许多机器设备都陈旧了。例如，纺织品机器多是第一次工业革命时期的新制品和复制品；绝大部分煤矿仍然靠人工挖掘。二是墨守成规，死抱过去的成功经验不放。正如20世纪60年代中期一位名叫哈罗德·威尔逊的英国学者所说："第一次工业革命中150年的领导地位，在我们过多的工业经理身上产生了一种对于变化的内在抗拒。就世代相袭的家族企业来说，尤其如此。"[①]即对新技术，尤其是新技术革命反应迟钝。例如，英国人早在1855年就发明了连续炼钢法，却迟迟未推广，后被别国采用；1879年，发明碱性炼钢法，为开发利用磷铁矿提供了技术条件，遗憾的是也在英国被束之高阁；早在1866年，英国学者和德国西门子(Ernst Werner von Siemens, 1816—1892)等人几乎同时发明了直流电动机，但英国却没有出现大力兴办电力事业的狂热；贝尔(Alexander Graham Bell, 1847—1922)是苏格兰人，但他的电话专利是在美国而不是在英国取得的；1885年即已展出人造丝，但发展缓慢；苯胺染料是英国人发明的，却在德国得到推广；19世纪60年代，英国人已经发明了自行车，但到90年代自行车工业才得到发展；汽车一直从法国进口，直到90年代中期，英国才有自己的汽车工业。

英国这种守成思想的产生固然有其经济根源，任何一种新的生产技术的变革都会引起原有固定资本的贬值。但是从更深层因素考虑，是有一定社会心理原因的。英国的统治阶级竭力想保持既得利益。英国贵族阶级在资产阶级革命中波动较小，利益损失不大。相当多的人在革命后仍然继续拥有较多的财产和较高的社会地位，仍然受到英国民众的崇敬，因此他们在本能上安

---

① 罗志如、厉以宁：《二十世纪的英国经济——"英国病"研究》，194页，北京，人民出版社，1982。

于现状，以保持自己的社会地位、祖传家产等。同时，英国资产阶级的思想也渐趋守成。处于社会中坚力量的英国资产阶级，曾经在很长的时期里保持强劲的"创新"精神，甚至表现为侵略性。他们率先进行资产阶级革命，率先进行工业革命，贪得无厌地进行殖民垦殖，使英国一度成为"世界工厂"，成为头号殖民帝国。一方面，从资产阶级革命时期到第一次工业革命完成，英国资产阶级在这段很长的时期里始终领先，因此在经济与政治事业有成之时，许多人的危机、竞争和创新意识被削减，而自满、守成意识上升，缺乏后起资本主义国家的资产阶级那种竭力想通过变革、创新来打开局面、扩大势力的迫切要求。另一方面，在英国，贵族在政治、经济上的势力虽然步步式微，但是贵族的思想观念深深浸淫着资产阶级的思想，贵族的社会地位、生活方式也为资产阶级所渴慕。他们在经济事业有成之后，一心想向贵族阶级靠拢，使自己的生活贵族化，成为悠闲自得、受人尊敬的绅士。英国学者寻找经济衰退的原因时说："马歇尔追溯了经营活力的衰退，而其他批评者则抱怨'悠闲的福音书'已经浸透了这个国家，无论雇主还是工人，都一样地受到影响。"[1]

从教育的视角来看，美国和德国的经济腾飞得益于对教育的长期重视。19世纪初，美国各州几乎都颁布了设立小学的法令。19世纪30年代，美国就出现涌入小学的热潮，兴起了公费办学和免费教育运动。1852年，马萨诸塞州第一个颁布义务教育法，到1900年，除南部各州外，其他各州都通过类似的法律。这些方面的成就为美国在第二次工业革命中的腾飞积蓄了力量。1875年，昆西教学法出台，标志着进步主义教育运动开始，这意味着在电气时代的欧美教育竞争中，美国已经捷足先登。

在德国，萨克森和魏登堡早在1559年和1580年就先后颁布普及初等教

---

① ［英］阿萨·勃里格斯：《英国社会史》，陈叔平、刘城、刘幼勤等译，241页，北京，中国人民大学出版社，1991。

育的法令，虽难以执行，但对后世是有影响的；普鲁士从1717年开始制定成系列的义务教育法律，如《普鲁士义务教育令》《一般学校令》《普鲁士普通学校规程》；到19世纪初，德国的许多邦就开始实行义务教育。德国人把受教育看作公民的基本义务。到19世纪后半期，和欧洲其他主要国家相比，德国的文盲率最低，德国人的读、写、算能力也较强；德国很早就把自然科学引进课堂，以至于德国人在将科学理论运用于实际方面也领先于欧洲。这些久积的教育能量在德国完成统一之后一起释放出来：德国人创立了电力工业，为自己也为整个欧洲和北美新的工业化提供了最重要的手段——电气化；在化学工业方面，正当法国和英国的化工厂商被过时的工艺所束缚时，德国人发明了新的方法，制造出精细的化工产品和合成染料；在光学工业方面，德国人制造出了望远镜、显微镜和照相机用的新玻璃品种。"这些都是依靠国家的教育制度和人们的进取精神取得的。"[1]

那么，为什么新教育运动会在经济发展和进取心已经衰退的英国发端？一个重要原因是一批英国的有识之士有着深刻的忧患意识，能够对现实进行及时反思。面对新技术革命和国际竞争的挑战，1866年，"调查工商业萧条委员会"在报告中惊呼："我们作为世界主要工业国的地位，不像以前那样被确定无疑了，外国正开始成功地同我们展开竞争。"[2]阿瑟·沙德维尔在1906年讽刺道："英国表现出美国的创业精神和德国的秩序的痕迹"，"然而这是一种已经衰退的创业精神和一塌糊涂的秩序"。[3] 剑桥大学经济学家阿尔弗勒德·马歇尔还分析了英国经济衰退的五种原因："第一，伦敦金融城所表现的地位要比工业化英国所拥有的技术和资源更为重要，而本来可能用于英国的资本却被输往到海外那些正式或非正式地隶属于这个帝国的国家"；"第二，英国

---

① 潘润涵、林承节：《世界近代史》，512页，北京，北京大学出版社，2000。
② 蒋孟引主编：《英国史》，584页，北京，中国社会科学出版社，1988。
③ [英]阿萨·勃里格斯：《英国社会史》，陈叔平、刘城、刘幼勤等译，241页，北京，中国人民大学出版社，1991。

在'新的工业技术革命'中落后了，这场革命要求更多的科研工作，要求更多的标准化的设备和产品规格，以及要求更多的能够并愿意跟日益加快的机器运转速度相适应的劳动力"；"第三，统计资料表明其他国家工业具有更高的劳动生产率"；"第四，人们高声疾呼管理、工会、教育乃是落后的动因"；"第五，人们还把'衰落'诉诸于没有给予工人足够的刺激力来使他们具有'美国人的脑筋'"。① 可见，打破守成思想、继续开拓创新、增强经营活力、提高劳动生产率，是新的工业革命和国际竞争给英国工业界乃至全社会提出的严峻课题。以培养人的创新精神为主旨的新教育运动就是对这个时代呼声的反应。

这种反思唤起了强烈的民族自尊心，是新学校最先在英国产生的动机之一。此外，新学校能够在欧洲大陆蔓延，民族主义也是一个重要动机。以普及教育为例，不说美国和德国，就是奥地利和法国，也分别于 1774 年、1793 年先后制定普及初等教育的法令；而英国"初等教育法"在 1870 年才姗姗出台。如果说德、美等国普及小学教育是为了迎接第一次工业革命，那么英国普及小学教育则是在第一次工业革命已经完成之后的"亡羊补牢"。即使如此，这也说明英国已经开始意识到教育与国家发展的重大关系，开始奋起直追。1870 年，英国教育法通过时，该法提案人 W. E. 福斯特曾对下院解释说："我们不能再耽搁了。我们工业的繁荣取决于加速发展初等教育……如果我们要保持自己在……世界民族中的地位，我们必须提高个人的智力来弥补我们在人数上的不足。"②

W. E. 福斯特虽然说的是发展初等教育的问题，但他通过振兴教育来振兴经济的观点可以说代表了英国民族主义者的普遍观点。

---

① [英]阿萨·勃里格斯：《英国社会史》，陈叔平、刘城、刘幼勤等译，240~242 页，北京，中国人民大学出版社，1991。

② Stuart Maclure, *Educational Documents, England and Wales 1816-1978*, London, Methuen, 1979, p.104.

1882—1884年，雷迪在德国哥廷根大学留学期间，除潜心钻研化学专业外，还考察了德国的民风民情，尤其是德国教育，切身感受到德国人的进取精神和教育新气象。他有了回英国兴学除弊的念头。回国不久，他就创办了阿博茨霍尔姆学校。他认为，新学校就是要培养能够切实为国家负起责任的未来领导人，这表明了他的民族主义动机。

法国的德摩林在参观雷迪和巴德利创办的新学校后，发表了《英国民族的优越性在哪里》，并于次年创办法国第一所新学校——罗歇斯学校。德国的利茨于1889年在雷迪的阿博茨霍尔姆学校参观并且工作一年，回国后于1898年在伊森堡创办德国第一所新学校，他宣称，要培养新德意志人。这都说明民族主义在第二次工业革命期间的国际竞争是欧洲新教育运动兴起的一个重要动力。

另外，新一轮海外殖民竞争也是新教育运动的重要推动力。从19世纪70年代开始，世界自由资本主义开始向垄断资本主义过渡，变成帝国主义。在此过程中，西方列强为开辟世界市场，开始了新一轮海外拓殖的狂潮。仅英、俄、法、德四国，1876年殖民地面积就为4040万平方千米，人口17380万人；到1914年，殖民地面积增加到6440万平方千米，人口增加到49450万人。第一次世界大战前，帝国主义殖民体系形成。在海外拓殖竞争中，英国稳占上风。[①]

培养能够到海外拓殖、驰骋世界市场的"国际性人才"，成为欧洲新教育运动兴起的又一个动因。正如德国斯图加特市郊一所新学校校长在讲到德国新学校任务时说道："……在上层分子的子弟的面前(在盎格鲁撒克逊各国也一样)摆着一个特殊的任务，就是到别的国家去做德国工商业和德国科学的开路先锋。至今为止没有培养这种人材的相应的中等学校。设立农村寄宿学校

的目的就是为了填补这个空白。"①这位校长说了大实话。为了统治殖民地、维护大英帝国数百年来的霸业、弥补工业垄断地位丧失所造成的损失，英国比欧洲其他列强更为急切地需要教育革新，以培养具有现代知识和创新能力的新一代拓殖者，所以，新学校的首创者雷迪也曾经对阿博茨霍尔姆学校"新男孩"讲，要具有帝国的眼光，要能承担得起世界的责任②；他在制订学校大纲时就直言不讳地许诺：该学校的学生以后可以在英国各殖民地获得重要地位。

二、"美国化"对进步主义教育运动的影响

美利坚合众国(简称"美国")成立于1776年，其主体所在地北美大陆原为印第安人的聚居地。15世纪末，西班牙、荷兰、法国、英国等国人民相继移民至此。1608—1776年，英国在北美东起大西洋沿岸西迄阿巴拉契亚山脉的狭长地带建立了13个英属北美殖民地。殖民地除有印第安人外，还有法国人、荷兰人、德意志人、瑞典人、瑞士人、爱尔兰人和英国人等，早期的移民多为英格兰人。随着农业、工业及贸易的发展、北美统一市场的形成，各殖民地之间的经济与文化交流日益频繁，在这个基础上形成了共同的文化，英语便是这个共同的文化的媒介。到18世纪中叶，在北美英属殖民地上已经形成了一个新兴的民族——美利坚民族。

随着联邦政府的成立、领土的不断扩展、移民的不断涌入，美国逐渐成为典型的多民族、多种族、多文化的统一国家。英国移民、犹太以色列人伊斯雷尔·赞格威尔于1908年在其话剧《熔炉》中曾经这样描述美国民族百衲图："东方与西方、南方与北方、棕榈树与松树、极地与赤道、伊斯兰教与基

---

① 转引自卫道治译：《克鲁普斯卡雅教育文选》上卷，177页，北京，人民教育出版社，1987。

② J.H.G.I.Giesbers, *Cecil Reddie and Abbotsholme*, N.V.Nijmegen, Centrale Drukkerij, 1970, p.25.

督教……光荣的美国，所有的种族和民族都来此工作并期盼着未来……"①美国史学家赫尔曼·梅尔维尔说："美国人的血管里流淌着世界各族人民的血液。"②故从文化底色来看，美国文化具有多样性。

这些不同族源、不同肤色、不同信仰的人们在共同的经济生活中逐渐融合成为美利坚民族。美利坚民族的形成与发展过程，不完全是一个自然的历史过程，也是一个有意识、有目的的建设过程，这一建设理念就是美国国徽上的铭言"合众为一"。

"合众为一"到底何意？"合众为一"，拉丁语原文为"E pluribus unum"，源于相传为古罗马诗人维吉尔的诗作《灰质》(*Moretum*)的诗句"color est e pluribus unus"，该诗描述了各种颜色混合为一色的情景。对于拉丁语"E pluribus unum"，美国政府并没有给予更多的具体明确解释，经过对美国政府的主流文化政策的实践，"合众为一"从文化教育政策来看，就是试图将不断扩展的领土上的世居民族以及四面八方不断来到的移民，教化为美国公民的过程。

美国基本上是移民国家，其文化深受欧洲尤其是英国文化的影响，但是并非英国文化的简单移植以及各欧洲国家文化的简单相加，在长期共同的政治、经济生活中，尤其是西进运动中，形成了与欧洲文化既有联系又有区别的美国文化。1837 年，爱默生就发表被誉为美国文化"独立宣言"的讲演。他说："我们依赖别人的日子，对于其他国土的学识悠长的学习时期，将近结束了"，"我们听着欧洲温雅的文艺女神说话，听得太久了，人们已经怀疑美国的自由人的精神是胆怯的，模仿性的，驯服的"，"我们要用自己的脚走路；我们要用自己的手工作；我们要发表自己的意见"。③

---

① 转引自史静寰主编：《当代美国教育》，277 页，北京，社会科学文献出版社，2001。

② ［美］埃里克·方纳等：《新美国历史》，齐文颖、林江等译，79 页，北京，北京师范大学出版社，1998。

③ ［美］范道伦编选：《爱默森文选》，张爱玲译，3、28、29 页，北京，生活·读书·新知三联书店，1986。

特别是南北战争后的半个世纪，美国不仅在经济上突飞猛进，跃居世界第一，而且先后涌现出了一大批世界级的文化大师，如哲学家皮尔士、詹姆士和杜威，文学家马克·吐温、豪威尔斯、杰克·伦敦等。这一时期还出现了具有美国特色的学说与哲学，如"边疆学说"与实用主义哲学，美利坚民族意识空前觉醒。①

南北战争结束后，国内和平，经济腾飞，美国迎来新的移民浪潮。1860—1900 年，移民美国的人数为 1400 万；1900—1917 年，新增移民1300 万。大致以 19 世纪 80 年代为界，之前的移民被称为老移民，之后来的被称为新移民。老移民多来自英、德等国，其中很大一部分人具有一定的文化知识、职业技能，有的则是熟练工人，多信仰新教，他们移居美国的动机往往是文化等因素，对美国文化比较认同。新移民大多来自奥匈帝国、意大利、俄国等较为落后的欧陆国家，多不懂英语，受教育程度、职业技能等方面也不如老移民，移居美国前，多为农夫，来美国的动机多为生计考虑，而非出于对美国文化的认同。有关调查显示，1881—1914 年，移居美国的斯拉夫人共 600 万，其中 25%~50% 为文盲，95% 是摆脱农奴身份的一代或两代的农民。② 老移民担心新移民会对美国既有的文明与民主传统有离散作用，就发起"本土主义"，即主张用盎格鲁-撒克逊主流文化同化新移民使其成为认同美国文化的合格的美国公民。美国进步教育运动是美国有史以来真正具有美利坚民族特色的教育改革运动，其理论基础是美国哲学实用主义，其民族主义性质就是老移民对新移民及新移民子女的教化，培养具有认同美利坚民族文化的公民。本土主义运动是美国民族主义的重要表现，是美国进步主义教育运动的民族主义背景。

---

① 参见张斌贤：《社会转型与教育变革——美国进步主义教育运动研究》，22~23 页，长沙，湖南教育出版社，1998。

② 参见［美］阿瑟·林克、［美］威廉·卡顿：《一九〇〇年以来的美国史》上册，刘绪贻、王锦瑭、李世洞等译，13~14 页，北京，中国社会科学出版社，1983。

第三节 社会民主化对19世纪末至20世纪前期教育变革与发展的影响

社会民主化是19世纪末20世纪初的重要特点。教育民主化运动从西方到东方渐次兴起。① 在美国，19世纪末兴起的进步教育运动是具有资产阶级改良性质的教育民主化运动②；在中国，辛亥革命后进行的教育改革运动具有民主主义教育性质，五四运动前教育改革运动具有资产阶级的旧民主主义性质，五四运动后开始出现具有无产阶级性质的新民主主义教育改革运动；在俄国，从19世纪末到1917年十月革命前的教育改革具有资产阶级民主性质，当然也有无产阶级教育民主化的萌芽，十月革命以后的教育改革运动则具有无产阶级教育民主化性质。在教育民主化的时代洪流中，欧洲新教育运动具有鲜明的民主性质，欧洲新教育运动以及十月革命以前俄国的新教育运动具有资产阶级民主性质，十月革命以后俄国新教育运动具有无产阶级民主性质。

一、欧洲社会民主化及其对新教育运动的影响

欧洲新教育运动既是欧洲进入新的经济竞争时代的产物，也是欧洲从封建主义全面进入资本主义时代的新的政治形势的产物。

从16世纪到18世纪，荷兰、英国和法国等欧洲国家通过革命的道路快速进入资本主义时代，之后各自经过不同的道路，到19世纪后期，资本主义

---

① 参见吴明海：《20世纪教育的历程与走向纵论》，载《北京科技大学学报(社会科学版)》，2000(2)。

② 美国教育家杜威于1916年出版的《民主主义与教育》一书反映了这一时期美国教育民主化的时代趋势。

制度相对成熟。其他国家则大多从17世纪开始，通过改良的途径逐步进入资本主义时代。总之，到19世纪中后期，欧洲已经全国进入资本主义时代。这是新教育运动之所以在欧洲大地生根、蔓延的一个重要前提。

那么，如何从政治角度解释新教育运动发端于英国呢？

新教育运动是一场深刻的教育民主化运动，首发于英国。

早在中世纪，英国的王权就受到来自封建贵族的抗衡，未能发展成绝对力量。1215年，英国大宪章确立了"王在法下"的原则，承认伦敦等城市享有自治权，英国所谓"自由"的传统由此得以奠定。15世纪中期，英国爆发了红白玫瑰战争。封建贵族在红白玫瑰战争中互相残杀、消灭殆尽，新王朝依靠新兴的城市中等阶级建立了君主政体，市民和商人的社会作用日益增长，工商业活动得到王权的许可和大力支持。15世纪末，英国开始了圈地运动，16世纪出现了资本主义萌芽。16世纪70年代，英国出现了具有资产阶级性质的清教运动。

1640年，英国爆发了资产阶级革命。1688年，英国实行"光荣革命"，最终摆脱了专制王权的统治，确立君主立宪制。此后，在相对稳定的政治环境中，随着资本主义的发展，大地主和大资产阶级的社会经济实力日益增强，在这两个强大的阶级联合面前，王权衰落，资产阶级国会制度逐步确立起来。

1688年"光荣革命"后，根据1689年的《权利法案》，君主权力受到限制，国会权力提高了。立法权、军权、财政大权完全属于国会，君主手中只剩下行政权，但枢密院大臣仍然由君主任命并且向国王负责。1689年确立的政治制度，在随后不到100年的过程中发生了不少变化。威廉三世执政期间，英国开创了一个先例，即君主必须任命下院多数党领袖为枢密大臣，同时产生内阁惯例，也就是说内阁大臣向君主提出的建议君主必须采纳，不能逆着大臣的意愿行事。1701年，《王位继承法》规定，国会通过的法案都要由有关大臣签署。这样一来，批准法律的部分责任就转移到内阁大臣的身上。威廉三世后继者安妮女王在位时形成这样的惯例，即内阁大臣所推荐的法案是国会两院通过后的，君主必须批准，否则内阁大臣就会辞职，而君主仍然只能从下院多数党中任命大臣。不过，从 1707 年以后，英国君主就不再行使否决权了。这就意味着国会开始享有绝对的立法权。乔治一世在位期间，英国又开创了君主不参加内阁以及由首相领导内阁的先例。首相制的确立，意味着内阁完全摆脱了君主的控制。1783—1784 年，小威廉·皮特组阁时，形成了这样的惯例：如果内阁在下院失去多数议员的信任，内阁就可以解散下院，重新选举；如果新选出的下院对这一内阁表示信任，该内阁就可以继续执政，否则必须辞职。

如此经过近一个世纪的嬗变，到 18 世纪末，英国终于确立了资产阶级国会制度。这个制度具有以下几个特点：第一，国会掌握全部立法权，君主没有否决权；第二，作为最高行政机构的内阁由下院产生，君主只能任命下院多数党领袖组阁；第三，内阁对下院负责，首相或有关大臣定期向国会汇报工作；第四，内阁必须得到下院的信任，否则，内阁或者辞职，或者下令解散国会重新选举，由新选出的国会决定内阁的去留；第五，国会有弹劾大权和罢免法官的权力。由此可见，在英国资产阶级国会制度下面，国会不但是最高立法机关，而且也取得了决定内阁人选、监督内阁施政、决定内阁去留以及干预司法的大权。与此同时，英国君主失去了一切权力，变成了"统而不治"的"虚君"。由此，英国成为君主立宪制国家。

1815 年，长达 20 多年的反法战争结束，经济形势恶化，工人阶级和工业资产阶级开展激进运动，争取选举权并要求改革国会。1832 年，国会改革，工业资产阶级获得选举权，跻身统治阶级，改革的结果使上层建筑与经济基础相适应起来。这次改革是英国政党政治的转折点，托利党和辉格党分别演变成保守党和自由党，自由党和保守党轮流执政，英国资产阶级两党制形成。

工人阶级为争取选举权，于19世纪30—40年代掀起宪章运动，于19世纪60年代组织"全国改革联盟"。迫于工人运动及社会舆论的压力，1867年英国国会再度改革，小资产阶级和熟练工人获得选举权。

19世纪中、下叶，随着英国政府实行文官制度改革，上层建筑领域的透明度进一步提高，英国资产阶级民主政体进一步完善。

随着时代的发展，英国政治以及社会生活民主化稳步向前发展。在此过程中，英国诞生了现代西方政治观念的诸多要素，如政党制、内阁制、文官制、地方自治制等政治形式，分权、全民选举、行政从属于立法、政府向选民负责等政治原则，法治化、制度化、效率化等政府工作要求。可以说，英国政治制度是现代西方政治制度的母体。

但是，英国教育民主化并非与社会生活民主化同步，在某种程度上，教育民主化还落后于社会生活民主化的步伐。拿普及教育来说，英国资产阶级革命200多年后，《初等教育法》才出台。英国的校内民主生活步伐更是缓慢。长期以来，由于自由主义传统，英国政府和公众一直认为教育是个人的权利，教育是民间行为，或者由私人办学，或者由教会办学。历届政府，无论封建王朝，还是资本主义国家，无论政局动荡还是政局平稳，国家尽量不干涉学校内部事务。这样一来，学校就可能保持相对独立状态，自然生长，保持自己传统的连续性，因此，传统因袭性特别强。拿公学来说，许多公学诞生于文艺复兴时代，因含有资产阶级人文主义的幼芽而具有进步性，但中世纪的封建因素也特别多。在18—19世纪英国资产阶级民主政治日益繁荣的背景下，公学显得就像"小王朝"。例如，校长大权独揽，一般终身任职；校内没有教职工代表大会等制衡机制，教师直接向校长负责；教职工任免、课程设置、学生进退，由校长一人说了算；学生管理按年龄层层分封，实行"低年级服差—高年级任级长的制度"(Fagging-Prefect System)①。至于公学校长，历来就有体罚学生的"传统"。

教育有相对的独立性，英国教育的相对独立性尤其较强。虽然在某些阶段英国的教育落后于政治和经济发展，但政治、经济因素决定教育的规律是不变的，它必然会起作用，带动教育的进步。19世纪，英国在政治和经济方面的成就已经为教育的变革创造了成熟的条件，而政治、经济要想进一步得到发展，必须改变教育的落后状况。正如 W. E. 福斯特在颁布《初等教育法》时所讲：

> 迅速发展初等教育还关系到我国的君主立宪制度安全、有效地运转。开明的议会已经决定，英国的未来将由民众政府来统治。我也有同感，大家已经意识到，我们不能等到人民受教育后才赋予他们政治权利。如果说等待，我们已经等待很久了。但是既然现在给人民以政治权利，我们就不能再拖延他们受教育的时间。许多问题需要回答、需要解决，而这是无知的选民无力回答、无力解决的。因此，迅速发展教育是事关我们民族强盛的大计。②

可见，英国普及教育的确不仅是经济发展的需要，还是政治发展的需要，不仅推动普及教育，也推动其他教育事业的变革。就公学来说，其在19世纪

---

① Fagging 指英国公学低年级学生为高年级服务的制度。公学等级森严，低年级学生一进入公学，就得为高年级学生做事。通过一年年的磨炼，低年级学生成为高年级学生，就逐渐登上级长、舍长、竞赛队长职位，开始享有服饰、胸章和享受低年级学生服务的等级特权。Prefect 指英国公学维持纪律的级长，由校长从高年级学生中任命。级长平时协助校长工作，如记录缺席学生名单、检查寝室卫生、照顾低年级学生、组织团队活动，应该说有一定的积极意义。但是，级长往往滥用权力，不仅让低年级学生为自己做事，而且经常体罚低年级学生，甚至充当校长的耳目，共同对付学生。

② Stuart Meclure, *Educational Documents: England and Wales 1816-1978*, London, Methuen, 1979, p.105.

20 年代末，也悄然走上具有民主化性质的改良道路。另外，新大学的兴起，老大学的改造，也是教育民主化的体现。总之，教育领域出现的教育民主化变革，为更深刻的教育民主运动——新教育运动铺垫了深厚的基础。

英国资产阶级民主化实际上是各个阶级、各个阶层、各个宗教教派既相互斗争又相互妥协的过程，这一过程形成了英国特有的文化"宽容性"。如果说 1688 年"光荣革命"为文化"宽容性"奠定了政治基础，那么，到了 19 世纪，随着英国民主政治体制的成熟，文化"宽容性"也渐趋成熟，它既允许因循守旧，也允许求新求异；既尊重个性自由，也尊重团体自由。与欧洲大陆相比较，英国自由度要大得多。许多思想激进者在欧洲大陆遭到迫害就跑到英国生活、研究。19 世纪末，新教育运动在欧洲各国酝酿，为什么英国于 1889 年出现世界上第一所"新学校"，这个问题看似偶然，其实有其必然性。对此，威廉·博伊德和雅提·劳僧在《新教育的历史》一书中指出，第一批新学校创立于英国，原因之一就是英国人对创新的宽容态度，"虽然英国教育变革来得慢，但是随时欢迎外国的发明，诸如福禄倍尔的幼儿园及恩物、工艺教育[①]、蒙台梭利教学法、道尔顿制，这些思想比在其发源国时得到了更好的落实，英国以开明的态度对待教育上的冒险。没有哪一个国家比（英国）更能意识到阿博茨霍尔姆的价值"[②]。再拿后来的尼尔来说，他先在德国办实验学校，因为当地局势动乱就跑到维也纳，可是又因为宗教纷争被驱逐，只好到英国继续自己的事业——兴办夏山学校。如夏山学校那样的学校也只有在英国的教育环境下才能生存下去。

相比之下，法国的资产阶级革命虽然进行得比较彻底，但是其后的战争与革命太多，自由主义者难以安下心来致力于教育改革；德国和俄国等国由

---

① Educational Sloyd, 一种以木刻等方式训练学生手工能力的教育方法，首创于瑞典。参见陆谷孙主编：《英汉大词典（缩印本）》，1761 页，上海，上海译文出版社，1993。

② William Boyd, Wyatt Rawson, *The Story of the New Education*, London, Heinemann Educational Books Ltd., 1965, pp.3-4.

于是通过改革途径进入资本主义的，封建残余较多，所以具有自由主义性质的教育改革空间很有限。唯有英国，它的自由主义根基深厚，在向资本主义过渡的过程中，虽有革命，但更多的是改革，政局相对稳定，社会气氛相对宽松，比其他国家更有利于自由主义者开展具有首创性的教育革新。当然，19 世纪后期的欧洲大陆已经进入资本主义时代，相对稳定的国内政局，相对和平的国际局势，再加上欧洲大陆，尤其是西欧更是文艺复兴、宗教改革、启蒙运动的"故乡"，且经过了法国大革命和 1848 年欧洲革命的洗礼，自由主义在各国都有传统积淀且或多或少都有生存的空间，这些都构成了新教育运动在欧洲大地蔓延的政治氛围和文化土壤。

二、美国进步主义运动及其对进步主义教育运动的影响

美国进步主义教育运动是美国进步主义运动的有机组成部分，进步主义运动既是进步主义教育运动兴起的背景，也是其动力；进步主义教育运动促进进步主义运动的发展。

19 世纪末 20 世纪初，随着南北战争与西进运动结束，美国迅速完成第一次工业革命，及时搭上第二次工业革命的快车，资本主义由自由竞争阶段开始向垄断阶段过渡，工业化与城市化相互促进，经济腾飞。当时的美国处于历史上前所未有的社会巨变和转型时期。巨变和转型使美国经济、社会呈现前所未有的朝气，充满乐观主义的"进步"观念深入人心。但巨变和转型也导致复杂的经济、社会乃至政治难题，诱发深刻的社会矛盾和危机，引起民众强烈的不满和困惑，群众运动风起云涌，民众要求变革的呼声日益高涨。为解决这些问题，怀有共同的社会责任感和危机意识，美国社会各主要阶层和集团从各个角度自觉发起具有社会改良性质的改革活动，这些改革活动犹如涓涓溪流，汇聚成全国性社会改革浪潮——进步主义运动浪潮。

19世纪末20世纪初，美国社会难题丛生，突出者有以下三类。

其一，经济力量高度集中，垄断组织托拉斯的肆虐，导致经济秩序混乱。19世纪末20世纪初，美国经济力量的集中呈加速发展趋势。到1899年，托拉斯生产的工业制品总值已占全国的2/3。1904年，产值在100万美元以上的美国大企业有1900家，仅占整个制造业企业总数的2.2%，但其产值却占制造业总产值的49%。在从以个体或合伙制企业为主体的自由竞争体制向以公司制为主体的垄断转型的过程中，旧的经济运行秩序被打破，但新的秩序尚未确立，中小企业频频发生经济恐慌与危机。①

其二，贫富差距拉大，财富分配不均，剥削童工、女工等不公正社会现象触目惊心，加剧了社会矛盾与阶级对抗。就横向国际比较而言，正如19世纪后期英国政论家詹姆斯·布赖斯在对美国社会进行考察之后所指出的，在美国，普通人生活得比在世界上其他地方要好。然而就美国国内不同阶级、阶层财富横向比较而言，差别甚大。1893年，美国9%的家庭占有了全国71%的财富；1896年，占人口1.6%的最富裕家庭获得国民收入的10.8%；1913年，最富有的5%的美国人得到国民收入的14.98%，1920年得到12.34%。19、20世纪之交，美国有4000个百万富翁，但同时至少有1000万美国人（约占总人口的14%）生活在周期性的贫困之中。财富及综合国力急剧增长，但广大的中下层民众获益甚微，贫民的境遇甚至恶化。工业化、城市化、移民潮，造成大量人口移居城市，城市原有住房不足，出现大量贫民窟。贫民收入低，为维持生计，不少家庭主妇、未成年人不得不外出做工挣得微薄报酬以贴补家需。例如，1890—1900年，14～16岁的童工就增加了至少36.6%，从300万人上升到410万人。国内环境恶劣，犯罪等社会问题

---

① 参见王春来：《转型、困惑与出路——美国"进步主义运动"略论》，载《华东师范大学学报（哲学社会科学版）》，2003(5)。

频发。①

其三，政治制度危机日益严重。垄断资本参与甚至控制政治生活，威胁民主政体。垄断资本家勾结各政党党魁，贿赂选民与政客，安插亲信，干涉选举、立法和行政，扰乱正常的政治程序，美国人引以为傲的所谓民主政治和"责任制政府"受到严重侵蚀。

与上述政治、经济问题相伴随，美国社会拜金主义、享乐主义开始盛行，传统价值观受到挑战。凡此种种，引起美国各界有识之士普遍忧虑，他们从不同的角度开展改革，这些改革活动相互策应，汇集成规模宏大、旷日持久、影响深远的社会改革运动，这就是进步主义运动。

进步主义源自美国社会不同的阶层或集团，不同类型的进步派人士在各自不同的领域呼吁改革或发起改革。

——农场主、工人和小商人在内的"普通民众"发起改革运动，企图从铁路、大公司等垄断势力以及政党手中夺回失去的权力。

——中小企业家、商人、店主、律师和其他职业阶层组成的都市"旧"中产阶级，因垄断竞争丧失昔日优越社会地位，出于"失落"和"怀旧"心理，要求变革现状。

——由医生、商人、科学家、工程师和社会工作者组成的"新"中产阶级，有远见、抱负，决心运用自己的知识和技能来解决工业化引起的问题，仰赖组织、科学知识或社会科学专门知识的运用以及效率和理性的价值，为一个近乎混乱的社会建立秩序。

——美国社会最富有的企业家、大商人和银行家阶层也倡导改革，一些成员在主要经济改革措施的制订方面扮演了重要角色。他们是改革措施的倡导者，同时也是主要受益者。

----

① 参见王春来：《转型、困惑与出路——美国"进步主义运动"略论》，载《华东师范大学学报(哲学社会科学版)》，2003(5)。

　　主要改革措施有三项：其一是政治改革。主要领导人有西奥多·罗斯福、威尔逊等政治家。政治改革的目的是企图建立适应城市—工业文明的政治结构，以维护资本主义制度。政治改革的主要内容：由公民行使创制权和复决权、实施直接预选和罢免权、向妇女开放政治、扩大行政机关（特别是总统）的权力，建立文官制度，实行市政改革等。其二是经济改革。经济改革的目的是遏制经济个人主义，减少工业发展对社会造成的危害，实行政府对公司的管理与监督，建立国家干预经济生活的机制。主要成果有：设立反托拉斯局和公司局、政府管理铁路运输、保护消费者权益、改革金融制度等。其三是社会改革。社会改革是进步主义运动中最具群众性和广泛性的一个组成部分，其目标是寻求"社会与工业正义"，改善劳动人民的生活条件。社会改革的主要内容有：保护女工，包括限制女工的劳动时间、规定最低工资；保护童工；制定新的劳工政策和立法，建立工业事故赔偿制度；救济城市贫民；等等。

　　上述改革总的使命在于乡村—农业文明向城市—工业文明转型的不可逆转的社会背景下，为保持自由主义传统且适应城市—工业文明需要的思想、机制、方式，重建美国的社会结构和价值体系，使美国人民既能享受城市—工业文明福利，又能成为城市—工业文明的主人，避免异化成其奴隶，这实际上是在新的历史背景下人道主义、自由主义的社会民主化运动。社会民主化运动首先要由具有民主素质的公民来推动，进步主义运动中的诸多改革要彻底实行，需要教育变革；尤其是社会改革，实际上就采取了通过教育改造社会的策略，而教育要改造社会，首先要改造教育本身，进步主义教育运动的兴起，在很大程度上是这种社会逻辑发展的结果。①

---

　　① 参见张斌贤：《社会转型与教育变革——美国进步主义教育运动研究》，30~31 页，长沙，湖南教育出版社，1998。

第四节 科学革命与哲学人文社会学科的进展对 19 世纪末至 20 世纪前期教育变革与发展的影响

科学与哲学人文社会学科是教育理论及其实践的理论基础及教育内容，科学革命及哲学人文社会学科的进展都推动着教育理论与教育实践的变革。19 世纪末 20 世纪初是第一次科学革命与第二次科学革命交接时代，哲学人文社会学科领域也发生重大变革，为传统教育向现代教育转型奠定了坚实的自然科学与哲学人文社会学科的学科基础。

一、科学革命的进展及其对 19 世纪末 20 世纪前期教育变革与发展的影响

19 世纪是"科学世纪"。这个世纪所取得的巨大科学成就使其成为第一次科学革命向第二次科学革命过渡的桥梁。

第一次科学革命开始于 15 世纪下半叶，特点是从古代科学向西方近代科学的转变，主要标志是近代天文学、近代医学和经典力学的创立。第二次科学革命酝酿于 19 世纪前半期，到 19 世纪后半叶和 20 世纪初期形成高潮。其标志是多样的，在物理学方面，有相对论、量子力学、粒子理论、概率论、核物理学、半导体物理学和超导物理学；在数学方面，出现拓扑学和微分几何学、模糊数学等分支学科。此外，还有天体物理学、海洋地质学、高分子化学、遗传学、生命科学等新兴学科的相继创立。

天文学在 19 世纪取得长足的进步。早在 18 世纪后期，德国哲学家康德和法国数学家拉普拉斯分别独立地提出星云假说，被后世称为"康德-拉普拉斯星云说"。该假说体系提出宇宙的天体并非一成不变，而是演化而来的，这是对 18 世纪绝对自然观的第一次突破。借助新的理论和新的观察手段，赫歇尔等天文学家有许多新的发现，把人类的视野从太阳系扩展到银河系和河外

星系，从天体力学扩展到天体物理学领域，特别是海王星的发现，成了近代天文学史上证实万有引力定律的著名的事例。

在地质学方面，经过长期的关于岩石成因的水成论和火成论之争，英国地质学家莱伊尔在《地质学原理》中，提出地壳运动的渐变论假说，而后他在《古代人类》中承认突变论，为近代地质学在19世纪成为一门独立的学科奠定了基础。

在化学方面，英国化学家道尔顿、法国化学家盖-吕萨克、意大利科学家阿伏伽德罗等人共同构建了近代原子-分子学说。德国化学家维勒合成尿素的实验，扫除了有机化学中生命力论，是有机化学发展过程中的一个重大突破，为近代有机化学的兴起开辟了道路。俄国化学家门捷列夫提出了元素周期律理论，实现了无机化学从感性认识到理性认识的飞跃。通过瑞士的亥斯、挪威的古德贝格和瓦格、瑞典的阿伦尼乌斯以及美国的吉布斯等人的努力，到19世纪下半叶，包括化学热力学、化学动力学、电化学、溶液化学和物质结构的理论等内容的物理化学学科，逐步形成并且发展起来，成为化学学科的一个重要组成部分。

在19世纪，细胞学说和生物进化论学说的提出，标志着生物学作为一门独立的科学从此被建立起来。1838年，德国植物学家施莱登的论文《论植物的发生》发表，提出了细胞学说，认为细胞是一切植物结构的基本单位，植物体的所有器官组织都是由细胞构成的，植物发育的过程就是细胞形成的过程，细胞是一切植物借以发展的根本实体。1839年，德国动物学家施旺发表了《动植物结构和生长相似性的显微研究》，把施莱登的学说延伸到动物界，从而完成了适用于整个生物界的细胞学说。19世纪50年代，德国的雷马克和瑞士的寇立克将细胞学说应用于胚胎学研究；德国的微尔和将细胞学说应用于病理学研究，取得显著成果。

生物进化论的思想是法国生物学家拉马克于1802年在其著作《对有生命天然体的观察》中首次提出来的。然而，以丰富的资料进行系统阐述且得出生物进化规则的是英国生物学家达尔文。达尔文经过数十年的考察与研究，于1859年出版《物种起源》，提出了以自然选择为基础的生物进化论学说：物种不是分别造出来的，一个物种从原有的另一个物种进化而来；适者生存，不适者被淘汰，生物与环境之间的生存斗争是生物界的普遍规律，也是生物界进化发展的动力。利用这一规律，人工选择可造就新物种。随后，他又出版了《人类的由来及性选择》，并认为人类是从类人猿进化而来的。进化论的坚强卫士、英国博物学家赫胥黎，首次提出了人类起源问题，在捍卫和传播生物进化论方面做出了贡献。他的著作《进化论与伦理学》的部分内容曾由严复翻译成中文，以"天演论"为书名出版，在中国近代知识界引起较大反响。

19世纪是经典物理学取得伟大胜利的时期，也是其面临危机的时期。如果说17世纪牛顿创立经典力学，实现了经典物理学的第一次大综合，那么在19世纪则完成了两次大综合：其一是能量守恒与转化定律的确立，其二是经典电磁学的创立。19世纪30—40年代，欧洲不同国家从事不同职业的科学家从不同角度提出能量守恒与转化问题，德国科学家迈尔是第一个发表能量守恒与转化的人。英国物理学家焦耳经过30多年的努力，于1840年确定了电热转化的焦耳定律，至此能量守恒与转化定律最终确立，揭示了自然界各种运动、能量相互转化的当量关系，完成了经典物理学的第二次大综合，为人类认识、利用自然提供了理论武器。

丹麦学者奥斯特于1820年发现电流磁效应，首次揭示了电与磁的内在关系。在此基础上，英国科学家法拉第经过十年的实验研究，于1831年发现了电磁感应现象，并指出，电和磁周围都有磁场的存在，磁力对电也有反作用。法拉第还提出了电场线和磁感应线的概念。1873年，英国科学家麦克斯韦发表《论电和磁》，其以非常简洁、完美的数学形式，建立了定量描述电磁场相互作用规律的方程——麦克斯韦方程，把法拉第的实验成果上升到理论高度，并有所创新，揭示了光、电、磁现象的本质的统一性，完成了经典物理学的第三次大综合。电磁理论开启了电气化时代的大门，在人类活动中发挥了巨大的作用。

正当经典物理学取得全面胜利的时候，19世纪末物理学的新发现又对它提出了连续不断的挑战。1887年，迈克尔逊的以太漂移实验出现了"零"结果，这使人们对"以太"存在的可能性和绝对运动产生怀疑。1895年，德国物理学家伦琴发现X射线。1896年，法国物理学家贝克勒发现铀的放射性，波兰物理学家玛丽·居里于1897年发现钍的放射性，随后又和丈夫法国物理学家皮埃尔·居里在1898年发现新的放射性元素钋和镭，并从理论上提出放射性现象的实质性假说。1897年，英国科学家威·汤姆逊通过对阴极射线的定性和定量研究发现了"电子"，说明原子有内部结构，是可以再分的，打破了原子不可再分的神话。经典物理学所无法回答的问题在悄悄酝酿着一场革命。1905年，时任瑞士专利局技术员的爱因斯坦连续发表四篇论文，创立"狭义相对论"，这不仅拉开了物理学革命的序幕，第二次科学革命也由此爆发。

19世纪的科学新成就，尤其是19世纪末20世纪初的革命性变革，向教育提出了革新的要求，要求培养能够独立思考、勇于创新的人才。新的科学革命对人才的需求是教育变革产生的伟大动力，这也为教育变革的性质奠定了科学性基调。

二、哲学人文社会科学的进展及其对19世纪末至20世纪前期教育变革与发展的影响

教育学很早就孕育在哲学的母体里面，以捷克教育家夸美纽斯的《大教学论》为标志，教育学从哲学中"分娩"出来，成为一门独立的学问。然而，当时的教育学因其全部基础是哲学，所以成了哲学的教育学。19世纪，自然科学得到长足的发展。德国教育家赫尔巴特力图改变这种状况，一生致力于建立"科学的教育学"。他认为，教育学有两大基石，其一是伦理学，其二是心理

学，前者规定教育的目的，后者是确定教育教学方法的依据。赫尔巴特认为，伦理学总是充满哲学的玄思，不可能成为"科学"；教育学的"科学化"的突破点关键要看心理学的科学化状况。然而，虽然赫尔巴特在心理学研究上有很大成就，却仍用传统的哲学思辨方法研究心理学，其心理学仍然是"哲学的"，而不是"科学的"，所以，他建立的教育学体系仍然是"哲学的"教育学，而很难说是"科学的"教育学。

教育学要想有所突破，一是要看其哲学基础有无突破，二是要看其心理学基础有无突破。从19世纪下半叶开始，这两个领域的突破接连而来，意味着教育学的突破也就指日可待了。

1831年，黑格尔去世，标志着德国古典哲学的终结，同时也标志着西方哲学多元化时代的来临。19世纪后半期，西方哲学的多元化突破主要表现为：青年黑格尔派、非理性主义思潮、实证主义、新康德主义和新黑格尔主义、实用主义等。

(一)青年黑格尔派

黑格尔去世后，黑格尔学派随即分化为老年黑格尔派和青年黑格尔派。老年黑格尔派恪守师教，认为黑格尔的名言"凡是现实的都是合理的，凡是合理的都是现实的"是不可逾越的真理，力主以哲学式的"宁静"去适应现存的一切。青年黑格尔派对上述观点不以为然，他们认为，现存的世界是真实的，但不一定是合理的，黑格尔的思想不能仅仅作为对现存政治和文化形态的合理化方式的理论基础，对于现存世界，不能仅仅是"静观"，而应该是哲学式的"行动论"，正如青年马克思所说的那样，问题在于"改造世界"。①

(二)非理性主义思潮

非理性主义思潮古已有之，但是长期以来在强势的理性主义思潮面前只能处于弱势的边缘地位。随着德国古典哲学的终结，非理性主义思潮成为

---

① 参见张志伟主编：《西方哲学史》，681~685页，北京，中国人民大学出版社，2002。

一股不可忽视的哲学流派喷涌而出。19世纪非理性主义思潮的主要代表人物有德国的叔本华（Arthur Schopenhauer，1788—1860）、丹麦的克尔恺郭尔（Søren Aabye Kierkegaard，1813—1855）和德国的尼采（Friedrich Wilhelm Nietzsche，1844—1900）。他们认为，理性的乐观并没有让人摆脱芦苇般的脆弱，理性的进步反而凸显了灵魂深处的焦虑和不安，思辨理性的自负往往蜕变为冷酷无情的夸张，工具理性的扩张常常把个体变成了可以拆卸和操控的机器乃至机器上的部件，价值理性的律令致使个人的生命无力负载如此沉重的崇高。他们虽然洞察到"本能冲动造反逻各斯"这一现代性的本质，由此痛恨一切蔑视个人、扩张理性、驯顺肉体的思想体系，但又不曾停留在单纯、本能的发泄之上。他们试图以真正的虚无、真正的信仰、真正的超人实现各种的理想。虽然对"理性至上"进行了尖锐的批评，但是他们中间并没有谁自称是"非理性主义者"，因为他们试图重建人类理性，重估一切价值。因为理性只是手段，而生命才是目的。所以，哲学史上把这种"非理性主义思潮"又称为"生命哲学思潮"。①

（三）实证主义

当唯心主义在德国盛行的时候，经验主义和科学的传统在法国和英国十分活跃，进而发展成为实证主义哲学思潮。实证主义者认为"实证的"首先意味着现实的、确凿的和精确的，其次意味着有用的和实效的。他们推崇实证精神，认为实证精神就是科学精神。他们还认为，科学知识是或然的假定，而科学的假定是预言的工具。实证主义的开山鼻祖是法国的孔德（Auguste Comte，1798—1857）。1830—1842年，孔德的六卷本巨著《实证哲学教程》，拉开了长达一个半世纪的实证主义运动的序幕。实证主义发展历经了三代。第一代实证主义代表人物是法国的孔德和英国的穆勒（John Stuart Mill，1806—1873）、斯宾塞。第二代实证主义又称马赫主义，其代表人物主要有奥

---

① 参见张志伟主编：《西方哲学史》，697页，北京，中国人民大学出版社，2002。

地利的马赫（Ernst Mach，1838—1916）、德国的阿芬那留斯（Richard Avenarius，1843—1896）和法国的庞加莱（Henri Poincaré，1854—1912）。第三代实证主义又称逻辑实证主义，主要代表是20世纪初叶在维也纳大学形成的哲学小团体——维也纳学派，其支持者遍及欧美。主要代表人物有奥地利的施利克（Moritz Schlick，1882—1936），德国的赖辛巴赫（Hans Reichenbach，1891—1953）、亨佩尔（Carl Gustav Hempel，1905—1997），英国的艾耶尔（Alfred Jules Ayer，1910—1989），美国的内格尔（Ernest Nagel，1901—1985）、奎因（Willard Van Orman Quine，1908—2000）等。

（四）新康德主义和新黑格尔主义

19世纪60年代，德国古典哲学在欧美一度复兴，主要有新康德主义和新黑格尔主义两个学派。1865年，德国哲学家李普曼（Otto Liebmann，1840—1912）在《康德及其追随者》一书中大声疾呼："回到康德去！"新康德主义运动就此开始。新康德主义运动大致经历了三个发展阶段。第一阶段（1871—1878）的特点是充分认识到康德的统觉和先天性学说的广泛可能性，同时在先验探究和经验探究之间、在哲学和实证科学之间，还存在着一定的连续性；第二阶段是从1878年到第一次世界大战结束，在这时期，以柯亨（Hermann Cohen，1842—1918）为代表的马堡学派和以文德尔班（Wilhelm Windelband，1848—1915）为代表的弗莱堡学派在对自然科学或历史科学的先验反思的基础上，发展了各具特色的学说；第三阶段发生在两次世界大战之间，这时期的特点是基于对文化乐观主义的崩溃的反思，开始用生命哲学的名义讨伐理论上的唯心论，形而上学又复活了，它试图去追溯比苦心经营的理论体系更原始的源泉。① 大约与新康德主义运动兴起的同时，新黑格尔主义也兴起了。1865年，苏格兰人斯特林（J. Stirling，1820—1909）出版《黑格尔的秘密》一书，

---

① 参见张志伟主编：《西方哲学史》，760~761、777页，北京，中国人民大学出版社，2002。

标志着新黑格尔主义运动在英国的开始。① 新黑格尔主义后来流行于美国、德国、意大利等地。新黑格尔主义者大多通过研究、评述和解释黑格尔的哲学思想来论证自己的思想，还有一些学者的著作不是对黑格尔哲学的研究，他们的基本倾向和基本思路是黑格尔式的，尽管有许多偏离，但是基本上也属于新黑格尔主义。

(五)实用主义

实用主义不是"欧洲制造"，而是19世纪70年代在美国土生土长的哲学。主要代表人物有皮尔士、詹姆士和杜威。皮尔士认为存在即有用；詹姆士认为有用即真理；杜威认为哲学(真理)即工具。总之，实用主义者强调活动、行动，在活动、行动中求得真知。他们认为，真理不是上帝恩赐的神物，不是神的预制品，而是人类在披荆斩棘的开创过程中获得的理解；一旦时移势易，早时的定论就该让位于新获得的定论。② 他们推崇"适者生存"的观点，认为有用即真理，思想是求得安全的工具，知识是应付环境的有效工具，知识的检验标准在于它的效用，能使公众有效地达到适应环境、求得安全的知识就是真理。③

19世纪末20世纪初的教育变革并没有一个统一的哲学基础，但是多元化的哲学都对其产生了重要的影响，这就是19世纪末20世纪初的教育变革具有多样性、包容性和生动性的重要原因。

三、19世纪末20世纪初心理学的发展对教育研究与实践的重要影响

1879年，德国心理学家冯特(Wilhelm Wundt，1832—1920)在莱比锡大学

---

① 参见金炳华等编：《哲学大辞典》下，1392页，上海，上海辞书出版社，2001。

② 参见[美]约翰·杜威：《民主主义与教育》前言，王承绪译，7页，北京，人民教育出版社，1990。

③ 参见赵修义、邵瑞欣：《教育与现代西方思潮》，122页，北京，中国科学技术出版社，1990。

创办世界上第一所心理学实验室，用自然科学的方法研究各种最基本的心理现象。这一方法最终使心理学从哲学中分离出来，成为一门独立的科学。冯特心理实验室的创立标志着科学心理学的诞生。冯特用实验的方法研究人的心理结构，实际上创建了实验心理学和构造主义心理学两个领域。科学心理学还包括后来兴起的多种心理学流派，主要有机能主义心理学、行为主义心理学、格式塔心理学、精神分析学派、儿童研究运动等。科学心理学的创立和发展为 19 世纪末 20 世纪初的教育变革的兴起与发展提供了全新的心理学基础。

除了冯特创建之功外，艾宾浩斯(Hermann Ebbinghaus，1850—1909)和缪勒(George Elias Müller，1850—1934)运用实验法研究高级心理过程，对记忆的研究做出了重要贡献。缪勒在视觉、记忆规律的揭示、实验方法的创造等方面都进行了大量有价值的研究，取得了一系列丰硕的成果。

构造主义心理学是冯特创建的，但是作为一个学派实际是由冯特的学生铁钦纳(Edward Bradford Titchener，1867—1927)真正建立起来的。构造主义心理学是第一个从哲学中分化出来的心理学派，为新兴的实验心理学提供了有效的方法和资料，它的观点从正反两方面都启发了心理学其他领域的发展。①

机能主义心理学是同构造主义心理学相对立的心理学派，包括德国意动心理学、英国机能心理学、法国机能心理学和美国机能心理学，其创始人是美国心理学家詹姆士，代表人物还有德国的布伦塔诺(Franz Brentano，1838—1917)、英国的沃德(James Ward，1843—1925)、法国的里博(Théodule-Armand Ribot，1839—1916)和美国的杜威。他们不同意构造主义心理学的观点，强调研究意识的功能，而不是意识的结构。

精神分析学派是由奥地利精神病学专家弗洛伊德(Sigmund Freud，1856—1939)创建的。1882—1885 年，弗洛伊德在维也纳综合医院担任医师，并从事

---

① 参见车文博：《西方心理学史》，239 页，杭州，浙江教育出版社，1998。

脑解剖学和病理学研究。1886—1938年，他开设私人诊所专门治疗精神疾病。1895年，弗洛伊德和布洛伊尔(Josef Breuer，1842—1925)合作发表《癔症研究》，奠定了精神分析理论的基础。1896年，弗洛伊德正式提出精神分析的概念。1900年，他出版的《梦的解析》，标志着精神分析学的正式形成。1910年，国际精神分析协会成立，精神分析学派由此正式形成。在弗洛伊德的研究中，人格学说是其学说的核心。早期，他提出心理地形说，主张人的心理由潜意识(深层)、前意识(中层)、意识(表层)三个层次组成。晚期，他提出三部人格结构说，认为人格是由本我、自我、超我三部分组成的。[①] 此外，他还提出本能论、焦虑论、性欲论和梦论等学说。后来，弗洛伊德的得意弟子阿德勒(A. Adler，1870—1937)和荣格(C. G. Jung，1875—1961)因不同意其泛性论而先后自立门户，开辟了精神分析学的新方向。阿德勒创立了个体心理学，荣格创立了分析心理学。精神分析学派开辟了潜意识心理学研究的新纪元，开创了人格动力学与变态心理学的新领域，促进了自我心理学和文化心理学的发展，为现代新的医学模式奠定了基础。

在俄国生理学家巴甫洛夫(Иван Петроич Павпов，1849—1936)条件反射学说的影响下，美国心理学家华生(John B. Watson，1878—1958)于1913年发表了《从一个行为主义者眼光中所看的心理学》，标志着行为主义心理学的诞生。华生认为心理学只能研究可观察的行为，其研究路线可以用"刺激-反应"的公式来表示。后期行为主义代表人物是斯金纳(B. F. Skinner，1904—1990)。他的主要观点是，任何有机体都倾向于重复那些指向积极结果的行为，而不去重复指向消极结果的行为。行为主义心理学使心理学走上客观研究的道路，丰富了心理学的研究领域，促进了心理学应用于实际生活。[②]

格式塔心理学，亦译"完形心理学"，1912年到20世纪40年代流行于德

---

① 参见车文博：《西方心理学史》，454~465、451页，杭州，浙江教育出版社，1998。

② 参见车文博：《西方心理学史》，157页，杭州，浙江教育出版社，1998。

国，主要创始人有韦特海默（Max Wertheimer，1880—1943）、考夫卡（Kurt Köffka，1886—1941）和苛勒（Wolfgang Köhler，1887—1967）等人。他们提出"整体大于部分之和"的观点，认为构造主义把心理分割成为一个个独立的元素进行研究是不合理的，因为人对事物的认识具有整体性，心理、意识不等于感觉元素的机械总和。他们认为"知觉大于感觉之和"，着重在知觉的层次上研究人是如何认识事物的。①

从 19 世纪 80 年代开始，一场儿童研究运动在欧美兴起。1882 年，德国心理学家普莱叶出版《儿童的心理》一书；1880—1884 年，英国心理学家詹萨立发表两篇很有意趣的关于儿童想象和儿童语言的论文；1883 年，美国心理学家霍尔发表论文《儿童心理的内容》和出版《儿童研究》一书。这些都标志着儿童研究运动的兴起。截至第一次世界大战，这一运动持续了 32 年，取得了丰硕的成果。冯特的第一位美国籍学生霍尔曾经留学德国，回国之后他创立了美国实验心理学、发展心理学和教育心理学，并把它们应用于儿童研究，提出了著名的"复演论"。1891 年，霍尔创办美国儿童研究刊物《教育研究》，开始公开讲授儿童研究课程，还举办有关儿童研究的暑期讲习班。1894 年，霍尔在美国教育学会下设儿童研究会，自己担任首届主席。在霍尔的领导下，美国儿童研究运动稳步开展。自美国于 1894 年建立儿童研究会以后，英国于 1896 年、德国于 1897 年、法国于 1899 年建立了儿童研究会，并且纷纷创办儿童研究刊物，如德国于 1896 年创办了《儿童研究杂志》，英国于 1899 年创办了《儿童学家》，法国于 1900 年创办了法国儿童研究会会刊《通报》等。大多数国家的学会都由感兴趣的教师组成，在心理学家和教育学家的指导下开展活动，成员中还有学校行政人员、医生和家长。1909 年，国际儿童研究和实验教育学会在巴黎成立。从 1890 年到 1914 年，国际上大约出现了 20 种独立

---

① 参见张厚粲主编，全国高等教育自学考试指导委员会组编：《心理学》，10 页，天津，南开大学出版社，2002。

刊行的杂志，建立了25个学会，有力地促进了儿童研究运动的开展。①

　　总之，从19世纪后半期开始，西方哲学和西方心理学发生了革命性变化，教育研究及其实践的学科基础随之也发生了革命性变化，一场全新的教育研究及其实践之变革时代的来临就不可避免了，19世纪末20世纪初的现代教育革新运动正是在此时发生和发展的。

　　社会转型带来教育变革，同时也需要教育变革予以支持。19世纪末20世纪初，一场世界性的教育革新浪潮呼之欲出，其间涌流于欧美大地上的教育革新浪潮就是新教育运动、进步教育运动及其相关的教育研究运动、儿童研究运动等。

第五节　新的教育因素对19世纪末至20世纪前期教育变革与发展的影响

　　19世纪中后期，世界教育领域呈现出积极的发展态势，教育学的两大基石——哲学和心理学发生重大转向，呈现百花齐放的景象；高等教育领域持续创新，欧洲的国家出现新大学运动，美国出现赠地大学运动等；在基础教育领域，初等义务教育也得到普及。这些新的教育因素对19世纪末至20世纪前期教育变革均产生重要影响。

一、欧美高等教育领域持续创新对现代教育革新运动有先导性作用

　　高等教育是基础教育的延续。19世纪，欧美高等教育领域持续创新此起彼伏，对19、20世纪之交的基础教育变革与创新起了方向标的作用。

---

　　① 参见[澳]W.F.康内尔：《二十世纪世界教育史》，张法琨、方能达、李乐天等译，188～192页，北京，人民教育出版社，1990。

19世纪，欧洲兴起新大学运动，欧洲大学开始由传统大学转为现代大学。新大学运动在德国和英国表现得最为显著。

1810年，德国的洪堡(Karl Wilhelm von Hunboldt，1767—1835)以新人文主义为主旨主持创建了柏林大学。洪堡认为，大学应该是追求真理的独立机构，其根本原则是尊重学术自由，尊重人的首创精神。教师为发展科学而教，学生为提高科研能力而学。大学教师不仅能够进行教学活动，还要从事科学研究，推动科学进步。大学生在接受系统的专业理论知识的同时，参与教师所进行的科研工作，同时，在此过程中成为能够独立思考、有理智和有道德的青年。洪堡的大学思想与传统大学不同，传统大学以教授知识为主，大学生以博览群书与熟读百家为能事，且学校受国家和教会干预过多。洪堡的思想直接把传统和守旧当作靶子，与其进行了鲜明的对抗。柏林大学就是新型大学的最早的代表，它的建立揭开了大学教育史崭新的一页。① 当时许多大学仿照柏林大学进行了整顿，有的是效法柏林大学而建，如布勒斯劳大学(建立于1811年)、波恩大学(建立于1818年)、慕尼黑大学(建立于1826年)。此外，大学教学模式也发生转变，以前的大学，特别是大学哲学院，一般都以课堂讲授为主，现在开始注重比较专门的研究，并且产生新的教学模式"研讨班"②。研讨班不仅在大学教育中产生广泛影响，而且已普及学术研究的各个部门。

柏林大学对19世纪中后期法国高等教育的变化也产生了影响。1808年，也就是柏林大学建立前两年，拿破仑整顿法国的大学。与柏林大学截然相反，拿破仑把大学学院改造成专门培训医务人员、行政人员、司法人员的专科学校，国家给各专科学校制定严格的规章以及课程和考试制度，教授沦为教书

---

① 参见[德]弗·鲍尔生：《德国教育史》，滕大春、滕大生译，124~125页，北京，人民教育出版社，1986。

② 这种研讨班就是一些高年级学生，在教授的指导下，从事创造性的研究，一些博士学位论文常常就是以研讨班上产生的带有独创性的研究为基础的。

匠和主持考试的监考人员。拿破仑的大学整治把法国高等学府置于国家官吏严格控制之下，严重束缚了教授与学生的独立性和首创精神。"经过五、六十年之后，法国也开始按照德国的教育路线来改造法国的教育了。这就充分证明：听任教育自由发展比妄施控制与约束是更为优越的。"①

在英国，牛津、剑桥两所大学在文艺复兴以及宗教改革时期充满活力，虽然在以后漫长的岁月里，无论在人文学科还是在自然学科方面都有贡献，但是国教派唯我独尊，上层社会青年充斥校园，教学内容主要是古典文科和神学，陈陈相因，与资产阶级政治民主化和工业革命要求相差甚远。社会进步必然要求英国高等教育另辟蹊径。

19世纪，英国高等教育领域出现了新气象。1825年，甘培尔倡议为中产阶级子弟创建一所非寄宿制的、世俗的、有专业分科的、价格低廉的大学。于是，1828年，他联合一批自由主义者、非国教派人士创立了具有自由主义和民主主义精神的"伦敦大学学院"。教学内容有语文、数学、物理学、精神道德科学、英国法、历史、经济、医学等科目，尤其重视医学教学，1834年还开设了附属医院。1829年，贵族和国教派获得国王乔治四世的批准，成立"国王学院"，与伦敦大学学院比较强调实用的功利教育相对，国王学院更重视"通识教育"，课程除了古典语文、宗教与道德外，还有自然科学、经验哲学、伦理学、商业原理、医学、近代外语等。伦敦大学学院与国王学院于1836年合并为伦敦大学。1878年，伦敦大学开始招收女学生。1884年，"伦敦教师大学促进会"组建。1902年，伦敦教师进修学院成立。1932年，由沛西·能主持改建为伦敦大学教育学院，由此，伦敦大学成了新教育运动的重要策源地。

在伦敦大学的带动下，在工业发达、文化繁荣的城市，一批新型大学如

---

① ［德］弗·鲍尔生：《德国教育史》，滕大春、滕大生译，126页，北京，人民教育出版社，1986。

雨后春笋般涌现,如约克郡的里兹学院、伦敦王后学院、曼彻斯特的欧文学院、利物浦学院、诺丁汉学院、伯明翰学院、约克郡理工学院等。

在新大学运动的刺激下,牛津大学、剑桥大学也开始进行改革。学校领导机构方面设立"校务委员会",并且规定其权限。课程方面,积极增加近代学科,如牛津大学增设自然科学、近代史、英国文学、近代外语;剑桥大学自然科学讲座重视学科的分化,如从机械学中分出应用力学,从动物学中分出比较动物学,从生理学中分出外科医学、病理学等。这两所大学于1870年开始招收女学生。1871年,这两所大学制定《宗教审查法》,规定除神学专业外,取消宗教审查,确定授予非国教学生同等学位,撤销大学教职员的宗教限制,取消校务公职员为独身圣职者的规定。这种校政民主化、师生自由化、课程近代化的改革,使古老的大学青春焕发,重新跟上时代的步伐。

大学是学校体系的龙头,大学的转向必定影响整个学校体系的运动方向。新教育运动的代表人物是在新大学运动时期成长起来的,新大学运动的自由、民主、创新等现代理念深刻地影响着他们的思想。可以说,新大学运动对新教育运动起了导向性作用。

美国独立战争前,北美的13个殖民地的高等学校是仿照英国的学校创建的,独立战争之后,特别是南北战争后,在1862年《莫雷尔法案》支持下,大批赠地学院逐步办出自己的风格,即大学不仅要重视教学、科研,还要重视社会服务。重视教学、科研分别是英、德两国传统大学的职能,而重视社会服务则是美国首创,典型代表是威斯康星理念。重视教育与社会的联系,重视社会服务,威斯康星理念与当时美国基础教育革新运动——美国新教育运动的理念不谋而合、相互影响。

二、欧美初等教育的普及对现代教育革新运动有奠基性作用

欧洲普及教育思想和实践具有悠久的历史。早在宗教改革时期,德国的

马丁·路德、瑞士的加尔文等新教育改革家就主张由国家举办并推行普及义务教育。后来，捷克教育家夸美纽斯也提出了同样的主张。作为国家行为，德国很早就开展了义务教育。1528—1794年，德意志各邦先后颁布14项学校法令，推行强迫教育。19世纪是德意志普及义务教育的发展时期。这时，普鲁士已经建立了较为完善的国民教育体系，开始把教育纳入国家管理，实行6~14岁儿童的八年义务教育。适龄儿童的入学率从1816年的60%提高到1846年的82%。19世纪60年代，适龄儿童的入学率就已经达到95%以上。19世纪末，德国成为欧洲工业大国，经济的发展为教育提供了物质基础。1885年，普鲁士实行了免费的义务教育。[①]

在法国，1791年《塔莱郎教育提案》首次提出教育免费原则，1833年颁布了《基佐法》，规定了初等小学和高等小学学制，制定了一项完备的国家教育经费分配标准。1871年，巴黎公社提出了"世俗、免费、义务"的三项原则。1881—1882年，法国连续通过了两个《费里法案》，以立法形式确立了"世俗、免费、义务"的普及教育三项原则，以伦理学和公民课代替宗教课，对6~12岁儿童实行初等义务教育，国立的幼儿学校和初等学校实行免费教育。在一系列法律支持下，法国在19世纪末基本普及了初等义务教育。1876—1877年，6~13岁儿童的教育普及率平均为86%，最高省份达到95%以上，最低省份达到50%~65%。1879—1889年，农村教育普及率上升到92%。[②]

在英国，初等教育长期交给教会和慈善机构，直到1834年，英国才在宪章运动的推动下颁布《工厂法》，要求童工接受初等教育，但是并没有切实执行。因此，它造成了这样的后果：英国初等教育落后，工人素质有限，严重制约了工业的进一步发展。1870年，在国际工业竞争的压力下，英国颁布了《初等教育法》，规定地方有权设立初等学校，各学区学校委员会有权制定该

① 参见成有信编：《九国普及义务教育》，198~199页，北京，人民教育出版社，1985。
② 参见成有信编：《九国普及义务教育》，178~199页，北京，人民教育出版社，1985。

学区5~12岁儿童实行强迫义务入学的章程。1876年和1880年又连续颁布新的《初等教育法》，明确规定对5~10岁儿童实行强迫教育。1891年，国会通过了受国库补助的初等教育免费的法案。此后，初等教育国库补助金不断增加，大部分初等学校实现了免费教育，只有少量的初等学校收少量学费。到19世纪末，英国基本上实现了普及义务教育，其中英格兰5~12岁儿童的入学率已达80%。[1] 值得说明的是，英国《初等教育法》的基本原则是"填补空缺"，即注意"不要在建设的同时进行摧毁——不要在引进新制度时摧毁现有制度"[2]。兴办公立学校并不排斥私立学校，《初等教育法》充分尊重英国私立学校的历史传统(新学校基本是私立学校)，并且给予私立学校50%的办公补助，才使后来的新学校的兴起有了制度性空间的法律保证。《初等教育法》在信仰问题上采取开明政策，家长和学生对宗教课有选择权，督学不受任何教派支持，学校"免受宗教和其他禁锢"[3]，保持世俗效能，这样就为具有自由主义精神的新教育运动在意识形态领域开了绿灯。

美国因受英国的影响，中小学长期由教会或私人开办。1825年，伊利诺伊州首次制定教育法，规定国家有义务办理公共教育以增进全体公民的知识与智力，美国自此进入公立学校运动时代，史称"美国教育觉醒时代"。1852年，马萨诸塞州颁布第一部强迫义务教育法，随后各州纷纷效仿。1919年，亚拉巴马州最后颁布义务教育法，标志着普及初等义务教育任务的完成。在普及初等教育的基础上，南北战争后美国各州开设公立中学。如果说南北战争前出现涌入公立小学浪潮，那么南北战争后则出现涌入公立中学浪潮，当然这两个浪潮是前后叠加的。如果说涌入公立小学浪潮是美国迎接

---

① 参见成有信编：《九国普及义务教育》，158页，北京，人民教育出版社，1985。

② 瞿葆奎主编，金含芬选编：《教育学文集　英国教育改革》，5页，北京，人民教育出版社，1993。

③ J. S. Maclure, *Educational Documents: England and Wales 1816 to the Present Day*, New York, Methuen, 1979, p.100.

第一次工业革命的需要，那么涌入公立学校浪潮则是迎接第二次工业革命到来的需要。美国进步主义教育运动就诞生于公立学校运动之中，属于"美国教育觉醒时代"的产儿。

欧美主要国家初等义务教育的普及对 19 世纪末至 20 世纪初现代教育革新运动具有重要意义。它是世界教育进入新时代的一个现实标志。它标志着对广大儿童受教育权的基本尊重，是教育民主化的重要体现。它反映了现代工业革命对人才的需求，同时也满足了这一需求，是教育现代化的重要体现，并赋予了这期间兴起的教育革新运动的时代精神。

19 世纪末至 20 世纪前期教育变革与发展是在"普及"基础上的"提高"。"普及"与"提高"是教育的一对矛盾或者说是一个动态平衡，在"普及"之后就有"提高"的问题。初等教育普及任务完成后，基础教育面临的任务，一是普及中等教育，二是提高教育质量，而后者是当时基础教育所追求的主要目标。无论新教育家还是进步主义教育家，他们虽然也呼吁普及中等教育，但是重心放在义务教育普及之后如何提高教育质量的问题上，因为在"普及"基础上的"提高"才是真正的"提高"。19 世纪，欧美主要国家普及初等教育的工作做得很扎实，为 19 世纪末至 20 世纪前期教育变革与发展打下了一定基础，同时也赋予了其"提高"的真实意义。

第二章

教育科学研究运动的理论与实践

19世纪后期，欧美出现的教育科学研究运动既是教育研究领域的一次具有深远意义的运动，也是欧美心理学家、教育家共同努力下的教育研究科学化的一次尝试。尽管这次运动较为初级，存在许多不足，但运动期间所讨论的问题、对研究理论和方法的探索等，对于加强对教育的认识，促进教育科学研究和教育学科的发展，起到了重要的推动作用，也为现代教育科学研究的开展提供了较好的基础和条件。本章主要对这一时期出现的教育科学研究运动的形成及其教育理论、实践等内容进行研究。

第一节　教育科学研究运动的产生与发展

一、教育科学研究运动的背景

19世纪末至20世纪初期是欧美社会发生重要转型的时期，社会的各个方面都开始了一些新的改革。在教育领域，这个时期出现的教育科学研究运动，就是欧美教育改革的组成部分之一。康内尔曾指出，20世纪初期，将教育作为一门新的社会科学来研究成为一种趋势。它主要表现在三个性质不同而又相互关联的运动中：儿童研究运动、学校调查运动、教育实验研究的发展。① 教育科学研究运动的出现，顺应时代潮流，注重教育研究与科学方法的结合，以及教育问题的多方面研究，对教育研究的发展发挥了重要的推动作用。教育科学研究运动的出现与这个时期社会和教育的发展，以及人们对科学及科学与教育关系的认识有密切的联系。

从社会发展来看，19 世纪后期，随着社会工业化和城市化的推进，欧美国家和地区的政治疆界发生了变化，经济生产规模不断扩大，人口流动加速，同时，人们的思想观念、生活习惯以及道德风貌等发生了变化，传统思想和习俗遇到新的挑战。知识的快速增长打破了学校知识的垄断地位，学校已不再是唯一获取知识的地方，学校改革成为教育改革的中心。教育的发展，特别是初等教育和中等教育的快速发展引起了管理者和研究者对教育问题的关注，学校教育成为科学研究的对象。学校的类型、效能、编制，学校课程的数量、内容、教学方法，学校中儿童的身心发展、健康情况等，都成为儿童研究、学校调查和教育实验的基本内容。

在科学方面，受达尔文进化论的影响，这一时期，科学本身也出现了新的变化，对传统的观念造成了较大冲击。19 世纪形成的进化论是人类社会和科学的大事。弗里曼对此给予了高度评价，他指出："在所有 19 世纪的伟大科学成就中，进化论的形成或许对人类发展的整体影响最为重要和最具革命性。"②有学者指出，进化论对传统观念的冲击主要表现在两个方面。③ 一是科学方法的冲击。在许多科学家看来，通过系统的方法对生物学世界进行观察和分类，有条理地整理资料，是科学方法的本质。在科学领域，不仅自然现

---

① 参见[澳]W.F. 康内尔：《二十世纪世界教育史》，张法琨、方能达、李乐天等译，188 页，北京，人民教育出版社，1990。

② [美]R. 弗里曼·伯茨：《西方教育文化史》，王凤玉译，403 页，济南，山东教育出版社，2013。

③ 参见[澳]W.F. 康内尔：《二十世纪世界教育史》，张法琨、方能达、李乐天等译，34 页，北京，人民教育出版社，1990。

象，连社会风俗习惯，都需要仔细观察，客观地加以考察。科学方法的特征是，带着疑问的态度，探求足够的证据，努力把自己所观察到的事物纳入合乎逻辑的、有系统的理论框架进行解释。在这一时期，科学方法成了社会科学研究的基础。二是社会思想的冲击。一些思想家在研究社会问题时致力于用自然选择和适者生存的概念解释社会，出现了社会达尔文主义。这种思想包含两个方面的含义。一个是强调竞争是一切事物的本性，是社会发展最佳手段的思想。它认为人与人之间、民族与民族之间、国家与国家之间也存在竞争。它对教育的影响是，学校要对教育对象进行选择性培养，实行严格的考核与升级制度，培养杰出的人，淘汰不合格的人。另一个是强调利他主义的、合作共存的思想。这种思想主张人类与动物不同，不仅有竞争，还可以通过合作，控制环境，根据社会需要利用人的竞争性，达到更高的适应环境的水平，以获得更大的成就。它对教育的影响是，要扩大受教育的机会，培养为所有人服务的利他主义，努力改善社会中那些较少获得成功的人的条件，实现教育的机会均等，开发人的潜力，增进全社会的福利。正是受这种思想影响，教育上也逐步形成了两条路线：精英主义教育和平民主义教育。

随着生物进化论思想的影响以及科学方法的应用，强调探索、重视实验、发现规律，也关注应用，成为科学研究的显著特征。这一时期，人们对"科学"含义的理解发生了新的变化。在欧美人的传统观念中，科学就是"纯科学"，就是为了科学而科学，而不管社会和生活发生了什么变化。在许多研究者看来，纯科学与应用科学有着根本的区别：前者主要在自然科学研究中，注重理论和学术性，强调研究者有热心、有条理、独立地追求真理，而不问具体应用；后者主要在社会科学研究中比较注重实用理念、功能，关心社会现实问题。不过，由于二者的界限很难划清，这一时期出现了强调理论与应用并重，理论要为实际服务的倾向。例如，美国的一些大学建立了纯科学学院，同时保留一批独立的应用科学教学人员。① 在向德国研究性大学学习的潮流中，美国建立了霍普金斯大学和克拉克大学；一些传统大学也纷纷转型，理论和学术研究受到重视，纯科学的发展处于一个上升阶段。

不过，19 世纪 80 年代以后，纯科学发展出现了一些新的变化。主要表现在两个方面，一个方面是德国的科学研究方向从原来的纯科学研究开始转向实验室技术的运用。一些研究者重视实验室的持续实验和观察，注重数据采集和细节研究，出现了实验室技术与科学的广泛要求相结合的趋势。其中重要标志之一是，1879 年德国科学家威廉·冯特在莱比锡大学建立了实验心理学实验室。德国的这种研究方式的转变对美国的研究产生了较大的影响。一些美国人通过各种途径介绍德国的大学和研究特点。还有一些美国人直接去德国的大学留学，学习德国的经验。据统计，1895—1896 年，有 517 名美国人被德国院校录取。② 另一个方面是学校教育问题成为大学学者关注和研究的问题。其主要表现：其一是教师职业的女性化问题。在美国，普通中小学学校的教师一职历来是由男性担任。但是 19 世纪中期以后，随着普通教育的发展，教师开始变为以女性为主的职业。在马萨诸塞州，1857 年，女性教师的占比达到 80％，1867 年达到 88％。③ 教师职业的女性化问题成为学者关注的问题。其二是教师职业的专业化问题。在教师职业女性化的同时，教师职业的专业化问题也成为学者关注的问题。如何培训教师、通过什么途径培训、培训的内容等，也成为学者和管理者关注的问题。其三是各类学校竞争的问题。随着教师女性化和专业化等问题的出现，普通学校与师范学校之间、师范学院与大学之间的矛盾也日益增加。这些都为学者们开展教育科学研究，

① 参见［美］劳伦斯·维赛：《美国现代大学的崛起》，栾鸾译，127 页，北京，北京大学出版社，2018。

② 参见［美］劳伦斯·维赛：《美国现代大学的崛起》，栾鸾译，136 页，北京，北京大学出版社，2018。

③ 参见［美］埃伦·康德利夫·拉格曼：《一门捉摸不定的科学：困扰不断的教育研究的历史》，花海燕、梁小燕、许笛等译，2 页，北京，教育科学出版社，2006。

寻求问题的解决提供了方法和条件。

在美国，随着教育的快速发展和受德国科学研究方式转变的影响，美国学者强调从科学的角度思考教育问题。当时有学者发表了题为《教育是一门科学吗》的文章，引起了学界对教育和科学关系问题的讨论。在讨论中，科学的实证方法逐步成为美国学者进行教育科学研究的主要手段。在他们看来，科学观念和方法正在影响和改变人类社会诸多领域的知识，而这些首先发生在大学和学者们身上，教育科学研究成为大学和学者们的主要工作之一。

当然，教育科学研究运动的出现也与早期教育研究方法的不足有关。早期的教育研究比较关注从哲学的角度思考和分析教育问题，用哲学的一些概念或者原则来推导教育上的一些观点和结论。结果，不同哲学思想和流派的论争导致了众多的分歧和问题，影响了对教育思想或者理论的认识。受现代科学的影响，学者们相信科学研究可以解决这些分歧和问题。他们认为，科学研究可以凭借客观的立场及观点来揭示和研究具有普遍性的东西，可以通过分析实验数据为观点或者理论提供支持。

总之，19 世纪后期教育科学研究运动的出现是以上诸多因素综合影响的结果，这些因素为教育科学研究运动的形成和发展提供了理论、观念和方法上的支持。

二、教育科学研究运动的发展阶段及特点

教育科学研究运动大体经历了几十年的时间。这期间，欧美心理学家、教育家在科学思想和方法的影响下，开始关注和研究教育问题，并在不同阶段关注不同教育问题的解决方式，这在一定程度上促进了教育科学研究运动的发展。这里需要说明的是，由于儿童研究运动已经有专章进行介绍，这里就不再对儿童研究运动进行分析。同时，也需要指出的是，对教育科学研究运动的发展阶段做出明确的划分是比较困难的，因为教育科学研究的发展在

许多情况下是重叠和交叉的。因此，下面主要根据教育科学研究运动中一些突出的事件加以阐述。

（一）欧美学者的思考和认识阶段

这一阶段发展的主要特点是欧美学者对科学的作用、科学方法用于教育研究等问题进行思考和认识的阶段，主要代表人物有毕尔生、桑代克、霍尔、杜威、克拉帕雷德等人。英国数学家、生物学家毕尔生在1892年撰写了《科学的基本原理》一书，针对科学的重要性发表了自己的看法。他认为，科学有能力解决一切知识领域的问题，对于任何调查的正确进行都是必不可少的。科学的目的在于向宇宙提供一个圆满的解释。科学家不仅忙于通过改善实际生活水平、改进运输工具和提高疾病治疗水平，来为我们做出贡献，还可以通过对社会问题的关注，影响我们的社会行为。① 在他看来，宇宙是各种现象的总和，这些现象之间有着相互的、密切程度不等的联系，变异性是这些现象的特征。科学的基本问题，是要发现和衡量某一类现象变化与第二类现象变化的相互关联的程度。关于科学研究，毕尔生认为，科学研究能够而且应当包括以前的知识领域。分科的学习科学特别适合现代公民的训练。科学研究主要指科学方法的研究。关于毕尔生在科学研究方面的贡献，康内尔指出，毕尔生在《科学的基本原理》中所表达的思想就是19世纪90年代广为流传的思想。他的著作所起的作用是使这些思想具体化，并鼓励对社会科学感兴趣的那些具有类似思想的人，把这些思想应用于社会科学领域。②

美国教育心理学家桑代克非常重视科学对教育科学研究的促进作用。他在谈到科学与教育科学的关系时指出："教育科学，在它发展的时候，就像其他科学那样，有赖于对教育机构的影响作直接观察和实验，并且有赖于以定

① 参见［澳］W.F.康内尔：《二十世纪世界教育史》，张法琨、方能达、李乐天等译，205页，北京，人民教育出版社，1990。
② 参见［澳］W.F.康内尔：《二十世纪世界教育史》，张法琨、方能达、李乐天等译，206页，北京，人民教育出版社，1990。

量的精确性研究和描述的方法。由于所要研究的题材是各类事实，因此统计学总是有助于研究的。当今，认真研究教育理论的人的主要责任，是要养成归纳研究的习惯，和掌握统计逻辑……当我们对种种自然的事实进行观察和实验的时候，我们就掌握了它们。当我们测定它们的时候，我们就是使它们为我们服务。"①

瑞士的心理学家、教育家克拉帕雷德认为，应该建立教育科学，开展对儿童的研究，关注儿童发展的阶段性和平衡性。同时，他认为还要使用实验方法进行科学研究，包括观察、实验，以及调查研究等。他通过搜集资料、比较事实，获得对儿童行为和教育发展的理解。克拉帕雷德非常重视研究方法的使用。他认为，研究教育教学问题，要借助事实，而不是引用前人或者教育家的教导。教育研究不要以某些学者的观点为依据，而要以事实为依据，以及这些事实是否是以足够仔细的方法观察到的。

总之，这个阶段的一些欧美学者都坚信，科学是社会进步的唯一可靠的基础。教育研究的发展需要依靠科学、依据事实。同时，科学也要为教育和社会进步服务。

（二）教育科学实验机构的建立阶段

这一阶段运动发展受德国心理学家冯特的影响，一些专家创办了教育实验室或者心理实验室、实验学校及教育研究学会，对教育的一些基本问题和基本理论进行实验研究和展开验证。1896年，美国教育家杜威在芝加哥大学创办了实验学校。1899年，他又在芝加哥大学教育系创办了教育研究室。1900年，安特卫普建立了一个从事儿童研究的教育学研究室。1901年，尼查耶夫在俄国的彼得堡开办了一个实验室。1905年，法国心理学家比奈（A. Binet，1857—1911）在巴黎的一所小学建立了实验室。1912年，瑞士心理

---

① ［澳］W.F.康内尔：《二十世纪世界教育史》，张法琨、方能达、李乐天等译，207页，北京，人民教育出版社，1990。

学家克拉帕雷德在日内瓦建立了专门从事儿童研究的卢梭研究院。第一次世界大战之前的 10 年，欧洲、美洲的国家和亚洲的日本，都建立了许多实验室。为了促进教育实验和研究的发展，1904 年，英国大不列颠学会建立了教育科学分会。①

　　杜威所办的实验学校与一般的教育实验研究不同，比较注重在学校环境中进行教育实验。按照杜威的理解，他的实验学校是把教育理论在运用中进行检验的研究中心。杜威实验学校的主要特点是，通过实验学校招收一定数量的学生，并且根据学生的兴趣和需要实行小组教学；学校不设正规的考试，也没有等级评定。实验学校的目的是在管理、教学和训练的过程中培养学生的协作、协调、分享和社会责任的能力与精神。在教学中，实验学校主要是让学生通过参与解决问题的活动，获得对社会和生活的经验。

　　19 世纪后期，与杜威一样，一些美国大学的教授也开始关注教育研究。他们最初只是为教师，特别是高中教师和学校管理者准备培训资料。后来，他们参与教育研究，比较和描述各种学校和学校系统的运作情况。这一时期，与教师培训相关的师范教育系出现了。1894—1895 年，美国有 200 多所院校为教师提供培训，其中有 27 所建立了教育系或者教育学院。②

　　(三)教育科学研究运动的多方面展开阶段

　　这一阶段的主要特点是在已有认识和建立实验机构的基础上，开展对儿童、学校教育、教学及一系列问题的研究，包括儿童研究、学校调查研究、教育教学实验等。

　　在儿童研究方面，比较有代表性的有德国心理学家普莱叶、英国心理学家萨立、美国心理学家霍尔所开展的儿童研究。从 1882 年开始，他们分别出

　　① 参见[澳]W.F.康内尔：《二十世纪世界教育史》，张法琨、方能达、李乐天等译，210 页，北京，人民教育出版社，1990。
　　② 参见[美]埃伦·康德利夫·拉格曼：《一门捉摸不定的科学：困扰不断的教育研究的历史》，花海燕、梁小燕、许笛等译，10~11 页，北京，教育科学出版社，2006。

版或者发表了有关儿童心理、儿童想象、儿童语言等著作或者论文。儿童研究主要采用心理实验和测量，以及问卷调查等方法，为科学地认识儿童以及认识儿童与教育教学的关系，提供了有利的条件，同时也促进了教育心理学学科的形成。

早期的学校调查被看作提供研究数据的"科学研究"。其中，美国克利夫兰市的学校调查是这一时期最为全面和具有代表性的。该调查始于 1915 年 4 月，1916 年 6 月结束，历时一年两个月。调查小组的成员或单独或合作调查了克利夫兰市的学校系统的各个方面，最后发表了 25 卷调查报告，每一卷都对城市生活和教育的各个方面的问题做了论述。（具体内容可以参考本章的第四节。）这次调查不仅反映了城市主要行业对教育的需求，还将克利夫兰市的教育情况与其他 10 个城市进行比较研究，发现了许多学校管理和教学方面的问题。

在教育教学实验研究方面，这一时期德国的梅伊曼（E. Meumann，1862—1915）、拉伊（W. A. Lay，1862—1926），美国的桑代克，法国的比奈，瑞士的克拉帕雷德等人所进行的教育实验研究具有代表性，并且形成了各自的特点。其中，德国的梅伊曼、拉伊主要是在实验教育学方面进行研究。梅伊曼是德国心理学家冯特的学生，比较重视通过利用实验室来进行教育研究。他出版的《实验教育及其心理学基础引论》被看作早期教育心理学的代表作。与梅伊曼有所不同，拉伊比较重视通过利用教室进行教育实验研究。他的代表作是《实验教育学》。他还与梅伊曼联合创办了《实验教育学》杂志。

美国桑代克的教育研究强调教育测量，他被称为"测量运动之父"。[1] 在他看来，世界万物都是以某种数量形式存在。要彻底认识这些事物，必须了解它们的质和量。桑代克的主要工作就是试图将与教育有关的任何事物进行精

---

① 参见[美]埃伦·康德利夫·拉格曼：《一门捉摸不定的科学：困扰不断的教育研究的历史》，花海燕、梁小燕、许笛等译，56 页，北京，教育科学出版社，2006。

确的数字测量，包括智力、行为变化，甚至教育目的。他的代表作有《教育心理学》《心智与社会测量理论导论》《教学原理》等。在教学研究上，桑代克反对传统的"心智训练说"，认为学习不是对未充分发展的精神能力的常规训练，而是一种刺激和反应的联结。联结得越是牢固，学习效果越好。桑代克指出，只有当学校的科目的内容或方法与所教的内容或方法相似时，学习迁移才会出现。桑代克的研究既有力地支持了中小学课程的专业化学习，也支持了特殊教育目的的实现需要学习与目的直接相关的科目的观点。[①]

法国心理学家比奈重视对儿童的智力测验。经过多年的研究，他和西蒙(T. Simon，1873—1961)提出了运用智力量表进行测验的设想，试图判别正常儿童和智力缺陷儿童的智力状况。这些研究都对当时的儿童研究和学校教育教学工作产生了较大影响。智力测验的理论强调，所有存在的事物都是有一定数量的，任何以数量形式存在的事物都是可以被测量的。[②]

(四)教育科学研究观念和方法的多样化、专业化阶段

这一阶段发展的主要特点是在前一阶段发展的基础上，教育家开始对教育科学研究的内容、对象及方法等进行反思，对一些问题展开论争，出现了教育科学研究观念和方法的多样化、专业化阶段。

在教育科学研究的内容和对象方面，杜威的教育科学研究思想很有特点。在儿童研究运动初期，杜威就从科学研究的角度对儿童研究及儿童研究运动发表了自己的看法。他指出，儿童研究是一个新的事物，既是心理学运动的一个组成部分，也是科学研究运动的重要内容之一。杜威认为，教育科学研究运动已经从群体发展到个体，从整体发展到部分，从族类发展到个人，从人类的童年发展到个体的童年。有学者认为，对儿童不能进行科学研究，认

---

① 参见[美]R. 弗里曼·伯茨：《西方教育文化史》，王凤玉译，598页，济南，山东教育出版社，2013。

② 参见[美]R. 弗里曼·伯茨：《西方教育文化史》，土凤玉译，599页，济南，山东教育出版社，2013。

为科学与人性是对立的。人性的问题是天性的问题，科学的问题是物体的问题。对儿童进行科学研究就是把儿童看成了物体。对此，杜威指出，科学研究是把儿童当作物体，但是对儿童进行研究是为了更好地用科学理论取代偏见，可以更好地认识儿童。①

在教育科学研究的方法方面，美国的杜威与桑代克、贾德的不同选择和论争，反映了教育科学研究运动后期教育科学研究方法的多样化和专业化发展的特点。在教育科学研究上，桑代克的教育研究方法是建立在行为主义心理学基础上的，认为人类行为仅仅是对刺激的反应。杜威不同意这种观点，认为人的行为是全面的、有目的的。桑代克认为，教育研究应该以心理学，而不是以哲学和其他社会科学为基础。杜威则主张，教育研究应该是跨学科的综合研究，是各角色间的公开对话和合作。贾德是杜威在芝加哥大学教育学科的继承人，但是他与杜威的教育研究，特别是研究方法上存在许多不同。由于贾德曾经在德国心理学家冯特的实验室工作过，因此他受实验心理学的影响较大。贾德反对教育研究的哲学方法。他认为，不管哲学方法如何，它们与统计性和试验性的教育科学方法是不同的，教育研究必须专业化。在贾德看来，教育科学研究的专业化主要表现为，教育研究是专业研究者的事情，不是教师的事情。在关于如何看待学校和教师是否可以参与教育研究的问题上，杜威认为，学校是教育的实验室。在教育研究上，教师和研究人员大同小异，每个教师都可以成为教育的研究者。贾德则认为，学校主要是实施教育实验结果的场所。教育研究需要专业化的人员来承担，教师不应该是教育研究者。教师在学校里的主要任务是教书，在教学过程中运用研究人员发现的方法来传授职业知识、组织课堂、接触儿童。②

---

① 参见[美]约翰·杜威:《杜威全集·早期著作(1882—1898)　第 5 卷(1895—1898)》，杨小微、罗德红等译，168 页，上海，华东师范大学出版社，2010。

② 参见[美]埃伦·康德利夫·拉格曼:《一门捉摸不定的科学:困扰不断的教育研究的历史》，花海燕、梁小燕、许笛等译，68 页，北京，教育科学出版社，2006。

在美国，随着这一时期量化的和心理测量研究的被重视，以桑代克和贾德为代表的、以心理学为基础的教育研究方法逐步成为教育科学研究方法的主流，教育研究逐步成为一种实证和专业的科学，行为主义的研究方法和定量、测量的方法成为主流的方法，被普遍接受。而以杜威为代表的、以哲学和社会学科为基础的教育研究方法渐渐成为非主流的方法，而且随着社会各个方面的发展不断职业化和专业化，教育研究也出现了一种职业化的潮流。由于杜威的教育研究方法与教育研究职业化的潮流相悖，他的教育研究方法在这一时期逐步被孤立了。

需要指出的是，德国的情况与美国有些不同。由梅伊曼和拉伊创立的实验教育学虽然是以对实验方法的重视为主要特征的，但由于只重视研究方法的层面，逐渐暴露出自身的局限性。第一次世界大战以后，德国教育界开始注重自身的人文教育传统，强调以人为中心的教育现象和教育问题不能仅用实证的方法来研究，而应采用精神科学的方法，从而促进了精神科学教育学的发展。精神科学教育学在 20 世纪 20 年代中期成为德国主流的教育学，导致以梅伊曼和拉伊为代表的实验教育学的式微。

第二节　实验教育学的理论与实践

以教育实验为特征的实验教育学是从批判赫尔巴特教育学开始的。它使得 19 世纪末 20 世纪初的教育研究发生了转向。在实验教育学周围，聚集了众多以倡导教育实验而身体力行的代表人物，他们是德国的拉伊和梅伊曼，法国的比奈和西蒙，美国的赖斯、桑代克和贾德，瑞士的克拉帕雷德，比利时的斯库滕坦，英格兰的温奇，阿根廷的麦肯特，俄国的西科尔斯基，等等。在这些人中，德国的梅伊曼和拉伊是主要代表，被公认为实验教育学的创始人。[①] 这种共识不仅源于梅伊曼首次提出"实验教育学"这一术语以及梅伊曼与拉伊共同创办的《实验教育学》杂志，更是源于他们在实验教育学领域的辛勤耕耘和实践。虽然实验教育学在 20 世纪 20 年代以后风头不再，但正是它对自然科学研究方法的大力移植，导致了以思辨和逻辑推理为特征的传统教育学的解体，教育学从此开启了科学化的探索之途。

一、实验教育学的产生及基本观点

"实验教育学"这一术语最初是由德国心理学家梅伊曼提出来的。梅伊曼把对儿童学习疲劳、学习经济学问题的研究称为"实验教育学"。实验教育学是教育心理学的一个分支，研究的是能够最有效地改进儿童一般或复杂行为的办法。[②] 瑞士的克拉帕雷德与梅伊曼的观点基本一致，认为实验教育学是关于有利于儿童发展的环境的知识或调查，以及根据某一特定目的教育儿童的方法。[③] 实验教育学的另一重要代表人物拉伊在其代表作《实验教育学》中提出："实验教育学力图按照生物学、社会学，以及道德和伦理学的规律和规范，通过实验、统计和系统的观察，以解决教学和教育中的问题。"[④]可见，实验教育学的主要特征是研究处于发展阶段的儿童心理，以及解决相关教育问题。

（一）儿童的心理与发展是实验教育学的研究内容

19 世纪末，随着心理学的发展以及普及义务教育的实施，欧美兴起了研

---

① W.F.Connell, *A History of Education in the Twentieth Century World*, New York, Teacher College Press, 1980, p.101.

② E.C.Sanford, "Experimental Pedagogy and Experimental Psychology," *Journal of Educational Psychology*, 1910(10), pp.590-595.

③ É.Claparède, *Experimental Pedagogy and the Psychology of the Child*, M.Louch, H.Holman.(translation), New York, Longmans, Green And Co., 1911, p.41.

④ [德]W.A.拉伊：《实验教育学》，沈剑平、瞿葆奎译，10 页，北京，人民教育出版社，2005。

究儿童、为儿童谋福利的儿童研究运动。从广义上看，实验教育学与儿童研究运动相辅相成。随着儿童研究运动的深入，出现了儿童学，有些人甚至将实验教育学与儿童学等同，因此，拉伊专门对二者进行过区分。拉伊指出儿童学和实验教育学都采用实验的方法研究儿童，它们拥有共同的渊源，但儿童学关注的是理论，实验教育学所追求的是解决教育和教学方面的实际问题。①

实验教育学从儿童出发，围绕着儿童开展各种教育实验研究，这些研究涉及儿童的兴趣、爱好、情感、记忆、身体发展、智力和智慧类型、性别差异等。1907 年，梅伊曼出版了《实验教育学讲义》，主要内容为儿童心理及其在教育中的应用，包括一般儿童身心发展的实验研究及其教育意义，个体儿童身心发展的实验研究及其教育意义，儿童的感觉、注意、情感，儿童的个性和儿童的天赋，等等。② 瑞士实验教育学的领军人物克拉帕雷德的《实验教育学和儿童心理学》的主要内容是儿童的心理发展和智力疲劳。拉伊更是把教育学分成个体教育学、自然教育学和社会教育学，其中个体教育学专门研究儿童个体的素质和禀赋。

实验教育学家对儿童研究的重视以及所研究的问题，反映了他们新的儿童观和教育观。他们不再把儿童看作成人的缩影，认为儿童的生理和心理自有其特点。一切教育活动，只有从儿童身心发展的特点出发才能收到良好的效果。虽然二者都采用实验的方法，但儿童心理学并不等于实验教育学。儿童心理学研究的往往是儿童心理的单一机能，并不追求与实际生活相联系。实验教育学对儿童的研究则从教育所面临的实际问题出发，考察教育与儿童发展的关系，寻找解决具体问题的具体办法。实验教育学提倡用科学的方法

---

① 参见［德］W.A. 拉伊：《实验教育学》，沈剑平、瞿葆奎译，10 页，北京，人民教育出版社，2005。

② E.Meumann, *Vorlesungen zur Einführung in die Expreimentelle Pädagogik und ihre Psychologischen Grundlanen*, Leipzig, Verlag von Wilhelm Engelmann, 1907, pp. XⅢ-XV.

研究儿童的思想以及相应的研究成果，使卢梭所直觉的儿童的天性有了客观的依据，为确立以儿童为中心的儿童观和教育观提供了坚实的基础。

(二)教育实验是教育学成为科学的必由之路

从教育学的发展来看，赫尔巴特被誉为科学教育学的奠基人。他主张教育学要建立在心理学和伦理学的基础之上。但实验教育学家认为，赫尔巴特的教育学只把心理学和伦理学作为辅助学科，依靠知觉、内省观察和观察别人进行研究，这些方法本身是不完善的。教育现象中的因果关系，必须通过教育实验确定，而且研究者要对实验的结果在实践中加以验证。当然，从实际经验和辅助学科中归纳和演绎的各种原理也并不是不重要，但它们不过是实验需要验证的假设而已。①

实验教育学家们认为，系统观察、统计和教育实验是其特有的研究方法，它是使教育学独立，成为"一门独立的科学"的途径。② 但是当时的教育理论拒绝采用已有的最好的研究方法——系统观察其他人的方法、统计和教育实验的方法——因此科学的教育学要么接受进步的方法论以及实验处理问题的结果，要么不能再宣称为科学或者是学校实践的科学基础。③

虽然实验教育学家们也一直强调系统观察和统计的方法，但他们都认为教育实验是实验教育学区别于传统教育思想的主要标志。教育实验不仅可以验证教育假说，更重要的是可以突破个人经验的主观局限性，实验的结果可以直接产生用于教学方法的规则，具有普遍的指导意义。当然，如何认识教育实验，不同的实验教育学家也有所差别。以梅伊曼为代表的学者们认为，

---

① 参见[德]W.A.拉伊:《实验教育学》，沈剑平、瞿葆奎译，18~20页，北京，人民教育出版社，2005。

② 参见[德]W.A.拉伊:《实验教育学》，沈剑平、瞿葆奎译，21页，北京，人民教育出版社，2005。

③ P.Drewek, "The Educational System, Social Reproduction, and Educational Theory in Imperial Germany," in T.S.Popkewitz, *Educational Knowledge: Changing Relationships Between the State, Civil Society, and the Educational Community*, Albany, State University of New York Press, 2000, p.295.

教育实验是为了发现学生成长和发展的心理—生理规律，实验应该由训练有素的心理学家在严格控制的实验室进行；而以拉伊为代表的学者们则主张，教育实验要研究最有益于学生身心健康的、最经济的学习方法，应由教师在正常的学校环境中进行。虽然对教育实验认识的分歧可能是导致梅伊曼和拉伊由合作走向对峙的原因，但并不影响实验教育学作为"赫尔巴特……教育学说的对立物"[①]的意义。将实验范式应用到教育理论中意味着教育学进入了科学研究的时代。用拉伊的话来说，凭借改进了的方法，"实验教育学不是教育学的一个分支，而是未来的共同的教育学"[②]。

(三)解决具体的教育问题是实验教育学的目的

实验教育学产生的大背景是 19 世纪末自然科学的发展以及实证主义哲学的流行，其直接动因是学校中学生课业负担过重以及精神疲劳等问题。19 世纪，由于自然科学的发展以及新人文主义的盛行，学校课程中增加了很多新的内容。学习科目的大量增加导致学生课业负担过重，精神过度疲劳等问题。这些问题最先引起医学界的注意，19 世纪 60 年代以后逐渐成为教育界所关注的问题。很多国家的学者都希望能从生理学和心理学中寻找到解决这些问题的方法，实验教育学正是应教育工作的客观需要而产生的。

实验教育学所面临的是学校教学的两个根本性问题：第一，在考虑教师作用的前提下，学校的每一门科目要教些什么，为什么教，什么时候教，怎样教；第二，学生如何能花费最少的时间和精力掌握教师所教授的内容。[③] 简言之，实验教育学的目标是解决学校教学的问题以及学习的经济性问题。因此，实验

---

① [日]大河内一男、[日]海后宗臣等：《教育学的理论问题》，曲程、迟凤年译，230 页，北京，教育科学出版社，1984。

② [德]W.A. 拉伊：《实验教育学》，沈剑平、瞿葆奎译，22 页，北京，人民教育出版社，2005。

③ P.R. Radosavljevich, "Experimental Pedagogy and School Hygiene," in T.A Storey, *Fourth International Congress on School Hygiene*, vol.3, Buffalo, The Courier Co.of Buffalo, 1914, p.147.

教育学的目的不是构建某种理想的教育或教育的理想，而是解决教育教学实践中的实际问题。实验教育家们的论著和他们的亲身实践充分体现了这一点。例如，梅伊曼在《学习心理学》的引言中特别强调"方法"和"经济"要用于学习的过程①；他说："在传统的教育学中我们读到了大量关于教学的方法，但是绝大多数情况下，教育学的教科书没有告诉我们任何学习的方法。然而我们发现自己正面临着一个非常严峻的问题，即要不要通过系统地改进学生行为中的程序来提高教室管理的效率，从而使学生的学习在方法上得到完善，在经济上取得更大的成就。"②正是出于这样的目的，他的《实验教育学讲义》主要讨论与儿童心理特点相关的教学方法，以及实验教育学在小学的阅读、写作、拼写、算术、绘画等科目中的作用。同样，为解决学校教育中的具体问题，拉伊做了大量的教育实验。例如，为了确定小学拼写教学最有效的方法，他专门选择1~6年级的学生进行整班实验。拉伊也指出"实验教育学家的任务，就是立足于一般的观念，充分考虑所涉及的各种关系，系统阐述和解决某些问题"③。

总之，实验教育学追求解决教育具体问题的研究目的正是当时流行的实证主义方法的体现。实验教育学家们相信教育现象中存在着"真的"答案，只要努力，就一定能够找到解决问题的办法。④

二、实验教育学的主要代表人物及观点

实验教育学作为出现于19世纪末20世纪初的教育流派，最初以德国为

① E.H.Cameron, "Book Review on Psychology of Learning: An Experimental Investigation of the Economy and Technique of Memory," *The American Journal of Psychology*, 1915(26), pp.304-306.

② P.A.Young, *Instructional Design Frameworks and Intercultural Models*, New York, Information Science Reference, 2009, p.2.

③ [德]W.A.拉伊：《实验教育学》，沈剑平、瞿葆奎译，25页，北京，人民教育出版社，2005。

④ 参见[德]W.A.拉伊：《实验教育学》，沈剑平、瞿葆奎译，23页，北京，人民教育出版社，2005。

中心，以后则逐步影响到法国、瑞士、比利时、英国、俄国、美国等国家。本节第一部分所提到的诸多学者都为实验教育学的发展做出了贡献，但最为重要的还是德国的梅伊曼和拉伊。

(一)梅伊曼的教育思想

梅伊曼1862年出生于牧师之家，早年曾学习神学和哲学，在获得哲学博士学位后追随实验心理学的创立者冯特学习心理学，是冯特最出色的学生之一。梅伊曼曾任教于德国多所大学，参与了汉堡大学的创办，还曾被苏黎世大学聘为哲学、心理学和教育学副教授。1900年，梅伊曼首次提出了"实验教育学"的概念。自1905年起，他与拉伊共同主编《实验教育学》杂志。1907年，发表长达1040页两卷本的著作《实验教育学讲义》，1912年再版后增至2463页，在欧美教育界影响广泛。1914年，梅伊曼出版《实验教育学纲要》。梅伊曼一直致力于实验教育学的研究，为实验教育学的创立和发展做出了重要的贡献。

1. 论实验教育学的性质与功能

梅伊曼是从对教育学的分析入手来谈实验教育学的性质。他认为，教育学是一门独立的科学，具有自身的特点和规律，并非伦理学或心理学在教育领域的应用。[①] 教育学应分为两部分：一部分为叙述的、说明的教育学，另一部分为组织的、科学的教育学。前者专门研究教育的基本事实，阐明什么是事物，为整个教育理论提供具体的事实和论据。它可以通过实验进行普遍的验证，因而与一般的经验科学具有同样的性质。后者指教育学的组织方面，即根据教育和教学的一般概念组织跟教育有关的具体事实。这部分往往依时代、文化的变迁而变化，没有普遍性，很难用实验的方法来验证。实验教育

①　L.Criblez, "Experimental Pedagogy in German-speaking Switzerland after 1900, Scientific Bases for school reform?," in R.Hofstetter & B.Schneuwly, *Passion, Fusion, Tension: New Education and Educational Sciences, End 19th-middle 20th Century*, Bern Berlin, Bruxelles, Frankfurt am Main, New York, Oxford, Wien, PETER LANG, 2006, p.43.

学的目的在于发现事实，因此它只属于前者，并不能涵盖教育学的整个领域。传统的教育学主要针对厘清术语，制定规范、守则，"规范本应建立在事实的基础之上，然而海尔巴脱与福禄倍尔均单作演绎的说法，忘却事实的方面。实验的教育学，正欲补救此种缺点者"①。

关于实验教育学的功能，梅伊曼认为有三个：研究儿童的发展，了解不同科目间的智能差异，对学校工作进行分析性调查。② 这些功能基于实验教育学的研究目的，即如何在保障学生身体健康的前提下达到学习效果的最大化，为此梅伊曼做了大量的实验研究。他不仅研究儿童的心理发展，儿童的个体差异以及天才儿童的特殊禀赋，还重视儿童与成人的比较研究，其目的都在于为教师如何有针对性地对学生进行学习指导提供依据。他研究学习的内外部条件，即学习者的主观条件和所处环境的客观条件对学习效果的影响，编制详细的条目进行实验证实，对家庭作业、学校学习的时间长短与疲劳的关系做过详细的讨论。在《实验教育学讲义》第二卷里，梅伊曼提出实验教学法应该成为实验教育学的组成部分，以便更好地为教学方法提供事实的支撑。③

2. 论实验教育学的研究范围

关于实验教育学的研究范围，梅伊曼在《实验教育学讲义》中指出："实验教育学者，是对于一切问题，以儿童之研究为基调，从而阐明之者也。其研究之范围如下：①考究儿童精神及身体的状态，②考究关于教师之活动的法则，③关于教学方法及学制问题等。即以实验的方法，研究此种问题，即为实验教育学之主要任务……若将上述的研究对象分析，则当如次：①学校儿

① 转引自雷通群：《西洋教育通史》，417页，北京，东方出版社，2007。

② A.M.Terrón，"Historical Origins of Statistics Applied to Pedagogy,"*Revista Electronica de Metodología Aplicada*，2003(8)，pp.1-23.

③ L.Criblez，"Experimental Pedagogy in German-speaking Switzerland after 1900,Scientific Bases for school reform?," in R.Hofstetter, B.Schneuwly，*Passion*，*Fusion*，*Tension*：*New Education and Educational Sciences*，*End 19th-middle 20th Century*，Bern，Berlin，Bruxelles，Frankfurt am Main，New York，Oxford，Wien，PETER LANG，2006，p.52.

童身心发达之研究。②追寻各儿童精神能力发达之迹。③个性之研究。④规定个人之禀赋，即个性之能力。⑤儿童的学校作业之研究，即作业的技术及其经济，学校作业与家庭作业之比较等。⑥各教科上儿童作业的研究。⑦教师之活动的研究。"①

梅伊曼于 1914 年发表的《实验教育学纲要》是《实验教育学讲义》的浓缩版和补充版。该书分为两部分。第一部分为经验性青少年研究的教育学基础，包括青少年研究概论、青少年身心发展的实验研究及其教育意义、青少年各种精神能力的发展、儿童个性与天赋的个别差异研究。第二部分为基于学生作业分析的教育学（特别是教学法）基础，包括精神作业概论、作业分论及实验教学论的任务和实验教育学的未来等。②

梅伊曼关于实验教育学研究范围的论述，基本上涵盖了当时教育学者和心理学者所关注的问题。尽管绝大多数内容属于教育心理学的范畴，但也体现了梅伊曼一再强调的观点，即实验教育学应该像实验心理学一样注重发现和研究事实，而非进行教育学理论的系统组织和建构。

3. 论实验教育学的法则

与同时代的其他实验教育学者一样，梅伊曼认为教育学领域需要研究范式的转变。在他看来，传统教育学关于教育及教授的各种规范和法则缺乏精确的根据，无法给教育实践提供有效帮助，因此需要将教育教学的法则建立在实验基础之上。具体而言，实验教育学的法则包括三个方面，即关于儿童态度的法则，关于教师活动的法则，关于教学方法及学制的法则。这三个法则相互联系、相互依存，后两个法则必须建立在第一个法则之上。

关于儿童态度的法则是实验教育学的首要法则。梅伊曼认为，教育要真

① 转引自雷诵群：《西洋教育通史》，417 页，北京，东方出版社，2007。

② E. Meumann, *Abriss der Experimentellen Pädagogik*, Leipzig, Berlin, Wilheelm Engelmann, 1914, pp. Ⅳ-Ⅶ.

正发挥作用，必须从儿童出发，考虑儿童发展的内部矛盾，考虑儿童的身心发展状况和水平，特别要考虑儿童的个性、儿童在心理发展过程中以及在天赋上存在的差异。

关于教师活动的法则是实验教育学的第二法则。从教育史上看，裴斯泰洛齐和赫尔巴特都主张要根据受教育者心理活动的规律规定教学的过程和教师的活动，这种主张无疑是正确的，但他们对受教育者心理的解释是缺乏科学依据的。梅伊曼赞同赫尔巴特的主张，他所强调的是不仅儿童的心理活动规律要通过实验研究来探寻，一切与教育有关的教师的活动也要经受严格的实验研究验证，只有这样，整个教育教学过程才能摆脱盲目性。梅伊曼关于教师活动法则的认识表明了他对教师专业地位的认可，他要求大学要承担小学教师的培养任务，大学的课程要进行改革，那些远离教育实践的教师也要相应做出改变。① 对于这一点，瑞士心理学家皮亚杰曾给予充分肯定。他评价道："在实验教育学方面，情况也同样是如此，因为它的明显目的就是要变成培养教师的一门卓越的学问，使教师的活动达到科学的水平，如果他受到充分训练的话……"②

关于教学方法及学制的法则也是梅伊曼实验教育学的有机组成部分。梅伊曼认为教学方法包括教师教的方法和学生学的方法，这两方面是互相联系的，教的方法必须考虑学的方法，而学的方法必须遵循儿童生理和心理发展的规律。在梅伊曼看来，由于教学法则对各科教学具有指导意义，实验教育学十分有必要确立关于教学方法的法则。除了教学方法，梅伊曼认为学制也是影响学生发展的重要因素。儿童应该几岁入学，在什么阶段应该学习什么

---

① P. Drewek, "The Educational System, Social Reproduction, and Educational Theory in Imperial Germany," in T. S. Popkewitz, *Educational Knowledge: Changing Relationships Between the State, Civil Society, and the Educational Community*, Albany, State University of New York Press, 2000, p.29.

② ［瑞士］让·皮亚杰：《教育科学与儿童心理学》，傅统先译，129 页，北京，文化教育出版社，1981。

课程，现行学校的组织是否合理，诸如此类的问题都属于学制的范畴。梅伊曼所处的时代正是资本主义国家延长义务教育年限，进行学制改革的时候，因此他将关于学制的法则也作为实验教育学的法则之一。

4. 论教育实验与心理实验的区别

实验教育学的根本特征是实验，但是否所有的实验都是教育实验呢？梅伊曼认为并非如此。在教育领域存在两种实验，即教育实验和心理实验，两者虽然采用的研究方法相同，但研究内容和研究目的却不一样。心理实验试图将被调查的心理生活过程简化为最简单的情况，使被调查现象的原因的复杂性尽可能简单地呈现出来。教育实验研究儿童复杂的心理过程。教育学必须面对各种附带条件的问题。在教育实验中，梅伊曼注重的是个体间的差异。①

就教育实验而言，当时存在实验室实验和教室实验两种方式。与拉伊不同的是，梅伊曼推崇并采用的是实验室实验。他认为只有严格按实验心理学的一套方法进行教育实验研究才能得到可靠的有价值的结果。而且梅伊曼还强调教育实验的研究人员应该是受过专门训练的实验心理学家。相对于在自然环境下由教师进行的教育实验而言，由心理学家在实验室进行的实验在实验条件控制、结果分析等方面具有很大的优势，但实验室毕竟不是真实的课堂，不仅实验的内容会受到限制，实验结果的实际效用也会受到影响。

作为第一个提出"实验教育学"术语的教育家，梅伊曼不仅致力于在实验室进行各种教育实验研究、培养学生，还系统地论述了实验教育学的性质、功能、研究范围和法则，对实验教育学的发展做出了独特的贡献。

(二)拉伊的教育思想

拉伊 1862 年出身于农民家庭，小学毕业后进入师范学校学习，后又进入

---

① P.R.Radosavljevich, "Experimental Pedagogy and School Hygiene," in T.A.Storey, *Fourth International Congress on School Hygiene*, vol.3, Buffalo, The Courier Co.of Buffalo, 1914, pp.153-154.

卡尔斯鲁厄工业学院和弗莱堡大学学习。1885 年,他通过了中学教师资格考试。从 1886 年起,他在弗莱堡的中学任教。从 1893 年起直到退休,他一直在卡尔斯鲁厄第二师范学校担任教师,教授理科和农学。1892 年,拉伊出版的《理科教学法》(*Methodik des Naturgeschichtlichen Unterricht*)一书引起了世人的瞩目。1896 和 1898 年又分别出版了《正字法教学指南》(*Führer durch den Rechtschreibunterricht*)和《低年级算术课》(*Rechenunterricht der Unterstufe*),借助教育实验来验证中小学的教学方法。1903 年,拉伊出版了《实验教学论》(*Experimentelle Didaktik*,*Experimental Didactics*),首次尝试将各种实验研究的结果整合成连贯的系统。此论著使其获得了哈勒大学的哲学博士学位。1908 年,拉伊又出版了《实验教育学》(*Experimentelle Pädagogik*),系统阐述实验教育学的性质、目的、体系和方法。此书多次再版,在当时就被翻译成多种文字,影响广泛。拉伊在实验教育学领域不仅著述丰富,更是勤于实践,努力传播实验教育学的思想,与梅伊曼一起被公认为实验教育学的奠基人。

1. 论实验教育学的基础及其组成部分

拉伊和梅伊曼在批判旧的传统教育学方面有着一致的意见,都认为以赫尔巴特为代表的教育学缺乏科学的基础。按拉伊的理解,教育学要想成为科学,必须建立在所有生物学科和哲学学科基础之上。生物学科指狭义的生物学、解剖学、生理学、卫生学、心理学和精神病学等;哲学学科包括认识论、政治经济学、伦理学、美学和宗教哲学等。因此,教育科学应包括教育史、辅助学科和新的研究方法。在他看来,实验教育学不仅有广泛和坚实的学科基础,还有自己的研究对象和研究方法,是完整的教育学、一般的教育学,即"未来的共同的教育学"。这种教育学包括三个组成部分:第一,个体教育学,研究儿童的遗传特性、种族特性以及家庭和国家的特性中表现出来的先天倾向。第二,自然教育学,研究环境中自然的因素(气候、自然地理和动植物生活等)与儿童间的相互关系。第三,社会教育学,研究社会因素对儿童的影响。由于个体、自然生活和社会生活是一个相互联系的整体，因而这三者之间没有明显的界限。

2. 论教育学实验及其目标

拉伊指出，实验教育学最突出的特点就是强调教育学实验，但教育学实验与纯心理学实验和儿童学实验有所不同，"只有当一项实验的主要目的是解决教育学的问题时，这项实验才是教育学实验"①。具体而言，教育学实验要了解实际教学过程中儿童心理的动态，即教师每天要面临的问题。由于教师需要的是可以指导他用来改进儿童学校生活的教育学和教学论，因此教育学实验要把研究的对象和问题与实际生活紧密联系在一起。为此，拉伊特别推崇自然环境中的教室实验。此外，教育学实验注重的是从个别问题出发，强调被试的实际情形而非抽象形式，所获得的实验结果不是为了建构理论，而为了解决实际问题。

拉伊认为，教育学实验的目的在于根据生物学、社会学以及道德和伦理的科学的定律和规范，用实验、统计和系统观察来解决教育教学上的问题。它的根本目标在于给教师们一个理智地从事教育教学活动的根据。教育史上有众多著名教育家的论断，这些论断常常会被人们奉为金科玉律；同时，教师个人也会有自身的教育经验，这些经验往往会束缚教师的手脚。不管是教育家的论断，还是教师个体的经验，都不是放之四海而皆准的，而教育学实验所揭示出的教育的某些规律可以让教师在实际的教育教学工作中更具有批判性和主动性。

3. 论实验教育学的方法

拉伊指出，新旧教育学的区别在于它们积累经验的方式和研究的方法。旧教育学重思辨和逻辑推理，实验教育学重视实验，但这并非意味着实验是

---

① ［德］W.A. 拉伊：《实验教育学》，沈剑平、瞿葆奎译，10 页，北京，人民教育出版社，2005。

实验教育学唯一的方法。在拉伊看来,实验的研究方法,除了实验,还包括统计科学和客观或系统的观察。拉伊认为,实验教育学所采用的观察方法不应是偶然发生的,而是有意识、有目的、有计划的。这种观察应在简单化、容易视导并可以切实控制的情境下进行。实验教育学所采用的统计方法是对反复观察到的材料进行记录与计算,并对有关问题进行测量,再进行比较和分析。这涉及不仅要确定个体的状况,还有测定群体的平均水平。当然,实验教育学中最重要的方法还是实验,只有借助实验,才能揭示复杂教育现象之间的因果关系,提出正确的教育主张和措施。①

4. 论教育实验的阶段

拉伊认为,教育实验依靠的不应是纯粹的意见或偶然的、未经控制的、不严密的经验,而应建立在一种科学的、事实的根据之上,这就是科学的教育学的假设。这些假设的根据一是过去的教育经验与理论,二是现代自然科学和心理学的结果。利用这些结果以及周密系统的观察、统计和实验来验证假设,以获得定律或概括性的结论,最后在实践中加以应用。因此每一个教育实验的过程都应该包括三个阶段:提出假设,设计并实施实验,在实践中进行验证。② 具体来说,首先,在进行教育实验之前对所要研究的问题在详细考察与论证的基础上提出假设。其次,针对假设提出需要实验解决的项目,并且从教室实验中来正式解答问题。这个阶段要经过初步的实验、真正的实验以及控制或校对的实验等步骤。最后,在实际的教育教学中证实教学实验的结果。

拉伊采用上述的实验步骤对拼写、算术、图画、自然科学等科目进行大量的实验研究。为了避免个人经验的偏见,拉伊完全按照当时科学上已经成

---

① 参见[德]W.A.拉伊:《实验教育学》,沈剑平、瞿葆奎译,16~18页,北京,人民教育出版社,2005。

② 参见[德]W.A.拉伊:《实验教育学》,沈剑平、瞿葆奎译,19页,北京,人民教育出版社,2005。

立的根据进行资料搜集以及评价和概括结论。不可否认，拉伊采取的统计方法是初级的，但他的研究为后人开辟了道路。

5. 论行动教育学

拉伊认为，任何有机体在外界刺激下做出的反应都是行动，行动是人类生活中最基本的现象，人类靠行动维持生命并得到发展。拉伊还认为，行动和表现是教育的基本原则，教育必须设法使学生通过行动来实现自身身心的发展。

拉伊批评旧学校缺乏表现和由做而学的教学，认为这种学校不但无法帮助学生发展未来的事业，甚至会阻碍学生身体的发育。因此必须用表现的教学来代替被动的教学，用"做的学校"来代替"文字"和"书本"的学校。① 实际上，"做的学校"就是拉伊设想的未来的学校，他称之为"活动学校"或"行动学校"。他在《活动学校，一种符合自然和文化的教育改革》（"Die Tatschule, Eine Natur und Kulturgemásse Schulreform"）一文中指出，这种学校是一个带有社会性的集体，是游戏与学习的结合体，是一个能够允许学生进行多种活动的组织。

从"活动学校"的思想出发，拉伊提出了"有机课程"的思想，即按照卫生学、经济学、逻辑学、伦理学、美学和宗教哲学的规范所指导的各种活动，是一种以活动为骨架的网络。在拉伊看来，有机课程反映着刺激与表现、观察与反应、内容与形式之间的相互联系，在教学中要利用各种各样的"表现"方式，使学生表现自己的主动性，有所行动，才能使教学有效且持久。

正因为强调行动在教育中的作用，拉伊的实验教育学又被称为"行动教育学"。拉伊的"行动教育学"是对赫尔巴特学派的主知主义教育理论的批判。他批评旧的学校把学生视为知识的容器，忽视动手的、行动的教育，压抑学生

---

① 参见[德]W.A.拉伊：《实验教育学》，沈剑平、瞿葆奎译，58 页，北京，人民教育出版社，2005。

的创造性，这些批评无疑是正确的。

作为德国实验教育学的主要领军人物，拉伊与梅伊曼一样在实验教育学领域里进行了一系列开创性的研究。美国纽约大学教育学教授拉多赛尔耶维奇在拉伊《实验教育学》英文本导言中对拉伊做出了这样的评价："拉伊在教育上的贡献很多，而且这些贡献包括理论的(科学)和实际的(艺术)两方面，现代欧洲关于学校改革的整个教育思想，大部分受了拉伊关于实际上和理论上著作的影响。"①

三、实验教育学在各国的实践及发展

实验教育学脱胎于实验心理学，是儿童研究运动的重要组成部分。从研究方法上看，实验教育学与当时的实验心理学和儿童学很难区分开来。当时的学者也大多将实验教育学、实验心理学、儿童研究以及儿童学这些术语混用。20 世纪 80 年代出版的《国际教育研究百科全书》(*International Encyclopedia of Education Research and Studies*)在"教育研究的历史"词条中将梅伊曼、拉伊、比奈、西蒙、赖斯、桑代克、贾德、克拉帕雷德、斯库滕、温奇、麦肯特、西科尔斯基等人并列为实验教育学的创立者。② 虽然从研究对象、目标以及具体的内容看，实验教育学与实验心理学、儿童研究运动拥有不同的代表人物，但正是这些人在实验教育学领域的辛勤努力和实践，使实验教育学不仅在德国流行，甚至传播到了南美洲和亚洲。

（一）实验教育学在一些欧美国家的实践

与欧美其他国家相比，德国是实验教育学的中心，很多国家的研究都受到了德国的影响。在实验教育学的影响下，1908 年德国教师协会(Deutscher

① 转引自吴式颖、任钟印主编：《外国教育思想通史》(第八卷)，442 页，长沙，湖南教育出版社，2002。

② T.Husen, T.N.Postlethwaite, *International Encyclopedia of Education Research and Studies*, Oxford, New York, Toronto, Sydney, Paris, Frankfurt, Pergamon Press, 1985, p.1588.

Lehrerverein）决定成立教育中心专门协调相关的教育改革，柏林和莱比锡的教师协会也纷纷跟进。① 德国的实验教育学研究在一定程度上影响了当时的教育改革，对提高教师专业化水平也发挥了一定的促进作用。

19 世纪中期，美国的教育领域就出现了经验主义的传统，到 19 世纪末出现了"客观的科学的"研究。很多学者关注对儿童心理的研究，绝大多数心理实验室都与实验教育学有关，突出的有霍尔、韦特海默、维普以及桑代克等人。霍尔于 1888 年成为克拉克大学校长后建立了儿童心理研究所，对实验教学法进行研究。1891 年，霍尔创办《教育学研究》(*The Pedagogical Seminary*)杂志，登载关于实验心理学和实验教育学的研究成果。韦特海默是临床心理学的创始人。1896 年，他在宾夕法尼亚大学建立了世界上第一个心理诊所，1907 年创办《临床心理学》(*Clinical Psychology*)杂志。他的研究对象是有特殊需要的儿童。他坚持进行实验研究并把研究结果应用到教育实际中去。维普是心理测验方面的先驱人物，他曾先后在康奈尔大学、伊利诺伊大学任教育科学及艺术专业副教授，密歇根大学实验教育学教授。他的著作《心理与生理测验手册》(*Manual of Mental and Physical Tests*)展示了在实验室以及课堂两种环境下对儿童研究的结果。桑代克作为教育心理学体系的创始人，也是实验教育学领域的先驱者。他毕生致力于对学习过程的研究，通过动物和人的实验得出的准备率、练习律和效果律对当时的学校教育产生了很大影响。总体上，美国在实验教育学的研究和实践中，更加重视心理测验和学习成果测量，在 1920 年出版的《标准化测验总汇》(*Bibliography of Standardized Tests*)中仅用于中学的测验就有 104 个。②

19 世纪末，瑞士教育领域也出现了对以赫尔巴特为代表的传统教育学的

① É.Claparède, *Experimental Pedagogy and the Psychology of the Child*, M.Louch, H.Holman(translation), Now York, Longmans, Green and Co.London, 1911, p.23.

② J.Nisbet, "How it All Began: Educational Research 1880-1930," *Scottish Education Review*, 1999(31), pp.3-9.

批判。梅伊曼的学生梅斯默和温特尔不断通过报刊、讲座以及给中小学教师
提供的继续教育课程来宣传实验教育学的理念和方法。梅斯默长时间任教于
罗查赫教师学院(Rorchach Teachers' Seminary)，他批判赫尔巴特的教育学，倡
导将未来教师所学习的教育学、心理学以及教学法建立在科学的实验基础之
上。为培养真正拥有教学艺术的教师，梅斯默编写了关于心理学和一般教育
学的教科书。梅斯默与其老师梅伊曼相互呼应，成为 20 世纪头十年瑞士德语
区实验教育学的主要代表人物。[①]

　　实验教育学在瑞士法语区的代表人物是克拉帕雷德。他于 1905 年发表的
《实验教育学与儿童心理学》(*Experimental Pedagogy and the Psychology of the
Child*)在当时的欧美教育界引起了巨大的反响。克拉帕雷德不但对儿童的实验
研究提出相应的教学理论，还于 1912 年在日内瓦建立了教育科学研究所(In-
stitute of Education Sciences)来实践其主张。在《实验教育学与儿童心理学》第
四版中，他对实验教育学在各国发展的介绍至今依然是了解当时实验教育学
在各国传播的重要信息来源。

　　英国虽然远离欧洲大陆，但在实验教育学研究方面也不输于其他国家，
早在 19 世纪 80 年代就有人相继开始采用实验的方法进行儿童研究，90 年代
以后出现了儿童研究协会，如英国儿童研究协会(British Child-Study Associa-
tion)、儿童学会(The Childhood Society)等，登载儿童实验研究成果的期刊也
相继问世，如《英国心理学》(*British Journal of Psychology*)、《儿童研究》(*Child
Study*)以及《实验教育学》(*Journal of Experimental Pedagogy*)。在 20 世纪之前，
最有影响力的研究者是弗朗西斯·高尔顿(Francis Galton，1822—1911)，他
以当地的小学生为对象，研究人类心理特点与身体特征之间的关系。1883 年，

---

① L.Criblez, "Experimental Pedagogy in German-speaking Switzerland after 1900, Scientific
Bases for School Reform," in R.Hofstetter, B.Schneuwly, *Passion*, *Fusion*, *Tension*：*New Educa-
tion and Educational Sciences*, *End 19th-middle 20th Century*, Bern Berlin, Bruxelles, Frankfurt
am Main, New York, Oxford, Wien, PETER LANG, 2006, p.51.

他建立了人类学实验室，通过测量人的感觉器官来探究心理特征。1888 年，他与大不列颠及爱尔兰教师行会(Teachers' Guild of Great Britain and Ireland)合作研究学生的心理疲劳。1900 年之后，伦敦郡议会的一些督学开始研究学生的训练迁移、记忆、注意力等问题，调查学生的学习兴趣，编制标准化测验①，这些人中以温奇的研究最为全面。作为督学，温奇有机会接触中小学的学生，加上他专门去剑桥学习过心理学，因此当他看到心理学的理论与实际的教育实践脱节的时候，他试图采用实验的方法来系统检验关于教育过程中的各种假设，解决公立小学教育中出现的问题。在位于伦敦的学区，温奇对小学生的记忆、推理、知觉等进行了大量研究，对语文、数学以及历史教学的方法也进行过实验研究。与他同时代的美国心理学家维普称他是"人所共知的将实验和统计技术用到学校实际问题上的英国第一人"②。在温奇潜心进行实验研究的同时，鲁斯科 1912 年出版了《实验教育学导论》(*Introduction to Experimental Education*)。此书以梅伊曼的《实验教学法导论讲座》(*Vorlesungen zur Einführung in die Xprimentelle Pädagogik*)为基础，以在英国学校的调查报告为依据。1919 年进一步修订为《实验教育学》(*Experimental Education*)，成为当时有名的教科书。鲁斯科认为，实验教育学是新的教育学，是一门独立的科学。它以实验心理学为基础，采用量化的归纳的方法而非演绎的方法，提出并研究问题。与梅伊曼一样，他同样认为普通教师不能从事实验研究。③

　　比利时在 19、20 世纪之交也涌现了一批力图将教育学科学化的人物，如斯库滕、德可乐利、韦雷和布伊斯等。他们将对儿童学的研究推进到实验教

　　① J.Nisbet, "How it All Began: Educational Research 1880-1930," *Scottish Education Review*, 1999(31), pp.3-9.

　　② S.A.Sharp, A.P.W.Bray, "Winch: A Founder of the Experimental Approach in Education," *British Journal of Educational Studies*, 1980(28), pp.34-45.

　　③ R.R.Rusk, *Introduction to Experimental Education*, London, New York, Bombay, Calcutta, Longman, Green and Co., 1912, pp.2-6.

育学的阶段。① 斯库滕于1899年开始担任安特卫普儿童研究所主任(the Pedo-logical Department of Antwerp)，所内设置有儿童研究实验室。斯库滕一直从事儿童研究，致力于从总体上改善对儿童的科学研究。斯库滕的研究工作使其主导的研究所获得了国际声誉，首届而且是唯一的一次国际儿童学大会于1911年在布鲁塞尔召开，斯库滕不但是组委会主席，也是大会的副主席。与梅伊曼观点类似，斯库滕反对基于经验和传统的对待儿童的做法，强调教育需要得到生理学和心理学的支撑。更为重要的是，斯库滕认为教育理论应当更加数学化，而且要遵循诸如化学、物理学等科学的发展道路。② 德可乐利是比利时实验教育学的另一位践行者。他认为教育改革必须以研究为基础。1901年，他与创立布鲁塞尔特殊学校的迪摩尔一起建立了"特殊教育学院"(Institut d'enseignement Spécial)，在此采用实验的方法对儿童的生理和心理进行研究。他强调要想为特殊儿童提供适当的教育，必须对"特殊"一词进行精确描述，而这需要深入的实验研究。他对比奈-西蒙智力量表进行了调整和完善，于1910年发表了改进后的版本。1907年，德可乐利将对特殊儿童的研究结果应用到普通儿童，创办了"生活学校"(l'école Pour la Vie, Par la Vie)进行教育实验，"学校满足他们智力、体力、社会和审美生活要求的办法，是把他们的教育环境安排得使他们可以按照自己的兴趣，而又有最大的热情，而且对他们自己和他们的社会有最大的教育收益"③。

　　与欧洲其他国家一样，法国在19、20世纪之交也孕育了实验教育学，很多心理学家投身到儿童研究中来，其中比奈是比较突出的一位。1905年，比

---

　　① P.Smeyers, M.Depaepe, *Beyond Empiricism: On Criteria for Educational Research*, Leuven, Leuven University Press, 2003, p.53.

　　② P.Smeyers, M.Depaepe, *Beyond Empiricism: On Criteria for Educational Research*, Leuven, Leuven University Press, 2003, p.55.

　　③ [澳]W.F.康内尔：《二十世纪世界教育史》，张法琨、方能达、李乐天等译，309页，北京，人民教育出版社，1990。

奈在巴黎的一所小学设立了实验室，采用科学的方法研究儿童的生理、智力、道德以及相应的教学方法。他的著作如《智力疲劳》(*La Fatigue Intellectuelle*)、《智力实验研究》(*L'Etude Experimentale de Vintelligence*)向人们展示了通过观察、实验研究儿童心理的方法，给人们解决实际的教育问题提供了实证的基础。比奈在儿童研究方面最为重要的成就是在法国教育部的委托下与他的学生西蒙编制了儿童智力测量表。

除了上文提到的这些国家，荷兰、意大利、西班牙、俄罗斯、波兰、保加利亚、罗马尼亚、当时的奥匈帝国、瑞典、挪威、丹麦、阿根廷、日本等国都有学者在实验教育学领域进行探索，他们的研究都在一定程度上加快了教育学科学化的进程。

(二)实验教育学的衰退

实验教育学从19世纪末出现，在第一次世界大战前其影响力达到高峰，但20世纪20年代以后，实验教育学的影响力日渐衰微并逐渐淡出人们的视野，其中既有客观的外在原因，也有实验教育学自身存在的问题。

德国虽然是实验教育学的诞生地和研究中心，但是实验教育学对经验和实证的重视并非源于德国文化本身，而是受到英、法等国的影响。自赫尔巴特将教育学建立在逻辑方法论上之后，德国形成了以逻辑思维、理性分析来研究教育的人文传统。这种传统虽然受到实验教育学的挑战，但挑战基本局限在研究方法层面。第一次世界大战前后，德国越来越孤立于国际社会的发展，德国人越来越沉迷于自己的人文教育学传统，结果导致了形而上学的复活，其突出的表现便是精神科学教育学的迅速崛起。精神科学教育学强调人是历史的存在，不能仅用自然科学的方法来加以研究，同样以人为中心的教育现象和教育问题也不能够仅用实证方法来研究，而应采用精神科学的方法。精神科学教育学的倡导者在批判实验教育学的同时，采取一系列策略大力推行自己学派的主张。这些策略包括在大学的哲学院将教育学作为人文学科设置；否认教育学的纯科学性质，将师资培养排除在大学之外；大学中为数不多的教育学教授席位由推崇精神科学教育学的人担任；在教育类期刊尤其是当时最重要的《教育》(Erziehung)上大量刊发精神科学教育学学者的文章；出版相关的精神科学教育学教学指导手册和教科书。① 经过斯普朗格、诺尔等人的努力，精神科学教育学在20世纪20年代中期成为德国主流的教育学并对整个20世纪德国教育学产生了重要影响。除了精神科学教育学的兴起对实验教育学产生的挤压，导致其逐渐退出历史舞台的客观原因还有其领军人物的离世。1915年，梅伊曼去世，实验教育学流派失去了最为重要的推动者。虽然拉伊于1926年离世，但他从未在大学任教，其话语权和影响力远逊于梅伊曼。

当然实验教育学的式微也有其主观的原因。实验教育学将自身的研究局限在教学法以及学习的经济和卫生等方面，并不涉及教育的目的、价值和理想。实验教育学认为处理这些问题的应该是其他社会性的和文化性的科学。② 因此，它不太可能影响教育思想的变革。而且由于实验心理学本身的不成熟，采用其研究方法所进行的实验教育学的实验也只是初步的，得出的结果对实践的影响是非常有限的。③ 实验教育学家们倾向于只研究初等教育的问题，完全忽视其他层次的教育，在研究教育问题的时候考虑的只是直接的课堂变量，忽略了更广泛的社会、政治和经济的因素。雷通群在评价实验教育学时指出，其所研究的只是"存在"的世界，缺乏教育学应有的"当为"的研究。④ 实验教育学自身的这种局限应该也是其后期走向末路的原因之一。

---

① D. Tröhlera，"The Discourse of German Geisteswissenschaftliche Pädagogik-A Contextual Reconstruction，"*Paedagogica Historica*，2003(39)，pp.759-778.

② R. Jahrling，"Experimental Pedagogy, the Science of Education，"*Pedagogical Seminary*，1923(30)，pp.40-44.

③ L. Criblez，"Experimental Pedagogy in German-speaking Switzerland after 1900, Scientific Bases for School Reform?"in R. Hofstetter，B. Schneuwly，*Passion*，*Fusion*，*Tension*：*New Education and Educational Sciences*，*End 19th-middle 20th Century*，Bern Berlin，Bruxelles，Frankfurt am Main，New York，Oxford，Wien，PETER LANG，2006，p.57.

④ 参见雷通群：《西洋教育通史》，418页，北京，东方出版社，2007。

第三节　教育心理学的理论与实践

教育心理学和心理学都起源于古代西方哲学，至 19 世纪中叶以前都尚未从哲学中独立出来。但到 19 世纪中叶以后，受自然科学研究方法以及生物学、生理学研究成就的影响，心理学转而趋于科学化研究取向。1879 年，德国心理学家冯特在莱比锡大学创立了世界上第一个心理学实验室，用实验法建立新的实验心理学体系，宣告了心理学的独立。由此，心理学从旧的哲学心理学中独立出来，有了自己独特的研究对象、方法和内容，从此开辟了"科学的一个新领域"①。19 世纪末 20 世纪初，受现代心理学科学方法的影响，哲学教育心理学也进而发展成为现代科学的教育心理学，并形成心理学的重要分支。

1903 年，美国心理学家桑代克出版了《教育心理学》(*Educational Psychology*)，开创了教育心理学的学科体系。这标志着教育心理学的独立。桑代克大力倡导采用科学的方法改革教育，将教育心理学视为严格的实证科学，将纯属心理学动物学习实验研究所得的原理原则作为教育心理学的主要内容。这种严格的科学实证研究取向，改变了传统的哲学教育心理学的形象。教育心理学的诞生，符合此期欧美教育科学化研究和学校教育改革的需要，成为19 世纪末至 20 世纪前期欧美教育科学研究运动中的一支重要力量。

一、教育心理学的诞生与发展

德国心理学家艾宾浩斯说过："心理学有一长期的过去，但仅有一短期的

---

① 车文博：《西方心理学史》，222 页，杭州，浙江教育出版社，1998。

历史。"①此言论虽然是针对一般心理学的发展而言，但同样也适用于描述教育心理学发展的特点。

(一)教育心理学的诞生

19世纪后期实验科学尤其是实验心理学为教育革新提供了科学依据和方法论基础。在桑代克提出教育心理学这个名称之前，已有许多心理学家把心理学的研究成果应用于教育学研究中，他们为教育学与心理学相互融合，使教育心理学由常识性的经验发展到科学理论的构建做出了重要贡献。但这些研究多数是把普通心理学的知识通过推论移植于教育，不能说是正式的教育心理学。②

正式的教育心理学是由美国心理学家桑代克开创的。"在教育心理学的历史中，桑代克是一个无与伦比的人物。他的先驱性工作确立了教育心理学的科学地位，塑造了教育心理学的特点。"③在美国机能主义心理学总体倾向的影响下，桑代克对心理特别是动物的学习进行了广泛的实验研究，后来他又研究了人类的学习及其测量。依据学习的实验与测验研究所得的资料，桑代克在1903年出版了《教育心理学》。在该书中他阐述了教育心理学的研究对象、研究内容和学科体系，心理学家一般将此事件确定为教育心理学诞生的标志。1913—1914年，桑代克将《教育心理学》扩充为三卷本，即《人类的本性》《学习心理学》《工作与疲劳以及个性的差异》，更加详细地阐明了教育心理学的研究内容和范围。桑代克认为，教育心理学的职责在于提供改造人类个体的科学知识。教育心理学必须使人了解人类个体在未受教育之前的本性是怎样的；在教育及学习过程中，本性又是如何变化的；个性的差别是怎样造成的。教育心理学的三大构成就是在这样的思想指导下确立的。桑代克为

---

① 转引自[美]E.G.波林：《实验心理学史》，高觉敷译，ⅱ页，北京，商务印书馆，1981。

② 参见冯忠良：《教育心理学的发展概况》，载《心理学报》，1982(3)。

③ B.J.Zimmerman, D.H.Schunk, *Educational Psychology: A Century of Contributions*, Hillsdale, New Jersey, Lawrence Erlbaum Associates Publishers, 2003, p.113.

教育心理学设定了范围，勾画了教育心理学的基本框架，为教育心理学的发展奠定了基础。

（二）教育心理学的发展

桑代克坚持教育心理学是心理学原理在教育领域中的应用。因此 20 世纪前期，行为主义心理学、格式塔心理学、精神分析等重要心理学流派的相关研究使得教育心理学的发展产生了行为主义倾向和动机心理学倾向等主要理论倾向。①

行为主义心理学产生于 1913 年，是美国现代心理学主要流派之一，被称为西方心理学第一势力。行为主义的根本特点是排斥意识，主张以行为为心理学的研究对象。早期行为主义以华生为代表，新行为主义以斯金纳为代表。教育心理学中的行为主义倾向开始于 20 世纪 20 年代。1920 年，美国心理学家爱德华·克劳斯特朗出版了《向教师介绍心理学》一书，首次以行为主义的观点阐述教育心理学的问题。这标志着教育心理学中行为主义观点的提出。1924 年，肯尼迪出版了《教育的心理学》，同样以行为主义术语分析学习过程。1928 年，桑福德在《教育心理学：一种客观的研究》中把教育心理学描绘成"应用纯心理学所发现的规律和原则，其研究对象是教育过程中的行为"。1935 年，格雷出版的《教育的心理学基础》一书，被称为"行为主义教育心理学手册"。② 从 20 世纪 20 年代到 50 年代，行为主义在西方心理学界几乎一统天下，对教育心理学的发展产生了重要影响。

格式塔心理学产生于 1912 年，代表人物有韦特海默、苛勒和考夫卡等。格式塔心理学不反对心理学研究意识，只是反对把意识分析为简单的所谓心理元素；也不反对心理学研究行为，只是反对行为主义者把行为分析为简单

---

① 参见高觉敷、叶浩生主编：《西方教育心理学发展史》，4 页，福州，福建教育出版社，2005。

② 参见高觉敷、叶浩生主编：《西方教育心理学发展史》，5 页，福州，福建教育出版社，2005。

的反射过程。在学习理论方面，格式塔心理学强烈批评桑代克的尝试错误学习说，主张把学习看作有目的的、探究的、富于想象力和创造性的活动，认为一切学习实际上是一个解决问题的思维过程。尽管完全否定学习中含有尝试成分的观点是一种偏颇，但它对树立重视培养学生的思维能力，注意在教学中引导和启发学生的"顿悟"的教育观，是有意义的。20世纪前期在行为主义有着强势影响力的时代，格式塔心理学致力于记忆、推理、思维、问题解决等认知学习的研究，对当时教育心理学的发展也有一定的影响。

有关学习动机的研究也是影响教育心理学发展的一个理论倾向。20世纪前期对动机有着深入研究的主要是弗洛伊德于1895年开创的精神分析学派。弗洛伊德的基本理论是强调本能和无意识的冲动在人的生活中起着巨大的作用，强调人类的行为动机，重视情绪的发展，注意心理冲突的动力过程。到20世纪20年代，已有少数研究者开始用精神分析的术语来描述有关儿童发展的状况或探讨它对教育的某些意义，或将其应用于教育实践。

综观19世纪末至20世纪前期教育心理学的发展，由机能主义心理学发展而来，建立在动物实验研究基础上的桑代克的联结主义①，和华生、斯金纳为代表的行为主义对教育心理学的发展是起主导作用的。

二、教育心理学的主要理论

桑代克是教育心理学基本体系的开创者。以华生为代表的行为主义和以斯金纳为代表的新行为主义及其学习理论对教育心理学的发展影响又最大。

---

① 桑代克的心理学思想可以归入广义的机能主义心理学，桑代克也是机能主义心理学哥伦比亚学派的代表。但桑代克更愿意把自己称为"联结主义者"(Connectionist)。他创建了联结主义心理学(Connectionistic Psychology)，这是桑代克在动物实验研究的基础上提出的一种学习心理学理论。他认为动物学习不存在思维和推理的作用，而是情境刺激与反应之间的联结，学习是联结的形成与巩固。桑代克的学习理论有向行为主义过渡的倾向，但桑代克不是行为主义者，不应归入行为主义心理学家列行。这是因为桑代克还没有完全否认人的主观体验，并承认人的思维、感情和动作都属于行为的范畴。参见车文博：《西方心理学史》，340~344页，杭州，浙江教育出版社，1998。

下面以桑代克、华生、斯金纳为代表来分析 20 世纪前期教育心理学的主要理论。

(一)桑代克的教育心理学理论

桑代克的教育心理学理论主要包括三个部分，即人的本性、学习理论和个性差异。

1. 人的本性

桑代克认为在人身上存在着两种反应倾向：先天就有的原始倾向和通过学习获得的习得性倾向。先天的原始倾向也就是人的本性。桑代克特别重视人的先天倾向，"人当生命之初，即当父精与母卵结合为人时，就已经具备了无数确定将来行为的原始倾向"[①]。人的本性及本性在他的思想、情感、行为和态度上所发生的变化，可以用"反应"这一术语以及这些反应与生活中特定情境的联结来解释。这些原始倾向有三种，即反射、本能和先天能力。

原始倾向可分为两大类。第一类是仅与个体自身的活动相关的本能或能力，包括感知能力、原始的注意能力、粗糙的身体控制能力以及获取与占有、逐猎、恐惧与愤怒等本能反应；第二类是与他人有关的社会性本能，如母性行为、群居、注意他人且有意吸引他人的注意、支配与顺从、反抗与竞争等。这些本能和潜能中有些是善的(如慈爱)，后天教育应该给予鼓励、发扬；有些是恶的(如凌虐和欺辱)，应该受到抑制、消除；有些是要利用的(如感知能力和原始的注意能力)；有些是需要利导的(如竞争和羡慕)。教育的科学主旨就是要对人的本性分别加以抑恶、扬善、利用和利导。

2. 学习理论

桑代克的学习理论是建立在他对动物行为研究的基础上的。从动物行为的研究中，桑代克总结出了关于学习过程与规律的观点，并用它来解释人类

① [美]爱德华·桑代克：《教育心理学简编》，张奇译校，3~4 页，北京，中国人民人学出版社，2015。

的学习。

(1)学习过程

桑代克认为动物的学习不含有任何推理或思维的成分，也不含有任何观念的作用。动物学习的最基本形式是"尝试与错误"，或者称为"选择与联结"。人的学习也是这样，当学习者面临一个新的情境时，为了达到一个特定的目标，学习者必须通过不断地尝试，从多种可能的本能反应中，选择一个反应与情境形成联结，联结的形成意味着学习过程的完成。这种学习过程是渐进的，而不是顿悟的，或飞跃式的。学习是联结，人之所以是非凡的学习者，主要是因为人能形成许多联结。① 因此，教育的目的就是安排情境，控制反应，使学习者形成适当的联结。

(2)学习定律

1930年之前，桑代克提出了关于学习的准备律、练习律和效果律。1930年之后，桑代克根据相关实验结果，对练习律和效果律进行了一些修改。

准备律。在人类中，满意与烦恼的原始倾向可以归结为能及时应用与不能及时应用的三条定律：当一个传导单位准备好传导时，传导得以实现就会引发满意；当一个传导单位准备好传导时，传导不能实现就会引发苦恼；当一个传导单位没有准备好传导但被迫传导时，传导就会引发苦恼。②

练习律。练习律包含应用律与失用律两个方面。应用律：若一个可变的联结得到使用，刺激与反应之间的联结就得到加强。失用律：若一个可变的联结长时期得不到使用，刺激与反应之间的联结就会削弱。1930年后，在修改后的练习律中，桑代克注意到练习结果的重要性。他指出，仅仅简单的重复，而不了解练习的结果，那么练习的作用是微乎其微的。

---

① 参见[美]爱德华·桑代克：《教育心理学简编》，张奇译校，128页，北京，中国人民大学出版社，2015。

② 参见[美]B.R.赫根汉、[美]马修·H.奥尔森：《学习理论导论(第七版)》，郭本禹、崔光辉、朱晓红等译，50页，上海，上海教育出版社，2011。

效果律。若一个反应导致了一个满意的事态，联结的力量就增强；若一个反应导致了一个令人烦恼的事态，联结的力量就会削弱。效果律是对练习律的重要补充。1930 年后，在修改后的效果律中，桑代克指出，给一个联结以奖赏可加强联结的力量，而给一个联结以惩罚却不能削弱联结的力量。

除了学习律，桑代克还提出了"多重反应""定势或态度""元素的优势""类化的反应""联合的转移""效果的扩散""相属性"等学习规则。[①] 这些学习规则也是桑代克学习理论的重要组成部分。桑代克通过大量的练习实验得出各种"练习曲线"，用联结说的观点和学习定律解释了练习进步的内外原因和个体差异、练习过程中成绩起伏变化的原因，以及练习对不同心理功能的影响。

3. 个体差异及其原因

桑代克提出教育心理学应重视个体差异的研究，以使教育和教学方法能真正适合个体的特点。他认为任何个体在任何心理特质上的能力都是三种势力影响的结果：原始本性，仅由内部发育决定的原始倾向的成熟程度，生活和训练环境。[②] 而影响人的原始本性的因素又有性别、种族（或远祖）、家庭（或近祖）。因此，形成个体差异的原因可归纳为性别、种族、家庭、成熟、环境五个方面。

桑代克认为男性与女性天生具有性格与能力上的差异，而两性之间本能天赋的最大差异是：男性斗争本能强于女性，女性慈爱与关怀的天赋超过男性。家庭遗传因素是影响个体本性发展的一个重要因素，但个体的本性并不完全决定于家庭的遗传。成熟或内部心理生长对个体心理特点有影响，但成熟仅仅是影响个体身心发育的因素之一。桑代克把学校、家庭和社会机构等

① 参见高觉敷、叶浩生主编：《西方教育心理学发展史》，96~101 页，福州，福建教育出版社，2005。

② 参见[美]爱德华·桑代克：《教育心理学简编》，张奇译校，253 页，北京，中国人民大学出版社，2015。

能对人产生影响的力量统称为环境的影响。环境的影响对于具有不同本性的人会产生不同的作用，但环境影响与本性的影响有时是相互交织，难以区分的。

(二)华生的教育心理学理论

华生是行为主义心理学的创始人。他通过《一个行为主义者所认为的心理学》《行为：比较心理学导论》《行为主义的心理学》《行为主义》《行为主义的方法》等著作，系统阐述了他的行为主义观点。华生认为，心理的本质是行为，心理学的对象只应该研究行为。心理学研究的目的任务，就是确定刺激与反应之间联系的规律，以便预测和控制行为。心理学应该用客观的方法(包括观察法、条件反射法、言语报告法、测验法和社会实验法)①实证地研究人的行为，真正认识人类行为的规律和原理，从而达到预测人的行为，并控制人的行为。

1. 关于遗传和本能

华生行为主义的基本理论之一就是否认行为的遗传和本能的作用。华生在其早期论著中也承认人具有本能，并认为本能是一种先天性的反应模式，是较简单的反射行为，本能不仅具有保全个体生命和繁衍种族的功能，也是引发学习的基础。但是，华生在其后来的论著中便完全否认行为可以遗传，否认本能的存在，反对在心理学中使用本能的概念。他认为，人出生后由于具有身体结构的遗传，从而对各种刺激会发生相应的反应，但这只是身体结构上的遗传，而不是身体机能的遗传，不是许多心理学家所说的本能。"生理结构上的差异和早期训练上的差异将决定日后行为上的差异。"②他还认为，人的一切复杂行为是受各种刺激或情境的影响或学习得来的，人的较复杂的行为完全来自学习，尤其是早期训练。

---

① 参见车文博:《西方心理学史》，370~371页，杭州，浙江教育出版社，1998。
② [美]约翰·华生:《行为主义讲演录》，艾其来译，77页，北京，现代出版社，2010。

2. 关于行为和学习

华生认为，行为是有机体用以适应环境的反应系统。行为和引起行为的环境影响可以分析为两个最简单的共同要素，即刺激（S）和反应（R）。刺激是指引起有机体行为的外部和内部的变化，而反应则是指构成行为最基本成分的肌肉收缩和腺体分泌。行为的基本单位则是刺激（S）-反应（R）的联结，最基本的刺激-反应联结叫作反射，一切复杂的行为都不外乎是一套反射，或称为习惯系统。从因果关系看，人的任何行为都是由于受到刺激而产生反应的结果。

在华生看来，由各种刺激引起的有机体反应也甚为复杂，它表现为人的全部行为，包括身体活动和通常所说的心理活动。华生将人的反应活动区分为四类：外显的遗传反应，如抓握；内隐的遗传反应，如内分泌腺的分泌；外显的习惯反应，如游泳、打球等；内隐的习惯反应，如思维活动。从不同的角度也可对反应进行细分，如将反应分为积极反应和消极反应、单一反应和复合反应等。华生强调，所有复杂的行为都是由简单的反应成长或发展起来的，这是行为主义的中心法则。在这一中心法则指导下，华生还对情绪、思维、人格做了相关研究。

华生否认遗传的作用，认为学习对于儿童的发展具有非常重要的作用和地位。华生的学习观点的基础是条件反射。所以不论多么复杂的行为，都可以通过控制外部刺激而形成。

（三）斯金纳的教育心理学理论

斯金纳是新行为主义的主要代表，也是新行为主义学习理论的创始人。斯金纳坚守行为主义立场，反对任何理论假设，坚持用描述的、归纳的、实验（个案）的方法研究有机体的行为。他的代表作有：《描述行为的反射概念》《机体的行为，一个实验的分析》《心理学术语的操作性分析》《科学与人类行为》《今日的强化》等。斯金纳在操作性条件反射、强化理论、程序教学等方面的研究对教育心理学产生了重要影响。

1. 操作性条件反射

操作性条件反射这一概念是斯金纳新行为主义学习理论的核心。斯金纳把行为分为两类:一类是应答性行为,这是由已知的刺激引起的反应;另一类是操作性行为,是有机体自身发出的反应,与任何已知刺激物无关。与这两类行为相应,条件反射也分为两类。与应答性行为相应的是应答性反射,称为 S(刺激)型。与操作性行为相应的是操作性反射,称为 R(反应)型。S 型条件反射是强化与刺激直接关联,R 型条件反射是强化与反应直接关联。操作性条件反射的特点是:强化刺激随着反应发生,有机体必须先做出所希望的反应,然后得到"报酬",即强化刺激,使这种反应得到强化。学习的本质不是刺激的替代,而是反应的改变。斯金纳认为,人的一切行为几乎都是操作性强化的结果,人们有可能通过强化作用的影响去改变别人的反应。在教学方面,教师要充当学生行为的设计师和建筑师,把学习目标分解成很多小任务并且一个一个地予以强化,学生通过操作性条件反射逐步完成学习任务。

2. 强化理论

斯金纳十分强调强化在学习中的重要性。强化就是通过强化物增强某种行为的过程,而强化物就是增加反应可能性的任何刺激。强化可以分为积极强化和消极强化。积极强化是获得强化物以加强某个反应;消极强化是去掉可厌的刺激物,是由于刺激物的退出而加强了那个行为。这两种强化都增加了反应再发生的可能性。斯金纳研究了强化程序,其内容包括连续强化和间歇强化。连续强化是每一次操作都予以强化,间歇强化是间隔一定时间或反应予以强化。间歇强化包括定时强化和定比强化。强化频率与反应消退的速度有重要相关性。斯金纳用强化列联这一术语表示反应与强化之间的关系。强化列联由三个变量组成:辨别刺激-行为或反应-强化刺激。在一个列联中,在一个操作-反应过程发生后就出现一个强化刺激，这个操作再发生的强度就会增加。教学成功的关键就是精确地分析强化效果并设计特定的强化列联。

3. 程序教学

斯金纳提出要以"操作条件反射"和"积极强化"为原则，重新安排学习的程序，变令人反感的控制为愉快的控制。斯金纳在程序教学和教学机器方面的主要观点有：第一，学习在本质上是强化基础上的操作条件反射。教学的目的就是要培养我们期待的反应。因此应采取一切教学手段强化理想的反应形式，使学生形成正确的操作反射。第二，学生的学习是可以控制的。安排特殊的强化程序，可以随意塑造有机体的行为。在确定和安排这种程序时，应根据连续接近的原则，步骤要少，强化要及时。第三，扩大强化反应的比率，尽量增加每次强化的反应数。在编制教学的程序时，应尽量缩小每个步骤之间的差异，使得学习按照一个循序渐进的过程进行，通过正确、及时的强化，形成期待的反应。第四，教学机器是控制学习过程的有效工具。人们可根据最有效的强化作用模式来编制机器的教学程序。在机器教学的条件下，学生可按照自己的速度进行程序学习，自由地确定自己的学习速度。

总体而言，桑代克的教育心理学理论夸大了遗传的作用，贬低了教育和环境在个别差异形成中的影响；华生的行为主义和斯金纳的新行为主义学习理论则夸大了环境的作用，忽视了遗传因素对个体差异的影响。更主要的是，他们的教育心理学理论是建立在动物实验的基础上，把动物实验得到的理论机械应用于对人类学习和教育的解释，而在根本上忽视了人与动物的本质差别。因此，他们的教育心理学理论对于心理学和教育科学研究有重要的价值，但将其应用于学校教育改革和课堂教学实践则困难重重。

三、教育心理学对教育科学研究的影响

1918—1927 年，在美国单是接受经费资助的教育心理学专题研究就有

3700 项之多。① 教育心理学对 19 世纪末 20 世纪前期教育科学研究产生了重要影响。

(一)教育心理实验推动了教育实验研究的开展

西方教育史上正规的教育实验的开端是以 1650 年夸美纽斯在匈牙利的"泛智学校"教育实验为标志，有人认为这一实验"是历史上第一个有计划、有组织的教育实验"②。此后，巴泽多、裴斯泰洛齐、赫尔巴特、福禄培尔、伊塔德、欧文、托尔斯泰等教育家也通过实验来探索教育问题，以改进教育教学工作。③ 但他们的教育实验基本上是个别的、分散的和经验探索型的。到 19 世纪后期，教育实验才与心理学上的实验运动密切联系，并逐渐与教育的实证研究相结合，朝着运用科学的方法进行研究的方向发展，从而开辟了教育实验的新局面，兴起了一股教育实验的潮流。

桑代克和克拉帕雷德的工作，对这一时期教育实验的发展产生了重要影响。

桑代克在建立教育心理学体系时，"他不相信任何思辨的、定性的研究结论，不接受实验室之外的经验之谈"④。他宣称，教育心理学的目的是以量化的术语、统计的方式和实验的方法促进教育问题的解决。从 19 世纪 90 年代开始，桑代克用实验法研究动物心理，后来又转向研究人类的学习，并呼吁通过观察和实验来研究教育。1914 年出版的《教育心理学》第二卷《学习心理学》对三大学习定律和相关学习原则的总结，以及第三卷《工作与疲劳以及个性的差异》对影响个体差异的五个因素的分析，都是桑代克基于切实开展教育实验和实证分析做出的。

----

① 参见张春兴：《在应用科学基础上建立教育心理学的独立体系》，载《教育研究与实验》，1995(2)。
② 任钟印、杨汉麟：《论夸美纽斯的开创性历史贡献》，载《教育研究》，1992(4)。
③ 参见杨汉麟主编：《外国教育实验史》，18~208 页，北京，人民教育出版社，2005。
④ 叶浩生、杨文登：《教育心理学：历史、分歧与超越》，载《教育研究》，2012(6)。

克拉帕雷德也认为，教育教学研究的趋势是使用实验方法。在《实验教育学和儿童心理学》中，克拉帕雷德就批评并强烈反对当时公认的教育实践，呼吁要以科学和科学的客观性作为进行探索的基础。他认为，教育工作者只打开某些教育专著，就在感知、观察力或记忆的培养方面，在疲劳、拼写或算术教学方面，发现儿童的任何真正明确的方向，那是最差劲的事情，必须用格物致知的实验方法加以代替。[①] 他认为，认真而客观的实验研究是提供完整事实及关系的唯一正确的科学方法，借此就能理解儿童行为的发展模式，且以该模式来影响教育的进程。1906 年，克拉帕雷德在日内瓦大学创设了"教育心理学研究室"，把它作为心理学研究所的一个部门。1912 年，他在日内瓦建立了卢梭学院，专门通过实验研究儿童教育问题。

这一时期的教育实验研究所涉及的主要教育课题有四个：第一，学习时间和精力的节省，即如何提高学生的学习效率。第二，心理测验，主要是智力测验研究，即如何具体了解每个学生的智力差异以便更好地因材施教。第三，训练迁移，主要涉及记忆、感觉辨别、态度、学校科目四个方面。第四，道德教育。运用实验方法研究儿童的品德培养，这是最棘手、最困难的问题，但也是教育研究者最感兴趣的问题。由于品德培养的复杂性，往往难以提供令人满意的实验案例。[②]

(二)教育心理测量促进了教育测量研究的开展

教育心理测量是教育心理学尤为倚重的研究方法。教育心理学家认为教育的科学性就在于要运用测量的方法，得出学生学习和发展的量化数据，以此发现问题并改进教育教学。正如桑代克所言："教育科学，当它在发展的时候，就像其他科学那样，有赖于对教育机构的影响作直接观察和实验，并且有赖于以

---

① 参见戴本博主编，张法琨副主编：《外国教育史》下册，39 页，北京，人民教育出版社，1990。

② 参见[澳]W.F. 康内尔：《二十世纪世界教育史》，张法琨、方能达、李乐天等译，240～244 页，北京，人民教育出版社，1990。

定量的精确性研究和描述的方法。由于所要研究的题材是各类事实，因此统计学总是有助于研究的。当今，认真研究教育理论的人的主要责任，是要养成归纳研究的习惯，和掌握统计逻辑……当我们对种种自然的事实进行观察和实验的时候，我们就掌握了它们。当我们测定它们的时候，我们就是使它们为我们服务。"①

19世纪中后期的教育测量数量较少且缺乏标准化。标准化的教育测量源自专业的心理学家的工作，最重要的人物就是教育心理学家桑代克。1904年，桑代克出版了第一本关于测量的教科书《心理与社会测量理论导论》(*Introduction to the Theory of Mental and Social Measurement*)，这是心理与教育测量理论和技术发展的重要标志。

桑代克与他的学生一起开创了诸多学科领域的成绩测验，编制了各种标准测验量表。斯通于1908年编制了第一份算术成绩测验量表，其特点是有效度、有前测、标准化。1909年，柯蒂斯也编制了一份算术成绩测验量表。希勒加斯编制了英语作文成绩测验量表。桑代克则编制了书法成绩测验量表。艾尔斯和白金汉也分别于1910年、1913年编制了拼写成绩测验量表。1918年，门罗列出的成绩测验量表就有109种。② 这些标准化的成绩测验量表主要用于对学生学习效果的检验，从而对教师的教学工作提出有针对性的改进措施。教育心理学家的工作得到了认可：1911年，美国全国教育学会批准学校招生和毕业考试使用标准测验；1928年，美国有关部门已认定1300个标准测验是有效的。③

除了成绩测验，智力测验也得到了发展，智力测验主要用于个体差异的

---

① 转引自[澳]W.F.康内尔：《二十世纪世界教育史》，张法琨、方能达、李乐天等译，207页，北京，人民教育出版社，1990。

② H.Warren Button, Jr.Eugene F.Provenzo, *History of Education and Culture in America*, Englewood Cliffs, New Jersey, Prentice-Hall, 1983, p.224.

③ 参见王策三主编：《教学实验论》，82页，北京，人民教育出版社，1998。

测量与分析。1905 年，受法国教育部的邀请，比奈和西蒙编制了智力测验量表——比奈-西蒙智力量表，由此奠定了智力测验编制的科学基础。1908 年，美国心理学家戈达德将该量表(1905 年版)译成英文。1915 年，斯坦福大学的心理学家推孟对该量表进行了修改，以使其应用于群体而非个体。在这之前，智力测验量表主要被用于辨别智力落后的儿童，而在特曼看来，智力测验量表不但可以而且应该成为测量所有中小学生智力的工具。经过修改，1916 年，特曼发表了斯坦福-比奈智力量表，这一量表达到了标准化。此外，经过修改的量表与成绩常模衔接，可以将单个人的分数与一般总体的平均分数相比较。由于以上两个特点，该量表被学校广泛采用。特曼为他在智力测验方面的成功所鼓舞，又开发出了若干套学业成绩测验量表。1922 年，首次发表的斯坦福学业成绩测验量表到 1925 年每年销量达 150 万份。①

20 世纪 20—30 年代，教育心理学家开发了越来越多的标准化测试。一时间，学生成绩测验和智力测验风靡欧美。桑代克等教育心理学家设计的测验量表在美国 1910 年开始的大规模学校调查运动中被广泛应用于对学生的调查。"学生的学习效果"和"学生的个性差异"可以被"科学"地测量，并以客观数据呈现，成为对学生开设差异化课程、进行职业与学术分流，从而实现"因材施教"的重要依据。

当然，20 世纪前期的教育心理学也存在明显的局限。桑代克、华生和斯金纳等人的教育心理学研究建立在动物实验研究的基础上，抹杀了人与动物的本质差别，混淆了社会科学和自然科学的区别，忽略了学校和课堂的社会文化背景。来自心理实验室的研究理论，脱离了社会和文化环境，既难以为其他教育工作者所理解，也难以对教育与教学过程产生直接的指导意义。对教育心理实验与测量技术的崇尚在某种程度上也将教育科学研究导向了"唯科

---

① Paul D. Chapman, *School as Sorters：Lewis M. Terman, Applied Psychology, and the Intelligence Testing Movement, 1890-1930*, New York, New York University Press, 1988, p.99.

学主义"迷途。因此，20 世纪前期教育心理学的理论和实践也招致了不少批判。

第四节　学校调查运动的理论与实践

19 世纪末 20 世纪初，欧美国家处于工业化和城市化迅猛发展时期。急剧的社会变革带来了犯罪、贫穷、公共卫生、医疗与教育等一系列社会问题，要解决这些问题，首先必须对有关社会现象及相关社区具备"事实的理解"(factual understanding)，因此产生了"社会调查"(social survey)这种对特定社群或社区做大规模相关资料的搜集、描述、归类和分析的研究方法，并催生了规模庞大的社会调查运动(social survey movement)。社会调查采用了新兴的"概率与随机抽样"技术及多元归因的统计分析，具备了科学研究的特性。[1] 学校是社会的重要组成部分，在社会调查的观念、技术和方法的影响下，19 世纪末 20 世纪初，欧美国家兴起了学校调查。比较而言，欧洲国家开展学校调查的数量较少，没有形成学校调查运动的规模。[2] 但在大西洋彼岸的美国，学校调查数量多、规模大、参与力量广泛，且有共同的核心价值追求——学校效率，从而形成了影响巨大的学校调查运动(school survey movement)。

学校调查运动发生在美国进步主义教育运动时期，它是 1910—1929 年美

---

① 参见曾荣光、叶菊艳、罗云：《教育科学的追求：教育研究工作者的百年朝圣之旅》，载《北京大学教育评论》，2020(1)。

② 20 世纪初，欧洲国家开展的学校调查数量很有限，比较知名的是英国教育家萨德勒(Michael E. Sadler)于 1903—1906 年对英国利物浦学校系统的调查，目的是为地方教育当局更好地实现 1902 年《巴尔福教育法》(Balfour Act)中的条款提供咨询服务。但这种学校调查只是教育行政机构为了解教育事实而采用的常规手段，不同于美国此期以"学校效率"为核心价值追求而开展的学校调查。因此，对学校调查运动的探讨主要针对美国所开展的学校调查。

国的管理进步主义者①运用学校调查的方法和技术来查证学校各方面事实、探究学校管理问题、追求学校效率进而实现学校变革的思想和行动的综合体现。在学校调查运动中，"学校效率"是学校调查者的核心价值追求，具有"科学性"的调查方法和技术被视为诊断和解决学校效率问题的"万能良药"。在运用各种调查方法和技术检验"学校效率"的过程中，学校管理的所有方面都被纳入调查范围中，"教育效率专家"如统计学者、测量专家、知名督学、大学的教育管理学者和教育心理学家积极参与其中，促进了学校调查运动的迅猛发展。

学校调查运动对欧美教育科学研究运动和教育学学科发展产生了重要影响。澳大利亚教育史学家康内尔把儿童研究运动、学校调查运动和教育实验研究看成是 19 世纪末 20 世纪初欧美教育科学研究运动中目标不同但又相互联系的三个方面。②

一、学校调查运动的产生与发展

(一)学校调查运动产生的原因

学校调查运动在美国的产生是以下几个因素共同作用的产物。

第一，19 世纪后期兴盛的福利运动促使研究者进行社会调查，并对他们感兴趣的领域的社会条件进行评估。由于关注社会福利问题，社会调查成为一种运动，其影响逐渐波及教育领域。"学校调查"这个术语是从市政改革

---

① 参见周红安：《效率追求与学校变革——美国学校调查运动研究(1910—1929)》，博士学位论文，北京师范大学，2012。美国学者泰亚克把美国进步主义教育分为两大领域：管理进步主义和教学进步主义。其中，管理进步主义者不关心课堂教学中儿童的利益与兴趣问题，他们关心的主要是教育组织效率问题，他们努力使学校运作尽可能地顺利、有效率。代表人物有埃利奥特、哈珀、汉纳斯、斯特雷耶、克伯莱、范·西克尔等教育管理学者。参见[美]戴维·B.泰亚克：《一种最佳体制——美国城市教育史》，赵立玮译，135 页，上海，上海人民出版社，2010。

② 参见[澳]W.F.康内尔：《二十世纪世界教育史》，张法琨、方能达、李乐天等译，188 页，北京，人民教育出版社，1990。

者(municipal reformers)使用的"社会调查"借用过来的。① 学校调查最初主要是借鉴了社会调查的方法。

第二,对学校与社会关系探究的兴趣。随着美国工业化和都市化的发展,人们把注意力集中于当前的社会变化上,要求检验在变化的社会中学校教育究竟是否合适。此外,19世纪末20世纪初来自南欧和东欧的移民大量涌向美国,以及中等教育的广泛扩展,促使人们重新考虑教育的社会目的和实践。这些思考引起许多教育工作者对探索学校教育各种情况的具体事实的兴趣。

第三,对高效率的学校管理的要求。20世纪的第一个十年里,泰勒(Frederick W. Taylor,1856—1915)和吉尔布雷斯(Frank B. Gilbreth,Sr.,1868—1924)在工业和行政管理中成功地实施了改革,这项改革强调消灭浪费和采用有效的、经济的工作方法。因此,只有对学校系统开展认真的调查才能发现学校或教育系统的真实运行状况,这是迈向学校科学管理的第一步。② 自1890年以来,美国公立学校中学生人数的持续增长,教育计划的持续扩大,使得教育的成本不断提升,纳税人对不断增加的纳税成本强烈不满,学校管理者面对越来越多的关于学校效率低下的批评,需要对学校系统展开全面的调查,把学校效率的事实公之于众。

第四,教育研究追求"科学"方法的影响。19世纪末20世纪初,教育科学的发展使得教育工作者倡导采用新的方式去思考教育的哲学和教育的实践,粗略的评价开始让位于精确的统计和测量。正如拉塞尔·塞奇基金会统计部与教育部主任艾尔斯所言:"教育的进步是发现真理的结果,但真理不会自己站出来讲话,而统计调查在教育领域大有用武之地。学校统计调查的目的是

---

① H. Warren Button, Jr. Eugene F. Provenzo, *History of Education and Culture in America*, Englewood Cliffs, New Jersey, Prentice-Hall, 1983, p.225.

② 参见[澳]W.F.康内尔:《二十世纪世界教育史》,张法琨、方能达、李乐天等译,200~205页,北京,人民教育出版社,1990。

用简洁的语言向公众解释公立学校的所有重要特点。"①

（二）学校调查运动的发展

1. 学校调查运动的滥觞与初兴（1910—1920 年）

美国的学校调查运动始于 1910 年。1910 年 11 月，爱达荷州博伊西市学校董事会和督学米克邀请时任印第安纳波利斯市学校督学的肯德尔对博伊西市的城市学校进行调查，这是美国学校调查运动中第一个聘请外来专家开展的学校调查。肯德尔花了 6 天时间对博伊西市的学校进行调查并提交了调查结果——《博伊西市公立学校报告》（*Report on the Boise Public Schools*）。肯德尔在报告中对学校提出了许多建议。② 由外来专家独立而且综合地搜集学校系统的基本数据是博伊西市学校调查的突出特征。许多教育家很推崇肯德尔的这项工作，很快这种调查的形式和理念便迅速传播开来。

1910 年以后，美国城市学校调查数量增长很快。③ 学校调查的一般程序是邀请一位外来的专家对学校开展调查，最后由外来专家向学校董事会提交一份调查报告。调查的时间从一周到一年甚至更长，但大多数学校系统的调查都是在不超过一个月的时间里完成的。规模小的调查通常由一两个专家完成，大规模的调查则由五六个专家及其团队共同完成。

作为学校主要管理者的学校督学是各种批评和攻击的焦点，出于自我保护的需要因而成为倡导开展学校调查的最积极力量。推动学校调查运动发展的重要力量则是"教育效率专家"，或被称作"教育效率工程师"。主要是知名大学里的教育学、心理学教授，如斯坦福大学的克伯莱，威斯康星大学的埃

---

① *Report of the Division of Education*, Russell Sage Foundation, 1916, pp.1-2.

② Charles H. Judd, "Summary of Typical School Surveys," in S. Chester Parker, *Thirteenth Yearbook of the National Society for the Study of Education*, Part Ⅱ: *The Plans for Organizing School Survey*, Chicago, The University of Chicago Press, 1914, p.70.

③ H. Warren Button, Jr. Eugene F. Provenzo, *History of Education and Culture in America*, Englewood Cliffs, New Jersey, Prentice-Hall, 1983, p.226.

利奥特，哈佛大学的汉纳斯，哥伦比亚大学的桑代克和斯特雷耶，芝加哥大学的贾德和博比特，耶鲁大学的穆尔。因为身份和知识的专业性，他们除了能证明学校管理的效率，还能帮助学校管理者提高效率。

博伊西市学校调查之后，除单个调查者开展的学校调查之外，专门调查委员会、基金会和研究局、联邦教育局和州教育厅、大学和教育学院中的正式组织也纷纷开展了对学校的调查。这些学校调查中，有两个学校调查的影响尤为突出。一是1911—1912年由哈佛大学教育系主任汉纳斯主持的纽约城市学校调查。它是一个大规模的调查，调查经费共花了95139美元。1913年，哈佛大学出版社出版了三卷本的《纽约调查报告》(*New York Survey Report*)，共计2573页。[①] 值得一提的是，纽约城市学校调查首次使用了标准化测验来测量学生的算术成绩。纽约城市学校调查吸引了全美国的关注，可以说它给学校调查运动带来了声望。另一个则是1915—1916年由拉塞尔·塞奇基金会统计部与教育部主任艾尔斯主持的克利夫兰调查。其调查起因、过程和结果，后文将以个案的形式进行分析。

20世纪第二个十年末期，因为对开展学校调查专家资质的质疑，以及对同一城市学校多次开展学校调查其价值何在的质疑，再加上1917年4月美国正式参与第一次世界大战的影响，1919年和1920年这两年学校调查开展的数量与前期相比则有一定程度的下降。

2. 学校调查运动的勃兴(1921—1929年)

1921年以后，学校调查的数量则出现了迅猛增长的态势。进入20世纪20年代，学校调查之风如此兴盛，克伯莱在1924年也不禁发出了这样的感

① Guy M. Whipple, *Thirty-seventh Yearbook of the National Society for the Study of Education Part Ⅱ: The Scientific Movement in Education*, Bloomington, IL., The Public School Publishing Company, 1938, p.14.

慨："学校调查运动已经迅速地发展成为教育工程的一种重要形式。"① 与
20 世纪第二个十年的学校调查相比，大学教育学院和大学中具有调查职能的
正式组织成为开展学校调查的主体机构，这是学校调查运动进入 20 世纪
20 年代的最大变化。

　　在大学机构所开展的城市学校调查中，1921 年成立的哥伦比亚大学教师
学院田野调查部（Division of Field Studies）的工作尤为出色。它由斯特雷耶担
任主任，尼古拉斯·恩格哈特担任副主任。在田野调查部成立之前，他们都
有着丰富的调查经验。田野调查部所开展的学校调查既有大量的综合性学校
调查，也有大量的只针对学校建筑的调查。更为重要的是田野调查部对其他
调查机构开展的学校调查产生的影响。1926 年 13 个城市学校调查中的 7 个调查，
1927 年 18 个城市学校调查中的 12 个调查，1928 年 12 个城市学校调查中
的 11 个调查，其实施者都是在田野调查部接受过培训的人。② 田野调查部之
所以能有这样的影响，原因是多方面的。首先，它是由最富调查经验的专家
来组织和领导的。其次，有为数众多的其他专家为其服务，在某些时期，哥
伦比亚大学教师学院的大部分教师都是调查部的成员。最后，还有许多教育
管理专业的研究生，作为调查的工作人员，他们积极地参与到学校调查中。
这使得有 10~15 个专家和 50~100 个工作人员组成团队来开展大规模的学校
调查成为可能。

　　仿效哥伦比亚大学教师学院的做法，许多大学的学院或系也在其组织中
增设了专门的学校调查机构。20 世纪 20 年代，大部分城市学校调查都是由这
种机构来实施的。例如，明尼苏达大学教育学院、哈佛大学教育研究生院、
密苏里大学教育系、艾奥瓦州立大学教育学院和推广部、堪萨斯大学学校服

---

　　① 　Ellwood P. Cubberley, "Public School Administration," in I. L. Kandel, *Twenty-Five Years of American Education*, New York, Books for Libraries Press, 1924, p.188.

　　② 　参见周红安：《效率追求与学校变革——美国学校调查运动研究（1910—1929）》，博士学位论文，北京师范大学，2012。

务处、内布拉斯加大学教师学院、芝加哥大学教育系、威斯康星大学教育系等。

3. 学校调查运动的余音(1929年以后)

1929年,美国爆发了严重的经济危机,这场持续到1933年的经济危机在美国历史上被称为"大萧条"。大萧条给美国造成了巨大的经济灾难,进而对社会、对学校产生了巨大的影响。首先,财政困难、经费紧缩,无力支持学校调查的开展。其次,大萧条的到来使人们对效率价值观和科学管理思想产生了怀疑和质疑,建立在"经济人"人性观假设基础上的科学管理理论遭到了建立在"社会人"人性观假设基础上的人际关系学说的挑战。20世纪30年代以后,"民主"成为影响教育和学校管理思想与实践的一个重要价值观。[1]20世纪30年代以后,美国虽然也开展了许多学校调查,但不再以追求"学校效率"为核心价值,可以把这些调查看作"学校调查运动"的余音。

二、学校调查运动的理论

学校调查运动根本的理论指导思想是追求"学校效率"。20世纪初,随着科学管理运动的开展,效率概念逐渐被广泛运用到经济学、管理学等领域。1900—1930年是美国的"效率崇拜"时代。[2] 在美国,工商业界把效率界定为产出与投入之间的比值,以美元成本来核算。学校的效率概念是从工商业的效率概念借用来的,在20世纪初期成为衡量学校成就的重要指标。因为在20世纪初,工业和商业成为美国社会的"至尊",学校董事会都是由工商业人士组成和控制的,工商业领域中的效率观念引入学校。当学校组织规模日益庞大,组织机构越来越复杂时,学校管理人员面临着内部的挑战和外界的压

---

[1] 参见陈如平:《效率与民主——美国现代教育管理思想研究》,139页,北京,教育科学出版社,2004。

[2] Raymond E. Callahan, *Education and the Cult of Efficiency*, Chicago, The University of Chicago Press, 1962, preface.

力，这种困境导致他们放弃传统的教育价值，转而接受工商业界的观念、道德标准和方法。具体说来，学校要向工业和商业界学习，可以并且应该追求学校效率；要提高学校效率必须应用"科学管理"理论于学校管理。开展学校调查则是检验学校效率现状和改进学校效率的重要手段。学校督学斯波尔丁和教育管理学者博比特对于将"科学管理"引入学校管理理论和学校调查实践中起了重要作用。

(一)斯波尔丁：学校效率就是使学校成本更低

斯波尔丁是当时美国教育管理界的重要人物，也是学校成本效率的著名诠释者。1894 年，从德国莱比锡大学获文学硕士和哲学博士学位回国后，"斯波尔丁先后在马萨诸塞州的韦尔市、新泽西州的帕萨克市、马萨诸塞州的牛顿市、明尼苏达州的明尼阿波利斯市和俄亥俄州的克里夫兰市担任督学长达 25 年之久"①。

在担任马萨诸塞州牛顿市督学期间，斯波尔丁就提出学校效率的要求是紧迫和普遍的。1913 年 2 月，斯波尔丁在费城举行的全国教育学会督学分会的年会上发表演讲，其主题思想是学校领导人应该采用泰勒的效率管理方法，从而成为自己职责上的企业总经理。但他并不主张要按照泰勒用来使工业生产合理化的整套方案彻底地重新组织学校管理工作，他将注意力集中在量化方法的重要性并将它作为记录、分析、比较教育的产品和成本的手段，他感兴趣的是将泰勒的技术运用于编制预算、计划资金和控制教育经费等方面。②

斯波尔丁对学校"效率"的理解与工商业人士极为接近，他也把学校效率看作学校产出与投入之间的比值，以美元成本来计算，而且认为根据美元成本来计算学校效率是一种最简便的方法。实际上斯波尔丁也认识到学

---

① 教育管理辞典编委会编著：《教育管理辞典》，790 页，海口，海南出版社，2005。
② 参见[美]罗尔德·F. 坎贝尔、[美]托马斯·弗莱明、[美]L. 杰克逊·纽厄尔等：《现代美国教育管理》，袁锐锷译，51 页，广州，广东高等教育出版社，1989。

校的产出在根本上是很难测量的，但是他认为学校投入，如教学成本是可以去衡量的。要提高学校的效率，学校成本就是一个必须控制的关键因素。在对牛顿市学校的调查中，他发现有些小学4~6年级的每班学生人数只有14~16人，但却要为这么少的学生安排一位教师，这是极大的浪费。如果增加这些班级的学生人数，或者让每个教师去教更多的班级，生均经费就会降低，从而可以为学校节省数目可观的资金，学校效率相应就得到了提高。在斯波尔丁看来，"效率"就是"节约"，"节约"就是"便宜"①。学校效率就是花费更便宜。

斯波尔丁的学校效率观深深地影响着他的教育管理理论探索和实践，也成为他开展学校调查的指导思想。在马萨诸塞州牛顿市担任督学期间，他与斯奈登、克伯莱、汉纳斯、巴娄等教育管理界名流建立了良好的关系，积极参与了一些城市的学校调查工作。1920年，斯波尔丁结束了督学生涯，进入耶鲁大学成为教育管理学斯特林讲座教授。在此期间，他亲自指导并参加了12个城市的学校调查，成为当时学校督学的代表人物。他的学校效率观念在理论上和实践中都影响了当时的学校调查。

(二)博比特：应用科学管理来提高学校效率

随着整个美国社会普遍对以"科学管理"著称的工业管理系统的兴趣的高涨，也因为社会各界普遍存在的对公立学校管理的质疑与批评，借用泰勒效率方法来解决学校效率难题得到了广泛赞同。博比特是主张把泰勒效率方法完全运用于学校的积极倡导者。1909年，博比特到芝加哥大学担任教育管理学讲师，他对此时初兴的泰勒的科学管理思想极为赞赏。1913年2月，博比特发表了论文《用来解决城市学校系统问题的若干一般管理原则》("Some General Principles of Management Applied to the Problem of City-School System")。论文

---

① H. Warren Button, Jr. Eugene F. Provenzo, *History of Education and Culture in America*, Englewood Cliffs, New Jersey, Prentice-Hall, 1983, pp.215-219.

主要探讨泰勒的思想何以能够用于应对美国城市学校管理所面临的效率挑战。

博比特论述了科学管理原则应用于学校管理的可行性与必要性：尽管不同的组织在具体细节上指挥的性质有不同，但是不管是哪一种组织，其管理、指挥和监督的基本任务看来都是大致相同的。[①] 博比特进一步阐释：由于学校管理发展得较晚，还相当落后，如果学校领导人能够利用那些"看来表达得最清楚的并且是由于工业和商业界的某些部门最周密最完整地设计出来"的组织原则，那么，他们一定会受益匪浅。为了说明科学管理原则和方法在学校管理中的运用，博比特告诉人们不应该把学校仅看作教育的机构，应该看成工厂：学生是"原材料"和"产品"；教学是"劳动"，教师是"工人"；而学校管理者就是"工厂的经理"，他们控制着教育生产线的流程。学校与工业两种系统具有一致性，"教育是一种塑造过程，与制造钢轨完全一样"。[②]

博比特把科学管理作为实现学校效率的工具。博比特认为，泰勒的科学管理之所以能够提高工厂的效率，关键是确立了明确而又统一的标准。因此，要提高学校效率，也必须为学校管理确定统一的标准。只有将统一标准建立起来，学校才能够实现组织成员的纪律、秩序和目的统一性，学校才能从更有内聚性和更有秩序的组织中获得效率。通过使教育产品成果符合一定的标准，管理人员就一定能够更牢固地掌握控制生产成本的规律并懂得如何引进更有效的工作方法。

在博比特看来，泰勒的效率标准是通过测量来建立或证明的，因此学校效率的标准也可以通过测量来建立。而且由艾尔斯、柯蒂斯、希勒加斯和桑代克等人设计的各种类型的量表和成绩测验已经证明了它们在许多方面具有

---

① F.Bobbitt, "Some General Principles of Management Applied to the Problem of City-School System," in *The Twelfth Yearbook of the National Society for the Study of Education*, Part I, Chicago, The University of Chicago Press, 1913, p.7.

② F.Bobbitt, "Some General Principles of Management Applied to the Problem of City-School System," in *The Twelfth Yearbook of the National Society for the Study of Education*, Part I, Chicago, The University of Chicago Press, 1913, p.8.

价值。这些标准可以让教师了解具体的教育目标，并将教师采用的方法的效率所在和不足之处显示出来，还能帮助教师分析和评价学生的学习情况以及他们自己实现教学目标的情况。有了标准，就使校长能够衡量教师的效率，能够了解到他们学校的学生与其他学校的学生相比孰优孰劣，还能够指出教师和学生在哪些方面需要采取补救措施。①

为了检验和追求学校管理的效率，博比特积极倡导学校调查，亲自主持或参与了俄亥俄州克利夫兰市、得克萨斯州圣安东尼奥市、科罗拉多州丹佛市和加利福尼亚州洛杉矶市的学校调查工作，在调查报告中进一步宣传其学校效率和科学管理的思想。

斯波尔丁和博比特不仅指出了科学管理的方法何以能够帮助学校管理者解决他们所面临的内部组织问题，还指出了怎样才能减轻社会上对于公共教育缺乏效率的担心和批评。他们认为采用泰勒的科学管理方法，学校管理人员就可以用工业家、商业界人士和有效率意识的美国人容易理解的方式讨论教育管理问题与争端，而且将泰勒的方法作为一种科学的因素引进教育管理，科学会为学校管理的研究和实践带来无上的光荣和体面。②

三、学校调查运动的经典案例——克利夫兰市学校调查

20世纪初，随着城市的快速发展，美国克利夫兰市的学校产生了严重的学生辍学问题，学校管理者则经常遭受管理效率低下的批评。这使得开展一次有成效的学校调查成为必需。克利夫兰调查由克利夫兰基金会③发起。克

① 参见[美]罗尔德·F.坎贝尔、[美]托马斯·弗莱明、[美]L.杰克逊·纽厄尔等：《现代美国教育管理》，袁锐锷译，54页，广州，广东高等教育出版社，1989。

② 参见陈如平：《效率与民主——美国现代教育管理思想研究》，149页，北京，教育科学出版社，2004。

③ 克利夫兰基金会由弗雷德里克·格夫(Frederick H. Goff)创立于1914年1月2日，是一个历史悠久的社区基金组织(community foundation)，也是美国较为重要的社区基金组织之一。

利夫兰基金会的伯恩斯于 1915 年邀请艾尔斯来到克利夫兰市与当地的机构和学校官员商量如何进行学校调查。艾尔斯很快答应担任调查的主任，并组织由专业教育研究人员和统计人员构成的调查小组。

克利夫兰市学校调查始于 1915 年 4 月，1916 年 6 月结束，历时一年两个月，调查成本约 48000 美元。调查小组的成员或单独或合作调查了克利夫兰学校系统的各个方面，最后发表了共 25 卷调查报告。（表 2-1）

表 2-1 克利夫兰调查的工作人员与调查成果出版物

成员	工作单位	调查成果出版物
艾尔斯	拉塞尔·塞奇基金会统计部与教育部主任	《公立学校儿童统计》 《克利夫兰调查(概要)》 《公共图书馆与公立学校》(与麦肯尼合著) 《学校楼房与设备》 《学校组织与管理》
梅·艾尔斯	哥伦比亚大学博士生	《公立学校健康工作》
博比特	芝加哥大学教育管理教授	《学校教学的内容与方法》
鲍顿	哥伦比亚大学研究生	《家政艺术与学校午餐》
布林纳	拉塞尔·塞奇基金会特别代理人	《女衣与女帽制作》 《服装贸易》
克拉克	拉塞尔·塞奇基金会统计师	《公立学校的财政支持》
弗莱明	亚历山大·汉密尔顿学院作家	《铁路与街道交通》
哈特维尔	密歇根州马斯基根学区教育总监	《学校的过分拥挤与分团学制》
杰塞普	艾奥瓦大学校长	《教学人员》
约翰逊	哈佛大学教育助理教授	《通过娱乐进行教育》
贾德	芝加哥大学教育学院主任	《公立学校工作的测量》
卢茨	拉塞尔·塞奇基金会教育特别代理人	《金属贸易》 《工资收入与教育(概要)》
麦肯尼	哥伦比亚大学研究生	《公共图书馆与公立学校》(与艾尔斯合著)
米勒	奥柏林学院社会学教授	《学校与移民》

续表

成员	工作单位	调查成果出版物
米切尔	宾夕法尼亚大学心理学助理教授	《特殊儿童的学校与班级》
奥利里	新泽西州公立教学部职业教育特别助理	《百货公司职业》
佩里	拉塞尔·塞奇基金会娱乐部主任	《教育的扩展》
肖	通识教育局教育统计师	《建筑贸易》《印刷贸易》
史蒂文斯	纽约市联合招工局局长	《商业工作中的男女儿童》

资料来源：Leonard P. Ayres, *The Cleveland School Survey*(*Summary Volume*), Cleveland, Ohio, The Survey Committee of the Cleveland Foundation, 1917, pp. 41-46.

这25卷调查报告除第一卷综述本次调查概况外，其余各卷对克利夫兰城市生活和教育的各个不同方面的问题做了论述。调查者对克利夫兰市的职业和社会结构做了全面考察，详细报告了有关主要行业对教育的需求，还把克利夫兰市与其他10个城市的教育经费做了比较，最后对学校和地方教育委员会的工作进行了评价。

艾尔斯在克利夫兰市学校调查报告中批评学校系统是缺乏效率的和落后的：该市的学校管理偏重事务性工作，而在教育方面缺乏内行的领导和监督。学校和教师比较保守而且只重形式，对"带来新的配有好设备的建筑、更丰富的课程和科学管理方法的激动人心的教育发展"无动于衷。[1] 初等学校只注重"3R"(读、写、算)的教学，而对历史、公民和自然科学等不重视。教学方法也非常古板，学生之间的实际成绩差异相当大。无论在普通学校，还是在成人夜校班，英语教学方法都不令人满意。与大多数城市一样，克利夫兰市的辍学问题也十分突出：几乎所有的学生都能读完五年级，但只有63%的学生读到八年级，41%的学生能进中学，而只有19%的学生能读完中学。此外，

---

① Leonard P. Ayres, *The Cleveland School Survey*(*Summary Volume*), Cleveland, Ohio, The Survey Committee of the Cleveland Foundation, 1917, pp.54-60.

大约 32% 的学生实际程度比其所处的年级低 1~2 年。[1] 这个调查组就管理程序、监督制度、课程设置和教学方法的改革提出了许多建议。

除了调查范围广泛，克利夫兰调查的特色还在于广泛使用了客观的调查技术和测量手段。例如，他们采用等级量表来评估学校建筑物和图书馆设备，采用标准测验去测定阅读教学的效果。此外，还设计了新的书法测验、拼写测验和算术测验。这次调查大量使用了统计比较法，把移民的成绩与本地居民相比较，克利夫兰市的学校与其他城市的学校相比较，并把各种教学制度加以比较。他们尽其所能使调查资料定量化，并广泛使用图形和表格来介绍这些调查资料。

1917 年，当全部报告写作完成后，调查委员会邀请社会各界参与汇报和讨论。调查报告提出的建议使学校管理者感到了将调查建议付诸实践的迫切性。克利夫兰学校调查在学校调查运动史上有重要的地位和影响，它代表着学校调查运动的一个高度。

四、学校调查运动对教育科学研究的影响

学校调查运动对美国城市学校管理的各个方面都产生了较大的影响。[2] 作为教育科学研究运动的一支重要力量，学校调查运动对 19 世纪末至 20 世纪前期的教育科学研究的影响主要表现在以下两个方面。

---

[1] Leonard P. Ayres, *The Cleveland School Survey* (*Summary Volume*), Cleveland, Ohio, The Survey Committee of the Cleveland Foundation, 1917, pp.35-36.

[2] 1929 年，卡斯韦尔在《城市学校调查：解释和评价》中拟定了 10 个调查专题：学校组织；董事会的工作；管理；学校财政；教师；教育机会：学生的分类、进步与成绩；课程；学校建筑；卫生与体育；学校与社区。向 145 所自 1913 年以来开展过调查的城市学校发放，回收了 90 份。在此基础上，卡斯韦尔随机抽取了 50 份城市学校的调查问卷，采用量化研究的方法探究这 50 所城市学校在以上 10 个方面因调查而发生的变化。Hollis L. Caswell, *City School Surveys: An Interpretation and Appraisal*, New York, Teachers College, Columbia University, 1929, pp.54-80.

（一）提升了教育研究方法的科学性和教育学的科学地位

总体上，学校调查运动中学校调查方法和技术的运用经历了从粗略到精致的发展。如果说1910年肯德尔对博伊西市学校的调查在方法和技术上还比较简单的话，随着学校调查运动的深入开展，学校调查使用的方法和技术则逐渐向科学的方向发展了。1911—1912年，纽约城市学校调查主要采用了统计法、比较法，而且首次使用了标准化测验来测量学生的算术成绩。1909年，哥伦比亚大学教师学院桑代克的学生柯蒂斯编制了算术成绩测验，在1911年纽约市学校调查之前柯蒂斯就已经在许多学校中开展过大量的算术成绩测验。汉纳斯邀请柯蒂斯参与纽约市学校调查，柯蒂斯组织了33350名4~8级的学生（占此阶段学生总数的1/10）进行算术测验。[1] 这是学校调查运动与教育测量运动的第一次"联姻"，而且牢固地创立了一项"进行学校调查时如果有标准化测验应该尽量使用"的原则。比奈-西蒙智力量表在纽约城市学校调查中也被使用。如前所述，1915—1916年的克利夫兰调查更广泛地使用了客观的调查技术和测量手段。

学校调查的方法和技术随着学校调查运动的发展不断成熟。如客观测验，根据1927年邰爽秋的研究，在学校调查中使用了1477个客观的测验来判断学生管理的效率。[2] 在"学生调查"方面，智力测验、成绩测验在不断完善，为学生学习和成绩的调查提供了重要手段。[3] 许多学校调查报告都建议在学校成立研究部或心理与效率部、测验部。教育测量技术被广泛应用于学生调查后，学生调查反过来也促进了教育测量技术的发展。成绩测验和智力测验为学生的分类提供了"科学"依据，根据对学生的分类进行分班教学，提供不同

① Paul H. Hanus, *School Efficiency: A Constructive Study Applied to New York City*, Yonkers-on-Hudson, New York, World Book Company, 1913, p.23.

② Shwang Chow Tai, *Objective Measures Used in Determining the Efficiency of the Administraion of Schools*, Paris, Librairie Louis Arnette, 1927, p.35.

③ H. Warren Button, Jr. Eugene F. Provenzo, *History of Education and Culture in America*, Enlewood Cliffs, New Jersey, Prentice-Hall, 1983, pp.223-226.

种类的课程，这有助于学生的进步，当然也有助于合理分配资金，提高学校的效率。在"教师调查"方面，1915 年，博伊斯设计了教师定级量表来测定教师的效率。① 在"学校建筑调查"方面，1916 年由斯特雷耶、范·西克尔和穆尔主持的马萨诸塞州弗雷明汉市学校建筑专项调查第一次使用了"城市学校建筑记分卡"（score card for city school buildings）这种客观的形式，这些技术在 20 世纪 20 年代都被运用并不断完善。1921 年，俄亥俄州立大学特维斯对奈尔斯市学校校舍问题进行调查时还使用了未来入学人口发展预测技术。②

对于难以用量化方法进行调查的"学校管理组织"方面，调查者则尽可能以组织系统结构图的形式直观呈现，通过新旧学校组织结构的比较，说明向学校督学赋权的必要性。对于"学校督导"问题主要采用现状描述的方法并进行理论分析。但对于可以运用量化统计的项目上则使用了统计方法。例如，为反映学校管理组织面临的学校系统扩展带来的问题，克伯莱对盐湖城城市学校从 1891 年至 1915 年学生人数、注册入学人数、学校教职员人数的变化做了一个统计数量趋势图。③

学校调查的方法理论问题也越来越受到关注，出现了许多关于如何搜集资料、如何抽样、如何访谈、如何进行案例研究等调查方法论的著作。

在学校调查运动中，因测量评价技术的发展，使得教育评估（educational evaluation）也开始成为教育学及教育研究的一个不可或缺的研究范畴。因广泛使用被认为具有"科学性"的研究方法和技术，教育学的科学地位得以进一步提升。

---

① A.C.Boyce, *Fourteenth Yearbook of the National Society for the Study of Education*, Chicago, The University of Chicago Press, 1915, pp.44-45.

② N.L.Engelhardt, *A School Building Program for Cities*, New York, Teachers College, Columbia University, 1918, pp.136-137.

③ Ellwood P.Cubberley, *School Organization and Administration: A Concrete Study Based on the Salt Lake City School Survey*, Yonkers-on-Hudson, New York, World Book Company, 1916, p.37.

(二)促进了美国大学中教育管理学科和专业的发展

在 1910 年以前美国大学的教育院系里，教育管理远不如教育哲学和教育史学那么重要，像克伯莱这样的第一代学校管理研究者还在其他学科同事的嘲笑和蔑视中迷茫地探索着教育管理学科的存在地位。19 世纪末，由于没有用于教授教育管理学的正规教材，教育管理学者完全寄希望于从实践中去获得学校管理的知识。

学校调查运动则促进了大学的教育管理专业的发展。专业发展的基础是专业课程的发展。学校调查与教育管理专业课程的发展的关系一方面表现在学校调查后形成的调查报告成为教育管理课程的教科书或教学材料。1911 年，后，许多学校调查报告直接成为大学里教育管理专业课程的教材，如哈佛大学出版社出版的三卷本《纽约调查报告》，随后成为哥伦比亚大学、斯坦福大学、威斯康星大学等大学教育管理专业研究生课程使用的教材。此外，学校调查报告也成为教育管理学专著或教材的重要参考文献或者作为教育管理课程的课外阅读材料。

学校调查与教育管理专业课程的发展的关系还表现在"学校调查"成为大学教育管理专业直接设立的一门课程。例如，在哥伦比亚大学教师学院，教育管理课程从 1899—1900 学年的两门课程发展到 1924—1925 学年的 29 门课程，而且已经能够划分出三个领域：提供给大学管理人员和教育学教师的课程，提供给学校督学的教育管理课程，提供给师范学校和师范学院教师、视导人员和管理人员的课程。而提供给学校督学的课程中就专门开设了"学校实际调查"(actual school surveys)的研究类课程。

随着教育管理专业的成长，教育管理学科也不断走向成熟，成为教育科学的一个重要分支。"这种支配着二十世纪上半叶教育行政与管理领域的效率运动，使教育学及教育研究领域又增添了另一个组成学科(constituent discipline)——教育行政，同时为教育学研究在科学基础建设过程中增添了一块

‘科学’的基石。"①

综观美国学校调查运动的理论和实践，学校调查因采用了统计、测量等实证研究方法而得到发展，统计、测量等实证研究方法也因学校调查得到了改进，再加上强调实证研究的教育管理学不断成长，教育科学研究运动因学校调查运动向前迈进了一大步。

但因学校调查运动中"学校效率"的价值观是从工商业效率的价值观中移植过来的，那么学校调查运动中发生的一切也许就正如博德所说的："如果我们开始于一个错误的假设，那么不管在科学方法的使用上付出多大的精力，花费多大的心思，也不可能使原先的错误变成一个十全十美的原则。"②教育研究在方法、技术上应该追求科学化，但不能背离教育目的和价值本身。

第五节　教育科学研究运动的影响与评价

19 世纪末至 20 世纪前期，欧美出现的教育科学研究运动，是现代科学研究思想和方法在教育研究领域里的初次运用和实践，在很多方面颠覆了近代以来所形成的教育研究观念和方法，对传统的教育科学研究观念和方法是一次极大的挑战。在教育科学研究运动中，许多心理学家和教育家通过多种方式，包括创办实体学校、创建教育实验室，以及相应的教育研究机构，或者关注教育理论与教育实践的结合，或者直接解决教学实际问题，在儿童研究、学校调查和教育心理学领域做出了许多重要的贡献，对 20 世纪教育科学

---

① 曾荣光、叶菊艳、罗云：《教育科学的追求：教育研究工作者的百年朝圣之旅》，载《北京大学教育评论》，2020(1)。

② Boyd H. Bode, *Modern Educational Theories*, New York, The Macmillan Company, 1927, p.79.

研究的开展和学校教育的发展都起到直接的推动作用。19世纪末至20世纪前期，欧美的教育科学研究运动的影响主要表现在以下几个方面。

从研究的观念看，教育科学研究运动把新的科学研究观念与教育研究第一次结合在一起，为教育研究奠定了科学研究的基础。19世纪末至20世纪前期，欧美出现的教育科学研究运动，首先是从欧美的大学，特别是欧美大学的一些学者推动和发展起来的。这些学者对传统的研究观念进行思考，引发了教育科学研究观念的一场革命。以往的研究比较注重从哲学和历史的角度思考问题，因此教育哲学、教育史成为教育研究的重点。例如，美国大学在早期是重视哲学和史学的。美国教育家孟禄就是通过编写《教育史教科书》，促进了教育哲学和教育史学科的发展。这种研究从某种意义上来说提供了现代教育研究的基础。在孟禄看来，教育史研究的目的就是从历史的"事实"中寻找教育研究的科学基础，并且试图在史学、哲学、科学与教育研究的关系上建立密切的关系。因此，在20世纪前20年里，教育史论著的"史实性"和"科学性"是一个重要标志，教育研究由广泛的教育史研究更加注重教育的某个领域的历史研究。例如，《殖民地时期新英格兰及纽约的学徒制与学徒教育》。① 但是随着科学研究越来越被重视，教育研究已经不限于教育史和教育哲学，对儿童的心理学研究和对学校的教育测量成为关注的热点。教育研究由早期的偏重理论和历史转向偏重教育实践问题。于是，传统的学科地位，如教育哲学、教育史的地位受到挑战，到20世纪20年代逐步为教育测量和学校调查所取代。学校调查方法日益被视为未来学校管理人员的一项基本技能。②

从研究的对象和内容上看，教育科学研究运动的许多研究者首先是关注

---

① 参见[美]埃伦·康德利夫·拉格曼：《一门捉摸不定的科学：困扰不断的教育研究的历史》，花海燕、梁小燕、许笛等译，73页，北京，教育科学出版社，2006。
② 参见[美]埃伦·康德利夫·拉格曼：《一门捉摸不定的科学：困扰不断的教育研究的历史》，花海燕、梁小燕、许笛等译，74页，北京，教育科学出版社，2006。

儿童，然后是关注儿童所在的环境，即学校。儿童与学校是 19 世纪末至 20 世纪前期欧美出现的教育科学研究运动主要的研究对象。从研究的内容看，不仅涉及儿童的身心发展，学校情况调查、学校管理、学校教学等也成为研究的主要内容。许多研究者基于儿童和学校进行了大量的研究，获取了较多的数据，为在学校教育中提高儿童的地位，进行更有针对性的教学，提供了有力的依据。

从研究的倾向看，教育科学研究运动的一个突出特点，不是强调理论的建构，而是关注教育实际问题的解决。教育科学研究运动的主要代表人物，无论德国的梅伊曼和拉伊，还是美国的桑代克和杜威，是这样；从教育科学研究运动的相关活动，无论实验教育学、教育心理学，还是学校调查等，也是这样。其主要的目标是通过一定的学校实验或者教育实验来解决学校各种具体问题的。这种注重从具体问题出发，强调所获得的实验结果不是为了建构理论，而是为了验证某种理论和解决实际问题，成为教育科学研究运动的基本特征。

当然，19 世纪末至 20 世纪初的教育科学研究运动还有一个突出的方面在于，它并不是在单一声音中进行的，而是在伴随着各种争论、批判和质疑的过程中发展的。在这个过程中，学者们提出的许多问题值得进一步思考。

一是关于教育研究的理论基础问题。这个时期是教育研究运动初步形成时期，许多方面显得还比较粗糙、原始和简单，也有一些争论。主要是关于教育研究的科学基础和人文基础的争论，包括教育研究的哲学基础、历史基础与教育研究的实践基础的争论。例如，美国教育家杜威就比较注重从历史和人性的角度思考问题。杜威指出，教育科学研究运动已经从关注人类的整体发展为关注儿童的个体，这是社会和历史的进步。但是教育研究与科学研究的不同在于，科学研究关注的是物体，教育研究关注的是人性。教育科学研究不能科学与人性对立起来，仅仅把儿童看作物。教育科学研究一定不要忘记儿童是活生生的人，是发展中的人，否则就很难真正认识和科学地研究儿童。

二是与教育研究的理论基础相关的关于教育研究方法的争论。其中，杜威与桑代克的争论最为典型。桑代克从行为主义心理学的立场出发，认为人类的行为仅是对刺激的反应。杜威反对这种观点，认为人的行为是全面的、有目的的。桑代克认为，教育研究应该以心理学，而不是以哲学和其他社会科学为基础。杜威则主张，教育研究应该是跨学科的综合研究，是公开的对话与合作。

三是与教育研究方法相关的关于教育研究者的资格问题，即中小学普通教师是否可以参与教育科学研究的问题。美国教育家桑代克和贾德都反对教育研究的哲学方法。他们认为，哲学方法与试验性的教育科学方法是不同的，教育研究必须专业化。在贾德看来，教育科学研究的专业化主要表现为，教育研究是专业研究者的事情，不是普通教师的事情。普通教师在学校里的主要任务是教书，就是在教学过程中用研究人员发展来的知识来传授职业知识、组织课堂、教育儿童。在这个问题上，德国实验教育学家梅伊曼、拉伊的观点与他们的一致，也认为普通教师不能从事教育科学研究，尤其是教育实验研究。而杜威的观点则与他们的不同。他认为，学校是教育的实验室。在教育研究上，学校的教师和研究人员基本一样，每个教师都可以成为教育的研究者。

第三章

儿童和儿童教育研究思想

19 世纪中期以后，欧美国家研究儿童及儿童教育的兴趣日益浓厚。许多教育家和心理学家开始探索儿童智力的来源、儿童智力的测量及儿童心理的内容等。其中，主要有英国的高尔顿、法国的比奈和美国的霍尔。这种对儿童和儿童教育研究的热情在 19 世纪末引发了波及欧美许多国家的儿童研究运动。儿童研究运动一直持续到第一次世界大战结束。

第一节　儿童和儿童研究教育思想的兴起与研究内容

一、儿童和儿童研究教育思想的兴起

在西方教育史上，强调教育应遵循自然的思想早已有之。但儿童的自然或本性，即儿童身心特征和年龄特征究竟如何，儿童的行为究竟有何特点，人们则未去深入研究。直到 18 世纪后半期，才有一些教育家，如瑞士的裴斯泰洛齐和德国的提德曼，对儿童的行为做了观察，并写下了观察日记。1787 年，提德曼还根据自己的日记写成《儿童心理发展的观察》一书。该书于 1897 年被译成英文，对美国的儿童研究运动产生过重要的影响。19 世纪中期

以后，有关儿童和儿童教育的问题逐渐为人们所关注。法国学者罗别许发表《儿童心理发展史》，对儿童的心理发展做了重要的研究。① 英国心理学家高尔顿受其表兄达尔文进化论思想的影响，开始对人类的智力来源问题进行研究，并于1869年出版《遗传的天才》一书，宣称人类智力源于遗传。这些为19世纪80年代儿童研究运动的发展提供了基础。此后，德国心理学家普莱叶于1882年发表《儿童心理》一文，英国心理学家萨立于1880年和1884年发表了两篇有关儿童想象力和语言的论文，美国心理学家霍尔于1883年发表了《儿童心理的内容》一文、出版了一本《儿童研究》小册子。儿童研究运动由此拉开序幕。

19世纪90年代后，儿童研究运动得到了迅速发展。具体表现为以下四个方面。

第一，在儿童研究方面出现了一批杰出的代表人物。其中，最杰出的代表人物是霍尔。人们认为，美国的儿童研究运动正是在他的领导下轰轰烈烈展开的。霍尔创办了第一份儿童研究运动的杂志——《教育研究》；还在1892年创办儿童研究暑期讲习班，培养了一批儿童研究运动的骨干。1894年，霍尔创建全国教育协会儿童研究分会，并担任第一任主席。随着儿童研究分会的建立，美国儿童研究运动已经坚实地发动起来了。

第二，涌现了一批具有重要学术价值的研究成果。除了前面已提及的一些论著外，英国心理学家萨立还在1895年出版了一本畅销书《童年研究》；瑞典教育家爱伦·凯于1899年出版《儿童的世纪》；法国心理学家比奈于1903年出版《智力的实验研究》，1909年又出版《关于儿童的观念》；美国心理学家霍尔于1904年出版《青少年：他们的心理及其与生理学、人类学、社会学、性、犯罪、宗教和教育的关系》；1914年，德国学者斯特恩发表《幼儿心

---

① 参见高觉敷、叶浩生主编：《西方教育心理学发展史》，58~59页，福州，福建教育出版社，2005。

理学》。

第三，建立了一批儿童研究机构。在美国，除了全国教育协会儿童研究分会外，还有 23 个州成立了分会，拥有大量的会员。1896 年，伊利诺伊州分会召开了一次大会，与会者达 3000 人。在欧洲，英国于 1896 年、德国于 1897 年、法国于 1899 年也先后成立了儿童研究协会。1890—1914 年，欧美国家先后成立了 25 个全国性的研究协会。

第四，创办了一批儿童研究刊物。在儿童研究运动中，不少欧美国家创办了专门杂志作为儿童研究的阵地。其中，最著名的当数霍尔创办的《教育研究》。其他杂志还有：英国创办于 1899 年的《教育学家》（1907 年更名为《儿童研究》）；法国创办于 1900 年的《研究简报》等。据统计，1890—1914 年，欧美国家创办了大约 20 种儿童研究杂志。

人们对儿童和儿童教育问题的兴趣之所以在 19 世纪后半期逐渐浓厚，并引发一场声势如此浩大的儿童研究运动，其背景原因，大致可归纳为以下三点。

其一，19 世纪后半期，欧美一些国家先后颁布了强迫教育法令，初等教育迅速发展。随着初等教育的发展，人们需要对儿童深入地了解。从教师方面来说，研究儿童和了解儿童是为了更好地进行教育和教学。正如美国学者勒基所说的，儿童研究运动的目标是"确定从古代到现代教育实践中最好、最正确的特征，使我的教学符合由儿童自发兴趣决定的儿童成长的自然阶段"①。从家长方面来说，他们需要了解儿童的教育和教养方面的知识，使家庭教育得以改进。正如一位美国学者所说的，儿童研究运动的目的在于"了解儿童的身体、智力、社会性和宗教是相对成熟的还是不成熟的，了解如何在

---

① 转引自高觉敷、叶浩生主编：《西方教育心理学发展史》，65 页，福州，福建教育出版社，2005。

最佳时间促进其最完善的成熟"①。

其二，19 世纪以后，随着欧美国家工业化和城市化的进展，儿童福利事业方面的问题日渐突出，如弃儿、流浪儿、违法青少年的问题及残疾儿童的教养问题等。为了解决这些问题，不少国家建起了相当数量的孤儿院、青少年收容所、工读学校；有的国家还开展了为残疾儿童提供牛奶、帮助困难家庭儿童上学等福利事业活动。从事这些福利事业活动的社会工作者们为了做好工作，积极投身于儿童研究活动。一方面，他们想通过研究儿童和了解儿童，以便更好地为儿童服务，并且为制定儿童福利事业的政策提供依据；另一方面，他们也想通过儿童研究活动以引起公众对儿童福利事业的重视，从而提高儿童福利事业以及他们自身的地位。

其三，19 世纪欧美国家工业化社会的迅速发展，引起了人们新旧价值观念的剧烈碰撞，人们判断是非善恶的标准模糊了，道德行为上出现了"失范"现象。因此，如何对青少年进行道德教育也成了人们关注的一个焦点问题。儿童的道德和道德教育问题可以说是推动儿童研究运动的重要动力之一。许多研究者所调查和研究的问题中大多涉及儿童道德方面的内容。例如，1915 年，霍尔在克拉克大学设计的 194 种问卷中就包含儿童的思想和行为以及儿童的伦理和宗教动力的内容。②

二、儿童和儿童教育思想的研究内容

关于儿童和儿童教育思想研究的主要内容，澳大利亚教育学者康内尔做了较为准确的概括。他指出："儿童研究运动是一种持续不断的努力，以揭示儿童和青少年的发展规律，探索其身体的、心理的和情感的发展，解释他们

---

① 高觉敷、叶浩生主编：《西方教育心理学发展史》，65 页，福州，福建教育出版社，2005。
② 参见高觉敷、叶浩生主编：《西方教育心理学发展史》，68~69 页，福州，福建教育出版社，2005。

的行为，研究他们的兴趣和态度……"①

从儿童研究的内容来看，儿童研究主要集中在以下三个领域。

第一个领域是儿童的身体与健康。英国儿童研究协会成立时主要是由医生和教师中对城市贫困儿童的卫生条件和成长感兴趣的人组成的。19 世纪 90 年代，欧洲国家的许多教育家和心理学家对儿童的心理疲劳问题特别感兴趣，法国心理学家比奈曾在 1898 年对心理疲劳研究做了全面的总结。霍尔及其同事对儿童的身体健康、生理缺陷等十分关注。美国的希恩在《一个婴儿的传记》中，对婴儿的视觉运动的发展做了详细的记录。

第二个领域是儿童的兴趣、情感和态度。许多研究者对儿童的兴趣做了深入研究，有的还编制出兴趣量表和兴趣发展常模。在这些"兴趣"理论中，瑞士心理学家克拉帕雷德的观点具有独特性。在对兴趣问题进行研究的基础上，他将儿童的兴趣发展划分为三个阶段、六个时期。

一是获得和试验阶段。感知兴趣期（0~1 岁）、语言兴趣期（2~3 岁）、一般兴趣和智力觉醒期（3~7 岁）、特殊目标的兴趣期（7~12 岁）。

二是组织和评价阶段。情感的、道德的和社会的兴趣，专门的兴趣和性的兴趣期（12~18 岁）。

三是生产阶段。工作和将各种兴趣从属于某种高级兴趣的时期（成年）。

除儿童的兴趣外，儿童的情感和态度也是研究者关注的重要问题。霍尔对儿童情感、态度、行为等道德和道德教育问题也有过专门的论述。

第三个领域是儿童的智力问题。从普莱叶的《儿童心理》一书出版开始，儿童的智力问题便成了许多儿童研究者的研究焦点。例如，英国的高尔顿对智力问题的研究。虽然许多文献在谈到儿童研究运动时并未过多提及高尔顿的作用，但不可否认，高尔顿的《遗传的天才》一书的出版对后来儿童智力的

---

① 转引自吴式颖、任钟印主编：《外国教育思想通史》（第八卷），448 页，长沙，湖南教育出版社，2002。

研究产生了深刻的影响，他发明的心理测验对后来智力测验的影响更是显而易见的。在儿童智力的研究中，法国比奈的《智力的实验研究》的出版以及比奈-西蒙智力量表的问世是儿童研究运动中有关智力研究的代表性成果。

在儿童研究的方法上，儿童研究者主要采用的是问卷调查法和个别观察法。高尔顿在研究儿童智力问题时，就使用过问卷调查法，并因此成为问卷调查法的创始人。问卷调查法的大量应用是在美国。按一位美国心理学家的说法，在美国，儿童事务和问卷调查表方面已经"疯狂"了。霍尔本人在1894—1915 年，至少就 194 个题目散发了问卷调查表。霍尔对问卷的科学性十分重视。制作问卷时，先通过预测合理选择题目；然后将题目分类整理使之形成系统；测试前对测试人员进行培训，使之掌握问卷调查技术；最后采用统计法对资料进行处理。

有的心理学家也曾试图采用实验法研究有关问题，但是，往往由于实验仪器粗制滥造，抽样不适当，对于反应的分析不符合要求，结果，研究过程和结果遭到很多非难。

第二节　高尔顿的教育思想

一、生平活动和著作

高尔顿是英国心理学家、教育学家和优生学的创始人。1822 年 2 月 16 日，他出生于英国伯明翰的斯帕克布鲁克。其父塞缪尔·高尔顿是银行家，其母维奥莱塔是英国哲学家、诗人和科学家伊拉斯谟·达尔文的女儿。高尔顿童年时代生活条件优越。他还曾通过其母的关系认识了不少社会名流，这为他后来研究优生学创造了一定的条件。

高尔顿最初的学校教育是在几所小学校中接受的。1836 年，他被送到伯明翰爱德华国王学校。在这所学校里，高尔顿学习了两年。但他并未从这所学校的古典课程中获得多少收益。为了日后能行医，高尔顿在伯明翰跟随一名医生做了一段时间学徒。此后，他于1839年进入伦敦大学国王学院学习了一年医学课程。1840年，高尔顿进入剑桥大学三一学院学习，跟随霍普金斯学习数学；但由于生病，未能完成学业。

1850年后，高尔顿到南非探险，并将旅途见闻记录下来，1853年出版《热带的南非》一书。这次探险使高尔顿成为著名的探险家。从此，高尔顿也成了皇家地理学会会员，并在其中发挥了重要的作用。1856年，高尔顿当选英国皇家学会会员。1863年，高尔顿出版《气象学或天气图表法》(*Meteorographica, or Methods of Mapping the Weather*)。这本书的出版又使高尔顿成了英国气象委员会成员(1868—1900年)。除了气象学之外，高尔顿还从1865年开始研究遗传的规律。在调查中，高尔顿发现当时有关人的特性的资料十分匮乏，于是创建了人体测量实验室，搜集人的感觉、力量、身高及人的三围。该实验室就是后来伦敦大学大学学院生物测量实验室的前身。这一时期，高尔顿还对人的指纹进行了研究，写了《指纹》和《模糊的指纹》两篇论文，出版了《指纹辞典》。

1859年，高尔顿表兄查尔斯·达尔文发表《物种起源》(*The Origin of Species*)后，高尔顿立即宣称并开始对人类的遗传问题进行研究。这一研究持续了40多年，出了一批研究成果，例如，《英国的科学家》(*English Men of Science*)、《人类的才能及其发展》(*Inquiries in Human Faculty and Its Development*)、《自然的遗传》(*Natural Inheritance*)、《著名的家庭》(*Noteworthy Families*)等。在对遗传问题的研究过程中，高尔顿创立了优生学。在他看来，人的才能主要由遗传决定，而与后天环境的影响关系不大。为了进一步研究优生学，高尔顿于1904年在伦敦大学大学学院建立了优生学实验室，1907年设立优生学奖学金。同时，他还担任了创刊于1901年的《生物统计学》杂志的顾问。

1853 年 8 月 1 日，高尔顿与哈罗公学前校长巴特勒的女儿路易莎·简结婚。高尔顿长期住在伦敦，与英国知识界和科学界人士来往甚密，在学术界名气很大。

高尔顿自 1897 年妻子去世后，身体一直十分虚弱。1911 年 1 月 17 日，高尔顿因急性支气管炎去世。在遗嘱中，高尔顿将大约 4.5 万英镑的遗产捐赠给伦敦大学，作为优生学职位的基金。

二、关于智力遗传和优生学的研究

高尔顿是智力遗传论者。他在《遗传的天才》一书的"导言"中写道："本书要证明的是，人的自然能力源于遗传……我认为，每一代人都对其下一代的自然禀赋具有惊人的影响力。"①

高尔顿在对智力遗传问题的研究中搜集研究了大量的资料，特别是研究了被其称作"著名人物"的资料。其中包括 1660—1868 年英格兰的法官、乔治三世时代的政治家、1768—1868 年的英国首相。此外，他还搜集了被其称作"杰出人物"的家族资料，其中包括著名的将领、文学家、科学家、诗人、画家、音乐家等。在高尔顿那里，所谓"著名人物"是指那些百里挑一或千里挑一的人物；所谓"杰出人物"则是指那些因能力而获得声望的人物。

高尔顿声称，他惊奇地发现大部分的"时代巨匠"是中年人，且都年过50。他认为，这种现象似乎说明，出身贫寒者需要相当长的一段时间来展示其才能并达到其应有的地位。因此，高尔顿以 50 岁的英国男子为研究对象。据高尔顿统计，当时不列颠诸岛大约有 200 万年过 50 岁的男子，其中只有500 名左右的人可称作"著名人物"。也就是说，在普通的人群中，每 4000 人

---

① Francis Galton, *Hereditary Genius: An Inquiry into Its Laws and Consequences*, New York, Macillan and Co.Ltd., 1925, p.1.

才出现一个"著名人物"；每100万人中才出现250名"著名人物"。高尔顿这个结论的用意是很明显的，那就是要说明，在普通人群中出一个"著名人物"是多么不容易的一件事。

在《遗传的天才》一书中，高尔顿还介绍了他对一些"著名人物"的家庭和家族调查的情况。他一共调查了300个著名的法官、政治家、将领、文学家、科学家、诗人、艺术家和神学家的家庭。这些家庭中的每一户至少出过一个"著名人物"。结果，他发现，在这300个家庭中一共出了977个著名人物。其中，85个法官家庭中出过262个"著名人物"，39个政治家家庭中出过130个"著名人物"，27个将领家庭中出过89个"著名人物"，33个文学家家庭中出过119个"著名人物"，43个科学家家庭中出过148个"著名人物"，20个诗人家庭中出过57个"著名人物"，28个艺术家家庭中出过97个"著名人物"，等等。[①]

在这些家庭中之所以出现数目众多的"著名人物"，在高尔顿看来，这是遗传的作用。高尔顿列举了他的证据。他发现，子辈中的"著名人物"一般要多于父辈中的"著名人物"。例如，每100个法官家庭中，父辈出"著名人物"的占26%，子辈出"著名人物"的达36%；每100个政治家家庭中，父辈出"著名人物"的占33%，子辈出"著名人物"的达49%；每100个文学家家庭中，父辈出"著名人物"的占48%，子辈出"著名人物"的达51%；每100个科学家家庭中，父辈出"著名人物"的占26%，子辈出"著名人物"的达60%；每100个诗人家庭中，父辈出"著名人物"的占20%，子辈出"著名人物"的达45%；每100个艺术家家庭中，父辈出"著名人物"的占32%，子辈出"著名人物"的达80%；每100个神学家家庭中，父辈出"著名人物"的占28%，子辈出"著名人物"的达40%。子辈出"著名人物"家庭的数量不如父辈的只有将领家庭。在

---

① Francis Galton, *Hereditary Genius: An Inquiry into Its Laws and Consequences*, New York, Macillan and Co.Ltd., 1925, p.308.

高尔顿调查的 39 个将领家庭中，父辈出"著名人物"的家庭占 47%，而子辈只占 31%。[1] 对于这一特别现象，高尔顿做了特别的说明。他认为，造成将领后代"著名人物"较父辈要少的原因大致有两个：一是将领们很早就从事军事生活，即使结了婚，也常常远离家庭，和妻子在一起生活的时间少，因此所生的儿子数目不多；二是著名将领的儿子由于各种原因去世得较早。为了说明其观点，高尔顿列举了欧洲几个著名军事统帅的例子。

高尔顿还调查了 30 个有艺术能力的家庭和 150 个无艺术能力的家庭。他发现，有艺术能力家庭的子女中有 64% 的人也有艺术能力，而无艺术能力的家庭中只有 21% 的人有艺术能力，因此，他认为艺术能力也是遗传的。此外，高尔顿还搜集了 80 对双生子的资料，用双生子比其他亲兄弟、亲姐妹在心理上更为相像的事例，力图证明他的观点，即"人的心理完全是遗传的"[2]。

高尔顿的智力遗传论显然是站不住脚的，是错误的。当然，在人的发展过程中，人的遗传因素有着重要的作用。但人的后天发展更多地取决于人后天所接受的教育和所生活的环境。高尔顿之所以得出智力和能力遗传的错误结论，是由于他没有考虑到"著名人物"家庭的优越环境在子女成才过程中的作用。这些家庭的子女所获得的教育机会、所享受的教育条件显然要比其他家庭的子女多得多和优越得多。

三、关于心理测验的研究

高尔顿是心理测验的发明者。在 1869 年出版《遗传的天才》一书后，高尔顿对人类才能测量的兴趣逐渐增加，并于 1883 年出版《人类的才能及其发展的研究》一书。有人将此书的出版视为个体心理学及心理测验的肇端。

---

[1] Francis Galton, *Hereditary Genius: An Inquiry into Its Laws and Consequences*, Mew York, Macillan and Co.Ltd., 1925, p.308.

[2] 参见高觉敷主编：《西方近代心理学史》，189 页，北京，人民教育出版社，1982。

1884 年，高尔顿在伦敦南肯辛顿博物馆内设立了一个实验室，利用仪器测量人的身高、体重、触觉、肺活量、拉力、握力、叩击的速率、听力、视力、色觉以及其他个别差异。

高尔顿心理测验的目的是为其改进人类品种的目的服务的。在他看来，人的智力和各种能力都是天生的，他的任务就是要测量出人类能力上的差异，并作为人类繁殖后代的参考。因此，高尔顿的心理测量和"德国心理学的麻烦的心理物理法大不相同"[1]。后者注重分析少数可作为一切人的代表者的心理现象，而高尔顿的心理测量更注重结果。因此，高尔顿说："我们不欲分析我们辨别两物异同的能力究竟是由于许多基本的知觉之中的哪一知觉的活动。我们只要研究其整个的结果。"[2]其方法也因此以"简便"为特征。

高尔顿的心理测量方法之一是内省法。他很重视内省法，强调内省法结果的有效性。高尔顿还认为，一个人对于自己内心经过的情形的报告和地理学家对于一个新地域的报告一致，同样是有效的。高尔顿认为，他自己就擅长观察意识的事件和客观的事件。例如，当他在伦敦街头散步时，曾经观察自己的心灵，先断定其联想历程的门类之多，而后又"推定其发生于'意识的前厅'之内的无意识历程的范围之大"[3]。高尔顿以他的内省体验为依据，得出了一个结论：人在考虑选择的时候，观念起伏，最后乃使其观念支配行为，包括意识行为。

高尔顿强调内省方法结果的可靠性是有其道理的。因为心理测量无论采用什么精密仪器，但对心理的描述主要依据是被试者的主观体验，当主观体验不可靠时，测量结果的可靠性就难以保证了。

为了保证心理测量结果的可靠性，高尔顿还发明了一些心理测量的仪

---

① ［美］E.G. 波林：《实验心理学史》，高觉敷译，547 页，北京，商务印书馆，1981。
② 转引自［美］E.G. 波林：《实验心理学史》，高觉敷译，547 页，北京，商务印书馆，1981。
③ ［美］E.G. 波林：《实验心理学史》，高觉敷译，548 页，北京，商务印书馆，1981。

器。这也是他对心理学发展的贡献。高尔顿发明的测验仪器主要有以下几种。①

口笛。后来被称为"高尔顿哨音",用以测量听觉阈限,不仅试验人类,而且试验动物。他将一口笛置于一空心手杖的顶端,手杖的另一端置一橡皮球可使口笛发出声音,用以在动物园和街道上试验动物。他还以煤气或氢气与口笛并用,用以测试分贝很高的声音。高尔顿的口笛后来经过形式上的改造和口径的改良之后成为心理实验室中的一件标准仪器,一直被用到20世纪30年代,之后才被更精密的电子仪器所替代。

横木。高尔顿创制了一种横木,在上面刻上不同的距离,用来测试人们对于视觉范围的估计力。他还用一圆盘来测试人们对于垂直线的视觉判断力。高尔顿的横木后来也成为心理实验室的一件标准仪器。

小盒。他用黄铜制成不同重量的小盒,精巧美观。他以每三种重量为一组,让被试者将每组重量依轻重排列,用以测试被试者的肌肉感觉。这一测试后来被智力测验容纳。这表明高尔顿的这一观点为他人所接受,那就是感觉的辨别力可以用来表示判断力和智力。

高尔顿还制作了一些其他仪器。例如,他自制了一个摆子,用以测量反应时间;复制了一台巧妙的仪器,用以测量以臂击物的速率;制作了一种器具,用以测量颜色深浅的辨别力;制作了卡片,用以测定视觉的敏锐度;制成羊毛球,用以测验颜色辨别力等。

在心理测量中,高尔顿首次采用了统计法。他将比利时统计学者奎特雷的常态律改进为有效的测量工具,在英国建立起统计的科学。在高尔顿看来,统计学和人类心理测量是不可分离的。

_____

① 参见[美]E.G.波林:《实验心理学史》,高觉敷译,549页,北京,商务印书馆,1981。

第三节　比奈的教育思想

一、生平活动和著作

比奈是法国心理学家、教育家，现代智力测验的创始人。1857 年 7 月 11 日，比奈出生于法国尼斯城。1871 年，比奈到巴黎求学。1878 年，他获巴黎圣路易斯公学法学学位。1884 年，他获巴黎大学科学博士学位。

比奈好学且兴趣广泛，早在中学时代就对法律、自然科学、医药和心理学等学科十分爱好。1878 年，比奈师从著名的神经病学家夏尔科研究催眠术，并对病态心理学产生兴趣。经过几年研究，比奈出版了有关催眠术和潜意识的著作，并由此开始对人格和实验心理学进行研究。1892 年，比奈应聘担任巴黎索邦大学心理实验室主任助理。1894 年，比奈担任该实验室主任，直至去世。

1895 年，比奈创办《心理学年报》（*L'Annee Psychologique*），并经常在该杂志上发表自己的研究成果。受英国心理学家高尔顿的影响，比奈也对一些著名的作家、艺术家、数学家和棋手做了类似的测验；同时，他还研究了一些天才儿童和智力迟钝儿童在体型、书法等方面的特征。1903 年，比奈发表《智力的实验研究》（*L'Etude Experimentale de l'Intelligence*），这是他对自己两个女儿的心理现象和特征的研究成果。1904 年，他接受法国政府委派组织一个专门委员会，研究如何为无法在正常学校学习的智力缺陷儿童设立特殊教育班级问题。比奈认为，要想为智力缺陷儿童设立特殊班级首先必须诊断儿童的智力，以区分智力缺陷和智力正常的儿童。为此，比奈与同事西蒙设计了一份用以诊断儿童智力的测验量表。1905 年，这份著名的比奈-西蒙智力量表正式公布。这份量表由 30 道测验题组成，按由易到难顺序排列，以通过的题目数作为智力水平的标志。1908 年，比奈等人对该量表做了第一次修订，测验项目由30道测试题增加到59道测试题，测验题按年龄编排，用以测试儿童的智力年龄。1911年，比奈等人又对该量表做了第二次修订，将量表所测试的年龄范围扩展到成人。比奈认为，从3岁的儿童到成人都可用此量表测试出其智力年龄。智力年龄的依据就是被试者答案的正确率。

1911年10月18日，比奈在巴黎去世。但是，他的智力测验思想传到了许多国家，特别是美国由此而兴起了轰轰烈烈的测验运动。美国斯坦福大学教授推孟对比奈-西蒙智力量表又做了一次修订，并于1916年公布这份新量表，即著名的斯坦福-比奈智力量表。该量表第一次引入了"智商"的概念，比原先的量表又有了较大的进步。

除了《智力的实验研究》之外，比奈的主要著作有：《推理心理学》(*La Psychologie du Raisonnemen*)、《个性变化》(*Les Alterations de la Personnalite*)、《实验心理学概论》(*Introduction à la Psychologie Expérimentale*)和《现代儿童观念》(*Les Idees Moderne Sur les Enfants*)等。

二、论智力和智力测验方法

(一)论智力

什么是智力？这是比奈认为在设计智力量表和进行智力测验之前必须解决的问题。

在比奈的时代，人们对"智力"概念的理解是多种多样的，如有人认为"差不多所有与心理学有关的现象都是智力的现象。感觉、知觉、以至推理都是智力现象"[①]。比奈认为，有些心理现象不是智力的本质性活动。因此，智力测验不需要对全部的智力现象和人的全部心理过程进行测试，那样做就是浪费时间。

智力的本质究竟是什么？比奈认为，"似乎智力有一个基本功能。这一功

---

① 张述祖总审校：《西方心理学家文选》，106页，北京，人民教育出版社，1983。

能的改变或缺乏在实际生活中是举足轻重的。这一功能就是判断，或称之为机智（good sense），或现实感、首创性、使自己适应环境的功能。判断好、领会好、推理好，这些都是智力的本质的活动。一个人缺乏判断就可能是一个愚笨者或者朦胧者；但如果有好的判断力，那他就绝不可能成为这两者"①。于是，比奈得出一个结论——判断力是智力功能中最为重要的因素。与判断力相比较，其余的智力功能似乎都不那么重要了。为了证明其观点，比奈列举了以下两个例子。

一个例子是比较感觉能力与判断力的重要性问题。有两位女子（劳拉·布律基曼和海伦·凯勒），虽身有缺陷但非常聪明。比奈强调，这两位女子虽身有缺陷，但这并未妨碍她们成为非常聪明的人。这也说明："感官的全部或甚至部分完善并不能构成相等于判断的心理因素。"②从另一方面说，测量被试者感受能力的敏锐性要容易得多，而且测量感受性也是为了知道被试者判断的精确性而不是为了发现他们的感受性。

另一个例子是比较记忆力与判断力的重要性问题。比奈说："乍一看来，记忆是最为重要的心理现象，人们在测验智力时不由得要给它以显著的位置。但是记忆与判断是截然不同的，并且与判断是各自独立的。一个人可能很机智，但却缺乏记忆力。相反的情况也很常见。"③比奈还以他们当时正在观察的一个智力落后的女孩为例说明其观点。他说令他们惊异的是，这个女孩的记忆力比他们强得多。比奈等人测量了这个女孩的记忆力并且证实了它，"然而这个女孩却是一个非常典型的愚笨型"④。

比奈的智力观的特点是显而易见的，那就是他十分注重判断力在智力现象中的地位。他把判断看成智力的基本功能和智力的本质活动。这一观点成

---

① 张述祖总审校：《西方心理学家文选》，106 页，北京，人民教育出版社，1983。
② 张述祖总审校：《西方心理学家文选》，106 页，北京，人民教育出版社，1983。
③ 张述祖总审校：《西方心理学家文选》，106 页，北京，人民教育出版社，1983。
④ 张述祖总审校：《西方心理学家文选》，107 页，北京，人民教育出版社，1983。

了比奈编制智力测验量表的指导思想。

(二)论智力测验的方法

1904年,法国公共教育部部长组织了一个专门委员会,由比奈负责。该委员会的任务是要研究保证对缺陷儿童进行有利的教育所应采取的措施。经过多次讨论,该委员会规定了为这些特殊儿童建立特殊教育班,包括被允许入学的条件、教学人员资格以及应使用的教学方法等;还决定,任何被怀疑为迟钝的儿童,必须首先经过教育上和医学上的检查,证明其确实因智力状态在普通学校中不能获益,才能被允许进入特殊教育班。这一特别委员会的上述规定实质上是要求采取一些可靠的方法真正地鉴别儿童的智力状况。

要做到这一点,即保证鉴别结果的科学性和准确性在当时是相当困难的。按照比奈自己的话说,"存在着理论和实践两方面的困难"[①]。比奈所说的"理论上的困难"是指人们对智力缺陷状态的认识不一致。尽管当时人们大都同意用三个等级来表示智力缺陷状态,即用"白痴"表示最低级状态、用"愚笨"表示中间状态、用"朦胧"表示最接近正常的状态,但是,人们对这三个等级的理解和判断却存在着较大的差异。这种理论认识上的差异致使操作上出现令人吃惊的不同诊断。比奈列举了一个例子以说明:有一个儿童到一所精神病院看病时带了几张各不相同的诊断书。第一份诊断书说他是"愚笨",第二份诊断书说他是"白痴",第三份诊断书说他是"朦胧",第四份诊断书又说他是"智力退化"。

比奈对造成不同诊断结果的原因做了具体分析。他认为,主要有三种原因导致了这种现象:第一种原因是医生的"无知"。某些医生缺乏才能,连一些已有绝对明显症状的疾病也看不出来。第二种原因是"名词定义的变换不定",同样一个词由于使用的人不同而含义各异。比奈认为,诊断的不一致,很可能只是由于使用了不同的术语而引起的言语不一致。第三种原因是不同

---

① 张述祖总审校:《西方心理学家文选》,96页,北京,人民教育出版社,1983。

的医生用不同的方法检查病人而导致对疾病的描述缺乏准确性，或者由于一些医生没有努力地寻找准确的症状并对之加以仔细分析和说明。

对于第一种原因，比奈认为，那是一种个人的失败，科学本身是不负责任的。至于第二种原因，在比奈看来，是有一定道理的。因为不同国家的医生，甚至同一国家不同的医生使用的名词各异容易造成诊断的差别。但比奈发现，有些医生虽然使用了相同的术语，但在对同一儿童的诊断上却又经常不一致，致使每个人都根据自己的想象来划分智力状态的界线。之所以出现这种现象，比奈认为，是第三种原因即方法上的缺点造成的。他说："仔细观察，人们就能看出这种混乱主要来自检查方法中存在的缺点。当一个精神病医生检查一个智力低劣的儿童时，他并不去找出这个儿童所表现出来的每一症状，说明这些症状并加以分类，而满足于他对病人的主观印象，即一个总的印象，然后根据直觉作出诊断。"①因此，比奈强调："对这问题的历史方面的研究，很清楚地告诉我们：我们所缺乏的是鉴别诊断的准确根据。"②

于是，智力测量的方法问题成了比奈的研究重点之一。经过几年研究，比奈发现，可以使用三种方法来鉴别智力缺陷的状况。③

第一种，医学的方法。用以鉴别智力缺陷的解剖学、生理学和病理学方面的症状。

第二种，教育学的方法。依据儿童所获得的知识总量来判断其智力。

第三种，心理学的方法。对智力的程度作直接的观察和测量。

比奈认为，在这三种方法中，"医学的方法是间接的，因为它从生理推测心理。教育学的方法比较直接；但心理学的方法是三者中最直接的，因为它的目的在于测量目前的智力状态"④。

---

① 张述祖总审校：《西方心理学家文选》，100 页，北京，人民教育出版社，1983。
② 张述祖总审校：《西方心理学家文选》，100 页，北京，人民教育出版社，1983。
③ 参见张述祖总审校：《西方心理学家文选》，103 页，北京，人民教育出版社，1983。
④ 张述祖总审校：《西方心理学家文选》，103~104 页，北京，人民教育出版社，1983。

比奈还对心理学方法的基本思想和目的以及应该注意的问题做了专门论述。比奈提出，心理学方法的基本思想"是建立一个我们称之为智力测量的量表。这个量表由一系列难度逐渐增大的测验构成的，从能观察得到的最低智力水平的测验一直到平均正常智力的测验。这一整套测验中的每一组各与不同的智力水平相当"①。

比奈认为，心理学方法的目的有两个：一是要使"所有的测验简单、迅速、方便、准确、内容多样化，使受试者与测验者保持不断的接触，而且主要目标是针对受试者的判断能力"②。为了达到这一目的，比奈要求，测验在保证高速度进行的同时又不能使测验时间超过20分钟。他说："超过了二十分钟就不可能不使受试者感到疲乏。在这最大限度的二十分钟里，必须各个方面都轮流测到，最少要作十个测验，所以每个测验不能超过2分钟。"③二是要测定智力的水平。为达到这一目的，比奈要求，尽可能地把先天的智力和后天的教育分离开。他说："我们唯一要测量的是智力，尽可能地不顾及受试者的教育程度。"④比奈认为，测验者应当把被试者看成既不会读又不会写的毫无知识的人。测验内容要摒弃许多具有词语、文学或学术性质的问题。在他看来，这些问题属于教育考查的事，而不是智力测验的任务。

三、比奈-西蒙智力量表

(一)测验量表的内容

比奈于1911年第二次修订了比奈-西蒙智力量表。这份新量表的测试对象包括3岁、4岁、5岁、6岁、7岁、8岁、9岁、10岁、12岁、15岁和成人等年龄段的儿童、青少年和成人。测验试题按由易至难顺序排列，每个年龄

---

① 张述祖总审校：《西方心理学家文选》，104页，北京，人民教育出版社，1983。
② 张述祖总审校：《西方心理学家文选》，105页，北京，人民教育出版社，1983。
③ 张述祖总审校：《西方心理学家文选》，105页，北京，人民教育出版社，1983。
④ 张述祖总审校：《西方心理学家文选》，105页，北京，人民教育出版社，1983。

段的测验由 5 道试题组成；只有 4 岁年龄段例外，只测试 4 道题目。这份新量表一共由 54 道题目组成。各年龄段测验题如下。

三岁测验

(1)指出鼻子，眼睛，嘴。

(2)学说两个数字。

(3)指出图中各物。

(4)说出己姓。

(5)学说六个音(syllable)之语句。（译者按吾国每字均一音，欧美各国文字一字有音有多音不等）。

四岁测验

(1)说出自己是男或是女。

(2)说出钥匙，小刀，和辨士(铜币名)的名称。

(3)学说三个数字。

(4)比较两条线。

五岁测验

(1)比较两种不一样重的东西。

(2)照画一个方形。

(3)学说十个音之语句。

(4)计算四个辨士。

(5)把分开的长方形再合起来。

六岁测验

(1)辨别早晨和下午。

(2)就日常事物依其用途而下定义。

(3)照画一金刚石形。

（4）计算十三个辨士。

（5）辨别图画中面容之美丑。

七岁测验

（1）指出右手和左耳。

（2）叙述图画中各物。

（3）做同时发令的三种差遣。

（4）计算六个苏（sous 一苏，合二十分之一佛郎）——其中三个是"双苏"。

（5）说出四种基本的颜色。

八岁测验

（1）比较记忆中之二物。

（2）从二十数至零。

（3）说出图画中缺点。

（4）说出日期。

（5）学说五个数字。

九岁测验

（1）兑换二十个苏。

（2）于事物用途以外下常用字之定义。

（3）认明一切钱币。

（4）顺次说出每年中之月份名。

（5）回答简单之问题。

十岁测验

（1）依轻重，排列五个重量不同之物。

（2）由记忆中重描图画。

（3）批评语言中背理之处。

（4）回答难解之问题。

（5）用三个字于两句中。

十二岁测验

（1）抵抗暗示。

（2）用三个字于一句中。

（3）三分钟内说出六十个字。

（4）解释抽象名词。

（5）重组词句。

十五岁测验

（1）学说七个数字。

（2）说出三个同韵字。

（3）学说二十六音之语句。

（4）解释图画之意义。

（5）解释事实。

成人测验

（1）剪纸测验（折纸剪洞）。

（2）由想像中重组一个三角形。

（3）分别同类的抽象名词之意义。

（4）说出王与总统之三异点。

（5）说出所听得之短篇文字中之主要意义。①

（二）测验量表的特点

在比奈-西蒙智力量表问世之前，智力测验已进行了 20 多年的尝试，但未获得广泛的认可。而比奈-西蒙智力量表一问世，就引起人们广泛的注意。究

---

① ［美］推孟：《比纳西蒙智力测验》上，华超译，39~45 页，上海，商务印书馆，1924。

其原因，那是由于比奈-西蒙智力量表的三个显著特点所致。

第一个特点是比奈-西蒙智力量表用年龄作标准。可以说，用年龄作智力测验的标准是比奈的创造。人们认为，用年龄作标准，一是容易把握，二是容易理解。而以前人们用"白痴""愚笨""朦胧"来表明智力缺陷的不同程度，或用"聪明""极聪明""笨""极笨"来表示智力的差异，其标准都难以把握，也不易为人们所理解。因此，用"智龄"来表示一个人的智力水平，一听就能理解。

第二个特点是比奈-西蒙智力量表只测试高级心理现象，如推理能力、创造能力、判断能力等；而不像其他智力测验量表那样去测试低级心理现象，如感觉的辨别力、记忆力、反应速度等。人们认为，这正是比奈获得成功的高明之处。美国斯坦福大学教授推孟曾对此做了说明："近今心理学家，大概都承认高等的智力和上文所述初等的心理作用，没有多大的关系。许多动物有敏锐的感觉；低能的儿童，除十分厉害者之外，皮肤感觉，视觉，反应，想像之型式亦和普通儿童的，并没有显著的异点。但是，论到了解力，抽象作用，推理作用，联想作用，知识之多少，自动的注意等等，则他们和普通儿童差得远了。"①

第三个特点是比奈-西蒙智力量表测试的是智力的整体而不是智力的各部分。比奈在其实验阶段也曾像其他测验者一样试图将注意力、感觉辨别力、联想能力分开测试，但未能成功。后来，比奈意识到这些能力是紧密连在一起的、不能分开测试的。于是，他改变了策略，下决心去测试智力的整体，终于获得了成功。正如推孟所评价的："智力测验之所以能够成功，全在于这个目的的更换。"②

---

① [美]推孟：《比纳西蒙智力测验》上，华超译，49页，上海，商务印书馆，1924。
② [美]推孟：《比纳西蒙智力测验》上，华超译，50页，上海，商务印书馆，1924。

第四节　霍尔的教育思想

一、生平活动和著作

霍尔是美国心理学家、哲学家和教育家。1844 年 2 月 1 日，他出生于美国马萨诸塞州的阿什菲尔德。其祖上是 1630 年从英国来到美国的移民。在学区读完小学后，霍尔曾先后在阿什菲尔德文实学校和威利斯顿文实学校读过书。

1863 年，霍尔进入威廉斯学院学习。在威廉斯学院期间，霍尔学业成绩优异，读了大量文学和哲学著作，还曾参加过文学俱乐部。1867 年，霍尔从威廉斯学院毕业后进了纽约的一所神学院。同时，霍尔还在一所私立女子学校兼职以获得额外收入。尽管当牧师是霍尔家庭对霍尔的希望，但霍尔对宗教持有一种怀疑态度。一年后，他就离开了神学院，动身赴德国。1868 年夏季，霍尔抵达德国波恩。他在德国住了两年多，学习德文和研究德国人的生活。在此期间，他还结识了一批德国哲学家和神学家。

1871 年，霍尔回到纽约。这时期，美国大学对受过德国哲学训练的人并不欢迎。霍尔不得不又花费一年时间修完神学课程。1872 年，霍尔终于在安蒂奥克学院找到一份教师的工作。在这所学院里，霍尔工作了四年，讲授文学、哲学，导演话剧。这时期，他和黑格尔学派的一些年轻人有着密切的往来。1874 年，德国心理学家冯特的著作《生理心理学纲要》出版。这本书引起了霍尔对心理学的极大兴趣。1876 年，他辞去安蒂奥克学院的工作到哈佛大学担任英语教师。在哈佛大学任教的两年里，他还获得了哲学博士学位。

霍尔在获得哲学博士学位后于 1878 年再次赴德国学习。这次赴德国，他主要是为了研究物理学、生理学以及实验心理学。在莱比锡大学，他成为冯特的第一个美国学生。1880 年，霍尔从德国回到美国。几个月后，哈佛大学聘请他讲授教育学。霍尔主讲的教育学课程非常成功，深受学生们的欢迎。1882 年，约翰斯·霍普金斯大学聘他为特别讲师，并拨款 1000 美元建立了美国第一个心理实验室。霍尔经过自己的努力，不仅使他的心理实验室在美国处于领先地位，而且还在其周围聚集了后来对美国教育和心理科学发展产生重要影响的一批年轻人，其中有卡特尔、杜威、贾斯特罗、桑福德等人。1887 年，霍尔创办了《美国心理学杂志》。

1888 年 2 月，霍尔担任了刚建立的克拉克大学的校长。霍尔起初想把克拉克大学办成约翰斯·霍普金斯大学式的大学，以科学研究为主，但在风格上要比约翰斯·霍普金斯大学更加接近德国模式。霍尔的这一理想终因经费不足而未能实现。但在他的领导下，克拉克大学成为当时美国儿童心理学和儿童研究中心。他在克拉克大学期间共培养了 81 名心理学博士。1892 年，霍尔创建美国心理学会并被选为第一任主席。同年，创办《教育学研究》杂志，该杂志后来成为儿童研究运动的喉舌。1893 年，霍尔在芝加哥主持了教育实验心理学会议，并在开幕式上发表讲演，从此拉开了儿童研究运动的序幕。

1919 年，霍尔 75 岁时从克拉克大学校长职位上退休。1924 年 4 月 24 日，霍尔在马萨诸塞州的伍斯特去世。他将遗产中的大部分捐赠给了克拉克大学，用以设立遗传心理学教授职位。

霍尔一生研究兴趣广泛，成果甚丰。1882 年，霍尔发表的论文《对儿童的道德和宗教训练》引起了人们广泛的注意。1883 年，霍尔发表论文《儿童心理的内容》。由此，霍尔在学术界的声望迅速上升。到 1888 年，霍尔已成为美国第一流的教育研究者。[1] 此后，霍尔的学术成果不断问世。1904 年，霍尔

---

[1] A.Johnson, D.Malone., *Dictionary of American Biography*, New York, Charles Scribner's Sons, vol.4, 1960, p.128.

出版了《青少年：他们的心理及其与生理学、人类学、社会学、性、犯罪、宗教和教育的关系》，这是一部两卷本的著作，涉及的领域广泛。为了完成这部著作，霍尔还创造了 300 多个新的英语单词。该书一出版，立即引起轰动，一下子在美国就售出 2.5 万册。1906 年，霍尔出版《青年：他们的教育、生活方式和卫生学》，这本书后来被作为美国师范院校的教材。1911 年，霍尔的两卷本《教育的问题》出版。人们认为，这本书的出版标志着霍尔的研究兴趣彻底从教育转向心理学。① 此后，霍尔又写了不少心理学著作，其中主要有：《现代心理学的奠基者》《一位心理学家的自白》《儿童的生活与教育》等。

二、关于儿童心理内容的问卷调查

1869 年 10 月，德国柏林教育学协会颁发了一个文件，要求教师调查城市学校入学儿童的个性。同年，有的学者采用问卷方式，就 75 个问题在 2 万名刚入学的儿童中做了大规模的调查。结果发现，男女生之间，城乡儿童之间，甚至同一城市不同街区儿童之间在知识面以及感兴趣的事物方面存在着差异。柏林教育学协会的这次问卷调查对霍尔有很大的启发作用。

1880 年，霍尔第二次从德国留学回国，就在波士顿采用柏林问卷对波士顿的入学儿童做了调查。之后，考虑到柏林问卷中提出的一些问题不适宜在美国使用，霍尔对柏林问卷做了修改和补充。将原先的 75 个问题增加到 100 多个，并对问题原先涉及的数学、天文、气象、动物、植物、地理、综合 7 个领域做了拓宽，增加了儿童信念（包括儿童对正误观念的理解）等新领域。霍尔编制完成新的问卷后，曾在波士顿对 400 名 4~8 岁的儿童进行过调查，还在堪萨斯城对 678 名 6 岁的儿童进行过调查。霍尔将两地的调查结果记录下来并做了比较：

---

① A. Johnson, D. Malone, *Dictionary of American Biography*, New York, Charles Scribner's Sons, vol.4, 1960, p.129.

霍尔问卷的部分内容和结果

不熟悉该事物儿童的百分比

概念的名称	波士顿儿童	堪萨斯城儿童	
		白人	其他人
蜂箱	80	59.4	66
乌鸦	77	47.3	59
蓝色鸣鸟	72.5		
蚂蚁	65.5	21.5	19.1
松鼠	63	15	4.2
蜗牛	62		
知更鸟	60.5	30.6	10.6
麻雀	57.5		
绵羊	54	3.5	
蜜蜂	52	7.27	4.2
青蛙	50	2.7	
猪	47.5	1.7	
鸡	33.5	0.5	
蚯蚓	22	0.5	
蝴蝶	20.5	0.5	
母鸡	19	0.1	
母牛	18.5	5.2	
种麦子	92.5	23.4	66
榆树	91.5	52.4	89.8
梅树	89		
柳树	89		

种燕麦……………87.5		
栎树……………87	62.2	58.6
松树……………87	65.6	87.2
枫树……………83	31.2	80.8

（以下从略）①

从问卷调查的结果来看，那一时期美国儿童的常识性知识面不宽，大城市儿童所了解的知识不如小城市儿童了解得多。除此之外，在身体、气象、几何以及其他方面，大城市的儿童也不如小城市的儿童。

霍尔还发现，男、女孩在知识方面也存在一定差异。女孩在诸如身体部位、家庭和家庭生活、彩虹以及在正方形、圆形、三角形等概念的掌握方面要超过男孩。但是，在立方体、球面体、角锥体等知识方面，女孩不如男孩。② 但是，霍尔发现，男、女孩的差异除了身体知识外，在其他方面并不像柏林问卷调查结果那么大。在同样的 49 个问题的回答中，美国男孩在 69% 的问题（34 个问题）上超过女孩，而德国男孩在 75% 的问题上超过女孩。

通过对波士顿和堪萨斯城调查结果的研究，霍尔还发现，家长为子女入学所做的最佳准备工作是让儿童熟悉自然界事物，特别是熟悉乡村的景色和声音，并将儿童送进良好的、卫生的幼儿园。

根据波士顿和堪萨斯城两地的调查，霍尔还建议，每位教师在带领一个新班级时，或在一个新的住宅区任教时，应该利用自己的经验和技术仔细地探索儿童的心理，了解儿童已经掌握的知识，这样才能避免自己所做的努力落空。霍尔还要求，师范学校应该教给学生怎样去探索儿童心理的方法和技

① G.S.Hall, *Aspects of Child Life and Education*, Boston, Ginn & Company Publishers, 1912, pp.14-17.

② G.S.Hall, *Aspects of Child Life and Education*, Boston, Ginn & Company Publishers, 1912, p.20.

术，并将此作为师范训练的主要内容。

1883 年，霍尔在《普林斯顿评论》上发表的论文《入学儿童的心理内容》就是在这两次调查结果的基础上写成的。该论文的发表后来被看作美国儿童研究运动肇端的标志。

三、论青少年的心理特点

青少年时期，随着生理的发展，青少年的心理上也出现了许多以前未曾有过的特点。例如，有的爱好精神上的紧张状态，并且强烈地喜爱兴奋；有的充满着活力感和对更丰富的生活的渴望；有的出现了极端性的倾向，追求色彩鲜艳、奢侈放荡的生活。霍尔对青少年的心理特征仔细研究之后，认为这些特征主要表现为以下一些"非常显著的互相对立的冲动"。[①]

精力旺盛与衰退。霍尔认为，青少年的精力有着周期性旺盛与衰退的特点。在精力旺盛时期，青少年可以"有几小时、几天、几周或者几个月精力过分旺盛的活动。男青年热衷于训练或者打破纪录；睡眠可以减少，学习上通宵开夜车，死记硬背；追求某种新风尚，得意洋洋，欢闹不已"[②]。在精力衰退时期，青少年显得"软弱无力，无精打采，呆缓迟钝，漠不关心，疲倦、冷淡、嗜睡、偷懒，他觉得缺乏动力，难于做额外工作和作过度努力；当他激励自己拼命去干时，他却陷于松弛的迟钝状态，并且怀疑世界上的一切事情是否真值得去干"[③]。霍尔发现，青少年精力的变化有着周期性的规律。"显示出有时以月计，有时甚至以季计的节律"[④]，这种周期性的变化在男青年身上表现尤为明显，女青年也会有这种变化。有时，"十五、六岁的女孩通常想要睡眠或休息一个星期，并且好像浑身使不出劲来，可是以后又狂热地渴求

---

① 张述祖总审校：《西方心理学家文选》，117 页，北京，人民教育出版社，1983。

② 张述祖总审校：《西方心理学家文选》，118 页，北京，人民教育出版社，1983。

③ 张述祖总审校：《西方心理学家文选》，118 页，北京，人民教育出版社，1983。

④ 张述祖总审校：《西方心理学家文选》，118 页，北京，人民教育出版社，1983。

艰苦而乏味的工作了"①。霍尔认为，青少年的这种精力变化有着生理方面的原因，是一种自然的现象。他说："大自然在这里至少是用更替方式来推进她的发展工作：一时致力于发展机能，一时又致力于增长器官的体积；也许用这种节约的方法比过多地保持均匀、平衡、和稳定性更能达到较高的发展水平。"②

快乐和痛苦情绪的波动。霍尔认为，儿童的情绪经常"在快乐与痛苦——生活的两极，生活的最高统治者——之间摆动"③，而且这种心境的波动是迅速而不断发生的。"他们哭笑无常，对于各种印象所作的情绪反应是直接的。他们生活在现在之中，对现在的一切变化都有所反映，他们的情感很少受过去和未来的影响。"④在霍尔看来，青春期前后儿童的快乐与痛苦情绪的波动是有差别的。青春期前的儿童，情绪波动的频率高，速度快。"到青春期开始，波动就逐渐缓慢下来，但常在一段时间内更趋极端，从得意洋洋，特别是从意气消沉中恢复过来是迟缓的。"⑤霍尔发现，致使儿童快乐与痛苦的原因中有生理的和营养方面的。当精力旺盛时，他们"常常无缘无故地在任何小事上觉得快活，他们由于生机旺盛而快活得大嚷大叫"⑥。当身体疲劳时，他们"厌世主义的抑郁心境在一段时间使生活变得暗淡无光，一套新的联想占了优势，象换了另外一个人似的"⑦。有些人早晨醒来时、在上学时、在中午时都没有精神，霍尔认为，这是营养上的变化造成的。

自我感的增加和自信心的不足。霍尔认为，青少年的自我感"完全是一种新高度的意识"，有了自我感的青少年"希望自己成为成年男女、并被旁人承

---

① 张述祖总审校：《西方心理学家文选》，118 页，北京，人民教育出版社，1983。
② 张述祖总审校：《西方心理学家文选》，119 页，北京，人民教育出版社，1983。
③ 张述祖总审校：《西方心理学家文选》，119 页，北京，人民教育出版社，1983。
④ 张述祖总审校：《西方心理学家文选》，119 页，北京，人民教育出版社，1983。
⑤ 张述祖总审校：《西方心理学家文选》，119 页，北京，人民教育出版社，1983。
⑥ 张述祖总审校：《西方心理学家文选》，120 页，北京，人民教育出版社，1983。
⑦ 张述祖总审校：《西方心理学家文选》，120 页，北京，人民教育出版社，1983。

认为成年男女；希望被尊重、被征询和被信任"。① 随着自我感的产生，他们的荣誉感也强烈起来了，有时为了维护荣誉，甚至不惜采用决斗等手段。自我感中还包含有强烈的自我肯定意识。他们"觉得自己对于异性具有了不起的吸引力。……把自己放在显眼的地位；高谈阔论、矫揉造作、修饰打扮，以引人注目；或者自鸣得意甚至骄傲自大，自以为比别人高明"②。但霍尔也发现，有的青少年在自高自大以致"竭尽厚颜无耻之能事"的同时，又"感到信心不足和内心虚弱，需要大肆虚张声势来加以遮掩。他怀疑自己的力量，担心自己的前途，他的自爱受到了伤害，在各方面深深地觉得丢脸，也许内心有所不满，却感到无力抗拒"③。

利他思想和自私心理的碰撞。霍尔认为，儿童在进入青春期之前，衣、食、住、教育等都是由别人照料的，而进入青春期之后却必须为别人服务了，他们逐渐意识到"生活再不是自我中心的，而应该是利他中心的了"④。青少年的利他思想迅速发展，有时甚至达到令人吃惊的程度。例如，"青少年可以发誓终生克制自己并从事于艰苦的劳动，以献身于某种伟大的事业或某种终身的前程，即使为此而抑制乃至排除一些人类最深刻的本能也在所不惜。……拥护伟大的慈善事业，而且常常对生活中普通的和无害的欢乐和安适暗自实行禁欲主义，在吃、喝、睡眠方面过分克制，甚至可以做到有损健康的程度"⑤。霍尔发现，青少年一方面利他主义情感不断发展，另一方面又存在着自私心理。有时候，"最显著的自私和贪心与慷慨和宽仁同时爆发出来……对别人的所有权、食品衣着有时可以粗暴地踩在脚下，同时又对别人

① 张述祖总审校：《西方心理学家文选》，122 页，北京，人民教育出版社，1983。
② 张述祖总审校：《西方心理学家文选》，121 页，北京，人民教育出版社，1983。
③ 张述祖总审校：《西方心理学家文选》，122 页，北京，人民教育出版社，1983。
④ 张述祖总审校：《西方心理学家文选》，123 页，北京，人民教育出版社，1983。
⑤ 张述祖总审校：《西方心理学家文选》，124 页，北京，人民教育出版社，1983。

或者是对同一个人作到最周密的关心和照顾……"①

善行和恶行的交替。霍尔发现，青少年时期，"善良大概从来没有象现在这么动人和纯真，德行从来没有这样完美无瑕……良心虽然不是这时新生的，现在已可以扮演主要的角色了。它唤起迫切追求正义的渴望，激励着最高的抱负和决心。对所有人和生物的慈爱发自内心，饱满清新，对别人的共同的和个人的幸福表示衷心的祝愿，能想方设法揣测和满足别人的愿望……对于这个世界，少男少女好象简直是好得过分了"②。然而，有时又会有恶的行为发生，例如，"说谎的倾向突然发生，一时难于克制。忿怒不能控制，四处发泄，人受其害。一些卑鄙的或者想象不到的行径使旁观者为之吃惊。社会的公共约束被抛弃不顾，突然一阵阵脏话连篇；或者还没有想到如何适当防备，就突然宿夜放荡了……"③。

孤独的性格和依附的心理。霍尔发现，有的青少年性格孤僻、羞怯、忸怩，不愿在人们面前，特别在异性面前露面。他们喜欢单独散步，喜欢与星星、海洋、森林、动物交谈，爱好自然胜过爱好人类。而另外一种类型的青年则愿意投身于友谊之中。这类青年不甘孤独，但又无法排遣自己，只好"可怜地依靠同伴才能求得自己的欢乐"④。他们渐渐失掉了独立性，"失掉了独立行动、思考或冲动的能力，形成了依附的顺从者和追随者的固定习惯"⑤。

强烈的敏感性和无情的冷漠。这在青少年违法者中有明显的表现。霍尔发现，许多青少年违法者对其罪行的受害者的痛苦无动于衷、铁石心肠，但面对宠物的痛苦却十分敏感，柔情充溢。

除了上面的特点之外，霍尔还探讨了青少年其他方面的特点。例如，有

---

① 张述祖总审校：《西方心理学家文选》，124 页，北京，人民教育出版社，1983。
② 张述祖总审校：《西方心理学家文选》，125 页，北京，人民教育出版社，1983。
③ 张述祖总审校：《西方心理学家文选》，125 页，北京，人民教育出版社，1983。
④ 张述祖总审校：《西方心理学家文选》，126 页，北京，人民教育出版社，1983。
⑤ 张述祖总审校：《西方心理学家文选》，126 页，北京，人民教育出版社，1983。

的青少年充满好奇心，对知识充满兴趣，渴求知识；而有的青少年则对一切事物淡漠处之，任何事物也无法使他们激动。又如，有的青少年立志做学问，手不释卷，热心读书；而有的青少年则认为饱学只是徒有虚名，希望"震动现实世界，立功成名，出人头地，做一番积极的甚至有创造性的事业"①。再如，有的青少年保守，而有的青少年激进。

对于青少年身上表现出来的那些"相互对立的冲动"，霍尔认为教育工作者不必害怕。他说："在美德的幼芽蓬勃生长的同一土壤上，也可以杂草丛生。"②他还说："如果青少年要闯入人的王国，他必须在其道路上努力、战斗和猛攻。这里同样有许多冲动在力求表现，它们一时好象很强烈，但以后却就销声匿迹了。"③不过，霍尔也提出，教育工作者要防止青少年冲动的低级形式，而给它以高尚的去处和境地。也就是说，要引导青少年对一切真、善、美的事物产生兴趣和专心致志。

四、论道德和学校教育

(一)论道德

什么是道德？霍尔把"道德"看成一种"超级卫生学"。这种"超级卫生学"旨在"使我们的肉体和灵魂，使我们的物质的、社会的、工业的环境，始终处于最佳状态"④。从这一目的出发，霍尔提出："道德就是健康。"⑤在他看来，所谓"健康"是指一种完美或神圣的状态。因此，霍尔又把道德解释成人类演化进程中的最佳状态和人类最健康的状态。如果这种最佳和最健康状态受到

---

① 张述祖总审校：《西方心理学家文选》，129 页，北京，人民教育出版社，1983。
② 张述祖总审校：《西方心理学家文选》，125 页，北京，人民教育出版社，1983。
③ 张述祖总审校：《西方心理学家文选》，132 页，北京，人民教育出版社，1983。
④ G.S.Hall, *Morale, The Supreme Standard of Life and Conduct*, New York, D. Appeleton and Company, 1920, p.1.
⑤ G.S.Hall, *Morale, The Supreme Standard of Life and Conduct*, New York, D. Appeleton and Company, 1920.p.17.

破坏，那么道德就出现了问题。

霍尔在谈论道德时还提出，道德是良心、荣誉感、"超人"的集合。他认为，良心只是道德的一部分。在霍尔看来，良心是一种无意识的、本能的趋向美德的冲动，也是一种对内心"神谕"的承诺。但是，良心并不能完全制止恶行，以良心名义所犯下的罪行数不胜数，因此，霍尔认为，防止和制裁恶行，还需要法律和法令。

荣誉感是一种非常微妙的情感。霍尔认为，它可以使一个胆怯的男孩去拼命，也可以使一个泼辣的女孩害羞和哭泣。人们为了捍卫荣誉可以牺牲生命，因为屈辱地活着，生命毫无价值。但是，荣誉感也像良心一样并不能保证美德。荣誉感本身也会扭曲变形。在霍尔看来，荣誉感最显著的功能是培养人们热爱后代的情感和责任感。这种情感超越种族，纯洁无瑕。这里，霍尔显然是将人的荣誉感与人类社会的不断繁荣联系在一起了。[1]

"超人"是霍尔借用德国哲学家尼采提出的一个概念。霍尔认为，"超人"概念是达尔文的生存竞争、适者生存理论的一种推论。对于"超人"而言，人类社会的生存和发展是重要的。"如果我们失败了，文明也与我们一起失败"[2]，这是"超人"的信念。为了适应生存，"超人"可以破除旧的道德教义的束缚，创造新的价值标准。

霍尔指出，他的道德观是一种全新的人的价值标准，旨在呼吁人们用一种新的价值尺度来衡量个人的、工业的、社会的道德，以促进社会的健康发展。

(二)论学校教育

霍尔晚年目睹了第一次世界大战给美国社会带来的影响。受战争的影响，

---

[1]　G.S.Hall, *Morale*, *The Supreme Standard of Life and Conduct*, New York, D.Appeleton and Compony, 1920, p.10.

[2]　G.S.Hall, *Morale*, *The Supremo Standard of Life and Conduct*, New York, D.Appeleton and Compony, 1920, p.12.

学校的生活也发生了变化。学期缩短了，男孩放假去农场干活、生产粮食。青少年们要参加许多社会性工作，如参加小红十字会工作、为法国孤儿募捐、与比利时及其他同盟国儿童通信、参加准军事训练等。中小学校里的爱国主义教育明显地加强了。在中学和大学里，应用学科，如化学、物理学、经济学、心理学，明显地受到了重视。大约有50万原本上大学的青年应征入伍。每所学院和大学都成立了学生军训营。霍尔认为，在这样的社会背景下，学校教育也须做相应的改革，以促进学生道德的发展，培养儿童的适应生活的能力。为此，他提出了以下几点建议。

一是幼儿园和小学低年级应该以活动为中心，儿童的活动应该适应儿童的心理和生理发展的需要。霍尔认为，成长中的儿童的身体和灵魂是最宝贵的，也是最可雕塑的。教育价值的一个标准就是看成长的一代人是否能走向成熟。这是真正的人道主义，是衡量教育价值的一个尺度。

二是学校应该充分注意应用性课程的德育作用。由于第一次世界大战的原因，应用性课程受到了学校的重视，以致一些人产生了应用技术第一、纯科学其次的观念。按照这些人的想法，学校课程应更多地重视应用性技术，以使大多数人掌握这些技术。至于有关创造发明、科学研究的课程则属于少数天才人物的学习和研究内容。霍尔认为，重视应用课程是社会的需求，学校教育必须传授一些应用技术以使受教育者在工业社会中找到一个既能体现个人价值又能满足社会需求的最佳位置。在他看来，这种做法不会影响人性的发展、品德的培养，因为应用性课程也具有德育的作用。霍尔强调："人类已经掌握了无以计数的自然力量，但要求将这些自然力量用于人类造福事业而非破坏事业的呼声从未如此强烈。"[1]这种呼声是人类渴望用正确的道德观利用自然力量的需求。

---

[1] G.S.Hall, *Morale, The Supreme Standard of Life and Conduct*, New York, D.Appeleton and Compony, 1920, p.275.

三是学校教育应该注意培养忠诚、献身精神、英雄主义、荣誉感、团队精神以及亲密的同伴友谊等品质。霍尔认为，这些品质是战争中必需的，也是战争给学校教育的启示。当然，在和平环境中，这些品质也具有极为重要的作用，是人的道德的最重要的因素。霍尔还认为，这些品质的培养可以通过学科教学来实现。例如，在学习古典学科时，"古典学科应该人文化"①。霍尔指出所谓"人文化"，就是学习拉丁文应重在掌握了解它的内容、意义、精神以及一些注释材料，而不要像法国人那样，只注意学习枯燥的冗词。只有这样，学生才能把握古典文学的精神。总之，古典学科的学习可以在培养学生民主思想的同时，又不影响学生的服从与纪律精神的培养。

第五节　儿童和儿童教育思想研究的影响和评价

儿童和儿童教育思想研究在人类教育思想发展史中占有重要的位置。

就高尔顿的研究而言，他的智力遗传决定论在欧美国家一度产生较大的影响。甚至到了 20 世纪 60 年代，其残余影响依然存在。但是，人们认为，其有关智力遗传问题的研究还是有一定意义的，其研究至少引发了两个与人类有关的科学方向：一个方向是优生学；"另一个方向则是运用量的方法来说明群体智力的分布状况和个体智力的状况"②。

"优生学"是高尔顿创立的概念。在他看来，优生学是为改善未来人类的精神与身体的学问。高尔顿的优生学思想是建立在其智力遗传论基础上的。他认为，由于人的智力、能力都是遗传的，那么，要提高人的智力和能力就

---

①　G.S.Hall, *Morale, The Supreme Standard of Life and Conduct*, New York, D.Appeleton and Compony, 1920, p.276.

②　高觉敷、叶浩生主编：《西方教育心理学发展史》，336 页，福州，福建教育出版社，2005。

应该从改良血统或改良人种方面着手,即通过优生学的计划来实现人类的改善。高尔顿说:"人的自然能力都源于遗传,就好像各种生物的外形结构也都是遗传的一样。因此,如果我们可以利用血统的改良……那么我们也可以借助几代人的婚姻繁衍高智力的人类。"①

著名心理学家波林曾这样分析过德国心理学家冯特与高尔顿研究心理学目的上的差异:"冯特希望改进心理学,高尔顿则希望改进全人类。"②可以说,波林的评价是正确的。

应该看到,优生学是科学研究上一个值得重视的新领域,它对减少人类遗传疾病,保护新生婴儿的健康,均具有重要的意义。但是,由于它片面夸大遗传的作用,大肆宣传天才遗传论,结果,后来被利用,成了法西斯进行种族主义统治的工具。

比奈的智力测验研究是欧美国家儿童研究运动的一个组成部分,也为儿童研究运动提供了方法,并为后来的智力测验研究的发展铺垫了道路。对此,美国心理学家波林评价说:"二十世纪一十年代是智力测验的十年。比纳的量表原理是有成就的。"③智力测验不仅被用于学校教育,还被应用于战争中士兵的选拔。例如,在第一次世界大战中,智力测验得到了应用,"采用的目的在于防止低能不合格的人混入部队之内"④。此外,比奈提出的"智力年龄的观念,用以与个人实际年龄相对照,从而判定智力的高低。此一观念后来演变成智商(intelligence quotient,简称 IQ)的计算公式"⑤。比奈的智力测验对我国也产生了深刻影响,1922 年传入我国后,我国学者于 1924 年发表《比纳西蒙智力测验》,该书于 1936 年和 1982 年做过两次修订。

---

① Francis Galton, *Hereditary Genius: An Inquiry into Its Laws and Consequences*, New York, Macillan and Co., Ltd., 1925, p.1.

② [美]E.G. 波林:《实验心理学史》,高觉敷译,551 页,北京,商务印书馆,1981。

③ [美]E.G. 波林:《实验心理学史》,高觉敷译,653 页,北京,商务印书馆,1981。

④ [美]E.G. 波林:《实验心理学史》,高觉敷译,654 页,北京,商务印书馆,1981。

⑤ 车文博:《西方心理学史》,295 页,杭州,浙江教育出版社,1998。

就霍尔而言，他是"儿童心理学的先驱"①。在他的影响下，人们"对儿童研究的兴趣增加了，儿童研究的团体纷纷成立"②。霍尔对教育心理学也做出了重要贡献，综观他"多种兴趣的起伏，可见他对于教育心理学的贡献较多，而对于实验心理学的贡献较少，实验心理学只是代表其学术生命的较早的一期"③。对于霍尔的影响，美国教育家克雷明评价：在19世纪90年代里"作为美国心理学界和教育界最重要的人物之一而崛起。到19世纪末20世纪初，霍尔在美国心理学界和教育界已是一个举足轻重的人，在追求新颖做法的教师和教育学教授中早已产生了广泛的影响"④。

就儿童研究运动来看，历时30多年的儿童研究运动在欧美教育史上具有重要的意义。其影响和作用可以从以下三个方面来看。

首先，儿童研究运动有力地推动了儿童福利运动。它使许多人对改善儿童的学习和发展条件感兴趣。在儿童研究运动的影响下，提供更好的健康设施、娱乐设备、儿童图书馆和学校膳食，以及改善学校教室和青少年劳动条件，是许多对儿童研究感兴趣的人乐于承担的任务。

其次，儿童研究运动对儿童学校教育的发展起到了促进作用。儿童研究运动改变了人们的旧的教育观念，改进了旧的教育方法。儿童研究者反对学生被动地接受知识的学习方法，要求根据儿童自身特点，即根据儿童身心特征和兴趣进行教学。并且，通过问卷调查，为教师和家长提供了大量有关儿童身心特征的资料，以便教师和家长采用科学的教育教学方法。儿童研究运动还扩展了学校教育内容，使体育、音乐、美术等学科受到重视。人们认为，这是儿童研究运动重视儿童身体及各方面才能研究的结果。此外，儿童研究

① [美]E.G.波林：《实验心理学史》，高觉敷译，646页，北京，商务印书馆，1981。
② [美]E.G.波林：《实验心理学史》，高觉敷译，646页，北京，商务印书馆，1981。
③ [美]E.G.波林：《实验心理学史》，高觉敷译，595页，北京，商务印书馆，1981。
④ [美]劳伦斯·阿瑟·克雷明：《学校的变革》，单中惠、马晓斌译，91页，济南，山东教育出版社，2009。

运动还促进了师资培养和培训工作，不少师范学校及大学教育系和教育学院都开设了儿童研究课程。另外，儿童研究运动促使人们对早期教育的关注。1906—1917 年，美国儿童游戏场所在 100 多个城市中增加到上千个。有数千人从事游戏指导。①

最后，儿童研究运动促进了人们对儿童心理和行为的认识，推动了心理学在教育上的应用，为教育心理学的创立准备了条件。美国学者认为，儿童研究运动至少把三个有关儿童的观念带进了教育学和心理学：第一个观念是儿童研究运动论证了儿童间的差异，使人们明白没有两个儿童是一样的。这就要求教育工作者研究这种差异并因材施教。第二个观念是儿童的特性是复杂的和难以捉摸的，儿童行为各个不同方面是相互关联的。例如，要研究智力的发展，就必须了解身体、社会和情感方面的发展，从而使教育工作者意识到，教给儿童的任何东西所引起的变化不是其行为的单一机能，而是在一定程度上作为一个整体的儿童的发展。第三个观念是儿童发展要经历一系列阶段。尽管儿童研究者对阶段的划分以及各阶段特征的意见并不一致，但有一点是相同的，那就是儿童研究者都希望教育工作者能够了解儿童发展的阶段性。

儿童研究运动也存在不少缺点，特别是研究方法的科学性难以令人信服，因而招致不少批评。美国心理学家鲍德温曾批评霍尔的问卷调查法缺乏正确的方法论前提；美国心理学家桑代克也对儿童研究运动使用的问卷调查法持批评态度，他主张使用客观法。②

---

① 参见高觉敷、叶浩生主编：《西方教育心理学发展史》，75 页，福州，福建教育出版社，2005。
② 参见高觉敷、叶浩生主编：《西方教育心理学发展史》，73 页，福州，福建教育出版社，2005。

第四章

欧洲新教育运动的兴起与发展

19世纪末20世纪初，欧洲兴起新教育运动。这是继文艺复兴、启蒙运动之后欧洲历史上又一场教育革新运动，历时半个多世纪，影响全欧洲，波及世界。这场教育革新运动注重学生生活、手工劳动和体育，培养身心和谐发展的新人，为20世纪欧洲教育民主化和现代化奠定了基础，并且对世界教育产生了广泛而深远的影响。

第一节 欧洲新教育运动的发展历程与新教育联谊会的历史沿革

欧洲新教育运动起始于1889年，终于1966年，历时77年。欧洲新教育运动在与外部世界的相互作用过程中，经历了自发兴起期（1889—1914年）、自觉成熟期（1914—1936年）、承负使命期（1936—1945年）、甘当助手期和终结期（1945—1966年）。作为新教育运动的组织，新教育联谊会孕育于其自发兴起期，诞生于其自觉成熟期，一旦诞生，就与新教育运动相伴至终，对其发展发挥着凝聚核心、指引方向的组织领导作用。

一、欧洲新教育运动的自发兴起期

欧洲新教育运动发端于英国。1889 年，雷迪创办阿博茨霍尔姆学校，开新教育运动之先河。在雷迪的影响下，1893 年，巴德利在英国南部苏塞克斯郡创办贝达尔斯学校；1897 年，里诺·赫贝在温彻斯特创办韦斯坦斯学校；1898 年，德国利茨创办乡村教育之家；1899 年，法国德摩林创办罗歇斯学校。1899 年，瑞士费里埃尔创办"国际新学校事务局"。德摩林于 1897 年撰写《盎格鲁-撒克逊民族的优越性在哪里?》，1898 年撰写《新教育》，主要从民族主义角度呼吁教育改革；1899 年岁末，瑞典女作家爱伦·凯发表《儿童的世纪》，主要从新人文主义角度预言"20 世纪将成为儿童的世纪"，呼吁教育改革。可以说，在英吉利海峡两岸，新学校实验的种子已经播撒，新教育思想的春风已经吹起。

20 世纪初，新教育运动在欧洲渐成蓬勃之势。在德国，新教育家们于1906 年创办威克斯多夫自由学校，于 1910 年创办奥登林山学校和莱班现代舞蹈实验学校。1907 年，意大利教育家蒙台梭利创办"儿童之家"，同年比利时教育家德可乐利创办"生活学校"。在波兰，科尔察克于 1911 年创办"孤儿之家"，对流浪街头和难以管教的儿童进行教育。科尔察克还曾经组织学生宿舍"我们的家"，并在法院对少年违法者进行教育。[1] 1912 年 10 月，比利时教育家瓦斯孔塞诺创办彼爱尔实学校。

在英国，麦克米伦姐妹于 1908 年建立了第一所伦敦幼儿实验诊所，1911 年开办了一所保育学校。1913 年，霍默·莱恩（Homer Lane，1875—1925）[2]在多塞特郡埃文肖特创办实验学校——"小共和国"（The Little Com-

---

① 参见教育大辞典编纂委员会编：《教育大辞典 第 11 卷 外国教育史》，350 页，上海，上海教育出版社，1991。

② 霍默·莱恩，美国精神分析学家，曾经在美国底特律郊外的一个农场组织儿童自治团体——"乔治初级共和国"（The George Junior Republic），收容来自贫民区的 20 名青少年。该团体有自己的政府、议会、法庭。青少年自行制定各项法规并依法对违法者实施惩戒，取得了一些出人意料的成果，曾引起当时美国司法界和犯罪学家们的兴趣。1913—1918 年，霍默·莱恩在英国创办"小共和国"。

monwealth）。

在瑞士，通过几位热心教育的心理学家和教育家克拉帕雷德的指导，1900 年，在日内瓦为落后和非正常儿童开办了特殊学校。此后，瑞士新教育家们于 1902 年创办格拉里塞格学校，于 1907 年创办霍夫·奥伯基希新学校，于 1912 年创办卢梭学院。20 世纪初，法国建立法兰西岛学校和诺曼底学院。在俄罗斯，早在 1859 年，托尔斯泰就在故乡创办了亚斯纳亚·波良纳学校，对农民子弟实行自由主义教育。1862 年，托尔斯泰主持发行《亚斯纳亚·波良纳》教育杂志，为俄罗斯新教育的兴起奠定了基础。从 1905 年起，沙茨基、谢连科、什列别尔、沙茨卡娅等新教育家纷纷在莫斯科等地组织"快乐生活之家"等儿童俱乐部和夏令劳动营，从事校外儿童教育实验。

此间，欧洲还有小规模的教育新方法实验运动，如"回归自然运动"和"艺术教育运动"。在英国，教育家博威于 1908 年创办童子军，后来形成童子军运动；在德国，1904 年兴起取名为"候鸟"的青年旅行运动。19 世纪末 20 世纪初，法兰茨·希策克（Franz Cizek）[①]在奥地利开展艺术教育，阿尔弗雷德·里奇沃克和卡尔·顾茨在德国汉堡开展艺术教育，爱弥儿·雅克-达尔克罗兹在瑞士日内瓦开展韵律体操教育，莱班在德国慕尼黑进行现代舞蹈教育。

曾有一种说法，到 1913 年，西欧各国新学校共有 100 多所。[②] 另有一说，到 1914 年，整个欧洲只有 50 所乡村寄宿学校（英国 18 所，德国 15 所，瑞士 9 所，其他几所在法国以及其邻近国家）。[③] 对欧洲而言，100 所还是 50 所都是星星点点，但是实验学校的价值却意义非凡，正如有的研究者所说：

---

① 法兰茨·希策克是个维也纳艺术教师，1898 年在维也纳的应用艺术学校（School of Applied Art）为学龄儿童开设免费课程，其学生都成了有自己风格的艺术家。

② 参见滕大春主编：《外国教育通史》第 5 卷，250 页，济南，山东教育出版社，1993。

③ William Boyd, Wyatt Hawson, *The Story of the New Education*, London, Heinemann Educational Books Ltd., 1965, p.14.

从数量上来说，这些新学校无足轻重。像在英国这样的国家，上千所寄宿学校中有不到 20 所的新学校算什么呢？它们的重要性不是由数量来衡量的。它们的重要性在于对现行常规的学校模式的成功挑战。新学校主要的不同之处是允许学生在学习和行为表现上有很大的自由，学习的至关重要的一部分是在乡村的环境下把重点放在个人的活动上。在新学校中，成人和孩子之间有一种特殊的关系——不是普通学校中的常见的上级和下级的关系而是一种互相尊重的关系，这种关系允许有经验的长者指导而不是控制学生。甚至那些不赞同这种方法的人——很多人都不赞同——也被促使重新思考寄宿学校的一些问题。①

尽管"这个运动起初是零碎的"，但是"它要打破僵死的、孤立于社会之外的学校的躯壳，把学校改革成为适应时代要求的、社会与学习者息息相通的有效的培养人的场所"。② 星星点点的新学校给欧洲传统教育带去了春意和希望，表明了新教育运动已经形成，犹如万山丛中的条条溪流在自由涌动，既独立自主地开辟着自己的道路，又互相呼应着前进。

二、欧洲新教育运动的自觉成熟期

从 1914 年到 1936 年，欧洲历经了第一次世界大战和第一次世界性经济危机，并且面临着第二次世界大战，促使新教育运动由冲动走向理性，由自发走向自觉，由稚嫩走向成熟。欧洲新教育运动自觉成熟期有以下几个特点。

---

① William Boyd, Wyatt Rawson, *The Story of the New Education*, London, Heinemann Educational Books Ltd., 1965, p.14.

② [日]筑波大学教育学研究会编：《现代教育学基础》，钟启泉译，39、37 页，上海，上海教育出版社，1986。

（一）组织机构的建立与健全

欧洲新教育运动的自觉首先体现在建立健全了自己的组织。从 1889 年雷迪创办第一所新学校——阿博茨霍尔姆学校到第一次世界大战结束，新学校的实验和新教育理论成果不断涌现。新教育家们在社会理想、教育理念、教育方法等方面有许多相同或者相近的地方，他们渴望有一个国际范围的交流平台，以交流思想，取长补短，扩大社会影响，共同促进教育的进步。1899 年，费里埃尔在日内瓦自费创办"国际新学校事务局"，起到了新学校认证、注册、联络、文件保存与交流的作用。在英国，蒙台梭利的追随者于1914 年成立"新理想组织"，即英国蒙台梭利协会；恩索博士等人于 1915 年成立通神教育联谊会，并于 1920 年创办了一份刊物，名为《为了新时代的教育》①，副标题是"一份为促进教育重建的国际季刊"，其目的是记录教育实验，促进国际教育的发展。1919 年，德国奥斯特赖克创办"彻底的学校改革者联盟"，出版《新教育》刊物；法国进步的社会人士和年轻的教育工作者组成"新大学联合会"。上述区域性的新教育组织已经成立并且开展活动，为新教育联谊会的诞生奠定了很好的基础。从 1921 年 7 月 30 日到 8 月 12 日，新教育联谊会在法国加莱成立，是新教育运动走向自觉与成熟的根本标志。

1920 年，《新时代》杂志发出通知：关于教育的新时代国际会议将于1921 年 7 月 30 日到 8 月 12 日在加莱的索菲亚-贝特洛蒂学院召开，会议主题是"儿童创造性的自我表达"。

1921 年，加莱会议如期举行，100 名成员出席了会议，这些成员来自14 个国家和地区，如英格兰、苏格兰、爱尔兰、法国、瑞士、比利时、荷兰、意大利、西班牙、丹麦、瑞典、捷克斯洛伐克、南斯拉夫和印度。意大利蒙台梭利、比利时德可乐利、英国尼尔等许多知名新教育家出席了会议，伊丽莎白·雅顿博士代表德国出席了会议。瑞士新教育家费里埃尔不仅出席了会

---

① 该期刊后简称《新时代》（ *The New Era* ）。

议，而且还赞助了此次会议。

会议决定成立新教育联谊会，以《新时代》作为联谊会的季刊，用法语、德语、英语三种语言编辑出版；联谊会每两年举办一次国际性会议。

与会者认为，新教育联谊会不设正式的章程，只设一个基本纲领。该纲领有以下七项。①

第一，一切教育的根本目的是使儿童准备在自己的人生中寻求和实现至高无上的精神，无论其他教育家提出何种观点，教育的目标应该是保持和增进儿童内在的精神力量。

第二，教育应该尊重孩子的个性，而只有通过解放儿童内在的精神力量，才能发展个性。

第三，各种学习和所有为了生活的训练都应给予儿童的天赋兴趣以自由的施展——这些兴趣是在他内心中自发唤醒的，是在各种手工的、智力的、审美的、社会的和其他的活动中表现出来的。

第四，儿童在每个年龄段都有特殊的性质。因此，需要由儿童们在教师的协助下组织个人和团体的纪律训练。这种纪律训练应能养成深刻的个人责任和社会责任感。

第五，自私的竞争应该从教育中消失，而代之以合作，用合作来教育儿童投身社会服务。

第六，要进行共同的教育和教学，让男女儿童合作以产生有益的影响。

第七，新教育使儿童不仅成长为能够对邻里、祖国和人类承担责任的合格公民，而且使儿童成为能够意识到自己个人尊严的人。

自1921年以后，新教育联谊会每隔2~3年召开一次国际性会议。每次大会都有一个主题，这些主题反映了世界局势和新教育运动的方向的关系，

---

① William Boyd, Wyatt Rawson, *The Story of the New Education*, London, Heinemann Educational Books Ltd., 1965, pp.73-74.

1921—1929 年比较注重讨论教育本身的问题，在经历世界经济危机后的 1932 年，会议着重讨论教育与社会的关系。

新教育联谊会于 1921 年制定的七项基本原则在儿童与社会关系之间比较偏向于儿童。1932 年，法国尼斯会议根据新形势对此做了一些修订，修订后的纲领是：让儿童理解社会和经济社会的复杂性；教育应满足不同气质、不同智力与情感的儿童的需要，并给他们创建按个性自我表现的机会；发展儿童的首创性和责任感，帮助他们适合社会生活的要求，消除强迫的、惩罚的纪律，使师生都认识到人们性格各异的事实以及每人保持独立思考的重要性，在此基础上，促使学校社会中形形色色的成员的合作；引导儿童认识本民族的遗产，把儿童培养为既是本国的良好公民，也是世界的良好公民。① 分析 1932 年的纲领，教育的砝码在儿童与社会关系天平之间稍稍向社会偏移，在本国与世界的关系上稍稍偏向世界，这不能不说是新教育运动与时俱进的自觉表现。1936 年，法西斯主义在欧洲很猖獗，在这种"黑云压城城欲摧"的形势下，这年的新教育联谊会国际会议针锋相对地将会议主题确定为"教育的自由和团体的自由"。这说明了新教育联谊会对新教育运动起着导向性作用。

(二)新教育理论趋于成熟

欧洲新教育运动的自觉成熟在理论上表现为有深刻的自我反省意识以及在此基础上的更深层次的创新意识。

第一次世界大战期间，新学校有的搬迁，有的停办，受到重创，但是战后陆续恢复，创办了许多新的实验学校，如尼尔的夏山学校、罗素的烽火山学校、沙茨基的"第一国民教育实验站"等。除此之外，新教育家们开始对新学校实验和新教育运动本身进行研究。

---

① 王天一、夏之莲、朱美玉编著:《外国教育史》下册，558 页，北京，北京师范大学出版社，1985。

新教育家们对已经存在的实验学校进行了较全面的考察和评估，提出了新学校的概念和新学校的标准。瑞士费里埃尔以"国际新学校事务局"为据点，通过通信、旅行考察的方式，广泛搜集了大量欧洲新学校的资料，在此基础上提出了自己对"新学校"的看法。1915年，俄国教育家克鲁普斯卡娅根据列宁的指示并结合自己对西方古典教育家著作的研究，在广泛考察欧洲和美国教育状况的基础上，撰写成《国民教育与民主主义》一书，第一次以马列主义的观点中肯地分析了欧洲新学校。1926年，德国教育家彼得森出版《欧洲新教育运动》、谢布奈出版《作业学校二十五年》，他们的著述都对欧洲新学校进行了深刻的历史反思。美国的教育家也关注欧洲新学校，罗曼在1923年向美国读者介绍了欧洲新教育的一些最显著的特点；华虚朋和斯亭丝考察了英国和欧洲大陆的新学校，于1926年发表《旧世界中的新学校》(后在我国出版，书名为《欧洲新学校》)的考察报告，对欧洲新学校进行了个案介绍和分析。无论历史研究还是个案分析，都说明了欧洲新教育运动开始产生自我反思意识。

此时的新教育理论开始有了更深的开拓创新。1915年，俄国教育家克鲁普斯卡娅在《国民教育与民主主义》一书中指出，只有新学校为无产阶级所掌握，才能彻底将"读书学校"改造成真正的"劳动学校"。劳动学校必须以教育与生产劳动相结合为原则，同时提出综合技术教育的新思想。在瑞士，1921年，费里埃尔撰写《活动学校》一书，为卢梭学院具有代表性的观点"新学校就是活动学校"做了系统的阐述和理论论证；1935年，皮亚杰发表《心理学与教育学》，1936年发表《儿童智慧的起源》，1937年发表《儿童现实的建构》，通过实验的方法提出自己的儿童智力发展阶段说，并且从建构主义角度论述了活动教育。1926年，波兰教育家罗维德提出"创造性学校"这一术语，在波兰教育学中通称为波兰型劳动学校。① 在德国，主要创新性成果有高弟希

---

① 参见教育大辞典编纂委员会编：《教育大辞典 第11卷 外国教育史》，350页，上海，上海教育出版社，1991。

的《为生成人格而服务的学校》《自由精神的学校作业之理论与实践》，谢布奈的《作业过程之研究》，沙雷尔曼的《劳作学校》，彼得森的《一般教育学》《耶拿计划》，凯兴斯泰纳的《教育过程的基本公理及其对学校管理的影响》《教育者的灵魂和教师培养的问题》《自信和自由是教育的根本原则》《教育理论》，等等。

在英国，1916 年，怀特海发表《教育的目的：呼吁改革》的演说稿，不仅提出"无活力概念""教育节律""风格"等教育新概念，还提出"一个不重视智慧训练的民族是注定要失败的"的著名论断。沛西·能围绕教育教学工作开展治学，教学相长，形成了自己独特的学术体系。这段时间其教育研究成果主要有 1918 年的《自然科学教学法》、1920 年的《学校代数教学目的和方法》、1921 年的《学校几何定理序列》。其代表作是 1920 年出版的《教育原理》。英国数学家罗素于 1927 年出版了《论教育：特别是儿童早期的教育》，1927 年 9 月创办烽火山学校，1932 年出版《教育与群治》（或译为《教育与社会秩序》）。尼尔于 1914 年到苏格兰西南的格雷托那格林乡村小学当校长。以该校的生活体验为素材，他于两年后发表处女作《一个教师的日记》。他认为，一个充满欢乐的游戏场远胜过一所刻苦学习的学校。1921 年 7 月，他在法国加莱新教育联谊会发表演说"摒弃权威"，认为一些新学校因受"隐匿的权威"的控制，徒有虚名，因此必须摒弃权威，自治才有可能。他的激进自由主义思想开始形成，1924 年组建夏山学校，以此为实验基地，尼尔开始陆续出版一套"问题"系列丛书，即 1928 年的《问题儿童》、1932 年的《问题家长》、1939 年的《问题教师》、1949 年的《问题家庭》。在这套丛书中，他认为问题儿童来源于问题家长、问题家庭和问题教师。

（三）教师的觉醒和参与

欧洲新教育运动重视教师教育，因为运动的主体归根到底是那些名不见经传的广大教师，只有他们的自觉参与才有真正自觉的运动。这段时间，

1912年建立在日内瓦的卢梭学院不断壮大,不仅产生了像皮亚杰这样的儿童心理学巨匠,而且为欧洲各国培养了从事新教育教学和研究的教师。在匈牙利,1922—1930年,纳吉组织领导布达佩斯教育研究班,对匈牙利缺陷儿童的教育起到了促进作用,同时由于其培养了大批骨干教师,从而也对1920—1930年匈牙利新教育运动的发展产生了较大影响。1931年,英国建立伦敦大学教育学院,这是英国教师教育和英联邦国家教育研究的中心。

有必要指出,新教育联谊会定期举行的国际性学术会议以及中期会议是很开放的,教育家、普通教师甚至学生和家长都可以参加。会议每在一地举行,当地总有很多教师参与各项活动,因此可以说,新教育联谊会的学术会议不仅具有探讨学术的功能,而且具有教师教育的功能。广大教师的觉醒、支持和参与是新教育运动走向自觉的一个重要前提,也是新教育运动的火种在第二次世界大战期间能够不被法西斯扑灭的一个重要原因。

三、欧洲新教育运动的承负使命期

如果说欧洲新教育运动是有生命的,那么欧洲新教育运动在第二次世界大战前后10年正步入其成年期。成年期是使命期。欧洲新教育运动可谓不辱使命,对保存和重建民主教育起了危局独撑、中流砥柱的作用。

纳粹政权上台后即对德国新教育家进行迫害[①],第二次世界大战期间,更是对欧洲新教育运动进行残酷的镇压。因此,战争期间,欧洲大陆新教育者的首要使命是能够顽强不屈地生存下去,以保留新教育的火种。法国、荷兰、丹麦和挪威等被占领国新教育协会组织转入地下,顽强坚持着。在中立国瑞士和瑞典,新教育联谊会分部或多或少地正常运作,并且给那些从被占领国来到安全地带的成员们成功地提供了帮助。

第二次世界大战期间,新教育运动在欧洲大陆普遍遭到纳粹践踏,其中

---

① 例如,新教育家奥斯特赖克于1933年被纳粹逮捕入狱。

心转移至英国。新教育联谊会伦敦中心运转正常。在德军大轰炸时期，苏珊·艾萨克斯等新教育家积极开展心理救助工作，《新时代》杂志也陆续刊载心理救助的文章，帮助人们度过战争初期的恐慌阶段。德军空袭失败后，英国新教育联谊会成员开始着手教育改革计划的研究，如《对弗莱明委员会公学改革报告》《1944 年教育法》等均做出了贡献。第二次世界大战期间，英国是新教育联谊会与世界联系的主要纽带。欧洲大陆许多新教育家、进步教师和青年学生前来避难，英国都给予了积极接待和妥善安置。例如，法兰克福社会学的教授卡尔·曼海姆博士是一名犹太人，在纳粹政权上台前夕离开德国，来到伦敦大学担任教育社会学的教授。伦敦大学的工作成员放弃部分薪水以保证他的工作。他们的研究对战争后期的英国教育改革计划做出了贡献。在英国新教育联谊会的支持和组织下，新教育联谊会总部在 1942 年召开制定《儿童宪章》会议。总之，第二次世界大战期间，新教育运动虽在欧洲大陆万花纷谢一时稀，但在英国，风景这边独好。

在新教育联谊会英国分部主席康普顿和英国教育部部长巴特勒的倡议和组织下，1942 年 4 月 11—12 日，新教育联谊会总部在伦敦召开了《儿童宪章》会议。巴特勒先生致开幕词，在阐述制定《儿童宪章》的意义时，他说，教育应该成为未来和平唯一重要的因素，这就要求对世界儿童予以恰当的尊重。

《儿童宪章》由代表广泛的会议委员会草拟，全体代表予以修订，基本纲领有以下六条。

1. 儿童的人格是神圣的，儿童的需要必须是任何一个良好教育制度的基础。

2. 每个儿童所享有的、适当的吃穿住的权利应该被作为国家财源的首要开支。

3. 每个儿童都应该享有经常的、有效的医疗照料和待遇。

4. 所有的儿童都应该有接近本国知识和智慧宝藏的均等机会。

5. 使每个儿童有全时间就学的机会。

6. 给予所有儿童以宗教教育。①

会议认为,《儿童宪章》是超越性别、种族、国籍、信仰或社会地位以保护和保证儿童基本权利的宣言,建议各盟国政府赞成并采纳。会后,会议国际代表委员会发表了一个解释性的文件。文件认为,会议的目的不只是弘扬学术,还希望在未来的原则宣言中体现他们的信仰,希望用他们的洞察力来唤醒人们参加到这项十分紧迫的行动中来。

第二次世界大战结束后,新教育联谊会总部的使命是重建世界民主教育体制。此间,其主要活动有三项,即 1945 年的布莱斯顿会议、1946 年的巴黎会议以及积极参加联合国教科文组织的筹建工作。

英国布莱斯顿会议。1945 年 8 月,新教育联谊会第一次会议在英国多塞特郡的布莱斯顿学校召开。这是第二次世界大战结束后新教育联谊会第一次国际团圆,与会者 130 人,许多是老会员,也有从法国、比利时、荷兰、波兰、美国和新西兰等国来的新成员。会议主题是"在国际社区为了生活的教育",与会者从政治学、心理学等多角度,结合第二次世界大战的惨痛教训,探讨了这一问题,其中来自布拉格的罗威博士从心理学的角度谈论了"偏见、合作与宽容",发人深思。会议还筹划了创办国际教育和文化综合体。

法国巴黎会议。1946 年 8 月,新教育联谊会第二次会议在巴黎举行,由

---

① William Boyd, Wyatt Rawson, *The Story of the New Education*, London, Heinemann Educational Books Ltd., 1965, p.122.

复苏的法国分部组织，会议主席是法兰西学院教授、著名物理学家郎之万教授①，议题是"教育改革和新教育"。从 25 个国家来了超过 1000 名代表（其中12 个有政府背景）。会议认为，教育是走向未来的，而不仅仅是传递旧的价值观和理念。会议还建议在民主国家宽限学生在校年龄，让每个人都能平等地接受教育，每个孩子都能得到个性化辅导。

参与联合国教科文组织成立筹备工作。"联合国教科文组织"的胚芽可以追溯到 1942 年《儿童宪章》会议。该会议颁布了《儿童宪章》，继续强调教育国际合作的需要，建议在伦敦、华盛顿或莫斯科成立国际教育办公室，其任务有：考虑在战后可能立刻出现的与所有国家有关的儿童养育和照料等所有问题；准备帮助重建学校、图书馆、实验室等计划；鼓励所有国际合作教育的形式，如交换教师、学生访学、青年旅行、函授学校；最紧要的问题是就一门国际辅助性语言达成一致；保护处在各种政治和社会压力下的各地教师；确保教育重建作为国际政策的一部分。这是一次较高级别的国际会议。19 个盟国的教育部部长和英国主要教育研究所和教育机构的代表出席了会议，苏联大使、中国大使、美国大使和法国国家委员会的代表列席了会议。在这次会议上，巴特勒先生主持成立了教育部部长联席会议。

尽管此间还并存着 1926 年由国联成立的官方机构"智力合作国际研究所"和半官方机构"国际教育局"，还有其他一些大大小小的国际教育组织，但是唯有民间自愿组织——新教育联谊会为联合国教科文组织真正奠定了基础。这是由新教育联谊会理想决定的。博伊德和雅提·劳僧比较当时诸多国际教育组织后说，在所有国际性教育组织中，"最有活力的当推新教育联谊会，其人数一直在增长，一直在集中不同种族、不同信仰、不同民族以及不同职业

---

① 郎之万教授在第二次世界大战期间由监禁到流亡，历尽艰辛，战争一结束就担负教育改革委员会的重任。历尽沧桑的郎之万十分珍惜这次来之不易的盛会，事必躬亲，殚精竭虑，积劳成疾，1946 年 11 月病逝。

的人的力量，为了保证全世界的孩子能够受到教育而工作。新教育联谊会是一个非常小的组织，虽资源有限，但它很自信，以良好的信誉传播着自己的理想，在各地取得了很好的成绩"①。新教育联谊会秉持民主主义和国际主义的理想，在与法西斯的血与火的战争中毫不妥协，赢得了世人的尊敬。这是它之所以有能力、有资格为联合国教科文组织奠基的最为关键的原因。

第二次世界大战后，新教育联谊会欧洲大陆各国分部纷纷恢复工作，成为教育重建和教育改革的生力军。例如，1941—1947年，法国新教育联谊会主席郎之万和副主席瓦龙主持起草的《教育改革方案》，统称《郎之万-瓦龙方案》（*Plan Langevin-Wallon*），该方案突出"民主""正义""平等""多样性"等原则，可以说是集法国新教育运动成果之大成，为第二次世界大战后的法国教育的改革指明了前进的方向。②

四、欧洲新教育运动的甘当助手期和终结期

1946年11月16日，联合国教育、科学及文化组织成立。③ 自此，联合国教科文组织执掌民主主义和国际主义两面大旗，新教育联谊会甘当助手。

新教育联谊会充当助手角色是心甘情愿的。联合国教科文组织是新教育联谊会的梦想，联合国教科文组织的目的就是它的目的。联合国教科文组织的目的是："通过增强国家间教育、科技、文化的合作以促进和平和安全，最终增强世界各民族对于不分种族、性别、语言和宗教的公平、法治、人权和基本自由的尊重。"联合国教科文组织的国际主义和民主主义理想同新教育联

---

① William Boyd, Wyatt Rawson, *The Story of the New Education*, London, Heinemann Educational Books Ltd., 1965, p.153.

② 参见王天一、夏之莲、朱美玉编著：《外国教育史》下册，33~41页，北京，北京师范大学出版社，1985。

③ 中国是联合国教科文组织创始国之一。当时，竺可桢作为中国代表、王承绪和钱三强作为大会秘书，一同出席了成立大会。

谊会完全一致。因此，"新教育联谊会对联合国教科文组织在国际理想实践中的贡献表示发自内心地由衷地认同，其成员对于章程没有异议"。①

新教育联谊会对联合国教科文组织的成立持热烈欢迎的态度，世界各地新教育联谊会的各分支机构纷纷集会予以庆祝。联合国教科文组织诚恳地邀请新教育联谊会成员参加其会议和工作。与此同时，新教育联谊会成员也都积极地响应。1947 年，联合国教科文组织在巴黎举行第一次会议，联谊会秘书索装和《新时代》杂志的编辑沃克以及联谊会的人事部代表应邀参加，各国代表团中也有许多新教育联谊会成员，大家的激情参与使得这次集会的热烈程度不亚于新教育联谊会成员的集会。各地区相当一部分联谊会领导成员曾应邀为联合国教科文组织做全职或兼职的服务。新教育联谊会认为，为联合国教科文组织服务就是为自己的事业服务，并且深感以前的努力没有白费。

联合国教科文组织和新教育联谊会之间的联系是紧密的。在联合国教科文组织的邀请和多方支持下，新教育联谊会在以后 20 年间的主要工作是主持和参与联合国教科文组织的教育项目。

经过第一次世界大战和第二次世界大战，以及在长期参加联合国教科文组织项目的过程中，新教育联谊会逐步形成"一个世界的观点"（a world-outlook）②。新教育联谊会认为，我们的朋友和邻居是我们生存及学习的世界中的一部分，一个国家的需要是世界需求的一部分，相互之间有不同应该容忍，有分歧应该倾听，有困难应该互助。据此，新教育联谊会提倡国际理解教育，其目的是培养世界公民，维护世界和平。具体来说，有以下三点。

第一，历史教育应该有助于合作与互助。新教育联谊会反对仅从冲突的角度来解读历史，认为应该从合作和互助角度解读历史，应该透过冲突

---

① William Boyd, Wyatt Rawson, *The Story of the New Education*, London, Heinemann Educational Books Ltd., 1965, p.154.

② William Boyd, Wyatt Rawson, *The Story of the New Education*, London, Heinemann Educational Books Ltd., 1965, p.163.

看到人类是如何从原始社会开始探索合作和互助的艰难历程，这意味着要以一种积极的态度看待历史，把历史看作一系列以史为鉴的心路历程。这些历程不仅给我们今天的生活留下了烙印，而且能让我们的未来变得更美好。

第二，教育要在面向现代化的背景下增进国际文化理解。新教育联谊会认为，现代世界不是传统意义上的孤立世界，而是一个迈步走向文明王国的相互联系的世界。很多问题是世界各国共同存在的问题。教育者要做的是让学生在不同国家历史文化背景下了解现代世界，多展示它们的相同之处，而不是只展示相异之处。

第三，提倡在共同生活中进行理解教育。新教育联谊会认为，通过共同生活来学习可以有效地促进人与人之间观点、理智和情感的融合。这一点是新教育联谊会长期实践经验的总结。新教育联谊会历届国际会议的成功举办很大程度上归功于他们的实践目标。会议期间，大家一起学习新方法、新思想，一起吃饭、唱歌、跳舞，最后成为一个合作的工作性组织。为达到完成有意义的任务的目的，需要通过接触来唤起存在他们之间积极而有创意的力量，而不仅是他们的思维和理智。对共同感兴趣的项目进行广泛的国际合作是增进国际理解的较好的方式。

在东西方"冷战"愈演愈烈的时代境遇下，在"一个世界的观点"的理论背景下，为了更好地致力于国际理解教育和维护世界和平，1966年新教育联谊会在英国奇切斯特会议上通过决议，更名为世界教育联谊会，这一举措标志着欧洲新教育运动的终结。

世界教育联谊会仍然致力于新教育初始的信念——"儿童中心教育、通过教育实行社会改良、民主"，沿着新教育运动开创的道路前进，所以从广义上来说，新教育运动并没有"寿终正寝"，就像河流汇入大海，以世界教育联谊会为标志，新教育运动汇入了更为辽阔更为恒久的世界教育海洋。

第二节 新教育家实验的个案研究

欧洲新教育运动是一场伟大的教育实验运动。1889 年，雷迪创办第一所新学校。如春风唤醒花蕾，新学校之花不仅在英国，而且在法国、德国、瑞士、比利时、意大利、俄罗斯等国家朵朵绽放。本节将择要进行个案研究。

一、雷迪等英国新教育家的实验

英国是新学校实验的发源地。雷迪于 1889 年在英国德比郡创办阿博茨霍尔姆学校，这是第一所新学校，在英国及欧洲大陆有广泛影响。

雷迪痛感英国在率先完成第一次工业革命之后发展缓慢，把学校尤其是英国传统的寄宿制公学看作对现代文明加以改造的巨大力量。但同时他认为，当时多数公学脱离科学时代与日常生活的现实需要，远远没有发挥其应有的积极作用，于是决定创办一所新型寄宿制公学，以"满足经过改革的英吉利民族之正常需要"①。阿博茨霍尔姆学校就是根据雷迪的教育观念而创办的具有实验性质的学校。

阿博茨霍尔姆学校是男子寄宿中学，专招 11~18 岁的男孩；以招本国男孩为主，兼招他国男孩。他认为该校的教育目的是培养"新男孩"。"新男孩"必须具备关于英国人对世界尤其是对祖国的责任感，必须具有广阔的、综合的、帝国的目光。至关重要的是，他们必须承担起作为领导阶级成员的责任，为此，他们的行为方式在不列颠应该比平常人更具有高雅的吸引力；他们必须为宗教领域的、道德领域的、法律领域的，或者大而言之，为整个国家体

---

① ［澳］W.F. 康内尔：《二十世纪世界教育史》，张法琨、方能达、李乐天等译，264 页，北京，人民教育出版社，1990。

系的改革而奋斗。① 为此该校的任务是提供"一种完全现代的、合乎人的情理特点的且能适应社会'领导阶级'需要的全面教育"②。这种"全面教育"要能促进学生的全面发展，包括良好的身体和心理的健康发展。③

全面教育具体说就是培养学生具有领导、合作、平衡与认知能力。

雷迪认为阿博茨霍尔姆是为主导阶级子弟而设的学校，它的学生必须学会怎样领导他人。为此，首先必须分配给学生一系列任务，让他们在承担任务的过程中学会自力更生。其次，让他们担任学校公职，以承担更大的责任。最后，学生还必须学会积极地行动及与他人愉快地合作。

为培养学生的合作精神，雷迪认为要给孩子们以小组为单位的各种活动机会，诸如艺术创作，演戏，收割干草，筑篱笆、茅舍、泥厕、玻璃暖房，造小船等；并且让他们能够找到不止一个人消遣的机会。

雷迪认为，要教育孩子们力求调和与平衡生活中的二元性，例如，合作与竞争、男性的闯劲与女性的爱家、自由与法制、乡村的再生能力与城市的工业污染气氛等。学生生活安排及课程设置都是"为了完美而和谐的生活的"④，具体体现了这种"平衡"精神。

阿博茨霍尔姆学校的教育是自由教育，但该校有一句格言是"自由服从于法律"(Liberty is Obedience to the Law)⑤。雷迪认为，为了自由，人类不得不硬起心肠来规范自己；通过服从法律超越自我，获得真正的自由。他还认为，

---

① J.H.G.I.Giesbers, *Cecil Reddie and Abbotsholme*, N.V.Nijmegen, Centrale Drukkerij, 1970, p.25.

② [澳]W.F.康内尔：《二十世纪世界教育史》，张法琨、方能达、李乐天等译，264 页，北京，人民教育出版社，1990。

③ J.H.G.I.Giesbers, *Cecil Reddie and Abbotsholme*, N.V.Nijmegen, Centrale Drukkerij, 1970, pp.28-29.

④ [澳]W.F.康内尔：《二十世纪世界教育史》，张法琨、方能达、李乐天等译，264 页，北京，人民教育出版社，1990。

⑤ J.H.G.I.Giesbers, *Cecil Reddie and Abbotsholme*, N.V.Nijmegen, Centrale Drukkerij, 1970, pp.118-119.

英国男孩娇生惯养，必须通过斯巴达式的训练方可培养出男子气概。据此，他给学生制定了许多规章制度，有的近乎苛刻，违者必罚。该校学生一天的生活安排如下。（表4-1①）

表4-1　阿博茨霍尔姆学校学生一日计划

时间	内容	备注
7：00	起床	夏天：6：10 起床 6：30 做操 6：45—7：30 上课
7：15	军事体操， 哑铃体操或跑步	视天气情况而定
7：30	礼拜	
7：45	早餐	
8：15	整理寝室	餐后回宿舍整理床铺、漱口、刷牙，练习小提琴
8：30	上课	在第一节课，学生在级长的带领下，分批参观花园里的小泥屋
10：45	休息	若天气晴朗，露天做肺部呼吸锻炼
11：45	上课	夏天若天气晴朗和足够暖和，12：00 唱歌，12：30 到河中游泳
13：00	午后正餐	
13：30	音乐	在大讲堂
13：45	绘画、专题学术讨论会、工厂或园艺劳动、运动等等	
18：00	下午茶	饮毕练习小提琴

① J.H.G.I.Giesbers, *Cecil Reddie and Abbotsholme*, N.V.Nijmegen, Centrale Drukkerij, 1970, pp.118-119. 参见吴式颖、任钟印主编：《外国教育思想通史》（第九卷），79 页，长沙，湖南教育出版社，2002。

续表

时间	内容	备注
19：00	预习	在指定日期举行阅读莎士比亚著作、演讲、唱戏、开音乐会等活动
20：30	晚餐	
20：40	礼拜	
20：50	睡觉	
21：00	熄灯	

概言之，上午主要用于室内的学术活动；下午用于室外活动，如手工和体力劳动、体育运动等；晚上则主要用于音乐、文学、社会性的娱乐活动。总之，阿博茨霍尔姆学习生活既很有规律也是丰富多彩的，体现了自由与纪律的平衡。

丰富的、具有创造力的思想，个人的首创性和发明力是阿博茨霍尔姆学校课程与教学所追求的目标。雷迪指出，精神和体力劳动之目的在于思想体系的形成，实现这个目的的最好方式是将教与学集中于人与自然之上，因此学生不是只从书上来研究，而是将整个学校当作生活的、工作的模式来研究。雷迪的课程观，不是狭义的学科课程观，而是广义上的大课程观，具体来说主要有以下六个互相联系的部分。

第一是学科课程，包括英语、现代语言及古典语言、数学、自然科学、历史、地理、经济、社会研究、卫生学、体育等。他认为，这里的学科课程与传统的公学古典课程是不同的。当时，伊顿公学有24位古典学科教师，6位数学教师，1位历史教师，却没有自然科学和现代语言教师。雷迪要把公学课程轻重次序颠倒过来。他认为最重要的是母语(英语)，在课程中居于中心地位；其次是现代语言，如法语和德语；再次是自然科学，如物理学、化学和生物学；最后是历史和地理；拉丁和希腊语处于辅助科目的位置，之所以教授，是因为它们能为全面理解英语及现代语言服务。英语教学要与有关社会日常事务工作联系起来，例如，让学生在参加戏剧表演、学校报纸的编纂与新闻采访等工作中锻炼语言。现代语言，如德语、法语，要以直接的方式教授。雷迪认为，有限的但积极的要求比广泛的但被动的要求更受欢迎，也更有效，所以他直接从德国和法国聘请教师来教授德语和法语，要求教师主要通过生活情境而不是只通过阅读书本来教学。生物学是通过在基地及学校周围大自然里的田野作业来教学。自然科学的目的在于使日常生活现象更易于被理解，因此自然科学教学要根据归纳法来教，反对"抽象原理和笨重的术语"，喜欢"简明具体的事例"。为此，必要的模型、工具、仪器应由学生自己做，所有自然科学要尽可能结合起来教。为了上好生物学课，学生们自己建造水族馆及草族馆，甚至建立一个小动物园，给当地的植物、动物拍照、画速写。他认为，卫生学是我们身体和生活的中心，要结合我们的身体与生活来教学。要用生动的、自然的方式来教数学，如参加工厂实习、调查、计算自己口袋里的钱、进行买主与卖主的角色表演等。历史教学不能淹没于事实与时间之中，它注重把握历史发展规律，为此需要研究原始材料，如传记及与之相伴随的同时代报纸和杂志等。地理学并非意味着记住地方和出产，而是意味着为我们生活的世界定方向，要与历史教学相结合。至于古典语言教学，学生要通过翻译和欣赏古典艺术理解古典语言，而不能拘泥于古典语言某个语法细节。

第二是体育和手工劳动。阿博茨霍尔姆每周有三个下午用于手工劳动，两个下午用于体育锻炼。雷迪认为，英国有潜力的群体和未来的领导人应该学习怎样使理论和实践相结合；仅仅看别人劳动是不够的，一个人必须伸出自己的手，只有这样，学生才能直接从物质世界获得深刻印象，同时物质世界才能得到必要的组织和改造。据此，他要求学生在广阔的校园中进行手工劳动和体育锻炼。学生们自己修筑自己的棒球场和网球场，建造实习工厂，栽花、种草、植树。总之，在农场、在车间、在树林，教师都可以把课程组织得很好。

第三是能唤起想象的艺术课程。该学校开设了美术、音乐、手工等课，以使学生们接触优秀的传统艺术和现代艺术，学习一些艺术技能和手艺。学校尤其重视音乐课，其目的不但是培养学生的音乐欣赏力和歌唱能力，更是培养他们的和谐的性情和对生活美的感悟能力。

第四是社会教育。为了使这所学校成为温暖如春紧密团结的集体，高度重视社会教育。每个小型班级不超过 15 人。学校还尽可能多地营造家庭气氛，鼓励在晚上和周末举办的社交娱乐活动，鼓励俱乐部活动和戏剧音乐演出，鼓励协同作业计划等。

第五是改革道德和宗教教育。为了改革传统的道德与宗教教育方式，雷迪在阿博茨霍尔姆进行了新的尝试。雷迪认为，道德与宗教教育的基本原则是通俗易懂、非教条、非偏见。其方式主要有：其一，创造具有自己特点的仪式，在这个仪式上，雷迪用积极的方式重新对教义进行解释，并且将伟大世俗作家的作品放在这个仪式上来宣讲。其二，他认为道德与宗教教育不仅是智力认识过程，而且也是情感与态度过程，故将音乐、歌唱引入教堂。其三，将重点放在宗教与道德教育同日常的实际生活相联系的事务上，注重在实际生活中培养道德。

第六是健康与卫生教育。雷迪指出，"身体是灵魂之庙堂，健康的身体意味着纯洁的灵魂"[1]。通过词源学考证，他提出了健康是科学与宗教的目的的观点。[2] 据此，他在阿博茨霍尔姆展开了健康与卫生教育。该教育基于三个原则：其一，经济学与卫生学是最重要的，因为卫生学意味着个人的经济学，经济学则是社会的卫生学；其二，社会健康依赖于精力充沛的个体行动；其

---

[1] J.H.G.I.Giesbers, *Cecil Reddie and Abbotsholme*, N.V.Nijmegen, Centrale Drukkerij, 1970, p.126.

[2] J.H.G.I.Giesbers, *Cecil Reddie and Abbotsholme*, N.V.Nijmegen, Centrale Drukkerij, 1970, p.126.

三，过健康的生活，创造有益的健康环境，将宣传付诸实践。

在健康与卫生教育方面，雷迪痛感传统公学缺乏必要的性教育。他指出，英格兰男孩应该在性生活方面得到直截了当的、诚实无欺的指导；男孩本质上是纯洁的，但愚蠢的教学导致了道德败坏。在阿博茨霍尔姆，他开展全新的性教育。他认为，其一，教师必须意识到性教育是高尚与美好的工作，是伴随着"鲜花与蜜蜂的"[①]；其二，性教育遵循两个原则，一是简洁的事实教学，二是私下的个体的忠告；其三，是用卢梭自然教学法，反对未成熟的经验和对青春期的加速；其四，发展男孩的业余爱好，鼓励同学之爱；其五，将性教育放在更广泛的环境或背景之中，鼓励男孩以一种开诚布公的态度对待性与身体。[②]

以上课程的六个方面是相互联系的整体。此外，学校还应尽可能把课程与当地现实情况及男孩们的现有活动联系起来。总之，雷迪认为，和谐均衡教育的课程理想只有通过智力的、体力的、道德的、艺术的、社会的教育方法并恰当地结合才能成功实现。

从1889年至1899年，雷迪苦心经营十年，阿博茨霍尔姆学校的教育实验终于获得了极大的成功。赫尔巴特派代表人物莱因称阿博茨霍尔姆学校是一个教育学王国。他认为，在那里，智力文化与身体的、心灵的文化取得平衡，工厂与园艺的教学因艺术、道德、宗教的纯洁影响而取得平衡。[③]

雷迪创办的阿博茨霍尔姆学校好比是新教育运动中的"母校"。一批当年在阿博茨霍尔姆学校工作的年轻人离开之后，就在外地创办新学校。贝达尔斯学校就是阿博茨霍尔姆学校的第一个分支。

[①]　J.H.G.I.Giesbers, *Cecil Reddie and Abbotsholme*, N.V.Nijmegen, Centrale Drukkerij, 1970, p.127.

[②]　J.H.G.I.Giesbers, *Cecil Reddie and Abbotsholme*, N.V.Nijmegen, Centrale Drukkerij, 1970, p.126.

[③]　J.H.G.I.Giesbers, *Cecil Reddie and Abbotsholme*, N.V.Nijmegen, Centrale Drukkerij, 1970, p.139.

巴德利是贝达尔斯学校的创立者。1893 年，巴德利在英国南部苏塞克斯郡彼得斯费尔特近郊建立了一所新学校——贝达尔斯学校。与阿博茨霍尔姆学校相比，贝达尔斯学校有自己的特点。

第一，在人与社会之间，贝达尔斯学校更侧重于人本身。巴德利认为，只有新型的个人才能组成新型社会，具有创造力的人将过一种充实的生活。该学校力图为学生做好三件事：提供学生可以充分表现自己的事和机会；有一群兴趣盎然、相互砥砺的教师；有可以指导行动的理想。通过这些机会和影响教育出来的人，能够对实现新社会的任务持新的态度和新的意识。

第二，贝达尔斯学校有着更多的民主精神。如果说雷迪有着更多的斯巴达遗风，那么巴德利则有更多的雅典风度。他曾提出六条原则：在男女同校教育的环境中给儿童充分的自由，使他们的身心正常地和健全地发展；既考虑到每个儿童心智的、道德的以及身体的需要，又要考虑到社会的需要；给儿童充分的自我表现机会，以适合他们的创造性冲动；举行宗教仪式活动，但是不强迫儿童参加；提倡合作精神；在教师与学生之间建立一种友好和信任的关系。① 贝达尔斯学校的民主性主要体现于议会式的自治制度的建立。阿博茨霍尔姆学校也让学生参与管理，但是基本沿袭公学级长负责制，等级森严。在学校生活民主化方面，贝达尔斯学校议会式的学生自治制度无疑是一个不小的进步。

第三，贝达尔斯学校招收女生，实行男女合校，这在英国教育史上是个创举。关于在基础教育阶段实行男女分校还是男女合校，在英国一直争论不休。雷迪认为，对处于青春萌动期的 11～18 岁的男孩和女孩，应尊重他们各自的生理与心理特点，宜分校实施教育。他甚至错误地认为，女孩在学校里出现会削减小伙子的男子汉气息，所以阿博茨霍尔姆学校不仅只招男生，而

---

① 参见[美]A.E.迈耶：《现代欧洲教育家及其事业》，陈子明、方惇颐译，128～129 页，上海，中华书局，1935。

且只聘请男性教师，其实这种做法是沿袭传统公学的重男轻女的风气。与雷迪的观点不同，巴德利则认为男女同学不仅不会影响男生的男子汉气概，反而使男女学生的个性都能得到更健康的发展。1898 年，有位母亲带着她的女儿和别人家的 3 个女儿来请求巴德利给予女孩同样的教育，巴德利毅然决然地收了这 4 个女孩入学，贝达尔斯学校由此开始了男女合校的新篇章。1923 年，他在回答美国教育家华虚朋关于寄宿学校男女合校问题时说，男女合校"是我们学校的重要精神之一，是我们对于教育的见解之自然的、逻辑的结果。我们认为教育是一种充分地利用经验以发展整个生活的训练，不应只限于男性或女性的一方面。正像教育不可只局限于一种信条一样。我们把男女生一块儿培养，并不是要使他们彼此相像。我们觉得世界上一般的人常把男性和女性隔离对待，这实在对于任何方面——男性或女性的充分发展都有阻碍。我们既然承认没有两个人是十分相像的，那么，培育儿童的教育就不能够笼统地对待儿童的自然本性。当承认儿童为人，承认他们各有各的特性，那么，性别之不同，又何能不同样地对待呢。要使儿童性别的差别得到充分、圆满的发展，只有让男女学生一块儿发展才能最道德地、最健康地发展和保持他们自然的同与不同"①。男女性别差异是一对矛盾，矛盾双方要保持和发展各自的个性，只有在矛盾双方同时存在且交互运动的情况下才有可能，而互相隔离则无所谓个性，无所谓矛盾。巴德利认为，在男女同学的情况下不仅不会混淆性别差异，反而能更好地使他们保持各自的特点。不仅如此，巴德利还认为，异性协作能够扩大成功的范围，在共同责任基础上建立的同学关系是未来两性成人关系的最佳基础。据此，巴德利特意依据男女青少年的种种关系来制订教育计划。据后来调查，该校毕业生大多有美满的家庭，其中同学之间结成佳偶的占结婚总数的19%。可见，巴德利关于男女同学的思想

---

① ［美］华虚朋等：《欧洲新学校》，唐现之译，25 页，上海，中华书局，1931。译文略有文字改动，其意不变。

与做法考虑到个性与发展，是比较辩证和全面的。

华虚朋在参观贝达尔斯学校后说："巴德利和他的同事们的崇高目标——男女同校教育，身心两方面均衡发展，适应个人需要，以及美丽的学校环境，所有这一切使得贝达尔斯几乎成了一所理想的学校。"①贝达尔斯走自己的道路，与阿博茨霍尔姆相比，显示出更好的业绩。英国的克赖耶斯木尔学校校长迪瓦因说："巴德利的思想比雷迪更开阔，并且以更为明智的和更全面的观点去实现一些更高的……在英国，没有一所学校像贝达尔斯学校那样使人真正怀有兴趣。"②

当然，上述强调贝达尔斯学校与阿博茨霍尔姆学校的区别，其用意不在于否定阿博茨霍尔姆学校的创新精神，而是说明新学校有自己的个性，总是在不断创新。贝达尔斯学校的业绩是在阿博茨霍尔姆学校经验基础上的创新，对此，巴德利有清醒的认识。他说："在我的一生中，阿博茨霍尔姆学校是最重要的转折点。"③在最初的贝达尔斯学校的简历上，巴德利这样写道："这个计划试图体现在现代教育科学观点上最典型的观点，以及体现通过作者在阿博茨霍尔姆学校的经验而提出的实际方法的思想。作者从阿博茨霍尔姆学校成立起就是那里的一位助理教师，愿对阿博茨霍尔姆学校给他的恩惠表示感谢。"④

在英国比较有特色的新学校除了雷迪的阿博茨霍尔姆学校和巴德利创办的贝达尔斯学校外，还有麦克米伦创办的保育学校以及尼尔创办的夏山学校等。

二、德摩林等法国新教育家的实验

18 世纪，启蒙运动、资产阶级大革命相继在法国爆发。1789 年《人权宣

---

① [美]华虚朋等：《欧洲新学校》，唐现之译，32 页，上海，中华书局，1931。

② W.A.C.Stewart, *Progressives and Radicals in English Education 1750-1970*, New Jersey, Augustus M.Kelley Publishers, 1972, pp.410- 411.

③ 转引自滕大春主编：《外国教育通史》第 5 卷，235 页，济南，山东教育出版社，1993。

④ 转引自滕大春主编：《外国教育通史》第 5 卷，105 页，济南，山东教育出版社，1993。

言》的颁布，从法律上确立了"人类生而自由，权利平等"的基本原则，自由、平等、博爱积淀成了法兰西文化的标志。19 世纪下半叶，幼儿学校运动①、法兰西教育联盟②、中等教育调查③以及初等教育的普及等，为法国新教育运动的发展提供了良好的前提。新学校在英国兴起之后随即迅速传到法国，在法国引起一系列连锁性的新教育实验运动。最典型的新教育实验是德摩林的罗歇斯学校。

德摩林，法国著名的社会学家、教育家。他早年曾就学于蒙格勒耶稣会学校。自 1880 年起，他致力于社会学研究和社会改良事业。1894 年 8 月，他在英国爱丁堡大学暑期班上与雷迪相识，随后参观了阿博茨霍尔姆学校，并与雷迪交流了教育理想，盛赞雷迪的实践是一本打开的更能适合社会生活所需要的教育学新书。他还参观了巴德利创办的贝达尔斯学校。1897 年，德摩林出版了《是什么原因造成了盎格鲁-撒克逊人的优越性》，1898 年出版了《新教育》，系统地阐发对新教育的看法。

德摩林对当时法国的教育现状感到非常不满。首先，他批评了法国教育以培养服从与安分之人为能事的教育观。他指出，法国教育只偏重以记忆力培训为主的智育，而偏废体育与德育。教师处于监督地位，只求禁止与稳定，

---

①　18 世纪 80 年代，法国路德派青年教师奥伯尔林在法国东北部的乡村首创幼儿学校，用画片、地图、绘画作为直观教具，教授儿童《圣经》、博物及地理知识；对年龄较大的儿童教以编织、纺织。不久，幼儿学校在法国到处出现。19 世纪中叶盛行于欧美，形成欧美幼儿学校运动，是法国新学校运动的重要前站。

②　1866 年，由玛舍等人建立的一个法国民间教育组织，宗旨是"促进个人主动精神的一切表现"。1881 年进行改组，广泛设立地方委员会，促进教育工作世俗化，并创办图书馆、组织夏令营，处理学校储金互助会等，推动普及教育。在校外教育方面做了大量工作，并且同法国学校教育中的教权派势力的影响进行斗争。对促使政府 1881—1882 年颁布义务世俗教育法令有贡献。参见教育大辞典编纂委员会编：《教育大辞典　第 11 卷　外国教育史》，190 页，上海，上海教育出版社，1991。

③　1888 年，法国国会下议院决议组成以法兰西学院教授李博为主席的专门委员会，对中等学校教育状况进行调查，于 1899 年形成《关于中等教育的调查》(共 6 卷)的研究报告，指出为适应现代经济社会的发展，必须改革中等学校教育，课程设置既要开设古典学科也要开设现代学科；教学要注意智力训练，也要注意现代生活。

不求学生独立自主与承担责任的精神；而当今社会发展，国家复兴则要求学生有自由进取的精神。其次，他批评了当时法国公立寄宿中学中不正常的师生关系。法国公立寄宿中学教职员有两种，一种是普通教师，另一种是舍监。普通教师不与学生住在一起，另有宿舍，上完课即回宿舍，师生之交谈仅限在教室内，无其他交流的机会，即使教师人格高尚也发挥不了应有的感化作用。舍监多是经验缺乏、素养较低的青年，总是以恐吓和惩罚手段对待学生。这样，寄宿学校就不能发挥应有的教育作用。最后，他批评了法国公立寄宿中学纪律严酷且与外界相隔离。法国公立寄宿中学校舍多在都会中央，其高墙围绕，学生蜷伏其中，与社会及自然界严重地隔绝，受拿破仑中央集权主义的影响，寄宿学校以训练军人的方式训练学生。舍监偏狭冷酷，只知强迫与命令，不知自由与包容，这使得多数学生无自然发展之机会，身心备受创伤，导致有很多孩子养成了孤僻执拗的性格。

德摩林认为，新教育应该培养身心和谐发展且能够为生活而奋斗的人，既能保证儿童个人的自由又能保证国家的权威。为保证新教育功能的实现，新学校应该是乡村寄宿学校。因为，儿童生活在城市将陷入"激烈的竞争"漩涡，乡村寄宿学校能够培养社会生活所需要的完人。他通过比较指出，乡村寄宿学校的建立给英国教育增加了新的活力。因此，新学校不能开设在城市，而应该在乡村。为扭转时弊，树立榜样，1899 年，德摩林仿照阿博茨霍尔姆学校创办法国第一所新学校——罗歇斯学校。该校位于巴黎以西的诺曼底阿夫尔河畔韦尔讷伊镇，乡村环绕，风光宜人，如诗如画。

学校的理念是"清晰与独特"，着力学生的个性化发展，展示各自的天赋，激发他们的潜能。学校开办初期只招收男生，有 80 个 8~19 岁的男生，到第一次世界大战爆发时已经增加到 200 余人，男女合校。儿童自 8~9 岁入学，先上小学课程，然后受初中至高中的中等教育，中学毕业后或入大学或从事行政等职业。学生分住在五栋宿舍楼里。每栋宿舍楼住学生 25~35 人，教师

5 人。师生的一切活动都在楼内进行。师生共同组成一个和谐的社交团体，培养家居之感，故又称"小家庭"。与阿博茨霍尔姆学校只有男教师的状况不同，罗歇斯学校的教师有男有女。男女教师如同学生的父母，他们参与学生活动，改善"小家庭"生活，与学生建立合作的关系，相处融洽。

学生 8：00 至 12：30 集中于中央校舍上课，12：30 至 14：00 回宿舍吃午饭、休息。14：00 各宿舍学生聚集一处，或学习游戏体操，或学习手工。15：00 回宿舍或复习功课，或整理内务。晚饭后自由活动，学生或游戏，或读书，或练习音乐，其乐融融。每个宿舍，学生推选 3~5 人为干事，这些干事负责管理寝室、自修室和阅览室等工作，并同教师会商改良教育与教学。

罗歇斯学校既重视古典科目教学也重视现代科目教学。其高等科分为三类。第一类是古典科，包括希腊语和拉丁语、拉丁语与科学、拉丁语与近代语言。第二类是现代科，以教授近代语言和科学为主。第三类是特别科，为从事农业及其他实业者授以各种必要学科的知识。罗歇斯学校的课程教学有三个特点。其一是以游学法学习现代外语。全校学生必须在某个时期轮流赴英国、德国游学一段时间，学习外语，熟悉他国国情。这样，学生中熟谙英语、德语者众多。其二是重手工科。全体学生每周有三个下午从事手工。手工种类很多，有厚纸细工、制木、黏土细工、木工、金属细工、锻冶、园艺、写真等。其三是设置游戏科。冬天以踢足球为主，夏天以打板球为主。罗歇斯学校的道德教育以师生之间互守信用为基础，如遇到学生不诚实的情况，教师也不干涉，而是让学生自行反省、改过。

总之，罗歇斯学校的目的在于养成学生强壮之身体，诚实之道德，富于自主独立之精神，使其成为对社会有用的、发展健全的人。

继德摩林创办法国第一所新学校之后，法国文化界、科技界许多知名人士纷纷开始进行新教育实验和改革。库西内特创立小组学习法。① 弗伦尼特将学生自己观察(通过观察获得印象和思想)与自由表达(先口头，后书写)作为学生自主学习的主要形式，还将学校代表会议、美术创作等活动纳入学习形式范畴。② 瑟克勒特曾在国民学校进行教育实验研究。③ 罗吉指导中学开展"新班级"实验活动。

在第二次世界大战之前，具有新教育性质的法国教育改革运动主要是统一学校运动。1919 年，法国进步的社会人士和年轻的教育工作者组成"新大学联合会"，这是一个具有资产阶级自由主义色彩的教育团体，要求实现学校制度民主化，消除人为的阶级鸿沟，为一切人提供均等的教育机会；实行新教育和统一学校，改革法国的教育制度。具体建议有：将义务教育年限延长到 14 周岁，所有的儿童接受一样的教育并一律免费，中学按照性质分为人文和职业两类，毕业生均可升入大学，儿童接受智力选择，在此基础上根据其兴趣和才能确定进入哪类中学；国家为无机会升入中学的儿童提供多种形式的免费义务职业教育直至 18 岁。在该团体的倡导下，"统一学校运动"在法国逐步开展起来。在此运动中，让·蔡做出了杰出的贡献。自 1936 年至第二次世界大战爆发，他一直担任法国教育部部长。任职期间，让·蔡提出了一系列的教育改革计划。宣布建立初等教育指导局和中等教育指导局，以确保初等教育和中等教育两个阶段的衔接。1937 年，他又拟订和实施了统一学校方案，并且在法国 45 个地区组织改革实验，受到欢迎。第二次世界大战期间，"统一学校运动"遭到反动的维琪政府的镇压，让·蔡遭到拘禁，1944 年卒于狱中。但是，设在阿尔及利亚的自由法国政府一直支持这一改革的实验工作。

---

① Roger Cousinet, *Une Méthode de Traral Libre Par Groupes*, Paris, Editionsdu Cerf, 1945.

② 参见[瑞士]皮亚杰：《皮亚杰教育论著选》，卢濬选译，172 页，北京，人民教育出版社，1990。

③ 参见教育大辞典编纂委员会编：《教育大辞典 第 11 卷 外国教育史》，204 页，上海，上海教育出版社，1991。

三、利茨等德国新教育家的实验

德国是马丁·路德、莱布尼茨、康德、歌德、贝多芬等人的故乡，同时，也是欧洲的教育之乡，涌现出了许多著名的教育理论家和教育实践家。1774 年，巴泽多创办泛爱学校，由此引起了德国泛爱主义教育运动。1810 年，赫尔巴特在柯尼斯堡大学创办教育研究所并且附设实验学校。1838 年，福禄培尔在勃兰根堡首创幼儿园，强调幼儿教育的重要性，为儿童创制一套取名为"恩物"的教育玩具，被尊为"幼儿教育之父"。1847—1882 年，第斯多惠在梅尔斯师范学校和柏林师范学校，以"全人教育"思想先后对这两所师范学校进行了改革，使之成为当时德国的模范学校。1879 年，冯特在莱比锡大学首次建立心理学实验室，为实验教育学的产生奠定了基础，这些在历史的土壤里为德国新学校的诞生播下了种子，当新教育运动的春风从英格兰海峡吹来时，新学校就在德国大地渐次萌发。

（一）利茨与乡村教育之家

利茨是德国著名的新教育家。他创建了德国第一批新学校——乡村教育之家，成为德国乡村教育之家运动的奠基者。

利茨于 1868 年出生于多米瑞尼亚省吕根岛的一个农场主家庭。童年时期，他过着无拘无束、自由快乐的生活，体力、智力、精神得到自由发展。年龄稍长，他被送入格爱夫斯瓦尔特城中的一个寄宿学校。这所寄宿学校是传统智力训练的典型代表。该校教学因循守旧，学生终日受知识重担的压迫，完全忘却了生活情趣。利茨天性有很强的自我表现欲，漠视寻常教学方式，于是教师便断定他是个低能儿，这使利茨心灵受到深深的创伤。利茨总是积极参加课外活动。中学毕业后，利茨进入哈勒大学和耶拿大学钻研神学、历史、德文、哲学和教育。获得博士学位后，他漫游德国，旅行中常参观学校。1889 年，他在赫尔巴特派学者莱茵教授的推荐下，到雷迪的阿博茨霍尔姆学校访问，并在那里任教一年。他对阿博茨霍尔姆学校推崇备至，曾经撰写《爱姆罗史托巴①：虚构与事实》一书。

利茨创办乡村教育之家与其成长经历密切相关。他曾经说，他后来的创作是从自己悲哀的学校生活中得来的，是从他的家乡、假期、家庭和在大学研究所赐给他的愉快和热诚中得来的，最要紧的，是从他对青年和民众的兴趣与热忱中得来的。在田庄里度过的自由浪漫的童年使他坚信乡村里蕴含着教育的力量。在中学的失意，使他对只重吸收无益事实的智力培训深恶痛绝。在教育思想形成的过程中，利茨还受到了卢梭和裴斯泰洛齐等人的影响。在阿博茨霍尔姆学校的影响与启发下，利茨着手创办德国乡村教育之家。

利茨一共创办了三所乡村教育之家。1898 年，他在德国伊森堡的哈茨山创办了德国第一所乡村教育之家。1901 年，他在美丽的都林吉亚的豪宾达创办了第二所乡村教育之家。1904 年，他创立了第三所乡村教育之家，这所学校位于弗尔达附近的比贝尔斯泰因。

利茨是一位伟大的教师，富有人格魅力。他的朋友有农夫、教授、工人、富豪，政府官员对他也很友善。他有百折不挠的精神。他创办的学校曾两次被焚毁，校内曾发生三次内讧，但他仍奋斗到底。他患有一种恶性贫血，身体衰弱，仍继续在学校里服务。当他实在无力行走的时候，他就让人用担架抬着自己，坚持教学，坚持视察和指导学生工作。1919 年，利茨以身殉职。利茨把整个身心献给了乡村教育之家，乡村教育之家凝结着利茨的教育思想和人生追求。

乡村教育之家的教育对象是富裕家庭的儿童，其社会功能是使这些儿童受到多方面的教育，成为企业和国家机关等方面的未来领导人和活动家，从

---

① 爱姆罗史托巴是阿博茨霍尔姆学校名称字母的倒拼译音。参见[澳]W.F. 康内尔：《二十世纪世界教育史》，张法琨、方能达、李乐天等译，271 页，北京，人民教育出版社，1990。

而"培养新人与德意志人!"①

　　乡村教育之家从根本上注重教育社会化,其育人目的在于养成和谐发展的人格。利茨认为,这种人格易在本地习俗的环境中发展。利茨反对过分工业化倾向,希望他的学生与自然相接近,脱离城市的虚伪,在劳动中同农民共同享受简朴、勤俭的生活。利茨对当时影响中等学校至深的严格、守旧的唯智主义持反对态度。他抛弃了大部分陈陈相因的学科。他这样做并非轻视文化遗产,而是认为文化遗产不应仅仅作为取得广博知识之用。利茨学校的一切措施有助于促进儿童德、智、体、美、群(社会化)多种素质的平衡的、和谐的发展。儿童积极地参加游戏、劳作、工艺、美术及社会生活,手脑并用,获得经验并对经验进行改造。比如,开展音乐教学,其目的不仅在于锻炼儿童纯粹的音乐技术,还通过音乐教育改善情绪体验、陶冶高尚的情操。儿童的音乐欣赏能力各有不同,但是音乐对儿童生活的作用却是不可或缺的,恰如肺部之于呼吸的作用。

　　乡村教育之家的校址选择注重地理心理因素,即注重地理环境对儿童本性发展的影响力。利茨所创办的乡村教育之家都坐落于环境绝佳的乡村环境中,远离城市喧嚣。比如,为年幼儿童所办的极普通的德国农庄,那里有红色瓦屋,形形色色的茅舍,如茵的草原,还有一条河缓缓地绕过村庄。成群的鹅鸭在河里往来游泳,几辆牛车在小石铺成的街上缓缓地走过,礼拜堂的钟声悠扬。

　　每个乡村教育之家对学生年龄都有一定的限制。学生按年龄分校的办法是基于让低年级的学生克服模仿的本性,充分发挥他们的个人才华与能力。伊森堡乡村教育之家,招收6~12岁的儿童,以游戏为一切教育活动的中心。豪宾达乡村教育之家,招收13~15岁的男生,以一切教育和田间农业劳动作为主要课程。比贝尔斯泰因学校招收16~19岁的男生,专门教授科学与艺术,

---

① 　转引自[日]小川正行:《德国新兴教育》,张安国译,71页,上海,商务印书馆,1934。

但游戏和手工劳动也包括在教育计划内。按安德生博士所报告的乡村教育之家的经验，分校的好处就是：在每个层次的教育之家可造成一批"儿童领袖"，这些人对他们所在的学校和同伴的发展负有一种责任心。

乡村教育之家的生活富有规律性和家庭气氛。学校设有寝室、食堂、会场、工厂和田园等，学生在学校寄宿，师生过家庭式的生活。教师不对学生强制命令、训斥和责难，学生分成小组进行学术活动、体育活动和艺术活动，并且参加农业劳动、手工业劳动。每天约有5个小时的学术活动，5个小时的体育活动和手工劳动。

就一天的学习生活而言，乡村教育之家的安排大致如下：学生鸡鸣即起，清晨竞走。早晨锻炼后15分钟，进第一次早餐。6：30上第一次课；7：30进第二次早餐，接着上第二次课；到10：15共分为三个时段，每个时段有45分钟。课毕，休息，学生略用点心，然后从事整理房间的工作。所余时间则作自由游戏之用，于是接着又上一次加倍时间的课，最后进营养丰富的午餐。午餐后，休息1个小时；14：00，学生从事手工作业，分别在校舍中、工厂内或田园中进行，有时练习乐器。每所利茨学校有自己的乐队，如四音队和三音队等。16：00，略用点心，然后进行体育活动到17：00。体育活动大半是运动和游戏。17：00至19：00，学生回教室自习，然后用清淡的晚餐，晚餐后举行自由晚会，校长、教师、学生，或谈天说地，或室内娱乐，或朗诵、或高歌、或奏乐，其乐融融，呈现一片家庭聚会之亲密景象。

乡村教育之家实行学生自治。乡村教育之家的学生自治以家庭生活为基础。每个学生都是团体的一分子，都有权利参与关于学校及其生活的一切事项。这种团体生活常常从各方面给学生以自治和负责的机会。

利茨认为，乡村教育之家努力培养的，与其说是知识人才，不如说是独立追求者与力行者；乡村教育之家的教师不应只是一个知道者，也应是个力行者。教师不仅通晓教学，更要有丰富的情趣、同情心和社交能力，能够将师生间的隔阂融化，在生活方面给学生做榜样。1919 年，利茨曾在一封信中对自己近二十年的教育经验进行了总结，认为乡村寄宿学校的目的在于把自己的上述思想付诸实践，而要"把这些思想付诸实践，就需要来自它们的领导者的创造力、判断力、勇敢精神、严密的思考力和毅力；他们的工作人员的能力，真诚和献身的精神，学生父母或他们的代理人的信任和了解；最后，需要那些跟我们一起生活的人的灵敏性、接受能力和热情"①。

1911 年，利茨出版了《德国国民学校——用乡村寄宿学校改造学校》，对 1898—1911 年乡村教育之家的教育实验进行了总结，并且对德国的国民教育和中等教育提出了改革建议。他认为德国学校的使命有：培养学生坚韧的性格，彻底实现公民教育，培养对现代宗教和道德问题的独立判断力，开展体育运动以锻炼身体，实施健康教育，进行审美教育。为了完成上述使命，必须完善德国的学校结构，在教学方面，要加强学习能够最大限度地发挥学生潜力的文化学科；在教学方法方面，要多让学生进行观察、探究和实践。②

利茨创办乡村寄宿学校在德国产生了巨大影响，许多地方出现按照利茨学校模式兴办的乡村教育之家。例如，1914 年在哈茨山建立的格罗达斯缪勒学校，1923 年在爱尔福特附近建立的盖伯塞学校，1924 年在比贝尔斯泰因附近建立的招收男生的布赫那学校与招收女生的霍恩韦尔达学校，1928 年在不来梅港附近一个说荷兰弗里斯兰语的岛屿上建立的招收高年级男生的施皮克岛学校。一些曾在乡村教育之家任教过的教师也建立了类似的学校，其中影响力较大的有温尼肯与格希布合办的威克斯多夫自由学校以及后来格希布独办的奥登林山学校等。在其他国家，乡村教育之家也有许多分校和仿效者，在学校教育的许多方面保存着利茨的主要思想。

---

① 滕大春主编：《外国教育通史》第 5 卷，241 页，济南，山东教育出版社，1993。
② 参见教育大辞典编纂委员会编：《教育大辞典 第 11 卷 外国教育史》，278 页，上海，上海教育出版社，1991。

(二)温尼肯和格希布的新教育实验

温尼肯,德国新教育家、新学校的组织者之一。他是一位富有创造力且思想进步的有志之士。自1900年起,先后任利茨创办的伊森堡乡村教育之家的教师和校长,后又调到豪宾达学校工作。1906年,他和格希布离开利茨学校,到图林根创立了威克斯多夫自由学校。该校以自由学校共同体著称。温尼肯认为学校应该成为教师和学生在其中共同工作的自由的教育社团,强调儿童自我管理和学生参与社团经济生活的重要意义。该校师生经常集会讨论和决定怎样办学,校长只行使否决权,实行名副其实的自治。温尼肯认为艺术(音乐、戏剧、美术)在教育环境中占有重要的地位。他深信青少年应该有机会发展自己的文化,并且借此建立新的生活方式;赞同学校中的合作精神和人道主义精神培育,反对功利主义的生活方式。他说:"它(青少年)寻求一种与朝气蓬勃的生活相应的生活方式。同时这种生活方式使它得以认真对待它本身以及它的创造物,并有助于它本身作为一项独特因素与文明化工作联系起来。"①1931年,温尼肯前往格丁根专门从事著述工作。

新教育家格希布,1870年生于德国盖萨的都林吉亚小镇。其父是著名的植物学家。他从小热爱大自然,喜爱自然科学。14岁那年母亲病故,这对他打击很大,他转而沉湎于宗教与哲学。为了求学,他来到了柏林和耶拿。他在耶拿遇到利茨。受利茨的影响,他渐渐明白最好的帮助人类发展的办法不是做一个传道者而是做青年人的教育者。1902年,他在豪宾达利茨学校参加工作。四年后,他又与温尼肯合办威克斯多夫自由学校。1910年,格希布离开威克斯多夫自由学校而独立创办奥登林山学校。纳粹党在德国执政后,格希布遭遇迫害,遂于1934年迁居瑞士,开办人道学校,最终定居于伯尔尼的山地地区。

---

① [澳]W.F.康内尔:《二十世纪世界教育史》,张法琨、方能达、李乐天等译,275页,北京,人民教育出版社,1990。

奥登林山学校位于莱茵河流域的欧姆斯城南的一个名叫赫尔罕姆的小镇，比邻海德堡城。学校开办伊始很简陋，一个小小的乡村旅舍便是该校的中心。后来学校发展壮大，有七座主要建筑，它们都以伟人名字命名。建筑物四周是树林、花园和草场，环境优美，景色宜人。

奥登林山学校充满自由、平等和友爱的气氛。该校有学生约 150 人，年龄在 3~20 岁，其中约 1/3 是女生，这与一些"重男轻女"或者"男女隔离"的新学校有区别，反映了男女平等的思想。学校大部分儿童是德国人，约 1/5 是来自别国，具有国际性。

该校在组织方面实行一种"家庭制度"。学生分成若干小组，每组 6~10 人，由一个教师或一对夫妇照顾，组成一个家庭。通常每家占一层楼。每个新生都由学校暂时指定给一个家庭，过 6 个星期，学校准许学生不按年龄分组，为自己选择能相处比较长久的一个家庭。

奥登林山学校实行自治制度，其自治组织叫学团，其内阁是议事会，由学生与教职员组成。每个学团的团员，不论年长年幼，都有表决权。议事会是学校的统治力量，是一个有主权的团体。没有人可以无视其制定的法令与规章。在管理上，格希布对外为学校的一切行为负责；对内，他愿意遵守学生所做的决定，充分相信学生。

该校的课程很有特色，不是任意指定学生学习一种为期一学年或一学期的固定不变的正式课程，而是实行四星期课程制度。该制度规定，为 10 岁以上的儿童开设各科的课程，每科课程以 1 个月为期限。每个学生可选两种注重知识的课程、一种实用的或工艺的课程，不过学生也有权拒绝选修任何学科而专心注重个人的独立工作。学校每月底会召开课程结束会，在会上，凡已学完四星期课程的学生须向学校议事会做汇报演讲。对 10 岁以下的儿童，学校采取以兴趣为中心综合性的教学方式，更加灵活，不拘泥于某·种形式。

该校学生上午大部分时间用于智力学习，下午时间用于工艺与户外活动，其余时间用于进餐、劳动、娱乐及运动。

该校经常开展艺术节,文化生活丰富多彩,寓教于乐。最美丽和动人的景象就是虔敬会,这是非正式的文艺聚会,全校同学都会参加。虔敬会或在运动场上召开,或在树林中,或在山边,尽量露天开会。学生们东一群,西一伙,有的蹲在地上,有的坐于树下,大家轻松自在地等待着。音乐声起,或是小提琴清晰活泼的音乐,或是竖琴沉着的低声,或是歌唱的曲调。有时节目全是音乐表演,有时开始时是音乐表演,随后就是讲故事等。格希布有讲故事的天赋。他讲的故事带着浓厚的教育价值。在奥登林山,戏剧和音乐与儿童生活相交织。美丽的乡村构成莎士比亚喜剧的天然背景,此外,学校还鼓励每个学生学会演奏一种最适合自己的乐器,组织各种规模的歌咏团。学校最具特色的是音乐晚会。这种晚会通常是名家名曲的大交响乐,如莫扎特、贝多芬的音乐名曲等。该学校的住宅以伟人之名为名。为纪念这些伟人的生辰,学校每年举行几次盛大的庆祝活动。到了庆祝的日子,全校学生聚集在山上,借以领会伟人的精神。在庆祝会上,有人宣讲伟人的著作,有人排演以自然为背景的露天戏剧。有时主要节目就是运动,与学术毫无关系。

格希布坚信,在教育上最重要的一点就是个人应该能够彻底理解圆满地实行自身的人生观,这种理解与实行能达到一种他人不容易模仿的地步,他就是他自己,他实现他自己。据此,他努力把奥登林山建成一种造就文明的和谐社会化的人类乐园。他把一生献给了自己高尚的理想,他的学生敬他、爱他,视他的人格为学校精神的象征。正因为此,有教育史学家评论他"是一位极有同情心和人道主义的人,他建立了20世纪最伟大的进步学校之一"①。

---

① [澳]W.F.康内尔:《二十世纪世界教育史》,张法琨、方能达、李乐天等译,275页,北京,人民教育出版社,1990。

四、克拉帕雷德等瑞士新教育家的实验

瑞士是卢梭和裴斯泰洛齐的故乡。欧洲新教育运动在英国兴起不久就得到了瑞士教育家热情的响应。1899 年，费里埃尔创办"国际新学校事务局"之后，瑞士新教育家还创建了多所乡村寄宿学校。1902 年，福勒和楚伯尔比尤勒尔在康斯坦茨湖滨创立格拉里赛格学校。该校模仿雷迪的阿博茨霍尔姆学校，招收 6~8 岁的男孩，规模较小，有着浓郁的家庭气氛，在很大程度上实行学生自治，课程设置上把文理科课业与户外作业结合起来。1907 年，托卜勒尔仿效巴德利的贝达尔斯学校，在圣加尔附近创立霍夫·奥伯基希学校。该校招收 7~17 岁的男女学生，注重职业教育和品德培养。托卜勒尔还吸收了德国凯兴斯泰纳的劳作教育思想，把比利时德可乐利的兴趣中心论作为中小学课程的基础，还采用了一些精神分析家的顿悟法来进行教学。[①]

现在着重介绍在瑞士新教育运动中比较有特色的卢梭学院和日内瓦韵律体操教育实验。

（一）克拉帕雷德与日内瓦卢梭学院

克拉帕雷德，精神病学家、儿童心理学家和教育学家，儿童心理学领域的先驱，是卢梭学院的发起人和总设计师。他出生于日内瓦，是名合格的开业医生，后来对心理学、儿童心理学产生了浓厚的兴趣，遂投身新教育运动。他是卢梭学说忠实的追随者。1912 年，为纪念卢梭 200 周年诞辰，克拉帕雷德与几位志同道合的学者一起，创建了卢梭学院，该学院由皮埃尔·鲍威特担任首任院长。鲍威特是治学严谨的哲学家、科学家，工作出色，为人善良。从 1912 年到 1932 年，鲍威特主持学院工作，为学院赢得了欧洲新教育运动中心的位置。卢梭学院的次任院长是皮亚杰，他从 1933 年到 1973 年主持学院工作，为学院赢得了世界性的声誉。

---

① 参见[澳]W.F. 康内尔：《二十世纪世界教育史》，张法琨、方能达、李乐天等译，277 页，北京，人民教育出版社，1990。

克拉帕雷德认为，教育学研究要有活力，必须有科学基础。这种科学基础一是要建立在对"儿童发展"的理解基础上，二是要进行教育实验和教育调查。为此，他为学院制订了一系列科研规划，后一一得到实现。

卢梭学院尊重儿童，是儿童研究的一个重要中心。卢梭在教育史上的"哥白尼革命"是将儿童置于教育过程的中心，而不再是教师。基于此，克拉帕雷德为卢梭学院制定的院训是："愿教师向孩子学习。"卢梭学院及其教师坚信，"儿童是其自己知识的建造者"，只要儿童得到明智的鼓励，而非"被灌输的花瓶"，儿童就可以根据制订的计划得到自然发展。克拉帕雷德高度肯定儿童天赋的身心愉悦和自由，鼓励儿童参加各种活动。

在关于新学校的性质研究上，卢梭学院研究得比较深入。鲍威特根据对新学校性质的研究，首次提出新学校是"活动学校"这论断，获得了广泛认同。克拉帕雷德赞同鲍威特关于新学校是"活动学校"的说法，认为新旧教育理念的区别在于新教育由儿童的主动性和创造性代替被动的服从；新教育过程的本质是活动过程；新教育的方法是鼓励协同作业，并且按照给学生以自治机会的民主路线组织学校。在此基础上，他根据儿童心理学原理，提出新教育的功能教育说。他的功能教育说认为，"需要"包括个体的需要和社会的需要，这是教育过程的起点。需要引起兴趣，而且表现于兴趣之中，满足需要的有关知识就能够引起学生的兴趣和追求。学生为了解决问题以主动精神追求得到的知识，就是有功能的知识；反之仅仅为获得知识而追求知识，就是无功能的知识。这种有功能知识的获得过程是活动的过程，而且为进步实现和表现需要的满足提供了基础。因此，活动学校必须尊重学生的需要和兴趣，必须为学生获得有功能的知识及其表达方式创造一系列有目的的活动。

1899年，费里埃尔创办了"国际新学校事务局"，后来他为新学校制定了30项标准。费里埃尔根据鲍威特的"新学校是活动学校"的观点，撰写了《活动学校》一书，详细阐述了自己对新教育和新学校的主张。费里埃尔还根据自己对新学校的理解，于 1922 年在洛桑自办了实验学校"我们的家园"。此外，皮亚杰还从建构主义角度对活动和活动学校发表了自己独特的见解。

卢梭学院还是教师教育的重镇之一。克拉帕雷德认为，教师教育至关重要。他认为，教师不能仅仅引用现成教育学知识再将其应用，而应该是教育学知识的探索者，唯有通过探索获得的知识才能真正掌握，为此，要发动教师从事教育研究，要创造条件让他们投身教育研究。1913 年，卢梭学院创建"小孩之家"，这是早期教育的实验学校和实习学校。"小孩之家"通过各种教育游戏使儿童成为自己知识的创建者，其中被公认为富有冒险精神的两位校长是拉芬德尔和奥德玛斯。为培训教师，该学院于 1929 年创建实验小学——通信学校，校长是道顿斯。此外，该学院还建立了一个动物心理学实验室，作为小学教师实习基地。

卢梭学院是一所国际性学校。学院成立 20 周年，鲍威特总结：这里有 261 名男学生和 555 名女学生；其中，381 名学生是瑞士人，435 名分别来自 49 个国家，包括由罗马尼亚、土耳其、西班牙、波兰、希腊、保加利亚、智利、危地马拉和美国派送的学生。因为这些来自别国学生的关系，该院许多教育专家被邀请到世界各地的学校进行演讲等活动，如莫斯科、旧金山、开罗、哥本哈根、爱丁堡、伊斯坦布尔、雅典、华沙、布加勒斯特、海牙等地。这样，卢梭学院的教育理念传遍世界。

卢梭学院从 1975 年起更名为日内瓦大学心理学与教育科学研究部。该研究部有三个组成部分，其一是教育科学研究处，其二是心理学研究处，其三是教育技术研究中心。1984 年，日内瓦大学建立卢梭学院档案馆，以保留和研究卢梭学院期间的大量研究成果。

(二)达尔克罗兹与韵律体操教学法

瑞士新教育实验最有特色的是日内瓦韵律体操教学法。韵律体操，由瑞士教育家和音乐家达尔克罗兹于 1892—1909 年创制。达尔克罗兹出生于音乐之都维也纳，就学于日内瓦音乐学院。1892 年，达尔克罗兹受聘为日内瓦音乐学院的音乐教授。在教学时，他意识到一般采用的音乐教育方法存有缺陷，于是就力图寻求更好的方法。他在研究肖邦和李斯特对巴赫、莫扎特、贝多芬的作品演绎时发现，肖邦与李斯特是通过自己的心灵和耳朵来抓住作品"节奏"的，所以用整个身心把握"节奏"至关重要。在欣赏和表现音乐时，需要把在声音方面的听力训练和在运动方面的整个神经系统的训练有机地结合起来。达尔克罗兹韵律体操教学系统的中心观点是把音乐和运动协调起来，使身体对每一个节奏都能产生敏感，从而使身体运动和音乐节奏达到一种和谐的境地。

达尔克罗兹所创造的韵律体操系统包括三个方面：第一是有节奏的体操训练，这是韵律体操系统特点所在；第二是听力训练，以保证准确的音高意识和音调感觉；第三是针对那些韵律体操老师的，要求他们用乐器即兴创作，用自由表达的节奏来指导学生的运动。

节奏练习旨在发展对各种思想感觉做出迅速的肢体反应的能力。有了这个能力，他们在任何时候都能用新奇、多样的节奏形式来表达感情，身体成了有着艺术想象力的美丽和谐的曲调的乐器。这里，有两个时间概念需要注意：第一是胳膊运动所需要的时间，第二是脚和身体运动所表达的音调的持续时间。

韵律体操训练开始只是单纯应用于音乐学院学生的音乐技巧训练，在克拉帕雷德的帮助下，达尔克罗兹开始意识到韵律体操训练隐含着精神和身体的完美和谐的教育价值，可以使儿童获得一种立即的适应能力，即对外部刺激、精神和身体动作以及有条理地表达思想感情的适应。因此，韵律体操训练有着更广泛的教育价值，在一般教育中有着重要的应用价值。于是，达尔克罗兹开始尝试把韵律体操教学法及其基本理念运用于一般教育和教学。1910—1914 年，他在德国德累斯顿附近的哈雷创办雅克-达尔克罗兹学校，

1915 年在日内瓦创办雅克-达尔克罗兹学院。

达尔克罗兹所创造的韵律体操系统以及他所创办的新学校产生了国际影响。例如，英国的尼尔对达尔克罗兹十分欣赏，1921 年尼尔加盟德国雅克-达尔克罗兹学校，主管"外国学生部"，这就是夏山学校的前身。

瑞士达尔克罗兹的艺术教育与奥地利法兰茨·希策克的艺术教育以及德国莱班、里奇沃克、顾茨等艺术教育相互辉映，汇成艺术教育运动，富有生机，在新教育运动中独树一帜，引人瞩目。

五、德可乐利等比利时新教育家的实验

德可乐利创办的隐修学院和瓦斯孔塞诺创办的彼爱尔实学校是比利时新学校的典型代表，在欧洲新教育运动中享有盛名。

(一)德可乐利的隐修学院

德可乐利，是比利时医生，心理学家、教育家。1871 年出生于比利时东佛拉芒省雷内克斯市。早年，他在根特大学学习医学，并且以优异成绩获得博士学位。毕业后，他在医院从事研究和治疗神经系统疾病的工作，并对研究常态和病态儿童及其教育产生了兴趣。1901 年，德可乐利在布鲁塞尔郊外自己的寓所创办低常儿童特殊教育学校，试图将低常儿童的特殊教育经验改造成一种新的教育方法，推广到常态儿童教育实践。1907 年，他在布鲁塞尔的爱尔德殊街创办了一所教育常态儿童的学校，取名为生活学校，后来又被人称为"德可乐利学校"。在学校开办时，经费紧缺，条件艰苦，只有一间简陋的小屋和几名学生。德可乐利率领全体师生节衣缩食，辛勤劳动，并取得了很好的业绩。对此，德可乐利乐观地认为，他们虽从未有过充足的经费，但这算是幸事，因为艰苦生活磨炼了师生的创造力、生存能力和品德。后来，学生人数增多，在一些热心赞助德可乐利事业的人的帮助下，他在布鲁塞尔郊外坎布来森林建立了较大的新学校，那里景色优美、一派生机，与新学校

崇尚生活、崇尚自然的精神相契合。此时，学生年龄段扩大为3~18岁，又增加了中学班级，人数一度达到250人。

德可乐利学校实行崇尚自由的生活教育。德可乐利认为，教育为生活而存在，依赖生活以进行，教育的本质应该是生活教育，而生活的真谛是自由，自由便是学校生活教育的灵魂。华虚朋等人曾经考察过这所学校。他在调查报告中说："我们一进入这个学校便感觉到一种快乐的空气。无压迫的儿童生活，自动的工作课室里大都设有几张长桌，每一张长桌约有十五六个儿童环绕而坐。墙上贴满了儿童自作的图书……墙上贴着一条长的纸条，沿着楼梯自楼下而达楼上，上面写着'到伟大而奇异的动物园之路'的几个字。儿童们在学校各处的来往谈话都是很自由的，高年级很安静，低年级比较吵一点。教员是有权威的，遇有越轨的自由即行干涉，尽管如此，学校却很少有要教员管理的事件发生。"①克拉帕雷德在考察该校后于1922年著文称赞该校是一所"活跃的有很好效果的喧闹而繁忙的场所"②。

德可乐利学校实验一种以儿童兴趣为中心的新课程制度。德可乐利说："兴趣是水门，它能打开注意的储蓄池和指引注意泻放出来。它亦是一种刺激，脑髓能力赖它而冲出。"③德可乐利认为，兴趣是儿童需要的体现，是儿童学习的生命动力，所以，促进儿童发展的最有效方式在于培养可借以满足基本需要的兴趣，恰当的教育工作计划应该环绕儿童兴趣来展开。④ 根据生活需要，德可乐利把儿童的各种兴趣分为四种基本需要，即营养(进食的需要)、居室(保护自己不受自然力伤害的需要)、防卫(保护自己不遭受危险和各种敌人

---

① [美]华虚朋等：《欧洲新学校》，唐现之译，64页，上海，中华书局，1931。
② [澳]W.F.康内尔：《二十世纪世界教育史》，张法琨、方能达、李乐天等译，308页，北京，人民教育出版社，1990。
③ [比利时]德可乐利：《比利时德可乐利的新教育法》，崔载阳译，26页，上海，中华书局，1932。
④ 参见[比利时]德可乐利：《比利时德可乐利的新教育法》，崔载阳译，310~311页，上海，中华书局，1932。

伤害的需要)和活动(工作、娱乐、自我发展与相互依赖的需要)。根据有机体与环境相互作用的关系,德可乐利把儿童需要得以满足的环境分为三个主要部分:人的环境(家庭、学校与社会生活)、动物和植物的生存环境以及无生命的环境。

这种课程制度以个人生活的营养、居室、防卫和活动四种需要为中心,把家庭、学校、社会、自然界等各方面的知识联系起来,组成一个个以兴趣为中心的教学单元。各年级都按照某一个兴趣中心或单元组织教学。小学五个学年的兴趣中心分别是:第一学年是儿童和他的有机体,第二学年是儿童与动物,第三学年是儿童和无生命界,第四学年是儿童和蔬菜,第五学年是儿童和人的环境。儿童在每一个学年的学习,都必须通过观察、联想、表达三个活动过程来进行。

观察意味着对事物和人的第一手直接经验。观察是整体化过程,能够使儿童理解材料的意义。整体化使兴趣具有形式,有助于儿童加深对材料意义的初步理解。为便于观察,德可乐利学校组织学生参观花园、动物园、水族馆,还经常组织远足,以观察各地风土人情。德可乐利认为,在观察的基础上要有联想。如果要彻底理解所观察的材料的意义,就必须把材料汇聚起来,加以分类、比较,并且把它作为进行概括的基础。教学过程的第三步骤是表达。它既可以是具体的,也可以是抽象的。具体的表达活动包括泥工、剪辑、绘画等手工活动;抽象的表达活动主要是语言活动,包括写作、口头作文和讨论。在表达活动中,学生把已经做好的作业汇编成笔记簿,学生能够以歌曲、戏剧、诗歌、舞蹈等形式表达自己的情绪,能够创造性地以自己感兴趣的恰当媒介物表现自己,并且把自己的心声融进去。这有助于巩固学生通过观察和联想所学到的东西,加深学生对所学知识的意义理解和扩大学生兴趣的范围。①

---

① 参见[澳]W.F.康内尔:《二十世纪世界教育史》,张法琨、方能达、李乐天等译,312～314页,北京,人民教育出版社,1990。

德可乐利学校的教师汉玛宜在谈到关于观察、联想、表达教学过程时说："我们从感性经验开始，然后对差异加以比较和记录，并通过抽象而达到某种程度的概括……在这之后是把新习得的观念以应用，有时候用图表式的总结形式，有时候是自由命题的作文，应用于他的日常生活或他在学校集体内的生活中。"①

为了形象地理解德可乐利学校的以兴趣为中心的单元课程，我们不妨举例说明。下面是小学四年级学生在教师的帮助下自己制订的简略大纲。

> 兴趣中心：植物。观察：植物、野菜、野生植物的不同部分，植物的用途，用于医药的植物等。联想：生长于外地的植物，外地的食用植物，不同年代的植物生存方式，阿登高原及其森林，墨西哥的仙人掌科植物，古代民族的神圣植物等。表达：找出属于相关词属的词，如植物、花、叶子等等；一朵花和一株植物之间的对话；卖花姑娘与她的紫罗兰的故事；根据我花园里的花说出时令；荷花与一位埃及人的谈话；水果、花和叶的设计图；用黏土制作花的模型；讨论花节、有毒的植物、正在生长的软木等等。②

德可乐利学校特别注重个人与团体的合作，团体工作的目的在于养成合作能力。华虚朋认为，德可乐利是以团体工作为主，以个别教学为辅的，个别教学训练学生的技术，这种技术是学生在团体作业中所需要的。总之，"团体作业，其目的不在其他，而在教导合作，在发展各个儿童的性格，以便他

---

① [澳]W.F.康内尔：《二十世纪世界教育史》，张法琨、方能达、李乐天等译，313~314页，北京，人民教育出版社，1990。
② [澳]W.F.康内尔：《二十世纪世界教育史》，张法琨、方能达、李乐天等译，314~315页，北京，人民教育出版社，1990。

适合于这种复杂的社会生活"①。

德可乐利学校的教育目的在于发展儿童独特的想象力、敏锐的观察力、专心作业的态度以及与人合作的精神。为了达到这个目的，需要把环境变得丰富，所以学校有小动物，有各种有趣味的东西，有郊游和远足。儿童对于环境的反应有一个向导，对于作业有一个兴趣中心。另外，教职员由受过专业教育的人担任。他们有爱儿童的心，必须活泼、聪明、富有想象力与创作力，明白和体谅儿童，能够从观察儿童的成长中感到欣慰。

德可乐利学校每天的生活安排得丰富多彩。上午，教授算术、阅读、写字、拼字，并且做各种练习，如观察、比较、联想等。所有的练习都寓于游戏之中，成功与竞争是引导学生学习的主要动机。下午，教授劳作与外国语课程。有时，学校还在上午举行特殊旅行。

1925 年，德可乐利把"生活学校"从布鲁塞尔迁到于克尔。德可乐利的儿童教育实验极大地推进了比利时新教育运动的发展。汉玛宜《德可乐利学校》一书出版后，德可乐利的名字及其所开展的教育实验为世人所熟知。1964 年，罗执·加尔在总结新教育运动的历史意义时指出，德可乐利通过对儿童的观察与实验，以个人生活的营养、居室、防卫和活动四种需要为中心构建课程体系，以观察、联想和表达为基础构筑教学体系，教育过程"在繁忙活跃的气氛中进行，在实行互助和自我纪律的学校共同体之中进行。这无疑是学校为生活，学校依靠生活的最完整、最平衡的范例"②。

（二）瓦斯孔塞诺的彼爱尔实学校

瓦斯孔塞诺于 1912 年 10 月创办彼爱尔实学校。该校是 20 世纪上半叶比利时著名的新学校。1915 年，应日内瓦卢梭学院邀请，瓦斯孔塞诺发表演说

---

① ［美］华虚朋等：《欧洲新学校》，唐现之译，67 页，上海，中华书局，1931。

② 转引自戴本博主编，张法琨副主编：《外国教育史》下册，49 页，北京，人民教育出版社，1990。

"比利时新学校"。他以彼爱尔实为蓝本,为人们全面展示了一所新学校的图画。该演讲稿出版时,费里埃尔为其作序,提出了国际新学校事务局关于认定新学校的 30 条标准,并称彼爱尔实达标 28.5 条,还认为《比利时之学校》①一书可以代他回答何为新学校、何为新学校的组织及其制度的真正特质。

瓦斯孔塞诺校长认为,彼爱尔实学校的办学目的是培养学生"健全之性质、创造之精神、独立之气象、责任之观念"。下面,笔者将围绕此教育目的,特从环境建设与德育创新、体育创新、智育创新等方面具体论述彼爱尔实学校的办学模式。

1. 建设和谐的自然及人文环境,陶冶人的品性

瓦斯孔塞诺对旧式学校所奉为金科玉律的修身灌输不以为然,认为道德并非由灌输外铄而成,而必须靠启发内心,自觉形成;学校环境对学生的道德培养起着潜移默化的作用。所以,学校德育必须从学生自身经验出发,建设起合乎真善美规律的学校环境,让环境启发学生,并通过自我设计与努力,完成自己的道德修养。彼爱尔实学校的环境建设包括三个方面:自然环境、社会环境及美的生活的建造。

自然环境的建设是新学校成功的第一个条件。瓦斯孔塞诺认为,依据归于自然之说,学校宜设在乡间,但又不能完全放弃大都市便利的教育条件,故新学校应该建于大都市附近的乡间田野。基于此理念,彼爱尔实学校就设立于比利时巴拉班郊区一座小山之上。那里小山苍翠,在那俯瞰溪谷,极目旷野,江山如画。其地幽静,师生生活于此,可以尽享大自然的恩惠。校园之外是乡村,农夫日出而作,日落而息,学生可感受宁静的乡村生活。然而,

---

① 该演讲稿于 1919 年被英国人伊顿和西达·保罗译成英文,在伦敦出版;1920 年,日本人骏板国芳、高升信子据英译本翻译成日文刊行;1921 年,我国学者陈能虑据日译本翻译成中文并由上海商务印书馆刊行。但是我国学者一直未能对此学校进行研究,本书将根据《比利时之学校》和其他资料做较为系统的研究。

学校离工业隆盛之地也不远，距布鲁塞尔乘车也只有 45 分钟，因此，学生可以定期地参观工厂、矿山，定期进城参观博物馆，观看雕刻、绘画等展览，出席音乐会，观赏戏剧，还可以根据在校学习的科目和研究的项目，前往大学旁听讲座。

彼爱尔实学校的自然环境建设除选择良好的校址外，校园内布置也很讲究。学校有教学楼和实验楼两相分离的建筑物。其四周有菜园、果树园以及耕地，可供学生从事农业劳作、植物研究。此外，学校还有很开阔的运动场，可供学生开展体育活动。

瓦斯孔塞诺认为，自然环境对人的感化固然重要，但要培养学生的道德品性，还需要让学生直接参与人文环境的建设。彼爱尔实学校的人文环境建设有两个基础。第一，赋予体育、智育、劳动等一切课程以道德生命，使之发挥砥砺学生品德的作用。游戏、体操、竞技、散步、远足、旅行，能使学生发现自己、训练自己、强健自己，培养勇敢、忍耐的精神，获得互助之美德；手工及其他作业，可使学生的内心理念得以表达，从而使其建设、发明、创作、想象的欲望得以满足，同时使学生在共同勤作之间，学习怎样配合。智育的目的不能仅仅止于智育，还要使学生了解人类怎样经过数代努力才达到今日之成就，由此学生要体会获得知识以及使知识发挥现实力量，显示知识之光辉，学生必须有不屈、忍耐、勇气等高尚情操。第二，对学生日常的社会生活实行学生自治制。让学生选举代表，组成一个自治团，依据学校的社会生活，分工负责。自治制有两个目的：其一，自治制是学生自立生活的社会环境，概取放任，任其与社会外界影响接触，借此培养学生的活力；若发现不良倾向，则要妥善引导。其二，学生在自治制组织中的生活，是进入实际社会生活的初步尝试，这可以使他们体验到作为社会一员的义务与权利的观念。另外，自治制也有两个基础：一是其组织必须建立健全的活动规则来保证日常工作的顺利展开；二是学生既分工又合作，实际体验学校的社会生活，再逐步了解社会公共生活。彼爱尔实学校的自治制有以下四个方针。其一，学生代表会议很有权威，会议所做出的决议，如不与学校教育精神有重大抵触，学校概不干预。其二，分任事务的学生，如无特别的理由，不得推卸；即使有正当理由，也必须经学生会的允许。实行这条方针，需要让学生知道，既要有自由又要有责任感，还要有忍耐、持久的意志力。其三，事务与责任，应根据学生身体健康状况和所拥有的知识的实际情况来适当地分配。其四，学生在执行任务时，可自由创意，广泛活动，但要深思熟虑。

瓦斯孔塞诺认为，爱美、爱真、爱善，是组成道德能力的主要因素，高雅的趣味、美的创造力、艺术的教养，只有渗透学校生活的方方面面，才能唤醒学生热爱生活的激情，激发他们内心世界的真善美。为了使外在环境与内在感情相沟通，彼爱尔实学校十分注重美化生活。例如，训练学生在日常行为中养成讲清洁、讲卫生和讲秩序的良好习惯，用学生制作的图画、雕塑、盆景美化校园，鼓励学生举办手工展览会、音乐会和与关心自然的"鸟之节日"放生会等，使学生的学校生活丰富多彩，充满情趣。

2. 将保健、运动与劳动结合起来，构建一个新体育体系

瓦斯孔塞诺认为，新鲜的空气、土地、自由、阳光等田园生活固然构成了学生身体健康的基本条件，但要促使学生健康成长，学校还必须辅以内容缜密、形式活泼的体育。在彼爱尔实学校，体育的第一个要求是学生必须遵守正常的生活规则：必须睡眠酣足；饮食一日五次，讲究科学用餐；每天早晨要沐浴，就寝注意清洁身体，气候适宜则多游泳、多行日光浴，养成良好的卫生习惯；每周由校医讲授健康生活的基本原理及其应用，每月训练一名学生协助医生搞好保健工作等。

除做好日常生活保健外，彼爱尔实学校还开展适合儿童的有益的体育活动，如游戏、远近旅行、手工和农业等。儿童天生喜欢游戏，游戏可使其习惯与周围世界相接触，增加勇气与才能，取得良好的经验，还可以教

育儿童认识自己，所以彼爱尔实学校把游戏列为重要课程。在这些课程中，低年级学生有蒙目、捉迷藏及其他富于想象力的游戏，还有有益的手技、投球及竞走等。中年级学生和高年级学生的游戏有曲棍球、足球、篮球、网球等，其中穿插活泼的游戏。彼爱尔实学校还十分重视旅行。该校每周有两次短途旅行，参观附近的工厂、博物馆、天然风景与历史纪念物；每两周有一次终日旅行；每月有为期五天的休学旅行；学期末又有为期两三周的满足希望之旅行。通过旅行，学生可以欣赏大自然，或调查工业地带，或凭吊先哲歌哭之地。旅行不仅增强了学生体质，还增长了学生的知识，开阔了学生的眼界，有助于学生养成互助、实干、忍耐等品质。学生在旅行中对艺术与科学也有了直观的体验。

瓦斯孔塞诺认为，手工与农业劳动也具有体育价值。彼爱尔实学校开设制笼、制陶器、造模型、制书本等手工活动，满足了儿童爱活动的要求，并且锻炼了其观察、比较与想象的能力，激励了他们的创造精神，使他们熟练地应用自然科学、算术等知识；通过缜密的训练，学生习得为实际生活所需要的技术上的敏捷，从而为肉体与精神的发展奠定了有价值的基础。农业不仅是科学知识的无尽源泉，同时，农业劳作也有利于儿童身体的发育；通过农业劳动，学生了解了实际社会生活，而且对未来社会生活的理想也有了自己的思考。

总之，彼爱尔实学校的体育观是身心和谐发展的新体育观，其体育体系将保健、运动与劳动集于一体，是具有全面发展理念的大体育体系。

3. 一般陶冶与专门化有机结合，构建一个新智育体系

彼爱尔实学校的智育是一般陶冶与专门化有机结合的全人教育。瓦斯孔塞诺认为，人之为人，与投身于职业之人，二者无论何时都要保持相互补充的、互助相依的关系，若强行剖分，各行其是，则人格分裂，教育意味将失之殆尽。当然，一般陶冶，不可被错误地理解为百科全书式的琐碎枯燥的教

育；专门化教育，不能忽视儿童的个性、要求、趣味、态度、倾向。彼爱尔实学校力求按照学生个人的能力与性情，将一般陶冶与专门化有机结合起来制订智育方案。

根据上述精神，彼爱尔实学校的课程设置有两大原则。

其一，从年龄纵向上来看，依据年龄特征，把一般陶冶与专门化教学按照适当比例相结合。他们把儿童发展阶段分为四个时期，根据各个时期的特点配置有关学科。第一期为准备期(7~10岁)，学校施以一般陶冶，授以自然科、数学、外国语、历史、地理等学科。第二期科目为一般陶冶期(11~14岁)，与第一期相同，但程度要深一层。第三期为高等一般陶冶期(15~17岁)，学生已表现出各自的倾向，于是加上古典语言等新学科，或者将现代外语、自然科、数学等科目加深到适当的程度。第四期为专门教育期(18~19岁)，科目的性质，在专门化的意义上可视为共通的基本的专门知识。上述各期年龄划分，并非绝对一刀切，要根据个人发展的具体状况而定。

其二，从具体某一时期课程实施的横向角度来看，课程设置是核心学科与多学科相互联系的有机结合，即实行核心学科制。瓦斯孔塞诺认为，集中注意力是为人做事取得成功的根本要义。对某一事物的探究，必须有忍耐持久之力，这种集中钻研某一事物的方法，不仅有利于收获知识精髓，也有利于陶冶品性。

根据这个原则安排某天上午的课程，宜采用核心学科制。每天上午宜教一门或两门有联系的学科，不可教授相互毫无联系的多种学科。如某天上午教法语，可用读书、背诵、文法、作文、文学欣赏等方法来教，这样就使法语课上得生动有趣，充满生气。若某天上午教算术、默写、读书、历史、物理等无直接联系的科目，则会分散学生的注意力，看起来学了很多，但是实际上如抓一盘散沙，学生所获甚少。

某一时期的课程设置也宜采用核心学科制，如春夏两季对研究动植物有利，因而在这两季中可适当减少物理、化学教学时间，增添动植物两科教学时间；在秋冬两季可多授物理与化学知识。

瓦斯孔塞诺还认为，某些公立学校将学科间的相互联系各自切断的做法是不妥的。对学生而言，使他们明白各门学科有各自的性质与价值固然重要，同时也还应该让他们知晓各门学科之间是相互联络、不可中断的。我们教授某一学科，要达到既广且深的地步，必须参照其他学科的知识。从科学研究来看，每门科学研究，都不是孤立完成的，必须参考其他学科的现象、法则及研究方法才能完成。例如，研究埃及历史，必先研究埃及地理，否则就不能研究彻底。因此，在安排某一时期的课程时，既要有核心学科，也要有相关学科，即突出重点，以点带面，点面结合。

瓦斯孔塞诺认为，课程教学也应该顺应儿童的要求。根据儿童天性及其发展的要求，彼爱尔实学校规定了以下三条原则性的教学要求。

第一条，教育应该研究人类(包括小孩及成人)与地球的关系。应该让儿童能够与人类的生活、人类所创造的事业以及大自然中的生物或无生物直接接触，让儿童观察之、沉思之、实验之、勤作之，使他们对自然、劳动、生活三者关系有直接的感知、具体的了解。这是学生学习及教师教授的第一步。为此，瓦斯孔塞诺特别推荐手工和农业劳动。

第二条，学不躐等。在学生对目前所学知识未能理解、比较、把握的时候，教师不必另提其他事项，这是学科选择和排列所应参照的指针。例如，某学科应设于入学之初，某学科不能设于入学之初，某学科应该设于其他学科之前或之后，均应讲究，也就是说某一学科中各部分的排列，应注意先后顺序；关于划分生物类别原则的提出，必须在由博物学说明生物外观上的特质、习性、效用之后才可进行。

第三条，某一学科教材内容的排列，应与其学科历史发展过程相一致。瓦斯孔塞诺指出，儿童自然发展顺序与人类发展的过程，如出一辙，各科所含知识应按其发展顺序，依次提示给儿童，这是合乎自然且行之有效的办法。学生可循着学科发展的顺序自己去探索，并可将所学知识加以应用，这样所获得的知识才能连续、精密且能保持长久。瓦斯孔塞诺认为，教学之道，要诉诸不断共同研究之活动，诉诸好奇心与兴趣，并能引导学生努力探索，使之有所发现，因此教材内容以少而精为宜。

为了使教学取得实效，彼爱尔实学校教学中的学生编制是采用小编制学级与自由编制弹性结合的办法。瓦斯孔塞诺认为，教学应该按学级编制来进行教学，因为在学级的社会环境中，学生可以受到同学之间的相互感情与相互竞争等因素所产生的自然影响，从而引发对社会的兴趣。这是发展智与德的根本。然而，学级编制宜小不宜大，因为只有小编制，教师才可能注意每个学生的进步，与每个学生有较亲切的交往。瓦斯孔塞诺认为，无论如何，每次的入学者人数应控制在60人的范围内。

瓦斯孔塞诺认为，有特殊才能的学生，如仅随人亦步亦趋，则失趣味；而中等才能以下的学生，人云亦云则难以得到进步。所以，要使全体学生均取得教育进益，必须因材施教。作为对小编制学级的补充，彼爱尔实学校还采用自由编制，即自由移动学级制。实行此项制度，就某一科而言，某位学生可以同与他在兴趣、要求和才能上较接近的同学相聚一处学习。这样，对进步比较快的学科，学生可以少花时间学；对进步比较慢的学科，学生可以有较多时间学。比如，学生可以前往第六级学法语，前往第五级学英语，前往第四级学算术，但又可以不变更一般时间表，而对于他所感到困难的学科，可多花一些时间来学习。

小编制学级制与自由编制相结合，要求学生少、教师多。因此，彼爱尔实学校学生25人，教师17人，从这点上来说，彼爱尔实学校可谓"精耕细作"。

综上所述，彼爱尔实学校的经验可以归纳为以下几点。第一，以学生为本，无论构建新德育体系，还是构建新体育、新智育体系，一切教育措施都是为了实现学校的教育目的，也就是要培养学生具有性格健全、人格独立、能够创新和勇于负责的素质。第二，办学理念与措施含有辩证法的因素，例如，瓦斯孔塞诺崇尚内发论，但是又十分注意学校环境建设，认识到环境对人的陶冶力量；而环境建设既注意自然环境，更注意人文环境，还注意生活的美化；他崇尚自然，选择校址时注意自然的优势，但是又不排斥城市，充分注意到城市现代文明的优势；崇尚体育锻炼，认为其不仅锻炼身体而且陶冶心灵；课程设置是一般陶冶和专门化相结合、核心学科和相关学科相结合，教学编制是学级编制和自由编制相合。第三，和谐。在彼爱尔实学校，人、自然、社会取得了和谐，经验、知识、技术、创造力取得了和谐，师生之间取得了和谐，德育、美育、体育、智育取得了和谐。第四，含有全息论思想。德育、美育、体育、智育，你中有我，我中有你，各教育因素相互之间的联系不可截然分离。

六、列夫·托尔斯泰与俄国新教育家的实验

列夫·托尔斯泰，是俄国新教育的先驱。早年求学时，他就醉心法国启蒙思想尤其是卢梭的著作，对俄国农民的悲惨处境深表同情。1859 年，托尔斯泰在故乡亚斯纳亚·波良纳为农民子弟开办一所学校，即亚斯纳亚·波良纳学校。"亚斯纳亚·波良纳"意思是"明亮的林中草地"。该乡村学校招收7~13 岁男孩，成年补习文化者也可以听讲。托尔斯泰亲自授课，教学内容有阅读、写字、作文、算术、自然、俄国史讲话、神学、图画和音乐。在学校教学方面，学校有规定的课程表，但是学生来去自由；教学主要以自由谈话的方式进行；作文练习强调学生创造性才能的培养；课外经常组织散步、滑雪橇等娱乐活动，教师和学生关系融洽，学生十分乐意学习。为办好学校，从 1860 年 7 月到 1861 年 4 月，托尔斯泰曾赴德国、法国、瑞士、英国、意大

利、比利时等国考察学校和幼儿园，并且结识了第斯多惠，搜集了大量的教育资料。1862 年 1 月，他主持创办了教育杂志《亚斯纳亚·波良纳》。1862 年夏，宪兵搜查学校，逮捕教师，托尔斯泰无奈地终止了学校活动。虽然学校停办，但托尔斯泰并不气馁，他又开始从事教育研究工作，分别于 1872 年和 1875 年编写成教学用书《识字课本》和《阅读课本》(4 册)，内容取材于俄罗斯民间生活，包含自然、地理和历史知识，为俄国初等学校广泛采用。他还于 1874 年出版了《论国民教育》，并且撰写了关于亚斯纳亚·波良纳学校的长篇文章。

托尔斯泰的教育实验和教育思想为俄罗斯奠定了自由主义的教育传统，为新教育在俄罗斯的兴起播下了种子。在他的启蒙下，一批新教育学家成长起来。1906 年，新教育家文特策尔出版了《为自由学校而斗争》。1907—1918 年，戈尔布诺夫-波萨多夫主编创办了《自由教育》杂志。1905 年，沙茨基和谢连科等人创办了"快乐生活之家"。

沙茨基是俄罗斯新教育实验的主要代表人物。他一生热爱儿童，钟情于教育事业。1903 年，沙茨基写道："每当我想象到还有充沛的精力去实现渴望达到的目标，看见围绕我的一群孩子愉快、健康、有人情味和自在的面孔，并且知道我正为他们的未来生活而积累着在他们身上的投资时，那么我的心灵就欣悦而宁静，并且觉得此生再无他求了。"[1]怀着美好的憧憬，沙茨基拜访过列夫·托尔斯泰，托尔斯泰的教育著作和教育实验对他理解教育的意义以及改造俄罗斯乡村教育和文化的理想很有启发。1910 年，他访问了斯堪的纳维亚半岛的一些学校；1913—1914 年，他考察了德国、比利时、法国、瑞士等国的一些新学校，并且拜访过凯兴斯泰纳、德可乐利等教育家。除此之外，他还深入研究过杜威的教育哲学。

―――――――――

① ［澳］W.F. 康内尔：《二十世纪世界教育史》，张法琨、方能达、李乐天等译，444 页，北京，人民教育出版社，1990。

1905 年，沙茨基和谢连科、什列别尔合作，在莫斯科郊区的谢尔科夫的一所别墅为工人子弟组织了夏令营。1906 年，他们在莫斯科的一个工业区创办了儿童俱乐部，担负起幼儿园、小学和中学的大约 250 名儿童的校外教育任务。然而，1907 年年底，沙皇政府当局以"试图在儿童的心灵中传播社会主义"的罪名关闭了这一教育机构。

1911 年，沙茨基和他的妻子沙茨卡娅在莫斯科西南的卡卢什卡省开办了一所夏令营，取名为"快乐生活之家"，连续 3 年组织儿童俱乐部的学生到那里欢度劳动学习生活。1916 年，"快乐生活之家"扩展为集幼儿园、小学、师资培训中心以及对普通成人进行健康和农业教育于一体的社区教育中心。沙茨基希望通过网络状的社区教育来改变乡村生活。

十月革命后，沙茨基于 1919 年 5 月建立第一个示范性的国民教育实验机构"第一国民教育实验站"，包括乡村教育实验部和城市教育实验部。这项国民教育实验持续 15 年之久，取得了不少成功的经验。

实验站始终坚持共产主义方向，主张让儿童在德、智、体、美、劳方面都能够得到全面发展，成为充满朝气、生活快乐、富于创造力的能够"担负建设社会主义任务的苏维埃公民"①。实验站尊重儿童，研究儿童，从儿童的身心发展规律出发，创造条件让儿童自由地进行各种游戏和运动，如丢石块、挖地洞、寻找食用植物以及驯服动物等游戏。实验站重视开展多姿多彩的美育活动，丰富学生的艺术生活和情感生活。实验站是苏维埃统一劳动学校的示范学校，更加重视体力劳动的教育价值。为便于儿童学农，乡村实验站开办有农场；为便于学工，城市实验站建有工场。除农业劳动和工业劳动之外，实验站组织儿童开展大量力所能及的学校公益性和服务性劳动，如打扫教室、张贴图画、修理家具、安置蒸浴床、劈柴、生火炉、照管室内植物等。除校

---

① ［澳］W.F. 康内尔：《二十世纪世界教育史》，张法琨、方能达、李乐天等译，448 页，北京，人民教育出版社，1990。

内劳动外，实验站还组织儿童参加社区多项公益性劳动，包括经济生产、运输和通信、文化启蒙、健康和卫生等。

在实验站，劳动往往和单元教学结合起来，学生常常带着当地生产和生活中的一些问题去劳动，这使劳动不仅具有生产性，而且带有研究性质。学生通过把所学的知识应用于劳动，明白了所学习的东西对于他们每天的生活是有意义的，由此，无论在学习上还是在劳动上，他们都获得一种成就感。

实验站重视所在社区的社会教育工作。沙茨基在实验站实行的是一种大教育观，既重视学校教育，也重视社区教育，学校和所在社区交融，让学生走与工农相结合的道路，在为社区广大群众提供教育服务的过程中锻炼成长。社区教育的内容主要有四方面。第一，进行寓教于乐的艺术教育。第二，实施内容广泛的成人政治、农业技术和卫生健康教育计划。第三，进行道德教育，让学生学会在社区愉快地生活，同时发动他们努力在社区群众中培养相亲相爱的社区观念。第四，鼓励少先队和青年团自主开展活动。①

沙茨基的"第一国民教育实验站"坚持教育与生活相结合尤其坚持教育与生产劳动相结合，把学校教育和社区教育有机结合起来，实行单元教学一体化课程实验，取得了丰硕成果。

第三节　欧洲新教育实验的理论基础

欧洲新教育运动具有多元性、复杂性、广泛性、变迁性和发展性等性质。如何寻找欧洲新教育实验的理论基础？第一，新学校教育实验本身就是新的教育理念的践行，新学校实践家都是对教育有真知灼见的饱学之士，其办学

---

① 参见[澳]W.F.康内尔：《二十世纪世界教育史》，张法琨、方能达、李乐天等译，448~449 页，北京，人民教育出版社，1990。

理念凝结于其教育实践之中，故要从新学校的办学实践中去寻找理论基础。第二，新学校创办 10 年后，从 1899 年爱伦·凯出版《儿童的世纪》开始，一批以理论构建见长的新教育理论家崛起，如德国凯兴斯泰纳的公民教育思想，瑞士费里埃尔的"活动学校"教育思想、皮亚杰的建构主义教育思想，英国沛西·能的个性教育思想、怀特海新智育思想、罗素的自由主义教育思想等，从不同的角度对新教育实践进行理论总结、反思与建构，对新教育实践家们有一定的影响，故还要从理论家的著作中寻找理论基础。

　　新教育家们的教育理论和教育实验是各有千秋的，但其有一个共同点："新"。何谓"新"？"新"是在与"旧"相比较中产生的。"新教育"是相对"旧教育"或称"传统教育"而言的。"旧教育"或说"传统教育"，在那个时代主要是指古典的传统教育和近现代资产阶级的传统教育。19 世纪末至 20 世纪上半叶，新的科学革命和新的工业革命兴起，这时的人道主义与文艺复兴的人文主义、启蒙运动的人道主义既有继承性也有新时代的新特点，我们将之命名为"新人道主义"。新人道主义是欧洲新教育实践的总的理论基础。我们将新教育实践家的办学理念与新教育理论家的理论概括起来，且放在历史的长河中，研究是欧洲新教育实践的新人道主义理论基础。

一、培育"新人"：新教育的目的

　　新人道主义以人为本，人是出发点，也是归宿点，由此出发树立新教育的主体论、目的论与教育社会功能论。

　　培育"新人"是新教育的目的论。何谓"新人"？雷迪认为要培养具有世界眼光的有领袖才能的"新男儿"。爱伦·凯称其为"新人物"，是"独辟蹊径的发现者，独倡新理的思想家，冒犯众怒的革新家"。爱伦·凯、凯兴斯泰纳提出要培养公正、守法、劳作精神的公民；罗素认为，他们应具有活泼、勇敢、敏感与智慧的品格。总之，新教育家是理想主义者和社会改良主义者，他们力图通过和谐教育来建设多元和谐的社会，追求人与自然、人与社会、儿童与成人、理性与非理性、科学与人文、个性和社会性等多种因素和多种关系的和谐，力图培养能够创造美好生活的生动活泼、和谐发展的"新人"。这种"新人"既理解本民族的文化，有深厚的民族情怀，又有开阔的世界眼光和全球、全人类意识；既具备自主的道德，又具有现代的科学知识、积极的智慧、善于应变的活动与组织能力；既有矫健的身体、灵巧的双手，也有审美的情操；既有自由的思想、独立的个性，又具有良好的合作意识；既是国家的良好公民，又是世界公民。

如何培育"新人"？首先树立儿童主体论。1899年岁末，站在19、20世纪之交的门槛上，被誉为"瑞典智慧女神"的爱伦·凯出版的《儿童的世纪》，庄严预言"20世纪将是儿童的世纪"，这以世纪性的教育命题确立了新教育的逻辑起点：儿童主体论。

如何理解"20世纪将是儿童的世纪"？爱伦·凯认为①，用一个完全革新的方法，用一种"发展之宗教"的眼光去看那全历程，而实现了这一切以后，20世纪将成为儿童的世纪。这个要在两条路上实现。第一是成人们了解儿童的性质，第二是儿童性质中的纯朴天真须由成人们留心保存。这样，才能使那旧的社会秩序完成自己的革新。如何了解儿童的性质？首先，充分意识到儿童对人类的意义。爱伦·凯认为，儿童是人类的崭新未来，是未来世界的主人，也蕴含着成年人的力量和命运。只有重视儿童和儿童的教育，人们才有力量站在自由人的地位，去决定人类将来的命运。为儿童忙碌，就是为人类未来忙碌。人类种族的新命运是藏在小孩那里，人们必须小心处理儿童那里的那些"细线"，因为这些"线"将来有一天是要成为世界大事的经纬

---

① 本段有关爱伦·凯对"20世纪将是儿童的世纪""儿童的性质"的论述，可参见爱伦·凯的《儿童的世纪》一书。

的。① 儿童的心灵如玻璃般透明、纯洁，每一个刺激都留有长远的影响，因此，不仅要重视儿童教育，而且要重视教育中的每一个细节。

其次，在"儿童主体"论的基础上确立新的教育社会功能论：教育改良社会说。在人与社会的关系上面，新教育家重视"人"，但并非只看到"人"，而无视"社会"，更不是反社会，他们是把"人"置于社会的中心地位和基础地位，从而积极影响社会，所以，在社会观上，新教育家实际上是社会改良主义，虽不是革命主义，但是相对于传统教育派的社会保守主义更能适合20世纪社会发展趋势。传统教育派希望通过对儿童的控制从而维护社会的稳定，可以说他们的教育社会功能观是"教育维护社会说"。新教育家希望造就良好的个人从而推动社会的发展，因此，他们的教育社会功能观就是"教育改良社会说"，代表性的名言就是罗素的"教育是打开新世界的钥匙"②。

二、自然与人文相和谐：新学校的校园文化观

为了尊重儿童的主体性，达到培养"新人"的目的，新学校建设人、自然、文化、社会相互和谐的校园文化。

（一）新学校的自然环境：城乡文化的和谐

根据地理心理学原理，新学校校址一般选在城郊风景绝佳之处。既得自然环境冶情乐性之功效，又得城市文化熏陶之便利。新学校如此选址，一方面是为了避免因工业革命造成的城市污染的危害，另一方面是受卢梭等人的自然主义教育思想的影响。新学校内部一般面积宽阔，树木葱茏，芳草萋萋，一片田园风光。新学校校园环境也洋溢着人文主义气氛，如有些建筑物就用历史名人的名字来命名。

---

① ［瑞典］爱伦·凯：《儿童的教育》，沈泽民译，84 页，上海，商务印书馆，1923。原译文略有文字改动，意思不变。

② ［英］伯兰特·罗素：《教育论》，靳建国译，44 页，北京，东方出版社，1990。

(二)新学校的学生民主自治制度：人与人的和谐

欧洲传统学校，尤其是古典学校，多起源于封建时代，即使进入资本主义时代，学校内的封建残余仍然不少。新学校实行议会式的学生民主生活自治制度，是理想型的"共和制度"，改变了长期存在的学校生活与校外社会民主化严重脱离的现象，使学校内外的社会生活得到统一，不仅适合社会发展的需要，而且具有一定的前瞻性。这是新教育民主性的集中体现，具有多方面的教育价值。这种制度基于对儿童的充分信任和尊重，适应并且满足了儿童个性以及社会性发展的需求，可以培养学生良好的自主性；学生民主自治制度使每个人既有一定的参政权利，又使每个人的行动受到自己参与制定的纪律的束缚，自由和纪律得到良好的统一，是进行德育的良好方式。每一个人都有参政议政的机会，在此种"政治博弈"中，每一个学生都能够意识到自己的权利和义务，能够锻炼自身的领导能力和服从意识，这是进行公民教育的良好手段。

三、和谐：新学校课程设置的原则

德智体美劳，五育齐发展，是新学校课程设置的原则。

新教育家重视德育。德育课程一般是隐性课程，潜移默化，渗透于智体美劳之中，渗透于校园文化及校园生活之中，渗透于各种教育教学活动及其管理之中。皮亚杰认为，儿童认知发展的路线有四个顺序阶段，即感知运动阶段(0~2 岁)、前运算阶段(2~6 岁)、具体运算阶段(6~12 岁)和形式运算阶段(12~15 岁)[1]，儿童认知发展各阶段思维特点依次是感觉运动图式、表象图式、具体运算图式、形式运算图式；与认知发展阶段及其特点对应，儿童的道德发展各阶段情感特点依次是自我中心、单向尊敬、互相尊敬、同情心。根据皮亚杰发生认识论，新教育家认为知意行密不可分，应同步发展。

---

[1] 参见赵厚勰、李贤智主编：《外国教育史教程》，187 页，武汉，华中科技大学出版社，2018。

新教育家高度重视智育，智育的目的就是追求智慧，而其主要途径则是知识课程。关于知识课程的重要性，怀特海认为知识教学是发展积极智慧的基础。罗素认为，知识是人的超越自然束缚的力量，美满的生活由爱所激起并为知识所引导。新教育家们不但认为知识是有用的，而且认为知识学习应该有用，也就是说学以致用是知识学习的目的。用怀特海的话来说，只学不用的知识或只会学不会用的知识就是"无活力概念"，而"无活力概念"非但无用反而有害，是人、学校乃至国家死气沉沉的原因。只有学以致用，知识才有活力，相应地，人、学校、国家才有活力。

教育家们主张以学以致用为原则，在生活基础上平衡设置人文课程和科学课程。由于生活是全面的，那么知识课程的设置就应该是全面的；同时，为了使生活平衡、和谐，知识课程也应该是平衡、和谐的。概括他们的知识课程，既有人文课程，又有自然科学课程。课程和谐不等于平均的课程，它是建立在现实生活基础上的和谐课程，符合当时生活需要的课程设置就是和谐的。新教育运动兴起之时，生活对自然科学需求较大，因此，他们的课程偏重自然科学，这是符合时代需要的。

传统学校也有知识课程，但是只为装饰性的目的灌输知识而不考虑与现实的联系，只开设古典课程而不开设科学课程，这种知识课程是片面的、不和谐的，甚至是"无活力概念"的。新学校的知识课程是和谐的、充满生机的，与传统学校相比有创新。这种创新是建立在一定的历史基础之上的。

在学以致用的原则基础上，构建平衡的知识课程体系是文艺复兴时期的优良传统。文艺复兴早期，人文主义者们既开设古希腊罗马世俗性的古典课程，又开设神学课程；文艺复兴中晚期，科学萌芽，人文主义者百科全书式的课程清单中已有不少自然科学课程。到19世纪尤其是中后期，工业革命的新进展使人们的生存和生活更加依赖于科学，于是斯宾塞从完满生活需要出发论述知识的比较价值，认为科学知识是最有价值的，突出强调科学课程的设置。赫胥黎也强调自然科学的价值，同时也意识到只强调自然科学课程是不够的，于是从自由教育思想出发，企图构建自然科学学科和人文学科平衡知识观和课程观。20世纪初，以罗素为代表的新教育家们，在赫胥黎观点的基础上，提出了科学人文主义知识观和课程论。他们认为，美好的生活需要科学更需要爱，科学与人文对于人的生活并非对立，而是相互补充与交融，缺一不可，因此从"美好的生活"的概念出发，提出要平衡地选择科学知识和人文知识，建设科学与人文和谐课程。

辩证处理通识课程和专业课程的关系。在通识课程和专业课程的关系上，新教育家们认为两者兼顾，不可偏废。在欧洲，通识教育源远流长。早在古希腊时代，亚里士多德就强调文雅教育的价值。新教育家们继承了这份历史的遗产，仍然强调通识课程在人的全面与和谐发展方面的价值，他们突破只有通识课程尤其是古典课程才具有智慧训练价值的传统观念，认为通识课程和专业课程相互结合才能训练智慧，开始关注专门教育的智慧价值。他们认为，在科学与学科大分化的时代，只陷一隅而专深研究，不免视野狭隘、器宇狭小，难以培养科学与学科的帅才；但若只有通识课程，泛泛而学，仅能培养什么都懂什么都不精的"业余爱好者"。怀特海就认为，智慧的巅峰是"风格感"，要使人具有风格感，必须进行专深的研究，对教育而言，必须有专门课程。他们把专门课程和通识课程的关系比为"树木"与"森林"的关系，即在通观"森林"的全局下把握一棵棵"树木"，通过一棵棵"树木"来管窥"森林"全貌及其内部复杂的关系。

以兴趣中心设置综合性课程。新学校既有学科课程，也以兴趣为中心设置综合性课程。如德可乐利、沙茨基等人主张的单元教学一体化课程。正如康内尔所说，"20年代各国的课程设计者都注重于建立各种学科教材之间的某种关联形式"①，新教育家们以兴趣为中心设置综合性课程反映了当时课程改革的一种新趋势。

新学校一般上午是知识性课程，联课活动一般在下午和晚上开展，所占时间比知识性课程还多。体育、音乐(含戏剧、舞蹈等)、手工等是联课活动的主要内容。

新教育家重视体育，认为体育目的在于促进人的身心健康、和谐地发展。对于学生，新教育家重视其身体养护，如正确的起居习惯、户外活动、营养合理的食物、充足的睡眠、适量的运动、定期体检等。学校体育则重视运动。运动项目很多，既有人与人之间的对抗赛，又有人与自然之间的对抗赛，如游泳、登高、雨中竞走等；既有激烈的竞技比赛，又有舒缓、柔和的个人技巧的运动项目，如瑞典体操。在组织形式上，既有团队运动，又有个人运动。新学校体育尤重体育精神的塑造，也就是要使学生具有"运动家风度"。"运动家风度"意思包括公平竞争的进取心、坚持到底的毅力、超越胜负的胸怀、信守诺言的责任感、团结协作的团队精神等。

艺术是属于青年人的，青年人属于艺术。青年人热情奔放、喜欢想象。新学校因势利导，用艺术来陶冶人的情操、丰富人的想象力；大型的艺术活动还可以很锻炼人的组织能力和合作能力。在各种艺术活动中，音乐是核心。这一点，从阿博茨霍尔姆学校的时间表上即可以感受到。稍有空闲，大家就各操各的琴，各唱各的调；每逢大小节日，必有音乐会。音乐会上，既有传统音乐，也有流行音乐；既有音乐，又有戏剧、舞蹈等；形式多种多样，由学生自己根据主题自己安排，专业教师予以指导。大多数学生喜欢表演莎士比亚、歌德等人的剧作。有些剧作是学生自己创作的。

新学校重视音乐，其思想远可追溯亚里士多德。音乐属古希腊"七艺"，

---

① ［澳］W.F.康内尔：《二十世纪世界教育史》，张法琨、方能达、李乐天等译，273 页，北京，人民教育出版社，1990。

在亚里士多德和谐教育体系中居核心地位。为陶冶学生和谐的个性，新学校就用亚里士多德音乐教育思想改造了学校，不仅将音乐引进课堂，而且使之与体育一样成为课外活动的重要项目。

有的教育家专门从事艺术教育实验研究。如德国的卡尔·顾茨、里奇沃克合作建立实验艺术学校，莱班开办现代舞蹈学校，瑞士达尔克罗兹创立韵律体操教学法，奥地利法兰茨·希策克免费为儿童进行艺术教育，由此形成了很有特色的艺术教育运动。

新学校重视手工活动与劳作活动。在贝达尔斯学校，文化课可以选修，但是手工课则是必修。同时，手工活动也是联课活动的重要内容之一。新学校往往拥有车间、实验室、田园，供学生实际操作。新学校之所以重视手工，主要是让学生手脑并用，身心和谐。为了培养学生运用知识的能力，凯兴斯泰纳认为，劳作教育是培养有用公民的重要手段。费里埃尔认为，手工活动具有满足儿童身体、心理和道德及社会性发展的需求等功能。

联课活动还有一项重要内容就是辩论会。这项活动能调动学生平时所学，锻炼思维的灵敏性、逻辑性和口头表达能力，还能使学生意识到思想是多元的，对各种观点要持宽容态度。联课活动还有各种讲座，有学术性的，也有生活指导性的，如学习心理教育、性心理教育等。联课活动的组织形式多是社团活动。协会名目繁多，应有尽有，有研究性的，如莎士比亚研究会、地理研究会、生物研究会、数学研究会等；有体育性的，如足球协会、棒球协会、登山协会、游泳协会等；有艺术性的，如音乐协会、诗歌协会、戏剧协会、绘画协会等；有手工性的，如航模协会、雕刻协会等；还有生活性的，如棋牌协会、就业升学指导协会等。新学校各种协会，不仅能锻炼合作、组织能力，而且能活跃学生思想，对培养创新精神确实有好处。

只有全面和谐的课程才能培养全面和谐发展的人。新教育课程和谐论是多元和谐论，不仅是智育课程内部的和谐，还包括体育、手工、音乐等一切课程关系的和谐；不仅是显性课程诸要素的和谐，还包括显性课程与校园文化等隐性课程的和谐；不仅指课程内容的和谐，还指课程内容和课程目的的和谐。

四、新学校的教学原则

新学校教学原则的特点体现在人、生活、知识各因素内部的和谐性以及三者之间的和谐性。具体来说，主要有以下原则。

（一）尊重个性原则

关于尊重个性对于教学的意义，新教育家们认为，"尊重人的个性是智慧的开端"[①]。求知欲和创造欲是儿童的一种自然欲望，尊重个性，可极大地激发这种欲望，可以培养儿童独立思考的信心和能力，利于和谐个性的培养。

首先，尊重个性是尊重儿童的自由。儿童有一个属于自己的世界，广大无涯，生活其中，儿童与人与物打交道，在自由活动的过程中，个性得以自然生长；教师的本职在于帮助儿童去创造一个形式和内容都美丽的世界，使儿童在这样的世界中自由地活动，"去自觉其精神，去实践其固有的道路"[②]。尊重自由要注意两方面：一是要尊重思想自由。允许儿童对一切问题质疑和讨论，鼓励他们体验独立思考的乐趣，不使用被禁用的办法，更要杜绝体罚，以免摧残有价值的思想、行为与健康人格。二是讲自由也讲纪律。接受纪律的控制，必须是自愿行动，其中有向往更高的完善或"表现性"的天赋的冲动。同时，建立在自由基础上的纪律具有积极性的意义，纪律是一个人纷乱的冲动服从一种规则，使混乱走向秩序，使低效和浪费变得合理而有效率，因此接受纪律，可以使一个人超越自卑，达到成功的目的。

---

① [英]伯兰特·罗素：《自由之路》，李国山等译，237页，北京，文化艺术出版社，1998。

② 任钟印主编：《世界教育名著通览》，1011页，武汉，湖北教育出版社，1994。

其次，尊重个性要反对同一性。人人都有自己独特的个性，这是很可贵的，但是无论社会还是学校都有同一性的趋势，这种趋势将有可能使儿童的发展都趋于平庸，故要警惕。教育目的不在于使每个人尽可能培养得和其余的人一模一样，而在于使每个人尽可能地得到发展；天才儿童的个性尤其独特，常遭嫉妒与迫害，所以要特别注意保护天才儿童的权益与人格。

为尊重个性，新教育家们在教学组织形式上提倡小型学校、小型班级和个别化的教学方式。从个别教学到班级授课制再到班级授课制基础上的个别化教学，新学校教学形式的创新，反映了教学形式否定之否定的历史规律。新学校吸取家庭教育的优点，不仅让学校充满家庭般的温馨，而且吸取家庭个性化教育和教学的优点，实现班级授课制基础上个别化教学，这无疑是教学形式的一个重要突破。

(二)激发兴趣原则

怀特海等新教育家认为，兴趣是调动学生主动性、积极性的内在动力；学以致用是使知识保持活力的根本手段，也就是激发积极智慧的根本手段。在教学过程中，激发兴趣的第一步是使学生明白该知识的实际用处。一节课、一门学科甚至全部知识教学道理是一样的。第二步要将所学运用于实际，使学生进一步将知识真正转化成自己的智慧。

从苏格拉底的"产婆术"到赫尔巴特从兴趣多样性角度提出的多样性课程观、从兴趣阶段论出发提出的教学形式阶段论，欧洲教学论史有重视兴趣的传统，但多是从哲学假设来谈知识兴趣。新教育家们的兴趣学说继承了前人包括赫尔巴特和传统教育派对兴趣重视的思想，其优势在于实验心理学和实验教育学已经产生，他们可以用实验来证实或者证伪自己关于兴趣的假说；不仅仅从哲学假说，更多的是从人的生活角度来理解兴趣，认为人最根本的兴趣是对与自己息息相关的问题和事件的兴趣。因此，新教育家的"生活兴趣说"是对传统教育学派知识兴趣假说的扬弃和超越。

（三）活动性原则

活动性原则是新学校区别于旧学校的一个重要教育原则。自克拉帕雷德首次将新学校定性为活动学校以后，凯兴斯泰纳、费里埃尔和皮亚杰等人分别从不同角度论述过活动性原则，各自对"活动"的理解有同有异，互相补充，构成了新教育完整的活动教学理论体系。综合起来，新学校的"活动"具有以下几个性质。

第一，具有自愿性和个性化等性质，具有发展身体、思维、情感等多种功能。第二，具有劳动性质，是培养国家有用公民的重要手段。第三，具有探索性和发现性，是学生在教师的引导下自由探索知识、自主发展智力的自发活动。第四，具有科学实验性质，不仅包括手的具体操作，还包括抽象思考。二者之间相互联系，前者是后者的基础，后者是前者的内化和高级形式。第五，具有研究型教学性质，其情境设计符合学生实际，能够激发学生的问题意识，培养学生发现问题和解决问题的能力。第六，活动教学必须遵循学生认知发展阶段性规律，循序渐进，而且要根据每个学生的思维特点，因材施教，给每个人的发展留有足够的自由空间。第七，活动教学不仅包括个人的独立活动，还包括师与生、生与生之间的集体合作活动。二者不可分离，集体合作活动是活动教学的前提和背景。

在传统学校，死记硬背是学生的学习原则，强硬灌输是教师的教授原则，因此造就了许多不通时事的人，于人于己危害甚大。新学校是培养能够驾驭 20 世纪风云变幻的一代"新人"。这种"新人"靠传统的死读书、读死书原则来培养是不行的，必须以生活为目的、为环境，采用活动教学，让学生在活动中学习适应生活和创造生活。注意，活动不是不读书，读书是活动的一种形式；不是不动脑，动脑思考是活动的高级形式；活动更不是"放羊"，让学生随意玩耍，靠天赋，而是有目的、有计划、精心设计的启发式教学活动。

(四) 教育节律原则

沛西·能、怀特海都提出了教育节律理论。沛西·能是在总结每一学科发展共同具有的阶段性的基础上提出的教育节律公式"奇异—实用—系统"。怀特海是从儿童心理发展的节律性和阶段性角度提出教育节律公式"浪漫—精确—概括"。关于怀特海和沛西·能教育节律观的异同，沛西·能指出："我们知道，怀特海独立地作出了一个和我们相似的节奏法则，这是一件有趣味的事，在他的公式中，以'浪漫'(romance)代替'奇异'，最后阶段是'概括'(generalization)，相当于'系统'，中间阶段是'精确'(precision)。当我们考虑到，在我们知道一个原理如何运用的确切规律以前，这个原理是无从很好地应用的，这就很清楚，'精确'和'实用'不过是整个节奏中相同阶段的不同名称罢了。"①在沛西·能看来，他的教育节律观与怀特海的教育节律观是一样的。

然而，他们的观点是同中有异。从整体看来，他们从不同角度发现了教育节律规律，但他们的教育节律观不存在冲突，结论基本相同。他们都认为教育过程是一个周期套一个周期的节律性过程，每一个周期都有三个阶段，三个阶段划分只有水平的高低，本质上并不冲突。第一阶段，两人的观点也是基本相同的。但是，后两个阶段并不是一一对应的关系，沛西·能的第二阶段(实用)和第三阶段(系统)之和相当于或略大于怀特海的第二阶段(精确)。在沛西·能那里，"实用阶段"，只是了解科学成果和乐于研究一般概念，主要还是激发兴趣，"系统阶段"才真正地探索一般规律。其没有从一般到具体的应用，只是达到求知的目的，而知识未应用并不能说明就掌握了，并不能说明就转化为智慧，并不能说明就进入自由境界。而在怀特海那里，"精确阶段"是条分缕析、寻找一般规律，"概括阶段"不仅是概括抽象出一般规律，而且将一般规律运用于实践，这样不但能检验概括抽象得对不对，而

---

① ［英］沛西·能：《教育原理》，王承绪、赵端瑛译，281 页，北京，人民教育出版社，1992。

且会发现新问题，激起新的探索的兴趣，与"浪漫阶段"遥相呼应，重新进入自由探索阶段，这就是达到智慧的境地。智慧不是某种固态物，而是发现问题、探究规律经久不息的充满激情的心理状态。两相对比，怀特海的理论要完善一些，其原因是怀特海以人的心理发展规律来探寻教学规律，而教育的对象与目的都是人；沛西·能是从学科发展进程规律类推教学规律，教学过程与科研认识过程有关系。若把两者理论综合起来，则角度周全，互相补充、相得益彰了。

教育节律规律说明教学过程有一种动态的和谐美，同时也说明在教学过程中，学生、学科历史、生活实际、教师等要素有内在的联系，也呈现出一种和谐美。

在教育史上，柏拉图、亚里士多德、弥尔顿、洛克等人都有学生年龄阶段划分理论，虽有价值却失之笼统，缺乏严格的科学依据，这是与他们所处的时代各门学科尤其是心理学发展有限有关。沛西·能与怀特海的教育节律理论，小可反映一堂课，大可反映人的一生的教育规律，操作起来也比较容易，这无疑是一个进步。当然，他们的创新与当时各门学科尤其心理学趋于成熟有关，也与他们对前人的继承有关。怀特海就指出他的教育节律理论是受黑格尔"正—反—合"哲学思想的启发。沛西·能也暗示他的理论受了亚里士多德哲学思想影响。[1]

（五）鼓励智慧探险的原则

新教育家认为，社会是由个人组成的，唯有充满活力的人才能创造美好的新生活。因此，他们十分强调教育要鼓励智慧探险。

鼓励智慧探险首要的是鼓励。这是因为人有受暗示性的心理基础。暗示有消极性与积极性的区别，不可滥用。教师应该用积极性暗示，为此，

---

① 参见[英]沛西·能：《教育原理》，王承绪、赵端瑛译，280页，北京，人民教育出版社，1992。

一是应该以逐步培养批判的、探索真理的习惯为目的，因为无此习惯，人的心理将到处是锁链；二是要有真挚的师爱，如玛格丽特·麦克米伦所牢记的姐姐的遗言"把所有的儿童都照自己亲生的那样去教养"，又如沛西·能所说的教师与学生有"同志感"的情感认同①；三是教师有权直接在教学活动中用具有启发性的教学法，或者间接地通过以精心选择的书籍为中介，作为启迪理智理想的最好手段，力求不使每一个孩子由于缺乏机会而失却为人类最优秀、最广泛的经验所认可的理想所鼓舞。教育上的积极性暗示就是"鼓励"，诚如罗素所言，"教育上的巨大鞭策，是让学生感到有成功的可能"②。

其次，反对"提供规范、避免错误"的传统观念。这种传统观念只会产生智力上的冷血动物，即谨小慎微、斤斤计较、无进取心的人。也就是说，要鼓励学生大胆地闯、大胆地试。沛西·能认为，教育必须作为个人创造力有最充分发展和表现机会的手段③；"学校的风气至少要使学生有些有节制地冒生活中之险的热情及对自己去完成它的信心，否则学校工作便是失败的。危险在于说教式和武断的教学法势力太大，较自由的学习方法没有展开的余地；这种较自由的学习方法是以信任每个学生的自发性天才和发展这种应有的自发性责任感为基础的"④。罗素说："应当支持每一个有能力的青年男女利用知识去做某种冒险的事情"⑤，"凡智力正常的人都应当被鼓励去认真思考如何以更富有建设性的方式来利用现有的社会力量或创造新的社会力量"⑥。

---

① 参见[英]沛西·能：《教育原理》，王承绪、赵端瑛译，166页，北京，人民教育出版社，1992。

② [英]伯兰特·罗素：《教育论》，靳建国译，181页，北京，东方出版社，1990。

③ 参见[英]沛西·能：《教育原理》，王承绪、赵端瑛译，34页，北京，人民教育出版社，1992。

④ 转引自[英]伊丽莎白·劳伦斯：《现代教育的起源和发展》，纪晓林译，311页，北京，北京语言学院出版社，1992。

⑤ [英]伯兰特·罗素：《教育论》，靳建国译，84~85页，北京，东方出版社，1990。

⑥ [英]伯兰特·罗素：《教育论》，靳建国译，85页，北京，东方出版社，1990。

再次，正确处理教育中的建设性行为与破坏性行为的关系。教育当然要使学生学会建设性行为，但是实际情况并不那么简单。罗素与尼尔认为，人天生就具有创造性(也称建设性)和破坏性两种冲动。教学过程要以激发创造性冲动为主要目的，但是不能盲目压抑破坏性冲动，否则将使人无活力。应该设法使破坏性冲动向建设性冲动方向转化。由于破坏比建设容易，所以学生起初先是破坏性冲动在起作用，行动往往表现为破坏性，但是不要紧，学生在破坏的同时也在学习怎样建设。当破坏性冲动发泄到一定时候、一定程度，就向建设性冲动方向转移，行动就自然越来越具有建设性。尼尔在夏山学校、罗素在烽火山学校，往往对初来乍到的学生的破坏性行为给予足够的宽容，其道理就是如此。进一步推论，在教育上，对学生智慧探索而言，破坏是建设的前提，也就是说，怀疑是创新的前提；应该允许学生大胆地怀疑，在此基础上，学生才可接受什么，发现什么，建设什么。

最后，要正确处理教育中的保守性与创造性的关系。沛西·能等新教育家认为，有机体的自我表现既有保守性又有创造性。保守性是创造性的前提，创造性是保守性的目的。据此，在文化知识的教学过程中，要处理好继承与创新的关系；在教育活动中，要处理好保守性活动和创造性活动的关系；要处理好自由与纪律的关系。

第四节　欧洲新教育运动的文化模式与历史意义

一、继承·互动·创新：欧洲新教育运动文化模式分析

"新"是"新教育运动"或称为"新学校运动"的显著特点，其"新"不是空中楼阁，而是有时空两维的基础。从时间的维度来看，欧洲新教育运动有着深

刻的历史继承性，是在继承基础上的推陈出新。从空间的维度来看，欧洲新教育运动具有互动性，是在相互接触、相互对话、相互沟通、相互借鉴、相互启发的互动性的过程中不断创新的。因此可以说，"继承·互动·创新"三者的有机联系构成了欧洲新教育运动时空运作的文化模式，也就是新教育运动的总体特点。

(一)继承与创新

从历时性角度来看，欧洲新教育运动蕴含着继承与创新的辩证法，这就是：在继承中创新，在创新中继承，创新始终是主旋律。我们可以从宏观和微观两个角度来剖析、论证这个观点。

1. 从苏格拉底到福禄培尔：欧洲新教育运动历史继承性的"宏大叙事"

欧洲新教育运动根植于欧洲深厚的历史文化土壤之中，欧洲自古希腊以来的所有的人道主义教育思想与教育实践都构成了它的根系。欧洲新教育运动是欧洲优秀教育文化传统在新的历史时代发的芽、开的花、结的果，同时它也时刻自觉地把自己的根系延伸到历史的更深处吸取智慧和力量。

皮亚杰在1935年撰写的《新方法，它们的心理学基础》一文中，认为新方法的先驱者主要有古希腊时期的苏格拉底、文艺复兴时期的拉伯雷和蒙泰涅、卢梭、裴斯泰洛齐和福禄培尔。① 以此为依据，我们可以把欧洲新教育运动的渊源宗谱按照由古及今的顺序大致做这样的排列：古希腊雅典的和谐教育思想与实践—文艺复兴时期人文主义教育思想与实践—17世纪夸美纽斯自然适应论教育思想—18世纪启蒙运动的教育思想与教育实验—18世纪至19世纪教育心理学化的教育思想和教育实验。

欧洲新教育家在批判地继承自古希腊以来人本主义教育传统的基础上，结合19世纪末到20世纪中期政治、经济、文化、科技、教育等领域的新形

---

① 参见[瑞士]皮亚杰：《皮亚杰教育论著选》，卢濬选译，37~39页，北京，人民教育出版社，1990。

势进行了新的理论和实践有机结合的探索，因此可以说，欧洲新教育运动是扎根于古希腊文化传统和教育传统的基础上，是继文艺复兴、宗教改革、启蒙运动、18 世纪至 19 世纪教育心理学化运动以来的又一次伟大的教育革新运动，在继承的基础上创新是这场运动的一个显著特色。

2. 从公学到新学校：英国新教育运动历史继承性的个案分析

新学校的历史源头何在？英国公学是第一批新学校——英国新学校的祖先，英国公学一脉相传，与时俱进，直接导致英国新学校的产生，引发英国新教育运动，进而引发遍及全欧洲的新教育运动。

1923 年，美国教育家华虚朋一行考察欧洲新学校，其考察报告《欧洲新学校》首篇即以"古代庙堂中的近代光明"①为题介绍英国翁多公学革新情况。1889 年，雷迪创办阿博茨霍尔姆学校，自称是"一所新学校"，而后人称其为"一所新公学"，如威廉·博伊德和雅提·劳僧在《新教育的历史》中，称其为"实际上它是另一所公学……在结构上与普通公学没有什么不同"②；吉斯倍斯在《雷迪与阿博茨霍尔姆：一个被遗忘的先驱和他的创造》一书开篇介绍，"新学校阿博茨霍尔姆，在德比郡，一所现代公学，首创资格被批准，为领导阶级的男孩服务"③；据《1993—1994 独立学校年鉴》，阿博茨霍尔姆属"校长会议"④成员，按惯例，进入"校长会议"的学校即被认为是"公学"。翁多公学明明是"公学"却被列入"新学校"，"阿博茨霍尔姆学校"明明是"新学校"却又被评为"新公学"，这说明"公学"和"新学校"必定有某种内在的联系。那么到底有什么内在联系呢？

---

① ［美］华虚朋等：《欧洲新学校》，唐现之译，1 页，上海，中华书局，1931。

② William Boyd, Wyatt Rawson, *The Story of the New Education*, London, Heinemann Educationl Books Ltd., 1965, p.4.

③ J.H.G.I.Girsbers, *Cecill Reddie and Abbotsholme*, N.V.Nimegon, Centrale Drwkkerij, 1970, p.1.

④ G.E.B.Harries, *Independent Schools Yearbook*, *1993-1994*, London, A&C Black, 1993, p.1.

英国公学革新与新学校兴起之间并不存在断层现象，而是承前启后、自然"进化"的历程。公学的寄宿制传统是新学校诞生的一个重要前提。寄宿制是公学的传统之一，历史上"九大公学"除麦钱特·泰勒斯公学是走读制外，其余8所都是寄宿制。威廉·博伊德和雅提·劳僧认为，第一批新学校之所以在英国诞生，除英国对教育上的冒险持宽容的态度外，另一个原因就是英国有成熟的"寄宿学校"传统，寄宿学校条件好控制，有利于进行教育实验。他们说："没有哪一种学校比英国的寄宿学校更利于进行教育实验了。英国是寄宿学校的国家。据估计，本世纪有1万所寄宿学校，它们享受着无与伦比的自由。怀有确定信念和新鲜理念的教师，诸如阿诺德、斯林、桑达森等，以某种模式进行实验，产生广泛而深刻的影响。的确，对教育革新者而言，没有比这更好的机会了。寄宿学校是一个小社区，在那里，师生能共享情趣，而每个人又均能发挥自己的作用。相对其他学校模式而言，在寄宿学校里，教师能更好地控制整个社会环境，并且更能按照自己的意愿来调节它。如果他们能与学生共担职责、共享合理的自由，那么就能够在日常的学校生活中实行自治。他们不必无穷无尽地幻想，而可以在自己的学校——尽管范围有限，通过自己的组织与管理使自己的理念变成现实。"①英国公学与寄宿学校并不是两类不同性质的学校。英国公学从来就没有明确的定义，其实从广义来说寄宿学校就是公学，许多寄宿学校都自称"公学"。按一般约定俗成的观念，有一定历史、为本教区(或学区)及外地子弟提供公共教育、办学质量比较好、有一定历史地位和社会声誉的寄宿学校就是公学。上面提及的阿诺德、斯林、桑达森等人就是19世纪英国著名的公学校长。我们可以认为公学是寄宿学校的代表，属私立性质的学校，由教会、个人或社会团体捐办。英国国家政权有尊重民间办学的传统，很少干涉学校内部事务，随着社会生活民主

① William Boyd, Wyatt Rawson, *The Story of the New Education*, London, Heinemann Educational Books Ltd., 1965, p.4.

化的进程，教会也越来越少地干涉自己所捐办的学校，所以公学（寄宿学校）就享有程度比较高的办学自主权。这样，公学（寄宿学校）既可以恪守传统，也可以大胆创新，两者兼备，既继承又创新，实在宜于教育实验。所以，公学寄宿制传统为新学校在英国诞生提供了优越的小环境。

第三个原因，19世纪，英国公学处于不断革新之中，不仅恢复了人文主义传统，而且依据时代精神时时更新，"新教育"的某些幼芽孕育其中。

英国公学是英国文艺复兴的产物。当时的先进人物——人文主义者或具有人文主义思想的人物，依据人文主义思想，改造中世纪古典文法学校，或建立新学校，这些学校既招收本教区男孩，也招收别的教区的男孩，以招收贫寒子弟为主，兼收富家子弟，课程以古希腊、罗马的古典著作和《圣经》为主，但注意吸取其中的人文主义精华，也多少学一点实用知识，充分体现英国原初的绅士教育的特点，即基督教人文主义和学以致用相结合的特点。从1382年第一所公学温彻斯特公学成立之日算起到19世纪中叶，近500年来，公学历史从未中断，对英国国民性的塑造产生了深刻的影响。1864年，英国政府组织的克拉伦顿委员会在对伊顿公学等"九大公学"专门调查后说："估量英国人受恩于这些公学的程度是不容易的。英国人最自负的是这些公学使他们获得了这样一些品质：管理别人和控制自己的能力；把自由和秩序结合起来的才能；热心公益的精神；爱好健康的乐趣和身体锻炼的精神……公学在形成英国绅士性格方面承担了最主要的责任。"①然而，树老虫多。古老的公学也弊病丛生，诚如前文已提及的，如校长、教师、学生人际关系紧张，课程偏狭，组织机构和教学欠完善，因而也产生了大量的有懒惰习惯、精神空虚和性情相野的人。因此，公学发扬英国文化固有的自力更生的传统，为赶上时代步伐，纷纷自觉革新。从革新的历史进程来说，有四位公学校长有典型意义，他们是拉格比公

---

① 转引自［英］奥尔德里奇：《简明英国教育史》，诸惠芳、李洪绪、尹斌茵译，113页，北京，人民教育出版社，1987。

学的阿诺德和滕博、阿宾汉公学的斯林以及翁多公学的桑达森。

如果说阿诺德重视宗教和古典课程、改善师生关系等是用基督教人文主义来重建公学文艺复兴的传统的话，那么，滕博引进科学课程，斯林重视均衡发展，桑达森重视尊重个性、学以致用、因材施教等则是在阿诺德的基础上步步创新，终于使古老的公学在19世纪末20世纪初跟上时代的步伐，以崭新的姿态走在现代教育革新的前列。华虚朋把翁多公学列入"新学校"，不仅说明公学革新是新学校运动的前奏，而且说明公学革新历程已经趋近"新教育运动"，新学校运动是公学革新的合理走向、自然过渡。华虚朋在《欧洲新学校》中说："各种重要的教育实验都可以在英格兰发现……我们发现很多学校都能把新的接在旧的上面，而不显出痕迹。"①反过来，"旧的"也引发"新的"，同样"不显出痕迹"。华虚朋说翁多公学改革是"古代庙堂中的近代光明"，从更深层次来看，精辟地揭示了英国公学现代化改造的象征意义，即它的光明照耀着"新学校运动"乃至整个"新教育运动"之路。

英国在人们心目中是一个保守、传统的国家。那么，资产阶级革命、科学革命、工业革命最先在英国爆发；现代国家许多要素，诸如政党制、内阁制、文官制、地方自治制等，都在英国萌发；而19世纪与20世纪之交的国际性的新教育运动最早在英国兴起。怎么理解这些事实？探究起来，这与英国文化传统有密切的关系。我们要对英国文化传统有全面的认识。从历史的纵向角度来说，英国文化传统的特点就是在继承中创新、在创新中继承，创新始终是主旋律。这一文化传统的特点也是英国教育现代化的特点。作为英国教育现代化的一个重要阶段，英国新教育运动的基本特点也是如此，即继承中创新、创新中继承，创新始终是主旋律。

英国社会现代化的基本模式是内源早发型。作为英国社会现代化的一个重要组成部分的英国教育现代化的基本模式也是内源早发型。自从文艺复兴

———————

① ［美］华虚朋等：《欧洲新学校》，唐现之译，1页，上海，中华书局，1931。

时期开始，英国就走上了教育现代化的道路。内源早发型现代化道路由于无多少他人经验可以借鉴，于是从传统中继承合理因素加以在新的历史条件下培植、创新，就成为必然的事了。所谓在继承中创新、在创新中继承，创新是主旋律，具体地说，其创新是在继承传统中某种有生命力的因子的基础上的创新，这个创新积淀为新的传统基础后受到珍视和继承，在这个新的继承的基础上再创新、再继承，如此环环相扣，不断向前。如果说英国文艺复兴时期人文主义教育是古希腊古罗马教育的否定之否定，那么，我们可以说英国新教育运动是英国文艺复兴时期教育的人文主义传统的否定之否定，同时也是对自英国文艺复兴时期以来所积淀传统的扬弃、继承与发扬光大。当然，英国新教育运动也吸纳了许多其他民族的新思想、新创造，但是立足于本民族文化基础上的继承与创造仍然是基本的内因。

(二)互动与创新

真正的教育应该具有互动性。欧洲新教育运动具有真正的教育品格，其互动性十分明显，在互动中创新，在创新中互动，创新始终是主旋律。这是欧洲新教育运动共时性的文化模式。实际上，19 世纪末，新教育在欧洲许多国家和地区酝酿着，其起源具有多元性之可能。由于种种必然性和偶然性因素，阿博茨霍尔姆学校犹如一枝报春花首发于英国，仿佛春之号角唤醒沉睡的种子，法国、德国、意大利、比利时、俄罗斯等欧洲诸多国家迅速产生连锁性反应，新学校遍地开花，新教育思想百家争鸣，从而在文化背景和历史传统不尽相同的国家和地区都涌动着新教育思潮，这些思潮相互激荡，相得益彰，交汇形成 20 世纪蔚然壮观的教育春潮——新教育运动。

澳大利亚教育史学家康内尔曾经勾勒出一幅新学校关系图，现将该图改编如图 4-1①。

---

① 参见[澳]W.F.康内尔：《二十世纪世界教育史》，张法琨、方能达、李乐天等译，273 页，北京，人民教育出版社，1990。

图4-1为我们清晰勾勒了新学校是如何在英国、法国、德国、瑞士等国之间传播的。这只是部分学校的关系图，其实欧洲众多新学校关系密切，彼此之间相互引发、相互学习，结成十分广泛的动态关系网络。

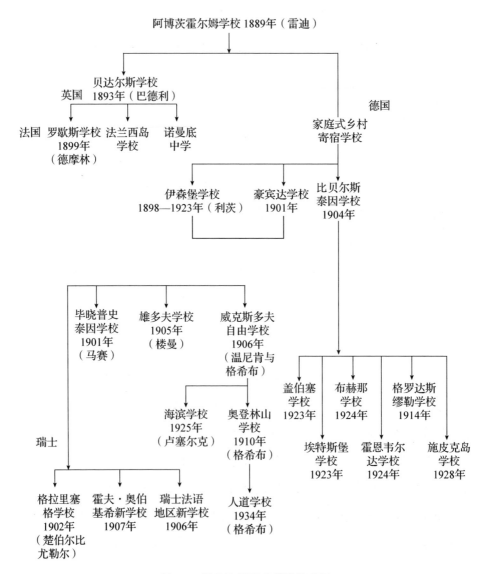

图4-1 进步乡村寄宿学校关系图

新教育思想和文化的最大的互动性平台是新教育联谊会会刊和国际会议。新教育联谊会会刊《新时代》的英、法和德三种语言版本的每季出版，为新教育家和所有关心新教育的人们提供了定期书面交流思想的阵地，而几乎每两年一次的国际专题研讨会及其中间为数众多的各种区域性的会议为新教育家面对面地交流思想提供了平台。新教育联谊会国际会议是一个自由论坛，是各种观点、各种文化自由接触和自由互动的场域，其"对话"可以用我国的一个哲学术语来概括：和而不同。在这种对话场景中，不同思想、不同文化的交流激发了人们创造性的灵感，对提高新教育运动的自觉性无疑是有极大好处的。

新教育运动的"互动"不仅是指英吉利海峡两岸教育革新的互动，而且还包括更广泛的国际空间的教育革新，尤其是大西洋两岸教育革新的互动。以实用主义教育哲学为指针的进步教育运动略早于欧洲新教育运动，两者形成以后始终保持着密切的互动关系，无论人员、思想，还是组织机构（新教育联谊会和进步教育协会），遥相呼应，相互间沟通、交往既频繁又深入，相观而善，共同促进。

有必要指出，欧洲新教育运动包括俄国以及之后的苏联。苏联在 20 世纪 20 年代积极开展统一劳动学校运动，派代表参加新教育联谊会的许多会议，许多新教育家和欧洲进步人士都到苏联参观过实验学校，杜威也参观过。1942 年，新教育联谊会在英国召开制定《儿童宪章》会议时，苏联也曾经派代表参加。由此可见，新教育运动的互动性不仅不分国界，而且超越了一些观念形态上的障碍，其互动性有较高程度的世界主义性质。

（三）继承、互动与创新

从历史角度看，新教育运动继承了自古希腊以来欧洲优秀的文化传统和教育传统。从共时性角度来看，新教育运动有广泛的、活跃的互动性。

"继承·互动·创新"三位一体，构成新教育运动时空运动的文化模式。

三者关系可以用图4-2表示。

"继承"是"创新"的历时性基础，"互动"是"创新"的共时性基础，"创新"是"继承"和"互动"的核心目的，继承和互动相互纵横交织，共同构成"创新"的时空基础。

图4-2 "继承·互动·创新"关系图

二、欧洲新教育运动的历史性评价

欧洲新教育运动的历史性贡献在于，它是一场以追求人的和谐发展为目标的高质量教育实验运动，一场多方位的教育民主化运动，一场民族主义和世界主义良性交融的国际理解教育运动。

(一)一场高质量的新整体主义教育实验运动

欧洲新教育运动是一场高质量的新整体主义教育实验运动，在教育实验史上有其光辉灿烂的一页，其特点有三：第一，欧洲新教育运动是一场前所未有的教育实验运动。文艺复兴运动、启蒙运动有教育实验，但不是以教育问题为主题、以教育实验为主体的，其间的教育实验只能说是教育实验活动。其前后历史上的教育实验也只能说是教育实验活动，皆构不成教育实验运动。欧洲新教育运动则不然，以教育问题为主题，以教育实验为实体，有组织、有理论、有纲领，众多教育实验点既是自由的，又是互相联系的，自觉程度很高，构成了名副其实的教育实验运动。当然，同期进行的美国进步主义教育运动与欧洲新教育运动都是教育实验运动。作为"运动"，二者并驾齐驱，在教育实验史上皆是第一次。

第二，欧洲新教育运动是一场以提高质量为主旨的教育实验运动。教育的"普及"和"提高"是一对矛盾，当"普及"任务基本完成后就面临着"提高"的问题和更高层次的"普及"的问题。第一次工业革命期间，欧洲主要国家的主要教育任务是普及初等教育。完成初等教育的普及任务是欧洲教育历史的一件大事，对大面积培养适合机械化大生产流水线上的工人有积极意义。然而在初等教育普及过程中普遍存在着教育质量不高的问题，随着"普及"任务的基本完成以及第二次工业革命的兴起，这一问题愈益突出，成为时代课题。欧洲新教育运动就是探索打造优质教育资源、提高教育质量的实验性运动。新教育家以饱满的激情、深邃的理性和坚忍不拔的毅力进行了广泛的、自由的、理论和实践相互结合的探索，创造出多种多样理论流派，进行了多种多样的典型实验，使新教育理念深入人心，对政府教育决策产生重要影响，为欧洲教育质量的提高培植了肥沃的土壤，开辟了崭新的道路。

第三，欧洲新教育运动是一场新整体主义教育实验运动。第一代整体主义教育实验诞生于19世纪中期前后。19世纪初，以有机整体论为核心的科学整体主义出现，随之哲学和教育学中的整体主义也得到发展，此时的教育实验就形成了第一代整体主义教育实验，主要代表人物有裴斯泰洛齐、赫尔巴特、福禄培尔和欧文等。[①] 欧洲新教育运动属于第二代整体主义教育实验，在此，笔者称之为新整体主义教育实验运动。新整体主义教育实验运动"新"在哪里呢？其一，新起于旧，欧洲新教育运动对第一代整体主义教育实验有直接的继承关系，是在继承基础上的创新。其二，有新的哲学、心理学做基础，实验科学的方法和技术得到一定程度的应用。怀特海的"有机—过程"哲学、弗洛伊德的精神分析学说、皮亚杰的发生认识论等为新教育运动奠定了整体主义理论基础。蒙台梭利、德可乐利等人把人类学、心理学，特别是生物学和医学的方法引入教学实验中来，使传统的整体主义实验模式获得了新的自然科学发展的支持。[②] 尤其要指出的是，作为科学主义教学实验模式的代表——实验教育学派产生于欧洲新教育运动，不但不影响新教育运动整体主义性质，而且使新教育运动比第一代整体主义教育实验在科学性上大大增强。其三，新教育实验多数是整体主义实验，也有许多是单因素实验或多因素实验，但是千姿百态的教育实验整体上构成整体主义教育实验运动，而第一代

---

① 参见王策三主编：《教学实验论》，52页，北京，人民教育出版社，1998。
② 参见王策三主编：《教学实验论》，52页，北京，人民教育出版社，1998。

整体主义教育实验只是一个个的"活动"，很难说是"运动"。

（二）一场多方位的教育民主化运动

欧洲新教育运动具有鲜明的民主性质，西欧新教育运动以及十月革命以前俄国的新教育运动具有资产阶级民主性质，十月革命以后苏联新教育运动具有无产阶级民主性质，所以欧洲新教育运动是一场多方位的教育民主化运动。

新教育家赞成普及教育，他们呼吁所有的儿童都有受教育权，并且身体力行地去实施。有人说，新学校的教育对象是中产阶级子女，实施的教育是贵族教育，这是不完全的。新学校类型多样，有的的确是以中产阶级子女为主，但是也有不少是平民子女，如蒙台梭利所创办的"儿童之家"、麦克米伦姐妹所开创的保育学校运动等多为工人子弟创办的，沙茨基主持的"第一国民教育实验站"则是为工人和农民的孩子所创办的社会主义新学校。总体而言，新学校有教无类。新教育运动的民主性主要体现在学校生活的民主化方面。他们提倡师生之间的民主关系，建立学生生活民主自治制度，反对体罚，反对强迫纪律，提倡尊重学生人格，提倡在自由的基础上建立自主的纪律，使学生在学校生活中体会到人的尊严、民主和法律的辩证关系，这实际上是在实验如何在更高层次上培养学生的民主素质。

从政治立场来看，新教育家们是坚定的民主社会拥护者，他们力图通过实行民主教育来培养具有民主意识、民主能力的公民，持续不断地推进社会民主化进程。凯兴斯泰纳认为，公民教育是民族性与民主性的统一。

如果说凯兴斯泰纳等西欧新教育家的民主概念具有资产阶级性质，那么沙茨基等苏联新教育家的民主概念则具有无产阶级性质，因为沙茨基主持的"第一国民教育实验站"是苏联统一劳动学校的试点单位，其历史背景是苏维埃无产阶级教育民主化革命。此种背景决定了"第一国民教育实验站"等苏联新教育实验的无产阶级教育民主化性质，在欧洲新教育运动中独树一帜。

　　经过第二次世界大战，新教育运动浴火重生，欧洲的教育民主化重新燎原起来，为 20 世纪下半叶乃至未来的教育民主化做出了基础性的贡献。

　　(三)一场民族主义和世界主义良性交融的国际理解教育运动

　　新教育运动具有一定的民族性，民族情感是新教育家从事新教育活动的最初动力之一。英国新教育家雷迪、怀特海等人是在看到英国盛极而衰且传统教育又对此无能为力时，才力图通过兴办新教育来振兴祖国。雷迪创办阿博茨霍尔姆学校的目的是"满足经过改革的英吉利民族之正常需要"①。怀特海在论教育的目的时认为，掌握规律、追求智慧对一个民族是至关重要的。德摩林通过考察阿博茨霍尔姆学校，深知新教育对于提高民族素质的重要性，立志创办法国第一所新学校，为振兴法国培养"新人"。利茨创办乡村教育之家是为了"培养新人和德意志人"②，其民族性也是明显的。蒙台梭利在其所创办的"儿童之家"悬挂拉斐尔的"圣母像"，表达其爱国主义情感，她说："除了美好的象征意义，这幅图画的价值还在于它是一位伟大的意大利画家的艺术杰作。如果有那么一天，在全世界建立'儿童之家'，我们希望，在每个'儿童之家'都挂上拉斐尔的这幅画，它可以理直气壮地说：最早建立'儿童之家'的国家是意大利。"③

　　新教育家的民族观不是狭隘、激进的，而是开明、理性、民主的。罗素希望祖国有发达的科学与技术，卓越的思想，成为一个慷慨、正直、大度的民族。凯兴斯泰纳认为，一个民族正常的民族感不是在同其他民族的比较中寻找自己的价值，而是基于自力更生、自知之明的自觉、自省、自立、自奋的价值观。新教育家还认为，现代民族应该具有民主性，民族性和民主性相结合才能保证民族性在健康的轨道上运行，不至于走向极端的民族主义。例

---

　　① [澳]W.F. 康内尔：《二十世纪世界教育史》，张法琨、方能达、李乐天等译，264 页，北京，人民教育出版社，1990。

　　② [日]小川正行：《德国新兴教育》，张安国译，71 页，上海，商务印书馆，1934。

　　③ 任代文主译校：《蒙台梭利幼儿教育科学方法》，105 页，北京，人民教育出版社，1993。

如，沛西·能认为，个人是社会的前提，自由是义务的前提，自由是各民族兄弟关系的可靠基础，因此教育的目的应该追求个性的自由。在欧洲，民族文化传统成为新教育家们教育思想的源泉。爱伦·凯吸取瑞典及斯堪的纳维亚半岛民间传统育儿方法来充实她的儿童教育思想，费希特的公民教育思想成为凯兴斯泰纳教育思想的源泉，沛西·能的个性教育思想和罗素的自由主义教育思想则从英国自由主义文化传统中吸取了力量，民族文化传统也是新学校的重要教育资源。

关于民族性和国际性的关系，新教育家有正确的理解。他们认为，只有民族性和国际性相互结合，良性互动，才能相得益彰。罗素在论述爱国精神与国际精神时指出，我们所期望的是将国际精神加于爱国精神之上，并非用国际精神取代爱国精神，希望祖国帮助人类趋向充满自由和爱的世界，使国际不再有冲突；由仇恨所产生的行为都是毫无价值的，对世界而言，生命与希望将只能在由爱而生的行为中表现出来。凯兴斯泰纳认为，只有当成功地通过自己的努力使自己或别的民族在通往理想的道路上前进一步时，一个民族才感觉到自身价值的存在，充满着文化使命的觉悟。

基于上述对民族性和国际性的认识，新教育家主张进行国际理解教育。国际理解教育首先是对本国的历史文化教育。1932年，新教育联谊会基本纲领指出，(教育)"引导儿童认识本民族的遗产，把儿童培养为既是本国的良好公民，也是世界的良好公民"。1942年，新教育联谊会通过的《儿童宪章》指出："所有的儿童应该都有接近本国知识和智慧宝藏的平等机会。"新教育家主张，诗歌、绘画、戏剧等要能够反映祖国的优秀文化，同时要注意清除极端民族主义的"杂草"。例如，德国奥登林山学校最具特色的是音乐晚会，晚会经常演奏莫扎特、贝多芬等人的乐曲。同时，新教育家主张，新教育要能够反映并且融合世界各民族文化。以奥登林山学校为例，该校有七座主要建筑，分别以伟人名字命名，如歌德、海尔特尔、费希特、席勒、温包尔德、裴斯泰洛齐和柏拉图。如果说，前五位德国著名人物的名字可以说明奥登林山学校的民族性，那么后两位（裴斯泰洛齐和柏拉图）则说明了奥登林山学校的国际性。

国际理解教育还具有博爱精神，罗素称之为"宽以待人"。他认为，如果人类不再渴望得到那些只有以别人的不幸为代价才能获得的东西，那么，通往社会自由的道路就平坦了，因此在儿童的早期就应该对孩子进行"宽以待人"的教育。国际理解教育的一个敏感问题是历史教育。罗素认为，通过正确的历史教学可以使自然的同情心得以升华。他指出，历史教学应该实事求是；如果真实的历史与我们所要培养的美德相抵触，那美德必定是荒谬的，还是放弃为好；真正健全的道德只会因完全明了世上的真情而加强。

新教育联谊会历来不忽视教育的民族性，但是更强调教育的国际性，认为新教育培养的"新人"，既是对祖国负责的国家公民，也是能够对人类负责的公民，两者缺一不可。随着时局的发展，他们进而提出"一个世界的观点"。

总之，欧洲新教育运动是一场民族主义和世界主义良性交融的国际理解教育运动。

教育运动不可能是独立发生、发展的，它和社会变迁密切相关。20 世纪上半叶，欧洲政局的变化和意识形态的斗争既考验了新教育运动，也让新教育运动历经坎坷，不能顺利地得到发展。很多新学校实验因为战乱和政治迫害有始无终，实验结果实际上没有得到像美国"八年研究"①那样的追踪性、反思性的评估。这是新教育运动的局限，更是新教育运动所在时代的局限。

---

① "八年研究"：1933—1940 年，美国进步教育协会在中等教育方面开展的一项调查研究活动，旨在对进步主义教育学校毕业生和传统学校毕业生在大学学习情况做对比研究，以了解两种不同类型的课程、教学方法之优劣，以回答人们的疑惑——进步教育究竟给教育带来什么，是否真的有效。

第五章

沛西·能的教育思想

20世纪既是一个动荡、多变的世纪，也是一个发展、进步的世纪。这种特征在教育上得到了充分体现。纵观20世纪世界教育的发展，我们或许可以说，20世纪前期的欧美教育，奠定了20世纪西方教育发展的基本趋势。沛西·能就是这一时期教育改革的弄潮儿。研究沛西·能的教育思想有益于我们了解20世纪上半叶英国教育思想与实践。

第一节　沛西·能的生平及其教育思想产生的时代背景

一、沛西·能的生平

1870年，沛西·能出生于英国的布里斯托尔。他的祖父、父亲都是教师。其父曾在当地办了一所私人学校，任校长。沛西·能小时候就在这所学校接受教育。他从小就显露出对教育事业的酷爱。童年时期，他喜欢制作教具。16岁那年，他开始参与这所学校的教学工作。从这所学校毕业后，他到布里斯托尔大学学院就读。就读大学期间，他仍然从事父亲开办的那所学校的教学工作。1890年，沛西·能的父亲不幸去世，沛西·能继承父业，接办他的学校。同年，他获得伦敦大学理学士学位。他是个办事认真的人，感到自己太年轻了，难以取得家长们的信任，因此辞去该校职务。他先在哈利法克斯文法学校工作，后来转到伦敦的威廉·艾利斯文法学校任数理教师。1895 年，他获得了伦敦大学文学士学位。

1903 年是沛西·能一生的转折期。他被任命为新成立的伦敦师范学院教学和科学教学法教师。沛西·能擅长表达自己的思想，具有清晰的逻辑思维能力，其讲座深受欢迎。他除了具有杰出的教学和组织才能外，他为人谦逊、稳重、和善、有礼，性格坦率、开朗，尊重同事、平易近人。1905 年，他被任命为伦敦师范学院副院长。1922 年，他被任命为该学院院长。从 1913 年起，他兼任伦敦大学教育学教授。1932 年，伦敦师范学院正式并入伦敦大学，称伦敦大学教育学院，沛西·能继续任院长，直至 1936 年退休。沛西·能在担任伦敦大学教授及教育学院院长期间，为学院的发展做出了重大贡献。1914 年，该学院设立了教育学硕士学位，第一次世界大战后又设立了教育学博士学位。有的西方学者认为，伦敦大学教育学院的基础是由沛西·能奠定的。

沛西·能长期在中学、大学从事教学工作，是一名教育理论家。他在数学、物理、化学、音乐等领域都有研究，并留下了许多著作，如《科学方法的目的和成就》(*The Aim and Achievement of Scientific Method*)、《化学初级读物》(*A First Class Book of Chemistry*，与 E. Barrett 合著)、《代数练习册》(*Exercises in Algebra*)、《代数教学》(*The Teaching of Algebra*)、《爱因斯坦理论的理想主义解释》(*The Idealist Interpretation of Einstein's Theory*)、《相对论与万有引力——初论爱因斯坦理论》(*Relativity and Gravitation*：*An Elementary Treatise Upon Einstein's Theory*)、《方法问题》(*The Problem of Method*)等。然而，沛西·能最重要的贡献是在教育领域。其重要文献有：《教育实践》(*The Practice of Instruction*)一书中的"自然科学的教学"一章、《新教学法》(*The New Teaching*)一书的

"科学教育"一章、《教育原理》(*Education*：*Its Data and First Principles*)、《20 世纪自由教育的意义》(*The Meaning of a Liberal Education in the Twentieth Century*)等。他留下的论著有 30 多部(篇)。1936 年，他退休后因身体原因赴海外休养。1944 年辞世，享年 74 岁。

二、沛西·能教育思想产生的时代背景

沛西·能的代表作当推《教育原理》。该书 1920 年出版，以后每年都要重印，至 1930 年已经被重复印刷了 14 次。1930 年修订，出版第二版之后，至 1941 年，又重印了 9 次。此时，他根据最新研究成果再一次做了认真的修订，到 1945 年又发行了第三版，成了这一时期英国最杰出、最畅销的一本教育学教科书。《教育原理》是英国进步主义运动的代表作，汇集了当时心理学、生物学最新研究成果，并把它们运用到教育上。这本书的主题是个性的自由发展。这种思想也同样体现在沛西·能的其他著作中。他的教育思想是时代的产物。

沛西·能所生存的时代是英国从鼎盛走向衰退时期。19 世纪五六十年代，英国工业在世界上占垄断地位。到了 19 世纪 80 年代，工业产值已被美国超过，20 世纪初又被德国超过，降为世界第三位。第一次世界大战给英国经济带来损失。战争结束不久，经济危机迭起，工业生产陷入萧条之中。纵观英国的工业经济发展，可谓每况愈下，今不如昔。政治上，阶级矛盾和阶级斗争日益尖锐，工人运动不断兴起，他们开始争取更多的权利，包括受教育权。英国政治舞台也发生了变化，由一党制到多党制。为了摆脱这种困境，一些有识之士把砝码压在了教育上。

面对工业上被美德超过以及欧洲各国工业迅速发展的局面，英国统治者也不得不谋求应对之策。作为促进工业技术、经济发展的重要工具，发展教育事业的重要性再次被突出出来。国内工人阶级的斗争也迫使统治阶级重视这一问题，以缓和社会矛盾。在这个背景下，当时英国掀起教育民主化、大

众化高潮，旨在让更多的人接受不同层次的教育。它包括"初等教育大众化""中等教育大众化""大学推广"运动，完善教育制度等。这段时间最重要的教育法案或报告有 1870 年《初等教育法》、1895 年《布赖斯委员会调查报告》、1902 年《巴尔福法案》、1918 年《费希尔教育法》、1926 年《哈多报告》。它们不仅对英国初等教育、中等教育和教育体制的发展与完善有举足轻重的影响，而且直接影响了沛西·能的教育思想。沛西·能在这个时期对英国初等教育、中等教育、高等教育、师范教育等问题做过专门的阐述，并提倡开办各种类型的学校，让更多人有接受更高教育的机会。

教育心理学化是当时教育思想的另一大趋势。提倡教育心理学化，主要有两方面的原因：对传统教育忽视儿童天性的反叛、心理学研究的新进展。这一时期欧美出现了许多著名的思想家、实践家。其中，英国最有影响的有雷迪、巴德利、爱德孟德·霍尔姆斯、尼尔、雷恩、迈克门、柯克、沛西·能、罗素、怀特海、麦克杜格尔、芬德利、斯皮尔曼等人。对英国教育界产生重大影响的其他欧美国家的教育家有美国的霍尔、杜威、克伯屈、帕克赫斯特、华虚朋，意大利的蒙台梭利，瑞士的皮亚杰，奥地利的弗洛伊德，德国的冯特、凯兴斯泰纳，比利时的德可乐利。尽管他们的主张及实践活动有所不同，但他们的思想倾向是一致的，共同抨击旧教育，为一系列相似的问题着迷，并得出一些相似的结论。例如，提倡"生长""本能""自由""个性""兴趣""游戏""活动"等，重视儿童本身的心理发展。

第二节 论个性自由发展

一、个性自由发展教育理论的兴起与发展

(一)提倡个性发展是历史和时代的产物

提倡个性发展至少可以追溯到 14—16 世纪新兴资产阶级在意识形态领域

中的反封建运动——文艺复兴。文艺复兴的指导思想是人文主义。资产阶级为了打破封建制度的束缚，提出"个性解放"的口号。

由于各国的社会和历史条件不同，文艺复兴在各个国家带有自己的特征。在英国，诗歌、戏剧出现了繁荣的局面，其代表人物是莎士比亚，他的作品宣扬了抽象的仁慈、理性、善良等人性论。文艺复兴以后，英国资产阶级受到了这种人性论思想的影响。

到了19世纪末叶，人们对发展个性的呼声更加高涨，但这时提出发展个性与以前不同。如果说文艺复兴时的"个性解放"是针对封建主义束缚人性提出的话，那么，这时他们提出的"个性自由"是新时期经济社会发展的需要。首先，英国资本主义工业发展需要各种有创造性、开拓性的人才，这是当时在教育领域中提倡个性的一个主要社会原因。其次，资本主义工业发展造成了工人阶级的畸形发展。在这种情况下，一方面，工人阶级提出发展自己的要求，另一方面，资产阶级为了其本身利益，也开始关心个性发展。而传统教育中呆板、机械的教育形式和不注意儿童心理发展的现状更使一些教育家感到提倡个性自由的必要。第一次世界大战后，德国的"普鲁士主义"强调国家、民族、社会的民族主义教育带来的危害，又从反面促使英国教育家们提倡个人主义教育。

在英国资本主义发展过程中，英国资产阶级一直在提倡个性与自由。沛西·能也不例外，他认为："每一个人按照自己的方式来处理一生的事业的自由，并充分地利用这种自由，是自然所承认、理智所许可的普遍的理想……"①但是，资本主义工业越发展，工人便越失去了个性自由发展的机会，日益成为机器的附属品，成为个性片面发展的人。

(二)个性观

沛西·能在《教育原理》一书的"序言"中声明这本书的中心命题是：

---

① [英]沛西·能：《教育原理》，王承绪、赵端瑛译，12页，北京，人民教育出版社，1992。

"一切教育努力的根本目的应该是帮助男女儿童尽其所能达到最高度的个人发展。"①这种观点是他教育理论的主心骨。他始终"把个人的独立自主的发展作为教育的中心目的"②。

我们知道，提倡个性不是沛西·能的独创，在他之前或与他同时代的许多教育家曾提出这个问题。许多教育家的著作也大谈个性。但由于个人对个性的理解有所区别，同一个词也就包含着不同的含义。归纳一下，可分成以下几类。

第一，有些教育家提倡尊重儿童个性，是针对传统教育忽视儿童身心发展规律而言的。传统教育不仅忽视儿童的主动性、积极性，而且在教育过程中没有给儿童应有的地位，不尊重儿童的人格。教育方法千篇一律，不注重儿童不同的生理、心理特点。随着儿童心理学研究的发展，人们逐渐认识到不同的人具有不同的心理倾向，机械、千篇一律的教育方法违背了儿童的天性。从现实性讲，这种传统教育既与当时资产阶级提倡的个人奋斗、发挥自己才能、谋求个人幸福的哲学不相符合，也与当时政治上提倡的自由、民主呼声不协调。因此，他们主张在教育中要尊重儿童个性，反对教师过多的干涉和预定的安排，让儿童个性得到自由发展。显然，他们讲的个性是指儿童的身心发展特点和个别差异。

第二，许多政治家、教育家在谈论个性时，是针对德国的国家主义教育而言的。他们所指的个性与个别、个人的意义相近。第一次世界大战后，人们对德国的侵略行径厌恶之余，开始从其教育政策上寻求原因。他们认为，德国的教育与英国的教育不同，德国教育犹如死板的"羊群"训练，英国教育的特点是生动的个性发展，两者有着天壤之别。

第三，有些教育家谈论个性是针对工业发展对个人身心发展的损害而言

①　[英]沛西·能：《教育原理》，王承绪、赵端瑛译，2 页，北京，人民教育出版社，1992。
②　[英]沛西·能：《教育原理》，王承绪、赵端瑛译，65 页，北京，人民教育出版社，1992。

的。这种损害包括身体的、精神的两个方面。其实，马克思、恩格斯早在19世纪中期就指出，"资产者唯恐失去的那种教育，对绝大多数人来说是把人训练成机器"①；并分析了工场手工业把工人变成了畸形物，成为某种局部劳动的自动的工具。到20世纪初，这种状况有增无减。工人身体畸形、精神贫困等现象也引起了某些资产阶级学者的注意，他们不满意把个性减少到"工业机器中的一个轮齿"的状况。霍尔姆斯曾经讽刺说，对一个工人的最高赞赏竟然是"他干起活来像机器一样可靠、准确"。1919年，雪莱在攻击这种把人当作机器的状况时说，千百万工人被雇佣为工业机器中一个轮齿，是我所能想象的最非人道的暴行。资产阶级思想家无力改变工业社会中这种悲惨的局面，也不会主张通过社会变革彻底改变工人的地位。有的思想家就站在人道主义立场上，试图通过资产阶级教育改良来改善这种状况。他们提倡在培养未来工人的学校里给儿童个性充分自由发展的机会，使儿童身心得到健康发展。他们的愿望或许是真诚的，但这样做不可能帮助工人达到全面发展，只会淡化工人对资产阶级的不满。

尽管上述主张的目的不同，所包含的内容也有区别，但是它们具有一个共同的特征，即忽视了个人的个性与社会性的统一。人总是具体的一定社会形式中的个人，忽略个体、个性与社会的关系，也不可能把握人的实质。

那么，沛西·能是如何看待个性的呢？他说："我们谈起个性时，并不只是指一个人通过特定的名字和地址与其他人区别开来。在我们观念中已经有一些使他不仅与另外人不同，而且独特的东西。"②每个人必须具有自己独特的思想，"需要有各种各样的人来构成一个世界，每个人愈能发展自己的特长，这个世界就愈丰富"③。可见，他的个性主要是指个人的独特性。但是，

① 《马克思恩格斯选集》第1卷，417页，北京，人民出版社，2012。

② R.J.W. Selleck, "Mathematics and Individuality," in *English Primary Education and the Progressives 1914-1939*, London and Boston, Routledge & Kegan Paul Ltd., 1972, p.55.

③ [英]沛西·能:《教育原理》，王承绪、赵端瑛译，9页，北京，人民教育出版社，1992。

他又泛化了这种独特性。

首先，沛西·能没有分辨出个体与个性的差异，把个性与个体混为一谈。他认为，把个性的概念局限在心理学上是一种过分狭隘的观点。个性不仅适用于人的心理，也适用于人的身体甚至动物、植物。这无疑是对以笛卡儿为代表的"心神平行论"的否定。但在否定这种理论的同时，他又陷入了另一个极端，造成身心不分，把个性与个体等同起来。我们知道，个体可以指生物，也可以指人。人类个体是具有生物、社会特点的某个具体的人，是从生物个体发展来的，它既具有生理面貌特点，又具有心理面貌特征。而个性则是指心理面貌的特点。从这个意义上说，个性的概念要比个体概念狭窄，它是个体发展的产物，是社会关系的反映，而不是先天趋势，一种本能的展开。这样，他既否定了个性是人类个体所特有的属性，又把人的生理因素夹杂进去。前者必然导致把人生物学化，后者必然把个体与个性混淆起来，并由此得出个性可以是先天决定的唯心主义结论。马克思、恩格斯曾指出："各个人的出发点总是他们自己，不过当然是处于既有的历史条件和关系范围之内的自己"，是"有个性的个人"。① 这清楚地告诉我们什么是个体、什么是个性，以及个体与个性之间的关系。

其次，他认为个性不仅适用于人，也适用于生物界，一切生物都有个性。他说："（个性）到现在为止，仅仅适用在人类有意识的天性或'心灵'；但是，考虑一下就会发现，这种说法对于人的身体同样适用，而且确实对于一切动物的身体甚至对于植物也都是适用的"，"一切动物，从变形虫起，它们都是力量的中心，跟外界经常处于能动的关系之中，但是都是以一种特有的独立态度面对着世界。每一种动物以自己的方式'和时间交易，和环境来往'，各按自己的本性和力量，走自己的道路，并且在它和外界交往的过程中发展

---

① 《马克思恩格斯选集》第 1 卷，199、120 页，北京，人民出版社，2012。

一个简单的或复杂的个性"。① 显然，他泛化了个性的概念，抹杀了个性必须具有的社会性，这是他把个体与个性混淆起来的必然反应。

沛西·能这种思想的形成显然受当时个性心理学研究进展的影响。我们知道，自 1870 年英国高尔顿出版轰动一时的《遗传的天才》一书以来，个性心理学以研究个性差异为起点，逐步引起人们的关注。1904 年，英国心理学家斯皮尔曼提出的"因素分析法"使人们对个性差异的研究得以在更大规模上进行。1908 年，奥地利精神分析学家弗洛伊德的《诗人与白日梦》《文明化的性道德与现代神经紧张》两篇极有影响的文章，标志着个性心理学的研究从个性的个别差异逐渐转向个性的整体性。后来，新弗洛伊德主义的"社会本能"说把弗洛伊德的生物欲望说推上一个新台阶。这些心理学家的思想对他的影响极大。可以说，沛西·能的思想是对他们个性心理思想的融合与发展。

二、个性自由发展之教育目的

(一)教育目的的理论依据

沛西·能把个性说成是生物界的普遍现象，把人的个性说成是"本能"的产物，就是试图为他的个性自由发展教育目的寻求生物学的"科学"依据。这种思想贯穿了《教育原理》的始终。他在书中提到，当时美国宾夕法尼亚大学心理学家祁宁斯在研究低等动物的行为时发现，最低级的动物的生活方式也不仅是物理的和化学的，它们是独立自主的。沛西·能十分赞赏这一观点，他说："这种解释从即使最简单的动物也不止于物理和化学这个立场出发，进而把生命的历史看作是向往个性的追求，在人的意识生活中，个性得到最清

---

① [英]沛西·能:《教育原理》，王承绪、赵端瑛译，17、21 页，北京，人民教育出版社，1992。

楚、最丰富的表现，因而也就在这个目标上找到它早先努力的真正解释。"①既然追求个性是生物界的共同特征，那么，"以培养个性为目的的教育，是唯一'适应自然'的教育"②。实际上，他大谈策动、记忆、本能、模仿等生物学趋势，就是为了以此证明个性教育的生物学依据。

沛西·能引用了大量心理学的最新成果，为其个性教育提供心理学依据。例如，他分析了不同气质类型人的心理特征，并根据这些不同特征，说明在教育中应注意区别对待。他认为，不管这些差别是先天禀赋的因素，还是起源于婴儿期，"到了儿童入学年龄，这些差别如果是可以改变的话，已是很困难了，同时，如果当这些差别非常显著，就应该在儿童管理方面加以考虑"③。他分析了比奈、斯皮尔曼、柏特等人的心理测量的研究成果，希望通过对儿童天赋能力的测定，实行适合不同心智水平的教育。人们的个性确实存在差异。但我们必须在这样的前提下谈论这些差异：首先，这些个性差异是后天的产物，不是先天的禀赋；其次，个性是可塑的，随着个体生活历史的发展而演变，离开这种唯物主义发展观，就会陷入唯心主义泥潭。沛西·能有过分注重先天禀赋的倾向。其实，哪怕在个性中最有先天性的气质特点，在后天的活动中也是可以改变的。在沛西·能眼中完全是先天性的神经活动，有的在外界长期影响下，也可以改变其原始的特性。

(二)教育目的的价值取向——从个人本位论到个性自由发展

教育目的是受社会制约的。人们提出教育目的，即把受教育者培养成什么样的人作为教育活动所要实现的目标。因此，人们对教育目的的不同主张，体现出他们对人的价值追求。价值追求与人生观的不同势必导致教育目的的差异。个人与社会的关系如何，人究竟是为个人还是为社会活着，个人与社

---

① ［英］沛西·能：《教育原理》，王承绪、赵端瑛译，23 页，北京，人民教育出版社，1992。
② ［英］沛西·能：《教育原理》，王承绪、赵端瑛译，23 页，北京，人民教育出版社，1992。
③ ［英］沛西·能：《教育原理》，王承绪、赵端瑛译，225 页，北京，人民教育出版社，1992。

会哪个价值更大，是历史上纷争不已的问题，也直接关系到教育目的的选择。

沛西·能没有回避这个问题。他说："一个孩子应该为他自己而受教育呢？还是应该为服务社会(或国家)而受教育呢？还是应该为这两个目的的某种结合而受教育呢？"①虽然，生存在社会中的沛西·能不会忽视社会的重要意义，但他明确反对黑格尔把社会看作"一种超人的实体，个别的生命不过是这个实体的暂时的分子"，"否认任何超人的实体的存在，否认单独的生命本身不过是一个无关重要的分子"。② 他站在个人本位的立场上，攻击社会本位论的观点，认为社会本能论者危险地和有害地颠倒了价值标准，使自己误入歧途："他们认为铸模的价值高于所铸造的东西；他们似乎认为金子为了金尼压型器而存在，而不是金尼压型器为把金子铸成金尼而存在。民主思想的本能拒绝接受这种态度。"③

他声明自己"坚持每个人的无限价值；坚持每个人对自己命运的终极责任；并且接受这个主张所包含的一切实际的结论"④，并且公然宣称"我们想在本书提出的就是这样一个原理，并将把它作为一个稳定的教育政策的基础。我们将始终站在这样的立场，人类社会除了在一个个男男女女的自由活动中、并通过这些自由活动以外，再没有其它什么善了，教育实践必须按照这个真理来计划"⑤。这里，沛西·能强调的是个人的作用，站在这种个人主义的立场上，必然会重视每个人的不同生活理想，根据个人的不同理想决定其教育目的。

但是，在个人主义的社会中，每个人的理想必然是不同的，这就会引起教育目的上的冲突。沛西·能说："任何教育目的，如果具体到足以提供确定

---

① [英]沛西·能：《教育原理》，王承绪、赵端瑛译，6页，北京，人民教育出版社，1992。
② [英]沛西·能：《教育原理》，王承绪、赵端瑛译，6、8页，北京，人民教育出版社，1992。
③ [英]沛西·能：《教育原理》，王承绪、赵端瑛译，7页，北京，人民教育出版社，1992。
④ [英]沛西·能：《教育原理》，王承绪、赵端瑛译，8页，北京，人民教育出版社，1992。
⑤ [英]沛西·能：《教育原理》，王承绪、赵端瑛译，7~8页，北京，人民教育出版社，1992。

的指导，都和生活理想有关，同时，因为生活理想是永远不会一致的，它们的冲突将反映在教育理论中。"①那么，如何解决这一矛盾呢？他说："如果教育目的要包括每一个生活理想的主张，那就不可能有一个普遍的教育目的；因为有多少人就有多少个生活理想。教育上的一切努力，似乎必须限于为每个人获得使个性得以圆满地发展的条件——换言之，限于使他对富于变化的整个人类生活，作出本性所许可的尽可能充分而又确具特色的创造性的贡献。"②由此，他得出了教育目的应该是让每个人的个性得到自由发展的结论。他认为："一种教育计划最终必须从它根据受教育者的可能培养他们最高度的个人才智的成绩来评价。"③可见，他的个人本位主义的价值观导致了他的个性自由发展的教育目的论。在他看来，这种推理是顺理成章的。但是，他恰恰忘记了教育目的首先是由社会对所要培养的社会个体提出的，而不是由受教育的个体自我设计的，即忘记了教育目的所必然具有的社会制约性。而且，他把个人和社会对立起来，离开社会大谈抽象的个人自由发展。如果把个人与社会绝对对立起来，认为这是一个非此即彼的问题，就不可能找到解决问题的出路。

其实，社会发展和个人发展是对立统一的历史过程，社会价值与个人价值也应该实现统一。人既是社会历史的产物，又是社会历史的创造者。社会的发展是通过人的实践活动实现的，没有人的实践活动，就没有社会历史。同时，人在改造自然、社会的实践活动中，人也获得自身的发展。离开了人的发展，也就谈不上社会的发展。沛西・能主张充分发展人的个性，提高人的价值，有合理的一面。但是，教育目的的产生具有客观的历史原因。无论教育者还是受教育者，他们不能自由选择社会生活条件，受教育者只能在现

①　[英]沛西・能：《教育原理》，王承绪、赵端瑛译，4~5页，北京，人民教育出版社，1992。
②　[英]沛西・能：《教育原理》，王承绪、赵端瑛译，8页，北京，人民教育出版社，1992。
③　[英]沛西・能：《教育原理》，王承绪、赵端瑛译，7页，北京，人民教育出版社，1992。

实的生活条件下发展。所以，教育目的必须反映社会的需要。不管沛西·能是否承认，他提出的教育目的也有客观现实依据。它反映了发展资本主义社会的需要，是其所处社会时代的产物。因此，在实践上，他也不可能完全将个人与社会对立起来。而且，当个人的发展与具体社会现实发生矛盾时，公共利益应高于个人利益，社会在尊重个性发展的同时，必然要对个性的发展有所限制，要求个性沿着社会所需要的方向发展，这在任何社会都是必然的和必要的。沛西·能也提出过这个问题，但对这个问题的回答是含糊的，并最终回避了这个在现实中是不能回避的问题。而一旦碰到一些具体的现实问题时，就再也不可能存在抽象的个性自由发展，也不能抽象地谈论"铸模"与"铸物"的价值了。因此，在讲到道德问题时，沛西·能便不得不尊重社会的意志，他说："我们当然限制了儿童自我创造性发展的抽象的自由"，"我们的最终义务，不是让我们的天性无监护地、无秩序地成长，而是要运用我们的创造力量，培养出我们所能达到的最像样的个性来"。① 显然，在这里个人本位哲学再也不能使他自圆其说了。那么，他何以又得出这种结论呢？是常识。他说："要回答这个问题，常识是我们可靠的向导，虽然它不总是头脑清醒的向导。"②造成这种自相矛盾的原因在于他把社会发展与个人发展绝对对立起来。当然，社会本位论者把社会需要当作教育目的，认为个人应当为社会而生存、发展，忽视个人发展的需要，这也是不正确的。因此，个人本位论与社会本位论各执一端，都犯了同样的错误：个人与社会的绝对对立。教育目的不仅应反映社会对人的发展的需要，而且也应反映作为社会生活主体的人对自身发展的追求，二者有着内在的统一性。

---

① [英]沛西·能：《教育原理》，王承绪、赵端瑛译，9、258页，北京，人民教育出版社，1992。

② [英]沛西·能：《教育原理》，王承绪、赵端瑛译，9页，北京，人民教育出版社，1992。

三、环境与个性自由发展

环境是围绕在个体周围并对个体自发地发生影响的外部世界。它包括自然环境和社会环境。人一生下来，就受环境影响。人们在环境的影响下，身心得到发展。但是，在遗传和环境各自起什么样的作用这个问题上，外国教育史上曾存在着长期的争论。在与沛西·能同年代的教育家中，有的人主张遗传决定论，如美国心理学家桑代克认为：“人性有种原本趋向，通过多中择一反应形成一切行为和道德品格，这一切是受精卵的遗传基因决定的……”①也有的教育家主张环境决定论，例如，美国行为主义心理学代表人物华生。

沛西·能剖析了以高尔顿和爱尔维修、欧文为代表的这两种不同观点。他认为，高尔顿学派的观点低估了“社会遗传”在使天赋能力表现自己时的作用，爱尔维修学派低估了遗传素质的差异。沛西·能吸收了这两种相反的观点，并把它们折中起来，共同作为个性发展的基础：一方面他重视遗传作用，另一方面他也重视社会环境对个性发展的影响。他说：“人之所以成为人，主要是他对社会环境的各种反应的结果——他和父母兄弟的交往对他的影响，同学和教师、伙伴和对手、朋友和敌人、雇主和雇工对他的影响，这是十分清楚的，而且，‘社会遗传’——一个民族的全部传统和文物制度——对于个人心智的发育和结构的深远影响，也是容易辨认的。要否认或低估这些明显的事实，就是表明对现实的无知”，“合群本能所创造和维系的社会生活，是培养一切人的道德学校”，“只有在社会的气氛中，从共同爱好和共同活动获取养料，个性才能发展”。②

他还认为，环境不仅对现在个性的形成发生影响，而且对将来的个性发

① 中国大百科全书总编辑委员会《心理学》编辑委员会心理学史编写组编：《心理学史》，126页，北京，中国大百科全书出版社，1985。

② [英]沛西·能：《教育原理》，王承绪、赵端瑛译，6~7、201、11~12页，北京，人民教育出版社，1992。

展产生深层的影响。"不良的教育和恶劣的环境,不仅在儿童有意识的思想和记忆中,并且在他们心理生活的更深的领域里,留下了动力痕迹,这些动力痕迹,在儿童心灵深处发生的影响,由于非受难者所能看到和理解,就变得更加有害了。"①显然,在这里他受到了精神分析学派"印迹情结"观点的影响。

沛西·能没有在这两种对立的理论中选择一种,他既没有否定个性形成中生物因素的作用,也没有否定社会环境的影响,认为"真正的问题并不在于选择矛盾双方的一方,而在于决定两种不同的影响对于人类发展有多少贡献"②。那么,它们到底各自起什么样的作用呢?在他看来,这两个因素都不能决定个性的模式,只是构成个性发展的基础,他说:"人类有机体,包括身心在一起,是利用禀赋和环境作为它的工作材料的创造力的中心;所以,有机体从天性和教养所接受的因素,除了它们构成作为有机体存在的主要事实的自由活动的基础以外,不足以决定它将变成一个什么样子。"③这个看法体现了对儿童发展主体性的高度重视。

沛西·能当然不会承认天性和环境的决定作用,否则也就谈不上个性的自由发展、儿童的活动和自主性。他指出:"给个人自己运用环境的自由的论点接着发生作用,并且还保持着它们的全部力量","除非有机体和周围环境处于经常的交往之中,心理活动就不能发展,也不能保持……人的心理组织像身体组织一样,就是在知觉、思维以及社会共同生活所包括一切行动中不时地被心理结构的激流所攫取的东西"。④ 从这里可以看出,沛西·能在充分重视遗传和环境作用的同时,高度重视儿童的活动。正像沛西·能所说的,任何企图排除遗传的影响或无视环境因素的作用都不符合实际。但是,如果

---

① [英]沛西·能:《教育原理》,王承绪、赵端瑛译,63页,北京,人民教育出版社,1992。
② [英]沛西·能:《教育原理》,王承绪、赵端瑛译,122页,北京,人民教育出版社,1992。
③ [英]沛西·能:《教育原理》,王承绪、赵端瑛译,124页,北京,人民教育出版社,1992。
④ [英]沛西·能:《教育原理》,王承绪、赵端瑛译,124、129页,北京,人民教育出版社,1992。

认为它们仅仅是共同发生作用的"辐辏说"（"合并说"），也是机械的，并不比片面地讲一个因素起作用的理论有多大的进步。沛西·能强调人的活动在其中起的积极作用，这就比二因素论前进了一大步。其实，人们接受环境影响不是消极的、被动的，而是一个积极、能动的实践过程，人在适应环境的同时也改造环境，并在改造环境的过程中改造着自己。正如马克思指出的："环境的改变和人的活动或自我改变的一致，只能被看做是并合理地理解为革命的实践。"①沛西·能没有把人看作环境的消极产物，他注意到了人的主观能动性——"自由活动"在人的发展中的作用，但他的思想中存在着把生物因素和社会因素机械地结合在一起的倾向。

首先，沛西·能把人的社会性与人的本能、本性等牵强附会地扯在一起，认为人先天就具有"合群本能"。他说："人是社会的动物，使他成为社会动物的'合群本能'，是一切文明和人类一切价值的来源"，"个人的生命只能按自己的本性去发展，而它的本性既真是社会性的，又真是'自尊'性的"。② 这种观点显然会削弱社会环境的作用。个性中的社会性的形成不是由遗传所决定的心理特征的成熟过程。人是社会历史发展中的人，人的个性是个人长期实践的产物，人在长期的社会实践中，在社会关系中模铸个性样式，在经济、政治的以及具体生活条件和生活方式的长期影响下，人们自觉或不自觉地把那些具有决定意义的外界影响，在实践活动中逐渐稳定成为倾向性的个性特征。

其次，沛西·能没有解决遗传与环境在个性的形成中各自到底起什么作用的问题。在人的个性发展中，遗传素质只是基础，关键在于后天环境中的社会实践。人不仅是自然实体，更是一个社会实体。"人的本质不是单个人所

① 《马克思恩格斯选集》第1卷，134页，北京，人民出版社，2012。
② ［英］沛西·能：《教育原理》，王承绪、赵端瑛译，6、8页，北京，人民教育出版社，1992。

固有的抽象物,在其现实性上,它是一切社会关系的总和。"①任何超现实的抽象的个人是不存在的,当然也就不可能存在脱离社会关系的个性的自由发展。从本质上讲,个性是在复杂的社会关系中个人长期实践的产物,但是,沛西·能把许多只能在后天形成的东西归诸先天素质,认为它们是由先天因素决定的,人们只能顺从它的自然发展。比如,他认为有的人生来就显出是一种循世退隐式的人,教师就不应改变这种趋向。他说:"个性在共同生活的范围内,应有按照它自己的道路充分发展的自由,不应由于外来势力的影响而不能实现它的理想……教师们并不要求特意去制造个性,只要求让它从每个儿童的天性材料中不受阻碍地发展起来","个人生命只能按自己的本性去发展"。② 他还断定,12岁的男孩只知道根据环境的要求适合环境;10岁的男孩只是合群的动物,还不是社会化的动物。这些论述缺乏科学的依据。

四、学校教育与个性自由发展

学校教育是社会环境中的一个特殊部分,是有目的、有计划地培养人的过程。它与环境的自发影响相比,在人的个性发展中起着主导作用。英国著名哲学家、教育家洛克就十分重视教育对个性发展的作用,他说:"人类之所以千差万别,便是由于教育之故。"③沛西·能也很重视学校教育在培养个性中起的作用,他说:"我们所描摹的学校,是一个经过选择的环境,在那里,青年可以在最好的条件下发展创造才能,形成个性","儿童个性的形式不管它怎样突出,也不管它怎样卑微,只有在一个有利于个性的教育环境中,才能指望个性的全面发展。由于这个原因,我们看到(见第267—268页),一个

---

① 《马克思恩格斯选集》第1卷,139页,北京,人民出版社,2012。

② [英]沛西·能:《教育原理》,王承绪、赵端瑛译,12、8页,北京,人民教育出版社,1992。

③ [英]约翰·洛克:《教育漫话》,傅任敢译,24页,北京,人民教育出版社,1985。

开明的社会将为年轻一代设施不同标准、不同类型的学校，特别是中等学校。于是每一个儿童，可以找到最适合他的天性和需要的学校"。① 但他认为，当时即使最好的传统学校也不适合儿童个性自由发展的要求。他说："一个学生……往往出现个性逐渐削弱、热情逐渐低落和幻想逐渐消失的现象，很少还有比这种情况更加可悲的事情了。"②

沛西·能旗帜鲜明地置身于当时的新思潮行列中，向传统的教育提出挑战。他认为，学校应该重视儿童的自动精神，以适应儿童个性发展的需要。具体来说，学校革新运动的原则应该是："家长和教师们旧时的专横态度应该改变；应该使儿童对自己的行为和学业进步负起更大的责任……应该更加注意各人不同的爱好和能力。"③为了达到这些目标，必须组织良好的学校。他心中理想的学校是一个特殊性质的集体，它既是"一个自然的集体"，又是"一个人为的集体"，即校内、外生活应该自然过渡；师生应该有"完美地和活跃地生活的余地"；以普遍的规则和理想代替传统的行为标准，学校的学术活动与社会需要相联系；学校应反映外部世界中最优秀的和最重要的东西。学校还应为国家政权服务，他说："一个国家的学校是国家生活的机关，它的特殊职能在于巩固它的精神力量，维持它的历史传统，保全它的过去成就，并且保卫它的将来。"④

（一）教师与学生

教师和学生是学校教育活动的主要参与者。儿童个性的自由发展必然会碰到如何处理教师与学生关系、教师在培养学生中起什么样的作用的问题。沛西·能认为，强调儿童自动精神，改变教师对学生的"专横态度"，教师的

---

① ［英］沛西·能：《教育原理》，王承绪、赵端瑛译，283、285 页，北京，人民教育出版社，1992。
② ［英］沛西·能：《教育原理》，王承绪、赵端瑛译，256 页，北京，人民教育出版社，1992。
③ ［英］沛西·能：《教育原理》，王承绪、赵端瑛译，107 页，北京，人民教育出版社，1992。
④ ［英］沛西·能：《教育原理》，王承绪、赵端瑛译，262～263 页，北京，人民教育出版社，1992。

重要性并没有因此降低。他说："教师的职能在性质上可能改变，但是毫不降低他的重要性，甚至对于教师的学习、智慧和专业技巧提出更高的要求。"①那么，教师在学校教育中究竟应该充当什么角色呢？

第一，教师是学校环境的选择者。"学校生活的条件无论变得怎么'自然'，它总还是一种在经过选择的环境、在广大世界中的一个人为的小世界中过着生活，而教师就担负着选择的任务。"②就像演戏一样，教师布置舞台、准备道具，在一定的限度内规定了行动所应采取的形式。自然，学生的个性就在教师布置的环境内发展。蒙台梭利的"儿童之家"就是如此，它的环境都是教师事先布置好的。

第二，教师是积极的观察者。"他时刻'准备着'，像航海者所理解的那样，不作琐细的干预，而是准备在需要帮助的时候给儿童一臂之力。……好像一个谨慎而又克制的母亲，必须等待时机，讲一句真正及时的话，或者给一个真正合理的暗示。"③

第三，教师是示范者。"教师具有优秀的能力和知识，又有充分发展的人格，她自己是环境中的一个经常的和最重要的因素，她对在她周围成长着的儿童起着同样决定性的影响，因为这种影响采取间接的暗示和示范的形式，而不采取教训和命令的形式。……她的价值成为他们的价值，她的标准成为他们的标准；并且从她那里产生了把儿童的社会冲动引导到一定形式的善良行动的影响。"④

第四，教师是指导者。沛西·能认为，虽然儿童还没有堕落的冲动，有着向善的生物学的倾向，但是，在许多问题上，仍需要帮助。所以，教师不

---

① [英]沛西·能：《教育原理》，王承绪、赵端瑛译，110页，北京，人民教育出版社，1992。
② [英]沛西·能：《教育原理》，王承绪、赵端瑛译，109页，北京，人民教育出版社，1992。
③ [英]沛西·能：《教育原理》，王承绪、赵端瑛译，109~110页，北京，人民教育出版社，1992。
④ [英]沛西·能：《教育原理》，王承绪、赵端瑛译，112页，北京，人民教育出版社，1992。

能也不应"束缚住从年龄和对于世界的丰富的知识和经验的威信而来的指导性影响。……他不能不通过对学生的学习和阅读的影响，在很大程度上去调整全校或全班的道德风气。……他还有一个不能抛弃的特殊责任：他的一个明显的职责，就是要使学校生活的基本目的不为少数人的腐败影响或其余的人的道德弱点所破坏"①。

总而言之，传统教育中教师专横的态度应该改变，因为它不仅是不民主的，而且也不利于儿童个性的发展。但是，不能由此削弱教师的重要地位，反而应提高对教师的要求。教师在培养学生中既要发挥指导性，又不影响学生个性的自由发展。沛西·能认为教师"将是广大世界和学校小世界之间的一个'思想的载体'，不知不觉地把菌苗感染给他的学生，使这菌苗开花结果，养成技艺精良和热爱劳动的理想"②。达到了这一步，也就达到了学校教育的真正目的，即"积极的、在于鼓舞自由的活动，而不是消极的，在于限制或抑制这种活动"③。最终使学生成为富有个性的人。

学校教育具有两重性，教师的作用也具有两重性：一方面，传递人类文化，促进社会发展；另一方面，为一定社会群体服务。列宁曾说过："在任何学校里，最重要的是课程的思想政治方向。这个方向由什么来决定呢？完全只能由教学人员来决定。"④可见，教师在影响学生发展的诸多因素中起主导作用。沛西·能的观点是摇摆的，有时过度强调遗传的作用，有时又过度重视学生在学习中的自我教育作用，有时又大讲教师的重要性。但总体来说，他受当时新教育思潮影响，在批评旧教育的同时，存在着矫枉过正之处。

(二)沛西·能的课程论

19世纪中叶以后，英国在教育内容上出现了纷争不已的状况。自中世纪

① [英]沛西·能：《教育原理》，王承绪、赵端瑛译，112~113页，北京，人民教育出版社，1992。

② [英]沛西·能：《教育原理》，王承绪、赵端瑛译，110页，北京，人民教育出版社，1992。

③ [英]沛西·能：《教育原理》，王承绪、赵端瑛译，259页，北京，人民教育出版社，1992。

④ 《列宁全集》第15卷，438页，北京，人民出版社，1959。

以来，英国上层阶级的教育固守着原来的传统学习古典学科。最典型的例子莫过于公学，文法中学也遵循同样的传统。但是，这个时期学校的课程也发生了一些重要的变化。正如沛西·能所指出的："本世纪初，英国和其他国家一样，教育思想基本上由亚里士多德学派的人文学科(自由学科)和实利学科的对立控制着。"①

首先，19 世纪以来，随着英国工业、经济和科技的发展，传统学校对此很难做到无动于衷，不得不接受"现代精神"，让历史、现代语、数学、自然科学等现代课程进入课堂。这些新课程对旧观念无疑是一个挑战，它们动摇了自由教育只有在古典课程中才能得到的传统信念。一些被沛西·能称为"极端主义者"的人在大批捐赠中学和小学高年级中从事课程试验，用科学、数学、绘画、手工教学等课程代替在传统文法学校课程中占中心地位的古典学科，这些实践活动的理论基础是斯宾塞的课程论。尽管对古典课程具有最高效能的信心产生了动摇，但是，那些新的课程并没有得到古典课程所享有的声誉。1904 年，"中等教育法"证明了这一点。该法规规定，在国家赞助的学校，应遵循接近古老的传统而不是现代主义者的思想。沛西·能认为这个法令推行的是一种普通教育，即在旧的人文学科基础上扩大的教育。它提倡用一种一般的方法为学生将来的生活做准备。学校课程应该能使学生的心理"官能"得到全面发展，职业教育是其中的一个方法。因此，从整体上说，文科教育在 20 世纪初的英国仍占统治地位。

其次，对旧的教育的另一个冲击是民主意识的增强和初等教育的发展。在这种情况下，英国的初等教育与中等教育再也不能像以前那样完全割离开来，它们之间逐步产生一些沟通。1926 年，《哈多报告》建议，11 岁以上的所

---

① Perey Nunn, "The Meaning of a Liberal Education in the Twentieth Century," in Z. L. Kandel, *Educational Yearbook of the International Institute of Teachers College*, *Columbia University*, New York, Teachers Columbia University, 1939, p.79.

有儿童都应进入高一级教育的某些学校：文法中学、选择性中间学校、高级
小学。更多的儿童接受中等教育，注定要修正传统文科教育的做法，再也不
能使它与大学保持特殊的联系。至少对不能升入大学的人来说，传统中等教
育课程太学术化，人们批评它只局限于为通向大学服务，忽视了另一批不能
上大学的人的需要。因此，进步主义教育家指出，中等教育不能忘记：学校
是不断变化的社会生活的一个器官。它应该对当代状况做出迅速反应，为儿
童未来的生活做准备。因此，必须对原有的课程进行改革。但是人们在用什
么样的课程代替传统课程上却有争论。有的人认为，既然这个世界是由科学
控制，科学的学科应成为学校课程的核心。也有的人认为，这样做势必导致
新的学术课程代替旧的学术课程。

在这样的背景下，沛西·能并没有彻底站在任何一方，他主张把古典课
程与职业课程、学科课程与活动课程结合起来，再一次表现出折中主义倾向。

沛西·能的课程观具有以下特征。

第一，学校应该教给学生有用的东西。他说："最明显的标准是有
用。"①他说的"有用"有两种意义：一是对社会生活和学生未来职业有用，
二是对学生的"心理训练"有用。

首先，他强调课程要适合社会生活和学生未来职业的需要。为此，他批
判了那种把文化和生活割断的倾向，说："这个倾向——各时代教师易受的诱
惑——造成不可估计的祸害……"②如何与生活相结合呢？他说："他的历史
和地理课应该大部分面向政治（广义的）和经济；他的自然科学课应该使他成
为和像巴斯德（L. Pasteur，1822—1895）以及改变物质生活条件的化学家和物
理学家这些人共同工作的同志；他的数学课应该联系生活的实际事务，包括

---

① ［英］沛西·能：《教育原理》，王承绪、赵端瑛译，269 页，北京，人民教育出版社，1992。
② ［英］沛西·能：《教育原理》，王承绪、赵端瑛译，269~270 页，北京，人民教育出版社，
1992。

商业机构和地方以及中央政府的财政机构，来教他抽象思惟〔维〕的价值。"①即课程内容要直接反映社会现实生活的需要。

其次，课程应具有"心理训练"的价值。尽管他认为"形式训练"论者把课程和生活割裂开来的看法是有害的，但他并不否认某些课程所具有的"心理训练"价值。这种价值既包括能力的迁移，也包括品质的迁移。他指出："从一种职业或一种研究所得到的训练，首先在于能灵敏地应用某些思想和方法于某种情境，并且养成一种坚定的倾向，把同样的思想和方法，运用到任何与上述情况相似的情境上去。"②例如，数学这门学科包含了一种特殊的智力活动，一种特别的个性和一种特有的精神风气。因此，一个学生彻底地受到这门学科的陶冶以后，就会把这种精神变为他自己的精神；这种精神所特有的观念、心理习惯和理智的完整性，将根深蒂固地成为他的天性，并且无论在什么地方，只要能够应用它们，他就会使它们发生作用。

我们知道，英国教育长期存在着形式教育和实质教育之争。英国教育家洛克说过："我只认为研究数学一定会使人心获得推理的方法；当他们有机会时，就会把推理的方法移用到知识的其他部分去。"③洛克看到了学科的智力训练作用，但如果只看到这一点，就势必忽视教材的实用性，使学校与生活相脱离。英国的一些公学、文法中学就存在这种现象。斯宾塞对这种"装饰先于实用"的现象进行抨击，主张学校应该向学生传授实用的知识，为他们以后从事某种职业做准备，发展智力是次要的。应该说，这两种理论各有合理部分，但都存在片面性。沛西·能也看到了这一点，并试图把它们统一起来。但他没有解决这个问题，在他思想中产生了这么一种倾向，似乎发展智力是天赋好的人的事，实用知识是天赋差的人应着重学习的。

---

① 〔英〕沛西·能：《教育原理》，王承绪、赵端瑛译，99页，北京，人民教育出版社，1992。
② 〔英〕沛西·能：《教育原理》，王承绪、赵端瑛译，272页，北京，人民教育出版社，1992。
③ 张焕庭主编：《西方资产阶级教育论著选》，87页，北京，人民教育出版社，1979。

　　第二，以活动为课程中心。受杜威教育即活动思想的影响，沛西·能十分重视儿童的活动，他甚至说："学校必须首先不是看作学习某些知识的地方，而是在某些形式的活动中——例如，那些在广大世界中具有最大的和最永久意义的活动——受到训练的地方。"①他把学校的活动分成两组：第一组，"保障个人和社会生活的条件以维持个人和社会生活的标准的一切活动：例如注意健康和体态优美，礼貌，社会组织，道德……"；第二组，"构成文明的坚实组织的典型的创造性活动。……这些活动是人类精神的伟大表现……每一代年轻人的创造力量，也必须接受和发展这些表现的形式"。② 因此，学校课程应该是这些活动的反映。

　　根据这两种活动形式，他设计了相应的两组课程。与创造性活动相应的课程有：文学，包括本国最优秀的文学；某几种艺术，包括最普遍的艺术——音乐；手工劳动，或者侧重审美方面，如纺织、雕刻和印刷，或者侧重建造方面，如木工和针织；科学，包括数学、数量、空间和时间的科学；历史、地理，他很重视这两门学科，认为它们在课程中具有双重性质。一方面，历史属于文学，地理属于科学；另一方面，它们作为代表和说明人类运动的学科在课程中占中心地位。与第一组活动相应的知识虽然必须有一定的教学，在不同程度指导这些活动，但不能作为"学科"看待。它们是与第二组相关的，如身体健康和体态优美。虽然就健康来说，学生应该在科学课程里获得健康的理想和知识，就体态优美来说，除在作为文学课一部分的戏剧和演说练习中获得声调、姿势和风度以外，也可以有些律动舞蹈体操的课，但是，不能像教法文那样来教身体和体态优美。有的既需要在活动中，也要在学科中培养，如学生既在历史课中，又在集体活动中学习政府和社会组织的理想。

---

① ［英］沛西·能：《教育原理》，王承绪、赵端瑛译，273 页，北京，人民教育出版社，1992。
② ［英］沛西·能：《教育原理》，王承绪、赵端瑛译，273 页，北京，人民教育出版社，1992。

沛西·能设计的课程具有两方面特点。一方面,"课程的一切部门都要作为活动来进行教学。这意味着一切课程都有实践的一面和理论的一面"①。但是,由于各门课程的性质不同,活动的性质、程度也不同。比如,在艺术和手工劳动方面,实践的一面比较明显;然而,理论也必不可少,学会认识和欣赏优良的音乐、图画和建筑,以及评价木工和金工的技艺,针织和纺织的优美、简单服式的优雅,也是同样重要的。由于学生的对象不同,理论与实践的比例、难度也不同,如在数学方面:为较年轻的学生设有"童子军几何",为专家设有需要比较高深数学知识的物理测定。文学的实践包括学生为校刊写诗、故事、散文和写剧本、演戏等。总之,应使各门课程"真正反映在学校生活的简化了的世界中所代表的创造性传统的主要特点"②。另一方面,这些课程主要是提供中学活动的范围,而不是规定所有学生必须共同修习的课程门类,也不是任何学生全部在校期间必须修习的课程门类。有些科目可以合并、删减,但是大致方向不能变,"无论在低年级或高年级,一个大纲或是一个全貌,都应该公正地代表一门学科,作为创造性活动的一个形式和文明主要精神的一个方面"③。

沛西·能设计的课程既不像对英国道尔顿制那样总以学生的活动为中心,更不是传统的学科中心,而是以活动为中心的活动与学科的结合。他主要强调的是活动,这从《教育原理》的字里行间都可以看出来。但是,英国固有的重视学术的传统,以及学术课程的价值,使得他不能忽视学科课程的作用。因此,他就把两者结合起来,正如他本人说的:"在一个大国的各种不同的社会条件下,所有这些解决问题的方法,都将有它的地位。……有古老传统的文法中学(包括公学),长期以来,已经设有各种质量较高的课程,准备学生

① [英]沛西·能:《教育原理》,王承绪、赵端瑛译,277 页,北京,人民教育出版社,1992。
② [英]沛西·能:《教育原理》,王承绪、赵端瑛译,278 页,北京,人民教育出版社,1992。
③ [英]沛西·能:《教育原理》,王承绪、赵端瑛译,282 页,北京,人民教育出版社,1992。

直接升入大学和其它工业或职业的高等教育机关。这些文法中学过去对社会都有过不可估量的贡献，如果让它们衰落下去，或容许降低它们的标准，将是一个可悲的政策。"①

传统的学科课程注重教材的逻辑结构，重视学生对知识的系统学习，便于学生对知识的掌握与运用。但是它完全从成年人的生活需要出发，忽视了儿童的兴趣和需要。活动课程正是针对这一缺陷提出的，它侧重儿童兴趣、需要，重视从活动中进行教学和教育，但又夸大了儿童个人的经验，忽视了知识本身的逻辑顺序，降低了教学质量。两者可谓各有利弊，沛西·能试图将两者结合起来。他似乎把学科主要留给了文法中学(智力高者)，把活动主要介绍给综合中学和学术性更低的学校，这种结合未必科学。然而，他对课程改革上的某些设想，揭示了现代西方课程改革的发展趋势，如重视课程内容的综合化，强调知识的结构化，重视智能培养，重视个别差异等。

(三)沛西·能的教学方法论

教学方法是实现教育目的的途径。19世纪中叶以来，随着教育的发展，传统的教学方法显然已经不能满足当时培养资产阶级所需要的人才要求。因此，许多教育家对传统教育机械、呆板的教学方法提出了批评。沛西·能也没有置身于外，他批评了传统教学的千篇一律、忽视儿童的个别差异的现象，认为传统的教学方法不适合培养具有开拓精神、创造性人才。他说："很多作家、发现者和活动家，他们责难他们的学校对他们的发展无用，有时甚至和他们的发展相对抗。……狭隘的、没有想象的和过分形式化的学校教学，往往是埋没人才的直接原因。"②针对这种状况，他分析了几种教学方法的优劣。

1. 集体教学与个别教学

传统教学方法中重要的教学形式是班级授课制。因此，沛西·能首先对

① [英]沛西·能：《教育原理》，王承绪、赵端瑛译，268页，北京，人民教育出版社，1992。
② [英]沛西·能：《教育原理》，王承绪、赵端瑛译，98页，北京，人民教育出版社，1992。

它的优劣进行了分析。他认为，班级授课制忽视了儿童的差异和学习主动性，"无论是硬性的班级制度或者硬性的时间表，都是和一个孩子应该按自己的道路、在自己的时间里进行学习的原则完全不相符合的。事实上，这些制度体现着一个相反的原则；因为它们所依据的假设，是学校可以划分为若干班，每班作为一个单位，以同一种速度朝同一个方向前进，并且服从外来的规则，把它的兴趣从一门学科转移到另一门学科"，"学生应该学什么、如何学、什么时间学，这是教师的事情，而学生的事情是尽可能响应"。[①]

但是，沛西·能不像有的主张个别教学的教育家那样完全否定集体教学，进而否定传统的方法。他认为："组织和集体教学，虽然它们失去了起阻碍作用的优势地位，必须在学校事务中保存它们自然的地位。古老的教育艺术，它们不只代表着过去的许多错误，也代表着很多世纪以来诚恳而有耐心的努力所赢得的成就，它们是绝不会过时的。但是，这些古老的教育艺术，经过比较正确的批判清洗以后，将发展成为达到一个更加开明的目的更好的工具"，"常常有这样的时刻，重复必要的教学可能成为极度的浪费，也常有这样的时刻，集体教学本身有着没有东西能替代的价值。……例如音乐、园艺、野外实习、手工、体育锻炼和戏剧活动，对于这样一些活动，必须有固定的时间、地点和组织"。[②]

沛西·能看到了集体教学中忽视个别差异的缺点，主张吸收个别教学的优点。如何把两者的优点结合起来呢？他认为，应该在个别教学时尽量扩大分组范围。然而，分组过大又势必影响个别学习，不利于儿童个性的形成。因此，这种分组应当以不影响教师注意儿童的个别发展为度。他说："流行的观念认为个别教学只能对小组学生进行，这种看法有很大的危险。相反，我

---

① [英]沛西·能：《教育原理》，王承绪、赵端瑛译，108页，北京，人民教育出版社，1992。

② [英]沛西·能：《教育原理》，王承绪、赵端瑛译，110、108页，北京，人民教育出版社，1992。

们愈加重视让孩子走自己的道路，便愈有必要扩大模仿的领域。聪明的、有胆略的儿童，可以帮助比较迟钝的、冒险精神较差的儿童发现他们自己的能力，指示他们能做些什么，并且唤醒他们的竞争心。因此，学生的分组应该尽可能大，条件是要使教师能注意每个学生的进步和需要，并且不致采用消灭模仿倾向的专断的教学方法。"①

2. 游戏

沛西·能非常重视游戏在儿童个性发展中的作用。他认为解决教育上绝大多数实际问题的钥匙在于了解游戏，游戏以最清楚、最有力、最典型的形式表现着儿童的创造冲动："不管游戏者是儿童还是成人，它们都表示有机体对自由的自我表现的渴望。"②他认为，游戏的作用主要体现在以下几个方面。

第一，游戏是提高学校教学效率的良方。他说："如果教师学会利用在游戏所释放的极其充沛的智力，学校教学效率将大大提高。……如果要避免这些损失，教学方法必须千方百计使智力游戏的冲动得到营养。"③

第二，游戏有利于儿童身体、智力、道德的发展。首先，游戏利于儿童身体发展，提高儿童对身体的控制能力。在游戏中"儿童逐渐地控制他自己的身体，并且把对身体的控制提高到最大限度"④。另外，游戏能使儿童的疲劳得以松弛，"儿童在游戏的影响下，不仅继续从事已经使他感到疲乏的活动，而且实际上使用了两倍多的精力"，"学生欢迎这样的时刻，他可以躲避课堂的强迫劳动或学习，到操场或河边去游戏"⑤。其次，游戏有利于儿童智力发展。"他正是从假想的环境中吸取智慧和精神的力量，这样使他所学到的东西

① ［英］沛西·能：《教育原理》，王承绪、赵端瑛译，162 页，北京，人民教育出版社，1992。
② ［英］沛西·能：《教育原理》，王承绪、赵端瑛译，101 页，北京，人民教育出版社，1992。
③ ［英］沛西·能：《教育原理》，王承绪、赵端瑛译，98 页，北京，人民教育出版社，1992。
④ ［英］沛西·能：《教育原理》，王承绪、赵端瑛译，81～82 页，北京，人民教育出版社，1992。
⑤ ［英］沛西·能：《教育原理》，王承绪、赵端瑛译，85、86～87 页，北京，人民教育出版社，1992。

常常远比他在学校里从教师得到的东西有价值","他在游戏中发现和锻炼他的天赋和智力,并且往往发现以后在他成人生活中占中心地位的各种兴趣"。① 再次,游戏利于儿童道德的培养。一方面,儿童可以通过游戏,形成正确的道德意识。"正如古希腊生活和德行的理想是由伟大的竞技游戏和节日活动培养和传播的,所以今天很多男孩大都在青年期的集体游戏中发现和建立起他的道德的和社会的自我。这种说法也日益运用于女孩。"②另一方面,通过游戏,儿童的变态行为和心理可以得到矫正,"在富于游戏用品的幼儿园的稳定、愉快的环境中,一个孩子自己选择的活动能帮助他矫正造成心理和行为变态的某些不正常的现象和纠纷"③。

第三,游戏是对成人生活的模仿,为儿童将来的生活、职业做准备。"对于儿童却鼓励他甚至在婴儿期就试验各种各样的运动和无数模仿别人的或自己发明的作业,当他年龄渐长,并且鼓励他做这样的游戏,即设想自己成为飞行员、水手、邮递员,大动物猎者,以及模仿其它吸引人的各种生活方式。"④"他们主张教育的自然终点,是计划使青年男女受到在伟大的生活的游戏中适于担任某些特殊角色的训练。"⑤

游戏既然如此重要,那么,在教育中如何运用游戏呢?

沛西·能认为在不同的年龄阶段,游戏具有不同的特色。在幼儿园,主要是玩,他说:"在幼儿园,儿童自由地和自发地游戏几小时,有时单独地玩,有时和别人一起玩。"⑥在小学和中学低年级,童子军是一种较好的游戏形式,因为"童子军组织的基本假设是纯粹的假想:童子军的漂亮的服装,他

---

① [英]沛西·能:《教育原理》,王承绪、赵端瑛译,97、82页,北京,人民教育出版社,1992。

② [英]沛西·能:《教育原理》,王承绪、赵端瑛译,82页,北京,人民教育出版社,1992。

③ [英]沛西·能:《教育原理》,王承绪、赵端瑛译,87页,北京,人民教育出版社,1992。

④ [英]沛西·能:《教育原理》,王承绪、赵端瑛译,83页,北京,人民教育出版社,1992。

⑤ [英]沛西·能:《教育原理》,王承绪、赵端瑛译,99页,北京,人民教育出版社,1992。

⑥ [英]沛西·能:《教育原理》,王承绪、赵端瑛译,87页,北京,人民教育出版社,1992。

的'巡逻动物'或图腾，他的秘密符号，他的'追寻兽迹'，都是属于奇妙地和文明生活的平凡现实不相符合的事实和思想的领域。但是，作为一个童子军，他所学习的地理、几何和自然知识都是真正的科学；他所上的修身课不仅完全是严肃的，而且对他的性格起着强有力的和永久的影响；并且他正是从假想的环境中吸取智慧和精神的力量，这样使他所学到的东西常常远比他在学校里从教师得到的东西有价值"①。在中学高年级，游戏的主要形式是社团组织，"它的基础比较宽广，足以夺取并发展青年期的一切新的兴趣。一个夏令营，或者类乎这样的形式，可能是这种组织的活动的主要特点"②。

3. 自由学习法

沛西·能认为，教师要让学生有尽可能多的自由。他批判了传统教育中忽视儿童自由学习的状况，他说："在这里，经常发生的危险是教训式的和教条式的教学方法占统治地位，而对于相信中等学生有自动的才能和感到应该发展这种才能的比较自由的学习方法，所留的余地太少。"③他指出，自由与游戏是双生姊妹。最好的教育道路，是在仔细地选择的范围内，尽可能提供个人自由的余地的道路。他认为，蒙台梭利法较好地体现了这种精神。他归纳出蒙台梭利学说的主要特点，"勇敢而坚决地尝试把教育自己的责任尽可能全部地交给儿童，并且使儿童的发展所受的外来干涉减少到最低限度"④。可以"让小学生在教师或'校长'的监督下，在他们的时间里做他们愿意做的事情，选择自己的工作，自己担任评判，他们能够获得高度的首创精神、自己依靠自己和集中注意的能力；他们学会尊重别人，同时学会尊重自己，并且养成一种严肃而有目的的勤劳习惯，这在被迫沿着按传统的课堂教学方法前

---

① [英]沛西·能：《教育原理》，王承绪、赵端瑛译，96~97页，北京，人民教育出版社，1992。

② [英]沛西·能：《教育原理》，王承绪、赵端瑛译，97页，北京，人民教育出版社，1992。

③ [英]沛西·能：《教育原理》，王承绪、赵端瑛译，34页，北京，人民教育出版社，1992。

④ [英]沛西·能：《教育原理》，王承绪、赵端瑛译，103页，北京，人民教育出版社，1992。

进的儿童中是很少见到的"①。

另外,"发见的教学法"(heuristic method)、"道尔顿制"、雷恩的"少年共和国"也都在不同程度上体现重视儿童自由学习的精神。

与当时许多新教育家不同,沛西·能在大谈自由学习时并没有否定秩序、纪律的作用,他所说的自由不是无节制的放任。他指出:"把自由理解为不加节制、顺随瞬间的幻想,这种自由是很少(有)价值或没有任何价值的;它的……同义语是放任。……只有当自由选择了有价值的目的,在追求这些目的时,又使自由服从高尚的形式或方法的控制时,自由的高级的价值才能产生。"②因此,他很重视秩序、纪律与惩罚在学校教学中的作用。他说:"学校秩序在于维持学校生活为完成它的目的所必要的条件……纪律就是一个人的冲动和能力服从一种规则,这种规则,使它们的混乱情况有了一种形式,而且使原来表现缺乏效率和浪费的地方,变成有效率和经济的。"③他主张在必要时进行积极的惩罚,以帮助落后学生自愿地去做他应做的事,把学生重新引到精神健康的道路。他把学校秩序的根据归之于儿童固有的常规趋势。他说:"维持学校和课堂秩序是社会生活的一个永久特征。要充分了解这一点,我们必须把它看作常规趋势的作用;一种生活方式一旦建立起来,常规趋势就有力地发生作用,使这种生活方式长久不变。"④

因此,他认为,教师首先应该注意使学校或课堂的事务按照适当而简单的常规来管理,然后尽可能"任其自然",即学生的自由学习要以一定的规章(纪律、秩序等)为前提,甚至,"如果这种模式有常规趋势力量的支持,即使它还不能令人满意,也最好还是容忍一下,耐心等待,谨慎地设法改

① [英]沛西·能:《教育原理》,王承绪、赵端瑛译,103 页,北京,人民教育出版社,1992。
② [英]沛西·能:《教育原理》,王承绪、赵端瑛译,102 页,北京,人民教育出版社,1992。
③ [英]沛西·能:《教育原理》,王承绪、赵端瑛译,259 页,北京,人民教育出版社,1992。
④ [英]沛西·能:《教育原理》,王承绪、赵端瑛译,71 页,北京,人民教育出版社,1992。

善"①。他对当时主张新教学法的教师忽视适当的约束与纪律的现象进行了批评，他说："新教师热衷于培养儿童的'自我活动'，有忽视常规趋势的意义的倾向。他们对旧日不明智的实施反抗过甚，以致回避反复熟悉的东西，斥之为'机械的'或'单纯记忆工作'，意味着它在新教学法中没有什么地位。"②

沛西·能在处理自由与纪律的关系上所持的总的态度与当时传统教学的过分注意纪律或新教育中存在的忽视纪律的现象相比，显然更为客观和公允。

4. 活动教学法

在文化课学习上，他主张通过儿童的活动，从经验中学。他认为"课程的一切部门都要作为活动来进行教学"，"教育的真正目的是积极的、在于鼓舞自由的活动，而不是消极的，在于限制或抑制这种活动"。③ 儿童活动的方式，主要是模仿成人的生活或社会活动，活动既能使儿童在活动中养成独特的个性，又利于儿童将来的成人生活。他说："把儿童当作诗人或戏剧家、工程师、测量师、化学家、天文家和水手，正像他这样看待自己一样，并且帮助他尽量照他的愿望，充分地探索自我表现的具体方式"，"学生的学习应该这样来组织，帮助学生在想象和期望中把自己看作对整个文明具有极大意义的人类努力的各个方面的共事者"。④

总之，沛西·能提倡的教学方法体现了进步主义教育思想的特点。他猛烈抨击了传统教学方法的缺陷，但不像有的新教育家那样由此走向另一个极端。在教育上，不应主张抛弃一切旧的东西，对旧的东西，一般可采取"扬弃"的办法。沛西·能在对传统教学方法批判的同时，没有忘记吸收传统方法中的合理成分。

① ［英］沛西·能：《教育原理》，王承绪、赵端瑛译，72 页，北京，人民教育出版社，1992。
② ［英］沛西·能：《教育原理》，王承绪、赵端瑛译，73 页，北京，人民教育出版社，1992。
③ ［英］沛西·能：《教育原理》，干承绪、赵端瑛译，277、259 页，北京，人民教育出版社，1992。
④ ［英］沛西·能：《教育原理》，王承绪、赵端瑛译，99 页，北京，人民教育出版社，1992。

第三节　论教育生物学化

一、教育生物学化思想的产生

沛西·能从生物学角度研究人的心理与行为，进而把它推演到教育领域，是具有理论基础与思想背景的。

(一)生物学的心理学时代

19世纪80年代至20世纪50年代，欧洲个性心理学研究的重点是探讨人心理的生物学基础，产生这种倾向的历史原因是对以前欧洲理性主义哲学的反叛。理性主义者认为，理智是决定人行为的要素，人们行为的选择是理性的结果。这种思想显然是主观唯心主义世界观的反映。恩格斯曾经指出："迅速前进的文明完全被归功于头脑，归功于脑的发展和活动；人们已经习惯于用他们的思维而不是用他们的需要来解释他们的行为(当然，这些需要是反映在头脑中，是进入意识的)。这样，随着时间的推移，便产生了唯心主义的世界观……"①长期以来，人们把人与动物相对立，把动物的行为视为本能，因为动物缺乏理智。自从达尔文的进化论发表以后，人与动物不可逾越的鸿沟消失了，许多人试图用动物的本能解释人的行为。在这一时期活动的沛西·能也投入这股生物学化的潮流。弗洛伊德、麦克杜格尔等心理学家对他的思想产生重要影响。

奥地利心理学家弗洛伊德认为，个性行为的真正动力是本能。本能是对心灵提出要求的有着生物根源的功能，是个体释放心理能的生物力量。本能在个人的行为活动中如何起动力性的作用呢？弗洛伊德认为，人类从他们的祖先——动物遗传来的本能冲动，在社会中不是像动物那样随便显示出来，

---

① 《马克思恩格斯选集》第3卷，996页，北京，人民教育出版社，2012。

它不能被容纳于由于文化和伦理势力所铸造的个人意识中。虽然受到社会的压抑，但它并未消失，也没有受到损伤，而且经过"化妆"之后，被人们的意识所容纳，并控制人们的行为，成为个性的根本动力。

麦克杜格尔认为，本能是所有人类活动直接或间接的主要动力。在他看来，本能是先天的遗传倾向，它决定着人的思想和行动方向。人的行为不是由纯理性所策动，而是由一种根源于人类先天倾向的情绪如爱、恨等所策动。

(二)沛西·能对人与动物共性的认识

受生物学化观点的影响，沛西·能教育探究人与动物的共性问题。

首先，人与动物确实具有一些重要的共同性，如模仿、本能等。他说："和高等动物类似的本能行为，在人的生活中至少起着一定作用，并且在他一部分基本活动中有它的地位，这似乎是足够清楚的"，"情感传布几乎完全是'生物学'的模仿或赤裸裸的模仿趋势"。①

其次，人的心理十分复杂，难以通过实验来掌握。这种特征迫使一些人去研究动物，以找出人与动物的共同之处。沛西·能便是其中之一。他说："高等动物如狗和猿，它们的生活在许多方面是我们生活的简单模型，它们的大部分行为能分析成若干自我表现的形式，这些形式不仅保持在动物的一生，并且历无数世代而不变。"②因为动物的行为较易观察分析，而又与人的行为有共同之处。因此，沛西·能就认为有必要研究这些行为形式(本能)等，通过这种研究了解我们是否还是具备这些本能。他说："我们曾否在我们进化的过程中带来那些行为形式，或者其中一部分，它们是否还是我们复杂的生存的基础。"③

沛西·能从生物学实验中寻找动物与人的共性，并把它推广到教育上去。

---

① [英]沛西·能：《教育原理》，王承绪、赵端瑛译，176、166 页，北京，人民教育出版社，1992。

② [英]沛西·能：《教育原理》，王承绪、赵端瑛译，174 页，北京，人民教育出版社，1992。

③ [英]沛西·能：《教育原理》，王承绪、赵端瑛译，174 页，北京，人民教育出版社，1992。

二、沛西·能生物学思想在教育上的应用

(一)动物心理与人的心理

人的心理能动性虽然以生物的能动性为自己的必要前提，但它与一般生物的能动性是不相同的，人的心理与动物心理存在着质的区别。沛西·能似乎夸大了动物的心理发展水平。他说："我们的理论，正如我们多次讲述或暗示过的，就是一个有生命的有机体对于环境变化的反应，决不仅仅是物理学上的所谓反作用，而是一种反应或回答。"①

在他眼里，反应和反作用是两回事，反应包括两方面的内容。一方面，动物的感受性并不是消极的感受性，而是一种建设性或创造性的感受性。动物的感受不仅仅是对外界事物的消极的"反作用"，而具有主动积极认识主观事物的特点。沛西·能用"反应"一词来表述它。另一方面，动物对环境的变化采取相应的行动时，也不仅仅是机械的，即使其行动的主要路线由本能决定并由反射实现时也是如此。它们形成一种和认识外界情境时所根据的模型相一致的模型，即根据不同的环境，产生相应的行为模式。他引用苛勒关于猩猩的心理实验来证明他的观点，并得出结论："在知觉水平上的智力行为和只有人类才具有的抽象推理之间，没有原则性的区别。"②这里，他过高地估计了动物的心理发展水平，甚至有把动物的智力水平与人的智力水平等同起来的倾向，成为其教育生物学化的心理学、生物学依据。

(二)模仿与模仿趋势

沛西·能认为，在人类天性中有两个根深蒂固的趋势，其中之一是模仿趋势。什么是模仿趋势？他认为模仿趋势"可以理解为一个人对接受别人行动、情感和思想的方式所表现的一般趋势。它的范围广泛地遍及动物界，它

---

① [英]沛西·能:《教育原理》，王承绪、赵端瑛译，289 页，北京，人民教育出版社，1992。
② [英]沛西·能:《教育原理》，王承绪、赵端瑛译，242 页，北京，人民教育出版社，1992。

的影响和特殊遗传的影响那样微妙地交织着，以致两者很难分开"①。他把模仿分成模仿趋势与有意模仿。在低水平的单纯的模仿趋势中，所仿效的动作仅仅是一个刺激，它在仿效者身上释放出一系列原来准备着的活动，如小鸡饮水、小孩模仿大人跑步等模仿趋势人和动物都有，并不需要后天学习。这些动作所包含的印迹情结在天生倾向中就已经建立起来了。有意模仿则不然，虽然在人的天性中存在各种动作的要素，但要通过后天学习将这些要素联系起来。如跳绳，没有先天的跳绳的行为需要释放，它必须通过学习，学会这个动作。进行有意模仿需要两种能力："第一，了解和她已经能做的动作相应的行动型式的要素的能力，第二，从这些要素形成一个有意义的整体的相互关系中来了解它们的能力。"②他认为，这两种能力人和动物都有。动物能辨别或拣出一件复杂东西的要素，它们能综合或认识多样性中的统一。因此，沛西·能虽然看到人和动物的模仿有差别，但过高估计了动物的模仿能力。

沛西·能认为，除了行动模仿外，模仿趋势还包括情感和思想两方面。情感的模仿表现为"同志感"、群众心理、同情等。他提出，一个良好集体的形成在于情绪感应和对领袖模仿（包括情绪模仿）。因此，对学校集体来说，师生之间的共同情感是至关重要的，因为教师是影响集体的主要源泉，这种"情感传布几乎完全是'生物学'的模仿或赤裸裸的模仿趋势"③。

思想模仿最明显的是暗示，即一个人不是出于自愿地采取别人的思想，它是一种较低形式的模仿。他认为，暗示在人们社会生活中政治、历史、宣传、教育等方面起非常重要的作用。"像常规趋势和游戏趋势一样，暗示在个人生活和社会生活中，是一个最有用处的生物学的手段。"④因此，他认为，

---

① ［英］沛西·能：《教育原理》，王承绪、赵端瑛译，157 页，北京，人民教育出版社，1992。
② ［英］沛西·能：《教育原理》，王承绪、赵端瑛译，160 页，北京，人民教育出版社，1992。
③ ［英］沛西·能：《教育原理》，王承绪、赵端瑛译，174 页，北京，人民教育出版社，1992。
④ ［英］沛西·能：《教育原理》，王承绪、赵端瑛译，171 页，北京，人民教育出版社，1992。

在教育中要充分利用暗示去影响学生,他指出:"教师不仅有权、而且必须运用暗示,或者间接地在他亲身的教学中,或者直接地通过很好地选择的书籍的中介,作为启示理智的理想的最好手段。"①这种暗示并不与学生的自动活动相矛盾,他说:"暗示本质上并不是自动的敌人,它是一个人在赢得控制自己天性的过程中的一个必要的工具。……教师有权用暗示影响他的学生,正如学生有权相互影响一样,只要他并非千方百计地把这种影响加之于他们,而仅仅把他优越的知识和生活经验加进共同的积蓄,使他的小社会中的成长着的儿童可以从这里吸取每个人所需要的东西。"②

行动、情感、思想这三种模仿趋势并非相互割裂,而是紧密相连的。譬如,学生对教师的模仿,开始可能是效仿他的笔迹、口吻,最后往往全盘地采取他的情操和思想。反之,"凡是阻碍对于这三个因素之一的模仿的任何东西,亦倾向于阻碍对另外的因素的模仿"③。例如,一个人对于与他思想上不一致的人,往往不会在情感上同喜共忧。显然,一个人对行为、情感、思想的模仿是不可分裂的。

(三)本能

沛西·能提出,人类与生俱来的本能是我们生存的基础,它决定了人类活动的方向。他批驳了那种认为人受理性指导,动物受本能指导的"传统观念"。他指出,否认本能在人类行为上有任何地位的思想大多基于两个理由:人类行为是变化无定的,并且是受外界影响所形成的。在他看来,这种观点是无稽之谈,接受这种观点,必然会得出这种不合理的想法:"即甚至是性行为,虽然应该承认在动物中是遗传的,在人则全是模仿和'不良交际'的结果……"④他引用了当时凯洛格夫妇的研究,认为高等动物类似的本能行为,

---

① [英]沛西·能:《教育原理》,王承绪、赵端瑛译,172页,北京,人民教育出版社,1992。
② [英]沛西·能:《教育原理》,王承绪、赵端瑛译,172页,北京,人民教育出版社,1992。
③ [英]沛西·能:《教育原理》,王承绪、赵端瑛译,175页,北京,人民教育出版社,1992。
④ [英]沛西·能:《教育原理》,王承绪、赵端瑛译,162页,北京,人民教育出版社,1992。

在人的生活中起着一定作用。其实，沛西·能引用的例证当然可能有本能的作用，但是，也不能排斥环境以及模仿的影响。

沛西·能并不认为人的本能与动物的本能是一致的。他把本能分为两类："本能所发动的活动，可能遵循一种相对固定的形式（海狸和鸟类的建造活动提供了典型的例子），或者，它们可能从开始几乎就是可塑性的和可变异的，展开活动的环境塑造它们甚至改变它们。"①他认为，人类的本能一般属于第二类型。人的活动虽然比动物具有更大的变异性，但人的行为终究"受决定趋势的支配。这些决定趋势虽然经常被它们自身活动的结果所改变，但是它们总是以原始的先天源泉吸取它们发动和控制行为的力量"②。即人活动的动力和源泉是本能。他认为，人的天性中存在一些基本的本能，譬如，"科学是好奇心的子孙，艺术和文学是建造本能的子孙，道德是社会本能的子孙"③。他指出，原始情绪起着重要作用："各种原始的情绪，不仅各自和一个特定的本能相关联，并且是那些本能的中心要素和它们所发出的力量的源泉……"④例如，母子、姐妹、两性、社会成员之间的爱与同情都源于"慈爱情绪"，都是慈爱情绪的发展，它像一条线一样贯穿在前人类和人类、个人和社会之间。但情绪也可能是独立的，"对一个情境的反应有时可能来自一个独立行动的本能或情绪，有时可能来自两者有组织的联合"⑤。

但是，沛西·能并没有把本能看作彼此分离的，他说："认为本能可以看作各自分离的一个个东西，它们合拢来就构成一个人的自我，很像一部机器由很多轮子所构成，或者一个轮子由许多分子所构成一样。任何这种类乎机

① ［英］沛西·能：《教育原理》，王承绪、赵端瑛译，176~177 页，北京，人民教育出版社，1992。
② ［英］沛西·能：《教育原理》，王承绪、赵端瑛译，177 页，北京，人民教育出版社，1992。
③ ［英］沛西·能：《教育原理》，王承绪、赵端瑛译，177 页，北京，人民教育出版社，1992。
④ ［英］沛西·能：《教育原理》，王承绪、赵端瑛译，179 页，北京，人民教育出版社，1992。
⑤ ［英］沛西·能：《教育原理》，王承绪、赵端瑛译，182 页，北京，人民教育出版社，1992。

器的理论必须抛弃。"①他指出,人的多种本能只是自我表现形式的特殊形式,它们在有机体种族历史发展过程中,主要由于它们对个人和种族长期有用而发展起来和"纳入渠道"的。实际上,他的这种观点意在摆脱人是完全受本能支配的倾向,注意到了后天环境与活动的作用。显然,如果人完全受本能支配,他就不会在教育上提倡个性的自由发展。

(四)策动

沛西·能认为,动物生来具有一种构成生命组织的不断适应环境和冒险进取的基本特性,即有一种驱力、冲动,或者所感觉的向往某一目的的倾向,"对于这个驱力或冲动的因素,不管它发生在人们和高等动物的意识生活中,还是发生在他们身体的无意识活动中和低等动物的(假想的)无意识行为中,我们建议给它一个单独的名称——'策动'……按照这个建议,有机体的一切有目的的过程都是策动过程,意动过程是策动过程的一个部分,它的特殊标志就是具有意识"②。这里需要指出的是,第一,他所谓"意识"是人和一切高等动物(如狗)共有的,即"意动"是高等动物和人共有的。第二,一切生物都是有目的地行动的,即一切动物的活动过程都是策动过程,因此,策动"是区分有生命的动物和无生命的物质的活动的本质,因而,也就是我们讲过的作为动物对待世界所特有的独立态度的本质"③。可见,意动也好,策动也好,都不是人所特有的心理现象。沛西·能认为,一个人的生命历史是一个策动过程,由单纯的生理阶段发展到有意识的意动阶段。在这个发展过程中,各种策动过程组织成为更广大、更复杂的策动系统。

沛西·能把策动理论运用到教育上。因为每一个人都具有这种策动过程,因此,儿童的活动也就表现出这种独立性。教师应该尊重这种独立性,

---

① [英]沛西·能:《教育原理》,王承绪、赵端瑛译,184页,北京,人民教育出版社,1992。

② [英]沛西·能:《教育原理》,王承绪、赵端瑛译,25~26页,北京,人民教育出版社,1992。

③ [英]沛西·能:《教育原理》,王承绪、赵端瑛译,30页,北京,人民教育出版社,1992。

不要强制儿童干什么，而是让儿童有兴趣地从事各个儿童最有价值的活动，让儿童的个性得到充分自由的发展，以适应未来社会工作的需要。因此，他认为学校应成为这样一种地方，"在那里，应该诱导儿童，致力于最有价值的活动，在那里，在这些活动中起作用的策动系统应该牢固地成为他的天性，以备一旦有需要在学校以外的广阔天地里运用它们，并且进一步发展它们"①。

（五）记忆基质

沛西·能认为，除了策动以外，记忆基质是动物和人的另一个基本趋势。记忆基质和策动是有机体活动的两个方面的名称，是不可分割的。他说："自我表现的每一个行动既是策动性的又是记忆性的：从它作为生命本质的保守的或创造的活动这一点来看，它是策动性的；从它的形式至少有一部分是有机体个体的或种族的历史所形成这一点来看，它是记忆性的。"②这里所说的记忆实际上指的是记忆基质。

那么，记忆基质与记忆的关系如何呢？

记忆基质的范围比记忆更广，恰如策动与意动。他指出把有意识的或无意识的各种记忆现象所代表的生命体的性质，称为记忆基质。因此，记忆是有意识的记忆基质，正如意动是有意识的策动。③"我们需要一个像记忆基质这样的名词，它和真正记忆的关系正如策动和意动的关系——这个名词表示有生命的有机体的一般属性，而有意识的记忆只是它的特殊的和偶然的表现。"④从低等动物、高等动物到人，活动都离不开记忆基质。记忆基质除了有意识和无意识之分，还有先后之别——原始倾向与后起倾向。动物和人所

----

① [英]沛西·能：《教育原理》，王承绪、赵端瑛译，37 页，北京，人民教育出版社，1992。

② [英]沛西·能：《教育原理》，王承绪、赵端瑛译，50 页，北京，人民教育出版社，1992。

③ 参见[英]沛西·能：《教育原理》，王承绪、赵端瑛译，26 页，北京，人民教育出版社，1992。

④ [英]沛西·能：《教育原理》，王承绪、赵端瑛译，41 页，北京，人民教育出版社，1992。

具有的最初的(先天的)倾向是"原始倾向"(primary dispositions),后来,因经验而在原始倾向上留下印迹,造成原始倾向的改变,这种改变了的倾向是"后起倾向"(secondary dispositions)。

印迹情结(engram complex)是记忆基质中一个重要概念。他认为,印迹情结具有以下特征:第一,这种印迹不是平行地存在于动物的倾向内,而是作为一种统一的有组织的"印迹情结"存在的,并成为后起倾向结构的一部分;第二,无论动物还是人,它们生来就带有其祖先的某种原始倾向,这种倾向中充满从它的祖先的生活中得来的印迹,后来,这些印迹逐步展开。他说:"一系列印迹中的每一个印迹,在一定时间出现在人的倾向中,直到最后,早先的全部发展计划,又重复出现。"①

这种印迹情结对动物和人的生存、发展具有特别重要的意义。他说:"从最低等动物到人类为止,行为中所发生的各种形式的'从经验中学习'和'一致的前进性以及适应性'的现象,似乎可以用印迹复合[情结]来解释。"②它对人们的行动具有决定性影响,即具有决定趋势,他的这种思想显然受霍尔复演说、麦克杜格尔策动论、弗洛伊德"潜意识"等影响,具有生物学化气息。

沛西·能强调策动、记忆基质等先天趋势的影响的用意是什么?用他本人的话来表述再清楚不过了。他说道:"心理分析的记录大大地加强了把个人的独立自主的发展作为教育的中心目的的论证。这些记录表明,个性的基础建立在怎样阴暗的深处,个性的自然形式多么变化无穷,而对于一个长成中的性格强加以与统一的原则不相符合的形式,有时可能造成多大的危害。"③显然,这是他个性自由发展理论的生物学依据。

---

① [英]沛西·能:《教育原理》,王承绪、赵端瑛译,44页,北京,人民教育出版社,1992。
② [英]沛西·能:《教育原理》,王承绪、赵端瑛译,42页,北京,人民教育出版社,1992。
③ [英]沛西·能:《教育原理》,王承绪、赵端瑛译,65页,北京,人民教育出版社,1992。

人是生物实体。因此，在考虑个性的本性是社会性的同时，也不能不考虑个性所带有的生物学烙印。生物遗传因素、先天素质是个性发展不可缺少的自然前提，是个性发展的潜在可能性，这是毋庸置疑的。沛西·能认识到生物因素的重要性，注意到人的心理与人的生理是不可分割的整体，是有合理性的。但是，他用生物学化观点来研究人的行为及其心理，进而认为在动物界也有教育，否认教育的社会性和目的性，是站不住脚的。

第四节　沛西·能教育思想的意义

在新教育运动中，沛西·能适应时代潮流，探索新教育理论，推动教育改革，在英国乃至欧美教育史上具有重要地位。

沛西·能教育思想的积极意义至少表现在以下三个方面。

首先，沛西·能对新、旧教育理论都保持了比较冷静的态度。我们知道，进步主义者首先是批评者。有些教育家提出了许多激进的口号，在抨击传统教育保守、落后的不科学的方面的同时，也否定了其中一些合理部分，把糟粕与精华一起抛弃了。这集中表现在三个方面：过分强调活动，忽视书面知识；过分注重儿童的兴趣，忽视适当的纪律与训练；过分迷恋变革，忽视事物固有的永恒价值。在这种普遍偏激的气氛下，沛西·能保持住清醒的头脑，清醒地看到传统教育中存在的可取之处，如班级授课制、形式教育、文法中学等。沛西·能的谨慎还表现在对当时人们心目中最科学的实验的态度上。尽管他认为教育必须不断地接受科学的调节，但他反对那种"认为实验室和相互关系的测量能够而且应该提供教育过程的整个基础的倾向"①。因此,沛西·能是一个持重的教育理论家,这种冷静的态度也在后来现代派与传统派的不断融合、相互吸收中得到体现。

其次,沛西·能为进步主义教育理论提供了重要依据。许多人认为,进步主义者是一个松散的群体,他们所提出的诸如个性、自由、生长等概念缺乏确定的理论基础。沛西·能的《教育原理》正是要解决这一问题,并获得了成功。1920年,《教育原理》一出版,便得到了广泛的注意与赞赏,成为当时最闻名、最被广泛阅读的教育文献。自从英国新教育思潮诞生以来,不乏新思想的先驱,雷迪、巴德利、霍尔姆斯、尼尔、雷恩、迈克门、柯克等人都努力把新的思想引入实践,但从来没有人像沛西·能那样以系统的方式阐述进步主义教育理论,也从没有一本书像《教育原理》那样产生如此深远的影响。因此,《教育原理》也被称为"个人主义者的圣经"②。

最后,沛西·能对当时的教育实践给予了有力的指导。沛西·能并没有开办任何学校,但并不是说他的理论仅仅停留在书本上。他对当时的教育实践产生了深远的影响。卡夫纳考察了1920年以来英国的教育状况后,在1936年写下了这样的评价:《教育原理》毫无疑问是"这一时期一本杰出的书","接受培训的一代教师在它的基础上学习","它深深地影响了他们对事物的看法以及他们后来的实践"。③几乎所有同时代的人都赞同这个评估,即使那些不同意这本书中论点的人也不例外。而且,沛西·能还积极投身教育实践活动之中。第一,他作为一个从教几十年的卓越教师,为新教育思想摇

---

① R.J.W.Selleck, "Psychology and Education British Journal of Psychology," in *English Primary Education and the Progressives 1914-1939*, London and Boston, Routledge & Kegan Paul Ltd., 1972, p.109.

② T.P.Nunn P.V., "Ballard's Comment is in the Changing School," in R.J.W.Selleck, *English Primary Education and the Progressives 1914-1939*, London and Boston, Routledge & Kegan Paul Ltd., 1972, p.53.

③ 转引自徐小洲编著:《外国教育史略》,299页,杭州,浙江科学技术出版社,2001。

旗呐喊、呕心沥血，直接影响了这批学生后来的教育实践，第二，他影响了英国的教育改革。他不仅解释、宣传意义深远的哈多报告，而且，1938 年的斯宾斯报告是在他的指导之下拟定的。第三，他在担任伦敦师范学院院长期间，不仅为该院的发展做了许多有益的实际工作，也为海内外培养了大量从事教育工作的骨干。这批骨干后来成为新教育思想的宣传者、拥护者。

沛西·能教育提出了建立在生物学、心理学基础上的个性自由发展理论。这种思想的提出具有其合理性。

首先，他试图把教育理论建立在生物学、心理学实验的基础上。这种把教育"科学化"的倾向是可取的，我们今天也需要吸收这种尊重科学、追求科学的精神。

其次，他当时提倡个性教育，在政治上是针对德国军国主义教育而言的。只要回顾一下德国军国主义教育给世界人民带来的危害，就不难发现，沛西·能提倡个性具有重要的历史意义。

最后，他提倡尊重儿童个性，与英国传统教育千人一式的教育模式相比，具有明显的进步性。沛西·能提出的儿童个性培养理论与方法，具有现实参考价值。

然而，沛西·能的教育思想存在着明显的局限性。

首先，他用生物学化观点分析教育问题，在用实验科学去解释人的教育现象时，有时忽略了人与动物的根本区别，把在动物身上的实验或研究结论几乎照搬到人的身上。

其次，沛西·能以为，个性自由发展主要是给予儿童尽可能多的自由，即自由活动。其实，个性的真正自由发展与人的全面发展密不可分，缺乏必要的基本知识、技能，势必会阻碍儿童个性的自由发展，使儿童失去更高层次自由的可能。因此，仅有自由活动，未必能带来真正的个性自由发展。

最后，与许多教育思想家一样，沛西·能的教育思想既有可取之处，又存在不足。但是，无论如何，他是一个做出重要贡献的人。普列汉诺夫曾经说过："一个伟大人物之所以伟大，并不是因为他的个人特点使伟大的历史事变具有个别的外貌，而是因为他所具备的特点，使他自己最能为当时在一般的和特殊的原因影响下所发生的伟大社会需要服务。"①从这个意义上说，沛西·能是一个杰出的教育理论家。

---

① [俄]普列汉诺夫：《论个人在历史上的作用问题》，唯真译，49 页，北京，生活·读书·新知三联书店，1964。

第六章

蒙台梭利的教育思想

蒙台梭利是西欧新教育运动中涌现的主要教育家之一。澳大利亚著名教育史学家康内尔曾指出："在第一次世界大战前的欧洲，有三个人研究出了新的教育思想，并将这些思想付诸实施，从而获得了卓著的声望。"①蒙台梭利便是他所说的三位教育家的第一人。其教育理论探讨与实践侧重在幼儿教育方面，因此又被认为是 20 世纪最杰出的幼儿教育家，也是在西方历史上与福禄培尔齐名的两大幼儿教育家之一。

第一节　蒙台梭利的生平和教育活动

蒙台梭利于 1870 年 8 月 31 日出生于意大利东部安科那省。当她 5 岁时，全家搬迁到罗马。蒙台梭利是家中的独生女，从小勤奋好学，乐于助人，具有顽强的个性。"从早年她就显示了自己是一个有决断力的女性。"②甚至相信

① ［澳］W.F. 康内尔：《二十世纪世界教育史》，张法琨、方能达、李乐天等译，279 页，北京，人民教育出版社，1990。

② ［澳］W.F. 康内尔：《二十世纪世界教育史》，张法琨、方能达、李乐天等译，282 页，北京，人民教育出版社，1990。

尘世间人们尊崇的规则"可以因她而改变"①。还有人形容她是一位极为独特的知识女性,"至少在其年轻时,其所思、所做,是此前无人践行的"②。

16岁中学毕业时,蒙台梭利违背父母的安排进入男子技术学院学习工程,临毕业那年又决定改行学医。由于意大利从未有过女医生,故此举不仅在家中引发轩然大波,还成为当时的一则社会新闻。为求学,她亲自求见意大利教育部部长巴塞利。巴塞利堪称蒙台梭利的"贵人"。他曾任罗马大学医学院院长、意大利国会议员。被这位年轻女性说服后,他利用自己的地位与关系,花费极大力气,终于打破惯例,使蒙台梭利获得特批,进入了罗马大学医学院。③ 在罗马大学医学院的6年学习期间,因断绝来自家庭的资助,她通过做家教及争取奖学金维持学业;她还必须忍受各种歧视女性的大男子主义作风及生活上的诸多不便——例如,学校没有女厕所、她只有深夜才能利用实验室(因为校方不允许她与男生一起做人体解剖实验),以及学医必然遇到的情景等。有时她觉得无法坚持下去了,准备打退堂鼓,但倔强的个性及坚强的毅力终于占了上风,上述消极的想法转瞬即逝。④

历经艰辛和奋斗后,蒙台梭利于1896年以优异成绩毕业,成为意大利历史上的第一位医学女博士。毕业后不久,她被罗马大学聘任为该校附属精神病诊所的助理医生,主要治疗对象是低能儿童。因工作需要,她深入研究低能儿童教育的先驱、法国心理学家依塔德(Jean Itard, 1774—1858)和塞贡(Edouard Seguin, 1812—1880)的著作。为了充分领会他们的思想精髓,蒙

---

① R.Kramer, *Maria Montessori: A Biography*, New York, G.P.Putnam's Sons, 1976, p.22.

② R.Kramer, *Maria Montessori: A Biography*, New York, G.P.Putnam's Sons, 1976, p.11.

③ R.Kramer, *Maria Montessori: A Biography*, New York, G.P.Putnam's Sons, 1976, p.34.

④ 参见[美]米歇尔·波拉德:《蒙台梭利传》,陈美芳译,23~27页,上海,世界图书出版公司,1997。

台梭利甚至从头至尾把他们的著作抄写一遍，还译成意大利文。① 通过认真学习、钻研，结合自己的医疗实践经验，她开始形成这样的信念："儿童智力缺陷主要是教育问题，而不是医学问题。"②

1898 年，意大利都灵召开了一次关于教育学的讨论会。蒙台梭利在会上扼要阐述了她对低能儿童教育的看法，声称："低能儿童并非社会之外的人类，他们能接受教育并获益；他们即使无法得到比正常儿童更多的教育，也应和正常儿童所得的教育一样多。"③此主张在当时不啻为石破天惊之论，并引起了与会者强烈的反响。教育部部长不久任命她为国立特殊儿童学校的校长。她在此岗位上工作了两年。任职期间，蒙台梭利以极大的热情投身于低能儿童的教育工作。后来她说，在特殊儿童学校工作而得到的实践经验等于"使我得到了第一个真正的教育学的学位"④。

辛勤的劳动与探索换来了丰硕的成果。蒙台梭利成功地使许多原来人们认为难以有造化的低能儿童有了长足进步，在国家考试时达到同龄正常儿童的水准，并进入一般学校学习。但蒙台梭利并未陶醉于自己所取得的成就。此时她开始考虑，假如缺陷儿童经过合适的教育可以达到正常儿童的标准，为什么正常儿童不能达到更高的水平？她想起了意大利杰出人类学家、她的老师塞吉在《教育训练》中的呼吁和教导："今天，人类社会迫切需要重建教育方法；为此而奋斗也就是为人类复兴而奋斗。"⑤1901 年，蒙台梭利决心投身于正常儿童教育这个广阔的领域，为更多的儿童造福。她选定自己的研究方向主要在幼儿教育，并着重研究 3～6 岁儿童的教育问题。这时，尽管她已有

---

① 参见任代文主译校：《蒙台梭利幼儿教育科学方法》，77 页，北京，人民教育出版社，1993。

② M.Montessori, *The Montessori Method*, New York, Shocken Books, 1964, pp.31-32.

③ E.M.Standing, *Maria Montessori: Her Life and Work*, New York, New American Library, 1962, p.29.

④ M.Montessori, *The Montessori Method*, New York, Shocken Books, 1964, p.32.

⑤ 转引自任代文主译校：《蒙台梭利幼儿教育科学方法》，51 页，北京，人民教育出版社，1993。

了丰富的自然科学知识和丰富的教育实践经验，但仍感理论修养不够，于是又重回罗马大学进修了哲学、教育学、实验心理学和人类学等课程，并广泛阅读了夸美纽斯、洛克、卢梭、裴斯泰洛齐和福禄培尔等人的教育名著。1904—1908 年，她曾担任罗马大学人类学讲师。其间，她力图将人类学的一般原理运用于教育研究。罗马大学的学习研究及工作使其理论基础更加坚实，眼界更为开阔，从而为研究正常儿童教育创造了有利的条件。

20 世纪前后的意大利，是欧洲一个甚为落后的国家。在首都罗马，市政当局为了粉饰太平，保持所谓古罗马文明的风貌，把大批赤贫居民赶到市郊，将他们禁锢在圈定的贫民区内。这些地区极其污秽、拥挤，其贫困、愚昧的凄惨景象令人触目惊心。儿童在如此恶劣的环境中成长，令一些慈善人士扼腕叹息。1906 年，一个名叫罗马住宅改善协会的慈善机构提出一项包括创办幼儿教育机构在内的公寓改建计划。蒙台梭利接受该协会邀请，满怀改革社会和教育、为穷苦民众服务的理想，来到罗马贫民区。

1907 年 1 月，蒙台梭利在罗马圣罗伦佐贫民区开办了一所招收 50 名 3～6 岁贫民儿童的幼儿学校，并命名为"儿童之家"。不久在同一地区又开设了一所。她在此处将最初使用于低能儿童的教育方法经过适当修订，运用于正常儿童，取得了极大的成功，引起了国内外的广泛注意。甚至罗马的富人也为之怦然心动，纷纷出资请她去为自己的孩子开设"儿童之家"。

在师友们的鼓励与催促下，蒙台梭利于 1909 年撰写了《适用于"儿童之家"的幼儿教育的科学方法》一书[英译本改名为《蒙台梭利方法》(The Montessori Method)]。她在书中总结了"儿童之家"的实践经验，全面阐述了自己的教育观点和方法。此书出版后不久就传遍四方，被译成 20 多种文字。慕名前来参观"儿童之家"的国内外各方人士络绎不绝。

1911 年，蒙台梭利离开"儿童之家"，致力于传播自己的思想和方法，促进世界各国幼儿教育方法的改革。为了满足各国的需要，自 1919 年后，蒙台梭利在不少国家开设了每期半年，招收各国学员的国际训练课程班，亲自传播她的教育方法。此课程班从 1919 年一直办到 1938 年。其中首届及每隔一年固定在伦敦办班，其余年份则在欧美其他国家及印度办班，受训人数有时高达四五千人。学员回国后，大力宣传蒙台梭利的方法，由此形成的蒙台梭利运动进一步扩大到世界范围。

蒙台梭利于 1912 年和 1916—1917 年两次访问美国，备受各界欢迎。1913 年，美国蒙台梭利教育协会宣布成立。美国以蒙台梭利名字命名，或采用了蒙台梭利方法的学校一度达 200 多所。杜威与其女儿在 1915 年合著的《明日之学校》一书中专辟一章，介绍了蒙台梭利的方法。但由于种种原因，美国的蒙台梭利热潮于 1916 年后便衰退了。[①]

蒙台梭利学说在欧洲一些国家则仍保持影响。特别值得一提的是，1917 年后，蒙台梭利在荷兰受到欢迎和优待，并在此后 15 年中，选择此地作为常住地。1929 年，荷兰成立了一个宣传蒙台梭利思想的国际组织"国际蒙台梭利协会"（Association Montessori International）。蒙台梭利担任会长，并在此后连任 9 届大会主席。她还进一步拓宽自己的研究领域，努力将"科学的教育方法"应用于教育的各个阶段，在新生儿和青春期研究方面取得诸多成果。

20 世纪 30 年代后期，墨索里尼上台后，宣传个性自由、反对暴力干涉的蒙台梭利学说被禁止传播，她的肖像、著作在德国和奥地利等国亦被纳粹党徒当众焚毁。蒙台梭利被迫离开祖国，到荷兰、印度等地避难及工作。第二次世界大战结束后，蒙台梭利虽已达耄耋之年，但仍不辞辛劳，到各国巡回演讲，指导教育工作，呼吁通过教育改造世界，促进世界和平，最后于荷兰去世。

---

①　蒙台梭利于 1916—1917 年第二次访美时，虽然曾应邀在纽约儿童基金会做过一次演讲，但"几乎没有什么演讲及公开活动"，显然遭到冷遇。与 1912 年第一次访美受到的热烈欢迎及接待形成鲜明对照。参见 R. Kramer, *Maria Montessori: A Biography*, New York, G. P. Putnam's Sons, 1976, p.252。

除《蒙台梭利方法》外，蒙台梭利的主要著作还有：《教育人类学》(*Educational Anthropology*)、《蒙台梭利手册》(*Dr. Montessori's Own Handbook*)、《高级蒙台梭利方法》(*The Advanced Montessori Method*)、《童年的秘密》(*Secret of Childhood*)、《新世界的教育》(*Education for the New World*)、《儿童的发现》(*The Discovery of the Child*)、《有吸收力的心理》(*The Absorbent Mind*)等。

第二节　论幼儿的发展与教育

一、儿童观及教育观的思想渊源及理论基础

作为欧洲新教育的重要代表及杰出的教育家，蒙台梭利教育思想的形成受到了多方面的影响，并具有坚实、深厚的根基。

方法论。蒙台梭利受法国特殊教育专家及医学家依塔德及其弟子塞贡的影响尤深。蒙台梭利在总结自己的教育经验时曾说，她的方法的成功既是她10年研究的结果，也可以说是对依塔德和塞贡40年所做工作的小结。[①]

生物学及其他自然科学。蒙台梭利成年之际，正处在19世纪末自然科学的长足发展时期，加之她本人曾学医，故通晓自然科学，尤其是生物学及生理学。一般认为，除了达尔文的生物进化论与孟德尔的遗传学说外，法国昆虫学家法布尔、生物学家喀雷尔及荷兰生物学家德弗里对她的影响尤大。法布尔主张在自由环境中观察所研究对象的行为；德弗里提出有机体进化的"突变理论"(mutation theory)及昆虫生长的"敏感期"(sensitive period)理论；喀雷尔则从生理学的角度大声疾呼要重视幼儿教育。这些主张在蒙台梭利理论中都留下了痕迹。

近代西方哲学。法国唯心主义哲学家柏格森宣传"生命哲学"，宣称"生命

---

① M. Montessori, *The Montessori Method*, New York, Shocken Books, 1964, p.46.

的冲动"是唯一的实在，其向上的运动创造精神，也创造生命的形式。在社会历史问题上，柏格森主张用"个性自由"的"开放社会"来代替"暴力统治"的"封闭社会"。这些思想都对蒙台梭利产生了影响。

心理学。蒙台梭利接受了英国心理学家麦独孤的目的心理学思想，认为控制人类行为的是本能的冲动，强调儿童来自先天的自发的能动性的重要作用。此外，她的感官教育思想也明显受到了历史上沿袭已久的，认为人生来具有不同的心理官能并且可以分开加以训练的官能心理学的影响。

教育思想。蒙台梭利早年正置身于新教育运动风起云涌的年代，她和新教育的许多代表人物一样，接受了卢梭、裴斯泰洛齐、福禄培尔等人的儿童本位及内发论思想。有人指出："与业已应用的大多数其他方法相比，她受卢梭的影响极大。她的著作的许多段落读来很像是卢梭写的一些主题的变种，而她对成人世界的责难，说他们完全不考虑儿童的问题，也令人想起卢梭的态度。"①她对旧教育摧残儿童，忽视儿童的精神需要，将教育变成灌输与惩罚的同义语的做法深感憎恶，要求认真研究儿童，洞察其身心发展的规律。

除上述影响外，蒙台梭利也受到了宗教的影响（与其家族信仰有关）。

上述诸种学说或观点，有不少是殊途同归或重合的，它们既是蒙台梭利学说的思想渊源，也在某种意义上构成其儿童观及教育学说的理论基础。

二、儿童心理发展与遗传、环境的关系

蒙台梭利关于遗传和环境对于儿童心理发展影响的思想有一个发展变化的过程。在早年，她虽然并不轻视环境，但更倾向于强调遗传的作用；在接受卢梭、柏格森、麦独孤等人的影响后，提出了不无神秘色彩的生命力学说。

---

① ［摩洛哥］扎古尔·摩西主编：《世界著名教育思想家》第3卷，梅祖培、龙治芳等译，137页，北京，中国对外翻译出版公司，1995。

她声称儿童不仅具有肌体，还具有一种内在的生命力。儿童的生命力"是一种难以捉摸的东西"，正像一个"生殖细胞"一样，确定着个体发展的准则。她认为，儿童的"生长是由于内在的生命潜力的发展，使生命力显现出来，儿童的生命就是根据遗传确定的生物学的规律发展起来的"①。针对时弊，蒙台梭利指出，人们面临的一个重要问题，就是"他们没有意识到生命有自己的发展规律，儿童具有一个积极的精神生命"，因而"有意无意地压制"儿童，在教育上采取一系列错误措施。由于大力推崇内发论，她在谈到环境的作用时声称："环境是生命现象的第二因素，它可以促进和阻碍生命的发展，但决不能创造生命。"②但到后来，她根据心理学研究的新成果及自己的经验，逐渐修正并完善了自己早年较为偏执的观点，在注重遗传因素的同时，倾向于强调环境的主导作用以及有机体与环境之间的相互作用。在20世纪40年代末出版的《有吸收力的心理》一书中，蒙台梭利指出，"除遗传因子的作用外，还有它们对之起作用的环境的影响。环境在成熟的过程中起着主导作用"，认为心理变化只有通过有机体与环境之间的相互作用才能产生，"只有通过对环境进行的自由活动所得到经验才能完成"③。她还用阿维龙野孩的事例来说明："我们若在一个远离人烟、与世隔绝的地方将孩子养大成人，只给他们物质食粮，别的什么也不给，那么，孩子的身体发育会是正常的，而大脑的发育却受到严重损伤。"④

三、儿童心理发展的特征与教育

(一)心理胚胎期与外界环境

蒙台梭利认为，人和动物都是在适宜的环境中自然生长和发展的。但人

---

① M. Montessori, *The Montessori Method*, New York, Shocken Books , 1964, p.105.
② 任代文主译校:《蒙台梭利幼儿教育科学方法》，120页，北京，人民教育出版社，1993。
③ 任代文主译校:《蒙台梭利幼儿教育科学方法》，410、411页，北京，人民教育出版社，1993。
④ 任代文主译校:《蒙台梭利幼儿教育科学方法》，409页，北京，人民教育出版社，1993。

并不能像动物那样一生下来就充分表现出自己的本能，并做到动作协调；人的本能是在生活中逐渐显现出来的，是通过自己和环境交往的经验建立起来的"内部组织结构"。她认为人类有两个胚胎期：一个是在母体内生长发育的过程，可称之为"生理的胚胎期"；另一个则是人类特有的"心理的(或称精神的)胚胎期"，具体表现在从出生到三岁的婴幼儿阶段。她认为，这个时期是儿童心理的形成时期。儿童心理的发展经历着与生理胚胎期发展同样的路线，开始几乎是一无所有，受到一种内在生命力及创造能力的驱使而发展，经过与外界交往，吸取外界的刺激和印象，积累材料，形成许多感受点和心理所需要的器官，然后才产生心理活动。

(二)"吸收心理"与教育的方式

蒙台梭利认为，儿童的成长受内部潜能的驱使，但并不意味着儿童的发展能在脱离外界环境的情况下自动地实现。她认为，婴幼儿具有一种下意识的、不自觉的感受能力与特殊的鉴别力，简称"吸收心理"(absorbent mind)，即能通过与周围环境(人和事物)的密切接触和情感的联系，获得各种印象和文化，"利用他周围的一切塑造了自己"①，从而形成心理、个性和一定的行为模式。蒙台梭利认为婴幼儿这种自然吸取和创造性的功能是成人所没有的，儿童在幼年期所获取的一切将保持下去，甚至影响一生。她要求教育者和教育机构必须为儿童提供尽可能丰富的精神食粮供儿童吸收。她认为这种需要如同生理胚胎期的儿童需要母腹提供特殊的营养和保护环境一样重要。

蒙台梭利进而指出，由于所有儿童都具有一种"吸收"文化的心理，因此他们能自己教自己。在她看来，这一发现给教育界带来了一场革命，"由此我们发现教育并非教师教的过程，而是人的本能发展的一种自然过程。不是通过听，而是依靠儿童作用于环境获得的经验。教师的任务不是讲解，而是在

①　M.Montessori, *The Absorbent Mind*, New York, Doll Publishing Co., 1967, p.25.

为儿童设置的特殊环境中预备和安排一系列有目的的文化活动主题"①。

(三)发展的敏感期与教育时机

受荷兰生物学家德弗里的影响,蒙台梭利指出,生物界存在一个事实,即各类生物对于特殊的环境刺激都有一定的敏感期,这种敏感期与生长现象密切相关,并与一定的生长阶段相适应。例如,毛虫在初生后第一阶段对光很敏感,为了得到强光,它爬上树梢。与此相关联的是树梢有最嫩的叶子,适于幼虫食用。当毛虫长为成虫后,可以吃较大的树叶,对光也就失去了敏锐的感受力。蒙台梭利认为,儿童心理的发展与这一生物现象类似,也有各种敏感期,在发展过程中也经过不同的阶段,每个阶段都有某种心理的倾向性和可能性显示出来,过了特定的时期,其敏感性则会消失。

蒙台梭利对敏感期的教育价值给予了极大的重视,关于儿童发展具有敏感期的思想是其儿童观的重要内容,是其中颇具特色的部分,在她的学说中,没有哪一部分比之敏感期更重要、更具独创性了。

她认为儿童发展的各种敏感期与儿童的智力发展有密切关系,在儿童发展的敏感期内,成人为他们提供适宜的环境便可以极大地促进其智力的发展。

蒙台梭利相信儿童在每个特定时期都有一种特殊的感受能力,这种感受力促使儿童对环境中的某些事物甚为敏感,而对其他事物则置若罔闻。她认为,这种注意是由于本能与特定的外部特征之间的密切联系而产生的一种兴趣,是从无意识深处产生出来的一种热情,通过各个敏感期及不同活动的交替进行,儿童"在一种稳定的节奏中,在一个不停地燃烧着的火焰中进行着人的精神世界的创造工作"②,逐渐形成自己的个性特征。

蒙台梭利还指出,敏感期是在一定的外界环境中出现的,环境提供了心理发展的必要条件。当环境与儿童的内部需要协调一致时,一切都会顺乎自

---

① 任代文主译校:《蒙台梭利幼儿教育科学方法》,327页,北京,人民教育出版社,1993。

② M. Montessori, *Secret of Childhood*, New York, Bullantine Books, 1966, p.49.

然地实现。如果缺乏适宜的环境，儿童就将失去并永远丧失这个自然取胜的机会。正因为敏感期是有时间性的，会转移的，所以成人必须善于识别，并努力创造条件予以最大限度的利用。

根据自己对儿童的观察与实验，蒙台梭利还试图对儿童的敏感期加以区分，提出儿童从初生到 5 岁是感觉的敏感期（2~2.5 岁时达到顶峰）；秩序的敏感期是从 1 岁多到 4 岁左右①；语言的敏感期是在出生后 2 个月到 8 岁；动作的敏感期从初生到 6 岁。

蒙台梭利关于敏感期的描述显得有些空泛，但她的有关思想（包括前述"心理胚胎期"的思想等）充分肯定了幼年期在人生发展过程中的价值，为早期教育的重要性找到了科学的依据。这些问题后来成为教育心理学及儿童心理学研究的重要课题。她的研究为后人的进一步研究奠定了基础。

（四）发展的阶段性与教育的重点

以当时的心理学的研究成果为依据，蒙台梭利还研究了儿童发展的阶段性问题，指出儿童发展是有阶段性的，在发展中的每个阶段，儿童均有其特定的身心特点，而前一阶段的发展又为下一阶段奠定基础。她将儿童心理的发展分为以下三个阶段，并分析了每一阶段的特点及教育的重点。

1.0~6 岁

这是儿童个性形成的最重要的时期。其中又分为心理的胚胎期（0~3 岁）及个性的形成期（3~6 岁）。在心理的胚胎期，儿童尚不能接受成人的任何直接影响，主要借助有吸收力的心理来适应生活。他们能依靠敏感性，无意识地去感受周围环境中各种事物的特征，以获得大量的印象。个性形成期的心理发展包括通过作用于环境的活动发展意识及充实、完善已形成的能力两个方面。蒙台梭利认为，这个时期的儿童虽然继续从周围环境中吸取印象，

---

① 蒙台梭利所用的"秩序"一词是指把物品放在适当的地方，遵守生活的规律，理解事物的时空关系及对生活中的各种物件进行分类，找出其内在联系等。

但已不仅依赖感觉，也依赖这个"能直接接触到的心理器官"①。他们已能有意识地利用环境，将无意识获得的东西，予以有意识的加工。他们的动作虽仍带有模仿性，但却是有选择的。他们不是靠成人的直接帮助，而是通过参加活动，为自己加入成人的世界做准备；同时，儿童也通过各种活动，进一步发展了自己的心理，直至获得记忆、理解力和思维能力。由于儿童思维能力的提高和各种愿望的产生，他们对成人、环境的影响更为敏感，在成人的帮助下，能更好地集中注意力，并对社会和文化学习发生兴趣，于是，儿童的个性就在其内在生命力的推动和敏感性的引导下，通过与环境的相互作用而逐渐得以形成。

蒙台梭利认为，由于在婴幼儿阶段会发生人类心理的创造与行为的形成这一惊人现象，而"胚体的生命与童年的改变对成年的健康与人种的未来意义具有决定性意义"②。故这一发展阶段对人生是最重要的。当幼儿产生"精神的饥饿"(moral starvation)或"心理的疾病"(spiritual disease)时，则将与身体上的挨饿一样具有毁灭性，故童年教育是人类最重要的问题。她主张"教育应始于诞生"③。

2. 6~12 岁

这是儿童增长学识和艺术才能、有意识地学习的时期。这一阶段儿童的主要特征是：发展已有了很大的稳定性，开始具有抽象思维能力，产生道德意识和社会感，并要求离开过去那种狭小的生活圈子。根据上述特征，蒙台梭利主张对儿童的教育也要有相应的改变，应从感觉练习转向抽象的智力活动。

3. 12~18 岁

其中又可分为两段：12~15 岁和 15~18 岁。这时儿童进入青春期，身心

---

① M.Montessori, *The Absorbent Mind*, New York, Doll Publishing Co., 1967, pp.166-167.

② M.Montessori, *The Child in the Family*, New York, Avon Books, 1956, p.28.

③ M.Montessori, *The Child in the Family*, New York, Avon Books, 1956, p.28.

有了更大的改变，身体发育渐趋成熟。心理上，他们有了自己的理想，产生了爱国心和荣誉感，能根据自己的兴趣探索事物，因此可以对他们进行像成人那样的宣传教育。

综上所述，蒙台梭利的儿童观的要点及重要特色是：重视早期教育；认为儿童心理的发展具有节律性、阶段性、规律性；强调生命力的冲动是儿童心理发展的原动力，同时强调儿童心理的正常发展必须依靠环境和教育的及时、合理的安排及主客体的相互作用。可以说，蒙台梭利在以遗传（天性）为中心的前提下，把遗传与环境、教育、活动这些影响儿童发展的因素统一起来了。从她的有关论述中我们感觉到一种强烈要求，即为了正确对待和教育儿童，必须研究、掌握、尊重儿童的心理特点和个性差异。这正是当时席卷欧美的新教育思潮的体现，也是 100 多年前卢梭所开创的新的儿童教育事业的继续发展。

第三节　论教育的功能、目的与任务

一、教育的功能

与同时代的许多改革者一样，蒙台梭利承认教育具有影响社会发展的功能。她将教育视为促进人类文明发展的重要途径之一，视为重建社会和拯救人类的最佳手段。她还指出，教育的这种社会功能须主要通过影响个体的发展来实现，声称："要想帮助和拯救世界只能依靠儿童，因为儿童是人类的创造者。儿童被赋予各种未知的能力，这些能力能够引导我们走向一个光辉灿烂的未来。如果我们确实渴望一个新世界，那么教育就必须把发展这些潜在的可能性作为它的目标。"①

————————

① 任代文主译校：《蒙台梭利幼儿教育科学方法》，324 页，北京，人民教育出版社，1993。

以上述观点为出发点，蒙台梭利认为社会必须关爱儿童，必须承认其权利，满足其需要。父母固然应担负起自己的责任，而社会亦须给他们以必要的指导。无论在物质上还是在精神上，社会都要为教育提供帮助，尤其是给教育投入更多的资金成为当务之急。同时，教育也应通过其自身进步所取得的利益来慷慨地回报社会。

二、教育的目的与任务

蒙台梭利指出，教育具有双重目的："一是生物学的目的，二是社会学方面的目的。从生物学上讲，我们希望教育能够帮助个体自然地发展；从社会学上看，我们教育的目的是培养个人适应环境。"①在她看来，教育的这两个目的总是重叠的，根据儿童的年龄在不同时期有不同的侧重点。在儿童形成的婴幼儿时期，帮助儿童身心自然发展更重要一些；而在"急速发展时期"过后，应更多地注意社会学的目的。

在此基础上，蒙台梭利还指出，"教育的基本任务"是使生物的目的与社会的目的相结合，使每个儿童的潜能在一个有准备的环境中都能得到自我发展的自由。显然，蒙台梭利在谈到教育目的及任务时，其价值取向都是建立在个人本位(或儿童中心)基础上的。不过不可由此得出蒙台梭利忽视社会的结论。她认为，教育促进儿童的自然发展，不仅具有个别意义，还具有普遍意义，是改造人类及社会的根本途径，声称："改造社会最紧迫的任务之一就是改造教育，以唤起潜伏着的神奇的力量……这种力量将在儿童身上出现，他们注定会成为能理解和驾驭我们当代文明的人。"②

蒙台梭利希望用新方法培养品质优异的人，期望年轻人成为有能力、有条件保持科学进步文明的强有力的新一代。虽然她并未详细描述这种新式教

---

① 任代文主译校：《蒙台梭利幼儿教育科学方法》，200 页，北京，人民教育出版社，1993。
② 转引自赵祥麟主编：《外国教育家评传》第 2 卷，564 页，上海，上海教育出版社，1992。

育所臻之理想境界，但将自己的希望与同时代改革者的希望联系在一起，相信通过他们的努力可以出现一个新的、美好的世界。她视推行新式教育为一场"和平革命"——一场非暴力的、不流血的革命，认为这是人类光明和希望之所在。

第四节　论教育的环境

一、设立儿童之家的意义

蒙台梭利赋予儿童最初几年的生活以极其重要的意义，认为所有的社会习惯和道德习惯都在此时期形成，并影响终身。然而目睹现状，蒙台梭利深感不满，认为无论社会还是家庭，都未能建立真正帮助儿童发展的制度。她强调，现代教育发展要求学校教育与家庭教育的目标一致，为儿童发展提供方便，但现实的情况却与此相悖。因此，儿童之家的设立就具有重要的意义。她在《儿童之家的章程规则》中明确指出，设立儿童之家的主要目的是"为那些外出工作不能照顾孩子的父母提供免费服务"[①]。其社会意义是通过"楼内学校"的特点表现出来的：一是有助于妇女外出工作，使家庭教育向社会化方向迈出第一步；二是有助于密切学校与家长的联系。儿童之家的设立还有"纯教育意义"，即为儿童的自然发展提供适宜的环境，根据儿童的年龄特点进行教育，促进其身心协调发展。

二、教育的环境

蒙台梭利认为，儿童的内在潜能是在环境的刺激、帮助下发展起来的，

① 任代文主译校：《蒙台梭利幼儿教育科学方法》，96 页，北京，人民教育出版社，1993。

是个体与环境之间相互作用的结果。她指出，旧的教育只包括教师和儿童两个因素，对于环境是不重视的。新的教育应当包括教师、环境和儿童三个因素，三者之间彼此都应发生作用。这个环境之所以必须是"有准备的环境"(prepared environment)，是因为现代人们的生活环境极其复杂，许多地方对儿童并不适宜。一个孩子出生后要适应这样的世界，取得经验，就需要成人的帮助。为此，必须在成人和儿童的世界之间建立一座"桥梁"。所谓"有准备的环境"就是要起这样一种桥梁作用，其目的是使成人的世界适合儿童的发展。

如何为儿童预备环境呢？蒙台梭利认为，对于新生儿而言，最好的环境就是父母本身营造的和谐家庭氛围。她认为，新生儿唯有与父母相处，吸取其言行，才能成长并适应世界。

对于3岁后的儿童，蒙台梭利则主张供给一个能激发其活动动机的"有准备的环境"。她所谓"有准备的环境"主要是针对3~6岁的儿童而言的。根据自己开办儿童之家的幼儿教育实践经验，蒙台梭利对"有准备的环境"提出了以下标准和要求：

①必须是有规律、有秩序的生活环境。

②能提供美观、实用、对幼儿有吸引力的生活设备和用具。

③能丰富儿童的生活印象。

④能为幼儿提供感官训练的教材或教具①，促进儿童智力的发展。

⑤可让儿童独立地活动，自然地表现，并意识到自己的力量。

⑥能引导儿童形成一定的行为规范。

---

① 蒙台梭利的教材、教具是同一个概念。她说宁愿将她的教具(didactic apparatus)称为"教材"(didactic materials)。

蒙台梭利在著作中曾描述了她所创办的儿童之家的情形，可作为所谓"有准备的环境"的一个范本。

她说，儿童之家并没有什么固定的形式，而是给儿童提供了活动和发展的一种环境。它附有一个宽阔的庭院，儿童可以在庭院的树荫下游戏、工作和休息。此外，它还有专门为儿童设计的工作室和休息室。室内的器具（如桌椅板凳）都做得小巧玲珑，便于儿童随意取用或移动。工作室是儿童之家的最重要场所，置有长玻璃柜和带有两三个小抽屉的柜。玻璃柜很矮，儿童可轻松自如地到柜中取放各种器具。在抽屉柜里，每个儿童都有自己的抽屉，用以存放个人物品。墙的周围挂有黑板，儿童可以在上面绘画写字；还贴有儿童喜欢的各种图片，并经常调换内容。工作室的一个角落还铺上了地毯，儿童可以在地毯上活动。休息室则是儿童彼此交谈、游戏和奏乐的地方。此外，饭厅和更衣室都按儿童的特点和需要布置。在这样的环境中，儿童是主人，他们饶有兴趣地活动着。每天的活动时间为从上午9点到下午4点，包括谈话、清洁、运动、用膳、午睡、手工、唱歌、照料动植物，以及各种感官和知识的训练、学习等。儿童的学习、工作可由自己安排掌握，不受规定时间的限制。①

综上所述，蒙台梭利所谓"有准备的环境"就是一个符合儿童需要的真实环境，是一个供给儿童身心发展所需之活动、练习的环境，是一个充满自由、爱、营养、快乐与便利的环境。她认为，当儿童被置于上述"有准备的环境"时，他们就能按自己内部的需要、发展速度和节奏来行动，最终成长为表现出一系列优良品质和惊人智慧的人类一员。

---

① 参见任代文主译校：《蒙台梭利幼儿教育科学方法》，103—106页，北京，人民教育出版社，1993。

第五节 论自由、纪律与工作

一、自由是科学的教育学的基本原则

根据蒙台梭利的儿童发展学说，儿童的生命潜力是通过自发的冲动表现出来的。这种冲动的外在表现就是儿童的自由活动。蒙台梭利对传统教育压抑儿童自发冲动的做法给予猛烈抨击，声称在这样的学校里，儿童像被钉子固定的蝴蝶标本，每个人被束缚在一个地方——课桌椅上。她对于传统教育用惩罚或奖励来威逼或诱使儿童服从外加的、强迫的纪律这一做法也进行了批评，认为即使采用奖励这种似乎与惩罚不同的刺激，也只能产生非自然的或强加的力量。

蒙台梭利提出，真正的科学的教育学的基本原则是给学生以自由，"我们必须采用以自由为基础的教育方法去帮助儿童赢得自由。换句话说，对儿童的训练应帮助儿童把限制他的活动的社会束缚尽可能地减到最少"[1]。她要求允许儿童按其本性个别地、自发地表现，认为对儿童的自由活动采取何种态度，是区分教育优劣的分水岭。她指出，如果说新的科学的教育学是起源于对个体的研究，则此研究必须专心于对自由儿童的观察。她认为，如果要以最简明的言语来概括她的方法，即它是建立于"有准备的环境中的自由"的教学法。

为了有利于儿童的自由活动，蒙台梭利在儿童之家按照前述所谓"有准备的环境"，精心布置了一个给儿童以充分自由、便利的活动场所。在这种环境中，打破了成人强加给儿童的观念：动就是坏，不动就是好。蒙台梭利认为，允许儿童自由活动，这是实施新教育的第一步。在自由活动中，儿童体验到自己的力量。这正是激励他们发展的最大动力。

---

① 任代文主译校：《蒙台梭利幼儿教育科学方法》，114 页，北京，人民教育出版社，1993。

二、工作是协调自由与纪律的中介

儿童之家里存在充分的自由，这是否意味着否定纪律？如果要纪律，自由和纪律是什么关系？二者能否协调，通过什么来协调？在有关问题上，蒙台梭利提出了一些独特而耐人寻味的思想。

在要不要纪律的问题上，蒙台梭利肯定地回答：儿童之家是要纪律的，而且在儿童之家里，儿童也是守纪律的。这种纪律是怎样形成的呢？她指出："这种纪律决不是靠命令、说教以及常为人们所称道的惩戒性的措施所能得到的。"①一切想直接达到纪律的目的都是不能实现的，真正的纪律对于儿童来说必须是主动的，只能建立在自由活动的基础上。因此她大声疾呼："活动，活动，我请你把这个思想当作关键和指南：作为关键，它给你揭示了儿童发展的秘密；作为指南，它给你指出了应该遵循的道路。"②此外，蒙台梭利所谓纪律赖以建立的自由活动不是指随心所欲的胡动蛮干或胡思乱想，而是指一种手脑结合、身心协调的作业。在蒙台梭利的词汇中，通常把这种活动或作业称为"工作"。有人认为，蒙台梭利的教育原理可用"工作"二字来综合。

蒙台梭利认为，工作是人类的本能与人性的特征。她声称在儿童之家发现了一件令人惊讶的事实，即儿童竟然"喜欢工作甚于游戏"。儿童喜欢操作教具，并从教具中得到满足与乐趣，毫无厌恶与疲倦的表情。她认为，儿童的"工作欲"正象征着一种"生命的本能"，在顺利的环境下，"工作"这种本能会自然地从内在冲动中流露出来。她还认为，儿童的"工作"与成人的工作性质并不相同。儿童的"工作"有以下特征。

---

① 任代文主译校：《蒙台梭利幼儿教育科学方法》，294 页，北京，人民教育出版社，1993。

② E.M.Standing, *Maria Montessori，Her Life and Work*，New York，New American Library，1962，p.230.

①遵循自然法则，服从内在的引导本能。

②无外在目标，以"建构为人"或称自我实现、自我完美为内在目标。

③是一种创造性、活动性与建构性的工作。

④须独立完成，无人可替代或帮助完成。

⑤以环境为媒介来改进自己，形成自己与塑造自己的人格。

⑥依自己的方式、速率进行，为自己的内在需求而重复。①

蒙台梭利认为，幼儿期的各种感觉练习及日常生活技能的练习等自发的活动，都是"工作"。"工作"可起中介作用，将"自由"和"纪律"这两个在传统教育中根本对立的概念有机地联系与统一起来。换言之，"工作"可促进非压迫、非强制的纪律的形成。

蒙台梭利还具体分析了"工作"之所以能促使纪律形成的原因。

第一，从生理的角度讲，"工作"有助于儿童肌肉的协调和控制，从而具有正确支配自己行动的能力。

第二，从心理的角度讲，"工作"有助于培养意志力，这是儿童服从纪律的先决条件。

第三，"工作"有助于培养独立性。此处所谓独立性主要是个生物学的概念，即能自我支配，依靠自己的器官满足自己的欲望和要求。她认为，如果儿童沉浸于"工作"，学会"依靠自己"，从"工作"中获得乐趣，满足自己的欲望，这样，人人专注于自己的"工作"，"儿童之间没有妒忌，没有争吵"，良好的纪律就体现出来了。蒙台梭利还认为，只要儿童自发地"工作"，在"工作"中就会学会尊重他人的"工作"权利及懂得"善"和"良好的规范"。

---

① 参见[意]玛丽亚·蒙台梭利:《童年的秘密》，马荣根译，183~195 页，北京，人民教育出版社，1990。

从蒙台梭利的上述分析来看，显然，"工作"促进纪律的形成是由"工作"的性质、特点决定的。由于"工作欲"是儿童的一种内在冲动，"工作"是儿童身心发展的必经之路，因此只要引导得法，就可导致非压迫的纪律的形成。蒙台梭利说："真正的纪律是通过工作第一次显现出来的。到了某一时刻，儿童对一项工作有了强烈的兴趣，我们从他脸上的表情和长时间全神贯注于一项活动，就可以看出，这个儿童已走上了纪律之路。"①在形成纪律的过程中，蒙台梭利和卢梭一样，完全排斥了"说理"的作用。她认为，幼儿仍处于潜意识向有意识的过渡阶段，成人的说教不会奏效。此外，采取强制命令、规范去束缚儿童将压抑儿童的个性，这是违反自由原则的。

上述通过"工作"这样一种在相当程度上是身心结合的自由活动去建立（或形成）良好纪律的思想，是蒙台梭利在自由与纪律问题上的基本与独特的观点。这一主张的实质即"纪律必须通过自由而获得"②。她认为，通过"工作"，儿童即可以"入其彀中矣"，即使放手给他们以自由行动的权利，也不会有越轨行为。这一主张在其幼儿教育实践中取得了一定的成功。儿童之家的一个显著特点是有较好的秩序、纪律，曾令参观者惊叹不已。

澳大利亚教育家康内尔认为："自由、工作和秩序是蒙台梭利为儿童营造的建筑物的三根主要支柱。"③总体来说，蒙台梭利通过"工作"而统一起来的从自由经作业而到秩序的纪律教育思想是富有创见的。传统教育家们也未尝不希望通过良好的活动环境达到秩序，但又认为由于儿童天性的野蛮顽皮，此理想在儿童群聚处难以实现，故赫尔巴特声称必须用威胁、监督等管理手段克服儿童的"烈性"，作为教育的先决条件。④ 而蒙台梭利却把儿童的内在

① 转引自杨汉麟：《外国幼儿教育史》，417 页，北京，人民教育出版社，2011。

② 任代文主译校：《蒙台梭利幼儿教育科学方法》，107 页，北京，人民教育出版社，1993。

③ W. F. Connell, *A History of Education in the Twentieth Century World*, New York, Teacher College Press, 1980, p.138.

④ 参见［德］赫尔巴特：《普通教育学·教育学讲授纲要》，李其龙译，23~24 页，北京，人民教育出版社，1989。

冲动视为发展的动力，试图通过积极的"引导"而不是消极的"堵塞""防范"来达到秩序和纪律。二者的差别实际上反映了新旧教育观的对立。但蒙台梭利完全排斥说理在幼儿教育中的作用，不免和卢梭一样陷入了片面性。

第六节　论儿童之家的教育内容

一、感官教育

重视幼儿的感官(或称感觉)训练和智力的培养，这是儿童之家的重要特色，也是蒙台梭利教育方法的一大特点。蒙台梭利重视感官教育主要是基于以下原因。

第一，幼儿正处在各种感觉的敏感期，要不失时机发展。

第二，感官是心灵的门户，感官对智力发展具有头等重要性。蒙台梭利认为，儿童在进入儿童之家以前，已在无指导的情况下吸收和积累了大量杂乱的印象，而正确的智力活动是建立在清晰的概念之上的，故整理印象应是"智力发展的第一步"，这也需要通过感官教育才能办到。

第三，与蒙台梭利早期从事特殊教育时所形成的一个基本信念——"智力低下与其说是医疗问题，不如说是教育问题"——有关。她认为通过感官教育，可以对某些因感官存在缺陷而影响心智发展的儿童进行及时补救。只要这些感官缺陷在敏感期之前被发现，就有可能通过感官教育得到较大的改善。

基于上述认识，蒙台梭利极为重视感官教育。她的感官教育主要包括通常所谓视觉、听觉、嗅觉、味觉及触觉的训练，其中以触觉练习为主。她认为"幼儿常以触觉代替视觉或听觉"，即常以触觉来认识周围事物，故尤为重视触觉。这一主张和卢梭的主张相似，与夸美纽斯的则有些区别。①

———————————

① 夸美纽斯在《大教学论》中强调视觉，曾将直观性原则定为教师必须尊奉的"金科玉律"。

在儿童之家里，蒙台梭利针对人的各种感官，专门设计了各种有独创性的教具。这些感官教具大致具有以下重要特点及使用要领。

教具根据其用途分为不同的种类。蒙台梭利的每一类教具基本上都由若干部件组成。所有部件除了某一维度(如大小、轻重、频率高低等)有量的差异外，其余性质相同。例如，训练感知重量的教具，所有的部件均同质、同形，只是每个部件之间存在量的差异，以便使儿童通过操作这套教具，训练对重量感觉的敏锐性。

每种教具各训练一种特殊的感觉。蒙台梭利要求在训练时，应尽可能排除其他感官的干扰，以便使所要训练的感官得到的印象尽可能纯正、清晰。例如，为了训练触觉，要求儿童将眼睛蒙上，或者在暗室中操作训练触觉的教具，以便排除视觉的干扰。蒙台梭利强调，唯有集中精力，全神贯注地"工作"，这种"工作"或教育才具有最大的发展价值。

教具能控制儿童使用不当的错误即儿童在操作过程中能根据教具的"暗示"进行"自我教育"，一旦使用不当，就要推倒重来，直到正确为止。例如，蒙台梭利设计了一套训练视觉感知能力的教具：在一块木板上有十个直径大小不等的圆孔，每个圆孔相对于一个能和它紧密配合的圆柱体。每两个相邻的圆孔直径相差1毫米。要求儿童正确地把混放在一起的十个圆柱体放进相应的圆孔中。儿童操作时，如果欲将一个圆柱体塞入直径小于它的孔，则不可能放进；如果放进比它大的孔，最后则至少有一个圆柱体放不进剩余的孔中。儿童这时要探究其中的原因并重新操作。儿童正是在独立操作教具及自行矫正错误并可能有多次反复的过程中，提高了在观察基础上的分析和推理能力。蒙台梭利认为，这是一种"自我教育"。"自我教育"是体现蒙台梭利方法的一个十分重要的原则。她一再强调："人之所以成人，不是因为教师的教，而是因为他自己的做。"[1]

---

[1]　M.Montessori，*The Montessori Method*，New York，Shocken Books，1964，p.172.

在实施感官教育时，蒙台梭利还强调应遵守循序渐进的原则。因为感官教育主要针对儿童的敏感期而拟定，而敏感期的出现是服从个体发展节律的，故应根据这种发展节律设计并循序渐进地进行感官教育。在感官训练上可采用分解的办法，把复杂的整体分解为简易的几部分进行练习。蒙台梭利认为，感官教育的循序渐进还具有实践意义，即可以使感官教育同读、写、算的教学联系起来。她认为，一旦感官教学走上正路，并唤起兴趣，就可开始真正的教学。

二、读、写、算的练习

在是否让儿童学习读、写、算的问题上，一般的心理学家认为，儿童的主要任务是获得生活经验以及通过活动、游戏等形式去发展各种能力，不应过早学习文化知识。与此相反，蒙台梭利认为，3~6岁的儿童已具备学习文化知识的能力，这种能力是与具有吸收力的儿童心理特点一致的；教育者应当利用这种能力，为儿童准备适当的教材、教具，并提供正确的学习途径。

在儿童之家里，可谓异乎寻常的是，蒙台梭利打破常规，将写字的练习先于阅读的练习。她认为文字的书写关键在于握笔，即肌肉的控制能力，因此，主要通过触觉的训练就能循序渐进地过渡到书写练习。蒙台梭利识字法的渐进程序大致如下。

第一阶段，练习执笔、用笔的机械动作，训练儿童的肌肉机制和握笔能力。属于手工作业的绘画练习可作为握笔能力训练的间接准备。

第二阶段，掌握字母的形体。大致可分为三个步骤。

第一，通过视、触、听觉相结合的练习，了解字母形体。可以从砂纸上剪下大型的手写体字母，贴在方形的硬纸板上，让儿童把视、摸、描、发音结合起来。

第二，辨认字母的形体。即当儿童听到某个字母的发音时，能从教师所给出的一些字母中辨认出该字母的形状，并选出来交给教师。

第三，记住字母的形体。教师可将字母放在桌上，几分钟后，再问儿童："这是什么？"以使儿童巩固记忆。蒙台梭利认为，通过上述步骤，儿童可以掌握字母。当儿童熟悉字母后，就可以给儿童一支笔，临摹字母，开始练习写字。

第三阶段，练习组字和词。由于意大利文的拼写和发音十分接近，因此这一点对儿童并不困难。蒙台梭利受德弗里"突变理论"的影响，认为儿童由于通过多次的触摸等活动，知道了字母的形状，很快就能"爆发"出写字的欲望和能力。这时，他们会连续地写，到处去写，包括在路上、门上、墙上乃至面包上涂写。蒙台梭利认为，儿童的这种举动不是为了执行任务，而是服从内部的冲动。在儿童之家中，据说4岁的儿童毫不费劲地就学会了写字，这在当时被视为奇迹。

掌握了文字书写的技能之后，儿童再转入阅读学习。阅读教学及算术教学也都遵循由简单到复杂的程序，有时可采用生活中的实例，但主要的途径仍然是各种感官教具。

蒙台梭利经过实验，证明所有儿童都具有学习读、写、算的能力。她感到遗憾的是：人们并未认识到6岁前的幼儿已进入学习的敏感期，否认他们有学习读、写、算的可能，这就严重影响了儿童的发展。

蒙台梭利的上述思想为儿童的早期文化教育提供了理论和范例，富于启迪和借鉴意义。但也有人指责她的有关主张的缺点是：其一，强调的是词汇的学习，而忽略了句子结构的学习；其二，按照她的语言学习"爆发式"的顿悟说观点，忽略了儿童之间及儿童与成人之间语言交流的作用。

三、实际生活练习

蒙台梭利的感觉训练，读、写、算的练习，属于蒙台梭利教育体系中"发展的练习"。另一类练习则为实际生活训练，又称为"肌肉教育"或"动作教育"。主要包括以下几项。

日常生活技能的练习。注重实际生活技能练习，是儿童之家的显著特点之一。这种练习可培养独立性。蒙台梭利声称："谁若不能独立，谁就谈不上自由。"①通过实际生活技能练习培养自理能力正是培养独立的人的重要途径，也是蒙台梭利培养目标的具体化。当然，我们也应看到，儿童之家收托儿童的时间很长(每天8~10小时)，儿童人数很多，而教师只有一名，如果儿童全都长期生活不能自理，教师也难以全面照顾。蒙台梭利借鉴低能儿童教育的成功经验，在儿童之家中推广日常生活技能的练习。她早年受塞贡影响甚大。塞贡主张将人类实际生活需要作为激励低能儿童活动的动机，使之通过活动增长智力。蒙台梭利对此十分信服，并成功地应用于特殊教育实践。儿童之家的幼儿虽属正常儿童，但她认为正常儿童与低能儿童在幼儿期有颇多共同之处——一个是还未发育的儿童，另一个是没有能力发育的儿童，故有些方法是可以通用的。蒙台梭利认为，日常生活技能的练习是一种要求神经系统与肌肉高度协调的综合性运动，对儿童的发展颇为有益。

在儿童之家里，蒙台梭利设计了不少诸如练习走路、正确地呼吸、说话乃至开抽屉、开门锁、系鞋带、系扣子、看书等一系列的练习和专门的教具。她要求儿童在练习时应掌握要领，力求将动作完成得准确、迅速。为此还可将较为复杂的动作(如穿衣)进行合理的分解，指导儿童有分有合地进行练习。她要求儿童做的每一种动作，不仅要达到动作的目的，还要注意达到目的的方式。

园艺活动。蒙台梭利接受了卢梭的影响，主张儿童应多到大自然中从事自由活动。她认为，儿童从事在自然环境中进行的园艺活动有很多益处。

其一，可使儿童脱离人为生活的束缚。

---

① 任代文主译校:《蒙台梭利幼儿教育科学方法》，114页，北京，人民教育出版社，1993。

其二，符合儿童的兴趣，有益于儿童的健康。

其三，能练习动作的协调。

其四，可发展儿童的智力。主要表现为可训练儿童的感觉、观察力，识别事物的异同；激发他们探求事物发展内部原因的求知欲。

其五，可以发展预见性。她认为幼儿所想的只是眼前的事物，而不考虑未来；但当他们通过园艺活动，知道动物需喂养，植物应浇水，否则就会饿死或枯萎时，他们就将过去与未来联系起来了。蒙台梭利认为，这种情况并非成人提出要求的结果，而是自动发生的，也属于一种自动的教育。

手工作业。蒙台梭利的手工作业主要是指绘画和泥工。她主张，儿童在学习写字前，先要学习绘画，作为基础，故她将绘画称为写字的"间接法"。具体做法是：首先准备各种立体的图形作为教具，让儿童用手触摸图形的轮廓，再将形体放在纸上，要儿童将轮廓勾画出来，最后用色笔涂满所绘轮廓。至于泥工，即要儿童将泥土塑成各种器具或动物。蒙台梭利认为，泥工既可练习手的动作，也为儿童提供自我表现的途径。

体操。蒙台梭利认为3~6岁的儿童正处于锻炼肌肉的重要时期。为帮助儿童的肌体得到正常发展，应为他们设计各种体操练习。她认为，此时最主要的体操练习应是走步。走步首先要学习保持身体平衡，为此她根据儿童的生理特点设计了一种"走线"（直线、椭圆形线与"8"字形线）的平衡练习。此外，她还设计了其他的一些特殊器械和设备，帮助儿童进行一些基本的动作练习。

节奏动作。这种练习的目的是促进儿童动作的协调，发展节奏感。练习的第一步是要儿童在音乐中走路、跑步和跳跃。第二步是使儿童按乐调做出不同的节奏动作。最后发展到由儿童自由表演各种优雅的动作。开始练习时，儿童只是乱跑乱跳，经过多次练习后逐渐具有了强烈的节奏感，并可随着各种音乐翩翩起舞。

上述蒙台梭利教学法中不乏匠心独具之处。总体来说，她要求手脑结合、身心和谐的幼儿活动的指导思想是可贵的；但与此同时，她也提出过一些招致争议乃至批评的意见，主要表现在她把现实的活动同想象的活动对立起来。蒙台梭利反对儿童游戏，特别是批评福禄培尔鼓励儿童想象的游戏。她声称，"在儿童的生活中，游戏并不重要"，游戏是儿童无事可干时才会想到的花招，"当儿童感到他有重要的事情要干时，他是不会进行这种琐细的活动的，他视游戏就如同我们看待下棋或打桥牌一样，只是闲暇时的一种快乐的消遣。如果强迫他们长时间从事这种游戏，他们就会感到痛苦"①。她认为，儿童只有从事真实的活动(如自我服务和家务劳动)，才能产生活动的目的性、责任感和其他社会性的品质。她也不赞成给儿童准备漂亮的玩具，认为与其给儿童假的洋娃娃，不如让他们接触真正的伙伴，从事真正的交往。蒙台梭利把她的教具统统称作教材，不叫玩具。

蒙台梭利忽视乃至反对培养想象力的倾向在前述的绘画与音乐教育上也体现出来。她明确反对"自由绘画"，声称，这在她的体系中并没有地位。她避免用这些无用的、不成熟的，令人厌倦的努力。在她的教学体系中，绘画教育是建立在感官教育基础之上的，实际上只是一种无想象力的、对外界事物的临摹，所要培养的只是精细的观察能力和良好的手控能力。音乐教育也是建立在感官教育基础上的，在其过程中，着重的是节奏感及听觉辨音的训练，并不强调对音乐的美感和情操的培养。此外，她还反对向儿童讲述神话故事，认为这些故事不仅使儿童产生幻想，而且让儿童被动地接受，违反了自由活动的原则。蒙台梭利的上述观点显然是失之偏颇的，因此后来受到了人们的指责。

这里要说明的是，蒙台梭利之所以不赞成培养儿童的想象力，主要出自

---

① [意]玛丽亚·蒙台梭利：《童年的秘密》，马荣根译，124页，北京，人民教育出版社，1990。

两个原因：一是她所领导的儿童之家主要收容从小处于贫困家庭的贫民子女，如果倡导培养想象力，会导致儿童不切实际的空想。蒙台梭利曾说，丰富的想象力意味着"他们对生活有着一种伤感和浪漫的色彩"。二是根据儿童的身心特点，想象只能通过对现实世界的正确感知才能有积极意义，而儿童正处在培养感知的阶段，所以不能在此时对他们提出发展想象力的要求。

此外，我们还应看到，蒙台梭利的这一观点与她早年从事特殊教育的经历不无关系。对于低能儿童来说，进行个别的感官及生活技能训练是有益和有效的，而提出更高的要求则是不切实际的。由此而形成的信念及习惯对她后来从事正常儿童教育也颇具影响。反对培养儿童的想象力即可视为影响之一。不过也应指出的是，蒙台梭利并不反对在较高教育阶段培养想象力。她在论述 7~11 岁儿童教育的《高级蒙台梭利方法》中曾辟专章论述有关问题。

第七节　论科学的教育学及教师

一、论科学的教育学

科学的教育学是蒙台梭利时刻不忘的话题及毕生为之探索、奋斗的目标。这与其教育背景及科学素养息息相关。她在《蒙台梭利方法》中指出，尽管科学的教育学"至今尚未形成"，甚至"也没有一个明确的定义"，但她坚信，科学的教育学必须通过实证科学与实验科学来建立，其中"生理心理学或实验心理学将为新教育学奠定基础"。此外，"应用于研究儿童体格的形态人类学也是促进新教育学发展的一个强有力的因素"①。她还借用塞贡的话："今天，人类社会迫切需要重建教育方法，为此奋斗也就是为人类复兴而奋斗。"②

---

① 任代文主译校：《蒙台梭利幼儿教育科学方法》，50 页，北京，人民教育出版社，1993。
② 任代文主译校：《蒙台梭利幼儿教育科学方法》，51 页，北京，人民教育出版社，1993。

为了建立科学的教育学及教育方法，蒙台梭利提出了以下构想。

一是在理论及实践中将科学与教育融为一体。"这种融合将把科学家直接引入学校这一重要领域，同时也将把教师提高到目前科学家的水平。"不过在这样做时，她要求"我们应该更多地培养教师的科学家精神，而不是科学家的机械技巧"。①

二是创办科学实验学校，鼓励教师进行科学观察，以便他们通过实践掌握科学方法要领。

蒙台梭利认为，创建科学的教育学是为了更好地了解儿童，发现童年的秘密，而绝不会束缚儿童。相反，"如果科学的教育学一旦在学校里诞生，那么，学校必然会允许孩子们自由地和自然地表现自己，使一切充满生机。这是一种根本的改革"②。她一再重申："科学教育学的基本原则应该是学生自由的原则。"③在她看来，只有在自由状态中观察儿童才能更准确地把握儿童的特性。总之，在蒙台梭利的心目中，科学教育学与儿童中心的自由教育是协调统一的。但是，科学的教育学为何可与自由教育画等号，蒙台梭利对此似语焉不详。

一些批评者责备蒙台梭利的"科学教育法"并非真正的科学，因为她没有提供足够的证据支持她的结论，没有控制组，也没有以某种方式提供她的实验的细节说明。④

然而我们也应看到，具有深厚自然科学素养的蒙台梭利生活的年代正是教育学在科学化的道路上迅速奔跑的年代，是实验心理学、生理学、生物学、精神病理学等各种与人体有关的自然科学长足发展的年代；她不仅是科学教育学的创导者，也是力行者。在其一生教育实践基础上撰写了十几部教育著

---

① 任代文主译校：《蒙台梭利幼儿教育科学方法》，50～55页，北京，人民教育出版社，1993。
② 任代文主译校：《蒙台梭利幼儿教育科学方法》，59页，北京，人民教育出版社，1993。
③ 任代文主译校：《蒙台梭利幼儿教育科学方法》，68页，北京，人民教育出版社，1993。
④ R.Kramer, *Maria Montessori: A Biography*, New York, G.P.Putnam's Sons, 1976, pp.2-7.

作，这些著作融哲学、生物学、胚胎学、生理学、心理学、人类学、教育学于一体，涵盖了蒙台梭利对 0~6 岁(乃至青春期)儿童身心发展规律的认识和教育方法。这些成果不失为人类教育思想的宝贵财富。

皮亚杰曾长期担任瑞士蒙台梭利学会主席及蒙台梭利学校校长，蒙台梭利对他的影响不言而喻。有人指出，皮亚杰"关于儿童思维的研究引导其形成儿童认知的理论。……就在蒙台梭利集中讨论教学问题时，皮亚杰倾其精力于理论探索，终于成为发展心理学系统科学的重大贡献者之一"①。显然，皮亚杰堪称蒙台梭利教育科学化的践行者及收获者之一。

此外，有人指出："时至今日，令人们印象最深刻的不是蒙台梭利的科学，而是她的直觉——引导她发明新方法及改进儿童学习的材料"，"她通过了作为真正革新者的考验——其中许多观念成为教育年轻一代过程的共同语言的一部分"。②

有关蒙台梭利教育科学性的新的最为系统的研究来自弗吉尼亚大学心理学教授安吉丽娜·李拉德发于 2005 年的著作：《蒙台梭利：天才背后的科学》。经过 20 多年的心理学研究，李拉德发现蒙台梭利教育的原则得到了当代心理学研究结果的强有力支持。她借用心理学方面的研究成果对蒙台梭利教育的 8 个原则进行了分析③，并得出结论："如果学校教育是讲求循证的，那么我认为所有的学校都应该向蒙台梭利学校靠拢。"④有鉴于此，她建议将

① R.Kramer, *Maria Montessori: A Biography*, New York, G.P.Putnam's Sons, 1976, p.326.

② R.Kramer, *Maria Montessori: A Biography*, New York, G.P.Putnam's Sons, 1976, p.373.

③ 这八条心理学原则分别是：运动与认知密不可分，运动可以促进思考和学习；当拥有了控制自己生活的感觉时，人们能得到全面发展；人们对自己所学东西感兴趣时能学得更好；为了获得外在奖励去参与一项活动，当奖励消失时，人们参与此项活动的动力将受到负面影响；协同合作有利于学习；在有意义的环境中学习具体的事物，通常比学习抽象的内容要深刻和丰富；特定形式的成人互动有助于带动儿童最理想的表现；环境中的秩序对儿童有益。参见袁梅、倪志勇：《蒙台梭利教育思想价值新探》，载《比较教育研究》，2015(2)。

④ Angeline Lillard, Nicole Else-Quest, "The Early Years: Evaluating Montessori Education," *Science*, 2006.

大规模的蒙台梭利模式引入公共教育，作为一种改进当下教育系统的途径。

蒙台梭利毕生致力于探索"童年的秘密"，都是在努力使教育学在科学化道路上奋进的可贵探索，为此做出的贡献不可被低估。

二、论教师

如上所述，在蒙台梭利学校，主要的教育原则和教育方式是自由活动、自我教育。她认为，新教育改变了传统的教育模式，由原来的儿童被动和教师主动，变为儿童主动和教师"更多地被动，而不是主动"[1]，或者说由教师中心变为儿童中心。蒙台梭利根据其科学教育学及儿童中心论的观点，对幼儿教师提出了以下三点要求。

(一)具备观察的素质，了解儿童特点

蒙台梭利认为，观察是一种科学方法，是了解儿童之路。教师只有努力使自己成为一位观察者，才能耐心地等待，不干涉儿童，尊重儿童的各种活动，使儿童自动地为他们显示其需求。如此教师才能真正地了解儿童的精神，并揭示其生命的法则——内在的秘密，而给予适时与适量的帮助。因此她认为，善于观察应是教师必须具备的素质，"观察时等待"是教育者的座右铭。有时甚至认为，观察是幼儿教育工作者"必须学习和研究的唯一一本书"[2]。

(二)善于指导或引导儿童

蒙台梭利认为，观察及了解儿童虽然重要，但不是教育的最终目的。"教育工作者的首要任务是：刺激生命——使儿童自由发展与开展。"[3]这就要求教师的工作除了消极的观察，还应进行指导、引导及示范。在这方面教师主要有以下四项职责。

---

① M. Montessori, *The Montessori Method*, New York, Shocken Books, 1964, p.87.
② M. Montessori, *The Montessori Method*, New York, Shocken Books, 1964, p.94.
③ M. Montessori, *The Montessori Method*, New York, Shocken Books, 1964, p.105.

第一，不是直接教儿童方法和观念，也不能采用奖罚等手段（因为外部的评价，会剥夺儿童自己独立的能力）。教师的职责是给儿童提供活动的环境及进行作业的教具。教师应成为环境的"保护者"与"管理者"，使这个家舒适、和平、清洁、秩序。

第二，应是儿童的示范者。即教师应注意自己的一言一行，在仪容上要整洁，在风度上要自然、大方、文雅、端庄。因为儿童是吸收者与模仿者，教师的任何言行举止都可能无意识地影响儿童人格的发展。

第三，根据儿童的成熟程度，引导儿童选择相应的作业，然后促使他们通过作业达到自我发现和发展。为了使儿童选择适当的教具，教师先要对教具有充分的了解，对每套教具的难度和在使用中所产生的内在兴趣都要有亲身体验，由此可推断出儿童在每项教具上将花费多少精力和持续多少时间。

第四，指导的另一含义是维持良好的纪律和阻止不良行为。前文已提到，蒙台梭利主张通过"工作"来培养和维持纪律，但是教师必须在两个问题上约束学生：一是不允许冒犯和打扰他人；二是正确使用教具。

在蒙台梭利的体系中，教师的主要工作是指导，所以她把"教师"的名称改为"指导者"。她认为，当好一个指导者并不容易，指出教育工作中如果缺乏一个受过良好训练的教师的指导，那么环境再好也无用。

(三)成为学校与家庭、社区的联系者与沟通者

蒙台梭利认为，教师必须时常与儿童的父母及生活的社区联系沟通。这是因为家庭与社区都是儿童的社会环境，并占据了儿童生活的大部分。通过这种联系，有助于澄清家长与社会的旧教育观念，使学校与家庭、社会共同努力，从而有利于儿童的健康成长。此外，儿童之家的特点及重要性即在于使学校与家庭合一，并作为一个过渡机构，使学校具备社会化的功能。因此，教师保持与家长、社会的联络和沟通，自然是其职责之一。

第八节　蒙台梭利教育思想的历史地位与影响

一、蒙台梭利与福禄培尔幼教体系比较

蒙台梭利是西方教育史上与福禄培尔齐名的幼儿教育家之一，他们的教育理论既有不少相同(或相似)点，也存在许多不同之处。

（一）相同之处

蒙台梭利与福禄培尔教育理论的相同之处主要体现在以下三个方面。

一是他们都深受卢梭的影响，反对传统教育对儿童身心的束缚和压迫，反对外铄论；信奉性善，赞同内发论，主张以儿童为本位；要求认真研究儿童的特点，遵循自然，强调教育中自由及活动的重要性。

二是都极其重视幼儿期(尤其是3~6岁)的教育，重视童年生活对人的影响，倡导建立专门的幼儿社会教育机构及培训大批合格教师来从事幼儿教育工作。

三是都受到宗教(基督教)的影响。一个是天主教(蒙台梭利)，另一个是新教(福禄培尔)。有关影响在其著述中有所表露。

（二）不同之处

二者的不同之处则主要体现在以下四个方面。

一是在教育内容、方法上，福禄培尔主张"游戏"、"恩物"、作业(绘画、纸工、手工)，认为游戏是幼儿自我表现的最高形式，强调应通过游戏来发展幼儿的想象力和创造力；蒙台梭利则主张"工作"、自我教育、感官教育(包括读、写、算的练习)、实际生活练习等，认为"工作"是幼儿特有的有价值的活动，反对有想象活动的游戏及玩具，否定创造性游戏在幼儿教育中的重要作用。

二是在教学组织形式上，福禄培尔要求组织集体教学，蒙台梭利则主张

个别活动，单独的学习。

三是在教师作用问题上，在福禄培尔的幼儿园里，教师被视为"园丁"，须承担对幼儿的关心、指导乃至教学（如"恩物"的演示、说明）的职责；而在蒙台梭利的儿童之家中，教师由主动转向被动，被称为"指导者"，只是承担指导、引导及环境保护、看护的责任。

四是二者虽都受到宗教的影响，然而在福禄培尔教育思想中浓厚的宗教神秘主义色彩在受过系统科学训练的蒙台梭利的体系中并未体现。后者甚至大力提倡科学教育，宗教色彩（或用语）只是偶尔体现，与福禄培尔不可相比。

由于蒙台梭利与福禄培尔在具体的教育主张上有上述差异，因此有人提出，蒙台梭利体系的确立使得"幼儿园有史以来最重大的一种教育体系出现在我们的面前"，使得幼儿教育思想"多元化""多样化"了。[①]

二、蒙台梭利学说 20 世纪 20 年代在美国的衰落及原因

自从蒙台梭利于 1907 年创办了儿童之家，1909 年出版了《蒙台梭利方法》一书之后，她的幼儿教育理论及非凡传奇经历在各国幼儿教育界引起了强烈的反响。报刊纷纷追风报道。

推广蒙台梭利方法力度最大的国家首推美国。美国采用蒙台梭利方法的学校一度达 200 多所。然而 20 世纪 20 年代后，蒙台梭利热在美国跌入低谷。究其衰退的原因，主要是由于蒙台梭利的教育观点与美国当时影响较大的教育理论，存在着重要分歧。美国前心理协会主席、伊利诺伊大学心理学教授亨特 1964 年在《蒙台梭利方法再探》一文中指出，蒙台梭利教育在美国衰落的原因是，对蒙台梭利的支持主要来自大众刊物的宣传，而不是来自正在形成的新心理学和新教育哲学的理论论证。特别是未能得到机能心理学派的心理

[①]　参见［日］日本世界教育史研究会编，［日］梅根悟主编：《世界幼儿教育史》下册，张举、梁忠义、刘翠荣等译，77 页，长春，吉林人民出版社，1986。

学家或新行为主义学派心理学家的支持。一些批评者还批评蒙台梭利的"科学教育法"缺乏足够的证据支持她的结论。这些批评最终影响了蒙台梭利教育在美国的传播。

对智力发展及早期教育的看法。20世纪20年代，英、美等国关于儿童智力及心理发展最盛行的观点是"智力固定说"或"发展预定说"，并依据此观点反对倡导早期教育。比如，美国心理学家霍尔宣扬"复演说"，认为人正常的心理发展是复演种族发展史，是一种预定模式的自然呈现。他认为，8岁以前的幼儿阶段相当于"类人猿阶段"，让小于8岁的儿童学习读、写、算是浪费时间，有害无益；另一个著名心理学家格塞尔宣扬"成熟说"，认为人的心理发展是由机体的成熟决定的。成熟是按一定顺序的固定模式出现的，在儿童成熟的时间表之前去教儿童只能事倍功半。当时，另一位美国学者卡特尔与英国学者高尔顿均视个体的特征由遗传决定，故认为个体智商是固定不变的。法国人比奈、西蒙则用量表来衡量儿童的智力水平。制定量表的目的之一就是淘汰智力有缺陷的儿童。他们的做法都支持了"智力固定说"及早期教育无用的观点。在有关问题上，虽然蒙台梭利认为儿童的发展受内部潜能的驱使，须遵守宇宙的自然法则，也呈现一定的节律性，但这种发展须在适当的环境和条件下，借助于一定的刺激才能表现出来，儿童须依赖"工作"才能发展自然的禀赋，并使所形成的各种功能得以正常发展。她认为，儿童的智力并非固定或预定的，儿童的智力落后是由于早期遭到错误的对待而产生的，并可通过及时发现并采用特殊的教育措施而予以补救。此外，她还重视早期教育，认为幼儿阶段是人格形成的决定性阶段，可以而且应当学习读、写、算等文化知识。总体来说，蒙台梭利倡导的可以说是一种"动态"的发展观及"可变"的智力观，不能不被当时势力强大的"静态"的儿童发展观（发展预定说）、"不变"的智力发展观及其主张的早期教育无用乃至有害论所排斥。

对于刺激反应和强化作用的看法。20 世纪 20 年代行为主义心理学在美国很时兴。华生提出了刺激-反应(S-R)公式，将此作为解释行为的原则，认为有什么刺激就会有什么反应。桑代克断言，人类和动物只在刺激和反应的"联结"上有数量的不同，而无质量的差别；认为人类的学习和动物一样，为"练习律"和"效果律"所支配，新的刺激作用于被动的机体，经过重复的练习和奖励的强化，就能使学习获得成功。按照上述观点，教育工作者不必注重儿童自身的兴趣、动机、结构及个别差异，单纯外因即可以决定儿童的发展。蒙台梭利则认为，每个儿童都有自己的内部结构及身心发展规律，他们并不是消极被动地接受刺激，环境应适应儿童的内在需要和兴趣。她还认为，人的能力和认识的动机在生命开始时即存在，有适宜的刺激时就可以被引发出来，并不需要对学习进行外部的强化。蒙台梭利的上述观点和行为主义的外因决定论的观点显然是不同的。

对感官训练的看法。对于蒙台梭利强调系统的、形式的、通过特定的教具进行单独的感官训练的做法，美、英等国的一些学者也进行了批评。1918 年，格拉斯哥大学教授罗伯特·拉斯克批评蒙台梭利过高估计了她引进到早期教育中的专门教具对感官训练的重要性①，有人认为她的有关做法是人为的、孤立的；她虽然强调自我教育、自由发展，但实际上并不符合"自由教育"的原则。杜威对此则评论道："蒙台梭利教育法和美国教育革新家意见不同之处，不是对于自由价值的主张有什么不同，只是他们运用自由的方法彼此不同。蒙台梭利学校的学生，在物质方面似比美国教育家所办学校中的学生觉得自由些，但在思想方面，他们却不及美国学校的学生了。"此外，他还指出，在蒙台梭利学校里，儿童"独立地用自我矫正的材料工作。然而不允许儿童有创造的自由。他可以自由地选择他将使用的器具，但是他却从不能选

---

① 参见[英]乔伊·帕尔默主编：《教育究竟是什么？100 位教育家论教育》，任钟印、诸惠芳译，285 页，北京，北京大学出版社，2008。

择他自己的目标，也不能把材料照他自己的计划去处理"①。

如果说杜威对蒙台梭利学说的评价是褒贬兼而有之，且褒大于贬的话，另一位著名的进步主义教育家克伯屈对她的评价则基本是否定的。克伯屈认为，受惠于塞贡的蒙台梭利学说的内容，"主要是属于 19 世纪的中期，是落后现代教育理论发展约 50 年的学说"②。他质疑蒙台梭利教育体系并非现代教育体系，更非科学教育体系。③

克伯屈对蒙台梭利的批评集中于以下两个方面。

一是感觉训练是落伍的，所采用的教具缺乏变化，无法充分激发儿童的想象力，运用于读、写、算在英语国家更是不可能的；自动教育也是一种梦想，而非事实，因此断定她所倡导或发明的感官教育及教具具有很大局限性，价值不大。

二是缺乏社会生活的训练。克伯屈指出，蒙台梭利的各类教具脱离实际生活，缺乏社会兴趣及社会关系；儿童的学习是单独进行的，没有提供与社会合作的机会，因此相对于杜威的学校社会化及从生活、经验中学习的主张，蒙台梭利是瞠乎其后的。

对师生关系及教学组织形式的看法。从传统教育的观点而言，教师中心、课堂中心、书本中心是天经地义的。蒙台梭利则反对学校设固定的时刻表，儿童可自由选择作业、自由活动、自我教育，儿童是学校的中心，教师则是观察者和指导者。这些观点自然会受到主张维持传统教学秩序及教师权威地位的人的反对。

---

① [美]约翰·杜威：《学校与社会·明日之学校》，赵祥麟、任钟印、吴志宏译，308 页，北京，人民教育出版社，1994。

② W.Kilpatrick, *The Montessori System Examined*, Boston, Houghton Mifflin, 1914, pp.162-163.

③ 参见[英]乔伊·帕尔默主编：《教育究竟是什么? 100 位教育家论教育》，任钟印、诸惠芳译，285 页，北京，北京大学出版社，2008。

对教育对象的看法。由于蒙台梭利有过早年从事特殊教育及贫苦儿童教育的经历，美国代表中上阶层利益的社会舆论认为，蒙台梭利教育法是针对身心有缺陷的儿童设计的，只适用于环境恶劣的贫苦阶层的儿童，而不适用于中上阶层家庭的儿童。

由于上述种种原因，包括来自不同营垒、持不同立场的人对于蒙台梭利体系的责难、批评及分歧意见，特别是来自克伯屈的批评，美国的蒙台梭利热自 1915 年后顿时冷却，快速衰退。到了 1918 年，只剩零星的报道而已。当时，尽管蒙台梭利仍然健在并积极活动，却有人宣称"蒙台梭利的全盛期已过"。但历史人物及其学说的命运往往是曲折的。当蒙台梭利在美国遭到冷遇时，人们未曾料到，40 年后，蒙台梭利学说会重新获得肯定的评价并兴起一股响应的热潮，并一直延续至今。

三、当代对蒙台梭利学说的评价及其影响

(一)国外对蒙台梭利学说的评价

第二次世界大战后，美国学术界开始逐渐重新评价蒙台梭利教育。

1957 年，纽约市立大学的哲学教授麦克德莫特认为，"和当代其他学者比较起来，蒙台梭利对儿童的看法可能是最完整的"，并指出"她的教育观点，将有助于解决当今美国所面临的难题，它代表着对美国思潮及文化的一项严肃挑战，尤其是对教育界"。[1] 美国心理学家亨特在 1964 年版《蒙台梭利方法》的序言中指出，蒙台梭利方法重视儿童早期经验，主张通过感知的运动的协调促进智力发展等思想符合当今的儿童心理学的见解，成为它目前在美国流行的主要原因。

1958 年，美国第一所新蒙台梭利学校在康涅狄格州格林尼治城创立。

---

① 转引自苏德主编：《特色与质量：民族幼儿教育研究》，53 页，北京，中央民族大学出版社，2014。

1972年，美国蒙台梭利学校即达762所，1980年则超过了2000所。在这些幼儿学校中，她的重视"工作"价值及环境的哲学取代了无法控制的及非引导的游戏的地位。在其他国家，蒙台梭利的影响也在不断扩大。有人指出："蒙台梭利方法因为简明、学习材料精确、目的狭窄以及结果明确，对于渴望在工作中获得一些可靠指导的许多教师是有吸引力的。"[①]

20世纪50年代末叶后，蒙台梭利的下述主张在美国等国家重新引起人们的注意并得到了肯定。

1. 蒙台梭利重视早期教育的思想受到了支持

以前美国的一些学者否定童年是认知发展的关键时期。20世纪60年代以来，许多心理学家已抛弃了这一见解。比如，心理学家布卢姆综合了有关生长模式的研究，提出儿童早期是智力和情感的功能发展最迅速的时期，认为早期缺少智力刺激的儿童，将永远达不到本来应达到的水平。现在人们已普遍承认从初生到7岁是儿童智力发展最快的时期，不应错过良机对儿童进行教育。20世纪60年代后，不少心理学家对幼儿学习阅读、计算问题也进行了研究并提出了研究报告。比如，斯塔慈1962年以实验证实：对4岁儿童如能给予个别的注意，并允许他依自己的速率学习，则可学会阅读。福勒1962年教他2岁的女儿阅读，后写成专论，证实早期智力刺激的重要性。德尔金1954年起以50名学前儿童做纵贯式8年研究后发现：所有儿童在6岁之前均可学会某种程序的阅读，进入小学3年后更显示出早期的阅读可导致良好的成绩。上述新的研究结论都支持了蒙台梭利的观点。

2. 蒙台梭利对于儿童智力及心理发展的看法受到了肯定

前面已述，蒙台梭利认为智力、心理的发展虽是由内驱力推动的，但既不是单纯的内部成熟，也不是环境、教育的直接产物，而是机体和环境相互作用的结果，后天的环境与教育能影响智力的发展。这种通过与环境交往获

① 赵祥麟主编：《外国教育家评传》第2卷，585页，上海，上海教育出版社，1992。

得经验，使儿童智力、心理得到发展的观点，得到了当代儿童心理学巨擘、瑞士心理学家皮亚杰与美国心理学家布鲁纳等人认知发展理论的赞同。现在人们已普遍接受了这一观点，即为儿童提供良好的教育环境和教育措施，通过丰富儿童的经验及各种活动，可以开发儿童的巨大潜力，消除和防止智力落后的现象。这不啻又回到了蒙台梭利的立场。

3. 蒙台梭利强调的感官训练思想也受到重视

皮亚杰早在1942年就提出："感知的运动的智能是思维的源泉，而且在人的一生中将继续不断地受到知觉和实际活动的影响。"①后来，美国的学者也主张：认知能力的培养应从感觉训练开始，感觉发展得越好，带来的外界信息就会越多；而缺少感觉的经验，会影响到知觉的发展。这些观点都符合蒙台梭利的主张。此外，1962年，亨特在对蒙台梭利设计的感官教具进行了研究以后指出，她的教具并不像以前人们所说的那样死板，而是有一定的心理学根据的，并可以解决"动机"问题。亨特根据皮亚杰的理论，提出智力的发展依赖于两个因素，即内在的可能性和有刺激的环境，只有在这两个因素配合得十分"相称"或称"匹配"的情况下，才能激起儿童学习的动机，并促进智力的发展。他认为，蒙台梭利的有关做法，即让儿童在有准备的环境中，根据自己的意愿和进度，选择按等级顺序排列的教材或教具，可以解决"相称"问题，从而促进儿童的发展。

4. 蒙台梭利的敏感期及儿童心理发展的阶段论理论受到了现代心理学家的支持

蒙台梭利早年自德弗里的昆虫研究而获得灵感，提出了儿童发展敏感期及关键期的理论，认为儿童如果在敏感期中遭遇障碍，则心理的损害将难于弥补。现代不少心理学家继续了这一研究。比如，1935年，洛伦茨提出了"印刻"学说；1961年，索普提出了小鸟学唱歌的敏感期研究；1968年，斯科特

---

① 转引自顾明远主编：《中外教育思想概览》下，15页，广州，广东教育出版社，2009。

对于关键期的定义赋予新的教育意义，将关键期定义为"情况的稍许改变可导致巨大影响的时期"。他们的研究证明了：学习有其适应时机与预备状态，必须抓紧敏感期及时施教。这些都支持了蒙台梭利早年倡导的观点。

上面所介绍的是20世纪50年代以后人们对蒙台梭利的新的、肯定的评价。但正如杜威所说的："教育上的事没有一件是没有争论的。"尽管不少人对蒙台梭利的教育主张予以肯定，但也仍然存在非议，主要表现在三个方面：一是对蒙台梭利感觉训练的评价，有些人仍然认为她的做法机械、呆板、烦琐、枯燥，所用教具脱离生活实际；二是蒙台梭利教育法限制了儿童的想象力、创造力以及情感和语言的发展；三是在儿童提早学习读、写、算问题上，有些教育家并不怀疑蒙台梭利从感觉训练开始，教儿童学习读、写、算的成就，但他们从珍惜儿童童年的立场出发反对这一做法。

(二)国内学者对蒙台梭利教育思想的评价

蒙台梭利教育法于1913年由日本传入我国。有些学者(如陈鹤琴)曾著书或撰文予以介绍。20世纪20年代以前，蒙台梭利教育法对我国的幼儿教育产生过一定的影响。江苏省还成立了蒙台梭利研究会。由于种种原因，蒙台梭利教育思想并没有传播开来。改革开放以后，蒙台梭利教育思想才在我国重获新生。通过多渠道的宣传，蒙台梭利教育思想的真谛逐渐被国人认识，蒙台梭利教学法也逐渐被引入我国幼儿园教育中。在此背景下，有一些学者继续对蒙台梭利的教育思想进行探究。我国大部分学者对蒙台梭利思想的评价大致有以下基本观点：充分肯定了她反对旧的传统教育，以及努力探索新的幼儿教学法的努力，认为她提出了许多有价值的见解，值得人们吸取、借鉴或进一步研究。有研究者认为，无论在社会理想的高远、蒙台梭利教育思想的科学性、对儿童的关爱、对培养创新人才的贡献、对教育实践的贡献、对发展心理学及教育心理学的贡献、对和谐社会的促进方面，蒙台梭利都有突出贡献。① 同时，在以下六个问题上批评了她。②

第一，在对儿童心理发展问题的看法上，尽管蒙台梭利承认心理的发展是持续不断的前进过程，并强调机体和环境的交互作用，但由于她并不承认心理发展的根本动力是主客观相互作用引起的内部矛盾，这就使她的理论仍存在缺陷，并未达到科学认识论的水平。此外，她的生命力学说带有某种神秘的、唯心的色彩。

第二，批评蒙台梭利对环境的看法。蒙台梭利所谓环境主要是指自然环境及简单的物质环境。批评者认为决定人的心理发展的环境主要是社会环境、社会生活；儿童与环境的相互作用不仅是与物的关系，更重要的是与人发生关系；蒙台梭利要求儿童只注意物，而不注意人，对儿童的影响出自"物"的组织，而不是成人的影响，这样，儿童只能获得一些脱离社会生活的个人经验。

第三，蒙台梭利的教育方法是脱胎于教育低能儿童的特殊方法。此方法的特点是：以过时的官能心理学作为出发点，将感官教育建立在形式训练说的基础之上，推演至正常儿童，遂使其方法在实践上带有机械训练的性质，在理论上难免旧时代的烙印。

第四，蒙台梭利主张自由教育、自动教育，将教师的职责由主动转向被动，否定了教师在儿童个性形成中应起的重要作用。

第五，蒙台梭利一概否定奖惩，否定儿童的假想游戏等观点也失之偏颇。

第六，蒙台梭利虽然注重方法的研究，却不注意课程问题，对幼儿应掌握哪些基本知识亦未做明确要求，致使实践中课程常有凌乱现象。

（三）蒙台梭利在当代的影响

蒙台梭利的学说从问世到当代，尽管一直存在着对它的批评意见，但蒙

① 参见袁梅、倪志勇：《蒙台梭利教育思想价值新探》，载《比较教育研究》，2015(2)。
② 参见卢乐山编著：《蒙台梭利的幼儿教育》，148、152、160 页，北京，北京师范大学出版社，1985；赵祥麟主编：《外国现代教育史》，139 页，上海，华东师范大学出版社，1987；舒新城编：《现代教育方法》，165~166 页，上海，商务印书馆，1933。

台梭利对幼儿教育的贡献及重要性已成为一个不可否认的事实。她被人们赞扬为"儿童世纪的代表","在幼儿教育史上，是自福禄培尔以来影响最大的一个人"，并对"英语国家的教育影响尤大"。[①]

进入 21 世纪后，蒙台梭利学说热持续发力。麻省理工学院斯隆管理学院首席研究员麦卡菲在《哈佛商业评论》上发表《蒙台梭利学校：创新人才的摇篮》一文，列举了蒙台梭利教育中涌现出来的科技杰出人物。为了说明蒙台梭利教育下人才辈出，他甚至使用了"蒙台梭利帮"（Montessori Mafia）这个概念。1982 年，诺贝尔文学奖获得者马尔克斯则如此评价蒙台梭利教育："在让儿童敏感于世界的美，以及唤醒对生命之谜的好奇方面，没有比蒙台梭利教育更好的方法。"2006 年，发表于国际著名杂志《科学》上的一项研究，通过对一所内城区的私立蒙台梭利学校的学生与传统学校的学生的比较，得出了蒙台梭利教育法能使学生具备更出色的社交和学术能力的结论。[②] 各方面褒奖的评语纷至沓来，不一而足。

蒙台梭利教学法脱胎于特殊教育，最早应用于贫民儿童。过去一些美国人认为蒙台梭利方法仅在教育特殊儿童方面有积极显著的成效。但当 20 世纪五六十年代蒙台梭利运动在美国复兴时，由于开始接受蒙台梭利教育的儿童大多是特权阶层，因此，美国人又以为蒙台梭利教育与特权阶层是同义词。1975 年，承担城市贫民教育责任的美国第一所蒙台梭利磁石学校成立，并以其独特的课程和教学方法吸引了周边富人区的子弟。故蒙台梭利教育的推行不啻促进了种族的交融。有人指出，在种族隔离制度较严重的学区里，蒙台梭利磁石学校成为最受欢迎的学校。美国的蒙台梭利教育遂成功地跨入了美国公立教育领域，融入美国的主流文化教育。这种交融反过来又为蒙台梭利

---

① W. F. Connell, *A History of Education in the Twentieth Century World*, New York, Teacher College Press, 1980, p.138.

② 参见袁梅、倪志勇：《蒙台梭利教育思想价值新探》，载《比较教育研究》，2015(2)。

教育的发展奠定了坚实的群众基础，二者相得益彰、互为条件、共同发展。①

如今，蒙台梭利教育法在世界许多国家和地区被广泛引入，一些主要国家和地区都设立了蒙台梭利研究机构和蒙台梭利教师培训机构。蒙台梭利教育法凭借自身多方面令人确信不疑的优势，将众多中等收入家庭的孩子尽收"麾下"。日本从20世纪80年代末以来，在幼儿教育改革中广泛吸收了蒙台梭利教育法中的环境教育思想和个性发展思想，并把蒙台梭利的一些重要的教育思想融入了1990年正式颁布的《幼儿园教育纲要》中。

在我国，蒙台梭利教育的勃兴始自20世纪70年代末。受国际影响，蒙台梭利教育法于20世纪90年代中叶在我国幼儿教育界开始流行。经过短短几年的发展，到21世纪来临之际，已有约300多个幼儿园试行蒙台梭利教育法。② 后来，蒙台梭利教室在全国更是遍地开花。许多幼儿园以推行蒙台梭利教育法作为"亮"点。

目前，世界上有110多个国家和地区普遍采用蒙台梭利教育法。在世界幼儿教育改革的大潮中，蒙台梭利教育法已经成为许多国家重要的幼儿教育模式之一，对当代幼儿教育产生了重要影响。还应指出的是，许多引进蒙台梭利教育法的国家和地区都根据自己的情况进行了"本土化"的工作。这一工作的意义及其重要性显然是毋庸置疑的。

曾长期追随蒙台梭利工作的史坦丁在《蒙台梭利的生平和著作》中说过："蒙台梭利教学法不是一个完结的方法，它如同生物继续生长着。"可以预期，今后各国还会有许多幼儿教育工作者继续发展、完善蒙台梭利的教育理论(包括将其本土化)，将她如此珍爱并奉献终身的幼儿教育事业不断向前推进。

---

① 参见袁梅、倪志勇:《蒙台梭利教育思想价值新探》，载《比较教育研究》，2015(2)。
② 霍力岩:《中国应怎样借鉴"蒙台梭利"》，载《中国教育报》，2000-01-15。

第七章

美国进步教育运动的兴起与发展

　　以昆西学校实验为开端，从 19 世纪七八十年代起，在美国兴起了一次广泛的群众性教育改革运动，史称"进步教育运动"。这次运动是现代美国的第一次教育改革运动，一直延续到 20 世纪 50 年代初。

　　在进步教育运动中，美国各地的进步教育家创办了进步学校，并开展了各种各样的教育革新活动。进步学校主要有：马萨诸塞州帕克的昆西学校，威斯康星州斯陶特的梅诺莫尼学校，伊利诺伊州科克的弗兰西斯·帕克学校，密苏里州梅里亚姆的密苏里大学初等学校，亚拉巴马州约翰逊的有机教育学校，印第安纳州沃特的葛雷学校，纽约市普拉特的游戏学校、农伯格的沃尔顿学校和弗莱克斯纳的林肯学校，伊利诺伊州华虚朋的文纳特卡学校，马萨诸塞州柏克赫斯特的道尔顿学校。教育革新活动主要有：科罗拉多州纽伦的丹佛课程改革计划和克伯屈的设计教学法等。其区域之广泛和形式之多样，在美国教育史上是前所未有的。

　　作为一次教育改革运动，其矛头主要对准传统学校教育，试图在教育理论和方法上进行革新。在群众性的教育革新活动基础上，进步教育家后来加强了交流和合作，并于 1919 年成立了进步教育协会。美国教育家帕克一般被认为是"进步教育之父"。就整个教育改革运动来说，进步教育运动无疑是对美国传统学校教育的一次巨大而有力的冲击。

自美国进步教育运动兴起后，杜威就对它表现出很大的热情，并积极介绍一些进步学校的教育革新活动。1915年杜威和他的女儿伊夫琳合著的《明日之学校》一书就是对进步教育运动以及进步学校活动的描述和记录。虽然进步教育运动在某种程度上以杜威的教育哲学为理论指导，但杜威无疑也从进步教育运动中为他的实用主义教育思想体系的形成吸取了养料。在对进步教育运动的肯定、批评和反思过程中，杜威不仅更深入地思考了教育问题，而且进一步完善了自己的教育理论。

进步教育运动在20世纪前半期对美国学校教育产生了很大的影响。尽管它最后由衰落走向终结，但是它确实使美国学校生活发生了许多富有深刻意义的变化。应该看到，进步教育运动的兴起和发展，在一定程度上也为杜威实用主义教育思想在美国扩大其影响和在世界上的传播创造了一个有利的外部环境。

第一节　进步教育运动的兴起

进步教育运动是现代美国的第一次教育改革运动。它以"进步教育之父"帕克的昆西学校实验为开端，一直延续到20世纪50年代初。当代美国教育家克雷明在《学校的变革》一书中指出：这一教育改革运动"兴起于南北战争后的几十年间；19世纪末20世纪初，在知识分子中具有广泛的吸引力；第一次世界大战前十年间，聚集了政治力量，赢得了有组织的教师的支持，并对美国公立或私立的学校和学院产生了深刻的影响；在20世纪20至30年代间分裂；第二次世界大战后，最终瓦解"[①]。作为一次教育改革运动，它是美国对

[①]　[美]劳伦斯·阿瑟·克雷明：《学校的变革》前言，单中惠、马晓斌译，3页，济南，山东教育出版社，2009。

工业化的反应的一种表现。正如厄本和瓦格纳在其合著的《美国教育：一部历史档案》(*American Education：A History*)一书中所指出的："这些改革活动不尽相同，但它们却有一个最大的特点(尽管这一特点未必适用于所有的变革)——绝大多数的改革活动都汇聚成为一场运动，其目标是将20世纪的美国变成一个与现代工业社会的需求相协调的高效运作的社会。"[①]应该说，进步教育运动实际上是教育中的进步主义，对美国传统学校教育形成了巨大的冲击，并在世界范围内产生了广泛的影响。

美国南北战争前后出现的公立学校运动，不仅促进了公共教育制度在美国的确立，而且充分体现了美国的教育特色。在某种意义上，它甚至可以与美国独立战争和南北战争相媲美。但是，由于客观条件的不足，特别是由于传统教育理论和方法的影响，19世纪后期，美国公立学校教育的情况不甚理想。在公立学校里，教师仍然热衷于用老一套的课本进行老一套的训练，让那些天真无邪的孩子死记硬背和复述那些毫无意义的冗词赘句。

面对学校教育这种令人忧虑的状况，社会各界人士都提出了抗议。在美国南北战争后工业革命进程加快、城乡变化大、边疆开拓以及移民剧增的情况下，如何使学校教育适应社会的变化成为一个迫切需要考虑和解决的问题。可以说，学校不仅需要变革，而且变革的时机已经成熟。

一、帕克的昆西学校实验

一般认为，以美国教育家帕克的昆西学校实验为开端，兴起了美国进步教育运动。帕克"通过他在马萨诸塞州昆西市的工作，表明了在公立学校中

---

① [美]韦恩·厄本、[美]杰宁斯·瓦格纳：《美国教育：一部历史档案》，周晟、谢爱磊译，267页，北京，中国人民大学出版社，2009。

一个新的教育运动的开始"①。杜威在《回忆弗兰西斯·W. 帕克》一文中这样写道："帕克上校出现之时，恰逢公立学校的观念得到普遍认同，但当时的体制几乎没有表现出社会热情，几乎没有表现出道德理想。外部机器是有了，但仍需要有生命精神来掌控。而坚持认为美国民主所创造出的这一宏大机器也应该促进民主的道德目标的，正是帕克上校而不是其他任何一个人。他的工作的及时性由他的一举成名可以证明。"②在进步教育运动中，帕克几乎超过其他任何一个人，被誉为"进步教育之父"。

1837 年 10 月 9 日帕克出生于新罕布什尔州的贝德福。受到担任乡村学校教师的母亲的影响，他年仅 16 岁就担任乡村学校教师，一直到 25 岁。1869 年，帕克担任俄亥俄州德顿师范学校校长，开始从事教育革新活动。后他又担任德顿市公立学校督学助理。为了进一步学习欧洲教育家的思想，1871 年帕克赴德国柏林威廉国王大学学习。其间，他考察了其他欧洲国家的教育情况。1875 年回国至 1880 年，帕克担任马萨诸塞州昆西市的学校督学，主持领导昆西学校实验，第一次把"进步教育"思想付诸学校教育实践。此后，他担任波士顿公立学校督学。1883—1899 年，帕克担任芝加哥库克县师范学校校长，"他的工作达到了引人注目的顶点"③。

在教育改革实践基础上，帕克于 1894 年写了《关于教育学的谈话》(*Talks on Pedagogics*)一书，系统阐述了他的"进步教育"思想。他的其他教育著作主要有：《关于教学的谈话》(*Talks on Teaching*)、《有实践经验的教师》(*Teachers with Practical Experience*)等。

① [美]简·杜威等：《杜威传》，单中惠编译，28 页，合肥，安徽教育出版社，2009。
② [美]约翰·杜威：《杜威全集·中期著作(1899—1924) 第 2 卷(1902—1903)》，张留华译，73 页，上海，华东师范大学出版社，2012。
③ [美]劳伦斯·阿瑟·克雷明：《学校的变革》，单中惠、马晓斌译，117 页，济南，山东教育出版社，2009。

后来，帕克主持领导了芝加哥学院。1901年，该机构在芝加哥大学校长哈珀的要求和建议下，并入芝加哥大学成为它的教育学院，帕克担任第一任院长。1902年3月2日，帕克因病去世。

首先，帕克主张以儿童为中心的学校。他认为，儿童既是一个精神的实体，也是一个社会的实体。儿童的发展依赖于自己的经验、印象和表达。童年期充满了由外在刺激和内在力量形成的活动。因此，"所有教育的真正目的是人的身体、智力和心理的协调发展"①。学校教育应该适应儿童的发展，而不是要儿童去适应学校教育。帕克强调："不是任何科目，而是儿童处于学校的中心。"②在他看来，学校应该是"儿童中心"的学校。在制订学校计划时，应该以儿童为中心，从儿童的需要、兴趣和能力出发，尽力提供游戏、活动和工作的机会，并进行必要的辅导，使儿童具有丰富的和多样的经验。总之，学校的一切都是为了儿童的发展。儿童必须在一种不受任何阻碍的环境中游戏和工作。

在昆西学校中，帕克正是这样去做的。他改变了学习的气氛，使得学校成为儿童感兴趣的地方；他把儿童置于教育过程的中心，使得教师关注儿童的天性和内在能力的发展。昆西学校的一位教师曾这样说："帕克的发展计划包括了整个儿童。……学校是工作的一个场所，儿童在那里从做中学。"③因此，美国进步教育协会的创建者之一柯布称帕克是"儿童新世纪的先觉"④。

帕克认为，"儿童中心"的学校也应该是一个社区，因为今天的儿童将是明天的公民。儿童可以在一种为"民主"做持久和统一努力的社区环境中得到

---

① Sol Cohen, *Education in the United States: A Documentary History*, New York, Random House, vol.3, 1974, p.1818.

② Ida C.Heffron, *Francis Wayland Parker*, Los Angeles, Ivan Deach, Jr.1934, p.55.

③ Ida C.Heffron, *Francis Wayland Parker*, Los Angeles, Ivan Deach, Jr.1934, p.57.

④ [美]柯布：《新教育的原则及实际》，崔载阳译，11页，上海，中华书局，1933。

发展。因此，帕克强调，学校应该成为"一种理想的家庭、一种完善的社区和雏形民主政治"①。

其次，帕克主张活动的课程与方法。他认为，儿童在不同的生活环境中实际上已经自发地和无意识地开始学习每一门科目。帕克说："儿童每日每时都在学习云、天空、星星、地球、植物、动物、历史等各方面的知识。"②例如，儿童在厨房里烤面包时，不仅很高兴，而且已开始了化学方面的第一课。

从批判传统教育的理论和方法出发，帕克十分强调学校课程内容和教学方法的改革。他明确提出："儿童必须是教育经验的中心，被教的每件事都必须对儿童有意义。"③昆西学校设有阅读、书写、数学、地理、历史、文学、艺术、表演、音乐、体育、手工以及健康教育等科目，教师也把自己设计的教材以及杂志和报纸上的材料介绍到教室里来，以代替教科书。教师还强调儿童自己的活动以及对周围事物的直接观察，注意培养儿童的自我表现能力。可以说，昆西学校将整个重点放在对儿童的观察、描述和理解能力的培养上。

在教学方法上，帕克主张使儿童通过有兴趣的活动进行学习。因此，学校应该最大限度地激发儿童对各种活动的热情，应该重视自然观察、旅行活动、手工劳动以及体育活动。帕克说："每个儿童热爱的自然界：鸟、花和动物是他用之不尽的好奇心和惊讶的一种源泉，我们应该把这种热情带到教室里去。……儿童也具有一种具体地表现他思想的愿望，我们也应该把这种冲动倾向带到教室里去。"④在他看来，儿童有兴趣地从活动中学习比强迫的灌输更有力量。帕克还认为，每所学校最好设有一个农场，以便儿童进行"自然学习"。

---

① Francis W. Parker, *Talks on Pedagogies*, New York, E. L. Kellogg, 1894, p.450.

② Sol Cohen, *Education in the United States: A Documentary History*, New York, Random House, vol.3, 1974, p.1821.

③ Adolphe E. Meyer, *Grandmaster of Educational Thought*, New York, McGraw-Hill Book Co., 1975, p.272.

④ R. Freeman Butts, *Public Education in the United States: From Revolution to Reform*, New York, Holt, Rinehart and Winston, 1978, p.202.

对于课程与方法的改革，帕克在昆西学校委员会 1878—1879 年的报告中曾这样写道："我再说一遍，我仅仅是尝试更好地应用已建立起来的教学原理，即一些直接来自于心理规律的原理。根据心理规律提出的教学方法在每一个儿童的发展中都可以使用。……我没有引进新的原理、教学方法或步骤。我没有尝试进行什么实验，也不存在特殊的'昆西制度'。"①

最后，帕克强调教师的专业性及师资培养。他认为，要使美国的公立学校成为最好的学校，就需要在学校的每一个教室里配备一位受过专业训练的、有文化教养的、热爱儿童和献身教育工作的教师。教师既应该有巨大的热情，又应该有教育科学的知识。

按照帕克的看法，学校教师的基本任务是提供必要的和适当的环境，使每个儿童的个性能在教师的关心下得到充分的发展。教师应该具有坚定的信念和明智的判断力，具有分析儿童个性和找出儿童缺点的能力。教师应该具有创造精神，注意课程内容的革新和采用新的教学方法。教师应该能引导儿童与实际生活联系，并使他们第一手地观察和学习自然界。教师应该热爱儿童和尊重儿童，并有帮助他们的强烈愿望。教师还应该与家长保持直接的联系，成立家长与教师协会，定期举行家长会，使家长清楚学校教育的目的和方法。总之，"教师的重要性在于使儿童的心灵真正地重视生活和去生活"②。

帕克还十分重视教师的培养问题。他经常对教师提出这样的一些问题："教师应该怎样使儿童成为一个能自我活动和自由的人？""教师应该怎样使儿童适应将来的事情？"帕克认为，要训练儿童如何去做，教师自己必须能够去做。在担任芝加哥库克县师范学校校长期间，他强调在师资培养中要采用新的方法进行心智训练，要重视教育科学的学习，因为教育科学是一门探究儿

---

① [美]劳伦斯·阿瑟·克雷明:《学校的变革》，单中惠、马晓斌译，117 页，济南，山东教育出版社，2009。

② Francis W. Parker, *Talks on Pedagogies*, New York, E.L.kellogg, 1894, p.447.

童心理发展规律的科学。

在教育革新实践中，帕克是一位献身于学校教育事业和为儿童的自由发展而奋斗的卓越教师。杜威在《回忆弗兰西斯·W. 帕克》一文中这样写道："帕克在教育方面所做的大量事情，主要是在改革教学方法和改进学校管理上，其本质就是要以他自己充满爱和同情的人格来激发教室里的教师和儿童。"①

昆西学校的实验在美国开创了进步教育的道路，帕克也成为美国进步教育的倡导者。在帕克和昆西学校的影响下，一些在帕克领导的学校里工作过的教师和毕业的学生仿效办起了各种实验学校，进行教育革新活动，成为进步教育运动的热情支持者和积极参加者。例如，帕克的同事科克于1901年创办了弗兰西斯·帕克学校。

二、进步教育运动推向全国的"战役"

值得注意的是，在帕克的昆西学校引起人们注意的过程中，纽约的一位年轻的儿科医师赖斯从1892年10月到1893年6月在《论坛》（*The Forum*）杂志上发表了一系列有关学校问题的文章，对当时美国的学校教育进行了尖锐的揭露。

作为儿科医师的赖斯，由于对教育的兴趣而由疾病预防转向探讨学校教育问题。1888年到1890年，他曾在德国的耶拿大学和莱比锡大学学习教育学。回国后，他发表了一些批判传统教育的文章。1892年1月，赖斯接受《论坛》杂志编辑佩奇的建议，准备搞一份有关美国公共教育的第一手评估材料。于是，他在全国范围内的36个城市进行了调查访问，通过到教室里听课、同教师谈话、出席地方教育董事会的会议以及访问家长等，获得大量的实际资

---

① John Dewey, "In Memoriam: Colonel Francis Wayland Parker," in J. A. Boydston, *The Middle Works of John Dewey*, Carbondale, Southern Illinois University Press, vol. 2, 1976, p. 98.

料。赖斯看到了当时美国学校中存在的问题，如教学上的机械训练和死记硬背，对儿童个性发展的忽视，学校气氛死气沉沉，等等。

当然，在调查访问中，赖斯也发现了有些学校在教育教学上采取了一些革新的做法。在《论坛》杂志 1893 年 6 月号上所发表的最后一篇文章中，他就指出这种教育革新的做法使公众能够感受到"进步学校"的好处。其中，他提到了帕克所领导的库克县师范学校是最有启发性的学校之一。

赖斯在调查访问的基础上所发表的一系列文章，引起了美国公众强烈的和令人震惊的反应。这些文章后来以《美国公立学校制度》(*The Public School System of the United States*)为名编辑成书出版。尽管也有些人对此抱有冷漠、讽刺或观望的态度，但这些文章无疑打响了把进步教育运动推向全国的"战役"的第一枪。正如当代美国教育家克雷明在《学校的变革》一书中所指出的："19 世纪七八十年代间，人们对教育的批评不仅是局部的、间歇的，而且常常是无关痛痒的。相比之下，90 年代带来了全国性的对传统教育的批判以及教育革新和改革的洪流。没多久，它就完全具有了一场社会运动的特征。在这一点上，赖斯的文章似乎标志着一个开端。他在《论坛》的一系列文章中最先把当时的多方面抗议编成一个真正的改革计划，最先把教育问题看成事实上的全国范围的问题……进步教育运动之所以从赖斯开始，恰恰是因为赖斯把它看成是一场运动。"[1]

第二节　进步教育家的学校实验

在进步教育运动中，很多进步教育家在美国各地开办了以改革传统教育

---

[1] ［美］劳伦斯·阿瑟·克雷明：《学校的变革》，单中惠、马晓斌译，20 页，济南，山东教育出版社，2009。

为宗旨的进步学校，进行教育革新的实验活动。"同这个时代对教育的各种各样抗议一样，教育实验也明显地具有多样性。……这种多样性肯定要在'进步教育运动'中留下根深蒂固的标记。"①但是，美国教育家布鲁巴克也指出："这些学校各自强调的重点是完全不同的。所以，对初等学校来说，进步教育的含义并不是统一的，而是有时甚至相互冲突的一些观点的混合物。"②

具体来讲，进步教育家的学校实验可以分为进步教育运动初期和进步教育时代两个时期。相比前一个时期的学校实验，后一个时期的学校实验呈现出理论化的新趋势。

一、进步教育运动初期的学校实验

（一）斯陶特与梅诺莫尼学校

斯陶特是一位富裕的木材商，他对伍德沃德在圣路易斯市华盛顿大学的手工训练学校的工作情况十分了解。1889 年，斯陶特向威斯康星州邓恩县梅诺莫尼镇教育委员会提出建议：由他在梅诺莫尼学校（The Menomonie School）里建造一幢手工训练大楼，并配置必需的设备，发薪水给必需的教师及提供一定的应急费用。梅诺莫尼镇教育委员会接受了这个建议，并立即实施。

不久，这幢手工训练大楼就成为一个以"从做中学"原理为基础的新学校教学中心。男同学可以在木工车间、铁工车间或铸工车间等车间工作，并根据季节进行生产，如春天用的风筝、冬天用的雪橇和滑雪板等。女同学大多学习与家政有关系的课程，如编织、烹饪等。

---

① ［美］劳伦斯·阿瑟·克雷明：《学校的变革》，单中惠、马晓斌译，115 页，济南，山东教育出版社，2009。

② ［美］约翰·S.布鲁巴克：《教育问题史》，单中惠、王强译，416 页，济南，山东教育出版社，2012。

此后，在梅诺莫尼学校，手工训练逐渐扩展成一套完整的制度：幼儿园儿童学习穿孔；小学生学习绘画、写生、编篮子和织补；六年级学生开始实行系统的手工教学大纲；最后是一个培养手工训练教师的预备班。

学校为全校学生提供体育锻炼的机会。后来，在斯陶特的资助下，梅诺莫尼学校又建造了体育馆和游泳池，进一步强调了体育活动。体育教学大纲也与个人健康卫生教育紧密联系起来。学校还注意校园环境的美化。

与其他学校不同，梅诺莫尼学校没有发生纪律问题。学校教师既熟悉如何教授农业、自然研究和手工训练，又注意把传统课程与学生的日常生活联系起来。

此外，梅诺莫尼学校成为当地的社会中心。例如，学校的设施向公众开放，居民踊跃参加学生工作的年度展览会，烹饪班提供人们宴请的服务等。当地报纸曾这样报道说：梅诺莫尼学校是一个代表各行各业和所有人的团体。最有意义的是，梅诺莫尼镇 5600 多个居民都感到这所学校是他们自己的。

梅诺莫尼学校的实验吸引了来自各地的访问者，其中包括普通教育委员会(General Education Board)、南方教育委员会(Southern Education Board)以及皮博迪基金会(Peabody Fund)的代表，以及帕克和芝加哥手工训练学校的贝尔菲尔德等人。梅诺莫尼学校无疑给来访者留下了深刻的印象。1903 年，《世界的工作》(*The World's Work*)杂志的年轻记者阿黛尔·肖在参观梅诺莫尼学校后发表了题为《梅诺莫尼镇的理想学校》("The Ideal Schools of Menomonie")的文章，十分赞赏地指出：在几百英亩的区域内，它包含了任何地方都存在的公共教育中变化最多和最全面的实物教学课，同时明确得出这样的结论："按照梅诺莫尼镇公立学校能够做的这个实例来衡量，其他大部分公立学校的工作是死气沉沉、徒劳无益的。"①

———————

① [美]劳伦斯·阿瑟·克雷明：《学校的变革》，单中惠，马晓斌译，13 页，济南，山东教育出版社，2009。

(二)科克的弗兰西斯·帕克学校

科克是帕克在芝加哥库克县师范学校的同事。在布赖恩女士提供的100万美元的资助下，由科克担任校长的弗兰西斯·帕克学校（Francis Parker School）于1901年夏天正式成立。科克担任校长一直到1937年。

在办学方式上，弗兰西斯·帕克学校把帕克和杜威两人的教育思想和谐地结合在一起。其基本宗旨是："使儿童通过自我活动的作业获得最大的收益；适应儿童兴趣和需要的创造训练体现了教育精神；带有责任的自由是道德和智力生长的最好条件；与实际事物相联系的生活经验是学习的要素；各种表现的机会是正确教育的必要条件；必须把发展着的儿童当作一个人而不是一个群体来对待；社会动机是作业最有效的和最完整的动机。"[①]

弗兰西斯·帕克学校强调以下三个方面：一是兴趣。科克强调："兴趣是令人精神贯注和从事教育的根本法则。"[②]在弗兰西斯·帕克学校中，兴趣是整个儿童活动的最佳起点，教师的职责是使儿童的原来兴趣在更高层次上转化为新的兴趣。二是社会活动。学校必须重视使儿童为了小组或更大的集体利益而一起工作，如一起设计和制作学校用的帘子、编写芝加哥市的历史、进行时事讲解和全校表演等。在弗兰西斯·帕克学校中，最重要的一项社会活动，就是全校儿童一起参加的晨间集体操活动。三是以完成任务为目标的学习。在学习方向和进度上，教师对各个年级的基础学科提出了最低的要求，但各门学科的作业都各自围绕一个特定任务而进行。在科克看来，可以通过完成困难的任务，教育儿童既崇尚自由又有责任心。

在小学阶段，弗兰西斯·帕克学校在课程上打破了学科的划分，而以问题研究为核心来加以组织和安排。例如，四年级在学习希腊史时开展了其他

---

① Adolphe E. Meyer, *The Development of Education In the Twentieth Century*, New York, Englewood Cliff, Prentice-Hall, 1962, p.16.

② 转引自[澳]W.F.康内尔：《二十世纪世界教育史》，张法琨、方能达、李乐天等译，257页，北京，人民教育出版社，1990。

有关活动，如学生自己动手盖一幢希腊式房屋，写一些有关希腊神话的诗歌，做一些希腊式服装并穿在身上。负责教这个年级的教师说："他们玩希腊游戏，穿希腊服装，不断地排演他们所喜欢的故事或奇遇。……上课时，他们举行狄俄尼索斯式的狂欢，有祷告，有跳舞和即席吟诗。另外，他们中的一半人扮演雅典人，另一半人扮演斯巴达人，争论哪个城邦更值得向往。他们还充当雅典的自由民，勇敢地回答傲慢的波斯使者。"①在科克看来，用这种方法教历史，不仅使儿童学到了历史的意义，而且通过对希腊精神的理解和具体表现而得到情感上的满足。

在中学阶段，弗兰西斯·帕克学校并没有在课程和教学上进行改革，而是强调各方面生活的联系、团体活动、合作精神、自治等。

值得指出的是，表演的社会价值在弗兰西斯·帕克学校中得到了重视。"当全班通过行动来表现他们从书上学到的东西时，所有的成员都有一种职责，这样他们就能学会在社交方面来珍视和发展表达能力、表演能力以及情感想象能力。当他们面对全校表演时，他们就领略到了这工作对他们个人的价值，并且促进了全校的团结合作精神的发扬。所有儿童，无论是大的、小的，都开始对其他年级发生的事产生了兴趣，学会珍惜他人做出的那种简单而真诚的努力，不管这种努力是来自于一年级的学生，还是中学高年级学生做出的。"②

从1912年起，弗兰西斯·帕克学校出版年鉴，到1923年共计出版了8卷，内容涉及社会作业中的社会动机、通过具体经验的教育、科学课程、个性与课程等方面。

弗兰西斯·帕克学校后来参加了进步教育协会的"中学与大学关系委

---

① [美]约翰·杜威：《学校与社会·明日之学校》，赵祥麟、任钟印、吴志宏译，289页，北京，人民教育出版社，1994。

② [美]约翰·杜威：《学校与社会·明日之学校》，赵祥麟、任钟印、吴志宏译，289~290页，北京，人民教育出版社，1994。

会"所组织的"八年研究"(1933—1941年)实验计划。在进步教育运动初期，弗兰西斯·帕克学校在进步学校实验中的地位是重要的，对华虚朋、史密斯等进步教育家产生了影响。

(三)梅里亚姆的密苏里大学初等学校

梅里亚姆是密苏里大学教育学院的教授。在1904年开办了一所实习用的中学后，密苏里大学教育学院又于1905年开办了一所旨在进行师资实习的初等学校(刚开办时只招收1~3年级的学生)，后者称"密苏里大学初等学校"(Elementary School，University of Missouri)。这两所学校都由梅里亚姆负责，其时间长达20年。梅里亚姆著有《儿童生活与课程》(*Child Life and School Curriculum*)等。

与大多数进步教育家一样，梅里亚姆也对传统学校进行了尖锐的批评。他指出，传统学校的基本缺陷就在于：太注重向儿童传授成人的事实；过分强调课程的系统化，忽略了个别儿童的需要；割裂了校内生活与校外生活之间的联系等。

因此，梅里亚姆认为，学校应该成为儿童的学校，应该是儿童工作和游戏的场所。不仅儿童在学校里的生活应该同他们在校外的生活一样，而且应该更好地帮助他们懂得怎样正确地工作和游戏，以及怎样与其他儿童一起工作和游戏。他明确地说，儿童"在这所学校里所做的，就是他们在家里要做的，不过他们学着要做得更好。他们工作和游戏。在家里，他们做许多事情，大部分时间都很活泼，在学校里他们也是这样"[1]。

在梅里亚姆看来，儿童通过他们在校外的那些活动所得到的发展，完全可以与他们通过在学校的学习所得到的发展相媲美；而且，儿童在校外学的东西，既是与日常生活联系密切的，又是令人愉快的。因此，学校课程就是根据校外学的东西而编成的。在《儿童生活与课程》一书中，梅里亚姆总结了

---

① [美]约翰·杜威：《学校与社会·明日之学校》，赵祥麟、任钟印、吴志宏译，243页，北京，人民教育出版社，1994。

学校课程安排的五条原则:一是课程首先应该满足儿童当前的需要,然后才为今后的需要做准备;二是课程应该以日常生活的具体形式表现出来,而不应该采取传统课程那样的抽象形式;三是课程的组织应该有利于同一年级甚至不同年级学生之间的交流;四是课程应该照顾儿童的个性差异,并满足不同的能力和爱好;五是课程应该有助于儿童同时了解工作与闲暇。① 根据上述原则,密苏里大学初等学校的一天生活可分成四个方面:观察、游戏、讲故事、手工。

一是观察,儿童专门研究某一课题。具体观察时间可以是一个早晨,也可以是几个星期。不同年级的观察内容并不相同,如 1~2 年级观察植物和动物、气候和季节变化、人和自然等,3~4 年级观察本地区工厂、住宅和商店等,5~6 年级观察更大范围的工厂和社区活动等。如果儿童自己提出的课题对他们来说是重要的,那也可以改变原来的计划。为了满足儿童和小组的各种需要,计划是有伸缩性的。低年级学生在感到需要读、写、算以便扩大他们的工作范围时,才学习读、写、算。

以对气候的研究为例。儿童的观察是终年不断的,关注季节的变化。在观察了一年的整个周期的气候情况后,儿童就不知不觉地研究了他们自己所住地区的气候,并认识了气候与他们周围动植物生长的关系。

以对食物的研究为例。在教师的帮助下,儿童首先陈述他所能想到的与食物有关的东西,如他家里吃的食品、他在食品店里看到的东西等。然后,全班儿童与教师一起参观食品店,教师鼓励每个儿童认真观察那里出售的东西,并注意和比较各种食品的价格。最后,回到教室时,教师再让儿童讨论他们所见的东西、把他们能记得的食品价格列出单子、画食品的图画以及讨论食品营养价值的问题等。

---

① 参见张斌贤:《社会转型与教育变革——美国进步主义教育运动研究》,77 页,长沙,湖南教育出版社,1998。

二是游戏。对于儿童来说，游戏也具有重要的教育价值。在游戏中，儿童可以采取多样的形式和自由地活动，而教师仅仅是一位旁观者。为了使儿童把握基本的技能和时机以及全力以赴，游戏多半带有竞争的性质，一般由教师充当记分员。在梅里亚姆看来，儿童在一项游戏中玩得越高兴，就越是喜欢这项游戏。在游戏过程中，通过自由自在地交谈，儿童上了一堂语言课。而在游戏结束后，通过教师在黑板上记录的儿童游戏时所说的一些事情，儿童上了一堂由自己设计并反映他们游戏情况的阅读课；通过把黑板上的这些东西抄下来，儿童上了一堂书写课。此外，儿童通过在游戏中使用新单词和新词组，自然而然地增加了词汇量。

三是讲故事。由于儿童十分喜欢听优美动听的故事，因此教师应该注意给儿童讲故事。此外，儿童自己也喜欢别人听他们讲故事，其内容往往不是他们在识字课本中已读过的东西，而是他们在日常生活中听到的或从课外阅读中知道的东西。在讲故事的过程中，儿童会发现故事必须讲得生动和新颖，这样他们就会很自然地到学校图书馆去借故事书来阅读。同时儿童也会意识到，有些故事可以用动作来表演或用图画来表现。因此，对于儿童来说，讲故事就等于在上阅读课和写作课。讲故事不仅能使儿童养成喜欢读好书的习惯，而且能使儿童学好唱歌，因为歌曲中有乐趣有故事，唱歌是讲故事活动的一部分。

四是手工。对于儿童来说，手工是课程的一个组成部分。低年级儿童，无论男女，都要学习木工、缝纫和编织。这些手工活动给儿童提供了发挥审美力和做各种有用东西的机会。在低年级班级中，通常整个班级的儿童在同一时间做同样的事情，但他们可以提出建议他们想做些什么。随着年龄的增长以及使用工具熟练程度的提高，高年级儿童参加的手工活动的种类和复杂程度也相应增加。例如，五、六年级的有些学生制作出了一些可供学校长期使用的精美家具。

尽管密苏里大学初等学校每个年级的儿童都要参加以上四个方面的活动，但是，"对于较为年幼的儿童，其活动几乎全部取材于他们的生活环境；他们花时间从已熟悉的事物中发现更多的东西。随着他们年龄的增长，他们的兴趣自然转到更为间接的事物上，并去探索事物的过程及种种原因；他们开始学习历史、地理和科学"①。

后来，梅里亚姆在《儿童生活与课程》一书中概括了密苏里大学初等学校在课程和教学上的特色，那就是：不设置读、写、算及其他传统课程，不给学生提供用于学习和背诵的教科书，而要他们利用学校图书馆；反对为考试而死记硬背，没有期末考试和不定期测验，而强调教师和学生的共同学习。

在学校管理、教室布置、教师工作等方面，密苏里大学初等学校也进行了相应的改革。由密苏里大学教育学院委派的教授负责学校政策的制定和教学大纲的审核。学校教师在了解教学大纲的同时，也被允许有较大的自由制订自己的工作计划。在整个校舍中，教室并不多，但这些用大的折门相连的教室能使两三个年级的学生在那里活动，而且学生可以自由走动和互相交谈，只是不能妨碍其他同学。学校还设有图书馆、博物馆和社交中心等。

值得注意的是，密苏里大学初等学校的毕业生大部分进入了密苏里大学附属中学，而且进校后的学习成绩也很好。

(四)约翰逊的有机教育学校

约翰逊是美国进步教育协会的创建者之一。在20世纪二三十年代，她一直是该协会的领导成员。1864年，约翰逊出生于明尼苏达州。10岁，她就有了献身教师工作的理想。后来，她曾在初等学校里教过各个年级，也在中学里从事过教学工作，成为一位很有经验的教师。在明尼苏达州立师范学校里，她是一位富有批判精神的教师。1903年，约翰逊一家移居到亚拉巴马州

① [美]约翰·杜威：《学校与社会·明日之学校》，赵祥麟、任钟印、吴志宏译，244页，北京，人民教育出版社，1994。

的一个海边小镇费尔霍普。第二年，又搬到密西西比州梅里迪安附近的一个
农庄，直到 1907 年又回到费尔霍普。在那里，约翰逊创办了一所私立学校，
名为"费尔霍普学校"（Fairhope School），又称"有机教育学校"（School of Or-
ganic Education）。约翰逊后来回忆说："很多人来到费尔霍普，但最后都走
了；而我完全专心致志于开办一所学校，并乐意抓住这一机会。我是那样地
渴望去'实行'一个计划，即努力使孩子们来上学并让我进行实验。"①

　　约翰逊经常阅读心理学家奥本海姆的《儿童的发展》（The Development of the
Child）一书，并从中获得了对实验的一种刺激和支持。她后来说："《儿童的
发展》成了我的教育圣经。……多年来，它一直激励我进行实验工作。"②她还
阅读亨德森和杜威早期写的一些小册子，如亨德森的《教育与广泛的生
活》（Education and the Larger Life）一书。这本书使她认识到，教育的目的在于
发展整个人的有机体，同时她也从亨德森那里借用了"有机教育"一词。所以，
约翰逊强调："我们必须牢记，我们正在与一个统一的有机体打交道。"③在她
看来，儿童身心两方面的发展是相辅而行和不可分离的，教育者必须懂得这
两者是同样重要的。

　　因此，对传统学校，约翰逊提出了尖锐的批评。她认为，传统学校是以
教师的方便来安排的，不考虑儿童的需要，忽视儿童的充分发展，不培养儿
童的能力和创造性；而且，传统学校不提供儿童生长的机会，也不能使儿童
自己去发现知识，反而把儿童禁锢在一个小范围里。其结果自然是使儿童厌
恶学校，并对学习失去兴趣。

　　1920 年，约翰逊在美国进步教育协会的年会上发表题为"学校与儿

---

　　① Marrietta P. Johnson, *Thirty Years with an Idea*, New York, Teachers College, Columbia
University, 1939, p.14.

　　② Marrietta P. Johnson, *Thirty Years with an Idea*, New York, Teachers College, Columbia
University, 1939, p.8.

　　③ Marrletta P. Johnson, *Thirty Years with an Idea*, New York, Teachers College, Columbia
University, 1939, p.52.

童"("School and Child")的演讲。她指出:"儿童是需要自由的——首先是身体的自由。……但儿童更需要心灵和智慧的自由。"①她又在《什么是有机教育?》("What Is Organic Education?")一文中指出:学校的目的是"尽力使儿童身体健康,最好地发展智力,并保证富有感情的生活的真实和自然"②。她还强调:"教育计划的目的在于适应正在生长的儿童的需要。……童年期是儿童自身的发展,而不是为成人生活的预备。"③在约翰逊看来,教育应该充分注意到儿童生长的自然规律;学校的目的在于为儿童提供每个发展阶段所必需的作业和活动,并有利于每个阶段的发展。由此出发,包含幼儿园到中学的费尔霍普学校分成了生活班级,以代替固定的年级。它包括:幼儿园(6岁以下的儿童)、第一生活班级(6~7岁)、第二生活班级(8~9岁)、第三生活班级(10~11岁)、初级中学(12~13岁)、中学(14~18岁)。

费尔霍普学校的整个课程计划以活动为主,在活动的基础上再进行智力学习。约翰逊强调:"所有的儿童需要创造性的手工活动。这是思维的基本方法。"④她甚至认为,读、写、算尽可能推迟一些,对于儿童身心的自然发展会更适宜。因此,正式科目一直到10岁(第三生活班级)时才开始安排。后来,由于家长们的反对,才提前到8岁(第二生活班级)。约翰逊坚决反对教师在学习上对儿童施加任何压力,而要求充分考虑到儿童这个有机体的自发性、主动性以及他们的兴趣和需要,在教室内外对他们的生活给予指导。她说:"我们必须等待儿童的愿望,等待自觉的需要,然后我们必须迅速地提出

---

① [美]柯布:《新教育的原则及实际》,崔载阳译,67页,上海,中华书局,1933。

② [美]劳伦斯·阿瑟·克雷明:《学校的变革》,单中惠、马晓斌译,133页,济南,山东教育出版社,2009。

③ Marrietta P.Johnson, *Thirty Years with an Idea*, New York, Teachers College, Columbia University, 1939, p.349.

④ Marrietta P.Johnson, *Thirty Years with an Idea*, New York, Teachers College, Columbia University, 1939, p.350.

满足儿童的愿望的方法。"①

费尔霍普学校采取以下的活动，如体育活动、自然研究、音乐、绘画、手工、地图使用、讲故事、游戏、感觉训练、数的基本概念、戏剧表演和竞赛等，来代替学校的一般课程。从初级中学起，才有趋于正式的科目。但是，在那里，没有强迫的作业，没有指派的功课，没有考试和测验，没有不及格，也没有留级。每个儿童可以做他喜欢做的事情，而不会受任何人的干涉，但不能任性和懒散。总之，鼓励每个儿童的自然发展。

实行有机教育理论的费尔霍普学校表现出以下四个特点：一是需要。根据儿童的需要来制订学校的课程计划，以达到促进儿童自然发展的目的。而儿童的需要又应该是儿童有兴趣的，因为兴趣是教育中一个极其重要的因素。二是活动。学校是一个工作场所，而不是一个工场。与劳动者不同，儿童作为一个艺术的工作者，可以从有创造性的工作活动中获得经验，得到乐趣和快乐，并使自己的全部精力在工作中表现出来。三是训练。一个受过良好教育的儿童，就是一个受过良好训练的儿童。教师应该采取一种平衡的和训练的方法来发展个人的有机体。四是社会意识。学校实行男女同校教育，使男女生从儿童期起就习惯于一起工作。学校建立在以无私、没有偏见、合作为特征的社会意识以及与其说是批评性的毋宁说是创造性的建议的基础之上。

约翰逊还在康涅狄格州的格林尼治开办初等学校教师暑期班，介绍费尔霍普学校的实验。她强调，儿童的生存和发展完全依赖于活动；学校教育的方法必须按照儿童自然发展的特点来提出；课程计划要根据儿童的兴趣和需要来制订。一句话，儿童的发展是良好教育的关键。

费尔霍普学校刚开办时，仅有 6 个儿童，后来才得到发展。约翰逊主持

---

① ［美］约翰·杜威：《学校与社会·明日之学校》，赵祥麟、任钟印、吴志宏译，232 页，北京，人民教育出版社，1994。

这所学校30年，但在1914年以前，它的影响并不大。1914年5月，杜威在《调查》(Survey)杂志第32期上发表了《关于颇有希望的(亚拉巴马州)费尔霍普学校有机教育实验的报告》[Report on Fairhope (Alabama) Experiment in Organic School]，介绍并赞扬了费尔霍普学校的实验。第二年，杜威在《明日之学校》一书中，又一次论述了费尔霍普学校的实验。此后，约翰逊的有机教育学校才引起人们的注意，才有人去那里参观。

(五)沃特的葛雷学校

沃特是杜威在芝加哥大学任教时的一个学生，1874年出生于印第安纳州的马克尔，1898年从德保罗大学毕业后，曾短期赴欧洲研究教育方法。早在1899—1907年担任印第安纳州布拉夫顿学校的督学期间，沃特就注意研究各种教育问题了，并针对当时美国学校的缺点，提出了教育革新计划，试图把学校课程与学校组织更好地结合起来，但是没有机会去实施。一直到1907年，美国新兴钢铁工业城市印第安纳州葛雷市的教育委员会聘请他担任那里的教育局局长，使他得到了一个把自己的教育设想付诸实践的机会。当时，沃特年仅33岁。他的教育革新实验以"葛雷计划"(Gray Plan)或"分团学制"(Platoon Plan)闻名，引起了人们的广泛兴趣，并使葛雷学校成为当时美国进步教育的中心。1914年，沃特应邀在纽约的公共学校系统中帮助推行这个计划。

在沃特的主持下，葛雷学校的实验基本上是以杜威的教育理论为根据的，是杜威的教育哲学在葛雷学校的应用。沃特认为："他所面临的问题就是要这样去照料这些儿童若干年，即在他们结束学习之后，每个人都能够找到自己的工作并做得很成功。"①因此，葛雷学校在组织上把幼儿园、小学和中学都包括在内，使儿童在良好的环境中受到教育，并有机会去选择他自己认为最

---

① [美]约翰·杜威:《学校与社会·明日之学校》，赵祥麟、任钟印、吴志宏译，318页，北京，人民教育出版社，1994。

适宜的活动，尽最大的可能发展他自己的个性。社会化的学校也应该是一种与职业模式联系在一起的雏形的社区生活，在适当的条件下，使儿童如生活在实际社会中一样。所以，学校的作业应该以游戏与活动、知识的研究、工场与商店以及实验室的工作、校内外的社会活动四方面为基础。这"不仅是把极大地扩展了的教育机会——在操场、花园、图书馆、体育馆和游泳池、艺术和音乐馆、科学实验室、金工车间以及礼堂——提供给每个儿童，而且是使学校成为社区艺术和学术生活的真正中心"①。葛雷学校变成了小社会，并为儿童正常地和自然地生活提供了机会。当代美国教育家克雷明指出：葛雷学校的"目的是把普通教育和职业教育、智力教育和道德教育统一起来，并在这个过程中形成一种新的和有影响的社区观念。这种观念将在美国化的移民中起关键性的作用"②。

　　葛雷学校一般包括四个部分：一是设备齐全的体育运动场；二是设备布置可根据儿童的兴趣和需要而变动的教室；三是种类很多的工场和商店；四是儿童聚会和举行各种活动的礼堂。因此，沃特也自称葛雷学校为"工读游戏学校"（Work-Study-Play School）。

　　葛雷学校中的所有设施都是为了实际应用，而不是为了装饰门面。例如，木工场要真的替学校制作桌椅，印刷工场要真的印刷材料和报纸，园艺场要真的栽培植物和饲养动物，缝纫室和烹饪室也都要真的进行实际操作。应该指出的是，葛雷学校的校舍大楼四周有极宽的走廊，可以让儿童自由地往来；走廊的两旁陈列着儿童自己的各种制作品，使儿童在经过时受到刺激，以激发他们创造性制作与实际研究的愿望。

　　与杜威一样，沃特也强调从经验中学习。这是葛雷学校课程编制的总原

---

　　① ［美］劳伦斯·阿瑟·克雷明：《学校的变革》，单中惠、马晓斌译，138 页，济南，山东教育出版社，2009。

　　② Lawrence A.Cremin, *American Education: The Metropolitan Experience*, *1876-1980*, New York, Harper & Row, 1988, p.236.

则。在沃特看来，"问题不是要传授每个人具体工作可能需要的知识，而是要保持儿童童年的自然兴趣和热情，使每个学生能够驾驭自己的身心，并保证他能够为自己做其他的事情"①。一般地说，葛雷学校的课程分成四类：一是学术工作，包括阅读、拼写、文法、算术、地理、历史等科目；二是科学、工艺和家政，包括理科、图书、木工、金工、印刷、缝纫、烹饪等；三是团体活动，包括各种集会、表演、讲演和辩论等；四是体育。在具体安排上，一、二、三年级不分科，而且每天要学习手工及图画一小时；其余的年级采取分科教学制，由各科教师负责。各科升级的时间，以两个月为单位。儿童可以在这段时间中的任何时候改变他的整个计划。分级方法是以儿童的能力为标准的，在每一种标准课程上，儿童在测验和评定的基础上分为"快班""普通班""慢班"三类。随着能力的提高，儿童所学内容的难度也越来越大。总之，"学校强调的重点始终是灵活性，学生按最适合他们的速度，采用一种最适合他们的方法自由学习"②。

为了节省经费开支，充分利用校舍和各种设备，葛雷学校采用"双校制"(Two School System)。这是葛雷学校的一个主要特点，同时也表明葛雷学校有良好的校务管理制度，师生之间有一种真正的合作精神。其做法是，在同一教室里安排两个班级。如果上午甲班在教室里上课，乙班就在其他场所活动；下午乙班在教室里上课，甲班就在其他场所活动。这种做法破除了一个班级独占一个教室的习惯，又能使儿童自然减缓学习疲劳的状态。后来，葛雷学校采用分组的教学组织形式，各组儿童可以轮流使用学校的设备。在教室不能独占的情况下，葛雷学校的走廊两边都设有木柜，让每个儿童存放书籍和文具等。

---

① [美]约翰·杜威：《学校与社会·明日之学校》，赵祥麟、任钟印、吴志宏译，318~319页，北京，人民教育出版社，1994。

② [美]劳伦斯·阿瑟·克雷明：《学校的变革》，单中惠、马晓斌译，139页，济南，山东教育出版社，2009。

在葛雷学校中，儿童有机会真正学会用他自己的能力去适应他所生活的环境。从入学那天起，他就处在有兴趣告诉他怎样观察事物和怎样做事情的人中间；同时，儿童有机会经历学习一种职业的专门过程，并从事能给他动机和原理的工作。

儿童一走进葛雷学校，就觉得与在家里一样自由自在，对于做事的兴趣和责任心也与在家里一样。除鼓励儿童之间的合作交往和互相帮助外，学校有一个由全体儿童共同选举出的学生会，协助维持学校秩序。儿童可以有最充分的自由，在最适合他们的场所工作。此外，葛雷学校还在夜间、周日和节假日向成人开放。

葛雷学校被看作美国进步教育运动的最卓越的例子，并成为进步教育运动的一种流行最广的形式。这所学校的大多数儿童完成他们自己学业的速度与其他工业社区学校的一般儿童相同，毕业生中有三分之一进入了学院和大学。伯恩曾在《新共和》(New Republic)杂志上给予它高度的赞扬，并于1916年写了《葛雷学校》(Gray Schools)一书，把它作为杜威教育信条的一个范例。杜威在《明日之学校》一书中也专门对葛雷学校做了评述性的介绍。1929年，美国41个州29个城市的学校部分地或全部地采用葛雷计划。编辑《美国教育：资料文献史》(Education in the United States: A Documentary History)五卷本的美国教育史学家科恩指出："葛雷学校计划是美国初等学校改革中的一个里程碑。"[①]

(六)普拉特的游戏学校

普拉特于1867年出生于纽约的费耶特维尔。在当地的学校任教几年后，她于1892年进入哥伦比亚大学师范学院学习幼儿园教育及工艺课程。她毕业后在费城女子师范学校教手工训练课程，但对当时的学校教育制度深感不满。

---

① Sol Cohen, *Education in the United States: A Documentary History*, New York, Random House, vol.4, 1974, p.14.

后来，在妇女工会组织领导人马罗特的影响下，普拉特参与了对费城贫民窟状况的调查，立下了为迫切需要接受教育的儿童提供一种新教育的志向。此后，她辞职去纽约，除在社会服务社工作外，还在一所规模小的私立学校任教。在那里，她开始了初步的教育革新活动。从一位朋友的6岁儿子的创造性活动中，普拉特受到启发，在心里萌发了"游戏学校"（Play School）的观念，并于1914年秋天开办了一所游戏学校。这所学校后来以"城乡学校"（City and Country School）而闻名。

为了改革一种没有真正教育价值的学校教育制度，普拉特期望建立一种新的学校，使儿童通过游戏活动来认识世界。因此，她明确指出："在一个雏型的社会里，儿童能够通过游戏了解全世界的基本真理。"①

因此，在游戏学校中，所有的工作都是围绕儿童的游戏活动而组织起来的，教师利用的大量材料都是儿童在街上或在家里所能看到的东西。学校首先组织儿童到公园、商店、动物园、港口、工厂参观，尽可能充分地为他们提供第一手经验；然后把诸如积木、黏土、染料、盒子等游戏材料提供给儿童，让他们运用这些游戏材料富有想象力地表现他们所见到的东西。由于儿童所进行的各种建造活动几乎都取自他们的观察，这必然激起他们一种进行更新、更广泛和更精确的观察的动机。普拉特在计划中这样写道："提供一个机会让儿童拾起他社会中的那条生活的线索，并以其特有的方式表达他获得的东西。实验关注的是得到第一手的材料，它假定儿童一开始就具有很多知识，他使这些知识一天天增多，这就有可能指导他的注意力，以致他可以用一种更多的联系的方式得到知识；它要把这些知识结合有关的玩具和积木，应用于各个游戏方案之中，并且通过象绘画、表演、口头表述这类普通的手

---

① ［美］劳伦斯·阿瑟·克雷明：《学校的变革》，单中惠、马晓斌译，182页，济南，山东教育出版社，2009。

段表现自己。"①

在工作时，每个儿童都可以根据自己的需要使用他选来的材料，也可以独自挑选他喜欢的东西去做，如一条铁轨和一个车站、一座小城镇或一个小农场等。有的工作规模较大或比较复杂，常常要费几天时间才能完成。每一次工作的成功，都激励儿童去做更新和更复杂的工作。这些游戏活动，不仅发展了儿童的动作控制能力，提高了他们的创造性和灵巧性，而且为今后的课程学习打下了基础。当儿童在游戏活动中有需要时，教师就应该教他们使用工具和掌握各种程序。教师还应该随时观察各个儿童的能力的弱点，并在适当的时候对他的活动给以激励或阻止。

游戏学校的课程内容通常包括阅读、书写、算术、历史、地理、艺术和体育等。但是，教学工作既没有系统组织，也没有固定模式。例如，结合儿童的建造活动教数学原理，根据儿童在工作中想用一些字母或符号的需要教阅读和书写等。

普拉特把儿童看作艺术家，认为每个儿童都有他个人对观察的感受力，都有表达他们看到、听到和感觉到的东西并使之具体化的强烈愿望。因此，地处有很多艺术家、作家和演员居住的格林尼治村的游戏学校很重视戏剧表演，并注意利用格林尼治村丰富的艺术人才资源。几乎所有的儿童都喜欢扮演不同于自己的人和物，都喜欢通过动作把情景表演得更为逼真。在普拉特看来，各种各样的表演形式可以使教学更具体化，作为一种辅助的工具也有助于阅读、算术、历史的教学。在游戏学校中，儿童们不仅自己照管各种游戏材料，而且还自己照管教室。

在游戏学校(包括城乡学校)的实验基础上，普莱特编著《城乡学校的试验性实践》(*Experimental Practice in the City and Country*)和《我向儿童学习》(*I*

---

① [美]约翰·杜威：《学校与社会·明日之学校》，赵祥麟、任钟印、吴志宏译，284 页，北京，人民教育出版社，1994。

Learn from Children)进行了总结和阐述。

(七)农伯格的沃尔顿学校

农伯格曾就读于哥伦比亚大学巴纳德学院,听过杜威开设的课程。第一次世界大战前夕,她先去伦敦经济学院学习,后去意大利教育家蒙台梭利的"儿童之家"学习。回国后,农伯格应用蒙台梭利的教育方法在纽约管理一所蒙台梭利幼儿园。后来,在约翰逊的指导下,她决定自己开办一所学校。1915年,农伯格建立了"儿童学校"(Children's School),并使它具有了自己的特色:既强调教育的情感方面,又强调教育的智力方面。这所学校后来改名为"沃尔顿学校"(Walden School),到20年代中期已包括小学和中学,大约有200名学生。农伯格著有《儿童与世界》(*The Child and the World*)等。

农伯格认为,传统的学校,甚至有的受进步教育运动影响的学校,都对儿童的个体发展加以过分的限制。她指出:"对成千上万小学生的创造性才能与自发能量压制、阻抑和错误指导,就是我准备要当作正统教育的险恶罪行加以揭露的一些事情。"①因此,沃尔顿学校的工作基调是:提供一种建立在体现儿童无忧无虑的愿望和兴趣以及使儿童求知、行动和生活基础上的课程。农伯格明确指出:"对于我们来说,所有导致儿童在正常活动中神经紧张和情绪压抑的禁令,都是与生物学、心理学和教育学的新研究成果背道而驰的。我们必须在建设性和创造性的工作中去发现如何利用儿童这种生命力的方法。"②所以,沃尔顿学校完全消除传统学校的紧张气氛和那些不自然的做法,试图培养儿童坚持情感、思想和行动独立的精神,抛弃对教师或教科书权威的盲目依赖。

沃尔顿学校的最初宗旨是提供一种能应用分析心理学原理的教育。根据

---

① [澳]W.F.康内尔:《二十世纪世界教育史》,张法琨、方能达、李乐天等译,581页,北京,人民教育出版社,1990。

② Margrette Naumberg, *The Child and the World*, New York, Harcoart, Brace and Co., 1928, p.14.

弗洛伊德的精神分析学说，农伯格期望在儿童学校中保护每个儿童的活动。她认为，教育并不是社会的万应药；一个人可以不和一些社会团体发生关系，但必然会和社会团体中的许多人发生一定关系，重要的在于个人的转变。从这一点出发，个人的转变成为沃尔顿学校的目的。

在沃尔顿学校中，课程的安排是适合各个儿童需要的。教师不制定教学大纲，而是努力使儿童接触各种各样的人，为他们提供丰富多样的材料，然后让他们自己去做。例如，在一个科学工作室里，儿童正分别进行工作，一位教师则站在一个角落里，听任这些儿童自己去做；但当有的儿童遇到困难和问题时，那位教师立即帮助他解决困难或回答他的问题。美国教育学者德利玛在《我们孩子的敌人》一书中曾这样指出：沃尔顿学校"敢于创造一个儿童的世界，然后就站在一旁，看着儿童在真正自由的环境中生长"①。

沃尔顿学校的教师至少有一半人学习了心理分析，试图寻求一种真正培养思想和独立精神的课程，都倾向于强调艺术。因此，在学校课程中，戏剧活动、文学创作尤其是绘画的地位十分突出，艺术成为儿童自我表现的主要手段。负责艺术教育工作的教师凯恩激励儿童画出他们觉得非画不可的东西，并且说："我始终主张一点，那就是应该让儿童去选择。如果有人偶然说她不知道去画什么，那么，我同她谈话，直到她说出藏在心里的愿望：她想去画，但又怕画不好东西。"②沃尔顿学校还进行了性知识教育的尝试，教师从自然研究开始，继而进行与性行为有关的生物学、心理学和伦理学等方面的知识教育。但农伯格指出，其中有一些做法需要不断地消除家长们的疑虑。

---

① [美]劳伦斯·阿瑟·克雷明：《学校的变革》，单中惠、马晓斌译，191 页，济南，山东教育出版社，2009。

② [美]劳伦斯·阿瑟·克雷明：《学校的变革》，单中惠、马晓斌译，192 页，济南，山东教育出版社，2009。

整个沃尔顿学校都坚持理智行为和鼓励创造性活动，但并不是学生爱干什么就干什么，而是学习他们自己可以做的事情，以及训练表现自己的最佳方式。因此，沃尔顿学校是"以心理分析为指导的一切学校中最有计划的、也许是最成功的学校。它充分表明，学生的自由和创造性，能够成功地与律己和责任心相结合"①。

(八) 弗莱克斯纳的林肯学校

弗莱克斯纳年轻时曾在肯塔基州的路易斯维尔创办和领导了一所学校。1915年，在普通教育委员会的会议上，弗莱克斯纳谈及他一直渴望的一种提供普通教育的现代学校，当时出席会议的哈佛大学名誉校长埃利奥特对此表示支持。会后，弗莱克斯纳发表了一篇题为"现代学校"(A Modern School)的文章阐述了自己的设想。1916年，普通教育委员会与哥伦比亚大学师范学院的一些权威人士讨论，决定合作建立一所现代学校。于是，1917年9月，由弗莱克斯纳领导的哥伦比亚大学师范学院林肯学校成立。这所学校简称"林肯学校"。

弗莱克斯纳认为，现代学校将成为研究教育问题的实验室。"在那里可以进行教育问题的科学研究。这个实验室首先是要批判地检查和评估现代学校作为根据的那些基本主张以及所得到的那些结果。"他还指出，林肯学校这所现代学校应该"像一个实验室，制定初等学校和中等学校的课程，这些课程必须删去过时的资料并尽力逐步充实适应现代生活需要的有用的资料"②。因此，其目的是为儿童提供他们所需要的知识，并且发展他们在现实世界中把握自己的能力。整个学习时间将主要根据这个标准进行安排。

林肯学校的课程内容主要包括四个方面：科学、工业、美学、公民。删

---

① [澳]W.F.康内尔：《二十世纪世界教育史》，张法琨、方能达、李乐天等译，583页，北京，人民教育出版社，1990。

② [美]劳伦斯·阿瑟·克雷明：《学校的变革》，单中惠、马晓斌译，252页，济南，山东教育出版社，2009。

去了希腊语和拉丁语，代之以现代外语；但保留了传统的数学课。在组织和安排课程时，林肯学校拟定新的教学大纲，编写新的教科书，提出新的教育程序，编制新的课程设计。

与其他进步学校相比，林肯学校的最大特色是："围绕'工作单元'建立一种课程。这种课程把传统的教材重新组织到能够促使儿童发展和以后适应变化的成人生活需要的更完整的形式中去。"[①]因此，根据不同年级学生的不同兴趣，分别组织了不同的单元，使他们的注意力集中到各个方面去。例如，在小学阶段，一年级和二年级，仿照现实生活建立游戏城市，学习社会生活；三年级，通过船上的活动，学习有关船只的知识；四年级，学习有关食物的知识；五年级，学习有关陆上运输的知识；六年级，学习有关不同年代书籍的知识。在中学阶段，七年级，学习有关人类及其环境的知识；八年级和九年级，学习有关文化与环境关系的知识；十年级和十一年级学习有关古代和现代文化的知识；十二年级，学习有关当代美国生活的知识。林肯学校的一位二年级教师曾这样说："所有儿童基本上都是科学工作者、工匠、行动者和艺术工作者。"[②]但是，每一单元都要为学生提供各种各样的活动，每一单元都试图给学生提供一种完整的教育并使他们深入地学习某一方面的知识，因此，每一单元都能激起学生广泛的想象。

林肯学校在选择和设计工作单元之时主要依据了以下七条标准：一是工作单元能否适应儿童现有的程序；二是工作单元能否在现有智力水平基础上为儿童发展发现问题的兴趣提供机会；三是工作单元能否促进创造性的、智力和社会的各种活动，既照顾儿童的个别差异，又使各种活动统一起来；四是工作单元能否有效地引导个人和集体向更高阶段发展；五是工作单元能

---

① ［美］劳伦斯·阿瑟·克雷明：《学校的变革》，单中惠、马晓斌译，253页，济南，山东教育出版社，2009。

② 转引自［澳］W.F.康内尔：《二十世纪世界教育史》，张法琨、方能达、李乐天等译，604页，北京，人民教育出版社，1990。

否促使儿童依靠自己的主动性而不断扩大兴趣和提高理解力；六是工作单元是否有助于满足社会需求和阐明社会意识；七是工作单元能否合乎智慧的、社会的和道德的习惯。①

值得注意的是，围绕工作单元，林肯学校还精心安排了适合学生兴趣的需要以及经过挑选的课程。例如，小学开设音乐、工艺美术、自然科学、家政和体育等课程。中学开设英语、数学、生物、物理、社会科学、现代外语、工艺美术、家政和体育等课程。此外，林肯学校还安排了很多辅助学习的旅游和各种吸引人的课外活动。

与其他进步学校不同的是，林肯学校仍保留了年级制、教学大纲、教科书以及考试等。尽管其学生的学业成绩略低于美国东部地区一些优秀的和私立学校的学生，但明显超过一般学校的学生。林肯学校后来参加了进步教育协会的"中学与大学关系委员会"所组织的"八年研究"实验计划，表明它在实现自己独特的教育目标的同时，又没有牺牲任何重要的学业成绩。

此外，林肯学校的教师是一批特别富有想象力的教师。与其他进步学校中的教师试图不工作的情况相反，林肯学校的教师做了许多工作。例如，安排有关课程指导、辅导练习、教学单元和成绩测验的计划，从学生进校第一天起就提供辅导直到他们毕业为止。因此，在林肯学校，课堂教学是很好的，甚至是优秀的，学生的道德品行是很好的，教师、学生和家长在活动中都表现出一种开拓精神。

在20世纪二三十年代，林肯学校在美国教育界产生过广泛的影响。但是，哥伦比亚大学师范学院为了更大的经济效益和进行更有效的管理，于1940年决定把林肯学校与附属的贺拉斯·曼学校(Horace Mann School)合并起来。尽管这一决定遭到了林肯学校家长协会的强烈反对，但林肯学校最后还

---

① 参见[澳]W.F.康内尔：《二十世纪世界教育史》，张法琨、方能达、李乐天等译，605～606页，北京，人民教育出版社，1990。

是在 1948 年停办了。许多进步教育家认为,产生了广泛影响的林肯学校在进步教育运动中是一个精彩的篇章。当代美国教育家克雷明就指出:"在 19 世纪末 20 世纪初,对于一个十分熟悉杜威实验学校工作的人来说,林肯学校与杜威学校的连续性和相似性是相当明显的。"①

二、进步教育时代的学校实验

在 1917—1957 年的进步教育时代,早期的进步学校中的多数仍在继续他们的实验活动。但与此同时,一批具有较高素养的教育理论工作者也开始了他们的教育革新实验活动,无论在实验的原则和范围上,还是在实验的广度和深度上,都出现了新的理论化趋势。

(一)华虚朋的文纳特卡学校

华虚朋是文纳特卡制(Winnetka Plan)的创立者,1889 年 12 月 2 日出生于一个医生家庭。母亲是《初等教育》杂志的编辑,与杜威等教育家有过交往。1912 年从加利福尼亚大学毕业后,华虚朋担任一所乡村小学的校长,开始了他的教育生涯。1914 年后,他在加利福尼亚州立师范学校任教。由于校长伯克的介绍,从 1919 年到 1945 年,华虚朋担任了伊利诺伊州文纳特卡市的地方教育官员。其间,他于 1921 年到欧洲各国考察访问,回国后与斯特恩斯合著了《欧洲新学校》一书,介绍欧洲新教育运动的情况。1939—1942 年,华虚朋担任美国进步教育协会主席。1948—1960 年,他担任纽约市立大学布鲁克林学院师范教育部和研究部主任。1961—1967 年,他任密歇根州立大学教育学院教授。1968 年 11 月 17 日去世。

1919 年,刚上任的华虚朋就决心在芝加哥郊区的文纳特卡学校(Winnetka Schools)开始他的教育革新实验,使儿童的学习个别化,并力图把个人发展和

---

① [美]劳伦斯·阿瑟·克雷明:《学校的变革》,单中惠、马晓斌译,254 页,济南,山东教育出版社,2009。

社会工作结合在一起。这个实验计划一般被称为"文纳特卡制"。

华虚朋认为，教育上最迫切的一个问题就是如何使学校的功课适应儿童的个别差异。文纳特卡制旨在发展每个儿童的创造性与社会意识，帮助每个儿童得到全面的和完善的发展。华虚朋说："我们试图尽可能充分地发展每个儿童的个性，以及每个儿童的特殊兴趣和能力。"①

因此，文纳特卡学校的课程分为两个部分：一是工具课程，或称为"基本要素"课程，即读、写、算和社会科学；二是活动课程，即自我表现活动(创造性活动)和团体活动。每一门"基本要素"课程都分成一些部分，每个儿童都能按自己的速度进行学习。学习时间和速度改变了，但学习质量并没有改变。华虚朋曾这样说："'基本要素'课程，从定义上说，是指每个人所需要的知识和技能。因此，如果让许多儿童通过学校不明确、不适当的方法来掌握这些知识和技能，就必须使每个儿童都处在学校固定的课程表下，那正是学校工作的失败。"②在他看来，自我表现活动和团体活动是课程中活跃而有生命力的部分，这对儿童来说是真正的教育。这些活动一般包括班级设计、音乐欣赏、戏剧表演、手工、有组织的游戏、体育运动、俱乐部、学生自治等。就具体安排来说，教师可以把"基本要素"课程安排在整个上午，下午安排自我表现活动和团体活动。

实施文纳特卡制需要做好三个步骤的准备：第一，教师或教师团体应该确立个别训练的特殊标准，规定儿童掌握什么和掌握到什么程度。这样，任何教师，在任何时候，只要稍加思考，就可以在自己的工作中逐步应用。第二，由教师编制出一些诊断测验，以检查儿童的学习结果。由于儿童的学习是循序渐进的，所以，整个测验也应分成几个小的部分，以便测出儿童在某

---

① Sol Cohen, *Education in the United States: A Documentary History*, New York, Random House, vol.4, 1974, p.2492.

② [美]劳伦斯·阿瑟·克雷明：《学校的变革》，单中惠、马晓斌译，263～264 页，济南，山东教育出版社，2009。

一阶段所学习的某一部分的结果。但这并不是为了给儿童打分数，而主要是了解儿童需要教师提供什么样的帮助。第三，教师编写让儿童自我学习与自我订正的教材，以便允许每个儿童按照自己的速度前进。这样，就可以节省教师的很多时间和精力。华虚朋认为，第三个步骤是教师感到最困难的，但对文纳特卡制的实施来说却是至关重要的。任何教师实行了上述三个步骤，也就自然而然地把学校作业与儿童的个别差异协调了起来。

华虚朋认为，必须对儿童进行个别教学。这样，既能完成学校指定的作业，又能适合各年龄阶段儿童心理的发展。因此，在算术科目中，要求进行许多能引起学习兴趣的游戏与练习，以及速度的测验；用儿童化的语言解释许多运算方法，并进行诊断测验。在阅读科目中，要求进行阅读测验，以测量他们的能力；给儿童提供适合他们学习程度的书籍；进行朗读练习，运用口试、写阅读报告、口头报告等方法测量儿童对阅读内容的理解程度；教师应给予个别儿童特殊帮助等。在社会科目中，选择每个儿童都熟悉的材料；准备好一套提供给儿童的问题，并附有指导书，使儿童尽量个别地进行单元作业；对每个儿童进行诊断测验；进行社会问题的讨论及组织团体活动等。"这样，老师从满堂灌和让学生死记硬背的传统形式中摆脱出来了，能够在个别教育的基础上，为学生提供帮助，鼓励学生，对他们进行管理。"①

文纳特卡学校多数儿童的课时表中，均安排有自由活动的时间，以便他们拿出一部分时间花在有兴趣的科目上，或弥补自己在学习上的不足。这种具有充分弹性的安排，使得一个儿童虽然还坐在五年级的教室里，但有几门课程已做完六年级的作业。或者，在一个四年级的教室里，一个儿童开始做混合乘法运算，另一个儿童在做长除法，还有一个儿童正在学习分数。

华虚朋还认为，文纳特卡学校是个社会化的学校，应培养儿童的社会意

① [美]劳伦斯·阿瑟·克雷明：《学校的变革》，单中惠、马晓斌译，264页，济南，山东教育出版社，2009。

识。在那里，应该有团体活动、学生会、社会化的学校议会、音乐会、文学欣赏与文学创作活动等。还有，应该允许儿童根据他们的特殊兴趣和能力进行选科，如印刷、木工、金工、美术、科学研究、图书馆工作、打字等。文纳特卡学校的选科有二三十种之多，七、八年级的儿童可以任选几种。

总之，文纳特卡制可以使学校的功课适应儿童的个性，激发儿童的特殊兴趣和能力，培养儿童的社会意识。华虚朋曾这样指出："文纳特卡课程的根本哲学，要求每一个普通儿童掌握在生活中所需要的知识和技能，要求每一个儿童有机会像一个儿童快乐和充分地生活，要求每一个儿童有机会充分发展他自己的个性，要求每一个儿童能最充分地认识个人的利益与社会的利益是一致的。"[1]

为了推广文纳特卡制，华虚朋还开办了教师暑期学校。此外，由文纳特卡学校教师编写的教材获得出版并被广泛地采用。针对一些人的怀疑和批评，1926年，芝加哥大学教育学院院长格雷在美国联邦基金会的资助下对文纳特卡学校进行了调查，结论是表示完全赞同。此后，文纳特卡制作为个别教学制度的一种模式，迅速地在美国各地传播。

(二)柏克赫斯特的道尔顿学校

柏克赫斯特是道尔顿制的创立者。1887年出生于威斯康星州的杜龙德。1904年中学毕业后，在赫德逊做过一段时间的乡村教师。1907年在威斯康星州师范学校毕业后，又在哥伦比亚大学师范学院学习体育教育。她担任过威斯康星州和华盛顿州一些地方的初等教育和师范教育的视导员。1914年，柏克赫斯特赴意大利蒙台梭利国际训练班学习，受蒙台梭利教育思想的影响颇深。1915—1918年，她任美国蒙台梭利学校的视导员。1919年，她在纽约的伯克希尔残疾学校实施早在1911年就开始拟订的实验计划，并初有成效。

---

[1] Sol Cohen, *Education in the United States: A Documentary History*, New York, Random House, vol.4, 1974, p.2496.

1920 年，柏克赫斯特应马萨诸塞州纺织工业中心道尔顿市道尔顿中学校长杰克曼的邀请，去那里实施实验室计划。她称之为"道尔顿实验室计划"以资纪念，一般简称为"道尔顿制"。第二次世界大战后，柏克赫斯特曾帮助意大利重建教育。在她去世前的十几年里，她主要是从事著述工作以及编导《儿童世界》《了解你的孩子》等广播电视节目。

柏克赫斯特对当时美国学校的教育方法十分不满。她认为，美国的学校完全是书本学校。她强调："儿童的天性是好学习的。他们有很强的好奇心，但一定要引起他们对学科的兴趣。我们的教育方法不能达到这个目的。只有在这些地方改革之后，才可能培养出许多与众不同的人来。"①在她看来，教育最重要的任务是利用环境来扩展儿童的经验。1908 年，柏克赫斯特读了心理学家斯威夫特的《形成中的心理》(*The Mind in Forming*)一书，深有感触；她使用的"教育实验室"的概念就是从这本书中得来的。

道尔顿制旨在保证每一个儿童由他自己来按照规定课程所要求的学习速度和方式进行学习。柏克赫斯特说，它"不是一种制度或方法，也不是一种课程。……它实际上是一种教育组织的计划，以便使教和学两方面活动和谐一致起来"②。因此，在实施道尔顿制时，课程的标准是相同的，但儿童的进度视各人情况而定，每个儿童都可以采用他认为最好的方法。在柏克赫斯特看来，这既可能激发儿童最大的兴趣和能力，又可以使他学会怎样分配自己的精力，还可以使他具有一种责任心。

道尔顿制确立了三条原则：一是自由。儿童在专心学习任何科目时，必须允许他自由工作，不可以妨碍和阻止。在学习上，不要给儿童任何压力，不用课时表硬性规定他们某时听某门科目，允许他们按自己的速度做出学习的安排，并养成他们自己支配自己的能力。二是合作。这是指儿童在团体生

---

① Helen Parkhuest, *Education on the Dalton Plan*, New York, E.P.Button, 1923, p.2.

② Helen Parkhuest, *Education on the Dalton Plan*, New York, E.P.Button, 1923, p.34.

活中的相互作用。学校应成为实际的社会组织,儿童在学校中应该互相交往,互相帮助,共同地自由生活。三是时间预算。在儿童明确应该做什么事情后,采用包工的形式,使他们在规定的时间内自己做出计划。

要使每一个儿童都能对自己学习的速度和方法负起更大的责任,这就是道尔顿制的实质。从这个意义上说,道尔顿制又可以称为"个别教学制度"。因此,道尔顿中学废除了课堂教学,儿童可以根据自己的兴趣和能力,选择科目自由地学;废除了课时表,根据所选的科目规定学习时间的长短,但具体由儿童自己安排;废除了年级制,鼓励儿童主动学习,遇到难题时,先由儿童集体讨论,然后再请教师辅导;等等。柏克赫斯特曾这样说:"对教师来说,课时表是一种吓人的东西。"①

柏克赫斯特认为,实施道尔顿制需要有三个条件:一是实验室(或称作业室);二是指定作业(或称学习公约);三是成绩记录表。

实验室是儿童自由地进行作业的场所,兼有教室、自修室和图书馆的作用。它按科目分设。各年级的儿童可以自由地进入实验室,没有时间的限制。他们自己找座位,并进行某门科目的作业。如没有兴趣可以随时离开;遇到难题时,可以自己查参考书,或问同学,或小组讨论,或请教师解答。每一门科目的实验室,安排1~2名教师,以便随时指导学习或在必要时进行集体讲授。

指定作业是儿童必须完成的作业内容。将每一门科目的全部内容,按月分别做出安排,确定指定的作业。每个月的指定作业有简单的导言,用生动有趣的语言介绍科目的大概内容,并写出每周的具体要求,以及参考资料的目录。可以说,这是师生之间一个月的学习公约,也是一份包工合同。通过它,儿童明确了自己指定作业的内容,以及对作业所应负的责任。然后,每

---

① Sol Cohen, *Education in the United States: A Documentary History*, New York, Random House, vol.4, 1974, p.247.

个儿童可以按照自己的兴趣、需要和能力，自由支配和安排时间，在各门科目的实验室里自修。学得快的儿童可以提前更换新的学习公约，而不受入学时间的限制；学得慢的儿童则可以延长旧的学习公约，而不用拼命赶进度。在柏克赫斯特看来，这是实施道尔顿制的关键。

成绩记录表用于记录作业的完成进度情况。它有三种形式：一是儿童作业记录表。按科目不同分为不同的颜色。儿童到各实验室工作时要携带此表，在离开实验室时将其表交给教师，由教师划去与作业进度相应的格数并签名。二是教师实验室记录表。每一门科目实验室留一份，记录儿童一个月完成作业的进度，由教师保存，定期交教务处并调换新表。三是每周进度统计表。它由教务处保存，记录每个儿童的每周作业总进度。

在 20 世纪 20 年代，道尔顿制是一种成功的教育革新制度，曾在许多国家流行。1921 年，柏克赫斯特被邀请到英国去讲演。她还到过日本（1924）和中国（1925）访问和讲演，传播道尔顿制。由于道尔顿制过分强调个别差异，加上实施时容易造成放任自流，到 30 年代末，人们对于它的热情开始减退。

（三）纽伦的丹佛课程改革计划

在教育实践中，纽伦逐步形成了具有独创性的教育思想。他认为，随着社会环境的变化，公立学校的课程有必要进行全面的调整。但是，课程的调整必须坚持两条原则：一是始终保证进行多方面的教育，二是充分信任普通的任课教师。在他看来，课程改革中所需要的不是更多的由行政人员、督学或大学教授组成的委员会，也不是宣布学校必须做什么，而是要采取一些新的方法，使教师自己参与课程设计，并站在制定课程的最中心的位置上。

从 1922 年起，科罗拉多州丹佛市建立了一系列课程委员会，小学、初中和高中的每一门课程都有一个委员会。这些课程委员会的成员几乎全是任课教师。带着一种对课程进行重新研究的观念，他们对课程进行了讨论和研究，并在课程计划的实施过程中尽可能地广泛阅读和深入思考。但是，他们并没有确定正式的原则。

针对这种情况，1923年纽伦在给丹佛市教育委员会的信中强调："在某种程度上，没有一个课程计划的实施可以脱离教师的思想。"①他还提出了三点建议：一是课程委员会不仅要能在正常的上课时间开会，而且要为参加其工作的那些教师提供代课教师；二是从科罗拉多州立教育学院和科罗拉多大学请来的课程专家要与课程委员会的全体成员见面，并努力配合一起工作；三是聘请教育和课程领域的各种专家作为课程改革的顾问和评论者。对于纽伦的这些建议，丹佛市教育委员会不仅很快接受，而且拨款3.55万美元实施课程改革计划。

根据节约时间委员会(the Committee on Economy of Time)的经验和做法，丹佛市教育委员会第一次确定了来自实际生活的多项目标，并对要以何种目标和采取何种行动最有效地实现这些目标做出了决定。例如，家政课程委员会对初中和高中女学生的家务活动进行了细致的调整；小学语言课程委员会对成人在实际生活中使用的语言进行了全面的描述；初中数学课程委员会提出公民要懂得现代商业、货币流通、世界贸易和企业方面的知识等。在课程确定之后，他们还拟定了评估的方式。为了尽量多地联系教师，各个课程委员会的成员是由任课教师轮流担任的。

在课程改革实践的基础上，修改后的丹佛学校课程计划以"丹佛研究专题论丛"发表。此后，美国成千上万的学校采用了丹佛的课程改革计划。它的"改革成果很快被全国的学校所采用，人们尽力把它作为进步教育革新的一个典型例子"②。面对这样的情况，纽伦强调，这并不标志着改革的结束，而仅仅是一个新的开始，因为课程需要随着社会的发展而不断地加以调整。

---

① [美]劳伦斯·阿瑟·克雷明:《学校的变革》，单中惠、马晓斌译，266页，济南，山东教育出版社，2009。

② [美]劳伦斯·阿瑟·克雷明:《学校的变革》，单中惠、马晓斌译，265页，济南，山东教育出版社，2009。

丹佛学校课程改革计划使得任课教师保持了最大自信心。在纽伦 1927 年离开丹佛市教育委员会到哥伦比亚大学师范学院林肯学校担任校长后，丹佛学校课程改革计划仍然继续在实施，并传播到其他地区。

第三节 进步教育协会发起的三十校实验

三十校实验(Thirty Schools Experiment)，亦称"八年研究"，是美国进步教育协会下属的"中学与大学关系委员会"主持的一项为期 8 年(1933—1941年)的大规模教育实验研究。参加该项教育实验研究的是从美国各州挑选出来的 30 所中学，以及近 300 所学院和大学。其初衷是针对大学入学问题而做出的一个回应，后来成为修订中学课程以适应变化中的社会需求的一场运动的里程碑。该项教育实验研究得到了卡内基教学促进基金会和普通教育委员会的资助。作为在美国开展过的一项教育实验，"八年研究"被誉为最重要和最全面的课程实验。

一、三十校实验的起因与开始

20 世纪 20 年代后期，美国中学毕业生升入大学十分困难，往往只有六分之一的中学毕业生有升学的机会。与此同时，中学课程受大学入学考试的支配，只重视学生的学业成绩，而很少考虑学生其他方面的能力。针对这种情况，许多进步教育家认为，必须重新思考中学与大学的关系，只有在学院和大学改变其招生要求，才能实现中学课程改革的设想。因此，在美国进步教育协会 1930 年举行的第十届年会上，与会代表讨论了中学怎样才能改善为青少年服务，以及调整学院和大学入学要求的问题；并决定成立中学与大学关系委员会，进一步探讨中学与学院和大学进行良好合作的可能性，改善两者之间的关系。同年10月成立的中学与大学关系委员会由26人组成，包括大学和中学的校长。约翰·巴勒斯中学校长艾金担任主席。其他重要成员有：辛辛那提大学校长沃尔特斯、本宁顿学院院长R. D. 利、哥伦比亚大学师范学院教授拉格和沃森、卡内基教学促进基金会的利安德、《新共和》杂志的布利文以及威斯康星州的艾加德等。因此，"八年研究"就是在中学与大学关系委员会领导下的一项实验。

在最初两年，中学与大学关系委员会工作的主要目的：一是确定委员会工作的出发点和所要达到的目标，二是制订中学与大学合作的实验研究计划。该委员会在初步研究报告中指出，中等教育没有提供充分的公民训练，中学课程是毫无生气的大杂烩，存在着严重脱离社会生活的弊病。基于这种分析，该委员会建议在20所公立和私立中学里开展一项先期研究，旨在使学生更好地掌握知识，激励学生不断地学习，发挥学生的创造性，使学生能透彻地了解当代文化问题，为学生提供更好的个人指导、提供更好的教材和更有效的教学。这个先期研究引起了人们广泛的兴趣。

为了在更大范围的实验基础上进一步加以论证，中学与大学关系委员会于1932年制订了实验研究计划，即三十校实验计划。实验研究从1933年秋天开始，最初计划是5年，后来延长为8年。整个实验研究计划旨在论证学校教育的目的是以有效地协调个人与社会利益的关系为背景，实现学生个人的发展，即更好地掌握知识并发挥其创造性。该委员会设立的实验指导委员会与近300所大学和学院签订协议，要求它们在实验期间从参加实验研究的30所中学选拔新生时，主要依据实验中学校长的推荐信和学生在中学表现情况的详细记录，而不是凭入学考试。校长的推荐信须证明该毕业生具有保证完成大学学业的一般智力、能成功地学习一门以上大学课程的能力以及学习态度和兴趣等。指导这项实验研究工作的有当时美国颇有造诣的教育学者，其中不少是在进步教育运动中有影响的教育家。

参加该项实验研究的 30 所中学，既有公立的，也有私立的，既有规模大的，也有规模小的。它们是从美国各州近 200 所中学中选出来的，在学校设备、学生来源以及社会、经济、文化背景上有着较大的差别。其中，宾夕法尼亚州 7 所、伊利诺伊州 4 所、马萨诸塞州 3 所、俄亥俄州 3 所、加利福尼亚州 2 所、艾奥瓦州 1 所、科罗拉多州 1 所、威斯康星州 1 所、密苏里州 1 所、特拉华州 1 所、俄克拉何马州 1 所和纽约市 5 所。其中，佩拉姆·马诺尔中学于 1936 年经实验指导委员会的同意退出了该项实验研究，因此，后来实际上参加实验研究的是 29 所中学。在这些实验中学里，不乏一些著名的中学，如弗兰西斯·帕克学校、芝加哥大学中学、贺拉斯·曼学校、哥伦比亚大学师范学院林肯学校以及道尔顿学校等。

1933 年秋天，参加该项实验研究的 30 所中学的代表和实验指导委员会一起开会，对整个实验研究工作做了安排，并制订了实验工作计划。为了使实验研究工作顺利进行，各实验中学都实行了民主管理，设立了学校政策委员会、各分支委员会以及学生管理机构等；除此以外，还注意加强学校与家长的联系。在制定教育政策的问题上，教师们表现出强烈的参与意识。在实验期间，各实验中学可以按照它们自己的愿望和实际的可能自行设计课程，既反映社会的需求，又反映学生的兴趣和需要；学院和大学招收这些实验中学所推荐的毕业生入学，并对他们入学后的表现进行跟踪调查。由于各个实验中学的课程计划和教学方法不同，因此，为了帮助它们开展实验研究工作，中学与大学关系委员会下设了专门的咨询机构，负责课程的设计、教育的评估以及实验研究人员的培训等。实验指导委员会负责对整个实验研究工作进行协调和指导。

二、三十校实验的主要内容

决定教育目的。中学教育的目的除升学外，还应实现个人的发展，为走向社会做准备。在决定中学教育目的时，应考虑以下一些方面：使生活成为课程的中心；个人与社会的相互依存关系；使机能方面的指导成为一切教育活动的组成部分；从学生个人和社会发展的观点对学校教学计划进行评估；学校教学计划应揭示知识之间的本质联系；提供与社区进行密切的和直接的交往的机会。

设计新的课程和采用新的教学方法。由于各实验中学对传统课程的态度差异较大，加上它们在课程和方法上有很大的自主权，因此，它们的课程和方法不尽相同。有些实验中学保留传统的课程体系，仅对内容做了一些更改；但更多的实验中学则倾向于一种更为广泛的课程体系，特别是在 1935 年发表的"弗吉尼亚核心课程计划"的影响下，按生活适应原则将有关学科组合成一种范围更大的"核心课程"（亦称"综合课程"），如英语与社会学科的组合、数学与自然学科的组合等。在实验研究进行了两三年之后，大多数实验中学又趋于直接围绕有关青少年个人和社会活动的问题按单元组织课程。在教学方法上，实验中学更强调学生的思考以及师生之间的合作，更注意学生对社区和职业问题、创造性活动和个人训练方面的兴趣。实验指导委员会还为实验中学教师编写了教学参考书，帮助他们解决教学中所遇到的一些具体问题。例如，如何适应学生的需要，确定何种解决问题的观念以及可能的处理方式，如何组织个人和小组的活动、提供适当的参考资料，如何进行结果预测及如何选择评估方式等。

检查评估工作。这是实验研究中的一项重要工作。评估和记录委员会提出了以下十类评估目标：培养有效的思维方式；培养工作态度和学习技能；形成社会态度；形成广泛兴趣；提高鉴赏力；增进社会敏感性；发展个人的社会适应性；保持身体健康；获得文化知识；形成人生哲学。为了评估实验中学毕业生进入学院和大学后的表现和能力，如论述和分析能力、逻辑推理能力和处理社会问题能力等，评估和记录委员会还设计了 200 多种用于各种过程和目的的标准测验，并提出了一整套测量价值、方式和机能的新量表以及评估的理论。各实验中学还普遍采用了教师的观察、学生的自我评估和学生的报告等评估方式。

三、三十校实验的结论与成果

从 1936 年 9 月起，实验中学近 2000 名毕业生开始进入参加实验研究的各个学院和大学。为了对这些毕业生进行跟踪调查，由进步教育协会第二任主席史密斯和俄亥俄州立大学教授泰勒负责的评估和记录委员会组织了一批测试专家，按照年龄、性别、学业能力和成绩、家庭和社区背景、职业兴趣以及所进入的学院和大学的规模与类型等，从实验中学的毕业生和其他中学的毕业生中各挑选出 1475 人，分成实验组和相应的对照组，在学业成绩、文化发展水平、实际判断能力、对社会问题的敏感性、生活哲学和态度、个性特点、情感发展、职业倾向以及健康体能等方面进行对比研究。经过四年的追踪观察和研究，实验研究人员发现，实验组在这些方面（学业成绩除外语外）都高于对照组，其中有 6 所实验中学的毕业生与对照组的差别更为明显。具体来讲，实验组的学生表现出以下特点：学年平均总分稍高；在学院和大学的四年中更容易在学术上获得荣誉；具有更强的学术好奇心；具有更好的思维能力；对教育的含义有更清楚的认识；在新的环境中表现出更高的智谋；解决问题的方法更有效；更主动参与学生团体活动；在职业选择上有更好的倾向性；更积极关心国内外事务等。三十校实验表明，中学专门为准备进入学院和大学而设计的传统课程并不是唯一可靠和成功的方法。哥伦比亚大学校长霍克斯 1940 年在《给美国大学协会的总结报告》中指出："那些较少使用传统方法的中学所提供的教育却具有更多的激励性和主动性，并为我们大学提供了比过去所得到的更好的人才。"①

在三十校实验中,泰勒教授发挥了很大的作用。他发表了一系列文章,对实验研究工作中所遇到的问题提出了解决办法。为了用一些具体的行动或作业来证明学生是否达到了教学目标,他研究了批判思维中的各种具体行为并加以分类,从而编制出测验思维能力的量表,以便对实验中学培养学生思维能力的效果进行测验和评估。在实验指导委员会下设的那些委员会中,泰勒和史密斯领导的评估和记录委员会的工作无疑是最出色的。

1942年,进步教育协会出版了总结三十校实验的题为"美国教育的冒险"的丛书,共5本著作。其中包括艾金的《八年研究史》(*The Story of the Eight-years Study*)、钱伯林的《他们在学院里成功吗?——三十所学校毕业生的追踪研究》(*Did They Succeed in College?：The Followup Study of the Graduates of the Thirty Schools*)、贾尔斯的《课程研究》(*Exploring the Curriculum*)、史密斯和泰勒的《学生进步的评估和记录》(*Appraising and Recording Student Progress*)以及进步教育协会的《三十所学校实验记述》(*Thirty Schools Tell Their Story*)。1949年,泰勒出版的《课程与教学的基本原理》一书,总结了他在三十校实验中的研究成果。他把课程编制的主要步骤列成四个问题:第一,学校所要追求的教育目的是什么?第二,为达到这些目的应当提供哪些教育经验?第三,怎样把这些经验有效地组织起来?第四,怎样确定这些教育目的是否能够实现?概括起来,课程分为教学目标、学习活动、课程内容的组织以及教学评价四个要素。这就是在20世纪前半期美国课程研究中曾产生过广泛影响的"泰勒原理"。

---

① W.M.Aikin, *The Story of the Eight-Year Study*, London and New York, Harper & Brothers, 1942, pp.147-150.

四、三十校实验的贡献与影响

三十校实验是进步教育运动史上一次时间最长和影响最大的教育实验研究。担任过美国教育史学会主席的厄本教授和瓦格纳教授在他们合著的《美国教育：一部历史档案》一书中指出："八年研究的初衷是针对大学入学问题而作出的一个回应，后来却成为一场运动的里程碑。这场运动就是修订中学课程以适应变化中的社会需求。"①后来，由于第二次世界大战的爆发和美国的全面参战，三十校实验没有继续进行下去，但是作为美国教育史上在中学与大学关系方面一次规模很大的实验研究，它不仅提出了一些带有普遍意义的问题，如怎样确定中等教育的目标、怎样安排中学的课程、怎样协调中学与大学的关系等，而且对现代课程理论和教育评价的发展做出了重要的贡献，并在国内外产生了广泛的影响。1942年，中学与大学关系委员会主席艾金在《八年研究史》中写道："这个实验使教师和家长对未来充满了巨大的希望。"

在三十校实验中，泰勒形成了他的课程原理和教育评价理论。在课程上，他提出科学化课程开发的范式，把课程开发看成一个理性的过程。当代美国教育学者、亚利桑那州立大学教授韦布在他的《美国教育史：一场伟大的美国实验》(The History of American Education：A Great American Experiment)一书中就指出："虽然八年研究和其调查结果并未产生直接的影响，但是它的结果成为这个项目负责人拉尔夫·泰勒教育理论的基础。他发展了一种课程开发理论——泰勒原理。这种理论影响了课程开发数十年。"②泰勒还把评价纳入课程与教学编制理论之中，首次使用"教育评价"一词，使评价成为课程过程中一个重要的环节。人们开始认识到，评价过程实质上就是一个确定课程与教学计划实际达到预期教育目标的程度的过程。三十校实验的评估和记录委员

---

① ［美］韦恩·厄本、［美］杰宁斯·瓦格纳：《美国教育：一部历史档案》，周晟、谢爱磊译，366页，北京，中国人民大学出版社，2009。

② ［美］L.迪安·韦布：《美国教育史：一场伟大的美国实验》，陈露茜、李朝阳译，2页，合肥，安徽教育出版社，2010。

会所设计的标准测验、新的量表和评估方法，在许多没有参加实验的中学里得到应用。在实验研究中首创的追踪研究方法和教育目标系统分析，也引起了教育界人士的广泛关注。尤其是教育评价，在三十校实验后已成为一个独立的研究领域。史密斯和泰勒的那本题为《学生进步的评估和记录》的书被人们称为"划时代的教育评价宣言"。因此，泰勒本人把"八年研究"的课程改革称为20世纪五项最有意义的课程事件之一，该课程改革对西方课程与教学活动有着深刻的影响。当代国际著名比较教育家胡森在《国际教育百科全书》第三卷中指出，三十校实验促使了教育评估领域的产生，同时强调了目标制定、课程编排和评估过程之间的整体性。

通过进步教育协会主持的三十校实验，美国中学课程的结构得到了改革。由于大学和学院修改了它们的入学要求，因此，中学在制订课程计划和对学生进行评估时表现出更大的自主性和灵活性，这在一定程度上加强了中学与社会的联系。对于中等教育的理论和实践，特别是对于如何处理中学与大学的关系来说，三十校实验无疑是具有深远意义的。正如当代美国教育家克雷明所指出的："当进步教育协会的其他委员会的工作随着时间的流逝而被人们遗忘的时候，'学校与大学关系委员会'的工作依然对美国教育的发展产生了持久的影响。"①值得注意的是，美国著名课程理论家丹尼尔·坦纳和劳雷尔·坦纳在他们合著的《学校课程史》(*History of the School Curriculum*)一书的"八年研究"这一节中，分析了"八年研究"至今在教育文献中还具有教育生命力的三个原因：其一，它是美国教育史上(同类研究中)唯一全面的和纵向的课程实验；其二，它所关注的问题至今还困扰着我们；其三，它对教育的影响随着岁月的流逝而日益明显。②

---

① [美]劳伦斯·阿瑟·克雷明：《学校的变革》，单中惠、马晓斌译，280页，济南，山东教育出版社，2009。

② 参见[美]丹尼尔·坦纳、[美]劳雷尔·坦纳：《学校课程史》，崔允漷等译，253页，北京，教育科学出版社，2006。

第四节　进步教育协会的兴衰

进步教育协会自 1919 年成立后，成立了许多委员会来开展工作，作为一个教育团体显然推动了美国进步教育思想的传播和进步学校的实验。该协会还在 1924 年创办了《进步教育》杂志，为进步学校教师和进步教育理论家提供了一个发现见解和交流学习的平台。可以说在 20 世纪前半期的美国，进步教育协会产生了很大的影响。但是，从 20 世纪 30 年代起，进步教育运动受到了提倡传统教育理论的教育家的激烈批评和攻击，而且在第二次世界大战后一直在走下坡路，最后导致了进步教育协会的解散。对此，当代美国教育家克雷明这样指出："进步教育协会（Progressive Eduacation Association）在 1955 年解散了，两年以后它的刊物《进步教育》（*Progressive Education*）也停刊了，这标志着美国教育学上一个时代的结束。"①但是，在回顾人们对进步教育运动的指责和对进步学校的讽刺性攻击时，美国教育家布鲁巴克这样指出："总之，对进步教育的指责和反指责，是美国教育史上对学校教育的最激烈的和最广泛的批判。"②

一、进步教育协会的成立

1918 年冬季，一些进步教育家和对进步教育运动感兴趣的人士几乎每周都在华盛顿的威廉斯夫人家里聚会，交流在美国各地的教育革新实验情况。为了能够提供交换看法的活动中心，把个别的链环熔合成一根链条，使进步教育思想更加普及，他们设想成立一个组织，并起草了原则声明："进步教育

---

① ［美］劳伦斯·阿瑟·克雷明：《学校的变革》前言，单中惠、马晓斌译，1 页，济南，山东教育出版社，2009。

② ［美］约翰·S.布鲁巴克：《教育问题史》，单中惠、王强译，418 页，济南，山东教育出版社，2012。

的目的是以对人的心理、生理和精神，以及社会的特性和需要进行科学研究为基础，促使个人得到最自由和最充分的发展。"①1919 年 4 月 4 日，85 位赞成进步教育思想和支持进步学校的教育工作者在华盛顿公共图书馆的大厅里集会，正式宣布成立"进步教育协会"。进步教育协会还设立了执行委员会。进步教育协会的成立"对进步教育运动的变化具有特殊的意义。因为进步教育运动以前只是反对教育上的形式主义的活动的一种松散联合，而现在采取了一种富有活力的组织形式"②。

美国安纳波利斯海军学院的一位年轻教师柯布为进步教育协会的成立做了很大的努力，并担任了该协会执行委员会的第一任主席。开办"有机教育学校"的约翰逊在该协会的成立过程中也起了关键的作用。美国教育家、哈佛大学名誉校长埃利奥特担任了进步教育协会的名誉主席，并把进步教育运动说成"在美国教育中最有意义的运动"③。

作为进步教育家和对进步教育感兴趣的人士的一个团体，进步教育协会成立的目的就在于进一步推动进步教育思想的传播和进步学校的实验，以影响整个美国的学校教育。该协会起初主要关心初等教育，后来也关心中等教育。柯布后来回忆道："简单地说，我们的目的就是改革美国的整个教育制度。"④为此，1920 年，进步教育协会发表了由该协会领导人、马萨诸塞州的比弗乡村日校校长史密斯起草的著名的"七项原则"⑤：

---

① [美]劳伦斯·阿瑟·克雷明：《学校的变革》，单中惠、马晓斌译，216 页，济南，山东教育出版社，2009。

② [美]劳伦斯·阿瑟·克雷明：《学校的变革》，单中惠、马晓斌译，160 页，济南，山东教育出版社，2009。

③ Sol Cohen, *Education in the United States：A Documentary History*, New York, Random House, vol.4, 1974, p.2417.

④ Sol Cohen, *Education in the United States：A Documentary History*, New York, Random House, vol.4, 1974, p.2419.

⑤ [美]劳伦斯·阿瑟·克雷明：《学校的变革》，单中惠、马晓斌译，219~220 页，济南，山东教育出版社，2009。

第一，学生有自然发展的自由。

应该根据社会的需要，而不是随意的法则来指导学生自治。但是，这并不意味着自由应该成为放纵，也不是说教师即使是在必要的时候也不行使应有的权力，而是说应该为学生提供培养主动性和提高自我表现力的充分机会，并且为每个学生提供一个良好的环境，让他们自由地利用周围环境中丰富多彩和令人感兴趣的材料。

第二，兴趣是全部活动的动机。

应该通过以下途径来发展和满足学生的兴趣：一是让学生直接或间接地接触现实世界，并从活动中得到有用的经验；二是要求学生学以致用，并比较不同事物之间的相互联系；三是培育学生的成就感。

第三，教师是指导者而不是布置作业的监工。

教师对进步教育的目的和一般原则抱信任的态度是极其重要的。他们应该对教师职业有充分的准备，为发展学生的主动性和独立性提供活动机会。教师应该具有个性和特点，并且对学校的所有活动，诸如学生的游戏、戏剧表演和社交集会等十分熟悉，就像他们在教室里上课一样。理想的教学环境要求班级规模比较小，尤其是在小学阶段。此外，提倡进步教育的教师将鼓励学生运用他们所有的感觉，训练观察力和判断力，而不仅仅是让他们死记硬背课文。这些教师将告诉学生如何使用来自不同方面的知识，包括从书本上学到的知识和从生活中得到的知识；如何分析所得到的知识；以及如何有逻辑性、有说服力地把得出的结论表达出来。教师要激发学生的求知欲，并在研究中成为学生的指导者，而不是他们的监工。要真正地激励学生，教师就必须为学生的自我完善和发展广泛的兴趣提供充分的机会，并给予适当的鼓励。

第四，注重学生发展的科学研究。

学校的档案不能仅仅记载教师为学生评定的分数，并以此来表示学生在各门课程中所取得的进步，还必须包括对学生生理、心理、道德和社会品行的真实报告。这些档案不仅会影响学生的在校生活，而且会影响他们的一生。应该把这些档案当作教师正确对待每一个学生的指导，并使教师注意有关学生发展的所有重要的活动，而不仅仅是上课的教材内容。

第五，对于儿童的身体发展给予更大的注意。

进步教育首先要考虑的一个方面是学生的健康。对于学校来说，十分必要的是，应该提供光线明亮、空气流通和设备齐全的校舍和更大的室外活动场地，供学生活动。对教师来说，应该更仔细地观察每一个学生的身体状况，并应该与定期检查学生身体的校医合作。

第六，适应儿童生活的需要，加强学校与家庭之间的合作。

学校和家庭应该尽一切可能来满足儿童正常的兴趣和活动，这一点在小学阶段尤为重要。男孩和女孩都应该有机会进行体育锻炼、家务劳动和各种形式的健康娱乐活动。孩子们如果不能在学校里完成全部作业，那么至少应该在学校里完成绝大部分作业。那些课外作业应该既可以在学校里完成，也可以在家里完成。这样，儿童将无须花费更多的精力。但是，只有通过家长和教师之间的密切合作，这种状况才能形成。家长的职责是要知道学校正在做什么以及为什么这样做，并且通过最有效的途径与学校合作。学校的职责是帮助家长更广泛地了解学校教育工作的情况，并通过一切可能的方法为家庭提供信息和帮助。

第七，进步学校在教育运动中的领导作用。

在教育运动中，进步学校必须起领导作用。进步学校应该是一个实验室，在那里，人们不墨守成规，任何新的思想都能受到鼓励。但是，历史的精华依然影响着现在的发展，而实验的结果和原来的教育知识又自由地融合在一起。

埃利奥特在同意担任进步教育协会名誉主席时这样说："我赞同你们的原

则和目的，我赞同你们提倡的那种教育。"①之后，在进步教育协会所办的教育刊物中，这些原则得到了阐述和宣传。

为了扩大影响，1924 年春，即进步教育协会成立后的第五年，在华盛顿的一位慈善家、一直对进步教育运动给予支持和帮助的孔利夫人的资助下，进步教育协会创办了《进步教育》杂志，由哈特曼担任编辑。为了使杂志办得更有吸引力，还由柯布、孔利夫人、莫斯小姐和哈特曼等人组成了出版委员会。杂志开始每年出版 3 期，后来变成了季刊。它宣传进步教育理论，并刊登美国和西欧国家的教育革新实验的情况和资料，也为进步学校教师和进步教育理论家提供了一个讨论一些重要教育问题的平台。它与《民主的拓荒》杂志（1943 年停刊）一起，在进步教育协会发行的数种刊物中是最有影响的。

进步教育协会在 20 世纪 20 年代末 30 年代初还成立了许多委员会开展工作，如"教育资源委员会""中学与大学关系委员会""中等学校课程委员会""人际关系委员会""农村学校委员会""实验学校委员会""成人教育委员会""师范教育委员会""广播教育委员会"等。其中，中学与大学关系委员会主持的"八年研究"实验计划在这一时期美国教育中产生了重要的影响。1939 年，约翰·杜威学会（The John Dewey Society）也成了进步教育协会的一个委员会。

进步教育协会的成立使进步教育运动得到了发展，并成为进步教育运动的标志。在进步教育协会成立之初，入会者颇多。1920 年，已有会员数百人。1929 年，会员增加到 6600 人；1937 年为 8500 人；到 1938 年，会员人数已达10440 人。进步教育协会在达顿、巴尔的摩、芝加哥、费城、波士顿、克利夫兰和纽约等城市举行过大会。可以说，在 30 年代，进步教育运动已成为当时美国主要的教育潮流。埃利奥特在《进步教育》杂志第一期上撰写了一篇祝贺

----

① Sol Cohen, *Education in the United States: A Documentary History*, New York, Random House, vol.4, 1974, p.2422.

性的前言,指出:"进步学校在数量上越来越增加,影响越来越大,公众也越来越认识到它们的好处。"①柯布在 1932 年也指出:"进步教育运动是最成功的改革运动之一。……进步教育的原则要继续进入教育理论和实际的领域,这是无法阻挡的一种趋势。"②1938 年 10 月,美国的《时代》(*Time*)杂志连续刊登了有关进步教育协会的图片报道,并强调:"美国没有一所学校完全逃脱了它的影响。"③沃尔顿学校的创办者农伯格甚至断言:"除进步教育外,任何东西在美国都是完全过时的。"④

由于进步教育协会的努力,它不仅与私立学校教师,而且与公立学校教师和校长以及全国各地的教育行政官员接触和联系,因此,进步教育思想在 20 世纪前半期的美国得到了广泛的传播。"不可否认,在教育改革的事业中,进步教育协会起了不可估量的作用。进步教育协会作为进步教育运动的组织,成了进步教育运动的代言人,为进步教育运动注入了活力和热情,也为进步教育运动提供了富有献身精神的领导者。"⑤

二、进步教育协会的解散

作为一次教育改革运动,美国进步教育运动是对传统学校教育的一次巨大的冲击。仅从美国教室特点上的变化,就可以看到进步教育运动的成就。但与此同时,过分强调儿童个性的发展,加上一些极端的革新做法,使学校

---

① James Bowen, *A History of Western Education*, London, Methuen & Co.Ltd., vol.3, 1972, p.439.

② Sol Cohen, *Education in the United States*: *A Documentary History*, New York, Random House, vol.4, "preface", 1974, p.21.

③ [美]劳伦斯·阿瑟·克雷明:《学校的变革》,单中惠、马晓斌译,286 页,济南,山东教育出版社,2009。

④ Sol Cohen, *Education in the United States*: *A Documentary History*, New York, Random House, vol.4, preface, 1974, p.21.

⑤ [美]劳伦斯·阿瑟·克雷明:《学校的变革》,单中惠、马晓斌译,243 页,济南,山东教育出版社,2009。

和教师茫然不知所措，进步教育运动受到了严厉的批评，尤其是在 1929 年资本主义世界经济危机发生之后。美国哲学家和教育家胡克就指出：进步主义教育的过分做法使进步主义教育成为笑柄。①

实际上，早在第一次世界大战前后，美国教育界中就有人对进步学校的实验提出了尖锐的批评，而且经常是刻薄的。到 30 年代后期，以要素主义教育家为主要代表的新传统教育理论家开始对进步教育运动进行较为系统的批评。自认为是进步教育的主要反对者的巴格莱于 1938 年发起成立"要素主义者促进美国教育委员会"，与进步教育协会相对峙。他攻击进步学校以活动代替系统的和顺序的学习，并且甚至把活动本身当作自定的目的，而不问通过这种活动能否学到什么东西；其课程改革上存在的"一种明显的倾向是削弱基础知识，夸大浅薄的东西，贬低顺序性和系统性，而且还加重了较低级学校的弱点和缺乏效能"②。他还进一步指出："如果教育放弃严格的标准，因而对于学习所必需的努力不提供有效的鼓励，那么许多人将虚度在学的 12 年，不过发现自己愚昧无知和缺乏基本训练日益处于严重不利的困境。这简直无异于把小孩连同洗澡水一起倒掉。"③当时的许多报纸杂志上还登载了讽刺进步学校的漫画，其中有一幅漫画画的是在进步学校的教室中学生正在提问："难道我们非得做我们想做的事情吗？"有些人甚至挖苦说，这些进步学校就像马戏场一般。④

值得注意的是，进步教育协会的一些主要成员也开始对进步教育运动进行反思，在进步教育运动内部要求强调学校的社会责任，并对其路线进行修正。其中，康茨于 1932 年出版了一本题为《学校敢于建立新的社会秩序

---

① 参见[美]约翰·杜威：《民主主义与教育》，王承绪译，384 页，北京，人民教育出版社，1990。

② 王承绪、赵祥麟编译：《西方现代教育论著选》，160 页，北京，人民教育出版社，2001。

③ 王承绪、赵祥麟编译：《西方现代教育论著选》，164 页，北京，人民教育出版社，2001。

④ 参见[美]丘奇：《对进步主义的反动：1941—1960》，见瞿葆奎主编，马骥雄选编：《教育学文集 美国教育改革》，402 页，北京，人民教育出版社，1990。

吗?》(*Dare the School Build a New School Order ?*)的小册子。康茨认为,尽管进步学校取得了一些重要的成就,如把注意力集中于儿童身上、认识到学习者兴趣的重要性以及活动是真正教育的基础、重视儿童的生活环境和个性发展、维护儿童的自由权利等,但是只要随便地检查一下进步学校的课程计划和教育哲学,就会在心里产生一些疑问。其原因在于,进步教育运动"构成的一种关于教育含义的概念过于狭窄",因而"没有阐明一种社会福利的理论"。① 在康茨看来,进步教育运动只重视教育与个人的关系,而忽视了教育与社会改造的关系。因此,康茨明确指出:"如果进步教育是真正进步的话……它就必须果断地和勇敢地面对每一个社会问题,应付严酷的生活现实,建立一种与社会的有机的关系,发展一种现实的和综合的社会福利理论,形成一种关于人类命运的强硬的和富于挑战的观点。……总之,进步教育不能把它的希望寄托在儿童中心的学校上。"②1938年,博德出版了《处在十字路口的进步教育》(*Progressive Education at the Crossroads*)一书,也对进步教育运动提出了批评。他认为,几乎很难否定进步教育对美国教育做出的很多重要的和持久的贡献;但可以肯定的是,它也导致产生了各种错误和过失。他甚至挖苦进步教育运动的某些教师,认为他们没有清楚地理解他们正在做的事情以及为什么要这样做。因此,博德非常尖锐地指出:"进步教育正站在道路的岔口上。民主的问题正成为一切生活关系中最迫切的问题。它暗示需要对一个社会的教育哲学进行系统的陈述和应用。如果进步教育能成功地把其精神化为民主的哲学和方法,那么这个国家的未来就能掌握在进步教育家的手中;反之,如果进步教育坚持片面地吸引个别学生,那么,它将在环航世界

---

① George S.Counts, *Dare the School Build a New Social Order ?* , New York, Arno Press, 1969, pp.6-7.

② George S.Counts, *Dare the School Build a New Social Order ?* , New York, Arno Press, 1969, pp.9-10.

之后而落伍。"①在他看来，进步教育必须越来越清楚地意识到在它的基本态度中所包含的那些东西，并把这些东西作为改造它的思想和方法的指导观念。

正是在上述背景下，进步教育运动内部就学校与社会的关系也进行了争论，其主题就是：学校在引起社会变化方面应起的作用。1941 年，进步教育协会的教育哲学委员会发表了题为"进步教育：它的哲学与挑战"（Progressive Education：Its Philosophy and Challenge）的报告，其中陈述了关于进步教育的三条原则：一是为了解决生活问题而进行思考；二是为了解决共同问题而进行合作；三是注重学生社会情感的培养。这里所使用的"社会"一词，是进步教育协会从来不提的。但是，这并不意味着进步教育协会否定 1929 年以前的那些主张。

1944 年，在提倡传统教育理论的教育家的激烈批评和攻击下，进步教育协会不得不改名为"美国教育联谊会"（American Education Fellowship）。它强调："我们为我们的传统和原来的名称感到骄傲，但是还有一种新的、更广泛的工作要做，而这种工作是没有其他团体正在承担的。"②同时，它还提出以下八点意见：给每一个儿童提供教育的机会；把高等教育提供给每一个能承担费用或利用它的青少年；为使美国学校充满活力，应吸引我们时代中最有激励作用的男女担任教师；为 17~23 岁的青年建立青年计划，使他们离校后主动参与成人社会；在课余时间里，充分利用学校的设施举行青年会议，开展社区活动和教育；为了一个真正民主的社会，与所有的社区机构和学校进行充分的合作；继续开展教育研究和实验；说服社区领袖把教育作为社区的

---

① Boyd H. Bode, *Progressive Education at the Crossroads*, New York, Newson & Company, 1938, pp.43-44.

② ［美］劳伦斯·阿瑟·克雷明：《学校的变革》，单中惠、马晓斌译，240~241 页，济南，山东教育出版社，2009。

一部分和把社区作为学校的一部分。① 然而，这个变化并没有真正的意义。

在第二次世界大战结束后的那几年里，进步教育运动仍然受到抨击。其中美国历史学家贝斯特的著作是20世纪50年代初对进步教育最尖锐、最彻底和最有影响的抨击。在抨击进步教育致使美国中小学校的质量严重下降的同时，他强调"真正的教育就是智慧的训练"②，这要依靠优良的教学。因为"我们的文明需要每一个男女具备各种复杂的技能技巧，而这有赖于他们读写算能力的提高，有赖于他们对科学、历史学、经济学、哲学及其他基础学科知识的全面掌握"③。

此后，进步教育运动一直在走下坡路。1953年，美国教育联谊会宣布它恢复原名，但它已成为一个对纲领进行学术讨论的小团体。由于越来越失去公众的支持，进步教育协会不仅会员减少，而且没有了原来的活力。1955年，最后一任主席赫尔菲什④宣布解散进步教育协会。《进步教育》杂志也于1957年停刊了。

进步教育运动衰落了，而且竟衰落得如此之快，这确实是令人吃惊的。许多教育家对此现象提出了各自的见解。当代美国教育家克雷明在《学校的变革》一书中对其原因做了比较全面的分析。他指出进步教育运动的衰落主要有以下七个原因⑤：一是对进步教育运动的曲解带来了分裂；二是与所有的社会改革运动一样，进步教育运动有着内在的否定主义倾向；三是进步教育运动在时间和能力上对教师提出了过分的要求；四是进步教育运动在成功之后忽略了对下一步计划的认真考虑；五是第二次世界大战结束后周期性出现的保

① Adolphe E. Meyer, *An Educational History of the American People*, New York, Megraw-hill Book Company, 1957, p.323.

② 王承绪、赵祥麟编译：《西方现代教育论著选》，177页，北京，人民教育出版社，2001。

③ 任钟印主编：《世界教育名著通览》，1594页，武汉，湖北教育出版社，1994。

④ H.G.赫尔菲什后来担任了约翰·杜威学会的主席。

⑤ [美]劳伦斯·阿瑟·克雷明：《学校的变革》，单中惠、马晓斌译，307~310页，济南，山东教育出版社，2009。

守主义的影响；六是进步教育运动的专业主义（职业化）导致缺乏公众的支持；七是进步教育运动没有与美国社会的不断变革保持同步。其中，专业主义（职业化）是进步教育运动迅速衰落的一个关键因素。"进步主义对专业教育的支持，使进步教育运动极大地推动了美国教育的变革。但是，这种代价是惊人的，因为专业主义使进步教育运动在学校中最终脱离了支持它的必要的公众力量。"①

第五节　杜威与进步教育运动

杜威热情支持和充分肯定进步教育运动，他在芝加哥大学创办的那所实验学校甚至也被看作一所"进步学校"。美国教育学者奥恩斯坦在《美国教育学基础》(*An Introduction to the Foundations of Education*) 一书中指出："杜威在芝加哥大学实验学校的开拓性的工作，指明了二十世纪前半期进步教育改革的道路。"②但必须指出，杜威与那些进步教育家在教育理论上是有区别的。对于进步教育家的一些极端的观点和做法以及"非此即彼"的思维方式，杜威是持明确的批评态度的。而且，芝加哥大学实验学校与那些进步学校在观点和做法上也不是完全相同的。所以，杜威与进步教育运动既是紧密联系的，又是存在分歧的。虽然杜威本人并没有亲眼看到进步教育运动的终结，但实际上他生前已有这种预感。正因为如此，1952 年，93 岁高龄的杜威十分忧虑进步教育运动的未来，同时也不得不承认改革传统学校教育是一个更缓慢、更困难和更复杂的过程。

---

① ［美］劳伦斯·阿瑟·克雷明：《学校的变革》，单中惠、马晓斌译，165 页，济南，山东教育出版社，2009。

② ［美］A.C.奥恩斯坦：《美国教育学基础》，刘付忱、姜义闵、陈泽川等译，64 页，北京，人民教育出版社，1984。

在美国进步教育运动从兴起到衰落的七八十年中，杜威度过了他的青年、中年和老年时期。当帕克在马萨诸塞州昆西市开始他的昆西学校实验时，杜威刚进入佛蒙特大学就学。后来，杜威从哲学转向教育。特别是19世纪90年代中期以后，他不仅在理论上思考教育问题，而且在实践中探索教育道路。1896年创办的芝加哥大学实验学校，使得杜威在当时美国学校的变革中获得了很大的声誉，并在进步教育运动初期的发展中起到了不可忽视的推动作用，以至于后来有人认为杜威是"进步教育之父"。尽管这种看法是一种误解，但它也清楚地表明了杜威与进步教育运动之间的紧密联系。正如英国教育史学家拉斯克和斯科特兰在他们合著的《伟大教育家的学说》(*Doctrines of the Great Educators*)一书中所指出的："自裴斯泰洛齐以来，还没有发现一位教育家如约翰·杜威在20世纪整个前半期的影响一样在教育舞台上占据着支配地位。杜威之所以有如此影响，其原因在于一个事实，即在他身上特别集中地体现了他那个时代国家的进步主义趋向。"①可以说，进步教育运动在某种程度上是以杜威的教育哲学为指导的；而杜威本人也被人们广泛地看作进步教育运动的一位主要发言人。但是，杜威本人在这一点上是十分小心谨慎的。正如美国教育家布鲁巴克所指出的："杜威为了避免自己被认为是与新教育中极端重视自由的一些人同流，在20世纪二十年代，他发现有必要使自己的看法与他们的主张区别开来；在三十年代，他又一次澄清自己的观点。"②

具体来讲，在与进步教育的关系上，杜威曾对进步教育运动的发展和成就表示肯定，也对进步教育运动的缺陷和问题提出批评，更对进步教育运动的衰落进行了反思。

---

① [英]罗伯特·R. 拉斯克、[英]詹姆斯·斯科特兰：《伟大教育家的学说》，朱镜人、单中惠译，268页，济南，山东教育出版社，2013。

② [美]约翰·S. 布鲁巴克：《教育问题史》，单中惠、王强译，416页，济南，山东教育出版社，2012。

一、对进步教育运动的肯定

由于与进步教育家一样反对传统学校中令人讨厌的形式主义，以及批判传统的教育理论和方法，因此，杜威对进步教育运动这样一个教育革新运动在19世纪末20世纪初美国的出现是表示热情欢迎的，对进步教育运动从整体上是给以充分肯定的。当杜威看到越来越多的进步学校在美国各地出现，并认真地试图按照它们已具体拟定的基本的教育原理对儿童进行最好的教育时，他高兴地欢呼：这些进步学校以各种方法使学校工作更有生气和活力，其所显示的各种倾向正体现了时代的特征。

杜威在《明日之学校》一书中，对一些令人振奋的进步学校实验做了集中而详细的描述。当代美国教育家克雷明指出："《明日之学校》作为一种'进步教育运动'及其在1915年前后情况的记录，其资料是非常珍贵的。它通篇生动地描述了明日之学校中的体育、自然研究、手工劳动、工业训练以及许许多多'社会化活动'，令人振奋地论及了儿童的自由、对个人生长和发展的更大关注、教育和生活之间新的统一、一种更有意义的学校课程……它比任何书都更引人注目地表达了进步教育运动的信念和乐观主义。"①尽管杜威基本上采用了新闻报道的写法对进步学校进行描述，但是，人们从字里行间可以清楚地看到他对进步学校以及进步教育运动的赞扬和肯定的态度。

对于约翰逊领导的有机教育学校，杜威曾以非常赞同的口吻称它为"教育即自然发展"的一个实验活动，把约翰逊称为"根据卢梭的教育原理去实验"的一个人。杜威明确指出：约翰逊的根本原则就是，"就在儿童时期经历着对于作为一个儿童有意义的事物来说，儿童是成年人生活的最好准备，而且儿童有享有他的儿童时期的权利。因为他是继续生长的动物……不应当做任何事

---

① [美]劳伦斯·阿瑟·克雷明：《学校的变革》，单中惠、马晓斌译，136页，济南，山东教育出版社，2009。

情干涉他的生长，所做的一切事情应当有助于他的身心圆满和自由的发展"①。确实，正是《明日之学校》一书中的介绍，使得约翰逊的有机教育学校在进步教育运动中产生了影响。

对于梅里亚姆领导的密苏里大学初等学校，杜威认为，这所学校在教育应该遵循儿童的自然发展这一方面是颇有启发意义的。杜威对密苏里大学初等学校的实验给予了高度评价，并以赞扬的口气指出：这所学校的毕业生进入中学后的成绩表明，他们在小学的训练已经给他们创造了一些有利条件，使他们在从事艰苦的正规学习方面的能力超出了公立学校的学生。

对于沃特领导的葛雷学校，杜威也进行了最充分的描述。在他看来，葛雷学校不仅实行了一项全面的教育制度，而且采用了一种几乎完美的形式。杜威明确指出：在校园和操场所体现出来的葛雷制的这些效果，聪明而愉快的学生以及学生在校期间和毕业以后所取得的进步的统计资料，这一切之所以令人备受鼓舞，是因为取得这些成绩所依赖的各种条件，是任何一所公立学校都能达到的。

面对进步教育运动以及进步学校的发展，杜威高兴地指出："我毫不怀疑，进步学校中的学生本身正在不断进步……经验证明，进步学校作出了很好成绩。"②而且，他满怀希望地说："如果从各种进步学校那里，提出一些倡议，传播到其他学校，使它们的工作有生气，并赋与活力，那么我们就会感到满意……"③

在杜威看来，进步教育运动是对传统教育的批判和冲击，进步学校的各种实验是对陈腐的学校制度的不满和抗议。在工业革命的影响下，美国社会生活已发生了彻底和根本的变化，这就是进步教育运动兴起和发展的基本原

---

① [美]约翰·杜威：《学校与社会·明日之学校》，赵祥麟、任钟印、吴志宏译，230页，北京，人民教育出版社，1994。

② 赵祥麟、王承绪编译：《杜威教育论著选》，252页，上海，华东师范大学出版社，1981。

③ 赵祥麟、王承绪编译：《杜威教育论著选》，251页，上海，华东师范大学出版社，1981。

因。因此，杜威明确地指出："如果我们的教育对于生活必须具有任何意义的话，那么它就必须经历一个相当的完全的变革。这个变革并不是突然出现的，也不是凭着预想的目的在朝夕之间就能完成的。这个变革已经在进行。我们学校制度的那些改革……实际上这就是发展的标志和证明。采用主动作业、自然研究、科学常识、艺术、历史，把单纯的符号和形式的课程降低到次要的地位，改变学校的道德风尚、师生关系和纪律，引进更生动的、富于表情的和自我指导的各种因素——所有这一切都不是偶然发生的，而是出于更大的社会发展的需要。"①

与传统教育相比较，杜威认为，进步教育是以儿童生活的那个世界为基础的，并采用那些能使人的一切能力得到和谐发展的教学方法。他说："……进步教育运动受欢迎的另一个理由，在于同传统学校教育经常采取的严酷政策相比，它的方法是合乎人性的。"②他还说："进步教育强调学习者参与确立目的的重要性，并以之指导他在学习过程中的活动，没有比这种观点更恰当的；同样，传统教育不能使学习者在确立其学习目的时进行积极的合作，也没有比这种缺点更大的了。"③因此，在进步教育运动中，所有的进步学校都表现出一个共同的重点，那就是尊重儿童的个性和自由；同时，都表现出一个共同的倾向，那就是重视儿童的经验，反对强加外在的教材和标准。

杜威始终认为，进步教育运动使学校生活发生了一些富有意义的变化。例如，学生有较多的自由和独创的精神；师生之间以及学生之间有较多的合作；学校中有较多的兴趣和愉快的气氛，有较多的实际的和创造性的活动，有较多的反省思维，有较多的注意培养适应社会的职业的能力；团体生活中有较多的民主方式；等等。1952 年，在为克拉普的《教育资源的作用》(The

---

① [美]约翰·杜威：《学校与社会·明日之学校》，赵祥麟、任钟印、吴志宏译，40~41 页，北京，人民教育出版社，1994。

② John Dewey, *Experience and Education*, New York, Collier Books, 1963, p.33.

③ John Dewey, *Experience and Education*, New York, Collier Books, 1963, p.67.

Use of Resources in Education)一书撰写的"引言"中，93岁高龄的杜威对进步教育运动的成就做了如下的似乎有点总结性的阐述："进步教育运动最广泛、最显著的成就是引起课堂生活意义深长的变化。对正在生长的人的需要有了更多的认识，师生关系显著地变得富有人性和民主化了。……在身体上、社会上和精神上依靠威吓和压制的教育方法的那些陈旧的、粗暴的表现，在进步教育运动产生之前，已成为教育制度上既定的陈规，现在这种方法，一般地说，已经消除了。……许多教师，特别是幼儿园和初等学校的，引导儿童一起参与他们的生活，达到了旧教育制度下不可能和难以想象的程度……"①

杜威还认为，教育实际中的变革必然会带来理论上的变革。因此，在他看来，进步教育运动同样会推动教育理论上的变革。早在1928年继哈佛大学名誉校长埃利奥特之后担任进步教育协会名誉主席时，杜威就说过：在进步教育运动中，"我们已经具有对于一整套的教育理论的突出的贡献的一些因素，那就是：尊重个人的各种能力、兴趣和经验；充分的外在的自由和非正规性使教师们能按照儿童真正的面貌来熟悉儿童；尊重自我首创的和自我指导的学习；尊重作为学习的刺激和中心的活动；也许尤其重要的是相信在正常的人的水准上的社会的接触、交往和协作是包罗一切的媒介"。而且，"这些思想构成了不平凡的贡献；这是对于教育理论的贡献，也是对于那些受进步学校的影响的人们……的贡献"②。

随着进步教育运动的深入和发展，它开始受到来自各个方面的批评，特别是来自传统教育理论家的攻击和责难。面对这种现象，杜威对传统教育理论家进行了反击，努力为进步教育运动辩护。1933年，他在《为什么有进步学校？》（"Why Have Progressive Schools?"）一文中就对进步教育运动受到攻击和

---

① 赵祥麟、王承绪编译：《杜威教育论著选》，431~432页，上海，华东师范大学出版社，1981。

② 赵祥麟、王承绪编译：《杜威教育论著选》，253页，上海，华东师范大学出版社，1981。

责难的现象进行了分析。杜威认为，对进步学校攻击和责难的主要原因是人们已习惯于传统学校的一切，然后依据传统学校的标准和眼光来看待进步学校的革新。此外，对进步教育运动的误解，如进步学校缺少秩序和纪律、进步学校奉行极端的个人主义哲学等，也是导致进步学校受到批评、攻击和责难的一个原因。1937 年，杜威在《教育和社会变动》（"Education and Social Change"）一文中又对保守的传统教育理论家进行了有力的抨击。他强调，企图阻挡社会变动的潮流的保守主义者悲叹古老的和经过时间考验的价值和真理处于危险状态，从而反对进步学校在课程和方法上的革新。因为他们在社会方面是保守主义者，所以他们是教育上的保守派。因为他们是教育上的保守派，所以他们在社会方面是保守主义者。在 1938 年的《经验与教育》一书中，杜威指出，传统教育理论家往往指责进步学校在很大程度上忽视过去的知识和观念，但这恰恰是对进步教育主张从现时经验中提取教材的误解。

杜威与进步教育运动之间的联系是非常紧密的。美国塞顿·霍尔大学教授培里指出："与杜威的名字紧密地联系着的运动，被称为'进步教育'。它是一个带来了重要改革的运动——在学校组织方面，在学校和社会的关系方面和在解放智力以改善人类生活方面。"①从思想来源来看，进步教育运动的思想来源是多方面的，它受到卢梭、裴斯泰洛齐、福禄培尔等近代欧洲教育家思想的影响，但是，杜威的教育哲学对它有着最重要的影响。例如，《葛雷学校》一书的作者伯恩这样写道："那些信奉杜威哲学的人，在葛雷学校里发现——就像杜威教授所发现的一样——杜威哲学最完美、最令人赞叹的应用，是进步主义的'明日之学校'最好方面的一种综合。"②在某种程度上，进步教

---

① 中国科学院哲学研究所西方哲学史组编：《现代美国哲学》，361 页，北京，商务印书馆，1963。

② Randolph S. Bourne, *The Gray Schools*, New York, Houghton Mifflin, 1916, p.144.

育运动就是以杜威的教育哲学为指导的，因此，那些进步学校可以追溯到杜威的影响。1949 年，美国教育联谊会的主席贝恩在杜威 90 岁寿辰庆祝会上说："1919 年以来，美国进步教育运动在很大程度上是建立在杜威教育理论基础上的。"①在教育理论上，杜威无疑为进步教育运动提供了系统而完整的教育哲学。可以说，杜威"用一种新的见识唤醒了黑暗中的美国学校。这种见识就是进步教育"②。

更值得指出的是，杜威所创办的芝加哥大学实验学校由于其颇有特色的教育革新实验活动而在美国受到广泛的注意，并成为进步教育思想的重要中心。从教育实践来看，芝加哥大学实验学校实际上也是一所进步学校。当那本汇集了芝加哥大学实验学校学生家长和赞助人讲演的《学校与社会》一书出版时，杜威早已被看作美国最有创见的和最渊博的思想家之一。因此，杜威开始为广大具有进步主义思想的公众所知。到 1916 年，杜威已被公认为进步主义的一位最主要的发言人。不管他写什么文章，都保证有众多的感兴趣的读者。当代美国教育家克雷明甚至认为，"他比任何人更能代表进步教育的哲学思想"③。斯坦福大学的伯克教授也指出："约翰·杜威之所以被人们记住，在更大程度上是因为他在教育哲学方面的著作，更一般地讲，是因为他在美国进步主义发展中的作用。"④总之，杜威被看作美国进步教育运动及 20 世纪前半期教育革新的杰出思想家。

---

① Harry W. Laidler, *John Dewey at Ninety*, *Addresses and Greetings on the Occasion of Dr. Pewey's Ninetieth Birthday Dinner October 20 1949 at the Hotel Commodore*, New York, Logue for Industrial Democracy, 1950, p.21.

② [美]劳伦斯·阿瑟·克雷明:《学校的变革》前言，单中惠、马晓斌译，2 页，济南，山东教育出版社，2009。

③ [美]劳伦斯·阿瑟·克雷明:《学校的变革》，单中惠、马晓斌译，243 页，济南，山东教育出版社，2009。

④ Tom Burke, *Dewey's New Logic*, Chicago, The University of Chicago Press, 1994, p.1.

在讨论杜威与美国进步教育运动之间的关系时，也应该看到，杜威在与"进步教育之父"帕克的交往中，不仅与他建立了亲密的友谊，而且受到了他的教育思想的影响。杜威曾经把自己的孩子送到帕克领导的芝加哥库克县师范学校实习学校中去学习。美国教育家克伯屈在他的《回忆杜威与他的影响》（"Reminiscences of Dewey and His Influence"）一文中这样写道：杜威说过，"在他的教育思想中，他从弗兰西斯·W. 帕克那里得到了帮助。当杜威来到芝加哥大学时，帕克正在芝加哥从事教育活动"[1]。当然，帕克也是十分赞赏杜威的教育观点的。当帕克在芝加哥库克县师范学校第一次读到杜威的《我的教育信条》（My Pedagogic Creed）时就曾对师范学校的教师说："这正是我整个一生努力使之付诸实践的东西。"[2]

应该看到，尽管杜威曾拒绝参加进步教育协会，但是他仍与进步教育协会保持了友好和愉快的联系。在 1926 年埃利奥特去世后，进步教育协会名誉主席一职就一直空缺着。进步教育协会执行委员会经过反复讨论后决定邀请杜威来担任，并于 1927 年 4 月 30 日写信给杜威说：你比任何人更能够代表我们协会所主张的哲学思想，你主张的哲学思想正是我们协会所坚持的。1928 年，杜威接受了邀请，担任进步教育协会的名誉主席，一直到他 1952 年去世为止。虽然说杜威在进步教育协会中并不是十分积极的，但他对协会的工作还是尽心尽力的。

二、对进步教育运动的批评

进步教育运动是一次广泛的群众性教育改革运动，具有多元的思想意识的人在各个地区对传统教育进行冲击，他们的改革热情很高，但往往只满足于激烈的反抗而缺乏理性的思考，因而使得进步教育运动产生了许多缺陷。

[1] ［美］简·杜威等：《杜威传》，单中惠编译，145 页，合肥，安徽教育出版社，2009。

[2] Ida C. Heffron, *Francis Wayland Parker*, Los Angels, Ivan Deach, Jr. 1934, p.36.

有些人采取了极端的做法。正如杜威所说的："进步教育知道它反对什么，但不知道它赞成什么！"①

在对进步教育运动表示肯定和赞扬以及为之辩护的同时，杜威也对进步教育运动的一些观点和做法提出了批评。即使在 1928 年担任进步教育协会名誉主席之后，杜威仍不时对进步教育运动提出告诫。虽然杜威起初并没有和进步教育运动发生直接关系，但人们一般认为，杜威在进步教育运动初期起了很大的作用。"然而，20 世纪 20 年代之后，杜威很少成为进步教育运动的解释者和综合者，而渐渐成为它的批评者。"②美国纽约州罗切斯特大学历史学者韦斯特布鲁克指出：20 世纪 20 年代，杜威在公共场合直言不讳地声称，进步主义者让儿童在没有教师指导的情况下随心所欲、放任自流的做法是真正的愚蠢之举。③ 还有的美国学者甚至这样指出："与其说杜威是进步教育运动的领袖，倒不如说他是这个运动的批评者。"④

（一）对进步教育运动主张"儿童中心学校"的批评

在进步教育运动中，以帕克为代表的进步教育家大多提倡"儿童中心学校"，强调学校的中心是儿童。1928 年，美国教育家拉格和舒梅克出版的《儿童中心学校》(*The Child-Centered School*)就是对进步教育运动中出现的各种"儿童中心学校"的一次系统研究。

对于"儿童中心学校"的主张，杜威早在 1926 年就提出了尖锐的批评。杜威认为，"儿童中心学校"的学习的根本缺点在于缺乏成人的指导，因为儿童并不知道什么方法最好。他明确指出："这种方法实在愚蠢。因为尝试不可能

---

① [美]理查德·D. 范斯科德、[美]理查德·J. 克拉夫特、[美]约翰·D. 哈斯：《美国教育基础——社会展望》，北京师范大学外国教育研究所译，26 页，北京，教育科学出版社，1984。

② [美]劳伦斯·阿瑟·克雷明：《学校的变革》，单中惠、马晓斌译，211 页，济南，山东教育出版社，2009。

③ 参见[摩洛哥]扎古尔·摩西：《世界著名教育思想家》第 1 卷，梅祖培、龙治芳等译，232 页，北京，中国对外翻译出版公司，1994。

④ [美]简·杜威等：《杜威传》，单中惠编译，181 页，合肥，安徽教育出版社，2009。

的事情，所以它始终是愚蠢的；它误解了独立思考的条件。"①

在1928年进步教育协会第八届年会上，杜威在题为"进步教育与教育科学"（Progressive Education and the Science of Education）的就职讲演中，重申了自己的看法。他强调："进步学校重视个性，有时候似乎认为教材的顺序组织对于学生个别特点的需要是不相容的。但是个性是某些发展中的而且继续地在完成着的东西，而不是某些一下子什么都已经具备的和现成的东西。"②杜威还举了一个例证来加以说明：假定有一所学校，学生在那里处在大量的材料、设备和各种工具的包围之中，如果教师只是问学生喜欢什么，并告诉他们"就去做吧"，而他自己既不动手也不动脑，那么，学生去做什么呢？有什么东西保证他们所做的东西不至于是一时的冲动和兴趣的表现而稍纵即逝呢？因此，杜威得出结论：学校的组织原则与尊重儿童个性的原则不是敌对的。

在1930年发表的《新学校中有多少自由？》（"How Much Freedom in New Schools?"）一文中，杜威对"儿童中心"的观念又提出了尖锐的批评。他指出，如果不对儿童的冲动进行引导和指导，那就意味着允许他们盲目地活动。因此，在一部分进步学校中，"儿童中心"的观念往往导致了对儿童的放纵。

1936年在《芝加哥实验的理论》（"The Theory of the Chicago Experiment"）一文中，杜威在总结芝加哥大学实验学校的基本设想的同时，也批评了进步学校往往过分强调个人的本能和能力，而忽视和社会目的的协调。他明确地说："在进步学校起过很大作用的一个思想：这些学校的存在，是为了给个人完全的自由，它们是、而且必然是'儿童中心'的，在某种程度上，忽视或者至少不重视社会关系和社会责任。"③因此，有些进步学校在没有指导的个人行动方面走向了极端。

---

① ［美］劳伦斯·阿瑟·克雷明：《学校的变革》，单中惠、马晓斌译，211页，济南，山东教育出版社，2009。

② 赵祥麟、王承绪编译：《杜威教育论著选》，259页，上海，华东师范大学出版社，1981。

③ 赵祥麟、王承绪编译：《杜威教育论著选》，321页，上海，华东师范大学出版社，1981。

在1938年出版的《经验与教育》一书中，杜威对"自由的性质"问题进行了探讨，指出进步教育运动存在着一个根本的错误，那就是把自由本身当作一种目的。他认为，尽管儿童没有这种自由就没有真正的、继续的和正常的发展，但是，这种自由应该是理智的自由，因为只有理智的自由才是唯一的永远具有重要性的自由。杜威强调，进步教育必须认识到：自由若不加以限制，就是自由的消极方面，其价值仅仅在于它是一种取得力量的自由的工具。

(二)对进步教育运动忽视课程和教材组织的批评

在进步教育运动中，很多进步学校都强调活动课程和个别教学制度，在教材与教法上翻新出奇、花样繁多，而对教材与知识的组织重视不够，因而在教学上出现混乱无序的现象。

对于忽视课程和教材组织的问题，杜威在1928年的《进步教育与教育科学》一文中就明确指出，进步学校忽视经验的改造、教材的组织，其结果自然就导致课程与教材的混乱无序。他强调，如果学生仅仅是去做，不管怎样生动，都是不够的。在杜威看来，一个良好的活动应该是，每一步都能开辟一个新的方面和引起新的问题，不仅唤起对更多的知识的需要，而且在完成活动并获得知识的基础上提出下一步做什么。杜威甚至这样说："只要教师了解儿童和教材，就不需要任何害怕成人强加什么东西……"而且，教师应该"能够制定和提出许多套确切的和有组织的知识，和编列的原始素材一起，从中可以获得类似的更多的知识"[1]。由此可见，杜威并不赞成恢复作为传统学校特征的那种刻板的、正规的课程教材组织形式，但又坚持进步学校必须要有高度的计划性，临时的凑合决不能代替计划。

1930年，杜威在《新学校中有多少自由?》一文中又指出，进步教育运动在课程教材建设上存在着很大问题，它具体表现为由以教材为中心的一个极端走向以儿童为中心的另一个极端。因此，杜威认为，新的进步学校不仅应

———

[1] 赵祥麟、王承绪编译：《杜威教育论著选》，262页，上海，华东师范大学出版社，1981。

该组织课程和教材，而且还应该组织得比传统学校更好；为了使儿童的经验
得到有条理的和持续的改造，在选择与组织课程和教材时必须慎重。

在 1931 年的《走出教育中的混乱之路》（"The Way Out of Educational Con-
fusion"）一文中，杜威在要求加强教材组织的同时，对进步教育运动中出现的
一些课程设计方法提出了尖锐的批评。他指出，传统教育是纯粹从书本中、
从记忆中进行课程设计的，而进步教育则是从直接经验的情境中进行课程设
计的。但是，进步教育必须使得经验的改造成为一个持续的、不断发展的过
程，以利于儿童将经验有系统地组织起来达到对事物的系统认识。

1934 年，杜威在《需要一种教育哲学》（"The Need for a Philosophy of Edu-
cation"）一文中也明确指出，进步教育仅仅将旧的课程废弃不用是一种消极的
做法。为了使儿童的经验改造更加有连续性、更加有成效，新教育的过程与
旧教育相比需要更多的计划性，对课程和教材应该给予更多的而不是更少的
关注。

1938 年，在《经验与教育》一书中，杜威又一次指出，进步学校最薄弱的
一点是关于知识性教材的选择和组织，因而进步学校往往过分地强调把活动
当作目的，而不强调理智的活动。尽管杜威认为这是不可避免的，但他强调，
进步教育运动必须认识到选择和组织适合于学习和研究的教材是一项根本的
工作，它并不是回到传统教育的老路。对于进步教育运动来说，"在经验的范
围之内搜集学习的材料，这仅仅是第一步。下一步是将已经经验到的那些东
西累进地发展为更充实、更丰富并且也是更有组织的形式，即逐渐地接近于
提供给有技能的、成熟的人的那种教材形式"①。当然，杜威也深刻地指出：
"要详细拟订出适合新教育的各种教材、方法和社会关系，是比传统教育担负
的任务更为困难的事情。……在指导进步学校时遭遇到的许多困难以及受到

---

① ［美］约翰·杜威：《我们怎样思维·经验与教育》，姜文闵译，290 页，北京，人民教育出版
社，1991。

的许多批评,其根源都在于此。"①

(三)对进步教育运动采用的极端的思维方式的批评

在进步教育运动中,进步教育家大多喜欢采用极端的方式去思考问题,并习惯于用"非此即彼"的思维方式去阐述其信念和主张,因此,在教育革新实践中容易与传统教育一样武断和走向极端。

1929年,杜威在《教育科学的资源》("The Sources of a Science of Education")一文中指出:"有了科学的方法,也能使我们避免随着具有非常能力的人们的行动而来的危险,避免盲目模仿和具有的偏见,以及绝对忠实于他们和他们的工作,以至于阻碍进步的危险。"②在他看来,如果进步教育运动有了科学的方法,就能使从事教育的人更聪明,考虑问题更周到,更了解他们在做什么,因此使他们能在将来纠正他们从前所做的工作。

1938年,在《经验与教育》一书中,杜威又一次明确指出进步教育运动存在着一种危险,那就是它奉行"非此即彼"的哲学。这种哲学发源于这样的观念,即凡是传统学校里做过的事情就不要去做。因而"当它抛弃它将取而代之的一些目标和方法时,它可能只是消极地而不是积极地、建设性地提出它的原则。因此,在实践中,它是从被它抛弃的东西里获取解决问题的启示,而不是建设性地发展自己的哲学,从而寻求解决问题的答案"③。在杜威看来,究其原因主要是进步教育家没有认真思考教育本身的含义,而使进步教育运动仅仅是以一种"主义"为思想和行动依据的运动。所以,在杜威看来,进步教育的教训是,它迫切需要一种以经验哲学为基础的教育哲学,与以往革新者相比,它的需要更为迫切。

———————————

① [美]约翰·杜威:《我们怎样思维·经验与教育》,姜文闵译,256~257页,北京,人民教育出版社,1991。

② 赵祥麟、王承绪编译:《杜威教育论著选》,278页,上海,华东师范大学出版社,1981。

③ [美]约翰·杜威:《我们怎样思维·经验与教育》,姜文闵译,250页,北京,人民教育出版社,1991。

在进步教育运动兴起和发展的七八十年里，杜威在积极支持和充分肯定进步教育运动的同时，也对进步教育运动提出了尖锐的批评。但是，应该看到，杜威对进步教育运动的批评与新传统教育理论家以及保守主义对进步教育运动的攻击和责难，无论在意图上，还是在方式上，都是完全不同的。因此，美国教育哲学学会前主席、伊利诺伊大学教授伯内特这样指出："我们可以发现杜威对他的同伙们的批评的口气不如对共同的敌人（传统教育）的批评的口气严厉。"①此外，还应该看到，杜威在不同时期批评进步教育运动时，往往是在一篇文章或一本书中对它的多方面的缺点和不足进行批评的。当然，对于杜威的批评，进步教育运动的许多领导人都是表示同意的。

杜威的实用主义教育与进步教育之间确实是存在着区别的。美国教育学者奈夫就指出："进步教育与实用主义的教育两者之间最明显的区别是，前者基本上是以一种儿童本性的理论为基础，而后者则是以一种有特点的如何取得知识的理论为基础的。"②例如，在重视儿童个性发展上，杜威与进步教育家是不同的，因为杜威不仅注意到社会的联系和社会的需要，而且从来不把个性看成儿童固有的东西，而认为是通过缜密指导的教与学取得的。又如，杜威从来没有讲过要放弃有组织的课程教材或者取消教师的主导作用。因此，正如伯内特教授所说的："如果有人认为杜威是进步教育之'父'……并且认为进步教育工作者是杜威思想的解释者和运用者的话，那么这是对杜威的严重的歪曲。"③

正因为不完全同意进步教育运动的一些观点，并对进步教育运动中的一些现象以及进步学校的一些做法持有不同的看法，所以，杜威一直不愿担

---

① 陈友松主编：《当代西方教育哲学》，杨之岭、林冰、蔡振生等译，184 页，北京，教育科学出版社，1982。

② ［美］白恩斯、［美］白劳纳：《当代资产阶级教育哲学》，瞿菊农译，141 页，北京，人民教育出版社，1964。

③ 陈友松主编：《当代西方教育哲学》，杨之岭、林冰、蔡振生等译，182 页，北京，教育科学出版社，1982。

任进步教育协会名誉主席一职，而且他在协会中也没有积极地活动。① 就拿杜威领导的芝加哥大学实验学校和帕克领导的芝加哥库克县师范学校实习学校来说，它们之间也存在着分歧。梅休和爱德华兹在他们合著的《杜威学校》(Dewey School)一书中，这样指出："两个学校都是进步的，都已经为教育理论和实践做出了出色的贡献。两个学校，在宗旨大方向方面虽然是一致的，但在理论、方法、实践方面，则有很大的分歧。"②也正因为如此，杜威坚决反对芝加哥大学校方当局把他的实验学校与帕克的那所供师资训练的实习学校合并起来的决定，这也是导致杜威最后离开芝加哥大学的一个重要原因。因此，当代美国教育家克雷明指出："有必要进一步系统地研究杜威的著作以及他写作的背景条件，以便能把杜威所引起的学校变革与他谈论说明或者实际上批评的学校变革区别开来。"③

三、对进步教育运动的反思

1952 年，杜威从前的学生和他在哥伦比亚大学师范学校讲授教育哲学课程时的助教克拉普约请杜威为她的《教育资源的使用》一书撰写引言。于是，杜威借写这篇引言的机会，回顾了半个多世纪以来他与进步教育运动的联系，肯定了进步教育运动所取得的成就，但更为重要的是，从讨论进步教育运动的将来出发对这一运动做了总结性的反思。实际上，杜威一直关注着进步教育运动的发展，并对它存在的问题进行思考。早在 1915 年，杜威在与他的女儿伊夫琳合著的《明日之学校》一书中，就对进步教育运动进行了初步的反思。

---

① 参见[美]劳伦斯·阿瑟·克雷明：《学校的变革》，单中惠、马晓斌译，224 页，济南，山东教育出版社，2009。

② [美]凯瑟琳·坎普·梅休等：《杜威学校》，王承绪、赵祥麟、赵端瑛等译，9 页，北京，教育科学出版社，2007。

③ [美]劳伦斯·阿瑟·克雷明：《学校的变革》，单中惠、马晓斌译，215 页，济南，山东教育出版社，2009。

此后，他又在一系列著作中论述了进步教育运动。1938 年，他在《经验与教育》一书中对进步教育运动做了最为系统的反思。杜威自己说，其目的"在于探讨现实种种矛盾的起因，然后，比较代表各个论争派别的实际和思想，不偏向于任何一方，提出一种更深刻的、更全面的实施计划"①。

杜威对进步教育运动的反思，主要表现在以下六个方面。

第一，进步教育运动应该认识到它在各方面所取得的成就是有限的。杜威强调：进步教育运动的成就还是有限的，主要是学校和教室气氛上的改变，还没有真正地深入和渗透到教育制度的基础里去。在他看来，进步教育运动仍需不断前进，远没有达到它的目的，而且还有很多问题没有解决好。正因为进步教育运动自身在观念和做法上存在着不少缺点和不足，所以才引起了人们的批评以及传统教育理论家有组织的攻击。因此，尽管杜威一直对进步教育运动充满期望和表示支持，但正如美国教育学者德沃金所指出的：杜威在他的"一生事业临近结束时，回想起他对进步教育思想的希望，他对进步教育运动的现状表示很大的失望，并十分忧虑地关注它的将来"②。

第二，进步教育运动应该认识到教育革新实验需要周密的计划。针对许多进步学校缺乏周密计划的情况，杜威指出：在那些进步学校中，"连续不断的外加的活动，即使是那些杂乱、没有联系性质的活动也被看作是实验"。在他看来，作为一种教育革新实验的进步学校，应该像其他各种实验一样确定目的和宗旨，并制订计划。因为"实际上，每一个真正的实验都包含有一个问题，即在实验中发现某种东西，而且在明显的活动中，必须有一个观念作为指导，把这一观念当作进行工作的假设，这样才能使活动具有目的和宗

---

① ［美］约翰·杜威：《我们怎样思维·经验与教育》，姜文闵译，246 页，北京，人民教育出版社，1991。

② Martin S. Dworkin, *Dewey on Education*, New York, Teachers College, Columbia University, 1959, p.127.

旨"①。在《明日之学校》一书中，杜威也明确写道：进步学校必须意识到"实验的目的，不是在于发明一种方法，使教师能在同样的时间内教儿童更多的东西，或者甚至使儿童更愉快地为大学的课程作准备。实验的目的，更确切地是要给儿童一种教育，这种教育能向他展现自己的各种能力，并且如何在他所处的世界中从物质的和社会的两方面练习这些能力，使他成为一个更好、更幸福、更有用的人。如果当一所学校想方设法为学生做到这一点，与此同时又能把他们在一所更为传统的学校所能学到的一切教给学生，那么我们可以确信，这种实验是不会失去什么的。他们的学校教育给予他们的任何手工技能或体力，或者他们日常的生活作业中的任何乐趣，以及文学艺术所提供的最好的东西，都是能被直接观察到和衡量到的更为确切的收获"②。在杜威看来，这一切都旨在通过培养完整的个人来帮助整个社会。

第三，进步教育运动应该认识到它不是一个仅仅与教师有关的运动。杜威强调："以为进步教育运动是教师们自己臆想出来并由他们自己搞出来的，这也是愚蠢的。"③他还指出，假如进步教育运动遭到失败，那么，这个失败正如它的成功一样，不单取决于教师。因此，在杜威看来，整个社会的教育观念的革新是一件十分重要的事情。如果教育观念的革新能早日完成，那么所期望的学校变革多半也能令人满意地进行。芝加哥大学实验学校把教师、学生和家长团结成一个紧密的社会组织，把它的实验看成他们之间的一种有意义的合作，同样，进步学校也应该如此。

第四，进步教育运动应该认识到科学方法的重要性。杜威强调："进步学校是否会达到他们的目的，在于他们认识到科学方法的重要性，比过去他们

---

① [美]约翰·杜威：《我们怎样思维·经验与教育》，姜文闵译，156 页，北京，人民教育出版社，1991。

② [美]约翰·杜威：《学校与社会·明日之学校》，赵祥麟、任钟印、吴志宏译，252~253 页，北京，人民教育出版社，1994。

③ 赵祥麟、王承绪编译：《杜威教育论著选》，431 页，上海，华东师范大学出版社，1981。

所做的更加认真。"①在杜威看来，用老一套的观念和原则是不可能明智地处理新的问题的；解决新的问题需要设想新的目标和目的，而新的目标和目的又需要发展新的手段和方法。因此，进步学校应该努力使它的目的和方法富有生气和活力，否则，其工作往往会成为机械的和经验主义的事情。对于进步学校来说，也许会出这样的情况：为了响应学校改革的号召，简单地抛弃传统的课程，并以一系列混乱活动取而代之。这样，既不能促进儿童的生长，也不能提供正确的教育。在《进步教育与教育科学》一文中，杜威强调："如果进步学校不是理智地组织它们本身的工作，尽管它们也许做了许多事情，使委托给它们的儿童的生活变得更快乐和更有生气，可是它们对教育科学所做的贡献只不过是无关重要的一些片断罢了。"②

第五，进步教育运动应该认识到其自身存在的危险。对于进步教育运动来说，除了来自外部新传统教育理论的广泛而刻毒的攻击和责难外，其内部成员在思想意识上的分歧和冲突也对它起着削弱甚至是瓦解的作用。因此，杜威认为，这应该引起进步教育家的警惕，当然也不必惊奇。因为"一切新的和改革的运动都经过这样一个阶段，在这个阶段里最明显的是关于消极的一面，即对抗的、偏离的和革新的一面。如果进步教育运动的情况不是这样，那倒确实会令人惊异"③。同时，"一种新的运动往往有一种危险，即当它抛弃它将取而代之的一些目标和方法时，它可能只是消极地而不是积极地、建设性地提出它的原则"④。更值得注意的是，杜威强调，进步教育运动的真正危险是，在号称是新的但只不过是旧东西的各种伪装的形式下继续过去的东

---

① ［美］凯瑟琳·坎普·梅休等：《杜威学校》，王承绪、赵祥麟、赵端瑛等译，368 页，北京，教育科学出版社，2007。

② 赵祥麟、王承绪编译：《杜威教育论著选》，258 页，上海，华东师范大学出版社，1981。

③ 赵祥麟、王承绪编译：《杜威教育论著选》，257 页，上海，华东师范大学出版社，1981。

④ ［美］约翰·杜威：《我们怎样思维·经验与教育》，姜文闵译，250 页，北京，人民教育出版社，1991。

西。这一点确实是令人深思的。

第六，进步教育运动应该认识到它的道路是一条更艰辛和更困难的道路。早在 1916 年出版的《民主主义与教育》一书中，杜威就明确指出："教育的改造，要使学生在运用智力进行有目的的活动中进行学习，这样的改造是一件缓慢的工作。它只能一点一滴地完成，一次走一步。"①在他看来，教育革新的问题广泛而复杂，很难一下子解决。如果认为新教育也许比旧教育更容易，那么，它遭遇到的困难必然更加重，所受到的批评必然会更多。因此，在《经验与教育》一书中，杜威又指出，背离传统习惯而建立教育哲学，是一件相当困难的事情；根据一套新的概念来管理学校比之因循守旧是更为困难的。"新教育的道路并不是一条比老路容易走的道路，相反，新教育的道路是一条更艰辛和更困难的道路。除非新教育得到大多数人的支持，否则，新教育的处境将会依然如故，而要达到使大多数人支持的地步，那就需要新教育的信奉者们在这方面进行许多年的严肃认真的同心协力的工作。……新教育的未来的最大危险是由于人们认为新教育是一条容易走的道路……"②在《教育资源的使用》一书"引言"中，杜威再一次明确指出："要改变个人长期形成的习惯是一个缓慢的、困难的和复杂的过程。要改变长期确立的制度——这是在共同生活的结构中所组成的社会习惯——是更缓慢、更困难和更复杂的过程。"③总之，杜威坚信：要使进步教育在成功的路途上取得更确实、更迅速的进步，"根本的问题并不在于新教育和旧教育的对比，也不在于进步教育和传统教育的对立，而在于究竟什么东西才有资格配得上教育这一名称。……

---

① [美]约翰·杜威：《民主主义与教育》，王承绪译，146 页，北京，人民教育出版社，1990。

② [美]约翰·杜威：《我们怎样思维·经验与教育》，姜文闵译，304～305 页，北京，人民教育出版社，1991。

③ 赵祥麟、王承绪编译：《杜威教育论著选》，433～434 页，上海，华东师范大学出版社，1981。

根本的问题在于教育本身的性质，而不在于给它加上什么修饰的形容词"①。

在对进步教育运动的反思中，杜威作为一个敏锐的观察者和认真的思考者，早在 20 世纪 30 年代后期就已察觉到进步教育运动肯定会走向衰落。进步教育运动的结局不幸被他言中。与此同时，通过对进步教育运动的回顾和反思，杜威也始终相信，作为一种"新教育"的进步教育运动在反对形式主义教育中是富于生命力的。因此，20 世纪 70 年代以后，虽然进步教育协会没有得到恢复，但一些进步学校在美国复兴，杜威的教育哲学在美国重新受到重视。1975 年，美国还举行过一次纪念进步教育运动的研讨会，提交的论文在会后由德罗普金和托比尔编辑出版，书名为《美国开放教育的根源》(*The Roots of Open Education in America*)。在 20 世纪 80 年代和 90 年代，还有一些探讨进步教育运动的书籍在美国出版。这也证实了杜威对进步教育运动的信念。

第六节　进步教育运动与新教育运动的联系

19 世纪末 20 世纪初，欧洲和美国差不多在同一时期出现了一种新的教育革新思潮，兴起了一场范围广且影响大的教育革新运动。尽管在欧洲称为"新教育运动"，在美国称为"进步教育运动"，但应该看到，这两场教育革新运动都是 20 世纪前半期整个欧美教育革新运动的重要组成部分。正如当代美国教育家克雷明所指出的："值得注意的是，进步主义教育运动的影响远不限于美国。……新教育联谊会及其遍布世界的分会，在很多国家提供了美国进步主义教育思想的交流场所。"②

① [美]约翰·杜威：《我们怎样思维·经验与教育》，姜文闵译，305 页，北京，人民教育出版社，1991。
② [美]劳伦斯·A. 克雷明：《美国教育史 3：城市化时期的历程(1876~1980)》，朱旭东、王保星、张驰等译，268 页，北京，北京师范大学出版社，2002。

一、进步教育运动和新教育运动的合作与交流

美国的进步教育运动和欧洲的新教育运动开始是分离的，各自通过进步教育家和新教育家的学校实验以及它们协会组织的刊物，分别在美国和欧洲产生影响。大约在1910年之后，特别是在进步教育协会和新教育联谊会分别成立后，尽管它们具有各种各样的形式，但因为具有共同的基础而被人们看作"统一"的国际教育革新运动。

1919年进步教育协会在它成立之初，就介绍了1899年由欧洲新教育家成立的国际新学校事务局的工作，尤其对英国新教育家雷迪的阿博茨霍尔姆学校、德国新教育家利茨的乡村教育之家和法国新教育家德摩林的罗歇斯学校给予了充分的注意。后来，进步教育协会发展了与新教育联谊会(1921年成立)的联系。《进步教育》杂志在1924年创办后，除了介绍美国进步学校的实验情况外，也介绍欧洲新学校的实验情况。1925年，《进步教育》杂志的编辑哈特曼和进步教育协会创建者之一的约翰逊，作为进步教育协会的代表参加了新教育联谊会在英国爱丁堡召开的国际讨论会。1929年夏季，又有200多位美国教育代表参加了新教育联谊会在丹麦埃尔西召开的国际讨论会。可以说，到1932年时，进步教育协会实际上已成为新教育联谊会的"美国分会"。当然，新教育联谊会也向进步教育协会学习。例如，早在1922年，刚成立一年的新教育联谊会就仿照进步教育协会的做法，也提出了"七项原则"。

虽然地域环境不同，但由于具有共同的背景和基础，在20世纪30年代，美国进步教育运动和欧洲新教育运动都发生了一种富有特色的变化。在30年代之前，它们都特别强调创造性活动和个人的自由发展；而从30年代初起，它们都开始强调学校的社会责任和教育在社会改造中的作用。应该说，1929年发生的资本主义世界的经济危机，是进步教育运动和新教育运动的一条共同的分界线。

二、进步教育运动和新教育运动的共同特点

作为一种教育革新运动，进步教育运动和新教育运动无疑具有一些共同的特点。其大致可以概括为四个方面：第一，反对学校过分考虑对学生灌输知识，而强调学校的责任在于鼓励学生去解决问题，以及学习如何应用科学的方法。第二，反对传统的学校课程，批评它极少考虑现代社会的需要，而强调学校课程应该更多地反映现代社会生活，主张学生应该有更多的机会去锻炼能力和参加具有生活特点的活动。第三，反对固定不变的学校生活和呆板僵化的管理组织形式，而强调学校的一切要适合学生以及手工劳动，适应社会生活的变化。第四，反对学校在精神上对学生的压抑，而强调学校应该为学生的个人自由和完善发展创造条件。总之，在内容上，进步教育运动和新教育运动都强调现代社会生活的需要，即养成民主和合作的观念，以及促进个人的发展；在方法上，进步教育运动和新教育运动都强调促使学生注重解决问题和获得实际经验；在组织上，进步教育运动和新教育运动都强调促进学生的自我管理和社区生活。

对于进步教育运动和新教育运动两者之间的联系，澳大利亚教育史学家康内尔在他的《二十世纪世界教育史》一书中进行了这样的论述："大西洋两岸的联系通过访问、通信和传播出版物而得以开展。在第一次世界大战前，杜威的教育方法已为许多欧洲进步主义者所熟知，这一方法的许多特点也被克莱帕海德、德可乐利、奥托、那托尔普和凯兴斯泰纳认为是进步教育理论的一种基本的和系统的陈述。因此，这两个教育革新运动在那一阶段已经分享了一系列共同经验，并且已经形成了一个经过变化而又充分的共同纲领，因而使人们把它们看作一个有特色的教育革新运动的组成部分。在随后的时期，即第一次世界大战和第二次世界大战之间这个时期，进步教育传播得更为广泛了。……随着新教育联谊会定期在不同的欧洲国家举行国际讨论会，它和

美国进步教育协会这两个进步主义教师协会大有成为人们注目焦点之趋势。"①正因为如此，1927年，国际新学校事务局的创立者、瑞士教育家费里埃尔强调：在欧美教育革新运动中，"一种新的精神正在世界上传播开来……旧的传统学校将无法去抵制它。在旧的传统学校的地方，将在通过经验而提炼的科学知识的基础上，建立起一座更加宏伟的大厦。总有一天，我们将可能看到，人们不再憎恨他们童年时代的学校，因为他们在学校里将使自己身体健康、精神和谐以及心智丰富"②。

第七节　进步教育运动的特征与历史影响

作为一种教育革新运动，美国进步教育运动从兴起到衰落前后经过了七八十年时间。它不仅表现出一些明显的特征，而且在美国教育史上产生了一些重要的影响。当代美国教育学者、亚利桑那州立大学教授韦布这样指出："进步主义教育运动超越了美国历史上所有的教育改革运动，它是旨在改革美国生活的方方面面的一场更大的社会改革运动的一个组成部分。20世纪初美国社会发生了根本性的变化，这迫使学校不仅要承担许多新的职责，而且要对什么类型的教育能最好地为年轻人参与社会做准备这一基本问题作出回答。"③

一、进步教育运动的特征

从整体来看，美国进步教育运动表现出以下四个特征。

---

① W.F.Connell, *A History of Education in the Twentieth Century* World, New York, Teacher College Press, 1980, pp.120-121.

② A.Ferriere, *The Activity School*, New York, The John Day Company, 1927, pp.13-14.

③ [美]L.迪安·韦布：《美国教育史：一场伟大的美国实验》，陈露茜、李朝阳译，274页，合肥，安徽教育出版社，2010。

　　第一，进步教育运动以传统教育为批判目标并提倡学校变革。

　　在南北战争后的几十年间，尤其是 19 世纪 90 年代，变革在美国是一个普遍的主题。对于当时广泛的社会改良运动来说，进步教育运动实际上是它的一个重要组成部分。就其实质来说，进步教育运动正是使学校适应社会环境和工业文明需要的一种努力。博德指出："在现代美国教育中，最强大和最狂热的运动就是进步教育运动。任何一位到我们学校去的访问者很容易就认出一所所谓进步学校。"①与传统教育不同，进步教育的基本原则是：表现个性和培养个性，反对从外面的灌输；强调自由活动，反对外部的强制纪律；主张从做中学，反对从教科书中学习；获得为达到眼前需要和目的的各种技能和技巧；尽量利用现实生活中的各种机会，反对固定不变的目标和教材。美国教育学者梅逊概括指出：进步教育运动在学校中所发生的这些变化是如此深刻，"这些变化是要使学校教育……更能够处理普通人日常所关心的事情。学校增加了更多的活动，设置了较多的职业课程和技术课程，也更加注意培养青年人适应社会、个人和职业的能力"②。

　　第二，进步教育运动表现出多样性。

　　进步教育运动的整个历史表明，在这一教育改革运动中，不同的人提出了不同的学校改革计划，并采取了不同的做法。20 世纪 20 年代后期，进步教育协会在一份它认可的进步学校名单中，列出了 55 所进步学校。从进步学校的类型来看，有的是私立学校，有的是公立学校；从进步学校所在地区来看，有的是城市学校，有的是农村学校；从进步学校的领导来看，有的是教育实际工作者，有的是教育理论工作者。在各个地区和各个州，进步教育运动以很不一致的速度进行着。正是进步学校实验活动的丰富多样，导致了进步教

---

　　① Boyd H. Bode, *Progressive Education at the Crossroads*, New York, New son & Company, 1938, p.9.

　　② [美]罗伯特·梅逊：《西方当代教育理论》，陆有铨译，62 页，北京，文化教育出版社，1984。

育运动中存在的差异。在进步教育运动初期和进步教育时代两个阶段，无疑表现出了这种差异。尽管不同的学校之间某些相似的东西比相异的东西更为重要，但是在1929年以后，进步教育运动内部由于对诸如"儿童中心"与"社会中心"这样一些基本问题的看法不同，而在思想意识上产生了矛盾和冲突，这就逐渐削弱了进步教育运动的影响力。

第三，进步教育运动是一次广泛的群众运动。

尽管进步教育运动初期的实验活动是分散的，但其分布的区域是遍布整个美国的，并得到了公众的普遍支持。不少进步学校成立了家长协会，家长协会对学校的整个实验活动从精神上尤其是从资金上给予了坚定的支持。值得注意的是，1919年进步教育协会的成立，不仅在很大程度上加强了进步学校之间的联系和交往，而且从某种意义上说，正是因为它的成立，人们才公认有这样一场教育改革运动。"一般地说，一直到进步教育协会建立以后，他们才开始感觉到进步教育运动。实际上，进步教育协会早期成员最普遍的回忆就是：在了解如此多的其他正在进行的教育实验活动的时候，他们是那样的惊讶。"①

第四，进步教育运动是20世纪前半期欧美教育革新运动的一个组成部分。

进步教育运动产生于美国，但是美国进步教育家与欧洲各国新教育家之间在1910年之后就开始交往。进步教育协会在它成立之初，就十分注意介绍欧洲新学校以及欧洲国际新学校事务局(新教育联谊会的前身)的工作。1921年新教育联谊会成立之后，进步教育协会又发展和加强了与它的联系，曾多次派人参加它举行的国际性教育讨论会。1930年，新教育联谊会会长恩索在访问美国时，曾与当时的进步教育协会主席福勒一起发表了一封致进步

---

① [美]劳伦斯·阿瑟·克雷明:《学校的变革》，单中惠、马晓斌译，250页，济南，山东教育出版社，2009。

教育协会成员的公开信，宣布进步教育协会加入新教育联谊会。

　　虽然人们对美国进步教育运动褒贬不一，但在美国现代教育发展中，进步教育运动无疑是一个重要的篇章。在某种意义上可以说，不了解进步教育运动，就不能全面了解美国现代教育的发展。就美国现代教育的发展来说，进步教育运动在两代人的时间里就改变了美国学校的特征。美国教育家、改造主义教育的主要代表人物布拉梅尔德 1947 年在《进步教育》杂志第 20 期上撰文指出："从 1919 年以来，进步教育协会（现为美国教育联谊会）在教育界起了一种独特的和重要的作用。……尽管有人要否认这一点，但它直接的或间接的影响在美国是深远的，甚至整个世界……的教育家都学习它的一些理论和实际，并经常加以应用。"①克雷明在《学校的变革》一书中也明确指出："进步教育协会已经解散了，进步教育本身也需要彻底的重新评价。但是，它们为学校带来的许多方面的变革，就像起作用的巨大的工业变革一样，是不能否认的。"②

二、进步教育运动的历史影响

　　作为一次教育革新运动，美国进步教育运动在美国教育史上的影响是明显而重要的。根据克雷明的观点，进步教育运动在以下十个方面是值得肯定的。

　　一是幼儿教育和中等教育有机会得到了稳定的扩展。二是对发育期儿童的特殊需求更加重视，许多州从 8 年小学和 4 年中学的教育体制改为 6 年小学、3 年初中和 3 年高中的教育体制。三是所有的年级都继续扩大和重新组织课程，特别是中学为学生提供了学习商业、农业、家政、体育和艺术的机会。四是增加了课外活动或辅助课程，还有学生俱乐部和各种活动。五是有多样

---

①　Sol Cohen, *Education in the United States: A Documentary History*, New York, Random House, vol.5, 1974, p.3169.

②　[美]劳伦斯·阿瑟·克雷明：《学校的变革》，单中惠、马晓斌译，312 页，济南，山东教育出版社，2009。

化和更灵活的学生小组，指导计划也得到了发展，以便适应个别学生的不同需要。六是教室特点发生了明显的变化，特别是小学的教室，学生和教师的关系变得积极、更加灵活和不拘形式。七是教学材料有了显著的变化，充分反映有关学习和儿童发展的新研究成果，使得教科书更加有趣和富有吸引力，并越来越多地利用补充材料和乡土资料。八是对校舍进行了改建，其中包括宿舍、体育馆、游泳池、运动场、实验室、商店、厨房、自助食堂、医务室以及可移动桌椅、改进的灯光和通风设备等。九是教师受过更好的教育，各州为教师提供了师资培训和在职进修的计划以及专业课程。十是学校的管理关系有了改变，家长和教师越来越多地参与学校的管理和政策的制定。①

　　作为一次有组织的教育改革运动，美国进步教育运动的失败以进步教育协会的解散和《进步教育》杂志的停刊为标志。但是，进步教育运动中的许多问题无疑是持久存在的，进步教育协会所倡导的那些原则是重要的，进步学校的实验所采用的解决方法也给了人们很大的启示。美国教育学者蒂尔1962年在《进步教育果真过时了吗?》一文中就这样指出："进步主义教育运动的那些解释者所提出的中心问题和为我们时代寻得切实可行的答案所作的有关贡献，并没有过时。它们一定并且必将继续存在下去。……过于性急的掘墓人以及当前那些掘墓人的安慰者，随着20世纪的前进，将会发现他们误认的死尸恰恰具有极为强大的生命力"，"进步主义教育的早期领袖人物所提出的问题以及他们大胆建议的许多试验性的答案，并没有死亡，也不会死亡。新的教育技术学的倡导者们，各种形式的教育组织的倡导者们，对学科结构进行研究的拥护者们，早晚得正视这些不可回避的问题并考虑所提出的可能解决办法"。② 当代美国教育学者、美国亚利桑那州立大学教授韦布在他的

---

　　① [美]劳伦斯·阿瑟·克雷明：《学校的变革》，单中惠、马晓斌译，271~272页，济南，山东教育出版社，2009。

　　② [美]蒂尔：《进步教育果真过时了吗?》，见瞿葆奎主编，马骥雄选编：《教育学文集　美国教育改革》，227、221页，北京，人民教育出版社，1990。

《美国教育史：一场伟大的美国实验》一书中，对进步教育运动的历史影响进行了这样的论述："进步主义教育产生的深远影响远远超出它所处的时代，而且作为一种审视课程和学习过程的方法也从来没有消失过。进步主义教育思想影响了20世纪60、70年代替代性的免费学校的设立，以及20世纪90年代受到青睐的结构主义教育理论。"①

---

① ［美］L.迪安·韦布：《美国教育史·一场伟大的美国实验》，陈露茜、李朝阳译，275页，合肥，安徽教育出版社，2010。

第八章

杜威的教育思想

约翰·杜威是美国教育思想史上的大家，他对现代教育思想的发展做出了他人不可比拟的贡献。杜威批判地吸收了先人之长但又不同于先人，他是在一个崭新的理论与现实基础上论述教育问题的，诚如他在《民主主义与教育》一书的序中所言，他的教育哲学，"把民主主义的发展和科学上的实验方法、生物科学上的进化论思想以及工业的改造联系起来，旨在指出这些发展所表明的教材和教育方法方面的变革"①。因此，杜威的理论也就呈现出崭新的风貌，与先于他的教育理论有着本质的不同。

第一节　杜威的生平与时代

杜威于 1859 年出生于美国佛蒙特州的小镇柏林顿。父亲是农民，后来做杂货商。8 岁时，杜威进一所初等小学接受读、写、算教育，对传统教育的弊端有了直接的感性认识，这为其后来批判传统教育奠定了基础。中学毕业后，杜威进入佛蒙特州立大学学习，对哲学产生了浓厚的兴趣，赫胥黎关于生物

---

① ［美］约翰·杜威：《民主主义与教育》，王承绪译，1 页，北京，人民教育出版社，1990。

进化的观点和生物有机体及其各个部分相互依存、相互联系的观点对杜威的思维方式产生了重要的影响。1879 年大学毕业后，杜威先后在一所中学和一所乡村学校任教。在教学之外，杜威潜心思考哲学问题，阅读了大量的哲学著作尤其是德国古典哲学著作，并在一个哲学杂志上发表了几篇论文，如《斯宾诺莎的泛神论》《康德和哲学方法》等。

1882 年，杜威进入霍普金斯大学学习研究生课程，受到哲学家皮尔士和心理学家霍尔的影响，但对杜威影响最大的是黑格尔主义者莫里斯。通过莫里斯，杜威接受了黑格尔的哲学，他认为这种哲学用一种相互联系的、对立统一的观点看问题，对人的精神能起一种解放的作用。尽管后来杜威因认识到黑格尔哲学的缺陷而疏远了它，但他仍然承认黑格尔哲学在他的思想中留下了不可磨灭的痕迹，对其思想方法产生了极其深刻的影响。1884 年，杜威应聘到密歇根大学讲授哲学课程。除 1888 年至 1889 年在明尼苏达大学短期工作外，他在密歇根大学一直任教至 1894 年。在此期间，杜威的哲学思想成熟起来，逐渐远离黑格尔主义而转向其不同于前人的经验主义。杜威认为，黑格尔的庞大的哲学体系根基不牢，矫揉造作。詹姆斯以进化论为依据的机能心理学使杜威旧有的哲学信仰发生了变化。詹姆斯强调机体与环境的相互作用，强调心灵与外部环境的不可分割性，这些观点对杜威经验主义哲学的形成影响甚大。在密歇根大学任教期间，杜威对教育问题产生了兴趣。1885 年，他发表了第一篇教育论文《教育与妇女健康》。在离开密歇根大学之前，他共发表了 5 篇教育论文，并与他人合写了一本教育心理学的著作。杜威试图把教育、心理和哲学理论结合起来进行研究。

1894 年，杜威应芝加哥大学校长哈珀的聘请任该校哲学、心理学和教育学系主任，并讲授哲学、伦理学、心理学、教育学等课程。1896 年，杜威创办了芝加哥大学实验学校，对教育问题进行实验研究。实验学校是新的教育理论的"实验室"，其任务是"检验和显示理论工作在实际情况中的结果"。杜威经常到实验学校进行调查研究，和教师交流、讨论教育问题，这些工作对杜威教育理论的形成和发展影响甚大。杜威的一些重要著作就是在此期间写就的，如《我的教育信条》《学校与社会》《儿童与课程》等。这些著作勾勒出杜威教育思想的基本框架。杜威教育思想形成的标志是《我的教育信条》的发表，这是杜威早期的一本纲领性著作，言简意赅，篇幅虽短，却透彻地阐明了杜威教育思想的精髓，杜威以后的教育著作只是对它的进一步丰富和发展而已。随着美国社会生活的变化和杜威哲学、政治学、美学等思想的不断发展，加之与他人的学术辩论对杜威理论自身发展的促进作用，杜威教育思想的内容逐渐丰富，深度不断加大，影响也日益广泛。

由于在对实验学校的管理问题上与芝加哥大学存在分歧，杜威于1904年辞去了芝加哥大学的职务。此后杜威一直在哥伦比亚大学任哲学教授，直到1930年退休。杜威勤于写作，发表了大量的哲学和教育论著。主要教育著作有《教育中的道德原理》《我们怎样思维》《明日之学校》《民主主义与教育》《经验与教育》《今日之教育》《人的问题》等。1952年，杜威在纽约逝世，享年93岁。

杜威是一个思想大家，他熔欧美思想于一炉，具有深厚的哲学、心理学、社会学功底。他是在其哲学思想、心理学思想基本成熟后才开始关注教育问题的，而且一生都未终止对哲学问题的研究，并将教育问题与哲学问题、心理学问题、社会学问题结合在一起进行研究，这就使其教育思想既具有他人难以企及的理论深度，又具有他人难以企及的宽广视野。杜威对欧美的教育思想史进行了系统、细致、深入的梳理，充分借鉴吸收了前人的教育智慧，这使得杜威的教育思想具有厚重的历史底蕴，给人一种强烈的历史纵深感。

更为重要的是，杜威是立足于现代社会论述教育问题的，他的教育思想具有浓郁的现代精神。其教育思想是美国现代社会生活的反映，并随着美国社会生活的发展而发展。杜威是紧扣美国社会生活的现实讨论教育问题的，既反映了美国经济工业化的要求，又力求解决现实中的种种社会问题。

杜威的教育理论形成于19世纪90年代，而19世纪90年代正是美国社会生活变革的历史分水岭。

美国是一个年轻的资本主义国家，当18世纪后半期英国开始工业革命的时候，美国还是英国在北美洲的殖民地，科学技术和经济发展都十分落后。但到19世纪末，美国完成了近代工业化，从一个发展中国家一跃而成为世界第一经济大国。但工业化也带来了一系列的社会问题，具体表现在以下方面：第一，经济生活混乱。市场调节是资本主义经济的一个基本特征，由于缺乏统一的管理，市场调节弊端迭出，经济生活出现混乱。大大小小的经济危机频频出现，而企业界自身却对此无能为力。1893年的经济恐慌使大量银行关门、工厂倒闭、公司破产，经济体系陷入停顿，几百万工人流浪街头找不到工作。第二，政治危机加深。进入工业化时代，人们热衷于追逐财富，大众政治意识淡薄，政府工作人员素质低下，以政治为工具来捞取金钱和获得权势，是他们生活的最高目标。少数大资本家恣意操纵政治，强奸民意，对其民主制是一个极大的讽刺。第三，贫富分化加剧。尽管社会总财富奇迹般增加，但绝大部分财富集中在极少数人手中。虽然赤贫者仅占贫困人口的一小部分，但其他贫困人口的收入亦不足以维持家庭基本生活。第四，劳资对立，矛盾尖锐。当时美国工人处境十分悲惨，工时长，工作条件恶劣，缺乏必要的劳动保护和安全条件，结果职业病流行，工伤事故频出；工资很低，终年劳碌还不足以养家糊口。工人多次举行罢工，劳资关系紧张成为举国关注的重大社会问题。第五，道德文化衰落。人们为追求财富，不择手段，不考虑其他人的利益，运用获得的财富来危害社会。拜金主义、极端个人主义盛行一时，是文化衰落的重要表现。

上述这些问题归结起来不外两个方面:一是个人与社会的矛盾发展到极点,尤其是少数大资本家与广大工人的冲突发展到极点,达到了不控制个人行为就无法维系社会整体的地步;二是精神文明没有与物质财富同步前进,物质财富的增长反倒带来了精神文化的衰落,没能成为改善社会整体的有力杠杆,经济发展与社会进步严重脱节。这归根结底是一个问题:资本主义创造了物质与技术的进步,却使社会文化精神的发展相对滞后,导致了社会生活的失谐,物质力量不仅没能为社会服务,反倒成为社会进步的异化物。

1900年至1917年的社会改革运动——进步主义运动的使命就是要解决上述棘手的社会问题。改革主要做了以下努力:其一,经济方面的政府干预。美国政府制订了反托拉斯法以反对经济垄断,大大强化了政府的调控职能,调控的目的在于为经济生活注入新的文化价值取向和道德观念,限制经济生活中的不道德现象,从而建立适应工业时代社会生产的经济秩序。其二,政治方面的改革。在政治方面进一步实现了民主化,扩大了公民对政治过程的参与和对政府的监督,也大大提高了政府的权威、办事效率,使政府能更有效地发挥管理与调节社会生活的作用。其三,贫困状况的改善。政府开始重视社会贫困问题,贫困人口的生活条件不同程度地得到改善。其四,实行新劳工政策缓和了阶级矛盾。工人的一些政治权利(如罢工和工会的合法性)得到政府的确认,政府开始调解劳资纠纷,对比较突出的童工问题、女工问题、工时工资标准问题、工业事故赔偿问题都采取了新的立法步骤。新的劳工政策使工人阶级的处境有较大改善。其五,思想与道德观念的转变。进步主义反对那种认为人在自然面前无能为力的机械的社会达尔文主义,认为对进化中出现的问题,人应当而且能够加以解决,对于那些不幸的社会成员,社会必须加以保护,严酷无情的自然选择式的竞争,只适用于动物界,而不适用于人类。进步主义信奉人道主义,认为人是社会的基本存在,人的价值和人的权利应得到积极的维护，必须同情和关心那些不幸的人。

进步主义运动是美国历史上一场广泛的资本主义改革运动，改革的目的是在资本主义已取得的巨大物质进步的基础上，推动社会的全面改善，创造出与物质繁荣相应的精神文化条件，重建遭到工业文明摧毁和破坏的社会价值体系。

尽管进步主义改革运动取得了相当大的成就，但对于社会的重建不是一次改革运动所能彻底完成的。美国史学家康马杰精辟地指出："19世纪90年代的大问题在半个世纪之后仍然是人们普遍关注的问题……九十年代开始形成的种种理论，五十年后仍在探索和应用。……虽然经历了两次世界大战，物质生产大大增长，技术有了惊人的进步，科学发生了革命性的变化，但1890年之后的六十年毫无疑义乃是一个统一体。"①

杜威的教育理论产生于19世纪90年代。可以说上面提到的社会问题是杜威一直面对的，是他一直关注的，也是他一直力求解决的。杜威是美国大转折年代的见证人，也是大转折后美国社会发展的见证人。杜威的教育理论所面对的就是上述社会问题。了解美国社会生活的变化及其带来的问题，对于理解杜威的理论是大有助益的，阐明解决这些社会问题的方法对于理解杜威所提出的解决方法亦是大有助益的。

美国社会政治和经济的变革对杜威的教育思想具有深刻的影响。在《明日之学校》中，杜威指出美国社会生活有两大变化，并要求教育随之而变，"在最近的150年间，发生了改变人类生活和思维习惯的两大变化。我们刚刚看到了这两大变化中的一个，即民主思想的发展，是如何要求教育上来一个变革的。另一个，即通过科学发现所带来的变化，也必须在课堂中得到反

---

① [美]H.S.康马杰：《美国精神》，杨静予、崔妙英、王绍仁等译，80~81页，北京，光明日报出版社，1988。

映"①。1931年杜威出版了《美国教育的过去与未来》，回顾了美国教育取得的成绩与存在的问题，指出了教育应遵循的方向。杜威指出，美国社会的变化有四：其一，从19世纪90年代开始，由农村社会、农业社会向城市社会、工业社会转变。铁路、电报、电话、电灯、交通、自动化、半导体、飞机等使人们的工作、娱乐和交流方式发生了根本的变革。学校却因循守旧，在工业社会还留恋旧传统、老目的，不能适应这种新的社会变化，不培养个人对这些新变化的适应能力。其二，前人工作与生活所遵循的是习惯与从过去传袭下来的模式，但科学和科学方法却指出了更有成效的行为方式，杜威认为学校对科学方法的意义认识不足，要求加强之。其三，社会生活的变革导致民主观念的转变。在工业化之前，整个社会结构比较简单，没有贫富的剧烈分化，有的是免费的土地，有的是丰富的未被使用的自然资源，每个人都有工作，都有机会，那时的政治民主是很容易被理解的。但现在不同了，社会变得极为复杂，有不少难以解决的问题，如财富的高度集中，权力的垄断，严重的失业，机会的丧失，贫富的反差等。杜威指出："民主的问题主要的再也不是政府的和政治的，而是工业的和金融的，亦即经济的。"杜威认为让教育和教育者为目前的大萧条负责是荒谬的，但教育却必须肩负起新的责任。其四，机器的使用，生产力的提高，给人们带来了更多的休闲时间，怎样使男男女女过健康积极的休闲生活而不是相反，亦是学校面临的一个问题。杜威认为："并不是所有正在进行的社会变化都是好的、有益的。但却要求人们应面对而不是回避这些变化，教育负有重要使命：塑造新的心灵和品格，这种心理品格能够促使这些新的社会变化趋于美好，否则将毫无疑义地成为具有破坏性和分裂性的力量。"杜威指出，"当前的教育没有一个伟大的明确的目的"，旧时代的个人主义的目的现在已失去效力和意义，"必须放弃竞争的动

---

① [美]约翰·杜威：《学校与社会·明日之学校》，赵祥麟、任钟印、吴志宏译，388页，北京，人民教育出版社，1994。

机与方法而求助于合作"，杜威认为要继续保持前人的民主理想，唯一的途径就是"给我们的教育系统一个社会的方向"。①

杜威的教育思想是西方优秀文化遗产与美国现代社会相融合的结晶，正是这一点，奠定了它在世界教育史上极为重要的地位。

第二节　教育的本质

教育是什么？这是教育的一个基本问题。杜威对此的回答是：教育即生活；教育即生长；教育即经验的改造。这三个命题构成贯穿杜威整个教育思想的主旋律。

一、教育即生活

杜威的"教育即生活"并不是将教育与各种各样的生活相混同。杜威提出这个命题有其特定的目的。不能仅从字面上理解"教育即生活"的含义。不能说原来的传统教育就不是生活，畸形的生活、不合时代精神的生活、压抑儿童天性的生活，也是生活的一部分。在过去体罚盛行的学校中，儿童同样是在生活着。生活无处不在，杜威所倡导的生活是一种"新生活"，这种生活更能和当时整个宏观社会生活的节拍相一致，更能满足儿童的需要和兴趣而成为儿童的生活，而不是为未来的成人生活做准备。当时美国的学校生活既脱离社会生活，又脱离儿童生活，杜威所要做的就是要变脱离为结合。因此，杜威提出的"教育即生活"有两个方面的基本含义：一是要求学校与社会生活结合，二是要求学校与儿童的生活结合。这两个方面实际上是要求改造不合

---

① John Dewey, "American Education Past and Future," in J. A. Boydston, *The Later Works of John Dewey*, Carbondale, Southern Illinois University Press, vol. 6, 1985, pp. 90-98.

时宜的学校教育，使学校生活成为社会生活与儿童生活的契合点，从而既合乎社会需要，亦合乎儿童需要。与这两种要求相应，杜威提出"学校即社会"以克服学校与社会生活的分离，同时抨击"生活准备说"以克服学校与儿童生活的脱离。

传统教育是传统社会生活的产物，当社会生活发生重大变革时，教育也应做相应的变革。杜威的"教育即生活"的一个要求是：在社会生活急剧变化后，还未变革的旧教育或传统教育应相应变革以与新的变化了的社会生活相适应。杜威指出："明显的事实是，我们的社会生活正在经历着一个彻底的和根本的变化。如果我们的教育对于生活必须具有任何意义的话，那么它就必须经历一个相应的完全的变革。"①教育与生活相联系要求社会生活渗入学校生活之中，要求学校成为雏形的社会。杜威因之进一步提出"学校即社会"的命题。

"学校即社会"这个命题并未将学校与社会相混同，因为杜威所要求的学校生活是一种经过选择的、净化的、理想的社会生活。他认为学校的功能有三：第一，简化社会生活。社会生活是错综复杂的，社会对儿童的影响也是错综复杂的，学校应简化社会生活，选择那些基本的东西，使青少年能够掌握，否则会令他们无所适从。第二，纯化社会生活。学校对社会生活进行选择，其目的不仅在于简化，还在于清除糟粕，"学校有责任从环境中排除它所提供的这些坏东西，从而尽其所能抵制它们在通常社会环境中的影响"，而"把有助于未来更美好的社会的部分传递和保存起来"。第三，平衡社会生活。由于儿童生活于不同的社会环境中，接受的社会生活的影响往往有褊狭、片面之处，因此，"学校环境的职责在于平衡社会环境中的各种成分，保证使每个人有机会避免他所在社会群体的限制，并和更广阔的环境建立充满生气的

---

① 赵祥麟、王承绪编译：《杜威教育论著选》，28页，上海，华东师范大学出版社，1981。

联系"①。

杜威反对教育为固定的成人生活做准备，认为"生活准备说"的弊病有四：其一，使教育丧失动力。"儿童生活在现在，这不仅是一个不能回避的事实，而且是一件好事。将来只是作为将来，它缺乏紧迫性和可见的形体。为某件事情作预备，如果不知道去预备什么，也不知为什么要预备，这是抛弃已有的力量，而在模糊的机会中寻找动力。"其二，将来距现在非常遥远，若使教育着力于预备将来，则贻误了现在所提供的"许多极好的机会"和有利条件，就不会收到好的教育效果。其三，用传统的陈旧的要求去控制教育过程，会使"受教育者个人的特殊能力"受到漠视。其四，它使人不得不极大地求助于利用外来的快乐和痛苦的动机。如果预期的未来和现在的可能性割裂，就没有激发和指导的力量，必须另外搭上一些东西，才能发生作用，于是就采用威逼利诱的方法，以奖赏为许诺，以痛苦作威胁。② 杜威认为，"教育是生活的过程，而不是将来生活的预备"，"学校必须呈现现在的生活——即对于儿童说来是真实而生气勃勃的生活。象他在家庭里，在邻里间，在运动场上所经历的生活那样。不通过各种生活形式或者不通过那些本身就值得生活的生活形式来实现的教育，对于真正的现实总是贫乏的代替物，结果形成呆板而死气沉沉"。③

杜威明确地讲："既然教育并不是谋生的手段，而是与过富有成效和本身有意义的生活的过程是一致的，它所能提出的唯一最终价值正是生活的过程本身。"④因此，杜威强调的生活是现在的、儿童的生活，他要求教育重视儿童现在的生活的内在价值，使儿童从目前的生活中得到乐趣，而不仅仅将现在的生活视为为另一种生活做准备的工具与手段。这种认识是相当深刻的，

① [美]约翰·杜威：《民主主义与教育》，王承绪译，22～23页，北京，人民教育出版社，1990。
② [美]约翰·杜威：《民主主义与教育》，王承绪译，58～59页，北京，人民教育出版社，1990。
③ 赵祥麟、王承绪编译：《杜威教育论著选》，4页，上海，华东师范大学出版社，1981。
④ [美]约翰·杜威：《民主主义与教育》，王承绪译，254页，北京，人民教育出版社，1990。

对教育实际是具有批判意义与改进价值的。杜威认为，为遥远的未来做准备贻害甚大，他指出："儿童大多生活在直接的现在，当凭着一个对他们很少甚至没什么意义的暗淡的和靠不住的未来而对他们呼吁的时候，我在这里很难估计能力和精神有多少浪费掉。放在我心上的是，当工作的动机是为了将来而不是为了现在的时候，习惯性的拖延就会发展；以及当工作不是根据现在的需要和现在的责任为基础，而是参考一个外部的结果，如考试及格、升级、进中学、读大学等，来进行估价时所产生的虚假的判断标准。经常有一种印象，认为没有一件事情本身是值得做的，而只是为了别的什么作一个准备，而这接着又只是为更远的真正严肃的目的作准备，谁能估计从这种印象所引起的道德力量的损失呢?"① 当儿童学习不是因学习本身有乐趣，而是为了别的动机如考试、升学、恐惧、竞争等时，不仅无益于能力发展，而且不利于品德进步。

加强与社会的联系、满足儿童的需要并非杜威提出"教育即生活"的终极原因。教育本身应是一种美好的生活，教育应与现实生活相联系，教育应成为促进美好生活的积极手段。这是杜威"教育即生活"命题的核心要求。

1930年，杜威在《哲学与教育》中明确提出，教育应该被视为达到并延续美好生活的手段，这种美好的生活对于个人来说是充分的、优雅的、丰富的，对于由个人组成的社会来说，亦是美好的。杜威批评当时美国的教育"注重于专门性的和技术性的东西而漠视了美好的生活"，没有成为美好生活的审慎的创造者和培育者。②

憧憬美好的生活的动因是对现实生活的不满，现实的社会生活永远不可能是完美的。社会生活皆有两面——正面和负面，负面就是阴暗面，就是各

---

① John Dewey, *Moral Principles in Education*, Boston, Houghton Mifflin Co., 1909, p.25.

② John Dewey, "Philosophy and Education," in J.A.Boydston, *The Later Works of John Dewey*, Carbondale, Southern Illinois University Press, vol.5, 1984, pp.289-298.

式各样的社会问题。教育和学校对这些社会问题应持什么样的态度呢？

杜威认为，教育不应回避这些问题，而应勇敢地面对这些问题。杜威认为我们所生活的世界总是一个或多或少带有弊端的世界，很多人念念不忘"治疗"社会的弊端。杜威认为"治疗"是一个消极的概念，而教育是富有建设性的东西。① "教育是能纠正社会弊病、解决社会问题的最有影响力的、最基本的方法。"②可见，杜威对现在的社会生活的重视、对目前社会弊病的关注都是为了在将来创造一种更美好的社会生活。也就是要求教育为创造美好的未来生活做准备，这与杜威对生活准备说的批判是否矛盾呢？

任何教育从本质上来说都是为生活做准备的，这是由教育和教育目的的根本特性决定的，杜威的卓越之处在于他不因为将来做准备而贬斥现在，而无视儿童现在生活的内在价值，他要求充分地利用现在，要求使儿童从现在的生活中获取乐趣与满足感。杜威不是不重视教育的工具价值，而是更重视内在价值，他不为获取工具价值而牺牲内在价值，而是将二者结合起来，视内在价值的获得为达到工具价值的最佳方式，"教育过程就是它自己的目的，尽量直接利用现在的生活可以为将来的任务得到唯一充分的准备"③。

有人认为，杜威反对"生活准备说"是因为他认为教育不应为未来做准备，这是对杜威的误解，杜威本人说得非常明白："这当然不是一个教育应否为未来作预备的问题。如果教育是生长，这种教育必须循序渐进地实现现在的可能性，从而使个人更适合于应付后来的要求。生长并不是有空的时候能够完成的东西；生长是不断地通向未来。如果校内和校外的环境能提供适当地利用儿童现在的能力的条件，那么从现在产生出来的未来是肯定能得到照顾的。把教育看作为将来作预备，错误不在强调为未来的需要作预备，而在把预备

① John Dewey, "A Sick Word," *New Republic*, January 24, 1923.

② John Dewey, "Philosophy and Education," in J.A.Boydston, *The Later Works of John Dewey*, Carbondale, Southern Illinois University Press, vol.5, 1984, p.297.

③ [美]约翰·杜威：《民主主义与教育》，王承绪译，326页，北京，人民教育出版社，1990。

将来作为现在努力的主要动力。为不断发展的生活作预备的需要是巨大的，因此，应该把全副精力一心用于使现在的经验尽量丰富，尽量有意义，这是绝对重要的。于是，随着现在于不知不觉中进入未来，未来也就被照顾到了。"①

因此，杜威不是不言将来，不是不言为将来做准备，而是更重视怎样才能更好地做准备。布鲁巴克诠释得好：重视现在意味着"强调儿童现在的兴趣与能力，因而对将来的准备，只是一种副产品。现在生长得好，便是对将来最好的一种准备"。② 在杜威看来，不言利用现在，何言准备将来？不言手段，何言目的？不言个人生长，何言社会改造？

布鲁巴克认为"教育本身就是生活"与"教育是将来的准备"二者之间并不对立，一种"适度的教育哲学，必须考虑到两方面"，"教育必须是参与现在生活、准备以后事件的混合体"。③ 准确地说，这恰如其分地表达了杜威的看法。

二、教育即生长

"生长"在杜威的教育理论甚至哲学理论中都占有重要地位。美国哲学家胡克说："在他(指杜威——引者)的生活和教学中，他把生长看成教育和道德价值的关键。"④以至于胡克称杜威为"生长的哲学家"。杜威的"教育即生长"理论表达了一种新的教育观和发展观。

在杜威看来，生长是指机体与环境相互作用的过程和结果，是一个具有

---

① [美]约翰·杜威：《民主主义与教育》，王承绪译，60页，北京，人民教育出版社，1990。
② [美]布鲁巴克：《现代教育哲学》，见瞿葆奎主编，丁证霖、瞿葆奎选编：《教育学文集 教育目的》，326页，北京，人民教育出版社，1989。
③ [美]布鲁巴克：《现代教育哲学》，见瞿葆奎主编，丁证霖、瞿葆奎选编：《教育学文集 教育目的》，325页，北京，人民教育出版社，1989。
④ 中国科学院哲学研究所西方哲学史组编：《现代美国哲学》，264页，北京，商务印书馆，1963。

达尔文主义色彩的生物学概念。但杜威已对生长这个生物学概念做了改造，已赋予它丰富的社会内涵。因此，杜威教育理论中的"生长"并非一个纯粹的、与社会无涉的东西。

从杜威对前人的几种教育观、发展观的批判可以更加明了杜威"生长"论的内涵。

第一，批判"教育即预备"，认为生长不同于预备。本章前文已经指出了预备说的四种弊端，此处不再重述。这里主要强调两点：一是预备说强调教育为未来做准备，漠视现在的种种可能性和有利条件，不使教育过程本身成为有意义的东西、有乐趣的东西、值得向往的东西；二是预备说强调的未来是固定不变的，但事实上，世事是变易的。而"教育即生长"则使教育过程本身顾及儿童的需要与兴趣，使儿童在教育和生长的过程中享受种种乐趣。教育和生长也为未来做准备，但不是为"固定不变的"未来。

第二，批判"教育即展开"，认为生长不同于展开。"教育即展开"所体现的发展观是：发展不被看成一个持续不断的过程，而被视为潜在能力向特定目标的展开，这个目标被看成是完美无缺的，任何阶段的发展都没有达到这个目标，只是向这个目标的展开。展开说虽然也赞扬发展、过程和进步，但这些皆被看成只是过渡性质的，其本身并无真正的价值，真正的价值在于固定不变的终极目标，所谓从有限中体现出无限，从短暂中体现出永恒。杜威认为，一个遥远而不可能达到的目标，从理论上讲是先验论的，与直接经验无涉；从实际上讲是空洞的，只代表一种模糊的情感上的渴望，而不是代表可用理智领会和说明的东西。福禄培尔的抽象的象征主义、黑格尔的向绝对理念趋近的发展观都是展开说的典型例证。杜威认为，从逻辑上讲，"教育即展开"是"教育即预备"的变种，而且将预备的目标变得更遥不可测、不可捉摸。在展开说中，发展的重要性是暂时的，其本身不是目的，只是使已经含蓄的东西显露出来的手段。

第三，批判"教育即官能的训练"，认为生长不同于形式训练。形式训练说认为人的心灵生来具有某些心理官能或能力，如观察、记忆、判断、概括等，教育就是通过反复练习训练这些官能而不必考虑运用什么材料训练，教材是外部的、无关紧要的东西。杜威认为，人没有这些生下来就具备的官能等待着训练，人生下来只是有一些"天赋倾向"，而且，人也没有所谓一般的看、听或记忆的能力，只有看、听或记忆某种东西的能力。离开练习所用的材料，一般的心理的和身体的能力训练全是废话。实际上，人的各种能力是天赋的主动倾向与某些材料相互作用的结果。因此，人的发展与生长是人的心理与外界因素相互作用的过程和结果，生长不能离开社会背景独自进行。

第四，批判"教育即塑造"，认为生长不同于塑造。"教育即塑造"论强调外部因素对心灵的塑造作用，赫尔巴特是个典型。他的理论强调环境对心灵的影响，但忽视和低估了儿童所具有的许多主动的和特殊的机能，没能顾及生长与发展的内在条件。杜威认为，这样只会减弱教育和生长的成效。杜威的生长论是很重视内在条件的。

第五，批判"教育即复演和追溯"，认为生长不同于复演和追溯。复演说认为，个体的恰当的发展在于有秩序地重复动物生活和人类过去进化所经过的许多阶段，教育的本质就是追溯，就是回顾过去，用过去的精神遗产塑造心灵。杜威认为，这种理论的生物学基础是错误的，个体的发展并不严格遵守人类种族发展的许多阶段，而且教育的任务就是解放儿童，使之不走老路，使儿童从复演过去和重蹈覆辙中解放出来。教育不应从以往的事物中寻找其标准和模式，不应使现在和未来去适应过去，而应展望未来，把利用过去作为走向将来的重要手段。因此，生长不是保守地面向过去的，而是积极地面向现在和未来的。

第六，批判"教育即自然发展"，认为生长不同于自然发展。自然发展说的代表人物是卢梭，卢梭反对形式训练说所主张的人生而具有各种能力，但强调人天生具有一些特殊的本能和冲动。自然发展说的积极之处，在于重视儿童的身体活动，注意儿童的爱好和兴趣，关心儿童的个别差异；其消极之处，在于将自然与社会对立起来，认为自然的都是善的(性善论)，都是可取的，而社会则是邪恶的，会对人产生坏影响。杜威认为，人类原始冲动本身既不是善的，也不是恶的，自然的或天赋的能力，提供一切教育中起发动作用和限制作用的力量，但不能提供教育的目的。天生的冲动与倾向不可能自生自长，应有一定的外部条件。应提供一个适当的环境使可取的倾向得以发展，使不可取的倾向因不用而废弃。自然发展说的主要缺陷在于，它在强调生长的内在条件的同时，忽视了外在条件。

从这六种批判可以看出杜威的基本观点是：①教育与生长的目的在于过程自身；②生长是一个持续不断的过程，没有终极的目标；③生长是机体与环境(内在因素与外在因素)相互作用的过程和结果，相互作用的两个方面缺一不可；④生长是面向将来而不是追溯过去的。总之，杜威的"生长"概念体现出一种新的发展观。

这种新的发展观是杜威民主教育理想的反映。儿童个体的充分生长并不仅仅是达到社会目的的一个手段和工具，它本身便是民主主义的要求，而充分生长又能更好地促进民主主义的教育理想。

这种新的发展观是对旧教育的否定。旧教育消极地对待儿童，不尊重儿童的需要和兴趣，不考虑儿童的心理需要与能力，生长论则要求尊重儿童，使一切教育和教学适于儿童的心理发展水平和兴趣、需要。但这种尊重绝不是放纵，杜威明确地讲："如果只是放任儿童的兴趣，让他无休止地继续下去，那就没有'生长'，而'生长'并不是偶然的结果。"[①]激发兴趣不等于放任兴趣，这是杜威与进步主义教育实践的一个重要区别。

人的生长与发展不是自为的，必须有条件，杜威认为儿童的生长与发展

---

① 赵祥麟、王承绪编译：《杜威教育论著选》，36 页，上海，华东师范大学出版社，1981。

既需要内部条件，也需要外部条件。生长的内部条件是指儿童现有的生理心理水平(兴趣、能力和后天形成的习惯等)及其发展的可能性(可塑性)。但只有内部条件还不够，生长还须有外部条件，即社会性的环境。杜威提出的"学校即社会"集中地反映了生长所必备的外部条件。杜威说："天赋能力是始基，是起点，它们不是目的且本身不能决定目的，外部的环境条件是人的各种内在可能性得到发展的不可取代的手段。"①杜威认为，每个人都必须在社会的媒介中才能获得生长，"最合理的心理学是一种社会心理学"，"这种心理学不同于对行为的生物学描述"②。

儿童的生长就是内部条件与外部条件相互作用的结果。如不顾及内部条件，生长就失去了基点；如不顾及外部条件，生长就失去了情境和内容，就成为抽象的真空中的东西。杜威对生长内外条件的看法实质上就是对儿童身心发展内外因关系的看法。杜威非常重视内因，反对传统教育对内因的漠视和压制，但同时也重视外因，认为学校中社会精神的匮乏会造成教育上的巨大浪费。他内外因皆重，并认为儿童的生长和发展是内外因相互作用的结果，这些都具有一定的道理，在当时亦有深刻的社会意义。

在杜威看来，生长体现为身体、知识、能力、道德等诸多方面的生长，从理论上看，这并没有什么新意，是几千年前的亚里士多德早就论证过的。然而，不同的时代对这几个方面的发展有不同的要求，杜威的卓越之处在于他描绘了工业化、民主化的现代社会对人的生长与发展内容的新要求。笼统言之，这种新要求是：应具有民主精神与民主素质；应具有良好的职业能力；应具有新个人主义的道德风貌；应具有良好的公民素质；应掌握智慧的方法，具有解决实际问题的能力。因此，在杜威看来，生长的内容不是虚无，杜威对它的论述亦不是泛泛空谈，生长在杜威眼中有其切实的内容，有鲜明的时

---

① John Dewey, "The Need for a Philosophy of Education," *The New Era*, November, 1934.
② [美]简·杜威等:《杜威传》，单中惠编译，129 页，合肥，安徽教育出版社，2009。

代特征。儿童的生长与发展主要就是上述几个方面的生长和发展，具有强烈的社会性和现实针对性。

三、教育即经验的改造

"教育即经验的改造"是杜威教育理论中的一个重要命题。经验在教育中的地位举足轻重，杜威认为，"一切真正的教育从经验中产生"，"教育是在经验中、由于经验、为着经验的一种发展过程"，"在各种不确定的情况下，有一点是可以永久参照的，那就是教育与个人经验之间的有机联系。或者说，新教育哲学信奉某种经验的和实验的哲学"。①

经验是西方哲学史上的一个历史悠久的重要概念，杜威赋予传统的"经验"概念许多新的内涵，主要体现在以下几个方面。

第一，克服了经验与理性的对立。在西方哲学发展史上，经验作为一个与"理性"、与知识对立的概念而受到轻视。杜威理论中的经验与理性的含义皆不同于传统。经验不再是通过感官被动获得的一些散乱的感觉印象，而是机体与环境相互作用的过程，机体不仅受环境的塑造，同时也使环境发生若干改变。在杜威看来，理性不再是一个抽象的体系，或某种神秘的官能，而是一种"智慧"，一种使经验（或做、行为等）更富成效的"智慧"。因此，这种理性是一种新理性。这种新的理性与新的经验不是对立的，而是统一的，经验的过程同时也是一个运用智慧的、理性的过程。杜威在《民主主义与教育》中深刻论述了感性与理性在经验改造中的作用，他说："没有通过感觉器官的积极反应而区别出来的个别，就没有认识的材料，也没有智力的发展。没有把这些个别放在从过去广泛的经验所提炼出来的意义背景之中——没有利用理性或思维——个别就只是一些兴奋或刺激。感觉论学派和理性论学派的错误，同样在于每一派都没有认识到感觉刺激和思维的作用在应用旧经验于新

---

① John Dewey, *Experience and Education*, New York, Collier Books, 1963, pp.12-14.

经验，从而保持生活的连续性和一致性时，都与改组中的经验有关。"杜威又说："'理性'正是利用一种能力，利用先前经验的材料来认识新的经验材料的意义。一个有理性的人对直接接触他感官的事件，习惯于在它和人类共同经验的联系中进行观察，而不是把它看成一个孤立的东西。"①

第二，拓宽了经验的外延。西方近代哲学(尤其是英国经验哲学)往往视经验为认识的一个阶段，将经验与感性认识相联系。经验论遂成为一种感觉论、一种认识理论。杜威认为，新的经验概念使近代认识论关于各种认识问题的讨论失去意义，知识依然很重要，但现在首要的事实和基本的范畴是"在利用环境以求适应的过程里所起的有机体与环境间的相互作用"②，知识是从属于这个相互作用的适应过程的，知识的来源问题更是次一等的问题。"知识不是孤立、自我充足的东西……感觉失去其为知识门户的地位，而得其为行动刺激正当地位。"③经验不是再像旧认识论那样被视为感觉作用和感性认识，而是一种行为、行动，它当然含有知的因素，但在此之外，喜怒哀乐、酸甜苦辣等因素也是经验的构成部分。"眼或耳所受的感觉对于动物并不是世间无足轻重的事情的一种无谓的知会，而是因应需要以行动的一种招请或引诱。它是行为的引线，是生活求适应环境的一种指导因素。它在性质上是触发的，不是辨识的。经验论者和理性论者关于感觉的知识价值的争论全部归于无用。关于感觉的讨论属于直接的刺激和反应的标题底下。"④不属于知识的标题底下。感觉是行为的一部分，不是认识的一部分。杜威是从一个新的角度看待认识与知识问题的。经验不再仅仅是与认识有关的事情，认识的、情感的、意志的等理性非理性的因素皆涵盖在内。在教育上，学生"从做中学""从经验中学"就不仅仅是学知识，经验成为儿童各方面发展和生长的载体。"教育即

① [美]约翰·杜威:《民主主义与教育》，王承绪译，359页，北京，人民教育出版社，1990。
② [美]杜威:《哲学的改造》，许崇清译，46页，北京，商务印书馆，1958。
③ [美]杜威:《哲学的改造》，许崇清译，46页，北京，商务印书馆，1958。
④ [美]杜威:《哲学的改造》，许崇清译，46~47页，北京，商务印书馆，1958。

经验的改造"中的"经验的改造"也就不只是知识的积累，而是构成人的身心的各种因素的全面改造、全面发展、全面生长。

第三，强调了经验中人的主动性。感觉主义经验论把经验看成一个被动的认识过程，洛克的"白板说"是典型的例证。杜威则认为经验是一个主动的过程，不单是有机体受环境的塑造，还存在着有机体对环境的主动的改造。他认为忽视经验的主动的因素，是传统的经验哲学的致命缺点。杜威指出，始于近代的直观教学法和实物教学法是以感觉主义经验论为理论基础的，在实践中，"'直观教学'往往把感觉活动孤立起来，把它作为目的本身。实物愈孤立，感觉的性质也愈孤立，感觉印象作为知识的单位也愈清楚。这个理论不仅使教学向机械孤立的方向发展，把教学降为感觉器官的体操（用处就像任何身体器官的操练，但只有这种用处），而且忽视思维。根据这个理论，感官观察无需和思维联系；事实上，按严格的理论，在感官观察以前，思维是不可能的，因为思维只是所接受的感觉单位加以合并和区分，它不进行任何判断"①。正因为近代经验主义具有被动性、片面性、孤立性、机械性，杜威认为尽管它对学校的课程和教育方法有一定的影响，但这种经验主义"不能提供一个令人满意的学习过程的哲学"②。因此，须建立一种新的经验主义哲学作为教育的基础。

人们一般将杜威的经验改造理解为直接经验的改造，这是不符合杜威本意的。首先，这种改造过程本身就含有知识与理性（智慧）因素，这些知识与理性因素是儿童理解、驾驭新经验过程的重要条件；其次，动态的经验过程不是儿童通过感官消极被动获得感官印象的过程，而是一个运用智慧与思维积极行动的活动过程，感官与感官作用只是这个活动过程的一部分；最后，这个动态过程不仅检验原先机体具有的理论认识是否正确，而且通过抽象、

① ［美］约翰·杜威：《民主主义与教育》，王承绪译，284 页，北京，人民教育出版社，1990。
② ［美］约翰·杜威：《民主主义与教育》，王承绪译，286 页，北京，人民教育出版社，1990。

概括等形成对事物的新的理性认识。因此，教育中"经验改造"过程绝不仅仅是直接经验累加的过程，绝不仅仅是形成感性认识的过程。杜威对经验的改造实际上反映了他在哲学上(尤其在认识论方面)克服行为与认识、经验与理性、客观与主观、情感与理智等二元对立的努力。

并不是所有的东西都可被称为经验，并不是所有的经验都有教育意义。杜威认为，相信一切真正的教育从经验中产生，并不意味着一切经验都真正地具有或相同地起着教育作用。经验和教育不能直接地彼此等同起来，因为有些经验是不利于教育的。任何对经验的继续生长起着抑制或歪曲作用的经验，都是不利于教育的，有些经验甚至还具有错误的教育作用，所以仅仅强调经验的必要性还不够，还应注意经验的性质，应对经验予以选择。因此，"以经验为基础的教育，其中心问题是从各种现时经验中选择那种在后来的经验中能富有成效并具有创造性的经验"[1]。

富有成效并具有创造性的经验必须有衡量的标准，杜威提出经验的连续性原则和交互作用原则作为衡量标准。经验的连续性原则意味着，每种经验既从过去经验中采纳了某些东西，同时又以某种方式改变未来经验的性质。"教育即经验的不断改组和改造"从字面上看主要揭示的也是经验的连续性原则。经验的连续性或经验的不断改造，意思是说："经验作为一个主动的过程是占据时间的，它的后一段时间完成它的前一段时间；它把经验所包含的、但一直未被察觉的联系显露出来。因此后面的结果揭露前面的结果的意义，而经验的整体就养成对具有这种意义的事物的爱好或倾向。所有这种继续不断的经验或活动是有教育作用的，一切教育存在于这种经验之中。"[2]可见，连续性原则揭示的是经验改造过程的前瞻性。这种连续性、前瞻性的作用在于增加指导或控制后来经验的能力。

---

① John Dewey, *Experience and Education*, New York, Collier Books, 1963, pp.16-18.
② [美]约翰·杜威：《民主主义与教育》，王承绪译，84页，北京，人民教育出版社，1990。

另一个原则就是经验的交互作用原则。"交互作用"（interaction）是指机体与环境的相互作用，交互作用原则强调经验过程中人的主动性，与教育相联系，这一原则要求教育过程中应尊重儿童的身心发展条件与水平，顾及儿童的兴趣，提高儿童参与教育过程的积极性、主动性。而这一点，正是传统教育所缺的，"传统教育的问题，不在于它着重控制经验的外在条件，而在于对能决定有什么样的经验的内在因素太少注意。这就从一个方面违反了交互作用的原则"①。

交互作用原则同时也强调经验过程中"客观条件"的重要性。杜威认为，教育者的主要责任是要认识到在实际上哪些周围事物有利于引导经验的生长。客观条件的选择也不是随意的，必须顾及经验交互作用另一方面的条件，"选择客观条件的责任同时就带来了解当时学生的需要和能力的责任"。传统教育存在的主要问题，不在于没有提供经验的客观条件，而在于提供的这种客观条件"没有考虑到创造经验的另一个因素，即受教育者的能力和要求"②。传统教育提供的外部条件——抽象的教材、死板的教法是与儿童的兴趣、能力不相符合的，儿童受到压制，因此，机体与外部条件难以有效地交互作用以形成有价值的经验。进步教育走向另一个极端，它提供的外部条件——不加约束的无目的、无计划的自由活动，使儿童放纵无羁，因此它与儿童的内在条件难以有效地交互作用形成有价值的经验。教材和教法是教育中构成儿童经验的客观条件的最为重要的方面，杜威对传统教育和进步教育的批判说明他对二者的课程论与教育方法论皆有不满之处。杜威认为，"教材和教法的任务在于使特定的个人在特定的时间产生出有教育价值的经验"③。杜威对课程论与教育方法论的讨论也是围绕这个中心要求展开的。

---

① John Dewey, *Experience and Education*, New York, Collier Books, 1963, p.39.
② John Dewey, *Experience and Education*, New York, Collier Books, 1963, p.45.
③ John Dewey, *Experience and Education*, New York, Collier Books, 1963, p.45.

第三节 民主、科学与教育

杜威对民主主义与教育、科学与教育以及民主主义与科学精神的关系进行了深入细致的分析,阐明了现代教育与民主、与科学的内在联系。

一、民主主义的含义

1915 年,杜威在《明日之学校》中指出:"对民主与教育之间关系的认识的传播,或许是目前教育趋势中最有趣、最重要的一个方面。"①1916 年出版的《民主主义与教育》可以说是杜威对民主主义与教育的关系的最详尽的论述。这种关系最简略的表达是:教育是为了民主,教育应是民主的。

杜威对民主的理解是相当广泛的,他认为民主不仅是一种政治的东西,而且是一种生活的方式,应渗入生活的方方面面。这是他一贯的思想。作为一种生活方式的民主和政治的民主不是对立的,前者反而是后者的切实保障,他说:"除非民主的思想与行为的习惯变成了人民素质的一部分,否则,政治上的民主是不可靠的。它不能孤立地存在。它要求必须在一切社会关系中都出现民主的方法来支持着它。"②

民主作为一种生活方式,包括"社会的和个人的生活方式"。作为一种社会的生活方式,民主的定义注重于共同利益的分享和自由无碍的交流两个方面,杜威认为这种社会的生活方式是一种追求共同利益的联合生活的方式,是一种自由无碍的共同交流经验的方式,社会的全体成员都能以同等条件,共同享受社会的利益,打破阶级、种族和国家之间的屏障。

---

① [美]约翰·杜威:《学校与社会·明日之学校》,赵祥麟、任钟印、吴志宏译,387 页,北京,人民教育出版社,1994。

② John Dewey, "Democracy and Educational Administration," *The School and the Society*, April 3, 1937.

将民主看成一种个人的生活方式是对民主的一种更深层的阐释，这意味着民主不是一种形式的和外在的东西，而是一种内在的东西，意味着"民主是一种道德的理想"①。这种道德理想的基础有三点：其一，相信人性的潜能。每个人不分种族、肤色、性别、家庭背景、贫富，其天性中皆蕴含发展的可能性，每个人都是平等的，都有权获得平等的发展机会，都应能获得充分的发展。其二，相信人的理智判断与行为的能力。亦即相信人的理性，相信人的理性在克服困难、解决争端、控制环境中的作用，相信通过"理智"人类能进入一个美好的社会。其三，坚信日常生活与工作中人与人之间是能够合作的。合作意味着和平与安宁，而不是怀疑、矛盾和暴力。

可见杜威民主思想的基础是人道主义。他曾明确地讲："归根结底，民主主义的问题是个人尊严与价值的道德问题。"②又说："询问他人喜欢什么，需要什么，有什么意见，这是民主观念的一个要素。……和贵族政治的概念正相反的民主概念是：必须积极地而不是消极地征询每个人的意见，使每个人本身成为权威过程和社会支配过程的一部分；必须使每个人的需要与欲望有被记录下来的机会，使其在社会政策的决定上起着作用。当然，与此同时，实现民主主义的另一必要的特点是：互相讨论与互相咨询，并最后通过综合和归纳一切人的观念与欲望的表现而达到社会支配。"③杜威在《哲学的改造》中对民主主义的道德含义做了精辟论述："政府、实业、艺术、宗教和一切社会制度都有一个意义，一个目的。那个目的就是不问种族、性别、阶级或经

---

① John Dewey, *Creative Democracy—The Task Before Us*, John Dewey and the Promise of America, Progressive Education Booklet, American Education Press, 1939, p.14.

② John Dewey, "Democracy and Education in the World of Today," in J.A.Boydston, *The Later Works of John Dewey*, Carbondale, Southern Illinois University Press, vol.13, 1988, p.302.

③ John Dewey, "Democracy and Education in the World of Today," in J.A.Boydston, *The Later Works of John Dewey*, Carbondale, Southern Illinois University Press, vol.13, 1988, p.295.

济地位,解放和发展各个人的能力。这和说它们的价值的检验标准就是它们教育各个人使他的可能性充分发展的程度,是完全一致的。民主主义有许多意义,但是,如果它有一个道德的意义,那末这个意义在于决意做到:一切政治制度和工业安排的最高的检验标准,应该是它们对社会每个成员的全面发展所作出的贡献。"①

二、自由与平等

自由与平等是从属于民主的两个范畴。

1935年在《自由与社会控制》中,杜威对"自由"的含义做了较集中的论述。他认为,第一,自由是具体的。自由不只是一个观念、一个抽象的原则,对自由的要求是一种争取权利的要求。第二,自由是相比较而言的,一个人、一个集团、一个阶级的自由与其他是有联系并相互影响的,自由之多寡只有通过比较才能测量。第三,没有绝对的自由,自由同时也意味着控制。这一点是杜威着力强调的。一些人常常以为自由是不受限制的,因而为了自身的自由而损坏大多数人的自由,把自由看成与政府行为相对立的东西,反对政府的干涉与干预,造成了严重的社会后果。杜威极力反对少数人以自由原则为借口,不顾大多数人的利益,而满足一己私利。他支持政府出面维护大多数人的自由,批评经济上放任的自由主义政策。杜威是支持进步主义时代所形成的、由罗斯福作为新政基础的"新自由主义"政策的。

杜威认为,权威与自由不是相对抗的,权威代表着稳定性,个人借此获得方向和支持,而个人自由则代表着有意识地促使产生变化的各种力量,问题不是将二者截然分开,而是使二者相互渗透,不使权威所代表的稳定性成为阻碍进步的力量,亦不使自由成为漫无节制的盲目行为。"我们需要一种权威,但这种权威不同于其活动的旧形式,而是能用以指导和利用变迁的;我

---

① 赵祥麟、王承绪编译:《杜威教育论著选》,250页,上海,华东师范大学出版社,1981。

们也需要有一种个人自由，但这种个人自由不同于那种为个人无限制的经济自由而产生并为它作辩护的个人自由；我们所需要的这种个人自由是具有普遍性的和为大家所分享的，而且它是在社会上有组织的明智控制的支持与指导之下的。"①

杜威心目中的权威就是"智慧的方法"或"科学的方法"。杜威要求以对科学和科学方法的信仰取代旧有的权威。杜威明确地说，"自由主义强调智慧的方法"②。美国学者库尔兹认为，杜威从 20 世纪 20 年代末起至整个 30 年代，在出版的一系列重要社会政治著作中，"力图重新确定自由主义的含义，强调不应把自由主义视作某一个特殊政党的政纲和计划，而应看作一种用于民主社会去解决社会问题的智慧的方法"③。

杜威很关注教育的自由，认为："教育的自由，具体讲来，就意味着学生和教师的自由：作为一个教育机构的学校的自由。"但教育的自由受到许多传统的和现实的因素的限制，这些因素影响着学校里的学科、教学方法、纪律、组织和行政管理。杜威认为，要培养"理智的公民就绝对需要有教师和学生在教与学的方面的自由"。因此，教育自由具有深远的社会意义，"没有研究的自由，教师和学生没有自由去探索在社会中发生作用的力量以及用来指导这些力量的手段，那么就不能产生为有秩序地发展社会所必需的理智行为的习惯。……每一种倾向于解放教育过程的力量都鼓励着人们去采取理智的和有秩序的方法，领导正在向任何方向进展的社会改变朝着一个比较公平的、平等的和人道的目的前进"。④

---

① John Dewey, "Authority and Resistance to Social Change," *The School and The Society*, October 10, 1936.

② [美]约翰·杜威：《人的问题》，傅统先、邱椿译，112 页，上海，上海人民出版社，1965。

③ Paul Kurtz, "Introduction," in J. A. Boydston, *The Later Works of John Dewey*, Carbondale, Southern Illinois Universtiy Press, vol. 5, 1984, pp. xvi-xvii.

④ [美]约翰·杜威：《人的问题》，傅统先、邱椿译，59~62 页，上海，上海人民出版社，1965。

可见教育的自由的关键意味着理智的自由，意味着理智的方法(智慧的方法)，而这些最后意味着一种美好的社会生活。

19 世纪末 20 世纪初的欧洲新教育运动和美国的进步教育运动都是重学生之自由的。传统教育压制儿童，新的教育则要解放儿童，给儿童以自由。但在自由的口号下，亦有一些过火行为，认为任何对儿童的限制都是错误的。杜威则认为，纪律与自由不是两个矛盾的观念，"'自由'的意思，并不是说生在社团中的个人，可以把'自然'及'人群'的一切牵制尽行废弃。……所谓儿童要自由，即是让他有机会，可以把各种天职的冲动和各种心性的倾向，在他自己所处的环境中间，逐一试验一番，辨别其性质，把有害于他自己的弃去，把有益于自己及别人的尽量发展起来"①。因此，教育中儿童的自由在于发展的自由、生长的自由。在这种发展和生长中，杜威尤其重视儿童的创造的自由、思维的自由、心灵的自由，实际上就是重视学生对智慧方法、理智方法的掌握。杜威认为蒙台梭利的学说以自由为基础，但她的儿童的自由是有限度的，"他们可以自由来往，自由作息，自由说话，自由移动；他们的目的是要得着关于各种事物的知识和行动所需的技能。各人都在'自行矫正'的材料上独自做功夫。然而儿童却没有创造的自由。他们虽有选择所用器具的自由，却没有选择自己目的的自由，也不能把各种材料照他自己的计划去处置。因为所有材料是几件已经限定了的东西，每件东西的用法也只有一样"。杜威因之要求"最好用'能够发生真的问题'的材料来训练学生"，"使他们思想正确，判断得当"，而这种材料就是生活中的第一手经验。② 这就意味着教材和教学方法的变革。

---

① [美]约翰•杜威：《明日之学校》，朱经农、潘梓年译，124~125 页，上海，商务印书馆，1923。

② John Dewey and Evelyn Dewey, "*Schools of Tomorrow*," in John Dewey, *Democracy and Education*, The Elementary School Teacher, December, 1903, pp.131-142.

平等之于民主犹如自由之于民主一样重要。杜威指出："相信平等，这是民主信条的一个因素。然而，它并不是相信自然天赋的平等。宣布平等观念的人们并不认为他们是在发布一项心理学上的主张，而是在发布一项法律上和政治上的主张。一切个人都有权受到法律的平等对待以及在其行政管理中有平等的地位。每一个人总是生活于一些制度之下的，而他所受的这些制度的影响都是平等的；如果在数量上并不如此，那在质量上是如此的。每一个人都有平等的权利来表达他自己的判断，虽然当他的判断与别人的判断构成一个集合的结果时，他的判断的重要性在数量上也许并不是平等的。简言之，每一个人都同样是一个人；每一个人都享有平等的机会来发展他自己的才能，无论这些才能的范围是大是小。再者，每一个人都有他自己的需要，而这些需要在他自己看来是重要的，正像别的需要在别人看来是重要的一样。自然的和心理上的不平等这一事实本身就更成为理由以通过法律来建立机会上的平等，否则自然上和心理上的不平等就变成了压迫天赋较差的人的一个手段。"他又说："相信平等的这个民主信念是这样一个信念：每一个人都应该有机会来贡献他可能贡献的任何东西。"①

杜威承认人的天赋是有差异的，人生而平等是不足信的。他指出，即便是早期平等的最热心的倡导者也不会愚蠢到认为人的天赋是决然相同的，因此平等应是道德意义上的，而道德意义上的平等意味着每个人之间的独特性，即不可比性。杜威举例说，在研究工作中，能达到亚里士多德、牛顿、爱因斯坦等人那样的水平者寥寥无几，但并不能说大多数人的研究工作是毫无价值的。因此，民主意味着对特殊性、差异性的尊重，意味着个性的充分发展，而个性是独特的，不能说一个人的个性较另一个人的个性高、好。每个人都有独特的需要，每个人都应得到充分的发展，每个人都应获得同样的发展的

① John Dewey, "Democracy and Educational Administration," *The School and the Society*, April 3, 1937.

机会，每个人都有为社会做出贡献的权利和义务，总之，"每一个人都同样是一个人"，大家都是平等的。杜威明言，"民主主义者坚信道德上的平等"。民主主义的"基本的道德与理想意义"就在于这种平等。①

基于对平等的这种看法，杜威对美国20世纪二三十年代盛行的智力测验持否定态度，认为测验结果将人分成优劣高下，以测验结果决定人的机会和地位是不平等、不民主的表现，是等级制的余毒在作怪，心智上的不平等不能成为道德上的不平等的依据。而且，智力测验所测的只是人的心智的某一方面或某几个方面的情况，不能以偏概全，将一个人某些方面的情况看成一个人整体的面貌。② 最后，智力商数不过揭示了某种现实性和一些可能性，世事是变化的，人亦是变化的，"一测定终身"是用静止的观点而不是用发展的观点看问题，与生长的原则、经验不断改造的原则是相违背的。

综上所述，自由与平等这两个概念是对民主作为一种道德理想、一种生活方式的进一步表述。

三、民主与教育

杜威认为，"教育是一种社会的过程，而世界上又有各色各样的社会，所以教育批判和教育建设的标准，包含一种特定的社会理想"③，这个特定的社会理想就是民主主义。教育应为维护促进民主主义这个社会理想服务，教育是民主的工具。杜威认为若没有教育，"民主主义便不能维持下去，更谈不到发展。教育不是唯一的工具，但它是第一的工具，首要的工具，最审

---

① John Dewey, "Individuality, Equality and Superiority," *The New Republic*, December 13, 1922.

② John Dewey, "Individuality, Equality and Superiority," *The New Republic*, December 13, 1922.

③ [美]约翰·杜威：《民主主义与教育》，王承绪译，105页，北京，人民教育出版社，1990。

慎的工具"①。

教育是为了民主的，同时教育也应是民主的。民主主义不仅为教育提供了一个奋斗的目标，而且还对教育提出了民主的要求。杜威认为民主主义本身便是一个教育的原则，一个教育的方针和政策。杜威提出生长论，要求使儿童得到充分的发展，要求建立新型的师生关系，要求尊重儿童，要求教师参与学校的管理；杜威崇尚公立学校制度，反对双轨制等都体现了民主对教育的要求。

但这些都是对民主与教育二者关系的表层的或一般的表述。更深层的关系在于：其一，民主(含自由与平等)的深刻的道德含义是使人得到充分、全面的发展，而教育是实现这种发展的不可缺少的手段。在人的充分发展(或者说生长)中，民主的理想与教育的理想找到了契合点。其二，民主意味着个人需要、兴趣的满足，如果教育能提供一种使儿童的需要、兴趣得到满足的生活，那么教育此时就与民主融而为一，这也是杜威讲教育即生活而不是生活的准备的深意所在。其三，民主主义这一美好社会理想的实现，不是轻而易举的，会遇到各种问题和障碍，克服这些问题和障碍不能靠旧习陈规，亦不能靠暴力，而应靠"智慧的方法"，而对智慧的方法的掌握是有赖于教育去达成的。

要使民主主义得以成功维持，必须将应用于自然界的科学探究的方法应用于社会，即必须"科学人文化"，"使科学和技术成为民主希望和信仰的侍仆"，并"养成观察和了解的自由的、广泛的、有训练的态度，使这些态度成为和科学方法的基本原则血肉相连的东西，成为习惯的不知不觉的东西。在这个成就中，科学、教育和民主动机合而为一"。②

---

① John Dewey, "Democracy and Education in the World of Today," in J. A. Boydston, *The Later Works of John Dewey*, Carbondale, Southern Illinois University Press, vol. 13, 1988, p. 296.

② John Dewey, "Democratic Faith and Education," *Antioch Review*, June, 1944.

杜威教育思想的最本质之点，或者说其哲学的最本质之点就在于此，在他看来，科学的方法反对因循守旧，反对任何外部的权威，强调创造和验证，与民主精神是相通的。若人们掌握了这种方法，形成了新的心理习惯，布乎四体，形乎动静，各种社会问题就会迎刃而解，杜威理想中的民主主义随之就会到来。从文化学的角度看，文化由浅至深分为三层：物质的、制度的、心理的、科学方法属最深层的，而制度(一般所言的政治民主制度)则是较为表层的，科学方法构成民主制度的深层文化心理基础。一个国家确立了民主制度还不够，更重要的是形成与这种制度相应的深层的文化心理结构。杜威要求不应把民主仅仅看成一种政治形式，而应把它看作一种渗透一切的生活方式。而教育则是使人掌握这种方法的最重要手段，正是在此意义上，杜威宣告科学、教育和民主动机合而为一。

"民主的目的要求用民主的方法来实现它们"，应用民主的方法意味着"应用协商、说服、交涉、交流、理智协作的方法"①，这种方法意味着教育的方法，归根到底意味着智慧的方法、科学的方法。杜威认为运用暴力的方法是与它要达到的民主目的相违的。杜威之所以把教育置于那么高的地位，根源即在于此。

四、科学的方法与教育

科学的方法即智慧的方法。胡克认为，杜威特别强调"智慧的方法"，"这表明了'智慧'的作用是杜威伦理哲学和教育哲学中的唯一绝对价值"。②

智慧的方法(科学的方法)确切地讲主要是指那种不依赖偏见和权威的"科学态度和科学精神"。杜威认为，科学同政治、经济、道德一样，是社会文化

---

① [美]杜威：《自由与文化》，傅统先译，149 页，北京，商务印书馆，2013。
② Sidney Hook，"Introduction，"in J.A.Boydston，*The Middle Works of John Dewey*，Carbondale，Southern Illinois University Press，vol.9，1980，p.xxi.

的一个部分、一个方面，人们一般把科学理解为一种包括许多结论的体系，"我们忽视了科学还具有一种性质，即它也是一种态度，这种态度体现出一种习惯于运用观察、反省和试验的方法的意志。当我们以这个观点看科学时，科学作为文化的组成部分的意义就带有一种新的色彩"。这种科学态度有一些比较显明的因素："决不轻信、大胆怀疑，直到得到真凭实据为止；宁愿向证据所指向的地方去寻求而不事先树立一个个人偏爱的结论；敢于把观念……当作尚待证实的假设来运用，而不当作一个武断来加以肯定，以及（可能是这一切之中最突出的）醉心于新的探究领域和新的问题。"①但科学精神与科学态度被局限于有限的范围内，只有少数人具有这种精神和态度，主要的原因在于人们认为科学方法只适用于自然界，不适用于人类社会，科学不能进入价值的领域。杜威所要做的是将科学方法应用于社会生活，以解决社会生活中的诸多问题，树立一个新的理智的而不是神学的或专制的新权威。

杜威认为，科学的方法具有极为重要的社会价值。首先，社会中存在的弊端能够革除。如果用科学的态度和科学的精神而不是依从习俗和外在的权威，人类社会中许多经济、政治问题皆可解决。其次，美好的社会生活理想可以达成。概言之，杜威社会生活的理想就是民主（当然它又包含许多具体内容），而民主的基础就是科学的方法和智慧的方法。1939年，杜威在《自由与文化》中指出："民主的未来却是同这种科学态度的广泛传播紧密联系着的。"②1944年，他在《对自由思想的挑战》一文中说得更明确："这个办法大致接近于用实验探究与检验的手段来影响变化的方法，即科学的方法。民主程序的基础就是使社会改变依赖于实验的结果。"③

总之，如果说民主代表的是一种美好的社会生活的画面，那么智慧或科

① ［美］杜威：《自由与文化》，傅统先译，123页，北京，商务印书馆，2013。
② ［美］杜威：《自由与文化》，傅统先译，126页，北京，商务印书馆，2013。
③ John Dewey, "Challenge to Liberal Thought," *Fortune*, August, 1944.

学的方法则是通向这一目的、实现这一理想的必经之路。① 杜威认为，科学若与社会联姻，"人类科学和自由将会手挽手并肩前进，走向一个可以使人类无限完善的时代"②。

有人认为，科学有两个方面的作用，既可以用于大规模毁灭性的战争，也可用于维护生命和医治伤员。杜威也明确承认，自然科学的结果在造成世界现势上起着重要的作用，不管这种作用是好的或是坏的，但杜威反对因噎废食，他认为科学造成的一些不良后果还要靠科学来消除。杜威指出，"科学和技术都不是非人格的宇宙的力量。它们只能在人类欲望、预见、目的和努力的媒介中起着作用"③。科学不能独立发挥作用而只能作为文化的一部分与文化的其他部分一起发挥作用。④ 科学的负面作用不是科学本身的过错，而在于人以什么样的动机和目的去运用它。杜威坚决反对上面那种对科学的攻击，认为它只是强调了科学知识，而没有看到科学精神和科学态度的作用，实际上他们所批判的各种灾祸的产生正是没有将真正的科学内核——科学方法应用于社会的结果，正是偏见、狂热等不合科学精神的文化因素才使科学成为有害人类的东西。

杜威要求教育应注重培养学生的科学精神。杜威认为，当时"教育的标准和方法在大体上仍是科学和技术发展前的时期之标准和方法"，"在大体上，科学是作为一套现成的知识技能来教的。它的教学不能在方法上提供一切有效的明智行动的榜样。它的教学在大体上并未顾到科学实际进入人生的状态，并未把科学作为一个最高的人文学科去教，而是把科学作为牵涉到人生关系的'外面的'一个世界的学科去教。它的教学并未联系于科学实际进入现在人生的每一方面与情形之道路。不消说，它的教学更未联系到关于人生事务的

① Sidney Hook, "John Dewey: His Philosophy of Education and Its Critics," in *Dewey on Education*, edited by Reginald D. Archambault, 1966, p.143.

② [美]杜威：《自由与文化》，傅统先译，116 页，北京，商务印书馆，2013。

③ John Dewey, "Democratic Faith and Education," *Antioch Review*, June, 1944.

④ [美]杜威：《自由与文化》，傅统先译，122~123 页，北京，商务印书馆，2013。

科学知识在战胜自流的状态上可能做的事情。科学的方法和结论将不能在教育上取得基本重要的地位，直等到大家把它们看成并利用为指导集体的和合作的人类行为之最高工具"。①

　　科学方法是达到民主理想的手段，而教育则是将这种方法植入人心的重要手段，因而教育是实现民主理想的手段之手段，是更基本的手段。教育的责任因之就更为重大。

第四节　教育目的

　　杜威的教育目的理论是杜威教育思想中最为晦涩难解的部分。本节从三个方面对杜威的教育目的理论做简要剖析。

一、所谓"教育无目的"

　　杜威以所谓"教育无目的"论而著名，他有几句典型的论述。第一，"教育的过程，在它自身以外没有目的；它就是它自己的目的"②。第二，"因为生长是生活的特征，所以教育就是不断生长；在它自身以外，没有别的目的"③。第三，"我们探索教育目的时，并不要到教育过程以外去寻找一个目的，使教育服从这个目的。我们整个教育观点不允许这样做"④。第四，"我们要提醒自己，教育本身并无目的。只是人，即家长和教师等才有目的；教育这个抽象概念并无目的"⑤。

---

①　John Dewey, "Democratic Faith and Education,"*Antioch Review*, June, 1944.
②　[美]约翰·杜威：《民主主义与教育》，王承绪译，54 页，北京，人民教育出版社，1990。
③　[美]约翰·杜威：《民主主义与教育》，王承绪译，57 页，北京，人民教育出版社，1990。
④　[美]约翰·杜威：《民主主义与教育》，王承绪译，106 页，北京，人民教育出版社，1990。
⑤　[美]约翰·杜威：《民主主义与教育》，王承绪译，114 页，北京，人民教育出版社，1990。

这几点并不能说明杜威持"教育无目的"论。杜威在这里只不过区分了两种类型的目的,即教育过程之外的目的和教育过程之内的目的,只不过说明了教育这一活动的目的必须以人为依托。杜威明确承认教育有过程以外的目的,他认为在非民主社会,目的是强加于教育过程的。杜威的民主主义理想使他提出以富有民主主义色彩的"生长"为教育目的。

从严格的意义上讲,所有的目的都是人的目的,没有人的参与和介入,任何活动不仅不会有目的,而且其本身根本就不会存在。教育是人所从事的一种活动,我们一般所言的教育目的严格来讲应是"人通过教育这种活动所要达到的目的"(当然这里的人比杜威所提及的"家长和教师"的范围要广泛得多),实际上教育目的所体现的是人的目的,就如同杜威所提出的教育目的——生长是他的主观的目的一样。但在理论和实践中一般不将"教育目的"与"人的目的"做严格的区分,实际上杜威在很多地方也没做严格的区分,而是大谈教育目的的特征、类型等。因此,没有必要把杜威的"教育本身并无目的"这一句话置于太重的地位,并将之作为杜威"教育无目的"论的重要证据,因为杜威讲这句话时,主要是说明目的是依人而存在的,一切活动(包括教育)的目的都是人的目的,离开了人,教育不仅无目的,而且根本就不会存在。

目的性是人类实践活动的一个根本特性,人的实践活动之所以不同于动物的本能活动,就在于人的一切实践都具有自觉的意图,具有预期的目的。教育作为人类的实践活动之一,也是有目的的。教育目的是教育实践的第一要素和前提,没有教育目的也就不存在教育这种活动。杜威一生的教育实践与教育理论研究自然且必然也会有他自己改革教育的理想和目的。由之,不少人认为,杜威的"教育无目的"论只存在于理论形态,杜威的教育实践却是有目的的。本书认为,这种看法是不确切的。第一,这种看法将理论与实践割裂开来,是杜威所深恶痛绝的二元论的表现。实际上,杜威的理论与实践是统一的，他在理论上所宣扬的，也正是他在实践中所奉行的。第二，杜威的教育实践是有目的的。这谁也不能否认，杜威在理论上也是主张教育是有目的的，他说："教育一事，不可以无目的。无目的则如无舵之舟，无羁之马，教育的精神从何发展，其结果必不堪设想。"①这个目的在杜威看来就是生长(至于这个生长的目的能否有效地指导教育实践，那又是另一回事情)。也就是说，在理论形态上杜威也主张教育是有目的的。第三，如果杜威在理论上承认教育无目的，那么他的整个教育理论既无建立的必要，也无建立的可能。

总之，在教育目的问题上，杜威主张教育有目的，这个目的就是过程内的生长。讨论杜威的教育目的，关键不在于"有目的"与"无目的"的问题，而在于杜威"支持什么目的"与"反对什么目的"的问题。

二、能否把"生长"作为教育的目的

美国学者霍恩对以生长为教育的目的提出疑义，认为："问题在于我们的生长不止一种，而有多种，有正当方式的生长，也有错误方式的生长；有常态的生长，也有变态的生长；在许多犯罪学生中，有许多错误的生长；许多生活是歪曲的生长；一些所谓'新'教育，为停止之生长。我们仅称'教育即生长'还不够，必须加以补充，而称教育为正当方式的生长，生长必须建立一个正当的标准。"②也就是说生长有不同的方向，必须为生长确立一个正确的方向、确立一个社会标准。

对于霍恩的批评，杜威在《经验与教育》中做出了非正式的答复。杜威也承认一个人有不同的生长方向，"一个人有可能生长成为老练的强盗、恶棍或

---

① 赵祥麟、王承绪编译：《杜威教育论著选》，439页，上海，华东师范大学出版社，1981。

② H.H.Horne, *The Democratic Philosophy of Education*, New York, The Macmillan Co., 1932, p.52.

腐化不堪的政客，这是毋庸置疑的。但就教育即生长、生长即教育的观点来看，问题就在这种方向的生长，一般说来，是促进还是阻碍生长。……只有当按照特殊方向的发展有助于继续生长时，才符合教育即生长的标准"①。在此，杜威提出"继续生长"作为生长的标准。然而，一种坏的生长，并不因其导致了更多的生长或者好的生长而成为好的生长。比如，某人因窃而致巨富，然后以此财力孜孜以求于学问或从事慈善事业，"窃"导致了好的生长，但"窃"却绝非好的生长。所以，更多的生长，或引致其他的生长，并不能作为衡量生长的好坏的标准。

杜威还提出"包含最多生长的可能性"(Containing the Possibility of Maximum Growth)作为衡量的标准，美国学者普莱斯认为这依然费解，令人捉摸不定。

教育目的是一切教育活动的出发点，又是一切教育活动的归宿，它涉及的是教育应为一定的社会培养什么样的人的问题，因此教育目的的表述就必须表达出要培养什么样的人这一关键问题。杜威的"生长为了生长"能解决培养什么人的问题吗？不能，生长不能作为自身的目的，它本身还需要一个标准，需要别的因素加以规定。因此，尽管杜威给教育提供了一个过程内的目的，但从逻辑上看，它却并不能给人提供一个切实的目的，起不到教育目的应有的作用，它是一个"假目的"。

从过程的角度规定教育目的不能反映出教育目的的本质特性(培养何种类型的人)，不能揭示出教育目的应揭示的东西。过程是一种中性物，其性质需要别的因素加以规定。当杜威告诉我们教育的目的是"生长为了进一步的生长"时，其意义似乎是同语反复，我们很难从中获得有价值的信息，心中会感到茫然而不知所措。虽然生长是一个假目的，但在研究杜威教育目的理论时，我们绝不能完全抛开这个假目的去寻找其"真目的"，然而实际上我们往往都

---

① John Dewey, *Experience and Education*, New York, Collier Books, 1963, p.29.

这么做。我们一般的模式是，先论证生长不能起到教育目的的作用，等于没有提出教育目的，然后突然转折，认为杜威还是有目的的，再指出其目的是什么。这种方式显然是在杜威的生长论与其整个教育理论之间划一道鸿沟，这道鸿沟实际上是划不开的，因为生长是其教育理论的一个核心概念，是与其整个理解融为一体的。我们认为，生长有其丰富的内涵，杜威的生长的目的沦为"假目的"，主要在于他规定教育目的的方式和角度与我们不同。生长具有社会性的内容和方向，这才是生长的实质，我们规定教育目的一般都是从这个角度着手的，但杜威不从这个角度而从过程本身来规定，他将儿童生长的过程看得比实质更重要，将过程凌驾于实质之上，这是其生长目的论的要害所在。杜威从生长的一个不足以说明教育目的是什么的方面规定教育目的而走向"假目的"，我们要做的是从生长的那些能说明教育目的是什么的方面去寻找杜威的"真目的"，而不应抛开生长去寻找杜威的真目的。杜威要培养的是掌握科学探究的方法、具有解决实际问题能力、具有良好民主素质、具有宽泛职业素质的人，但这个目的与生长是什么关系？杜威会怎么看待这个目的？对这些问题不能持回避态度。本章认为，这几个方面所揭示的内容就是生长的中心内容，杜威会认为这几个方面是从属于生长的过程的，是有待于进一步"生长"的。这说明杜威的问题不在于他不承认这几项内容的重要性，而在于他根本就不从这个角度看待教育的目的，他的强调变化和过程的哲学不允许他这么做。生长不是单面的，而是一个多面体，讨论杜威的教育目的必须找准分析生长问题的角度，否则就会误入歧途。

三、个人与社会

生长不是自然发展，生长具有强烈的社会性。在杜威看来，使个人得到充分生长、全面发展是民主主义社会对教育的要求，同时通过教育所获致的个人的充分生长、全面发展又成为促进民主主义社会发展的重要工具。杜威将个人生长与民主的社会目标看成一致的东西，在民主主义的旗帜下，在"教育即生长"的口号下，个人与社会的对立、个人本位论与社会本位论的对立归于消失。

可见，杜威并不是不谈社会，并不是不谈社会与个人的关系。重要的是弄清楚杜威所谈社会的性质以及个人与社会关系的性质。

杜威对个人与社会关系的认识有诸多不足。其一，杜威所讲的个人、社会不可分离，互为规定，是一种对个人与社会关系的表象的描述，他没从经济关系这一深刻的、具体的、历史的角度去看待这一关系。其二，在教育上，他的个人社会关系论的实质是想通过教育促进儿童的充分生长，然后改造社会，使社会进步，他视教育为改造社会的根本手段，其社会改造论属改良论。其三，杜威一方面讲社会条件不能决定教育目标①，另一方面又认为教育批判和教育建设需有"一种特定的社会理想"②；一方面杜威认为生长的教育目的只有在真正的民主社会中才能达到③，另一方面又认为真正民主的社会只有通过教育、通过儿童的生长才能达到。"谁不亟欲知道哪一个一定应该在先，或者其中一个不存在是否另一个能出现啊！"但杜威却始终"没有解答我们提到的两难之境"。④ 在此杜威陷入了18世纪法国唯物主义者那样的怪圈。

那么，教育目的到底是由个人(受教育者)还是由社会决定的呢？杜威没有讲清楚这个问题。杜威讲个人的自然倾向不能提供教育的目的，又讲社会不能决定教育的目的，他的答案是教育目的是由教育过程自身决定的。当然这有一个前提——必须在民主主义社会。那么专制社会里存在的外在于教育

---

① [美]杜威：《教育科学之源泉》，张岱年、傅继良译，85~86页，上海，人文书店，1932。
② [美]约翰·杜威：《民主主义与教育》，王承绪译，105页，北京，人民教育出版社，1990。
③ [美]霍恩：《杜威的教育目的论述评》，见瞿葆奎主编，丁证霖、瞿葆奎选编：《教育学文集 教育目的》，558页，北京，人民教育出版社，1989。
④ [美]E.L.杨：《杜威与布鲁纳——有共同基础吗?》，见瞿葆奎主编，徐勋、施良方选编：《教育学文集 教学 上册》，465页，北京，人民教育出版社，1988。

过程的目的是由什么决定的呢？杜威认为是由外部命令决定的①，实质上是由统治阶级决定的。这不就等于承认了教育目的的社会决定性吗？当然杜威反对这种外在的目的，但主观上反对并不等于客观上不存在。

教育目的，不论主观上提出的还是客观上存在的都是社会存在的反映。教育目的虽然在表现形式上是主观的，反映提出者的主观愿望，但却是针对现实并在现实的基础上提出的，它往往反映现实的不足与匮缺。杜威提出"生长目的论"，要求尊重儿童的心理水平，正说明在教育实际中人们对儿童心理水平不够重视，这正说明民主的社会理想对教育的制约性；杜威力求培养的那些素质(尤其是职业素养、民主素养、科学方法的掌握等)也都是由当时美国经济工业化的社会现实决定的，是柏拉图所不会提出的，是奥古斯丁所不会想到的。

概括地讲，杜威的教育目的理论着力于怎样使教育目的更民主、更人道而不受外在的牵制；着力于怎样使教育目的更有成效，而不流于美好的空想。

第五节　课程论

杜威的课程论是以其哲学上的经验论为理论基础的，是对"教育即经验的改造"这一教育信条的进一步展开。

一、对传统课程的变革

变革的动因在于杜威认为传统课程有弊端，与这些弊端相对，杜威提出

---

① ［美］约翰·杜威：《民主主义与教育》，王承绪译，106 页，北京，人民教育出版社，1990。

变革课程的三项要求。

其一，新课程应是合于儿童心理需要、兴趣与能力的。在杜威看来，传统教育的课程是由前人所积累起来的系统的间接经验构成的，是一种由符号和文字构成的系统，"超出年轻的学习者的已有经验范围，是他们力不能及的东西"①。结果造成不良后果，代表知识的言辞成为纯粹感觉刺激，没有什么意义，学校的教材与学生的需要和目的脱离，仅仅变成供人记忆、在需要时背出来的东西。教育因之成为机械的和死板的，儿童读书也就因此失去了积极的动力而成为一种被迫的不得已而为之的事情，那些"即使用最逻辑的形式整理好的最科学的教材"也失去了应有的价值。

其二，新课程应是统一的，具有整体性，而不是支离破碎的。儿童的生活和经验具有"统一性和完整性"，儿童到学校，多种多样的分门别类的学科便把他的世界加以割裂和肢解，使儿童对世界的认识失去应有的全面性而流于片面。因此，新课程应克服旧教材所具有的这种弊端。

其三，新课程应具有社会性。并不是说旧的以系统知识为形式的课程与社会无关，因为系统知识本身就是人类社会日积月累的产物。但是，当这种系统知识在新的社会情境中以不恰当的方式灌输给儿童时就失去了其应有的价值，就丧失了其效用，因而也就失去了其能动的社会作用。在《民主主义与教育》中，杜威专列一章讨论"教材的社会性"问题，认为"一个课程计划必须考虑课程能适应现在社会生活的需要；选材时必须以改进我们的共同生活为目的，使将来比过去更美好"，"承认教育的社会责任的课程必须提供一种环境，在这种环境中，所研究的问题都是有关共同生活的问题，所从事的观察和传授的知识，都能发展学生的社会见识和社会兴趣"。②

---

① John Dewey, *Experience and Education*, New York, Collier Books, 1963, p.4.

② [美]约翰·杜威：《民主主义与教育》，王承绪译，204~205 页，北京，人民教育出版社，1990。

那么，什么形式的教材才能满足这几个方面的要求呢？那就是活动性、经验性的主动作业。作业的方式有很多，"除了无数种的游戏和竞技以外，还有户外短途旅行、园艺、烹饪、缝纫、印刷、书籍装订、纺织、油漆、绘画、唱歌、演剧、讲故事、阅读、书写等具有社会目的（不是仅仅作为练习，以获得为将来应用的技能）的主动作业"①。在杜威看来，这些作业既能满足儿童的心理需要，又能满足社会性的需要，还能使儿童对事物的认识具有统一性和完整性。在这种作业中，心理需要、社会需要、认识的统一性与完整性达到契合。

二、直接经验与间接经验的关系

不少研究者从杜威批判旧的以系统知识为表现形式的课程，倡导活动性、经验性的课程出发，认为杜威轻视间接经验的价值，太过于重视直接经验。这种看法是错误的，实际上杜威一直非常强调间接经验（系统知识）的重要性。

1899 年在《学校与社会》中，杜威认为书本作为经验的一种代替物是很有害的，但"'书本'和读书对于经验的阐明和扩充是重要的"②。1902 年在《儿童与课程》中，杜威认为系统知识是经验改造要达到的一个重要目标。1916 年在《民主主义与教育》中，杜威阐述了系统知识的特点与作用，系统知识不同于意见、猜测和道听途说，是可靠的、无疑的、确定的，而不是含糊不清的，系统知识"是一个人处于疑难的情境时可以依靠的已知的、确定的、既成的、有把握的材料。它是心灵从疑难通往发现的一座桥梁。它具有一个知识经纪人的作用。它把人类以往经验的最后成果压缩精简，记录成可用的形式，作为提高新经验的意义的工具"③。1938 年在《经验与教育》中杜威批判了进步教

---

① ［美］约翰·杜威：《民主主义与教育》，王承绪译，209 页，北京，人民教育出版社，1990。
② 赵祥麟、王承绪编译：《杜威教育论著选》，58 页，上海，华东师范大学出版社，1981。
③ ［美］约翰·杜威：《民主主义与教育》，王承绪译，200 页，北京，人民教育出版社，1990。

育实践对间接经验的忽视,明确地说:"旧教育强迫儿童接受成人的知识、方法和行为的规则,但是不能因此就认为成年人的知识和技能对于未成年人的经验没有指导的价值,只有极端的非此即彼的哲学才会导出这种主张。"①

总之,在杜威看来,系统知识对经验的改造具有不可取代的指导作用,而且经验改造的重要结果之一就是获取较系统的有逻辑性的知识而不是琐杂的感性印象。即系统知识既是经验改造的一个重要条件,又是经验改造要达到的一个结果。

杜威在理论上一直是重视系统知识和间接经验的,不仅如此,他还认为直接经验有局限性,他讲道:"直接观察自然比较生动活泼,但是也有局限性。无论如何,一个人应能利用别人的经验,以弥补个人直接经验的狭隘性,这是教育的一个必要组成部分。"②他又讲道:"个人直接经验的范围是非常有限的。如果没有代表不在目前的、遥远的媒介物的介入,我们的经验几乎将停留在野蛮人的经验的水平上。……所以我们依靠文字,藉以获得有效的有代表性的经验或间接经验。"③

一些研究者之所以会对杜威的经验改造理论有不切实际的评论,主要原因在于误解了杜威的"经验改造"的含义,将之视为"直接经验的简单相加",认为直接经验与间接经验之间有一条鸿沟。事实上,这种观点正是杜威所批判的。杜威将理性与经验协调起来,认为"理性不是经验以外的东西","理性在经验之内运行而不是在经验之外运行,使经验具有理智的或合理的品质"。正是理性和思维使得经验得到不断的有效的改造,才使得经验的连续性原则得以切实贯彻。理性和思维中有两个关键的因素就是抽象和概括,杜威认为正是这二者"使经验从所有纯粹个人的经验和严格属于直接的经验中解放出

---

① John Dewey, *Experience and Education*, New York, Collier Books, 1963, p.8.

② [美]约翰·杜威:《民主主义与教育》,王承绪译,167 页,北京,人民教育出版社,1990。

③ [美]约翰·杜威:《民主主义与教育》,王承绪译,246 页,北京,人民教育出版社,1990。

来"，并认为"除非经验中共同的东西能抽取出来，并且用适当的符号固定下来"，否则，经验的一切价值将随着经验的消逝而消失，抽象和概括将个人经验的净价值提供给人类永久利用。① 可见，杜威所反对的不是间接经验本身，而是传统教育那种没有成效的、不顾儿童心理水平的传授间接经验的方法。因此，问题的关键在于，怎样既能使儿童最后获取系统知识以作为经验改造和生长、生活的有效工具，同时又不违背儿童的心理发展水平，这才是讨论杜威课程论时应注意的关键问题。

三、经验的转换与知识的组织

杜威提出的"两全其美"的解决方案是：教材心理化和经验的组织。方案的中心在于解决课程问题中的"逻辑的"（系统知识）与"心理的"（儿童已有经验）二者之间的对立。

杜威认为在儿童的经验和构成科目的不同形式的传统教材之间不存在鸿沟，儿童的经验是起点，由成年人和专家编制的教材为教育提出了一个应当不断前进的目标，但不能当作起点。"因此，就需要把各门学科的教材或知识各部分恢复到原来的经验。它必须恢复到它所被抽象出来的原来的经验。它必须心理化。"②这种心理化实质上就是把间接经验转化为直接经验，即直接经验化。

教材心理化的任务需要教师来完成。杜威在《民主主义与教育》中将教师的教材和学生的教材做了明确的区分，认为教师的教材是社会"把要永久保存的文化的重要成份以有组织的形式明白地向教师提出"的，但这种教材中的知识远远超过学生目前的知识水平，因此教师只注意教材还不够，还应注意教

---

① ［美］约翰·杜威：《民主主义与教育》，王承绪译，238～239 页，北京，人民教育出版社，1990。

② 赵祥麟、王承绪编译：《杜威教育论著选》，89 页，上海，华东师范大学出版社，1981。

材和学生当前的需要和能力之间的相互作用，应考虑怎样"使学生的经验不断地向着专家所已知的东西前进"。① 学生的教材应是经验性的。但仅仅将系统的教材转化为经验还不够，"在经验的范围之内搜集学习的材料，这仅仅是第一步，下一步是将已经经验到的那些东西累进地发展为更充实、更丰富也是更有组织的形式，即逐渐地接近于提供给有技能的、成熟的人的那种教材形式"②。

这个过程也就是杜威从20世纪20年代末起一直反复强调的经验的组织原则。杜威提出经验的组织原则是与对进步教育实践的批判相伴而行的。1928年在《进步教育与教育科学》中，杜威认为进步教育重视个性，但"有时候似乎认为教材的顺序组织与学生个别特点的需要是不相容的"，因而忽视教材的组织、经验的组织，结果导致教材建设混乱无序。杜威认为"仅仅是去做，不管怎样生动，都是不够的"，"组织对于个性的原则绝不是敌对的"，"进行知识组织的原则对于进步教育的原则绝不是敌对的"。③ 1930年在《新学校中有多少自由?》中，杜威认为进步教育存在的最大问题是教材建设问题，进步教育从传统教育漠视儿童、以教材为中心走向另一个极端：以儿童为中心，忽视教材与知识的组织。杜威明确指出，儿童中心的观念是片面的，新教育不但应组织教材而且还应比传统教育组织得更好。儿童的冲动和愿望的发展必须以非个人的、客观的材料为媒介，要使经验得到有条理的、持续的改造，必须慎重地选择和组织材料。④ 1931年在《从教育混乱中寻求出路》中，杜威对进步教育的一些课程设计方法提出尖锐批评，要求加强教材的组织，

---

① [美]约翰·杜威：《民主主义与教育》，王承绪译，193~196页，北京，人民教育出版社，1990。

② John Dewey, *Experience and Education*, New York, Collier Books, 1963, p.87.

③ John Dewey, "Progressive Education and the Science of Education," in J.A.Boydston, *The Later Works of John Dewey*, Carbondale, Southern Illinois University Press, vol.3, 1984, pp.263-265.

④ John Dewey, "How Much Freedom in New Schools?," *New Republic*, *July* 9, 1930.

他认为这种组织与传统教育中知识的组织是两种不同的类型，后者的组织是纯粹从书本中、从记忆中达成的，前者的组织则是在特殊的情境中（即直接经验的情境中）对事物的作用与事物间抽象关系的把握，这样就可使得经验的改造成为一个持续的、不断发展的过程，而不像"很多的所谓教学设计只有很短的时间跨度"，不利于儿童将经验有系统地组织起来以达到对事物的系统认识。① 1934 年在《需要一种教育哲学》中，杜威指出仅仅将旧课程废弃不用，是一种消极的做法，"在新教育中真正需要做的是对教材应给予更多的而不是更少的关注"，杜威认为，要使经验的改造和儿童的生长更有成效、更有连续性，"新教育的过程与旧教育相比需要更多的计划性"。② 1938 年在《经验与教育》中，杜威认为"进步学校最薄弱的一点是关于知识性教材的选择和组织"，知识的组织是"一项根本的工作"。杜威指出，知识的组织"不能以已经组织好的知识为起点"，那样就回到了传统教育的老路，知识的组织问题应在经验的基础上得到解决。③ 杜威指出，那种认为组织是一种与经验无关的原则的看法是不正确的，否则，经验就将成为分散而混乱的东西。

可见，杜威很早就对进步教育予以批判，要求加强经验与知识的组织，并不像通常所认为的那样，是从 1938 年写《经验与教育》时才开始注意到知识的组织问题的。

经验的组织原则不是孤零零的东西，它赖以存在的基础是经验中内含的理性和思维的因素，是抽象和概括等要素使组织成为可能。因此经验的组织原则本质上是经验的理性原则，是使经验不断扩展的原则，是使学生的个体直接经验不断趋向种族间接经验的原则。

杜威将"逻辑的"和"心理的"二者辩证地统一起来，并在儿童的直接经验

---

① John Dewey, "The Way Out of Educational Confusion," in J. A. Boydston, *The Later Works of John Dewey*, Carbondale, Southern Illinois University Press, vol.6, 1985, p.86.

② John Dewey, "The Need for a Philosophy of Education," *The New Era*, November, 1934.

③ John Dewey, *Experience and Education*, New York, Collier Books, 1963, pp.95-107.

中找到了二者的契合点。杜威不反对获取系统知识，但关键是用什么方式获得，是后者而不是前者才构成杜威与传统课程论的主要区别。

四、杜威课程论的不足

从理论上看，杜威提出的以经验为基础的课程理论是论证严密、无懈可击的。但若从实践的角度去考虑，则会发现有几个难以解决的问题。

其一，并非所有的系统知识都可还原为直接经验。系统知识的存在形式是逻辑的，其根本特点是具有很大的概括力和包容性，有些系统知识所反映的内容根本不可能还原为儿童个人的直接经验，有些即便能还原，在数量和程度上也是很有限的。

其二，教材心理化并不等于教材直接经验化。杜威的课程论有一个基本的假设，即教材心理化等同于教材直接经验化，好像只要将系统知识化作直接经验，就是儿童的心理所能承受和理解的。事实却是，儿童对他本人直接经验的很多东西是不能理解的，要理解这些东西反而需要系统知识的介入，需要先前形成的经验(并不仅是直接经验)的参与。杜威意在通过直接经验去理解系统知识，却在一定程度上忽视了某些直接经验的理解需要以系统知识为条件。

其三，组织原则的贯彻存在困难。怎样将学生的个人直接经验"组织"为较系统的知识，是一个非常难解决的问题。首先，学生的个人直接经验是相当有限的，这就使"组织"立在一个不甚宽厚的基础上。其次，将个人直接经验组织为较系统的知识是要花费相当长的时间的，但学校教育的时限却是短暂的。最后，杜威过高地估计了儿童本人组织知识的能力和教师指导的能力。

杜威对间接的系统知识厚爱于心，但他所提供的获取知识的方法却难以达成这一目标，手段与目的存在着冲突和对立，使杜威陷入进退维谷的境地。他在晚年清楚地认识到这一点。1936年，他在《芝加哥实验的理论》中指出："关于'教材'，迫切的问题是要在儿童当前的直接经验中寻找一些东西，它们是在以后的年代里发展成为比较详尽、专门而有组织的知识的根基。要解决这个问题是非常困难的，我们并没有解决好；这个问题到现在还没有解决，而且永远不可能彻底解决。但是，无论如何，我们曾试图研究这个问题以及这个问题所带来的各种困难。"①

两年后，他在《经验与教育》中又指出："要找出每个人的经验背景是比较困难的，要发现如何指导经验中已经具有的材料，并把这些材料引导到更大的和更好的组织起来的一些领域之中，也是比较困难的。"②但是杜威并没有因此而放弃他的以经验为基础的课程和教材观。这也许与杜威重视验证的思想相矛盾，因为在他看来，所有理论都是假设，他的课程与教材理论也是一种假设，如果这种假设不能解决问题，则应修正或放弃这种假设，提出新的假设。然而他却始终没有放弃。

杜威不满意传统的课程论，对当时在美国盛行的一些进步主义的课程革新亦持讨论乃至否定的态度。1931 年在《走出教育中的混乱之路》中，杜威指出教育中的混乱主要表现在教材问题上。杜威认为当时盛行的设计教学法、问题教学法和情境教学法等不是传统课程的唯一替代物，设计教学法不是使教育走出混乱的唯一途径，甚至在初等学校也不是。杜威看到了知识激增、学科分化带来的课程的臃肿与隔离，要求加强知识间、学科间的联系。杜威力图在课程方面走出一条既不同于传统又不同于进步教育的新路，这条新路实际上就是他对经验的组织原则的强调。③

吴俊升教授曾深刻地指出，以经验来组织教材和以系统知识联系生活经验，两者极为不同。虽然晚年杜威比以往更加注意课程和教材的理论结构，但倘若依杜威认识论讲，仍然达不到以系统知识为教材的高度。倘若注重向

---

① 赵祥麟、王承绪编译：《杜威教育论著选》，323 页，上海，华东师范大学出版社，1981。

② John Dewey, *Experience and Education*, New York, Collier Books, 1963, p.89.

③ John Dewey, "The Way Out of Educational Confusion," in J. A. Boydston, *The Later Works of John Dewey*, Carbondale, Southern Illinois University Press, vol.6, 1985, pp.85-88.

学生揭示系统教材，他就不能不修正或取消他那关于经验知识的理论。因为在他那套理论中，知识特别是系统知识，是解决实际疑难的思维活动的次要产品或附带产品。实际上，应当认清科学虽产生于经验，但科学一旦产生之后，它便将摆脱生活经验的局限而独立地向前发展。儿童在幼小时期是从生活经验中领略关于科学的事物的；但以后向他们严肃地教授科学知识，却须通过一条不同的道路。不从原则上认清这种本质区别，纵然着力肯定教材的逻辑体系的重要性，也是无济于事的。①

尽管杜威的课程论有种种不足，但杜威对传统课程及其教学的批判却是有价值的，他提出的解决方案也许不切实际，但他提出了解决课程问题的正确思路：既合乎儿童心理水平又能使儿童最后获得系统的知识，并能在理解的基础上有效地应用于生活经验。杜威课程理论对后人的启发作用主要之点应在这里。

第六节 教学方法论

与其课程论相应，杜威提出的教学方法是一种"从做中学"的方法，是一种经验的方法、思维的方法、探究的方法。

一、对传统教学方法的批判

杜威认为，传统的教学方法是一种沿袭甚久、积弊甚深的教学方法，教学活动是在教室这个专门设定的场所里进行的，教师站在讲台上向学生灌输与生活无涉也不合于儿童理解力的系统性很强、逻辑性很强的教科书，儿童则坐在固定的位置上，静听和记诵教科书的内容，这种方法是一种典型的以

① 参见滕大春：《他人的误解与自身的不足——关于杜威教育理论的批判和研究》，载《教育研究与实验》，1987(4)。

教师、教科书、教室为中心的教学方法，学生、学生的活动、教室以外的世界是没有什么地位的，传统教学方法的目的在于使儿童获取知识，但由于这种知识脱离生活、不合儿童的兴趣，结果儿童虽能背诵它、记住它以应付提问、考试和升学，但不能真正掌握它。儿童处于消极的、被动的地位，兴趣、爱好被压制和剥夺，能力发展与主动性受到压抑和束缚。杜威对传统的教学方法一直是持尖锐的批判态度的，他所要做的变革就是变教师讲授、学生静听的教学方式为师生共同活动、共同经验的教学方式，书本降到次要的地位，活动是主要的，教学也不再限于教室之内。

19世纪后半期，在杜威提出其教学理论前，美国的教学理论受欧洲影响较大，在教学方法方面，裴斯泰洛齐的实物教学与感觉训练法、赫尔巴特学派的五段教学法在美国都有很大的影响，这两种方法对传统教学有所改观，裴斯泰洛齐以实物教学与感觉训练取代了言语训练和记忆，赫尔巴特则使人们意识到教学方法必须以明确的哲学和心理学理论为指导，五段教学法使教师们有法可依，有章可循，大大强化了教学活动。杜威认为，这两种教育史上的"革新"既有长处，亦有不足。

杜威认为，近代的经验主义、感觉主义在反对只重书本知识方面起了直接的有益的作用，认为知识源于人的感觉，把实物和直接观察引入学校，但是直观教学往往把感觉活动孤立起来，把它作为目的本身，从而忽视了思维。这种教学方法在认识论上的缺陷有三：其一，它虽具有破坏性，是批判僵化的理论教条的破坏性工具，但不富有建设性，它在教育上的应用，或者是夸大单纯物质刺激的作用，或者是单纯堆积孤立的实物的特性，而知识却不同于感觉和印象的结合；其二，直接印象虽然生动形象，但也有范围狭隘的短处，在学习过程中，"个人必须从具体的符号进展到抽象的符号，即只有通过概念思维才能理解其意义的符号。学习开始时，过度地专注于感觉的实物会阻碍这种发展"；其三，经验是主动与被动的融合，这种方法只强调被动的方面。正因为有这几点不足，"它在教育上的影响限于对旧时的课程注入一个新的因素，偶而改变一下旧时的科目和方法。……它并没有削弱知识性的和抽象的或'理性的'科目的范围"。① 因此，杜威对这种教学方法持否定态度。

杜威指出，赫尔巴特的伟大贡献在于使教学工作脱离陈规陋习和全凭偶然的做法。他把教学带进了有意识的方法的范围，使它成为具有特定目的和过程的有意识的事情，而不是一种偶然的灵感和屈从传统的混合物。他用教法和教材联系的观点来阐明教学方法上的各种问题：教学方法必须注意揭示新教材的方法和顺序，保证新教材和旧教材的恰当的相互作用。但赫尔巴特的方法亦有弊端，具体表现为两点：其一，在实践中往往成为枯燥的常规，机械地沿袭指定的步骤，使处理问题缺乏主动性和灵活性；其二，强化了教师的作用，但低估了儿童的主动的心理因素，尤其是需要、情感、兴趣等因素，教学对儿童而言依然是一个被动的过程。因此，杜威说赫尔巴特的教育哲学依然"坚持古旧的和过去的东西"②。

从以上分析可知，杜威所希求的新的教学方法是一种主动与被动、感性与理性、知识与情感、认识与行动相结合的方法。

二、教学方法的性质

杜威所力倡的教学方法是思维的方法。思维是指反省思维（reflective thinking），意指对某个问题进行反复的、严肃的、持续不断的深思，思维的功能，即在于求得一个新情境，解决困难，排除疑虑，解答问题。

这种思维"把我们经验中的智慧的要素明显地表现出来"，它使人的经验、行为、行动具有自觉的目的，顾及行动的后果，使整个行动更加审慎，更趋

---

① [美]约翰·杜威：《民主主义与教育》，王承绪译，285~286页，北京，人民教育出版社，1990。

② [美]约翰·杜威：《民主主义与教育》，王承绪译，76页，北京，人民教育出版社，1990。

合理，更富成效。有反省思维参与的行动不同于墨守成规的行为，不同于任性的行为，也不同于"尝试错误"的行为。① 墨守成规的行为意味着：任何事情过去怎样，现在和未来就得怎样。任性的行为意味着：个人想怎样就怎样。这两种行为对目前行动所产生的未来结果都不负责任。而反省思维就是要承担这种责任。任何经验、行为都有"尝试"和"试验"的一面，但尝试错误的经验和反省思维的经验不同，因为二者"所含思维的比例"不同，前者将成功寄希望于偶然的发现，全凭行为与结果之间外部的表面的连接关系，形成的对事物的认识是表面的、肤浅的、粗糙的，而后者是一种仔细观察、详加分析、充分考察、积极预见的过程。仅仅根据尝试错误法的行动全受环境的支配；环境可能变化，以致不能按预期的方式行动。但是，如果我们详细了解结果所依靠的条件，就能首先关注我们是否具备所需要的条件，这样行为就不会受一些偶然因素的影响，可以增进我们对环境的实际控制能力。

思维或反省思维的方法就是一种解决经验中存在的问题的方法、一种使人明智的经验与行动的方法。每一思维单位的两端，开始是一个迷惑、困难或纷乱的情境，结果是一个澄清、统一和解决的情境。思维就是在这两端之间进行着的，共有五个步骤。杜威非常重视思维能力的培养，认为"思维就是明智的学习方法"，"就是在思维的过程中明智的经验的方法"。② 基于此，他将思维五步法直接运用到教学方法上，认为："教学法的要素和思维的要素是相同的。这些要素是：第一，学生要有一个真实的经验的情境——要有一个对活动本身感到兴趣的连续的活动；第二，在这个情境内部产生一个真实的问题，作为思维的刺激物；第三，他要占有知识资料，从事必要的观察，对付这个问题；第四，他必须负责有条不紊地展开他所想出的解决问题的方法；

---

① 参见［美］约翰·杜威：《民主主义与教育》，王承绪译，154～155 页，北京，人民教育出版社，1990。

② ［美］约翰·杜威：《民主主义与教育》，王承绪译，162～163 页，北京，人民教育出版社，1990。

第五，他要有机会和需要通过应用检验他的观念，使这些观念意义明确，并且让他自己发现它们是否有效。"①这五个阶段的顺序不是固定的，在实际的思维过程中，五个阶段并不是按一定的次序一个接一个出现的；而且，五个阶段中的每一个阶段均可展开，内部又包含若干小阶段，"关于数目字'5'，也并没有什么特殊神秘的意义"。"总之，我们指出反省思维的五个阶段，只是一个大概的轮廓，是反省思维不可缺少的几个特质。实际上，它们中间有的可以两段合并起来，有的阶段也可以急匆匆地通过，而谋求结论的重担也可能主要地放在单一的阶段上，使得这一阶段看来似乎是发展不均称的。在这里，不可能建立一些固定的规则。怎样处理，完全凭靠个人的理智的机巧和敏感性。"②杜威做这种强调，意在使教学方法具有灵活性，使之不至于像赫尔巴特教学法那样成为呆板机械的程式。

要深刻理解这种教学方法的性质及其与经验的联系，需要特别注意以下几点。

第一，情境的性质。思维起于不确定的、有问题的情境，没有问题做刺激物，思维不可能被激发起来。但杜威认为，必须区分出两类问题，一类是真正的问题，另一类是模拟的或虚幻的问题。这涉及：这个问题是从学生个人的经验的某种情境内部自然产生的呢，还是只是为了讲授某一学校课题而提出的一个孤零零的问题呢？它是不是能引起在校外进行观察和从事实验的一种尝试呢？它是学生自己的问题，还是教师的或教科书上的问题，只是因为如果学生不做这个问题，就不能得到所要求的分数，或者不能升级，或者不能赢得教师的赞许而给学生提出的呢？传统学校里并不是没对学生提出问题，只是这些问题是从外部强加给学生的，而不是学生自己的。杜威认为，

---

① [美]约翰·杜威：《民主主义与教育》，王承绪译，174 页，北京，人民教育出版社，1990。
② [美]约翰·杜威：《我们怎样思维·经验与教育》，姜文闵译，95 页，北京，人民教育出版社，1991。

"流行的教学方法""课堂上的教材""教室中的设备和布置"都是不利于儿童思维的发展的，传统教育中"引起的思维充其量是矫揉造作的、片面的"。结果是儿童在校外有许许多多的问题，但对于学校课堂上的教材却缺乏好奇心。根本原因在于"学校缺乏产生真正问题的材料和作业"。因此，杜威要求将经验性、活动和主动作业引入课程，以使儿童产生自己的问题。这就意味着教学方法的变革要求课程与教材也做相应的变革。

第二，已有知识经验的作用。一个人要解决出现的种种困难，要有效地进行思维，必须借助已有的知识经验。其中以系统知识为表现形式的间接经验作用甚大。杜威认为，在解决问题中，在经验改造中，"知识"是进一步探究的资本，是必不可少的资源。传统教育的弊端不在于运用知识去发展思维，而在于将知识本身视为目的，学生的目标就是堆积知识，以便在课堂提问和考试时照搬，这种静止的、冷藏库式的知识扼杀思维能力的发展。杜威指出，如果学校提供的知识资料，学生实际上能够运用，在经验中能发挥作用，那么，这种知识资料还是多多益善的。因此，解决问题是要有条件的，问题不可能从"无"中解决，知识是重要条件之一，杜威不是将知识与经验对立看待的。杜威明确地说："思维不能在真空中进行；暗示和推论只能在头脑里发生，而头脑里必须具有知识，把知识作为暗示和推论的材料。"①

第三，推论(推理)与假设的价值。在思维中，已经获得的事实、材料和知识都属于现存的、已知的东西，它们能解释问题、阐明问题、确定问题的所在，但不能提供答案。思维和经验不可能也不应该停留在这个阶段。要从已知到未知，从未解决问题到解决问题必须通过推论与假设。"推论总是进入到未知的东西，是从已知的东西产生的一个飞跃。"②推论与假设意味着思维

---

① [美]约翰·杜威:《我们怎样思维·经验与教育》，姜文闵译，53 页，北京，人民教育出版社，1991。

② [美]约翰·杜威:《民主主义与教育》，王承绪译，168 页，北京，人民教育出版社，1990。

的创造性对经验改造过程的渗入，意味着经验的改造不是机械地增加了另一个项目，而是以一种新的性质丰富了经验，使经验真正地有了增长。推论和假设意味着寻求解决问题的答案，这种假设所提供的答案也许不止一个，教师的作用不像在传统学校里那样直接告诉学生答案，并让学生记住它；而是积极引导学生自己去寻求答案，并在行动中检验这个答案。

第四，检验假设与观念的标准。推论和假设与经验者头脑中原有的知识一样，都是观念，这些观念正确与否，要通过行动来检验。在检验的标准上，杜威持工具主义和相对主义态度。他说："如果观念、意义、概念、学说和体系，对于一定环境的主动的改造，或对于某种特殊的困苦和纷扰的排除确是一种工具般的东西，它们的效能和价值就全系于这个工作的成功与否。如果它们成功了，它们就是可靠、健全、有效、好的、真的。如果它们不能排除纷乱，免脱谬误，而它们作用所及反致增加混乱、疑惑和祸患，那末它们便是虚妄。"杜威进一步讲："能起作用的假设是'真'的，所谓'真理'是一个抽象名词，适用于因其作用和效果而得着确证的、现实的、事前预想和心所期愿的诸事件的汇集。"①这意味着杜威所说观念、理论、假设等的检验的标准是"有效"，这是一种讲求实际的"求实"态度，但"求实"与"求是"(求真)能否相互一致，则是一个很值得怀疑的问题。杜威的真理观一直为后人所争论、所攻击，不是没有缘由的。

一个思维过程完结后，不但问题解决了，而且思维者的知识经验也获得了新的内容、新的性质，思维者也就得到了进一步的生长和发展。

对这种思维的方法应做广义的理解，不应把它看成我们一般所言的纯粹思维的方法，实际上，它是一种综合性的方法、行动的方法，因为这种思维过程中包含观察、分析、综合、想象、抽象、概括等多种能力的运用。

杜威所说的思维过程涉及知识的参与，涉及各种能力的运用，涉及对

---

① [美]杜威:《哲学的改造》，许崇清译，84页，北京，商务印书馆，1958。

各种观念与假设的检验，这使得杜威所说的经验的改造不同于一般的经验的改造，他的经验更像是一种科学的"实验"，他在很多地方明确讲"经验即实验"①，所以他的经验主义也被称为"实验主义"。因此，我们不能将杜威的"从做中学"和"经验的改造"做肤浅的理解。关于教学方法的分析再一次证明杜威的经验的改造含知识、理性的因素，绝非直接经验的简单相加，而是一个不断超越直接经验的狭隘性的过程、一个解决实际问题的过程。

杜威提出的教学方法论所体现的不仅仅是教学方法的变革，也不仅仅是教学论的变革，而是整个教育观念的变革，正是这种新的教学方法揭示了杜威教育理论与传统教育理论的根本区别。这种区别表现为以获取知识为目的还是以培养智慧为目的。他讲道："知识与智慧的区分，是多年来存在的老问题，然而还需要不断地重新提出来。知识仅仅是已经获得并储存起来的学问；而智慧则是运用学问去指导改善生活的各种能力。"②杜威要培养的是人的智慧，即明智的行为、行动的能力、解决实际问题的能力。传统教育以知识为目的并以知识扼杀智慧，杜威则以智慧为目的并以知识来增进智慧。

三、杜威教学方法论的不足

并非每个人都赞同杜威的教学方法论，不少人对他提出批评，有些批评是由于误解和曲解，有些则是切中杜威要害的。

不少人以杜威主张经验论、反对对幼童讲授系统知识、驳斥形式训练为由，认为杜威是反理智主义（Anti-intellectualism）的，里科弗是持此观点的典型代表，这说明这些评论者对杜威的经验改造的性质缺乏深刻的理解，胡克

① ［美］约翰·杜威：《我们怎样思维·经验与教育》，姜文闵译，163页，北京，人民教育出版社，1991。
② ［美］约翰·杜威：《我们怎样思维·经验与教育》，姜文闵译，53页，北京，人民教育出版社，1991。

和库尔兹皆认为里科弗等的指责是毫无根据的。① 杜威曾批评过理性主义，但他所批评的理性主义是旧的理性主义，而不是否定一切理性、理智的作用，因为他在反对旧理性的同时，还提倡一种新理性。杜威说，"我曾经对理性主义进行了批评"，"但是有人说我已经采取了为传统的唯名论的经验主义所特有的那种对思维、理论和抽象的东西轻视的观点，并以此为根据来批评我。这样的一些批评并没有抓住我的主张"。② 有人走向另一个极端，认为杜威不但不是反理智主义的，反而他本人就是一个理智主义者，杜威辩解道："如果说这种方式(实验主义的方法)是理智主义的，则夸大了思想、探究和观察的地位而牺牲了情绪、欲望和冲动的价值，这是不确切的看法。"③杜威本人是非常重视非智慧因素的作用的，他的哲学和教育理论也一直力图克服知识与情感之间的对立，一直反对将思维、理智的活动看作孤零零的、自足的东西。胡克讲得非常明确："杜威所谴责的理智主义是这样的一种观点。这种观点总认为思维是一种自主的活动，与任何兴趣、愿望和爱好无关，观念具有某种有魔力的和创造性的力量，这种力量独立于有决定作用的物理的、生物的和社会的物质条件。杜威拒绝接受这个观点，认为它不仅与所有达尔文以后的科学研究的成果不相容，而且也和斯宾诺莎和休谟所建立的心理学真理不相容。"④

杜威的教学方法有以下几点值得讨论。

其一，知识的地位问题。布鲁纳认为，教育(教学)有双重任务：一是传

---

① Paul Kurtz, "Introduction," in J. A. Boydston, *The Later Works of John Dewey*, Carbondale, Southern Illinois University Press, vol.5, 1984, p.xv-xvi; Sidney Hook, "John Dewey: His Philosophy of Education and Its Critics," in *Dewey on Education*, edited by Reginald D. Archambault, 1966, p.152.

② John Dewey, "Nature in Experience," *Philosophical Review*, March, 1940.

③ John Dewey and John Childs, "The Underlying Philosophy of Education," *Educational Frontier*, edited by William H. Kitpatrick, 1933, p.314.

④ [美]约翰·杜威：《民主主义与教育》，王承绪译，389~390页，北京，人民教育出版社，1990。

递某种东西，二是发展人的智慧。① 杜威也强调知识的重要性，但认为知识的获得、发展从属于智慧的培养，从属于探究的过程。杜威认为探究、思维要以知识为基础、为前提，那么这里的知识从何而来呢？杜威说可以通过别人讲授、自己阅读得来。如果是这样，杜威就违背了自己反对向学生讲述系统知识的要求，就陷入自相矛盾之中。因为杜威正是为了反对传统的教学方式才提出"从做中学""从经验中学"的，他认为知识的获得若不以儿童的经验为基础，就失去了价值，然而杜威同时又认为，做和经验要取得成效，又必须以儿童具有一定的知识为前提。到底是知识在先还是经验的过程在先？杜威没有讲明白这个问题。这实际上是获取知识与发展能力的关系问题，杜威反对把二者割裂，力图将二者结合起来，这是对的，但结合不是以一个取代另一个，不是将一个凌驾于另一个之上。所以尽管杜威极言系统知识的作用，但怎样才能获得系统知识在他那儿始终是一个悬而未决的现实问题。智力发展或者说智慧地解决问题是需要以系统知识为基础的，没有知识为素材、原料，思维和智慧只能是空谈。曹孚的评论一针见血："要批评杜威的这种理论，我们找不出比孔子的话更好的话来：学而不思则罔，思而不学则殆！用杜威主义做教学方法论指导原则的学校，教出来的学生，一定犯着'思而不学'的毛病。"②

其二，认识的途径问题。西方学者福克斯将杜威与布鲁纳的教学论予以对比，认为："布鲁纳与杜威在他们关于认识的途径或方式的单一性还是多样性的争论上有不同的见解。布鲁纳指出不止一种，应该按照要取得的知识的类型，采用适当的一种，虽然他没有充分发展这一论点。杜威坚持只有科学的方法才是认识的途径，虽然在这点上是有争议的，杜威在他所有的著作中，从来没有令人满意地证明过，依靠科学的方法能够应付'隐喻语法'中提出的

---

① Jerome S. Bruner, "After John Dewey, What?," *Saturday Review*, 1961-06-17.

② 瞿葆奎、马骥雄、雷尧珠选编：《曹孚教育论稿》，54 页，上海，华东师范大学出版社，1989。

问题,甚至能够应付归类为社会科学(用他们的标准尺度来说)的学科。"①西方学者哈丁认为:"我敢肯定我们中的大多数人都清楚,如果用设计教学法教学,我们知识中的相当一部分是不会获得的。"②西方学者柏克森也认为,科学的方法、智慧的方法"并不是对所有的认识类型都是有效的"③。还有两个更为严重的问题:一是解决问题与获取知识并不总是一致的,有些问题解决后,虽使人能从中获得一些观念,但这些观念并不构成真正的知识,或者说获得的一些观念是早已熟知的常识,无多少价值。二是杜威强调的是提出假设解决问题,有时会出现这种情况:问题的解决方式有多种,此时多种假设都是有效的,这里就又产生了一个对知识的甄别问题。有时候错误认识也有助于问题的解决,有用的并不都是真理。尽管杜威在这一点上不像詹姆斯那样主观、那样露骨地宣称"有用就是真理",但他对效用的强调、对知识的工具主义的理解,也是受到很多指责的。

其三,问题存在的普遍性问题。杜威将思维过程、经验改造过程、知识获得过程皆与解决问题联系,似乎问题无处不在,实际上有那么多的问题吗?西方学者谢弗勒对杜威的"问题"提出质问:是否所有的问题都有答案?是否所有答案都有价值?是否所有的问题都是真的?将教育局限于"问题的解决"是否低估了教育的价值?谢弗勒认为,教育不仅应促进学生思维能力(improve thinking)的发展,更应拓宽学生的视野(create wider perception),不应将教育的任务只限制在问题的解决上。④ 本章认为,不论问题的情境经过多么精心的

---

① [美]福克斯:《布鲁纳与杜威》,见瞿葆奎主编,徐勋、施良方选编:《教育学文集 教学上册》,445页,北京,人民教育出版社,1988。

② Charles D. Hardie, "Educational Theory of John Dewey," *in Dewey on Education*, edited by Reginald D. Archambault, 1966, pp.120-121.

③ Isaac B. Berkson, "Science, Ethics, and Education in Dewey's Philosophy," in W. W. Brickman, Stanley Lehrer, *John Dewey: Master Educator*, New York, Atherton Press, 1961, p.103.

④ Israel Scheffler, "Educational Liberalism and Dewey's Philosophy," in *John Dewey on Education*, edited by Reginald D. Archambault, 1966, pp.108-109.

设计，情境中的"问题"对广大无边的知识的包容度、涵盖力都是很有限的，将知识的获得、将儿童的充分全面的生长只寄托于、只依赖于"解决问题"的过程，是远远不够的。

其四，思维方法（或科学方法）的作用问题。杜威寄予科学方法太高的期望，认为通过它可以改变整个社会，认为只要通过教育将这种方法植入人心，社会的彻底改造就可以达成，这是其改良主义社会观的体现。

杜威解决了一些老问题，但同时也带来了一些新问题。杜威的课程理论和教学方法理论有许多不足之处，归结起来主要还是一点：知识的获得问题。杜威没能切实地解决这个问题，因此他对传统教育的批判就显得底气不足、力量不够。杜威何以后来又被人批判，新传统派教育理论何以能够崛起，与杜威理论的不彻底性不无关系。

传统的教育是教授学生以知识；一般的教育革新是教给学生获取知识的方法，即教学生怎样学；杜威是要教给学生行为与行动的方法，即教学生怎样做。不能武断地讲这三种主旨不同的教育方式或教育观念孰优孰劣，实际上，这三种方式是相互补充的，而且都是必要的。杜威的最大失误在于过分强调了"教学生怎样做"，而相对忽视了"教授学生以知识"和"教学生怎样学"。当然，"做"是最重要的，但没有知识作为必要的基础，一个人可能既不知道去做什么，更不知道怎样去做。

第七节　道德教育论

杜威认为道德应当是"社会事务的最高调节者"①，学校教育的道德性与社会性是统一的。学校道德教育的任务就是"维持社会的生活、促进社会的福

---

① ［美］杜威：《自由与文化》，傅统先译，11 页，北京，商务印书馆，2013。

利", 学校的社会性"总的说来就是衡量学校道德工作和价值的尺度"①。美国由农业社会向工业社会的迈进使原有的伦理价值体系落后于时代, 原先的民主、自由观念以及道德观念均发生了重大变化。杜威的道德教育思想与美国社会生活的变迁是息息相关的, 反映了价值伦理观念变迁的时代要求。

一、新个人主义

道德教育的主要任务是协调个人与社会的关系。对于个人与社会的关系, 以往处理这个问题的见解有三种: 第一种主张个人至上, 认为社会必须服从个人; 第二种主张社会至上, 认为个人应服从社会, 遵奉社会为他所规定的各种目的和生活方式; 第三种认为社会和个人相互关联, 是一个有机体。杜威认为第三种见解比较可取, 可以避免个人至上论和社会至上论的片面性。杜威反对将社会和个人割裂开来, 如同美国学者福克斯所指出的, "解决个人与社会之间的二分法, 是全部杜威思维的一个主要突破点"②。首先, 个人与社会在存在方面不可分离; 其次, 个人发展与社会发展相得益彰, 个人的充分发展是社会进步的必要条件, 社会的进步又可为个人的发展提供更好的基础。

这种对个人与社会关系的看法反映到教育上就是将整个社会的进步与个人的教育联系起来, 杜威的这种社会与个人的关系理论在当时无疑有重大意义, 对改造旧教育对儿童的压制、对社会的漠视作用甚大。

杜威的个人与社会关系理论还具有强烈的社会针对性, 这种针对性主要体现在他对个人主义的看法上。个人主义绝非一个简单的道德概念, 在美国文化中, 个人主义占有极重要的地位。同进步主义者一样, 杜威反对旧个人

---

① John Dewey, *Moral Principles in Education*, Boston, Houghton Mifflin Co., 1909, pp.7-8.
② [美]福克斯:《布鲁纳与杜威》, 见瞿葆奎主编, 徐勋、施良方选编:《教育学文集 教学上册》, 441页, 北京, 人民教育出版社, 1988。

主义，力倡新个人主义。

旧个人主义又称"倔强的个人主义"（Rugged Individualism），也译作"僵硬的个人主义"。杜威指出，这种个人主义重视"个人的倔强性、独立性、独创性和毅力"①，反对美国政府对个人自由的控制。这种个人主义在开拓时代对美国的发展曾起到不可忽视的历史作用。但 19 世纪末，随着西部开拓的终结，随着工业化和都市化的发展，随着社会生活和社会结构的日益复杂，这种在与大自然做斗争中显示威力的旧个人主义亟待变革。但社会道德价值观念的转换滞后于经济发展，旧个人主义遂流于自由放任主义，成为后者的代名词，旧个人主义从人与自然的搏击中转到人与人的无情竞争中，在经济和政治生活中走向无政府主义，使社会控制失衡。少数在经济竞争中成功的人凌驾于大多数人之上，少数人的个人自由侵害了绝大多数人的个人自由。大萧条后杜威对旧个人主义所造成的社会危害深有感触，他认为旧个人主义是与旧自由主义相伴而行的，二者"所珍视的是商业中投机者的自由"，维护的是少数大资本家的利益，它们之所以反对政府控制，是因为控制会使少数大资本家的利益分流于普通大众，使少数人的利益受到损害。少数人以捍卫自由为幌子反对政府对经济的干预，实质上维护的是少数人的自由，损害的却是大多数人的自由。杜威指出，提倡倔强的个人主义的人（包括胡佛总统）"所重视的个人的倔强性、独立性、独创性和毅力等，是那些在现存的金融资本主义制度中已爬到最高地位的人们的倔强性、独立性、独创性和毅力等。他们将受到批评，因为他们把自由和倔强的个人主义与他们在其中发财的制度的维持等同起来"②。

杜威要求以新个人主义取代旧个人主义，他并未细微地描述这种新个人主义的具体内容，但从他的《旧个人主义与新个人主义》中可以看到新个人主

① John Dewey, "The Future of Liberalism," *The School and the Society*, January 19, 1935.

② John Dewey, "The Future of Liberalism," *The School and the Society*, January 19, 1935.

义有两个重要特征。

其一,重视社会性。强调社会责任感,杜威要求建立参与式民主制和合作控制工业的体制,使工业的重心在于为整个社会谋福利,而不是简单地追逐利润,以期建立一种"人道的工业文明",并使工业和技术成为人类生活的仆从而不是反过来。与这种要求相关,杜威要求政府介入经济事务,要求将"社会责任感"渗入工业界、商业界,他甚至还建议建立一种由资方、工人和政府三方组成的合作与指导机构,共同规划与规范工业活动,避免因利益冲突而导致的经济危机。这种新个人主义所具有的社会性一是强调人与人之间的合作,二是强调政府对经济活动的控制。这种社会性的要求落实到教育上,杜威认为,就要求个人应在社会的航道中运用其体能与心能,学校应为一个真正的合作社会造就公民。

其二,重视理智的作用。杜威认为在一般的用法上,个人主义是最具模棱两可性质的词。因此应对之加以具体分析,不可笼统论之。杜威指出,一方面,在经济与法律中存在着过分的个人主义(这实际上是指放任的自由经济政策和与之相关的法律条规);另一方面,在理智生活中却缺乏真正的个人主义,没有创造性,没有生机和活力。前者有害于社会,后者亦有害于社会。杜威呼吁一种新的个性(个人主义)的出现,这种个性意味着一种解放,不是外在的,而是内在的、建设性的。在一个合作的社会中新个人主义要求更新个人的作用,并为了社会的目的运用科学和技术,杜威进一步要求在人类事务中运用科学方法,将之应用于道德、政治、工业诸领域。如果这一要求实现了,不仅能改进社会,还能解放人的精神与心灵,使之成为创造与欢乐之源。可见重视理智的作用有促进个人发展与改善社会两方面之功效。

总之,旧个人主义是极端个人的,新个人主义是重视社会的;旧个人主义是物欲的,新个人主义则是理性的。新个人主义取代旧个人主义是以一种社会的伦理的力量去驾驭物质的力量。落实到教育上,就是要求为新的时代培养一种新的个人，这种个人并不为追逐个人私利而不顾公益，也并不头脑僵化、墨守成规而对变动不安的社会熟视无睹，抑或手足无措。这种新个人主义并不否定旧个人主义中的那些积极因素，如创造性、独立性等，它是在对其优点积极吸收的基础上，结合新的社会状况对旧个人主义的扬弃。

二、公民训练

杜威认为不能狭隘地理解公民训练，而将之解释为能够明智地投票、能够服从法律等，儿童是一个有机整体，将来要成为各种各样的社会角色。因此，公民训练应包含广泛的内容，"公民训练能力可以表示比职业能力更加模糊的若干资格。这些资格包括的范围很广，从使一个人成为比较令人满意的伙伴，到有政治意义的公民训练，例如明智地判断人和各种措施的能力，在制订法律和服从法律时起决定作用的能力"①。杜威认为人与人之间平等参与社会与互相交流的能力、个人创作艺术和欣赏艺术的能力、娱乐的能力、有意义地利用闲暇的能力等，亦应成为公民训练的重要内容。总之，公民素质就是指一个人参与社会生活的能力、与他人共同生活的能力以及个人从自身生活中寻求积极的乐趣的能力。简言之，就是促使社会生活和个人生活更丰富、更充实、更和谐、更美好的能力。

杜威非常强调培养学生的民主素质。他认为在美国社会和政府的管理，要由社会的各个成员去负责。所以各个成员一定要受到一种训练，使他能够承担这种责任，使他对于人民全体的情况和需要具有正确的观念，并且发展那些能够保证他适当参与政府工作的品性，如主动精神、独立性、足智多谋等，然后才能够避免民主政治的滥用和失败。在《民主主义与教育》中杜威将公民训练作为教育要达到的重要目标之一，认为对于 20 世纪初的美国而言，

---

①　[美]约翰·杜威：《民主主义与教育》，王承绪译，127～128 页，北京，人民教育出版社，1990。

公民训练是一个紧迫的社会问题和教育问题。由于美国是一个由移民组成的国家，移民的语言、习俗、宗教信仰、文化背景皆有很大差异，如何消除隔阂，增进理解，形成共识，即如何让这些移民融入美国社会是一个重要问题。美国在工业化前的19世纪移民总数为2000万人，这些移民来自北欧，与当时的美国人属同一种族，有着同样的文化背景，来到美国后定居于农业区，容易融入美国社会。从20世纪开始到1917年美国加入第一次世界大战止，移民总数达1300万以上，这些移民为新移民，属于许多种族，主要来自南欧。由于美国工业的扩展和免费土地的告罄，新移民不可能像老移民那样从事农业，而是到城市中的工厂去谋求生存之道。当时的都市环境既不能促进社会和经济的平等，也不能促使不同的种族融为一体，新移民居住于市内本民族的区域内，操着本国的语言，保持着原有的民族习惯和道德，并创立起他们自己的经济生活。此时，同化就成为一个难题。当时不少人主张用一定的手段培养那些出生于国外但移居到美国的孩子，进行军事训练就是他们提出的重要手段之一。1916年，杜威著文反对用这种手段进行公民训练，认为军训是一种消极的手段，主张运用积极的教育手段。杜威认为"首要问题是弄清国家的理想是什么"，"我们需要一个社会理想，这个理想应真正是国家的，它将把我们的思想和情感凝聚在一起"。① 通过教育，依照国家的理想铸造儿童的思想和情感，这种培养公民的方式较之只重外部服从的军训效果要好得多。

　　同年，杜威在《国家化教育》中认为真正的国家精神与国家理想是民主主义，与美国化的公民训练相关的民主主义有两层意思。第一，真正的国家主义是国际主义的和族际主义的。这是针对现实而言的，新移民拥入城市给工厂的工人们造成就业压力，一些人不合理地将贫困、犯罪等社会问题归到新移民的头上，新移民遂受到猜忌和敌视。有人将国家主义视为对其他国家的

---

① John Dewey, "Universal Service as Education," *The New Republic*, April 22 and 29, 1916.

敌视，将民族主义视为对其他民族的不容。杜威认为，美国作为一个国家，其人口构成是复杂的，但它必须成为一个整体，所有的人皆和谐相处，以创造一种美国的国家精神，这种精神应是宽容的和友好的，不能因原来的语言、文化有差异而将其中之一凌驾于其他之上。教师的责任在于异中求同，培养共识。第二，真正的国家主义是倡导机会均等的。旧移民时代有丰富的土地和自然资源，人们齐心协力与自然斗争，新移民时代没有免费的土地，人与自然的斗争转化为人与人之间的斗争与倾轧。人人机会均等的含义也发生了变化，对成人来讲，不再是提供免费的土地，对儿童来讲，也不再是简单地提供校舍、课桌、黑板和书本。杜威指出："只有当学校使所有的人能把握其在工业时代的命运，成为自己命运的主人时，才能称得上机会之均等。"杜威在这里强调的是经济生活中的平等，而经济不平等是当时的首要问题。杜威认为，"将美国的教育国家化就是运用教育去促进我们的国家理想，那就是民主主义的理想，这是国家教育的核心和灵魂"。教育应积极培养儿童对所有的人（不分男女地域）的尊敬和友好之情；应发展每个人的能力，使之得到充分的成长，使之充分运用其力量并以其最佳的方式服务于共同的社会。①

三、道德教育的途径

杜威认为，离开了社会生活，学校就没有道德的目标，也没有什么目的，道德教育的目的具有鲜明的社会性。这就决定了道德教育不能远离社会而在真空中实施。

学校生活的"社会化"是进行道德教育最基本的要求，社会道德与学校道德应是统一的，"不能有两套道德原则，一套为着校内生活，一套为着社会生活。因为行为是一个，因此行为的原则也只有一个"②。学校教育的道德性与

---

① John Dewey, "Nationalizing Education," *Journal of Education*, November 2, 1916.

② John Dewey, *Moral Principles in Education*, Boston, Houghton Mifflin Co., 1909, p.7.

社会性是相通的，"归根到底，行为的道德的特性和社会的特性彼此是相同的。所以说，衡量学校行政、课程和教学方法的价值的标准就是它们被社会精神鼓舞的程度。……威胁着学校工作的巨大危险，是缺乏养成渗透一切的社会精神的条件；这是有效的道德训练的大敌"。杜威要求学校本身必须是一种社会生活，社会的观念和社会的兴趣只有在一个真正的社会环境中才能发展；还要求校内学习应与校外学习联系起来，因为学校的社会生活毕竟不能完全代表学校以外的生活。① 可见"学校即社会"在杜威看来不仅是教学改革的要求，也是道德教育变革的要求。

道德教育不仅应通过学校生活进行，还应通过教材与教学方法进行，这三者相互影响不可分割，构成"学校道德的三位一体"（the moral trinity of the school）。要求通过教材与教学方法进行德育，实际上是为了沟通获得知识、发展能力与道德发展之间的联系，消除理性与道德、知与行之间的对立。

在《教育中的道德原理》中，杜威将道德教育的原理分为社会方面和心理方面。道德教育应有社会性的情境、社会性的内容（如同新个人主义和良好的公民素质所揭示的）和社会性的目的，这属于社会方面；心理方面是指道德教育若要取得成效，就必须建立在学生本能冲动和道德认识、道德情感的基础上。若漠视这些心理条件，道德行为可能会变成机械的模仿或外在的服从。对于社会的道德要求，应顾及学生的心理能力，应使学生知之、好之、乐之。也就是说，社会方面的道德教育原理是关于道德教育的"目的和内容"方面，心理方面的道德教育原理则是关于道德教育的"方法和精神"方面，前者决定应当做"什么"，后者决定应当"如何"做。

在《民主主义与教育》最后一章"道德论"中，杜威从哲学的高度讨论了道德教育中存在的四种对立：内部和外部（动机论和效果论）的对立、义务和兴

---

① ［美］约翰·杜威：《民主主义与教育》，王承绪译，375～376页，北京，人民教育出版社，1990。

趣的对立、智力和性格的对立、社会和道德的对立。杜威认为这些对立都不是绝对的。道德是能将个人兴趣与社会要求相统一的，道德不是与理性(知识)无关的，也不是与社会无涉的。杜威对这四种对立的说明是对其道德教育的社会原理和心理原理的进一步阐释。

第八节　职业教育论

美国工业化的完成，使经济活动在整个社会生活中处于最显著的地位。工业化对教育提出了新的要求，教育必须适应经济的巨大变革。工业化对教育的影响和要求是多方面的，但工业化与教育最相关的问题是职业训练问题。杜威积极支持职业教育，他将职业训练称为教育上的革新，认为其是教育适应正在形成中的新社会生活的需要的一种努力。

一、职业与文化修养

杜威认为在民主社会里，从事某种职业，担负一定的劳动是受人尊重的事情。在一个真正民主的教育系统中，在一个真正民主的社会中，劳动教育或职业教育应成为整个教育活动的一部分。

在旧时代，职业与文化修养是对立的，前者意味着劳力、粗俗、为他人服务，后者意味着劳心、高雅、统治他人，二者的对立是劳力与劳心的对立，是劳动阶级与闲暇阶级的对立。杜威认为，造成这种阶级对立的社会基础现在已不复存在，劳动不但是受人尊重的，而且对个人生存与发展来说，亦是必要的。

杜威反对把职业教育看成仅仅属于金钱性质、具有狭隘的实用性质的东西，他认为若把职业教育看成"工艺教育"，看成获得专门职业技能的手段，那将是十分危险的。杜威认为职业技能的获得应有一个广泛的文化修养背景。亚里士多德认为课程大致可分成实用学科和文雅学科两类。实用的学科，为实际所必需，只服务于实利，是不高尚、不文雅的；文雅的学科，专供享受和闲暇之用，是高尚而文雅的。因此，亚里士多德重视理智享受而轻视职业训练，认为前者高贵而后者卑贱。尽管亚里士多德之后社会已发生许多变化，但"现在还有许多人认为，真正的文化修养或自由教育和工业的事务至少没有任何直接共同的东西，认为适合于群众的教育必须是一种有用的或实际的教育，而这种教育，把有用的和实际的教育与培养欣赏能力和解放思想对立起来"①。结果，实际中的教育成了一种自相矛盾的混合物，"文化"的科目的目的不在于为社会服务，"实用"的科目不注重精神陶冶。

杜威认为造成混乱的根本原因在于人们对"文化"与"实用"的看法存在混乱。他认为，我们如果更审慎地分析文化和实用各自的意义，就可能比较容易地制定一种课程，它应该同时既是有用的，又是自由的。只有迷信使我们相信这两方面必然对立，即一个科目是有用的，便是不自由的；一个科目因为无用，所以有文化修养的作用。我们一般可以发现，以实用为目的的教育牺牲想象的发展、审美能力的改进和理智见识的加深，它当然具有文化修养的价值，但有损于自由的教育，也在同样程度上限制了所学知识的用途。这并不是说所学的东西完全无法利用，而是只能应用于在别人监督之下进行的常规性的活动。狭隘的技能在技能本身以外没有其他用处；任何技能如果能加深知识和完善判断，就容易在新的情境中被应用并受个人的控制。也就是说，职业教育中若注意职业技能的文化背景，反倒更具有职业效能，文化因素不是对职业因素起阻碍作用，而是起促进作用。

更重要的，现在的职业含有更多的理智与文化因素，这就使职业教育与文化修养的结合有一种内在的联系。杜威指出："现在的工业主要已经不再是

——————————

① [美]约翰·杜威：《民主主义与教育》，王承绪译，272页，北京，人民教育出版社，1990。

习惯传下来的以经验为根据的、比较粗糙的程序了。现在的工业技术是工艺学技术，这就是说，根据数学、物理学、化学和细菌学等的发现所制造的机械。经济革命提出了许多问题要解决，对机械的应用产生了更大的理性的尊重，从而激发了科学的发展。工业，也因科学的发展收回了复利。结果，工业方面的职业有了比过去多得无限的理智的内容，和大得无限的文化修养的可能性。这就需要一种教育，使工人了解他们职业的科学的和社会的基础，以及他们职业的意义。现在这种教育的需要变得非常迫切，因为没有这种教育，工人就不可避免地降低到成为他们所操作的机器的附属品的角色。"①职业的内涵与过去不同了，对文化也应有一种新的阐释。杜威认为，不能"把文化理解为少数人所专有的文雅和修饰"，不应把文化局限在个人的小圈子里，而应打破它独善其身的樊篱，使之益于他人与社会。

总之，过去为很小一部分人所独享的文化修养今天应进入千千万万平常百姓家，现代职业中已含有丰富的文化修养因素，现代职业与文化修养具有内在的联系。如果教育仍拘泥于传统，仍仅视职业教育为培养机械技能的手段，则降低了职业教育本身所具有的丰富内涵，则表明人们仍未明了当今社会生活的性质，仍未明了教育在今日社会中的使命。

二、职业与个人发展

杜威将职业与兴趣联系起来，认为如果一个人对他所从事的职业感兴趣，不仅能使个人得到满足，而且因其热爱此工作，必能使该项工作做得更好，更加有利于他人和社会。

杜威进而转向对现实的批判，认为："现在社会制度的最大祸害不在贫穷，不在贫穷所遗留的苦难，而在于事实上有许多人他们的职业都不是他们

---

① ［美］约翰·杜威：《民主主义与教育》，王承绪译，330 页，北京，人民教育出版社，1990。

所喜欢的，他们从事这些职业不过是为了获得金钱报酬。"①这段话在一定程度上揭示了美国当时资本主义发展中所存在的异化现象。这种现状当然是不合乎杜威的具有人道主义精神的民主理想的。

应使职业合乎个人兴趣对教育提出了要求，教育不应为青少年预先选择一个职业，因为"预先决定一个将来的职业，使教育严格地为这个职业作准备，这种办法要损害现在发展的可能性，从而削弱对将来适当职业的充分准备"。这种做法也许能培养呆板的机械的技能，却会牺牲职业对个人与社会的意义。杜威认为："唯一可供选择的办法，就是使一切早期的职业预备都是间接的，而不是直接的；就是通过从事学生目前的需要和兴趣所表明的主动的作业。只有这样，教育者和受教育者才能真正发现个人的能力倾向，并且可以表明在今后生活中应选择何种专门的职业"。杜威要求职业指导应具有灵活性，"如果教育者以为职业指导可使人对职业作出确定的、无可改变的和完全的抉择，那么，教育和所选职业都很可能流于呆板，阻碍将来的发展"。②

一般视职业为人生存下来的手段，杜威则认为职业更是使个人得到发展的手段，他说："一种职业也必须是信息和观念的组织原则；是知识和智力发展的组织原则。职业给我们一个轴心，它把大量变化多样的细节贯穿起来；它使种种经验、事实和信息的细目彼此井井有条。律师、医生、某一化学分支学科的实验室研究工作者、父母、热心本地公益的公民，都各有一种经常起作用的刺激物，使他注意和联系一切与他的事业有关的事物。他们从自己的职业的动机出发，不知不觉要搜集一切有关的资料，并且保存起来。职业好像磁铁一样吸收资料，又好像胶水一样保存资料。这样组织知识的方法是有生命力的，因为

---

① [美]约翰·杜威：《民主主义与教育》，王承绪译，333页，北京，人民教育出版社，1990。
② [美]约翰·杜威：《民主主义与教育》，王承绪译，326~327页，北京，人民教育出版社，1990。

它是和需要联系的：它表现于行动，又在行动中重新调整，永远不会停滞。"①

三、职业与社会改造

杜威给职业下了一个意味深长的定义：职业是唯一能使个人的特异才能和他的社会服务取得平衡的事情。杜威论职业和职业教育的着眼点是使教育适应经济的变化并力图通过新的职业教育克服经济生活中存在的种种弊端。

杜威看到了工业化进程中存在的劳资之间的冲突、对立与不平等。被雇阶级从事一种职业不是对职业本身感兴趣，而是为了获得金钱报酬；雇主阶级追逐利润与权势，沉溺于纵容娇养，炫耀示人，控制着很多人的活动，与平等的和普遍的社会交往隔绝。杜威认为，这种不平等现象的存在是不合理的，而现有的狭隘的职业教育很可能延续这种阶级划分，成为实现社会宿命论的封建教条的工具，那些有优裕的经济力量做后盾、能达到自己欲望的人，将要求一种自由的和文化修养性质的职业，将要求一种居于统治地位的指挥他人的职业，从而把教育制度割裂开来，使处境比较不幸的青年主要受特殊的工艺预备教育，这样，"把旧时劳动与闲暇的划分，文化修养与社会服务的划分转移到号称民主主义的社会中去"。杜威要求新的职业教育应阐明"职业的全部理智的和社会的意义"，使未来的工人能接触当代的种种问题以及所提出的有关改进社会的各种方法，将训练未来的工人使之具有适应不断变化的情况的能力，使他们不会盲目地听天由命，使他们有参与社会管理的愿望和能力，有变为主宰工业命运的主人翁的能力。这是对"经济机会较差的人"讲的。对于社会中享有特权的那部分人来说，把工业生活正确地运用在教育上，能增强他们对工人的同情心，并提高他们的社会责任感。杜威认为，通过新的职业教育，"再加上立法和行政方

①　[美]约翰·杜威：《民主主义与教育》，王承绪译，325~326 页，北京，人民教育出版社，1990。

面的设施，就足以改变现在工商业制度有害于社会的弊端"。①

杜威认为，教育应成为改革目前工业秩序的手段，他充满激情地讲道："我们所要求的改造不难正式加以解释。这种改造标志着一种社会，其中人人都应从事一种职业，使别人的生活更有价值，更能认识连结人们的纽带，打破人与人之间的隔阂。这种改造意味着一种事态，每个人对他的工作的兴趣不是勉强的，而是明智的，即每个人的工作都是和自己的能力倾向志趣相投的。不言而喻，我们现在离这样的社会状况还很远；从字面和定量上讲，我们也许永远达不到这种状况。但是，在原则上，我们已经完成的社会改革的性质是符合这个方向的。要实现这样的社会，现在有更充分的资源，是过去任何时候所不及的。如果我们真有实现这种社会的聪明的意志，在前进的道路上就无不可逾越的障碍。"②

职业在一个人的生活中居于举足轻重的地位，即使一个人有了满意的职业也并不能说明他的生活一定是幸福的，但如果一个人没有满意的职业则他的生活肯定是不幸福的。一个人满意于职业，就会醉心于工作，职业就成为他发展的轴心，亦成为他生活美满幸福的源泉。这样既益于个人身心健康发展，也益于社会生活的优化。使人人"乐业"，使社会平等和谐，是杜威职业教育思想的核心要求。杜威力图通过新的教育尤其是新的职业教育，将不能尽如人意的个人生活与社会生活加以改造，使之更加美好。

总的来看，杜威关于职业和职业教育的思想也就是工业民主化的思想，他要求将民主精神渗透到居于社会生活主流的工业生活中去。杜威的愿望无疑是非常好的，只是含有太浓厚的理想化色彩。

---

① [美]约翰·杜威：《民主主义与教育》，王承绪译，334、336 页，北京，人民教育出版社，1990。

② [美]约翰·杜威：《民主主义与教育》，王承绪译，332 页，北京，人民教育出版社，1990。

第九节　杜威教育思想的影响与评价

杜威的教育观是一种崭新的教育观，这种教育观建立在对前人学说系统的批判的基础上，建立在杜威的新的经验论、人性论、心理学、政治观的理论基础上，建立在新的民主化、工业化的现实基础上。这种教育观的核心体现在社会政治方面是倡导民主主义理想，力图调和个人与社会的冲突；体现在哲学上是批判各种二元论，力求克服各种二元对立；体现在经济方面则是要求加强广义的职业训练，希图以之克服工业社会的不足；体现在文化上则是倡导科学方法，企图以之破除陈规陋习，建立一种新文化，实现美好的社会理想。这种教育观的基本要求是实现教育的内在价值与工具价值的结合，使教育过程本身既是有乐趣的，有益于儿童个人的，又是富有实效的，有利于国计民生的。这种教育观的直接的根本的目的是通过活动性、经验性的课程和教学方法使学生掌握科学的思维方法，这个目的居于其他所有目的之上。这种教育观体现了现实主义与理想主义的结合，它源于现实又高于现实，希望通过教育这种手段使不完美的现实走向完美的理想之境。这种教育观的历史价值在于它立足于新现实、新理论，宣告了教育理论旧时代的终结和新时代的开始。因此，美国教育家克伯屈认为，杜威是"世界上未曾有过的最伟大的教育家"[①]。

杜威的教育理论在 20 世纪的东西方有着广泛而深刻的影响，这种影响并不是其理论中的某一具体论点产生的，而是其理论的总体精神和基本观点引致的。杜威的教育思想对美国教育的影响不仅在于推动了美国的进步教育运动，而且在于对美国的整个教育领域(教育理论和教育实践两个方面)都具有深远的影响，把美国教育带入了一个新时代。杜威访问过日本、中国、土耳其、墨西哥和苏联，对这些国家当时和其后的教育实践和理论都产生了较大的影响。更重要的，

---

① 赵祥麟主编：《外国教育家评传》第 2 卷，540 页，上海，上海教育出版社，1992。

他的许多著述被译成多种文字在世界范围内广为流传，杜威教育思想的影响是世界性的。

杜威生前享有盛誉，死后却一度蒙受恶名。杜威享有盛誉是当之无愧的，诚然，杜威的理论自身亦有很大的甚至致命的不足，但他所蒙受的恶名却多是人们由于对他的误解而强加给他的。这种误解不仅存在于美国，也存在于其他国家，不仅存在于过去，也存在于现在。美国学者布鲁巴克曾于 1960 年著文《对于杜威教育哲学的十大误解》[1]，详尽说明了美国对杜威教育哲学的误解。在美国，最大的误解是将杜威与进步主义教育混为一谈，使杜威在 20 世纪 50 年代成为代人受过的替罪羊，里科弗[2]于 1959 年发表的《教育与自由》是这种误解的极端表现。[3]

虽然杜威理论中有不少不足之处，虽然杜威生前死后遭到不少批判，但这些并不能抹杀他在教育思想发展史上以及其理论对现实的重要意义。在美国，杜威被认为是进步教育理论的最主要的代表人物，这种认识无可厚非，可非议的是将杜威的理论与进步教育的实践混为一谈，实际上理论与实践是有区别的，实践在许多方面偏离了杜威的理论并引起杜威对实践的批判。许多批判者将杜威与进步教育实践混为一谈，将实践所导致的不良后果归咎于杜威，并因此无视杜威在教育理论上的深刻洞见。这种全盘否定的做法无疑是错误的。杜威提出并讨论了许多基本的教育问题，也许他提供的解决问题的某些方案并不切实，但他提出的这些问题以及他提出的解决这些问题的思路直到今天仍然是有启发意义的。美国学者克雷明认为："在进步主义派提出的问题中，在他们建议的解决办法中，许多是没有时间性的。"美国学者蒂尔

---

① J.S.Brubacher, "Ten Misunderstanding of Dewey's Educational Philosophy," in *Bulletin of the School of Education*, Bloomington, Indiana University, 1960, pp.27-42.

② 里科弗(H.G.Rickover)，美国教育评论家、海军中将，杜威教育理论的反对者。

③ Sidney Hook, "John Dewey: His Philosophy of Education and Its Critics," in *Dewey on Education*, edited by Reginald D.Archambault, 1966, p.127.

认为，杜威、克伯屈、波特等人提出的基本问题，如什么是教育的目的？学校计划应该建立在什么基础上？这些目的和基础都明确后，学校应教什么？并没有过时，不会消亡，20世纪50年代至60年代美国的"新的教育技术学的倡导者们，各种形式的教育组织的倡导者们，对学科结构进行研究的拥护者们，早晚得正视这些不可回避的问题并考虑所提出的可能解决办法"①。蒂尔还指出："进步主义教育运动的那些解释者所提出的中心问题和为我们时代寻得切实可行的答案所作的有关贡献，并没有过时。它们一定并且必将继续存在下去。它们终久将象观念世界中所常见的一样，以现代教育的种种新建议的形式，以靠我们的前辈而建立起来的新综合的形式，具体表现出来。过于性急的掘墓人以及当前那些掘墓人的安慰者，随着20世纪的前进，将会发现他们误认的死尸恰恰具有极为强大的生命力。"②

　　杜威教育理论中富有生命力的东西不在于杜威所提出的某一具体的教育建议，而在于其教育理论所反映的总体精神。杜威的教育理论要解决三个重要的问题：教育与社会的脱离；教育与儿童的脱离；理论与实践的脱离。他提出的各种理论、各种设想从某种程度上可以说都是为了克服这三种根本弊端。这三个问题不仅在杜威的时代存在，而且现在乃至将来依然会存在，这三种脱离可以说一直困扰、困惑着每个时代的教育决策者、教育实践者和教育研究者。杜威提出的解决这三个问题的思路及其理论所反映出的总体精神，如要求加强教育、学校与社会生活的联系，使学校不只是消极地适应社会的变化，而是积极参与社会生活的改善；要求尊重儿童心理发展水平，使教育过程既具有成效，本身又有乐趣；要求加强理论与实践的联系，使理论在实践中指导实践并使自身受到检验和发展；这些对今日之教育依然有很大的启

----

①　[美]蒂尔：《进步教育果真过时了吗?》，见瞿葆奎主编，马骥雄选编：《教育学文集　美国教育改革》，221页，北京，人民教育出版社，1990。

②　[美]蒂尔：《进步教育果真过时了吗?》，见瞿葆奎主编，马骥雄选编：《教育学文集　美国教育改革》，227页，北京，人民教育出版社，1990。

发意义。而且杜威在具体论述中所提出的不少观点，如要求克服个人与社会的对立，要求以道德文化的力量加强对市场经济的规范与调控，要求培养一种新型的人以适应变化的世界，要求将教育的工具价值与内在价值结合起来，要求克服教学论中知识与行为、知识与道德、理智与情感、感性与理性诸方面的对立，等等，这些对当今的教育仍具有重大的理论价值与实际意义。

第九章

克伯屈的教育思想

威廉·赫德·克伯屈是美国进步教育家,设计教学法的创立者。作为当代西方教育大师、美国教育家杜威在哥伦比亚大学师范学院的学生和后来的亲密同事,他也是美国进步教育运动主要的理论指导者。克伯屈一生致力于对杜威教育哲学进行解释,具体阐述了进步教育的学习理论,使普通学校教师都能接受进步教育思想并付诸学校教育实践。克伯屈的学习理论以及设计教学法,对美国乃至全世界的教育产生了广泛而重要的影响,因而他被称为"设计教学法之父"。

第一节　克伯屈的生平与教育活动

1871 年 11 月 20 日,克伯屈出生于美国佐治亚州怀特普莱恩斯的一个牧师家庭。父亲是一位牧师,为人正直、严谨。母亲是一位善良、慷慨和极富同情心的女性,经常教导他多为别人着想,要尊重和热爱别人。克伯屈深受母亲的影响,称母亲是他最早、最好的老师。他 6 岁入小学,学习成绩很好。教师经常让他辅导一些年龄比他大的学生。他刚过 15 岁生日就加入了教会,父亲希望他继承父业当一位牧师。

1888年，17岁的克伯屈进入默塞尔大学就读。这是一所教会学院，该学院的气氛对他影响较大。1891年，他从默塞尔大学毕业，获得文学学士学位。1891—1892年，克伯屈在约翰斯·霍普金斯大学学习研究生课程。在那里，他阅读了达尔文、赫胥黎和斯宾塞的著作，受到了他们的影响。1892年，他返回默塞尔大学。由于他在约翰斯·霍普金斯大学的学习成绩十分优秀，默塞尔大学授予他文学硕士学位。

从默塞尔大学毕业后，克伯屈到佐治亚州布莱克利的公立学校教数学和几何。一年后，他被任命为该校校长。两年后，他又被聘为安德逊小学的校长。在小学工作期间，克伯屈受美国进步教育思想和实践的影响，也采取了一些革新的做法。从克伯屈教育观的形成和发展来看，四年的小学教师和校长的工作经验使他终身获益。他认为，教师应考虑全体学生的利益，而不是只关心那些成绩好的学生；对儿童的教育不应限于智育，还应包括德育；品格教育是一切教育的核心。特别是尊重儿童的观点，后来成为克伯屈教育思想的一个重要组成部分。

克伯屈在布莱克利公立学校和安德逊小学的工作十分成功，吸引了很多人前往参观。1896年春，默塞尔大学校长闻悉后也访问了克伯屈，对他的工作十分欣赏，就聘他任默塞尔大学数学和天文学教授。从1897年秋起，克伯屈到默塞尔大学任教。1903—1905年，克伯屈还担任默塞尔大学的代理校长。在这期间，他阅读了英国生物学家达尔文的《物种起源》，形成了一种积极的、尊重科学的自由思想。由于这种思想同默塞尔大学校董事的思想发生了冲突，于是克伯屈辞去了该校职务。后来，他与默塞尔大学又恢复了良好的关系，该校曾赠予他名誉博士学位。

1898年，克伯屈在芝加哥大学的一个暑期班里与杜威相识。1907年，36岁的克伯屈获得了奖学金而成为哥伦比亚大学师范学院的研究生，直接成为杜威的学生。在杜威的影响下，他放弃了数学，将自己的兴趣集中在教育上。在一篇回忆杜威的文章中，克伯屈这样写道："那时，我是一所学院的数学教授，可是好几年来，我曾把教育作为一种业余兴趣而沉醉在里面。杜威在芝加哥大学的经验以及他把教育过程作为品格形成的新看法，说服我放弃了数学。以后，我就把兴趣集中在教育方面，把它作为我的毕生工作。由于种种原因，直到 1907 年，当我得到了哥伦比亚大学师范学院的一笔奖学金时，我才实现了改变我的兴趣的愿望。当时，杜威教授在哥伦比亚大学教哲学，在以后的 3 年里，我选听了他所有的课程，同时决定把教育哲学作为自己的主修专业。"①

1909 年，克伯屈从哥伦比亚大学师范学院毕业后留校任教，成为杜威的同事，两人的关系更加密切。1912 年，克伯屈在任教的同时获得哲学博士学位。他曾将《对蒙台梭利体系的考察》(*The Montessori System Examined*, 1914)一书初稿送杜威征求意见，杜威读后表示赞同。杜威写完《民主主义与教育》一书的前几章时，也向克伯屈征求意见，请克伯屈就该书后面章节的题目提出参考意见。当时，克伯屈正在教"教育原理"这门课，于是就列出自己在教学时感到麻烦的一些哲学问题，供杜威参考。《民主主义与教育》后面的一些章节，就是根据克伯屈所列出的这些哲学问题写成的。

1912 年，克伯屈在哥伦比亚大学师范学院升为副教授。自 1918 年起，他升为教授，一直到 1938 年退休。1938 年后，他成了哥伦比亚大学师范学院的名誉退休教授。克伯屈的卓越的教学方法吸引了众多的学生，注册听课的学生经常超过 600 人。在哥伦比亚大学师范学院里，没有一间教室能容纳这么多人，所以，他的课经常在师范学院的贺拉斯·曼学校礼堂进行，有时则在大学的麦克米利剧院里进行。他的学生回国后大多担任教育行政领导和大学教授，传播和实践克伯屈的教育思想。

---

① ［美］简·杜威等：《杜威传》，单中惠编译，144 页，合肥，安徽教育出版社，2009。

克伯屈的课堂教学活动颇具特色。他上课没有教科书,也很少讲授。每堂课开始时,他发给学生二三页纸的问题和一个参考书单;然后要求学生组成小组,就这些问题进行研究和讨论;最后引导全班进行讨论。学生任何时候都可以提问。他鼓励学生要有自己的观点和见解,并努力找出证据为自己的观点和见解辩护。学生争论越激烈,他越高兴。克伯屈有时也参加争论,作为一个指导者,用他丰富的知识、深邃的思想和灵活的方法,帮助学生得出自己的结论。课堂教学结束时,他用简洁、明晰的语言进行总结,使学生在走出教室时虽然没有得到权威性的答案,但知道问题症结之所在。克伯屈的教学方法对学生产生了深刻的影响。英国教育史学家博伊德曾是哥伦比亚大学师范学院的客座教授,听过克伯屈的讲课。博伊德这样回忆说:"克伯屈教授成功的教学方法彻底改变了我的教学方法。原来,我按大学惯常的方法上课:向学生讲授我的教育观点,让他们记笔记,考试时学生将这些观点还给我。我现在认识到,这种顺序在教育上是错误的。学生应该先自己讨论,然后我去帮助学生更好地组织他们的思想,鼓励他们自己得出更完善的观点。这种方法使教育更有力、更富人情味。"①

克伯屈一生三次出国访问,这对他的教育思想在世界上的传播起了重要的作用。1912年,他到意大利罗马考察蒙台梭利方法,并同蒙台梭利会谈。由于翻译不懂心理学,会谈有一定的困难,致使克伯屈得出结论:"蒙台梭利女士至今持有的是德国和美国早已抛弃的形式训练说。"之后,他经瑞士、法国,返回美国。1926年,克伯屈第二次出国,整个旅程横穿欧亚,途经荷兰、捷克斯洛伐克、奥地利、埃及、土耳其、印度、锡兰、中国、朝鲜、日本等国。每到一处,他就同当地的教育界人士讨论教育问题,参观学校,开设讲座。在印度,克伯屈参观了他的学生麦基根据进步教育思想建立的一所乡村

---

① William W. Brickman, "Kilpatrick and International Education," *Education Theory*, 1966(12), p.22.

学校。这所学校在印度和英国享有盛名。他还参观了印度当时最好的一所学校——泰戈尔学校。这两所学校给他的印象十分深刻。他认为，它们是全世界乡村学校的范例。访问印度期间，克伯屈还同印度民族运动领袖甘地会谈，就印度的乡村教育以及印度教育的前景问题交换了看法。

1929 年，克伯屈第三次出国，访问了英国、德国、波兰和苏联等。其中最有意义的是他对苏联的访问。此时，苏联正在进行广泛的教育改革，杜威教育思想的影响随处可见，"单元教学法"也很流行。克伯屈十分惊讶地发现，苏联教育家对他的教育思想也十分熟悉，他的许多著作都被译成了俄文。他对苏联的教育改革深感兴趣，认为这是一项十分可喜的社会实验。克伯屈在自己的日记中写道："我不知道世界上有没有其他地方这样坚持不懈地使学校制度成为社会进步的一个组成部分。我知道没有一个国家像这样将当代最优秀的教育思想大规模地贯彻到整个教育制度中去……我知道没有一个地方比得上它。"[1]他还将苏俄的教育与普鲁士、美国和中国的教育进行了比较。[2]

在中华教育改进社总干事陶行知的邀请下，克伯屈曾于 1926 年 3 月和 1929 年 9 月两次来中国访问。其间，他参观各地学校，发表演讲阐释杜威的教育思想，并讨论中国的教育问题。在出国访问中，克伯屈在中国逗留的时间最长，对中国的印象十分美好。他访问了中国的很多城市和学校，同教育界的领导人进行了广泛的会谈，反复强调自己的基本观点，即学校应成为社会生活的一个组成部分，学校是改造社会的第一步。他高度赞扬了中国的乡村教育，认为它真正体现了学校是雏形社会的理想。

克伯屈一生著作甚丰，共有专著 19 本(其中 3 本与人合编或合著)、小册子 55 本、文章 375 篇、书评 35 篇，为别人的著作作序 33 篇，为报纸撰文

---

[1]　William W. Brickman, "Kilpatrick and International Education," *Education Theory*, 1966(12), p.14.

[2]　参见周洪宇、陈竞蓉主编：《中国最需要何种教育原则——克伯屈在华演讲录》，115 页，合肥，安徽教育出版社，2013。

21篇，还为63本书撰写了文章。主要著作有：《对蒙台梭利体系的考察》、《对福禄培尔幼儿园原则的批判性考察》(*Froebel's Kindergarten Principles Critically Examined*)、《教育哲学资料》(*Source Book in the Philosophy of Education*)、《方法原理：教学漫谈》(*Foundations of Method：Informal Talks of Teaching*)、《为了变化的文明的教育》(*Education for a Changing Civilization*)、《教育与社会危机》(*Education and Social Crisis*)、《自我与文明》(*Ego and Civilization*)、《教育哲学》(*Philosophy of Education*)等。其中《教育哲学》是他最后也是最重要的一部著作，被译成十多种语言，对美国及世界各国的教育理论和实践产生了影响。

对于杜威的教育理论，克伯屈是赞同的。自在芝加哥大学的暑期班里与杜威相识之后，"克伯屈阅读过杜威的《与意志训练有关的兴趣》《儿童与课程》《学校与社会》《教育的情境》等著作，这些著作给他打开了一个新的思维世界"[1]。克伯屈也认为，教育是生活的教育，它为了生活并通过生活；生活是教育的生活，它为了教育。可以说，"在那些年里，克伯屈超过其他任何人，被人们公认为杜威理论的主要解释者和推广者"[2]。大约在1915年，克伯屈很想对他的设计教学法进行试验，但当时只有作为哥伦比亚大学师范学院实习学校的贺拉斯·曼学校愿意接受。1917年4月28日，他在芝加哥举行的一次教育会议上提出了"设计教学法"。1918年9月，克伯屈又在《哥伦比亚大学师范学院学报》第19期上发表了一篇题为《设计教学法：教育过程中有目的的行动的应用》("Project Method：The Use of the Purposeful Act in the Educative Process")的文章。在此后的25年里，它重印了6万本，被称为20世纪以来最有影响的一篇有关教学理论的论著，也使克伯屈在国内外赢得了广泛的

---

[1] Samuel Tenenbaum, "William Heard Kilpatrick：Trail Blazer in Education," in *Dewey's Introduction*, New York, Harper & Brothers Publishers, 1951, p.76.

[2] [美]劳伦斯·阿瑟·克雷明：《学校的变革》，单中惠、马晓斌译，194页，济南，山东教育出版社，2009。

声誉。

克伯屈不仅是一位教育家，还是一位社会活动家。他长期任杜威学会的领导人、纽约市联合会主席、美国青年与世界青年组织主席、工业民主主义者联合会主席、美国人文主义者协会会员、美国科学促进委员会会员、美国体育协会会员、进步教育协会理事会理事等学术团体和社会团体的职务。1965 年 2 月 13 日，克伯屈病逝于纽约市立医院。

第二节　教育思想的理论基础

克伯屈教育思想形成和发展的时期，正是美国社会生活各方面发生深刻变化的时期。美国工业的迅速发展，使人们的生活环境和生活方式发生了急剧变化，既为社会带来了极为丰富的物质文明，也导致社会道德水平的普遍下降。与此同时，对人的行为、生长过程以及学习过程的实证的、科学的研究也取得了重大进展，民主思想进一步传播。在克伯屈看来，"世界的变迁已经迅速，而以后的变迁尤其迅速。我们要应付这种变迁的世界，须要新的教育"①。

一、对美国社会的反思

19 世纪末 20 世纪初，美国社会发生了巨大变化，大批农民涌向工厂、涌向城市，科技发明被广泛应用于生产，生产力突飞猛进，人们的物质生活空前丰富。正当人们高奏工业文明的凯歌时，人类历史上第一次出现成吨牛奶被弃于大海的同时，却有无数人忍饥挨饿的奇怪现象。美国经济危机的产生，

---

① 周洪宇、陈竞蓉主编：《中国最需要何种教育原则——克伯屈在华演讲录》，61 页，合肥，安徽教育出版社，2013。

促使克伯屈对美国社会进行深刻的反思。这些反思集中体现在他的《教育与文明变化》和《教育与社会危机》之中。

克伯屈认为，现代西方文明正处于历史的转折关头，其动因是资本主义工业化的发展。他承认工业化为社会带来了前所未有的物质财富，但同时他也看到了随之而来的社会道德水准的普遍下降。出于对美国前途的忧虑，克伯屈对美国社会提出了严厉的批评。他指出："真正的经商气氛已经将人们教育成漠不关心的公民，它提供了许多不劳而获的机会。人们如此生活的时间越长，他们的道德也就越坏。投机取巧已习以为常，敲诈勒索应运而生，犯罪成为一种职业，政治堕落成为出售庇护的勾当，等等。这一切还只是九牛一毛。这种道德水准的下降正在四处蔓延。"①在克伯屈看来，这种道德水准的下降主要表现在三个方面：一是损害了民主机构的运行所十分必要的合作精神；二是没有真诚的交往使得人与人之间失去了信任；三是产生了寄生虫病，即一部分人不劳而获、投机钻营，寄生于社会。

克伯屈还认为，造成社会道德水准下降的根本原因在于资本主义制度。他明确指出，资本主义有许多不良的教育后果，最严重的是不把工人作为人来看待。因此，"只要某人把工人仅当作手段而不是目的，他就会蔑视工人，不把工人当作一个完整的人"②。

克伯屈进一步指出，社会道德水准下降是对美国民主主义传统的背叛和对民主主义含义的新发展视而不见的结果。在他看来，民主主义有两种意义，既指一种政治形式，又指一种生活方式。克伯屈指出，在今天，民主主义的含义虽然发端于政治，但已扩大到超过政治而指一种生活方式，一种以主动地注重人格为基础的联合生活的品质……在这种意义上，民主主义实际上成

---

① W.H.Kilpatrick, *Education and the Social Crisis*, New York, Liveright Inc.Publishers, 1932, p.82.

② W.H.Kilpatrick, *Education and the Social Crisis*, New York, Liveright Inc.Publishers, 1932, p.26.

为在伦理和注重人格的基础上管理社会的努力。因此，他坚决主张，民主主义的本质是尊重人格。在考察民主主义内涵的历史演变后，克伯屈指出，以前，人们也许认为，民主主义的"本质"是自由，即个人根据他自己的意志做出决定以及行动的自由。这种自由观对任何正统的民主主义来说都是至关重要的。但是，考虑一下所有有关的因素，这样说更确切些，即尊重人格在先，自由是尊重人格的必要补充。"如果民主主义有所指的话，那就是每个人必须能被作为人来对待，而不单纯是别人的生产工具。"①

为了拯救这个道德水准下降的社会，克伯屈将希望寄托在教育上。他认为，任何教育制度都必须勇敢地面对现实生活，当现实生活发生变化后，教育制度也应随之变化。不仅如此，教育还应积极地帮助改造生活。在他看来，资本主义的不良教育后果对教育生存的根本理由提出了挑战，因为教育培养人们诚实、富有公民意识、尊重他人，但资本主义制度使这种教育结果荡然无存。所以，克伯屈指出："教育一直深深关切着人类幸福，如果一个坏的经济制度降低了人们的生活水准，那教育不能袖手旁观。我们必须同文明携起手来，创造一个更美好的世界。"②在他看来，有目的的行为是民主社会中有意义生活的典型单元，因而也是学校教育过程中的一个典型单元。作为《社会开拓者》杂志负责人，克伯屈在该杂志创刊时说："如果这本杂志创建者的愿望得以实现的话，它肯定能成为一种媒介，表达那些从事教学职业的人的信念，即教育在重建美国社会的过程中起着十分重要，甚至决定性的作用。"③

克伯屈对美国社会的弊端，尤其是经济危机时产生的种种现象提出了严厉的批评，并且敏锐地感觉到这些弊病是由美国的资本主义制度造成的。然

---

① W.H.Kilpatrick, *Education and the Social Crisis*, New York, Liveright Inc.Publishers, 1932, p.26.

② W.H.Kilpatrick, *Education and the Social Crisis*, New York, Liveright Inc.Publishers, 1932, p.83.

③ W.F.Connell, *A History of Education in the Twentieth Century World*, New York, Teacher College Press, 1980, p.291.

而，由于阶级和历史的局限，他只笼统地意识到是资本主义制度造成了这些弊端，没有也不可能对资本主义制度的私有制实质进行分析。

二、经验主义哲学观

克伯屈十分重视哲学同教育之间的联系。他认为，哲学思考和教育是同一种努力的两个方面：哲学思考得出更好的价值和理想，教育力图在生活与人身上实现这种价值和理想。虽然严格地说，克伯屈并不是一位哲学家，但他广泛地思考了有关人的本质、文化的本质、道德原则、思维过程等哲学问题，形成了他的经验主义哲学观。

克伯屈认为，人的本质是社会的产物，人的生长和发展是在与周围环境的相互作用中进行的。相互作用的结果，一方面是人的经验的产生，另一方面是导致环境发生相应的变化。人类的认知，无论其程度和种类如何，都必须在经验的范围内进行。在他看来，"经验"这一名词是动词"生活"的内在目标，仅仅表明人的生活过程的内容。因此，经验的过程也是生活的过程。"实践经验是意义的最丰富的激发物或暗示物，同时还是最终检验意义的唯一最佳手段。"[1]

就教育即经验改造而言，克伯屈指出："我愿意把教育看作是不断地这样改造经验的过程：使经验内容不断丰富、充实，同时使学习者对这一经验的控制力日益增加。"[2]在他看来，当控制手段得到提高时，这种经验便具有了教育意义。但是，克伯屈也认为要重视种族经验，因为不仅种族经验的体系比任何人得到的经验都要好，而且种族经验每时每刻都包围着我们。

同其他经验主义者一样，克伯屈的哲学观受进化论影响，十分推崇"变

---

[1] [美]威廉·H.克伯屈：《教学方法原理——教育漫谈》，王建新译，192页，北京，人民教育出版社，1991。

[2] [美]威廉·H.克伯屈：《教学方法原理——教育漫谈》，王建新译，164页，北京，人民教育出版社，1991。

化"。他认为，西方文明在柏拉图、亚里士多德的影响下，形成了强调"绝对""静止"而反对"变化"的传统。他称柏拉图的哲学是一种静止哲学，在这种哲学中，变化是相对的、偶然的、不重要的。1859 年，达尔文的《物种起源》一书的出版，正式宣告了这种"静止哲学"的结束。克伯屈认为，"可以从达尔文的立场中得出与我们有关的两点结论：第一，过程（变化）成为理解人类的人体发展和文明的主要思想；第二，人的行为，即当人面临一种他所要控制的情境时的行为，是深究生命过程的关键。这两点……是哲学研究的核心，对教育也有同等重要的意义"。在他看来，人们如果仔细审视当时迅速变化的情景，就会发现，他们不断地碰到新鲜事物，谁也无法预料将会发生什么。如果说还有什么是绝对的话，那只有"世界在迅速变化"这一事实。变化无所不在，无所不包，年青一代的确面临着一个未知的未来，任何人都不能假设旧的解决方法已经够了。因此，他呼吁："我们必须要有一个变化哲学，这种哲学不仅对变化的事实持肯定因素，而且将变化作为核心因素。"①

克伯屈还认为，把世界看作变化的，就产生了一种对教育的新看法。因为只要人们把世界看成固定的、静止的，他们就会让儿童主要去记忆儿童长大时可能遇到的问题的答案，记忆并适应固定的秩序。然而，如果一个人面对的是迅速变化、漂浮不定的世界，其变化的方向和途径都无法预料，那么，教育就应该强调思维、方法以及行动的原则，强调如何做而不是做什么。学习不再被看成是僵死的、以书本为中心的。对于学校来说，它就应该培养学生具有较强的适应能力，帮助他们掌握理智地处理现实问题的方法。

在克伯屈看来，由于社会是变化的，人们的处境也在不断改变，旧的问题解决了，新的问题还会不断涌现，因此，人的学习和深究是永不间断的。他强

---

① W.H.Kilpatrick, *Education for a Changing Civilization*, New York, The Macmillan Company, 1930, p.41.

调:"教育应该永无止境,它应该是一个终生的过程。只有这样,才是良好的生活。"①就教育本质而言,克伯屈赞成杜威的观点。他认为,教育即生活和教育即生长两者是相同的。"我们在试图将好的生活想象为随着年龄的增加而不断丰富和完善的生活。这就是我们所说的生长。……生长至少包括两个方面:经验内容的增加;对经验控制力的提高。"②在他看来,生长是衡量的准绳,永远是准绳。所以,克伯屈主要考虑的是更多的思想、更多的意义、越来越细的区分、更好的行动方式、更高程度的技能、更广泛的兴趣、更良好的组织。

克伯屈的经验主义哲学观深受杜威实用主义的影响。他对"经验"性质的论述,很明显是杜威经验论的翻版。但他强调变化,并主张用此来改造旧的哲学。进入20世纪以来,人类社会生活各方面都发生了深刻的变化,而且这种变化呈现出更强的态势。因此,克伯屈把"变化"作为现代社会的主要特征,确实抓住了问题的实质。

第三节 论学习理论

克伯屈在主张摒弃旧的学习理论的同时,根据心理学的新成果和新的教育哲学,提出现代的学习理论。他从"学习"的含义开始,专门对学习理论的分类和特色以及教学方法进行了论述。

一、"学习"的含义

在思考学习理论时,克伯屈遇到的第一个问题是"学习的确切含义究竟是

① Samuel Tenenbaum, "Kilpatrick: The Man and His Works," *Education Theory*, 1966(1), p.47.

② [美]威廉·H.克伯屈:《教学方法原理——教育漫谈》,王建新译,160页,北京,人民教育出版社,1991。

什么"。在这之前，他确立了一条原则："学习这个教育的关键组成部分，必须根据行为词来理解"，即在研究学习理论时，应该把学习主要看成一个活动，而不是一件事情。有机体是在行动中，通过行动来学习的，学习的结果是获得一种新的行为方式。根据这条原则，克伯屈确定"学习"的定义是"一个人经历过的任何部分或者方面留存在学习者的身上以备在将来的经验中相机再现的一种倾向"①。在他看来，学习的意义就是怎样把学习应用到生活中去，学习的完全不完全与生活有很密切的关系。

这里，动词"经历"(to live)是理解这个定义的关键。克伯屈认为，"经历"蕴含着一个人要学习某件事情，必须首先经历那件事情。但是，说一个人要学习一种感情、一种思想或一个动作，就必须经历那种感情、那种思想或那个动作，是什么意思呢? 克伯屈解释说，经历一种感情、一种思想或一个动作，在语法上与唱一首歌、跳一次华尔兹舞或者打一回仗属于同一类，其中动词的宾语只是更明确地重复动词的实际内容。也就是说，学习者不仅应知道这种感情、这种思想或这个动作是什么，而且应亲身去体验它们，将它们内化到自己的行为中去，在适当的时机和场合、在行为中再现它们，以这种感情、这种思想或这个动作对生活情境做出反应。

二、两类学习理论

克伯屈区分了两类学习理论：一是在西方教育中长期占统治地位的传统学习理论，他称之为 A 类学习理论；二是他自己提出的学习理论，他称之为 B 类学习理论。克伯屈还详细对比论述了这两类学习理论的特征。

(一)A 类学习理论

A 类学习理论有下列特征："(1)这种理论主要是一种从书本学习的理论；(2)因而这种理论典型地由学习别人的话语或者陈述组成；(3)这种理论

---

① 王承绪、赵祥麟编译：《西方现代教育论著选》，58 页，北京，人民教育出版社，2001。

预期,学习出现在从生活中抽象出来的情景之中,因而典型地以对于学习者具有很少或者没有当前意义的内容为中心;(4)这种理论预期学习主要,如果不是仅仅,通过重复而获得的;(5)这种理论认为,学习的应用一般,如果不总是,发生在与学习发生时不相同的经验中,而且通常远在学习发生以后。"克伯屈强调:"对比起来,我们这里提出的理论,呈现下述特征。这种理论认为:(1)行为活动典型地是学习过程里必不可少的一部分;(2)在具体的个人生活环境中(如果不只是在这种环境中),学习的进展最佳;(3)学习来自行为活动,而不是如A类理论所说仅仅来自话语的重复;(4)学习的首次应用,在正常情况下来自学习所发生的经验范围之内,事实上,学习的发生正是为了把这个经验继续下去。"①

克伯屈对这两类学习理论做了认真的评判。他分析指出,A类学习理论是建筑在对人的生长性质及其实现过程的错误认识之上的。它把儿童期作为浪费光阴的时期,主张学校应该用书本知识来充实儿童此时的生活,以使他们成年后能更好地生活。在克伯屈看来,为了人生意义的丰富而视书本为一种必要手段是一回事,但假定书本的学习能代替通过生活的学习是完全不同的另一回事。把儿童期作为成年生活的准备阶段,等于把儿童期作为成年生活的手段,这是不符合生长理论的。对于任何人来说,他的生活的任何阶段都不能仅仅当作另外阶段的手段;相反,每个阶段都应有它自己的价值。克伯屈认为,尽管学习理论的直接理论基础是心理学,但A类学习理论的心理学是不充分的。它把心当作容器,认为心能够像知识库一样获取知识并把知识储存起来,同时还可以用高难度的材料加以磨砺以提高其敏锐力。因此,他明确指出:"我们现在这种想法是徒劳的。不能将心看作谷仓或冷藏库。最好是利用它解决问题、完成任务……每个重要的学科中的新项目都会成为丰

---

① 王承绪、赵祥麟编译:《西方现代教育论著选》,56~57页,北京,人民教育出版社,2001。

富经验的一个重要步骤。"①

（二）B 类学习理论

克伯屈认为，与 A 类学习理论恰恰相反，B 类学习理论强调学习者目前的经验在学习中的重要作用。他指出："在任何复杂的经验中，早期的经验一般会留存下来，相机进入后期的经验，这样把早期的和后期的经验连成一体，从而使相继发生的事件构成一个连续的经验。"②这种学习理论不把儿童期作为成年生活的准备期，认为儿童期本身具有不可忽视的价值；同时，把学习理解为一种行为活动，真正的学习单元是人与环境的相互作用。在克伯屈看来，这种学习理论的理论基础是美国心理学家桑代克的联结主义心理学，他在许多场合都声称他的心理学直接来自桑代克。在联结主义心理学的基础上，他提出，任何学习单元都有一个起点、一个中项和一个终点，学习始于人同周围环境遭遇时产生的一种紧张不安的情绪和感觉，然后人通过调整自己的行为来松弛这种紧张的情绪，最后达到满足。在这个学习单元中，最根本的是有机体必须对环境做出反应，只有做出反应才能改造自己的行为，从而获得一种新的行为方式。克伯屈断言，这种学习是真正的学习，它在经验中的存在，对人类经验的形成是必不可少的。

克伯屈还认为，B 类学习理论所阐述的学习规律是："我们学习我们经历的事情，我们接受我们经历的某件事，我们就学习了这件事，而且我们接受这件事的程度，就是我们学习这件事的程度。"③在他看来，这个学习规律具体包括三个方面：第一，我们以经历某一特定项目的程度，来确定这个项目对我们的重要程度，以我们内心感到它对我们生活的用处而接受它的程度，来学习这个特定项目。第二，其他情况相等，我们以任何特定项目对我们具

① W. H. Kilpatrick, *Education for a Changing Civilization*, New York, The Macmillan Company, 1930, p.41.

② 王承绪、赵祥麟编译：《西方现代教育论著选》，59 页，北京，人民教育出版社，2001。

③ 王承绪、赵祥麟编译：《西方现代教育论著选》，63 页，北京，人民教育出版社，2001。

有意义的程度(根据已经知道的东西来衡量其意义)学习这一特定项目。第三，其他情况相等，经验项目的可回忆性以该项目的使用频率和新近的程度为其程度。

克伯屈所阐述的学习规律实际上是对桑代克学习律的改造和具体应用。他完全赞同桑代克的准备律和练习律，将效果律改造成"满足—烦恼"律，并更重视后一条学习律。他指出："越观察孩子们如何学习，我越相信这条法则的确是我们的学习赖以存在的基础，学校活动必须建立在这个基础上。"①上述学习规律的前两个方面就是"满足—烦恼"律的具体应用，而第三个方面则不过是练习律的另一种表述。就"怎样学习"的问题，克伯屈做了这样的回答："这个问题的答案是三种原则：(甲)练习律，不练习是不能学习的。(乙)效果律，成功就愉快，就有兴味去练习去做；失败就烦恼，就不再去做。(丙)联想律，学习是多方的，不是仅只一样，喜欢做与不喜欢做，都与联想律大有关系。"②在他看来，学习的规律在行为中无处不在。在学习过程中，有准备的状态、练习以及效果实际上包括了一切。

三、学习理论的特色

克伯屈学习理论的特色在于，不仅区分了 A 类学习和 B 类学习，而且还进一步表明每类学习都包括三种学习：主学习(primary learning)、副学习(associate learning)和附学习(concomitant learning)。具体来讲，主学习指掌握特定的知识和技能，是我们的目标直接指向的学习。副学习指不是有意识地获得知识和技能。附学习指伴随主学习过程而获得的态度，是伴随主学习的一种反应，即主学习的焦点目标的伴随的或边缘的反应。以教学生做衣服为

---

① [美]威廉·H. 克伯屈：《教学方法原理——教育漫谈》，王建新译，25 页，北京，人民教育出版社，1991。

② 周洪宇、陈竞蓉主编：《中国最需要何种教育原则——克伯屈在华演讲录》，31 页，合肥，安徽教育出版社，2013。

例：教师教学生如何设计式样，如何裁剪，如何踏缝纫机，学生掌握了如何设计、如何裁剪、如何踏缝纫机的知识和技能，这是主学习；同时学生自己可能还会领悟教师没有教的缝纫机工作原理，这是副学习；另外，学生还在学习做衣服的过程中形成了很多态度，也许会认为做衣服是一件十分有趣的事，也许会认为教师和蔼可亲、值得尊敬等，这是附学习。在克伯屈看来，副学习不一定必然出现，但任何学习都毫不例外地会包括主学习和附学习。

在克伯屈的学习理论中，附学习经常等同于同时学习（simultaneous learning）和累积学习（cumulative learning）。他断言，在任何重要的经验中，人都是以一个有组织的整体来活动的，每个经验都是许多相互作用的部分和方面的复合体。环境是复杂的，人对环境的反应也必定是复杂的，在这些反应中进行的学习也必然是多方面的、同时的。同时学习的积累导致了附学习。克伯屈十分强调附学习的意义，认为它在儿童成长中的作用常常比主学习重要得多。他指出："我们现在似乎认为奇怪，但是过去的教师确实忽略这种累积性的同时学习或者附伴学习。具有现代思想的教师深知，正是从这些累积学习——概念、态度、理想、标准、习惯、技能等等之中，儿童的性格时刻不断地在形成。"[1]因为在学校的学习中，儿童经常会产生各种态度，如对同学的态度，对教师的态度，对学校的态度，对书本的态度，等等。这些态度不仅会决定学生如何评价和应用主学习的成果，而且会最终形成儿童的世界观。克伯屈经常举一个例子：如果一个学生学完了历史课，并且考试成绩是 A，但一考完他就将历史教科书往桌子上狠狠地一扔，并说："这门该死的历史课总算结束了，我再也不想读任何一本历史书了。"我们能说这位学生历史课的学习是成功的吗？回答是否定的。因为他的附学习是完全失败的，他憎恶历史课，可能还会憎恶上历史课的教师或同学。久而久之，这个学生会形成一种对世界和人的否定的看法。克伯屈强调，这种只注意主学习而忽视附学

---

[1]　王承绪、赵祥麟编译：《西方现代教育论著选》，67 页，北京，人民教育出版社，2001。

习的做法，正是传统的"亚历山大式教育"的弊病。他对当时教育界流行的各种成绩测量也表示忧虑，认为这种测量往往只限于机械性的技能和知识，强化了传统学校只注意主学习的趋势。如果校长根据这种测量来衡量教师的工作，势必使学校工作发生偏差。儿童在掌握知识和技能的同时，产生了对书本、教师和学校的憎恨，因而在接受文明熏陶的同时成了文明的敌人。

在克伯屈看来，只有认识到每类学习都包括主学习、副学习和附学习这三种学习，才会使教学工作产生很大的改观。如果教师在教学时，只注意教学生掌握知识和技能，只注意学生考试成绩出色，那很难讲教师的教学是成功的。如果教师认识到比掌握知识和技能更重要的学习，那他在教学时就必然会思考学习知识和技能可能在学生身上产生一些什么样的道德结果。由此可见，克伯屈对三种学习的论述，使道德上的收获而非理智上的成果成为学校的最高目的。

四、论教学方法

克伯屈在教学中认识到，教学是相互的而非单向的过程，好的教学需要教师和学生双方的参与。因此，在把学习分成三种类型的同时，他也阐述了对教学方法的看法。克伯屈认为，对教学方法可以做两种理解。一种理解是，以前的教育家都把教学方法看成教师如何帮助学生最经济、最有效地学习书本知识，教学方法的成败优劣取决于学生是否掌握了所要学的知识，所花的时间是否经济。克伯屈称之为狭义的方法。它主要关心的是主学习的各种问题。另一种理解是，当意识到学习除了主学习、副学习之外还有附学习时，就需要一种广义的方法。克伯屈指出："在整个教育领域中，广义的方法问题即使不是最最重要的问题，也近乎于此。"①在他看来，广义的方法问题就是

---

① [美]威廉·H.克伯屈:《教学方法原理——教育漫谈》，王建新译，1页，北京，人民教育出版社，1991。

生活的问题，它把教育看作与整个生活相关的整体，所关心的是如何驾驭自己，如何支配教室、儿童以及各种事物，使儿童获得最好的、最多的生长。应该说，进入克伯屈视野的是人的态度、行为习惯、道德观念等整个人格的培养。

克伯屈还认为，狭义的方法只考虑某种要学习的特殊事物，忽视其他与这种特殊事物相关的事物，广义的方法则以承认学习是同时性的为基础；狭义的方法考虑的是抽象的书本生活，广义的方法关注的则是实际的、真实的世界，即生活本身；狭义的方法关心的是如何经济有效地学习学科知识，广义的方法关心的则是如何对待儿童。从根本上说，狭义的方法属于心理学的问题，广义的方法属于伦理的、哲学的问题。因此，克伯屈强调："广义的方法与儿童们活动时作出的反应有关。它所关心的是帮助儿童把全部反应尽可能完善地建成一个整体。狭义的方法关心儿童们如何能富有成效地学好这个或那个具体事物，一般是事先指明的事物。而广义的方法问题关心作出的一切反应。旧式教育将自身局限于狭义的方法问题，新式的教育强调广义的方法问题而又不忽视狭义的方法。广义的方法特别关注确立态度与鉴别力。"①

克伯屈的学习理论中用"狭义"和"广义"分别称呼两种教学方法，仅仅表明这两种方法的内容有广狭之分，并不意味着对狭义方法的贬抑和对广义方法的赞崇。克伯屈丝毫没有轻视心理学家和实验教育家有关狭义方法的研究对人类的学习做出的巨大贡献。在他看来，如同学习有主学习和副学习一样，狭义方法和广义方法所关心的是教学的不同侧面，两者配合使用才是达到教育目的的唯一保证。虽然克伯屈没有具体论述广义的方法如何实施，但他为我们思考教学方法问题提供了新的视角。

① ［美］威廉·H. 克伯屈：《教学方法原理——教育漫谈》，王建新译，114 页，北京，人民教育出版社，1991。

第四节　论设计教学法

克伯屈之所以在世界上享有盛誉，同他提出的设计教学法直接有关。他设想把设计教学法进一步改造成一种更具普遍性的教学方法。在进步教育处于鼎盛时期时，"设计教学法"这个词在美国几乎家喻户晓。在应用杜威教育理论的基础上，克伯屈提出了"设计教学法"，把建立在儿童兴趣和需要之上的"有目的的活动"作为教育过程的核心，以及一切有效学习的根据。他强调："我采用设计这个术语就是专为表明有目的的行动并且特别注重目的这个名词。"[①] 用克伯屈自己的话来说，设计教学法就是"任何一个有明确目的的经验单元，任何一种有目的的活动。在这些活动中，其主要目的是激发内在驱动力；确定活动的目的；指导整个活动过程；激发内驱力，即内在动机"[②]。因此，在他看来，设计教学法就是废除班级授课制，打破学科体制，把儿童有目的的活动作为所设计的学习单元，并由此来组织学校的工作。但是，克伯屈认为：设计教学法"这个名称既不是我的发明，也不是我首次把它引入教育领域"[③]。

一、有目的的活动是设计教学法的核心

确切地说，"设计"这个词并不是克伯屈最先应用到教育领域中的。在他之前，美国许多农学院就采用一个个单元的设计来组织教学。在他同时代，

---

① 康绍言、薛鸿志编译：《设计教学法辑要》，3页，北京，北京高等师范出版部，1922。

② William H. Kilpatrick, "Dangers and Difficulties of the Project Method and How to Overcome Them," *Teachers College Record*, 1926(26), p.283.

③ [美]威廉·H.克伯屈：《教学方法原理——教育漫谈》，王建新译，330页，北京，人民教育出版社，1991。

也起码有 15 位学者阐述过 20 种关于"设计"的定义。然而，克伯屈认为，人们原来使用"设计"这个词都太片面、太笼统、太机械。因此，他试图赋予这个词以新的内容。1918 年，他发表了《设计教学法》一文，系统地阐述了他对这个问题的看法。其基本观点体现在下面一段话中："在对教育理论中的方法不断进行划分时，我渐渐感到需要把教育过程的许多重要的、相关的方法更完整地统一起来。我开始希望用一个概念来实现这个目的。这一概念……强调活动的因素，最好是全心全意的严肃的活动。这一概念必须同时为学习律的充分运用和行动的道德品质的要素安排同等的地位。行动的道德品质的要素当然要注意到社会情境和个人态度。伴随着这些似乎是重要的概念，那就是教育即生活。……当这些问题变得更加明确时，便逐渐产生了一种信念——从各方面证实——我所寻求的这种统一的概念发展为在社会环境中进行着的全心全意活动之概念，或扼要些，为这种活动的单元设计的有目的的活动。我把'设计'这个名称用来指这种有目的的活动，而把重点放在'有目的'这个字眼上。"①

关于什么是"设计"，克伯屈举过一个非常著名的例子：假设一个女孩准备做一条裙子，她自己设计裙子的式样，并且自己缝纫。他认为，这就是一个典型的设计。因为我们在此看到了在社会环境中进行的全心全意的有目的的活动。"做裙子"就是目的。这个目的一旦形成，就支配着以后的每一步行动，包括买什么布料、买多少、如何裁剪。同时，如果要做成功，这个女孩必须全心全意、认真地去做。另外，"做裙子"这个活动是在社会环境中进行的，因为起码其他女孩会注意这条裙子。

在克伯屈的设计教学法中，有目的的活动是核心。他曾这样指出，"设计"这个具体的词并不重要，这个词背后的思想或观点才是重要的因素。它指任何有目的的经验单元，任何有目的的活动。在克伯屈看来，有目的的活动

---

① William H. Kilpatrick, "The Project Method," *Teachers College Record*, 1918(9), p.320.

是 A 类学习理论与 B 类学习理论最大的不同之处。A 类学习理论将规定的学科知识作为追求的目标,根本忽视儿童的目的;而 B 类学习理论在肯定儿童经验的价值的同时,也肯定了儿童自己的目的。导致克伯屈把有目的的活动作为设计教学法的核心的是这样一件事情:有一次,克伯屈在参观一所游戏学校时,看到一个五六岁的男孩在摆弄一块十分硬的木头,试图为他正在建造的房子做一扇窗户。其他孩子在漫无目的地玩耍,并且对这个男孩喊:"约翰,跟我们一起玩吧。"但是,这个男孩仍专心致志地干他的工作,还转过头来,带着骄傲和满足的神情对克伯屈说:"他们在玩,而我在工作。"事后,克伯屈感慨地说:"我现在找到了我所追求的东西了。这个男孩有一个目的,并专注于这个目的,全力实现之。这正是我所向往的。"①

克伯屈之所以如此强调有目的的活动,其理由有二。第一,他认为,有目的的活动是民主社会中有价值生活的典型单元,也应该成为学校的典型单元。在杜威教育哲学的影响下,美国人大都接受了"教育是生活本身,而不仅仅是为将来的生活作准备"的理论。在通过什么方法实现这种理论上,克伯屈十分自信地指出:"我们面前的这种思想为达到这个目的提供了明确的步骤。"因为如果真正有目的的活动成为有价值的生活的典型单元,那必须得出这样的结论,即将教育建立在有目的的活动基础之上,使教育过程完全等同于有价值的生活本身,这两者就是一而二、二而一的事了。因为,"以有目的的活动为基础的教育在构成当前有价值的生活的同时,也为生活作了最好的准备"②。第二,把有目的的活动作为典型的教学单元,是利用学习律的结果。桑代克的学习律之一准备律认为,任何行动都是由有机体对环境的反应组成的。环境的刺激与人的反应之间形成许多联结,这些联结并不时刻都能导致

---

① Samuel Tenenbaum, "Kilpatrick: The Man and His Works," *Education Theory*, 1966(1), p.47.

② William H. Kilpatrick, "The Project Method," *Teachers College Record*, 1918(9), p.323.

行动，如人在发怒时，笑的联结就没有处于准备状态。当学习者从事有目的的活动时，他的注意力更集中，感觉更敏锐，内驱力更强，其学习结果必然更成功。

在《教学方法原理——教育漫谈》一书中，克伯屈强调，应该"把设计法理解为以有目的的方式对待儿童，以便激发儿童身上最好的东西，然后尽可能放手让他们自己管理自己"①。在题为"现代教育方法的批评"的演讲中，他又指出："设计教学法便是把目标和自己的目的相联合，是我们理想的教育方法。……设计教学法是比较好的方法，我相信很多好的教员是愿意去实行的。"②在他看来，教育就是要让儿童有思考的能力，让其能够独立思考，以解决一切问题。应该说，克伯屈将设计教学法定义为在社会环境中进行的有目的的活动，还注意了教学法活动的社会的和道德的因素，这是合理的。不过，他所强调的"目的"是儿童当前的目的，并认为以这种目的为基础会保证学习的成功，这还须加以分析。在克伯屈看来，所谓学习成功一般指三个方面：一是学习速度快，二是保持时间长，三是迁移能力强。克伯屈强调的有目的的活动，学习速度确实可能较快，然而保持时间不一定就长。因为当前的目的发生变化时，儿童经常得重新学习。另外，现代学习理论表明，迁移依靠的当前的学习与以后的学习有共同的要素，这就要求学习时不能只从当前的目的出发，而应相应地思考长远的学习情景与当前学习的关系。因此，认为儿童的目的在学习中有重要地位是一回事，认为一切学习都应源于这种目的则完全是另外一回事。

---

① ［美］威廉·H. 克伯屈：《教学方法原理——教育漫谈》，王建新译，304 页，北京，人民教育出版社，1991。

② 周洪宇、陈竞蓉主编：《中国最需要何种教育原则——克伯屈在华演讲录》，78 页，合肥，安徽教育出版社，2013。

二、设计教学法的四种方式

克伯屈认为,"设计"丝毫没有什么神秘的地方。从小孩堆沙堆到埃及人建造金字塔,从学习加减法到牛顿研究物理学定义,都可以称为"设计"。能否称为"目的",关键在于活动中是否有一个居支配地位的目的。按照活动的目的、内容和性质的不同,设计教学法可以分成四种方式。

一是生产者的设计,或称建造的设计。它以生产物质的或精神的产品为目的,如建造房屋、制作工具、烹饪食物、拟订章程、写信和演戏等。其中起主导作用的目的是去干、去做、去实现,用物质的形式去体现一个思想或观念。

二是消费者的设计,或称欣赏的设计。它以使用和享受别人的生产成果为目的,如听故事、听乐曲、欣赏戏剧等。其中起主导作用的目的是欣赏一种经验。

三是问题的设计。它以解决理智方面的问题和困难为目的,如为什么会有露水、假如在森林里迷了路怎么走出森林、为什么纽约比费城发展得快、人为什么不能飞上天等。其中起主导作用的目的是解决理智上的困难和障碍。

四是练习的设计,或称特种练习设计。它以获得某方面和某种程度的知识和技能为目的,如学习阅读、拼法、书写、算术和其他许多操作性技巧等。在进行其他设计的时候,儿童往往会感到有进行练习的必要。其中起主导作用的目的是获得一定程度的知识和技能。

在以上四种方式的设计中,克伯屈认为,生产者的设计是重点,因为这种设计最能体现教育的"社会化",体现一种合作的活动。而且,这四种方式的设计的分类并不是固定的。一个具体的学习单元经常包含两个或两个以上的设计。设计不仅是个人的,也可以是集体的。当集体中的成员有一个共同的愿望时,就会产生共同的目的。在这个共同目的指导下,集体中的成员相互合作,努力产生令人满意的结果。此时,设计的性质就是集体的。

克伯屈指出,"有目的的活动"能提供最适当的学习条件。因为对一个儿童来说，他的目的越坚定，希望达到目的的心理倾向就越强烈，动作的准备状态就越充分，行为实现和成功的可能性也就越大。由于获得成功而引起情绪上的极大愉快，因此，所获得的学习效果也就越显著。在桑代克"尝试和错误说"的基础上，克伯屈提出了"成功—愉快""失败—苦恼"的学习律。他强调："在某种社会情况中，有目的的活动……应成为学校程序的典型单元。"①

　　克伯屈的教育思想受 20 世纪初实验科学的影响，作为实验科学核心的归纳法为他思考教育问题提供了丰富的养料。在应用归纳法上，他很明显地受到杜威的影响。他十分赞同杜威在《我们如何思维》中对反思性思维形式所做的分析，称它已成为过去数十年中教育界最有影响的概念之一。从杜威的"思维五步法"中，克伯屈引出了他的设计教学法的四个步骤。具体来讲，这四个步骤是：确立目的、制订计划、实行计划、评定结果。在本质上，这四个步骤是密切联系在一起的。实行这四个步骤的过程中，都以儿童为主，让儿童自己完成过程中的每一步骤；但是，目的的决定取决于环境和教师的引导。例如，一个同学因为墨水用完了要上街购买感到不方便，于是有的同学就说："假如学校里有个小商店那该多好。"班上其他同学也支持这个说法。这时，教师就抓住时机说："我也赞成。大家来商量一下吧。"全班同学听了很高兴，并决定筹备小商店（目的）。接着，大家又讨论了如何筹备和分工（计划）。然后，分头按照商定的计划去做，在学校里办起了小商店（实行）。最后，全班同学再议论在这个过程中，哪些事情做得好，哪些事情做得不好，等等（评定）。克伯屈认为，设计教学法的四个步骤是逻辑的次序而不是实际的次序，在教学时教师可以根据具体的情况从任何一个步骤开始。他还指出，在四个步骤中练习均是必要的。如果儿童越是能够独立采取每一步骤，越是乐意独立采取每一步骤，那就越好。

---

　　① W.F.Connell, *A History of Education in the Twentieth Century World*, New York, Teacher College Press, 1980, p.600.

尽管设计可以是个人的设计，也可以是集体的设计，但克伯屈强调，每一个设计都具有四个特点：第一，它是一种合作的活动。可以说，每一个有目的的活动，都不是由教师提出的，而是从儿童的兴趣中浮现出来的，然后由儿童和教师一起讨论和制订计划。第二，它是以一个问题为中心的。检查和解决问题的过程是一个设计的中心。第三，它是一种生产的活动。每一个儿童在一个设计中都作为一个生产者出现。第四，它是一种评价的和有目的的练习。对于儿童来说，一个设计就是一次练习，通过它而获得知识和技能。依据这四个特点，生产者的设计在四类设计中是最为重要的。克伯屈反复强调，生产者的设计既能充分利用儿童的经验，又能同成年人的实际生活相类似，因而既代表儿童的生活，又是生活的最好准备。

在实行设计教学法时，教师的任务就是利用环境，激发儿童的学习动机，引导决定活动的目的，帮助儿童选择活动所需要的教材等。克伯屈这样指出："在可行的范围内儿童应自觉主动地进行每一步。不过在面临失败的危险时教师可以介入。在这种情况下，教师最好的帮助是帮助儿童自助。"[①]在他看来，学校应该教儿童怎样想，而不只是想什么。

克伯屈还认为，儿童是设计教学法根本的、必要的因素，利用儿童的目的是设计教学法的本质。儿童应尽可能自己实施每个步骤，教师和父母都不能越俎代庖，因为活动归根到底是儿童的。但是，如果认为设计教学法主张放纵儿童，让儿童自己决定课程和教学，那是对设计教学法最有害的误解。克伯屈指出："有人曾担心我们要教师等待学生产生动机。这是错误的。这里指出的观点并不要求所提出的目的有特定的起因。教师和儿童都可以提出建议，关键在于在活动的过程中，儿童感到目的是作为内驱力去规定目标，指导探求，提供动力的。教师是否提出目的是一个实际问题，它根据所有结果

---

① ［美］威廉·H. 克伯屈：《教学方法原理——教育漫谈》，王建新译，214页，北京，人民教育出版社，1991。

而定，其中包括建议在多大程度上可以真正代表儿童的目的。"针对有人指责设计教学法是对儿童放任自流的说法，他还明确指出："绝无此意。我的方法如同旧方法一样也需要，而且是优秀教师。如有条件甚至更需要，只是教师们的作用不同。按我的观点，教师们应帮助儿童们自助。"①在他看来，若能帮助儿童自助，教师的帮助便是最有效的。

在克伯屈看来，设计教学法并不主张放弃教师的控制，在恰当的权威下，教师对教室中应该做些什么仍然是最终的仲裁者。因为并不是儿童的所有目的都有同等的教育价值。依据儿童的哪种目的来组织教学，决定权在教师手里。在实施设计教学法时，教师的任务在于利用环境，激发学生的动机，决定目的的选择，指导学生制订计划，帮助学生选择恰当的教材等。因此，"教师首先对作出选择给予指导，然后对实现目标给予指导。……激发和引导是教师的更富于建设性的作用"②。此外，"教师须开扩学生的视野，提高学生的洞察力，改进学生的态度，提高学生的鉴别力"③。应该说，设计教学法实际上对教师的要求更高了。在克伯屈看来，教师扮演着一种最重要的专业角色，"在任何的学校学习中，教师代表着民族的智慧"④。

此外，克伯屈还强调了设计教学法与附学习的关系，认为设计教学法有助于附学习。在他看来，"设计教学法是保证获得有生气的和值得想往的附学习的理想手段，这种附学习的重要性远远超过那种表面的和公开的直接学

---

① ［美］威廉·H.克伯屈：《教学方法原理——教育漫谈》，王建新译，110页，北京，人民教育出版社，1991。

② ［美］威廉·H.克伯屈：《教学方法原理——教育漫谈》，王建新译，131页，北京，人民教育出版社，1991。

③ ［美］威廉·H.克伯屈：《教学方法原理——教育漫谈》，王建新译，180页，北京，人民教育出版社，1991。

④ Samuel Tenenbaum, "William Heard Kilpatrick: Trail Blazer in Education," in *Dewey's Introduction*, New York, Harper & Brothers Publishers, 1951, p.176.

习"①。1927 年 5 月 5 日在北京教育会的演讲中，克伯屈还把设计教学法与道尔顿制进行了比较，他这样说："道尔顿制仅注意学问，而不顾及习惯、态度等等。设计教学法则不但注重学问，且亦顾习惯、态度等。故余信设计教学法较道尔顿制度为优。"②

第五节　论品格教育

克伯屈赋予教育以改造社会的重任。为此，他认为，教育必须首先以文明变化为基础改造自身，成为与传统教育不同的教育，即品格教育。在《适应"变的文化"之教育》的演讲中，克伯屈这样指出："在今日情形之下，最要紧的事是要创造一种新哲学，以适应这变的文化，因为将来的变，还要比现在的快。……总之，文化变，社会制度亦变，道德亦变。"③

一、品格教育与教育目的

克伯屈对品格教育的论述，是从考察教育目的开始的。他明确指出，教育思考首先应解决的问题是确立目的。教师只有在明确的目的的指导下，才能更卓有成效地组织教学和进行自我评价，学校只有在正确的目的的指导下，才能对社会起建设性作用。教育目的的内容是儿童，参照系是社会。教育的最终目的是培养品格。

---

① Samuel Tenenbaum, "William Heard Kilpatrick: Trail Blazer in Education," in *Dewey's Introduction*, New York, Harper & Brothers Publishers, 1951, p.156.

② 周洪宇、陈竞蓉主编：《中国最需要何种教育原则——克伯屈在华演讲录》，97 页，合肥，安徽教育出版社，2013。

③ 周洪宇、陈竞蓉主编：《中国最需要何种教育原则——克伯屈在华演讲录》，18 页，合肥，安徽教育出版社，2013。

在克伯屈看来，经验主义哲学观和民主主义思想将改造教育的目的和程序。克伯屈强调，就教育目的来说，由于思想和教育都必须为了行为，教育必须将培养品格作为它的根本目标。所谓品格并不简单地指道德品质，而是无所不包的——人的一切思想方法参照自我、他人以及世界而产生的行动。如果品格是无所不包的目的，教育就不能像过去那样只是知识的或主要是知识的。高中或大学的学生不再简单地依他们的知识来评价，无论这种评价是多么充分或精确。真正应关心的是行动——品格和行动。知识毫无疑问是高贵品格的基本部分，但并不充分。知道做什么，并不能保证导致正确的行动。因此，教育必须以完整的人格以及无所不包的品格为目的。他还进一步指出，和谐发展的人格是品格的核心和基石。因为在民主社会中，人格的和谐发展是社会的第一要义。每个人的人格和谐发展是社会和谐进步的基础。这样，克伯屈就把教育的最终目的是品格培养演进为人格和谐发展。

根据这种教育目的，克伯屈对传统学校教育进行了尖锐的批评。他指责传统学校教育的最大弊病是以书本为中心，"学校教育就意味着学习书本知识，掌握书本知识并且仅仅是书本知识"。"学校与社会严重脱离，学校被囿在一座孤零零的房子里，与世隔绝，只有学科、书本，没有思想，没有生活，也不考虑学校所要学的东西同外面世界的联系。这里什么都有，就是没有青年将要从事的实际社会生活。"①克伯屈称这种教育为"亚历山大式教育"。这种教育有三个主要特征：一是不把儿童看作主动的而是看作未成熟的成人；二是记忆高于一切，是教育应该考虑的主要资源；三是儿童的智力特别受到重视，情感和态度等品格都被抛在一旁。克伯屈十分厌恶这种传统学校教育，批评它不仅是不充分的，而且从许多角度来看通常是有害的，因而导致对儿童心灵和精神的扼杀，不能形成最富有教育性的生活。

---

① William H. Kilpatrick, *Education and the Social Crisis*, New York, Liveright Inc. Publishers, 1932, p.27.

二、品格教育与新型学校

克伯屈强调道德的基础是注意个人的品格。品格教育并非孤立的教育，它本质上是全部教育的一部分。因此，品格教育要求有一种新型学校。这种新型学校应具备四个特征(或称标准)：①是一所生活的学校，是一所实际经验的学校；②学校生活是社会生活的反映和优选；③在学校中，儿童是主动的，儿童的事情构成学习过程的典型单元；④教师一方面对童年时代富有同情心和相信儿童，另一方面又能有成效地对儿童加以指导。在克伯屈看来，儿童的品格不是教师专门给予的，也不是父母或其他人刻意形成的。儿童品格形成的过程，也就是他在同环境的相互作用中学习的过程。教师和学校的关键任务是，形成一种建设性的气氛，使儿童能够在这种气氛中自由地交换思想和情感，自由地选择和采取行动，并根据行动的结果进行自我评估。但克伯屈也指出，应该注意到品格教育因儿童年龄不同而有所变化。

克伯屈认为，经过品格教育培养出来的人，具备民主社会所要求的一切素质。这种人能独立地思考并做出决定；他的思考是自由的，不带任何偏见；他的潜在能力得到充分发展；他不是以自我为中心的，而承认社会和公众的利益高于个人的利益；他尊重别人，认为别人有权同他一样被人尊重；他能够并且愿意为了共同的利益与人合作。一句话，在克伯屈看来，他是一个人格和谐发展的人。

克伯屈的品格教育把品格培养看作教育的目的，进而把和谐发展的人格作为品格的核心，这比传统学校教育把知识的发展作为唯一目的要合理。克伯屈的学校观实际上是杜威的"学校是雏形社会"思想的具体展开。

第六节 克伯屈教育思想的历史地位及影响

克伯屈也许是他同代人中最伟大的教师，在世界上具有巨大的影响，因为他的学生来自世界各地。他的学生来自美国的每一个州以及世界上60多个国家，有3.5万多人，他们要支付哥伦比亚大学校方100多万美元的学费，以致克伯屈拥有了"百万美元教授"(The Million Dollar Professor)的外号①。

克伯屈的教育思想，尤其是他的设计教学法理论，对美国乃至世界的学校教育产生了重要影响。在克伯屈的整个教学生涯中，他所提倡的这些变化就是要求在传统学校里发生的剧烈的和革新的变化。当代美国著名教育史家克雷明指出："在20世纪20年代最主要的进步主义者中，没有一个人能像哥伦比亚大学师范学院的克伯屈那样同这种观点有着如此密切的联系。"②当代美国教育学者、美国亚利桑那州立大学教授韦布在他的《美国教育史：一场伟大的美国实验》一书中也这样写道："克伯屈是两次世界大战期间进步主义教育最著名的倡导者。……他把杜威的哲学转变成实用的教育方法论，即'设计教学法'。设计教学法是试图通过使儿童参加到与自己的目标和兴趣相一致的设计中，从而使教育尽可能地以儿童为中心，尽可能是'实用的'。"③

在国际教育上，设计教学法被视为克伯屈的重要贡献。就影响而言，设计教学法迅速从美国传向世界。到20世纪30年代，所有英语国家很少有学校没有受到过它某方面的影响。它不仅在西欧和苏联被应用，在中国、印度、埃及等国家的教育中也有较大的影响。美国教育学者、纽约布鲁克林学院教

① 《纽约邮报》(New York Post)于1937年3月5日发表了记者戴维·戴维森(David Davidson)对克伯屈的一次访谈，题为"一位百万美元教授"(Here Is a Million Dollar Professor)。
② [美]劳伦斯·阿瑟·克雷明：《学校的变革》，单中惠、马晓斌译，194页，济南，山东教育出版社，2009。
③ [美]L.迪安·韦布：《美国教育史：一场伟大的美国实验》，陈露茜、李朝阳译，267页，合肥，安徽教育出版社，2010。

授塞缪尔·特南鲍姆指出：在克伯屈的《设计教学法》一文发表之后，"美国的课堂教学发生了一场革命，不论教师是否相信设计教学法，他们都再也不能用相同的方法进行教学和组织课堂教学了。……传统的课堂教学受到了沉重打击，像泼出的水、撒下的芝麻，旧的传统学校教育再也不能走老路了"①。美国教育家巴格莱也指出："它十分可能完全改变了学校的生活，并且相应地使未来一代思考和行动的态度、标准、方法发生深刻的变化。它代表的不仅仅是狭义的教学法，它意味着对整个教育问题的全新的看法。"②

克伯屈的设计教学法在中国的影响是不容忽视的。当杜威1919年来华时，设计教学法随之被介绍到中国。同年，俞子夷先生在南京高等师范附小率先进行设计教学法的实验。1920年，江苏师范附小联合会决定试行，此后各地纷纷响应。1921—1923年是中国试行设计教学法的全盛时期。1921年10月，第七届全国教育会联合会决议案提出在小学推行设计教学法，这使得设计教学法在小学界兴盛起来，并在20年代中期达到高潮。此外，值得注意的是，克伯屈还对当时中国的教育问题提出了自己的看法。1927年4月29日在清华学校所做的题为"中国目前之教育问题"的演讲中，他强调："中国不应抄袭别人的制度，应该创造一个合宜的教育制度，因为抄袭来的制度不能对付中国目前的问题。但我所谓国情，自己创造并不完全不能参考别人的制度，不过是要斟酌，采取人家的长处，补足我们的不及。"③在克伯屈看来，这种新教育应注重使学生养成创造的思想、合作的精神、负责任的心。

设计教学法能产生如此广泛的影响，表明它确实有许多可取之处。杜威

---

① Samuel Tenenbaum, "Kilpatrick：The Man and His Works,"*Education Theory*, 1966(1), p.51.

② William C.Bagley, "Design and Purpose in Teaching and Learning,"*Teachers College Record*, 1918(9), p.288.

③ 周洪宇、陈竞蓉主编：《中国最需要何种教育原则——克伯屈在华演讲录》，64页，合肥，安徽教育出版社，2013。

在为塞缪尔·特南鲍姆 1951 年出版的《威廉·赫德·克伯屈：教育中的开拓者》(*William Heard Kilpatrick：Trail Blazer in Education*)一书撰写的"序言"中指出："在最正确的词义上，进步教育与克伯屈博士的工作几乎是同义词。……使我反复感到惊讶的是，对于实际发生的事情以及它们对于教育进步的正反面意义，克伯屈博士的认识是多么完整和精确。"[1]杜威还指出："克伯屈博士所发展的设计教学法的第一个特征在于，它需要教师和学生在相当长的一段时期内分享共同目的，以实现连续的发展，而这正是他们真正进步的前提条件。设计教学法的第二个特征在于，它根据学生的成就和能力，体现了教室外的世界的某种典型的生活状况。"[2]应该看到，设计教学法尊重儿童，使儿童成为学习的主人，充分发挥了儿童的主动性和积极性，培养了儿童的自信心；按照教育心理学所揭示的学习律进行教学，力求使教学符合儿童心理发展的规律，在一定程度上提高了儿童的学习效率；要求在教师的指导下，儿童之间合作进行活动，培养了儿童开放的心向、合作的精神、尊重他人的习惯；要求活动尽可能是儿童自己的，培养了儿童的责任心以及运用知识解决问题的能力；强调儿童的目的和经验，加强了教学与儿童实际生活的联系，使学生在自动发现问题、解决问题的过程中，扩大了认识范围，形成了一种科学探究的态度和方法。然而，设计教学法在理论上的失误也是明显的。在传递知识上，虽然克伯屈一再强调知识的作用，声称学校是一个实际经验的场所，这并不意味着像有的人所想象的，其他人的经验就可以被抛于一旁；但这种消极的方案从一开始就极端地富于幻想色彩，更不可能实现。种族经验渗透于我们的生活，就像空气一样弥漫在我们周围。我们的衣食住

---

① Samuel Tenenbaum, "William Heard Kilpatrick：Trail Blazer in Education," in *Dewey's Introduction*, New York, Harper & Brothers Publishers, 1951, p. Ⅶ.

② Samuel Tenenbaum, "William Heard Kilpatrick：Trail Blazer in Education," in *Dewey's Introduction*, New York, Harper & Brothers Publishers, 1951, p. Ⅶ.

行无不利用别人的经验。①

在《设计教学法》一文中，克伯屈自己也承认没有为学习知识的设计教学确定明确的步骤，他所提出的设计教学法的四个步骤主要是针对生产者的设计而言的。设计教学法由于强调根据儿童的经验组织教学，势必削弱了系统学习知识的重要性。因此，杜威在他的《摆脱教育混乱的途径》一文中，在对设计教学法持肯定态度的同时，也警告说设计教学法不是相对传统课程的唯一选择。美国教育学者波特在《现代教育学说》一书中也指出："它(指设计教学法)的精神，是直接应用的，职业主义的精神。非有其他方法的补充，则学习太散漫，太凌乱；它的效能太限于目前应用。从小商店，小银行的活动所得的数目知识，决不够供给儿童所需的算学；从戏剧表演所得的历史事实，决不能替代系统的历史研究。"②

应该看到，克伯屈并没有发明"设计"这一术语，因为在美国它早已在农业教育中被使用。但克伯屈的设计教学法提出后，无疑更引起了许多教育家的兴趣和注意。他通过设计教学法把杜威的教育哲学具体化和程序化，"并使之与学校实际和社会制度的迅速改革相结合"③。还应该看到，克伯屈的学习理论也对学校教育产生了重要的影响。他主张学习应根据行为词来理解，强调有目的的活动是学习的典型单元，进一步肯定了儿童的目的、兴趣在学习中的地位。正因为如此，克伯屈甚至被认为是真正的儿童中心论者。对此，杜威曾做过这样的评价："克伯屈博士对学习目标和学习过程所进行的全面而具体的阐释，为……学校，做出了令人瞩目的和极其独特的贡献。"④

---

① William H. Kilpatrick, *Education for a Changing Civilization*, New York, The Macmillan Company, 1930, p.122.

② [美]波特:《现代教育学说》，孟宪承译，96页，上海，商务印书馆，1930。

③ [英]博伊德、[英]金:《西方教育史》，任宝祥、吴元训主译，399页，北京，人民教育出版社，1985。

④ Samuel Tenenbaum, "William Heard Kilpatrick: Trail Blazer in Education," in *Dewey's Introduction*, New York, Harper & Brothers Publishers, 1951, p. X.

克伯屈的教育思想以及他提出的设计教学法，显然受到杜威和桑代克，尤其是杜威的影响。从根源上讲，设计教学法是杜威教育思想的产物。克伯屈自己也承认他的教育思想大部分建立在他们的基础之上。他在 1909 年 5 月 14 日的日记里写道："在我的思想中，杜威教授起了极大的影响。杜威重建了我的人生观和教育哲学。"①他在 1915 年 11 月 10 日的日记里又写道："我可能总只不过是杜威哲学的解释者，也许我能做的是把它系统化，并加以组织，融合其他人的著作，然后多多少少促其发展。"②当然，杜威在谈到与克伯屈一起工作时这样指出，他非常高兴能和克伯屈一起努力发展教育哲学。人们在评价克伯屈时，经常把他同杜威联系起来。在 1929 年 10 月 15 日晓庄师范学校欢迎克伯屈来访的仪式上，我国著名教育家陶行知在欢迎讲话中就指出："克伯屈先生是设计教学法的发明者。设计教学法在教育史上占有很重要的地位。……杜威先生的教育哲学是世界上公认的，而根据这个理论找出具体的方法去实现这个理念，予教育界一个伟大贡献的，就是克伯屈先生发明的设计教学法。"③澳大利亚教育家康内尔在对设计教学法进行评论时，也这样指出："它是向全世界教师和学生传播杜威某些重要思想的有效途径。"④美国教育学者、纽约布鲁克林学院教授塞缪尔·特南鲍姆更是明确地指出："克伯屈实际上是受到杜威影响的。那是因为杜威指明了方向和划定了道路，但在同一派系道路上行进和探索的克伯屈，正在沿着许多方向前进，正在发现一些新的景色和看到一些新的风景。最后，克伯屈在教育上的贡献确实变成他自

---

① Samuel Tenenbaum, "William Heard Kilpatrick: Trail Blazer in Education," in *Dewey's Introduction*, New York, Harper & Brothers Publishers, 1951, p.77.

② Samuel Tenenbaum, "Kilpatrick: The Man and His Works," *Education Theory*, 1966(1), p.55.

③ 周洪宇、陈竞蓉主编：《中国最需要何种教育原则——克伯屈在华演讲录》，105 页，合肥，安徽教育出版社，2013。

④ W.F.Connell, *A History of Education In the Twentieth Contury World*, New York, Teacher College Press, 1980, p.284.

己的贡献，许多贡献是独特的、独立的、原创的、多样的、重要的和持久的。"①因此，可以看到，杜威的兴趣主要集中在教育哲学上，克伯屈的兴趣主要集中在学习理论上，但克伯屈通过设计教学法，把杜威的教育哲学具体化、程序化，且有可操作性，因而使普通学校教师都能够接受进步教育观点，并应用于课堂教学，从而在某种程度上也扩大了杜威教育思想的影响。

---

① Samuel Tenenbaum, "William Heard Kilpatrick: Trail Blazer in Education," in *Dewey's Introduction*, New York, Harper & Brothers Publishers, 1951, p.305.

第十章

布克・华盛顿的教育思想与实践

布克・华盛顿，非裔美国人，19世纪末20世纪初美国卓越的政治家、教育家和作家。对于布克・华盛顿教育思想与实践的研究，以前国内外学者大多局限于其实业教育思想与实践，甚至认为他只是基于妥协主义与经济主义的单纯实业教育家。这是不全面的。实业教育是布克・华盛顿非裔美国人教育思想与实践的重要内容和抓手，他的教育思想与实践其实有着更深刻的内涵、更丰富的内容、更复杂的背景、更厚重的抱负。布克・华盛顿针对南北战争后南方重建时期美国尖锐的民族问题与民族教育问题，怀抱"教育能够解决种族问题"①的坚定信念，在黑人学校塔斯克基学院创办过程中，从美国国家和美利坚民族整体利益出发，重点关注黑人群体融入美国社会的问题，以社会平等和谐为目的，努力谋求跨种族合作，顺应当时美国进步主义社会思潮与实践，采取稳健的作风和改良主义，从教育目的观、课程与教学观、德育观到教育功能观构建相对完整的非裔美国人教育思想与实践体系，具有进步主义教育的性质。从政治学视角来看，开启了黑人自我振兴之先河，具有长远的政治意义；从社会学视角来看，有效地改善了黑白族群关系，具有积极

---

① Booker T. Washington, "Education Will Solve the Race Problem: A Roply Author(s)," *The North American Review*, vol.171, No.525, 1900, pp.221-232.

的社会意义。布克·华盛顿的教育思想与实践具有美国进步主义运动的"进步性",代表了美国民族教育的务实方向,在美国社会产生了广泛而深远的影响。

第一节 布克·华盛顿的生平与时代背景

布克·华盛顿生于 19 世纪中叶,逝于 20 世纪初期,正值美国经历"南北战争"、"南部重建"和资本主义工业迅猛发展时期,他的教育思想的形成与他个人的成长经历、美国社会的转型以及黑人的生存状况都有着密切的联系。

一、个人成长经历

据布克·华盛顿自述,他生下来就是一个奴隶,不确定自己的出生日期,母亲是美国弗吉尼亚州富兰克林郡一个大农场的黑奴,父亲是附近不知名的白人农场主。① 黑白混血的出身让他自出生起,血液里就掺杂着黑白种族调和的生理基因。这种天然的"和谐"基因,使华盛顿看待黑人和白人之间关系的态度也偏于温和。在他的记忆里,有"奴隶听到'毕利少爷'②的噩耗传来当时所感到的悲伤",还有美国官员前来宣布黑人获得自由时主人家"脸上露出很关心的样子,也许是悲惨,但是没有恶意……"。③

---

① 参见[美]华盛顿:《力争上游——布克尔·华盛顿自传》,思果译,1~2 页,沈阳,辽宁教育出版社,1997。

② "毕利少爷"是指幼年布克·华盛顿和他母亲所生活的农场的白人农场主的儿子,参加美国内战并在战争中阵亡;小时候和农场的一些奴隶一起玩耍过,甚至在奴隶遭到工头或奴隶主痛打时替他们求过情。参见[美]华盛顿:《力争上游——布克尔·华盛顿自传》,思果译,6 页,沈阳,辽宁教育出版社,1997。

③ [美]华盛顿:《力争上游——布克尔·华盛顿自传》,思果译,6、10 页,沈阳,辽宁教育出版社,1997。

获得自由后，布克·华盛顿踏上了寻求个人成长的人生旅途。他先是在西弗吉尼亚州麦尔顿小镇上的第一所免费黑人学校求学，随后到煤矿老板家给他的夫人怀欧拉·拉夫勒太太当用人。在这位白人太太的严格要求和训练下，布克·华盛顿养成了勤俭、自律的生活习惯。而正是这种体现了新英格兰清教徒精神的良好品格，成为渴望接受教育的布克·华盛顿成功进入汉普顿学院（Hampton Institute）①学习的敲门砖。该校创办人阿姆斯特朗将军希望为黑人提供一种实用教育，帮助他们尽快适应社会生活，改善境况。拉夫勒太太和阿姆斯特朗将军身上所体现的"勤奋工作、节俭生活、干净整洁、行为得体"的白人中产阶级价值观，逐渐内化于布克·华盛顿的价值体系。② 而他们对他的教导，尤其是后者在通过教育帮助黑人提升和发展方面所做出的努力，使他更有理由相信并非所有的白人都对黑人充满恶意，白人和黑人应该而且能够友好相处、相互帮助。

先天的黑白混血，加上后天的思想洗礼，造就并强化了布克·华盛顿身上的"和谐"因子，并构成了其种族观和解决黑人种族问题方案的核心要素。阿姆斯特朗将军注重实践教育，强调获得土地和住宅、职业和技能的重要性以及劳动的精神力量等观点，对布克·华盛顿教育思想的形成产生了至关重要的影响。

二、教育思想与实践形成的时代背景

19 世纪下半叶，美国由农业社会向工业社会转型。伴随着工业化和城市

---

①　汉普顿学院，全名汉普顿师范和农业学院（Hampton Normal and Agricultural Institute），1868 年由塞缪尔·查普曼·阿姆斯特朗（Samuel Chapman Armstrong）将军在各方的支持和赞助下创建，旨在通过严格的职业训练，培养黑人掌握务农、务工的技术。阿姆斯特朗是一个来自夏威夷的退役将军，南北战争期间曾任黑人兵团的长官，战后曾在自由民局任职。在阿姆斯特朗将军的推荐下，布克·华盛顿前往亚拉巴马州以汉普顿学院为蓝本创建塔斯克基学院，这两所学院成为当时黑人工业教育的典范。

②　Samuel R.Spencer, *Booker T.Washington and the Negro's Place in American Life*, Boston, Little, Brown and Company, 1955, p.25.

化的加速发展，美国社会面临贫富差距加大、经济秩序混乱、文化失调等诸多问题，由此催生了旨在改造美国社会的进步主义运动。表现在文化上，便是美国本土文化意识的觉醒和成熟。实用主义哲学的产生，标志着美国本土文化意识的成熟。实用主义是一种真正的美国哲学，它充分反映了美国生活方式、思想方式和价值观念的特征。① 表现在教育上，则是对技术劳动力的大量需要。由此，以实用知识和职业技能为目的的工业教育在美国风行起来。手工训练运动的兴起，是美国教育界对工业化及其影响和需要的较早的、自觉的反映。它的直接目标是改变公立学校传统的学科设置，提高手工训练在学校课程体系中的地位，使年青一代掌握为大机器生产所必需的生产知识和技能。手工训练运动为美国进步主义教育运动的兴起提供了直接的历史前提。进步主义教育运动是进步主义运动的有机组成部分，是美国教育界面对工业化和城市化引发的全面改革教育宗旨、教育职能、教育内容以及教育方式的现实需要而做出的适应。② 进步主义教育运动强调儿童在教育中的中心地位，淡化教师的权威意识，重视学校与社会的联系，注重以生活内容组织课程，围绕"问题解决"开展教学等。

　　受实用主义和进步主义教育运动的影响，务实、适用成为布克·华盛顿考虑黑人教育的关键因素：黑人最需要什么教育？教育如何为黑人的生活做准备？怎样的教学才符合黑人的实际？

　　19世纪中叶随着美国南北战争的结束，套在美国黑人身上的奴隶制枷锁被打破，美国黑人从此获得了解放。美国联邦政府随后通过宪法第十四条和第十五条修正案，从法律上确立了黑人的公民身份和选举权。③ 然而，南北战

---

　　① 参见张斌贤：《社会转型与教育变革——美国进步主义教育运动研究》，22~23页，长沙，湖南教育出版社，1998。
　　② 参见张斌贤：《社会转型与教育变革——美国进步主义教育运动研究》，32~33页，长沙，湖南教育出版社，1998。
　　③ 参见张聚国：《杜波依斯与布克·华盛顿解决黑人问题方案比较》，载《南开学报(哲学社会科学版)》，2000(3)。

争的结束并没有让黑人拥有土地，他们身无分文，目不识丁，不知该如何面对自由以后要"自己管自己的事"①的责任。因为黑人的自由，白人同样变得难以"适应"，顽固的种族偏见绝不会凭一纸法律条文而轻易消失。尤其是在1877 年战后重建结束、南方白人保守势力重新上台执政后，为达到剥夺黑人政治权利和控制黑人的目的，南方诸州制定了诸如流浪者法、劳工合同法、人头税、祖父条款、文化测验、财产限制等所谓黑人法规，约束和限制黑人的自由，制造黑人选举的"法律"障碍，甚至通过恐怖主义暴力手段压制黑人行使选举权。同时南方保守派还建立"白人至高无上"的统治，实行各种种族歧视和隔离政策。② 黑人的处境可谓举步维艰。

　　作为一名黑人，布克·华盛顿清楚地意识到对于习惯于奴隶制下听命于人的黑人群体来说，自由意味着解放，也意味着更艰难的开始，学会自立和生存是他们所面临的最迫切的问题。另外，作为一名美国黑人，布克·华盛顿认为黑人与白人同为美国公民，双方理应和谐相处，为美国社会的发展共同努力；白人在经济、教育、文化等方面比黑人优越是不可否认的事实，在当时充满种族敌对的恶劣环境中，尚无立足之力的黑人大众与其"以卵击石"、去跟白人争取可望而不可即的政治权利，倒不如从最基本的生存开始，争取白人的支持和帮助，谋求种族发展与提升的空间和条件，为作为美国公民履行公民义务和行使公民权利奠定坚实基础。华盛顿这种脚踏实地、基于现实、改良现实的勇气和精神体现在其教育思想和实践中。

---

　　① ［美］华盛顿：《力争上游——布克尔·华盛顿自传》，思果译，9~11 页，沈阳，辽宁教育出版社，1997。

　　② 参见［美］约翰·霍普·富兰克林：《美国黑人史》，张冰姿、何田、段志诚等译，309~322 页，北京，商务印书馆，1988。

第二节 布克·华盛顿关于非裔美国人教育的基本观点及其性质

19世纪末20世纪初美国兴起席卷全国的进步主义运动，涉及政治、经济、文化、教育等各领域。当时许多有识之士与时俱进，纷纷进行教育革新，汇成进步主义教育运动的洪流。该运动在兴起之初并没有统一的组织，兴起具有多源性，涌现出一批被后世公认的进步教育运动代表人物及代表理论与实践，诸如帕克的昆西学校实验与库克县师范学校实验、杜威的教育哲学及芝加哥实验学校、克伯屈的设计教学法，等等。在此大背景下，布克·华盛顿于1881年7月4日在黑人较为集中的亚拉巴马州为黑人开办了一所以培养黑人师资为主的学校——塔斯克基工业与师范学院(Tuskegee Normal and Industrial Institute)，简称塔斯克基学院(Tuskegee Institute)，该校成为当时黑人实业教育的典范。通过研读史料及比较分析，我们认为布克·华盛顿非裔美国人教育思想与实践具有进步主义教育性质。下文从教育目的观、课程与教学观、德育观等视角，以塔斯克基工业与师范学院为案例，对此观点进行论证。

一、教育目的观：培养黑人成为有用的美国公民

美国工业化后，新移民的大量涌入对美国社会和教育都产生了重要的影响。[1] 语言、习俗、文化背景的差异造成了新老移民之间和新移民与本土美国人之间的隔阂。如何有效地教育移民子弟，使之融入美国社会，便成为学校所面临的一项基本任务，同样也成了进步主义教育家们关注的重要问题之一。杜威在《民主主义与教育》中提出，对于美国迅猛而突然的社会变革，良好的

---

① 参见张斌贤：《社会转型与教育变革——美国进步主义教育运动研究》，22页，长沙，湖南教育出版社，1998。

公民训练是一个紧迫的社会问题和教育问题，应作为进步教育的一个重要目的，使每个人成为"比较令人满意的伙伴"，真正融入美国的社会与生活，享有作为美国公民的公平待遇。①

除了移民急需培养美国公民意识外，当时的美国还有另外一个群体——刚获得解放的黑人，面临着同样的问题。南北战争的结束打破了套在美国黑人身上的奴隶制枷锁，美国黑人从此获得了解放，在法律上被赋予了公民身份和选举权。解放意味着身份的重大变化②，黑人群体从被任意贩卖、囚禁的商品奴隶，变成了具有身体和行动自由的自由人。然而，解放了的黑人身无分文，目不识丁，甚至连做自由人所需要的一个恰当的名字都没有。他们对金钱和工资的了解十分有限，所知道的劳动纪律就是鞭子下的劳动纪律，不知该如何面对自由以后要"自己管自己的事"的责任。在这样的条件下，要适应突然的身份变化，开始新的"自由"生活，黑人群体必须要从观念上、习惯上和生活方式上做出巨大改变。而教育该如何适应美国社会和黑人群体的这种变革与改变？

布克·华盛顿认为"教育应该使人，无论是男人或女人，成为富有才能的人，从而能够在社会上为自己找到或开创一席之地"。这也是他在塔斯克基学院立下的办学目标，即让每一个毕业生都能作为有用的、可信赖的公民走进美国社会并找到自己的位置。③ 因此，黑人首要的改变就是要学会做一名"自由"人，做一名有用的美国公民。培养黑人群体具备公民应有的素养，成为名副其实的社会公民，主动适应和融入美国社会，是美国社会与美国教育面临的重要任务，更是非裔美国人教育的首要目的。唯有这样，美国黑人才能适

① 参见［美］约翰·杜威：《民主主义与教育》，王承绪译，127 页，北京，人民教育出版社，1990。

② 参见［美］威廉·福斯特：《美国历史中的黑人》，余家煌译，305 页，北京，生活·读书·新知三联书店，1960。

③ Robert R. Moton, "The Scope and Aim of Tuskegee Institute," *The Journal of Educational Sociology*, vol.7, No.3, 1933, pp.151-156.

应新的世界,开始新的生活。

无论是移民还是获得解放的奴隶,他们虽然具有美国身份,但尚未适应和融入美国社会。杜威等进步主义教育代表主张运用积极的教育手段,推进美国的民主化进程,培养适应新形势的美国公民。只不过他们更多关注美国新移民的问题,而布克·华盛顿则考虑到了新解放的黑人融入美国社会的问题,从另一方面形成了对进步教育运动的补充。

二、课程与教学观:教育与生活相融、理论与实践相结合

为了让黑人获得全面社会化过程中所需的基本技能,布克·华盛顿认为需要将教育活动与学习者熟悉的生活经验结合起来[1],即学校教育应融入现实生活。他一再强调,学校的课程应该将学校的学习与实际的生活兴趣联结在一起,学校的功能不仅仅是给学生传授课堂知识,它也是提高学校周围社区的精神和物质生活服务能力的一种手段。[2] 布克·华盛顿不仅强调课程内容与实际生活的相互联系,还强调具体教学也应遵循理论联系实际原则,注重利用具体事务和实际生活经验来开展教学,培养学生运用所学知识解决实际问题的能力,为将来的生活和就业做更好的准备。

对于塔斯克基学院的课程安排,布克·华盛顿没有采取"拿来主义",照搬当时其他学校的课程,因为他意识到当时的教育"在很大程度上并没有以真实确切的方式触及被称为'黑色地带'里的绝大多数人的需求"[3]。他们大都盲从于白人学校的课程,跟着他们苦读拉丁文和希腊语,埋头钻研书本知识。

---

① Donald Generals, "Booker T. Washington and Progressive Education: An Experimentalist Approach to Curriculum Development and Reform," *The Journal of Negro Education*, vol.69, No.3, 2000, pp.215-234.

② Booker T. Washington, "Industrial Education and the Public Schools," *The Annals of the American Academy of Political and Social Science*, vol.49, No.1, 1913, pp.219-232.

③ Booker T. Washington, "Tuskegee: A Retrospect and Prospect," *The North American Review*, vol.182, No.593, 1906, pp.513-523.

很多黑人父母甚至认为读的书越厚越好。经过实地走访和调查了解当地黑人的真实生活状况后，布克·华盛顿按照对学生开展"头脑、心灵、手"全面教育的宗旨，亲自设计了塔斯克基学院的课程(包含实业课程、文化课程和道德课程三部分内容)。实业课程依据塔斯克基学院自身建设、黑人社区生活和美国南方经济发展的需要设置。文化课程根据黑人大众的文化程度和配合技能培训的实际需要开设，两者相辅相成。① 德育课程则与学校的教学活动和日常管理体制融合在一起。

在具体教学上，课堂学习与实践应用相结合是塔斯克基学院的一条基本原则。课程教学围绕三个不同场景和同一个目的即培养学生为学校和周围社区解决实际问题的能力展开：教室里的知识学习、现场的实际操作、结合现场操作的理论学习。所有的课程内容都来自学生的真实生活和实际需要，采取学习与劳动相结合的方式来开展，学生一半时间在教室里学习，另一半时间则去现场进行实际操作。为保持课堂学习与实践活动紧密有效联系和互动，负责学术课程的教师每星期要与负责实业技能培训的教师碰头交流。②

在塔斯克基学院的办学过程中，布克·华盛顿始终坚持教育理论与实践、学校与社会的有机结合与良性互动；注重以黑人学生为中心开展教育教学，通过与社会环境、真实的社会活动的有机联系与互动来发展黑人的智力、技能、品德，帮助他们成为对社会有用的人。布克·华盛顿要求教育与学生的需要、特点和社区的社会生活之间要建立有目的的联系。在塔斯克基学院采用的教育理念与杜威的"教育即生活""教育即经验的改造"等理念是一致的。华盛顿虽未提出"问题教学法"或"设计教学法"这样的专业名词，但早在30年前塔斯克基学院的教学实践已与之异曲同工；而与克伯屈的模拟课堂活动相比，塔斯克基学

---

① T.B.Williams, "Is Tuskegee Just Another College?," *The Journal of Educational Sociology*, vol.7, No.3, 1933, pp.170-174.

② W.J.Button, "The Meaning of Tuskegee (Ⅷ)," *The Journal of Education*, vol.84, No.13, 1916, pp.347-348.

院教学中要解决的问题都来自学生日常生活与活动的真实需要。① 可见，"塔斯克基学院课程统一性的特征，即学习科目与学习过程的统一、学校生活与周围社区的统一，说明布克·华盛顿的教育实践显然源于一种进步主义的教育哲学"②。

三、德育观：黑人品格的塑造和美国公民意识的培养

布克·华盛顿非常强调对黑人品格的塑造和美国公民意识的培养。他认为，黑人要想赢得白人的认可和尊重，成为美国多民族社会中不可或缺的一员，首先要做好自己，证明自己的价值，"要让自己变得对世界是有用的，对邻居也是不可或缺的，那么这个世界不仅容忍他们的存在，而且愿意让他们存在"③。实业教育是道德培养的一种重要方法。布克·华盛顿主张教授黑人青年实际有用的课程，并培养其节俭、诚实、正直、自尊和自信等品质，使之能争取公民平等，赢得白人的信任和尊敬。④

布克·华盛顿在塔斯克基学院坚持德育、智育和手工训练相融合，通过劳动和日常生活来进行道德教育，促进黑人学生的全面发展。一方面，要求学生参加校舍修建、卫生清洁、农场种植等劳动，培养学生通过劳动支付个人开支的自立精神和尊重劳动、勤俭节约、认真负责的良好品格。另一方面，通过严格的作息和纪律管理以及定期洗澡、刷牙、整理内务等日常生活要求，

---

① Donald Generals, "Booker T. Washington and Progressive Education: An Experimentalist Approach to Curriculum Development and Reform," *The Journal of Negro Education*, vol.69, No.3, 2000, pp.221-222.

② Donald Generals, "Booker T. Washington and Progressive Education: An Experimentalist Approach to Curriculum Development and Reform," *The Journal of Negro Education*, vol.69, No.3, 2000, pp.216-217.

③ Booker T. Washington, "Tuskegee: A Retrospect and Prospect," *The North American Review*, Vol.182, No.593, 1906, p.523.

④ 参见顾明远主编：《教育大辞典》（增订合编本），119页，上海，上海教育出版社，1998。

培养学生守时自律、注重效率、讲究礼仪和个人卫生的良好学习和生活习惯。在塔斯克基学院，良好品格和习惯的养成，有助于学生将来进入社会。

布克·华盛顿曾被批评过于关注学生的生活和学习习惯的培养。批评者或许忽略了这样的事实：奴隶制使黑人身上留下懒惰散漫等陋习，黑人学生没有任何社交经验，缺乏基本生活常识，一切都必须从头教起。因此，布克·华盛顿认为对他们的教育必须适应他们所处的环境。审视当时的社会现实和黑人的真实处境后，布克·华盛顿特别强调对黑人学生生活和学习习惯的培养，以便为他们的生活与学习打下良好的基础。杜威也认为，教育的道德性和教育的社会性是相通的，道德教育应在社会性的情境中进行，而不能只停留在口头说教，学校生活、教材、教法都是道德教育的重要途径。① 布克·华盛顿的德育实践与杜威的德育理念基本是一致的。

"在其原始意义上，进步主义教育是一种以进步观念为基础的、广泛的教育思潮。它的思想核心是主张通过教育和教育的改革，促进社会的改造和人的更新，从而推动人类社会的不断进步。"②布克·华盛顿相信人的智力可以通过与周围自然环境的互动得到发展，相信社会的进步源于不同社会成员与其环境的有机互动。他将进步观念付诸塔斯克基学院的教育实践，或者说塔斯克基学院的教育实践体现了他的进步观念。一些教育评论家认为，布克·华盛顿在塔斯克基学院成功开创的教育融入生活的课程融合理念，也正是杜威后来推行的一种课程改革实验范式。可以说，塔斯克基学院是进步教育运动的重要实践基地，布克·华盛顿是进步教育运动的先行者之一，他的教育思想与实践是进步教育运动的有机组成部分，从民族教育的视角对进步教育运动做出了积极探索和贡献，具有进步教育运动的进步性。

---

① 参见吴式颖、李明德主编：《外国教育史教程》，347 页，北京，人民教育出版社，2015。

② 张斌贤：《社会转型与教育变革——美国进步主义教育运动研究》，6 页，长沙，湖南教育出版社，1998。

　　美国进步教育运动"是迄今为止美国历史上持续时间最长、影响最大也最广泛的一种教育思潮"与教育实践，"是理解美国教育、美国文化乃至美国历史的不可逾越的基石"。① 美国是多种族、多民族的国家，文化具有多样性。上述关于"布克·华盛顿非裔美国人教育思想与实践是进步主义教育运动的有机组成部分，具有进步主义教育的性质"的论证，从一个侧面说明美国进步教育运动是多种族、多民族参与的教育革新运动，有助于我们从文化多样性视角更深更广地理解美国进步教育运动的进步性与丰富性。

第三节　布克·华盛顿教育思想与实践的政治意义

　　布克·华盛顿以实业教育为切入点，开辟黑人自我振兴的现实之路，具有深远的政治意义。

　　南北战争结束后获得自由的黑人应该向何处去？一些有识之士积极探索黑人自我振兴之路，主要有以布克·华盛顿为代表的稳健派和以杜波依斯为代表的激进派。对于什么教育最适合同时又最有利于黑人发展的问题，两派观点不同，展开激烈论争，引起人们的关注。

　　布克·华盛顿以塔斯克基工业与师范学院为基地，希望通过发展实业教育，帮助黑人大众建立家园、积累财富、立足社会，最终争取平等地位，实现经济自立，从而达到自我振兴。

　　布克·华盛顿此举招致杜波依斯等激进派的批评。激进派批评布克·华盛顿通过实业教育提升黑人经济能力的主张是"目光短浅，只把金钱当作目

的，忽略了人生的更高目标"①，是对白人种族主义行为的忍让、对黑人政治权利斗争的回避，是一种妥协和投降，是淡化政治；布克·华盛顿甚至由此"背上了黑人种族'出卖者'的骂名"②。杜波依斯主张政治挂帅，黑人应采取抗议、抗争等手段，积极争取属于黑人的政治权利和政治地位；经济上提倡黑人内部合作与黑人集团经济，构想建立黑人"经济国中国"；教育上主张高等精英教育，认为只有受过良好教育的黑人，即他所称的"黑人的 1/10 精英人才"（talented tenth）才能拯救黑人、改善黑人的地位，而要培养出这批黑人人才，就要让他们接受高等教育而不是职业教育。③ 杜波依斯与布克·华盛顿在教育观点上的分歧在于，前者坚持只有通过高等教育所培养的"黑人的 1/10 精英人才"的引领，才可能给黑人民族带来希望；后者则主张通过大众实业教育促进广大黑人群众的整体提升，相信他们可以通过自己的努力和奋斗改变命运。

布克·华盛顿真的不讲政治吗？事实并非如此。他为黑人大众选择发展实业教育的自我振兴途径，是有其现实和长远考虑的。

首先，学会自立和生存是黑人面临的最迫切问题。除了人身自由，黑人没有土地和其他任何有形财产，这种没有经济力量做后盾的"自由"如同空中楼阁。对于既没有财产也没有文化、习惯于奴隶制下听命于人的黑人群体来说，自由意味着解放，也意味着更艰难的开始，他们最迫切的需求就是要学会在新的自由世界里自立和生存。

其次，黑人的处境举步维艰。自从黑人被带到美洲大地，白人至上的种族偏见就伴随着奴隶制主宰着美国的黑人。受此观念的影响，南北战争并没

---

① 屈书杰：《美国黑人教育发展研究》，104 页，石家庄，河北教育出版社，2016。

② 张聚国：《杜波依斯与布克·华盛顿解决黑人问题方案比较》，载《南开学报（哲学社会科学版）》，2000（3）。

③ 参见王恩铭：《美国黑人领袖及其政治思想研究》，101~102 页，上海，上海外语教育出版社，2006。

能让黑人获得革命性的解放，拥有完全的经济、政治、教育和社会平等。约翰逊总统让南方实行白人自治的重建政策更是将黑人推进了种族歧视的深渊。南方白人保守势力重新上台执政后，建立"白人至高无上"的统治，实行各种种族歧视和隔离政策。在南方种族主义势力的嚣张气焰中，黑人的实际处境可谓举步维艰。

最后，黑人大众尚未具备行使公民权利和履行公民义务的能力。对于绝大部分为文盲的黑人大众来说，政治几乎是一个紧紧封闭着的世界。他们很少接触法律，对国内外的政治局势只有一个非常模糊的了解，对于选举和政治组织更没有任何经验。显然，刚刚获得解放的黑人群体不但文化知识贫乏、经济力量薄弱，而且政治意识欠缺，尚未具备行使权利和履行义务的条件和能力。

基于对现实的认识，布克·华盛顿没有像激进派的美国非裔领袖那样主张用革命手段去争取黑人的平等和权利，而是主张用稳健的方式去改进现实。首要的任务就是让黑人自身具备行使自由和平等权利的能力，而教育是提高黑人地位的因素。[①] 布克·华盛顿在汉普顿学院求学时，亲历校长阿姆斯特朗将军通过培养劳动精神和掌握职业技能等手段帮助黑人提升和发展的成功；受其影响，布克·华盛顿参照汉普顿学院的办学模式，以实业教育为切入点，在塔斯克基学院开辟了黑人自我振兴的现实之路。于是，塔斯克基学院围绕着"如何改善黑人的状况"[②]这个中心问题建立起来。建校伊始，布克·华盛顿便明确办学目标：通过明确、全面、实际的训练使学生具备自助自立的精神和能力，让学生在个体提升后发挥榜样的力量，帮助社区其他成员进行提

---

① 参见王恩铭：《论B.T.华盛顿的妥协主义思想》，载《史学月刊》，1998(3)。

② Monroe N. Work, "Tuskegee Institute More Than an Educational Institution," *Journal of Educational Sociology*, vol.7, No.3, 1933, pp.197-205.

升，从而改善黑人大众的生活和状况。① 除了通过学校的正规教育培养黑人学生外，布克·华盛顿还面向周围社区黑人大众开展各种教育推广活动和社会活动，帮助改善他们的经济、社会和道德状况。

相比于晚十多年出生在北方没有悲惨奴隶生活经历的杜波依斯，布克·华盛顿更能切身体会美国黑人大众尤其是南方黑人在作为商品奴隶时期的悲惨遭遇，以及获得解放后的真实境况和迫切需求。作为一名获得解放的奴隶和一名从西弗吉尼亚州盐矿走出来的人，布克·华盛顿本人就是一个自我训练、自我奋斗和自我实现的成功楷模。因此，他相信黑人的尊严可以通过黑人自我努力和自我发展赢得。而黑人要赢得尊严，首先是要在经济上自立自强，这是当时黑人最需要的，也是最有可能实现的。

如果说布克·华盛顿在塔斯克基学院的教育实践受到阿姆斯特朗将军的引领与启发，那么他的教育思想在一定程度上继承并呼应了费雷德利克·道格拉斯的观点。作为 19 世纪美国黑人的代表人物，道格拉斯是一个坚定的废奴主义者，被誉为"废奴主义斗士和黑人民权勇士"②。南北战争后，在黑人种族的地位提升和教育问题上，道格拉斯和布克·华盛顿持相似的观点。他也强调黑人经济自立的重要性和迫切性，认为当时的黑人更需要帮助他们在经济上获得自立的实用性教育，而不是激化黑人与白人族群关系矛盾的高等教育。他相信经济地位的改善是黑人融入美国主流社会的基础，而且这种融入是一个渐进的过程。因此，他和布克·华盛顿都主张黑人必要时做出一定的妥协，以换取更多的自身发展空间。③

---

① W. J. Button, "The Meaning of Tuskegee(Ⅱ)," *The Journal of Education*, vol. 83, No. 16, 1916, pp. 428-429.

② 王恩铭：《美国黑人领袖及其政治思想研究》，37～38 页，上海，上海外语教育出版社，2006。

③ 参见王恩铭：《美国黑人领袖及其政治思想研究》，30～33 页，上海，上海外语教育出版社，2006。

在布克·华盛顿的带领下，塔斯克基学院发展成为美国同类学校的成功典范，影响辐射到学校周边的黑人社区、美国南方及其他地区甚至是其他国家。"塔斯克基学院就像一架播种机，不停地将团结自助的信念和实用的知识技能播撒到黑人中间。"它培养的大量黑人教师在美国南方建立了以塔斯克基学院为榜样的学校，有效地传播布克·华盛顿的教育理念。塔斯克基学院中有来自拉丁美洲国家和非洲国家的学生，他们使布克·华盛顿和塔斯克基学院的影响远远超出了美国的边界。① 可以说，塔斯克基学院是布克·华盛顿带领全体黑人师生为黑人大众树立的一个黑人自立自强的榜样。连其反对者杜波依斯也不得不承认"塔斯克基学院已成为美国的'黑人之都'"②。

作为一个早年大部分时光在美国内战和悲惨的重建时期度过的非裔美国人，布克·华盛顿深知上层阶级和下层白人对黑人的反感。通过发展实业教育提高黑人的素养特别是劳动素质，改善黑人的经济状况，这既是黑人尤其是南部农村广大黑人民众当时最为迫切的需求，也是在族群关系剑拔弩张的境况下白人所能接受并且愿意提供支持的，实际上布克·华盛顿是在极为艰难的困境中为黑人获取了喘息、生存和发展的时间和空间。这并不意味着布克·华盛顿真的完全放弃政治权利，让黑人的地位永久地固定在社会底层。布克·华盛顿本人曾在1884年"全国教育协会"的演讲中提到，实业教育的使命可谓"一石二鸟：确保白人的合作，并为黑人做最好的事情"③。

杜威坚信教育是社会进步及社会改革的基本办法，希冀通过教育改造社会生活，使之更完善、更美好。同样，布克·华盛顿将教育作为解救黑人大众、解决种族问题的一种力量和手段。对布克·华盛顿而言，实业教育只是

---

① Booker T. Gardner, "The Educational Contributions of Booker T. Washington," *The Journal of Negro Education*, vol.44, No.4, 1975, pp.502-518.

② C. Spencer Poxpey, "The Washington-Dubois Controversy and Its Effect on the Negro Problem," *History of Education Journal*, vol.8, No.4, 1957, pp.128-152.

③ Alfred Young, "The Educational Philosophy of Booker T. Washington: A Perspective for Black Liberation," *Phylon*(1960—), vol.37, No.3, 1976, pp.224-235.

黑人种族崛起的起点，是黑人种族实现自救和自强的发展路径，并非终点，黑人以平等的公民身份融入美国社会、实现真正"翻身做主"才是他的最终目标。他通过教育改造社会的进步主义精神，与杜威教育改良社会说不谋而合。布克·华盛顿不是一味强调对立、抗争和黑人的自我封闭，而是以迂回的方式、开放的心态，主动与白人携手互助，来争取黑人种族的发展和社会公正。这种以退为进、欲上先下的策略，看似保守但却务实有效地开启了美国黑人自我振兴的先河，具有长远的政治意义。

第四节　布克·华盛顿教育思想与实践的社会意义

布克·华盛顿的非裔美国人教育思想与实践有效地改善了族群关系，具有积极的社会意义。

进步主义运动中的许多改革，特别是社会改革，实际上就采取了通过教育改造社会的策略。① 布克·华盛顿认为，非裔美国人教育的另一个重要功能在于帮助解决种族问题，促进种族融合。他指出，非裔美国人教育是包含南方所有种族因素在内的广泛的、宽容的教育，这种教育包括家庭教育、职业培训和节俭习惯的养成，也包括精神、道德和宗教课程以及与受教育者所生活社区的公众情感的相互联系，既能够让黑人发生变化，也能让白人在与黑人的广泛接触中受到教育，亲眼看见教育对黑人的影响，种族偏见将会得到缓和，他们并将对黑人的提升伸出援手，最终能促使两个种族平等和睦相处。②

布克·华盛顿对美国黑人状况和黑白族群关系的改善与进步，始终抱有

---

① 参见张斌贤：《社会转型与教育变革——美国进步主义教育运动研究》，30～31页，长沙，湖南教育出版社，1998。

② Booker T. Washington, "Education Will Solve the Race Problem: A Reply Author(s)," *The North American Review*, vol.171, No.525, 1900, p.221.

乐观态度。他坚信教育是解决种族问题的一个有效途径，希望通过教育改良黑人的社会，改良美国的黑白族群关系，从而改良美国的社会。这种乐观的改良主义不仅反映了一种进步理念和时代精神，同时也体现了布克·华盛顿对美国民族问题的一种社会意识和责任担当。

黑白混血出身及其个人成长过程中受到白人友好帮助和教育的经历，是布克·华盛顿在解决黑白种族问题上坚持种族和谐与跨种族合作观点的根源之一。而美国人与美国黑人的双重身份，则使布克·华盛顿看待黑人问题和黑白族群关系问题更为全面和务实。首先，他认为民族没有"优劣"之分，是历史的原因让黑人和白人共同生活在美国这片国土上，黑人和白人并非泾渭分明，而是同为美国的公民，是利益攸关的命运共同体，应该为美国的发展团结互助、共同努力。其次，他承认黑人和白人在客观上的差距。当时，白人在经济、教育、文化等方面都远远优于黑人，而长期的奴隶制禁锢了黑人自身的发展，黑人要想发展教育、实现自救，如果没有白人的支持和帮助，显然不太现实。最后，对于奴隶制和美国社会存在的种族主义思想，他从历史的视角予以分析和理解，认为"没有一个区域的人应该对奴隶制的开端负完全的责任……凡是一种制度，一旦和国家的经济、社会生活发生了联系，要想把它取消，绝不是轻而易举的事情"[1]。正是认识到这些客观现实，布克·华盛顿主张通过双方的共同努力，增进理解，而不是一味对抗和分裂，这样才能有利于消除顽固不化的种族偏见。

布克·华盛顿将这样的理念付诸塔斯克基学院的办学实践，巧妙地利用对双方都有利又为双方所接受的实业教育，为黑白种族搭建了一座走向彼此的桥梁。布克·华盛顿在塔斯克基学院的工作对黑人和白人都产生了广泛且有益的影响。"教育使黑人不再是一个游手好闲或大手大脚的人，而是一个更

---

① 钱满素：《布克尔·华盛顿的教育自救》，载《博览群书》，1997(1)。

加勤奋节俭、遵纪守法的有用公民。"①白人目睹了教育对黑人的影响，认识到了黑人教育对黑人种族和南方社会的价值，改变了原来对黑人教育公开反对或漠不关心的态度。一个显著变化体现在，整个南方的州和县的教育督学开始对黑人学校的发展表现出更加真实和积极的兴趣，有五个州指定了负责黑人学校的督学助理，很多地方专门任命了黑人督导员协助县督学改进黑人学校的工作，这些黑人督导员通常是由珍妮基金会②资助的。③ 很多白人慈善家纷纷捐资赞助南方黑人办教育。在布克·华盛顿倡导的"全国黑人健康周"（National Negro Health Week）活动中，许多白人机构和组织也参与其中。④ 事实表明，塔斯克基学院不仅被公认为在促进黑人发展与进步方面发挥了领导作用，而且在促进黑白种族融合方面功不可没。"学校利用一切合法手段唤醒白人对黑人需求的意识，唤醒他们对黑人在经济、公民、社会和政治权益合法诉求方面的良知。学校在促进黑人经济发展的同时，也在改善族群关系方面取得了喜人的成就。可以毫不夸张地说，如果不是因为塔斯克基学院多年来致力于黑白种族之间理解和美好愿望的培育，美国族群关系的改善不可能有如此的进步。"⑤

布克·华盛顿对黑人教育发展与黑白族群和谐做出的努力和取得的成就，

---

① Booker T. Washington, "Industrial Education and the Public Schools," *The Annals of the American Academy of Political and Social Science*, vol. 49, No. 1, 1913, p. 227.

② 珍妮基金会（Jeanes Foundation），美国资助南方各州黑人教育的私人捐助基金会。南北战争后，美国南方各州的教育仍远落后于北方，尤其是农村地区分散的、规模小、条件差的学校更被忽视。费城的教友派成员珍妮小姐于1907年捐助100万美元建立这一基金会，旨在资助南方农村地区的黑人教育。参见顾明远主编：《教育大辞典》（增订合编本），2001页，上海，上海教育出版社，1998。

③ Booker T. Washington, "Industrial Education and the Public Schools," *The Annals of the American Academy of Political and Social Science*, vol. 49, No. 1, 1913, p. 229.

④ W. J. Button, "The Meaning of Tuskegee (Ii)," *The Journal of Education*, vol. 83, No. 16, 1916, p. 202.

⑤ Robert R. Moton, "The Scope and Aim of Tuskegee Institute," *Journal of Educational Sociology*, vol. 7, No. 3, 1933, pp. 151-156.

使他的声望越来越高，哈佛大学和达特茅斯学院分别授予他名誉文学硕士学位和名誉博士学位，以表彰他对美国社群的贡献。"白人几乎很少有敢于不征求他的意见而干预种族关系问题。"①美国时任总统西奥多·罗斯福甚至专门邀请他进入白宫讨论种族问题。不难看出，布克·华盛顿提出的以发展实业教育实现经济自立作为解决黑人问题和族群关系问题的办法和途径的务实主张，得到了黑人的拥护，受到了白人的欢迎，赢得了美国政府的赏识，产生了积极的社会影响。

杜波依斯则主张政治抗争，构想黑人"经济国中国"，提倡培养"有天赋的 1/10"的黑人精英并由此引领泛非主义。杜波依斯在其文章《种族的保守性》("The Conservation of Races")中写道："美利坚合众国具有黑人血统的 8 百万黑人当中的先锋分子不久就会意识到，若他们能积极倡导泛黑人主义，那么他们的命运就不是被白人所同化。也就是说，在美洲首次证明，在现代社会黑人不但能产生图森特将军②这样的英雄和圣者，也将是一个有着美好文化希望的民族。他们的命运不是对盎格鲁·撒克逊文化的屈辱模仿，而是坚定地沿着黑人理想行进的创举……"③杜波依斯这种种族本质主义激进思想无助于本已紧张的黑白族群关系的舒缓，让白人社会及美国联邦政府为之侧目与忌惮，与布克·华盛顿平和的建设性主张相比，现实可能性较小。

综上所述，布克·华盛顿的非裔美国人教育思想与实践，从教育学视角看，具有进步主义教育的基本精神；从政治学视角看，基于现实、关注实际效果，为黑人谋求种族尊严与自我振兴奠定了经济基础，具有长远的政治智慧；从社会学视角看，基于当时美国族群关系的现实，从和谐论角度促进黑

---

① [美]约翰·霍普·富兰克林：《美国黑人史》，张冰姿、何田、段志诚等译，337 页，北京，商务印书馆，1988。

② 图森特是奴隶出身的黑人将军和政治领袖，解放了海地及其他岛屿的黑奴，并使海地获得独立，1803 年被法国军队打败，死于法国监狱。

③ 马戎编：《西方民族社会学的理论与方法》，30~31 页，天津，天津人民出版社，1997。

白种族的互动与理解，在一定程度上改善了美国族群关系，具有改良主义性质。总的来说，布克·华盛顿非裔美国人教育思想与实践具有美国进步主义运动的进步性。这种"进步性"就是务实性，循序渐进，行稳致远，让黑人大众脚踏实地、稳健前行，走进美国社会；从美国国家和美利坚民族整体利益出发考虑问题，具有全局观和大局意识，代表了美国民族教育的务实方向，对黑人自我发展及美国族群和谐都具有进步意义。

参考文献

一、中文文献

车文博：《西方心理学史》，杭州，浙江教育出版社，1998。

陈如平：《效率与民主——美国现代教育管理思想研究》，北京，教育科学出版社，2004。

陈友松主编：《当代西方教育哲学》，杨之岭、林冰、蔡振生等译，北京，教育科学出版社，1982。

成有信编：《九国普及义务教育》，北京，人民教育出版社，1985。

戴本博主编，张法琨副主编：《外国教育史》下册，北京，人民教育出版社，1990。

冯忠良：《教育心理学的发展概况》，载《心理学报》，1982(3)。

高觉敷、叶浩生主编：《西方教育心理学发展史》，福州，福建教育出版社，2005。

顾明远主编：《教育大辞典》(增订合编本)，上海，上海教育出版社，1998。

顾明远主编：《中外教育思想概览》，广州，广东教育出版社，2009。

霍力岩：《中国应怎样借鉴"蒙台梭利"》，载《中国教育报》，2000-01-15。

蒋孟引主编：《英国史》，北京，中国社会科学出版社，1988。

教育大辞典编纂委员会编：《教育大辞典　第11卷　外国教育史》，上海，上海教育出版社，1991。

金炳华等编：《哲学大辞典》下，上海，上海辞书出版社，2001。

康绍言、薛鸿志编译：《设计教学法辑要》，北京，北京高等师范出版部，1922。

雷通群：《西洋教育通史》，北京，东方出版社，2007。

刘世明、王丽君主编：《新编世界近代史》，西安，陕西人民出版社，2008。

卢乐山编著：《蒙台梭利的幼儿教育》，北京，北京师范大学出版社，1985。

陆谷孙主编：《英汉大词典（缩印本）》，上海，上海译文出版社，1993。

罗志如、厉以宁：《二十世纪的英国经济——"英国病"研究》，北京，人民出版社，1982。

马戎编：《西方民族社会学的理论与方法》，天津，天津人民出版社，1997。

潘润涵、林承节：《世界近代史》，北京，北京大学出版社，2000。

齐世荣本卷主编：《世界史：现代史编》上卷，北京，高等教育出版社，1995。

齐世荣、刘宗绪、朱龙华编著：《世界近现代史干部读本（1500—1945）》，北京，中共中央党校出版社，2002。

钱满素：《布克尔·华盛顿的教育自救》，载《博览群书》，1997（1）。

屈书杰：《美国黑人教育发展研究》，石家庄，河北教育出版社，2016。

瞿葆奎、马骥雄、雷尧珠选编：《曹孚教育论稿》，上海，华东师范大学出版社，1989。

瞿葆奎主编，丁证霖、瞿葆奎选编：《教育学文集　教育目的》，北京，人民教育出版社，1989。

瞿葆奎主编，金含芬选编：《教育学文集　英国教育改革》，北京，人民教育出版社，1993。

瞿葆奎主编，马骥雄选编：《教育学文集　美国教育改革》，北京，人民教育出版社，1990。

瞿葆奎主编，徐勋、施良方选编：《教育学文集　教学　上册》，北京，人民教育出版社，1988。

任代文主译校：《蒙台梭利幼儿教育科学方法》，北京，人民教育出版社，1993。

任钟印、杨汉麟：《论夸美纽斯的开创性历史贡献》，载《教育研究》，1992（4）。

任钟印主编：《世界教育名著通览》，武汉，湖北教育出版社，1994。

史静寰主编：《当代美国教育》，北京，社会科学文献出版社，2001。

舒新城编：《现代教育方法》，上海，商务印书馆，1933。

苏德主编：《特色与质量：民族幼儿教育研究》，北京，中央民族大学出版社，2014。

滕大春：《他人的误解与自身的不足——关于杜威教育理论的批判和研究》，载《教育研究与实验》，1987(4)。

滕大春主编：《外国教育通史》第 5 卷，济南，山东教育出版社，1993。

王策三主编：《教学实验论》，北京，人民教育出版社，1998。

王承绪、赵祥麟编译：《西方现代教育论著选》，北京，人民教育出版社，2001。

王春来：《转型、困惑与出路——美国"进步主义运动"略论》，载《华东师范大学学报(哲学社会科学版)》，2003(3)。

王恩铭：《论 B. T. 华盛顿的妥协主义思想》，载《史学月刊》，1998(3)。

王恩铭：《美国黑人领袖及其政治思想研究》，上海，上海外语教育出版社，2006。

王天一、夏之莲、朱美玉编著：《外国教育史》下册，北京，北京师范大学出版社，1985。

吴明海：《欧洲新教育运动的历史研究》，北京，教育科学出版社，2008。

吴明海：《20 世纪教育的历程与走向纵论》，载《北京科技大学学报(社会科学版)》，2000(2)。

吴式颖、李明德主编：《外国教育史教程》，北京，人民教育出版社，2015。

吴式颖、任钟印主编：《外国教育思想通史》第八卷，长沙，湖南教育出版社，2002。

吴式颖、任钟印主编：《外国教育思想通史》第九卷，长沙，湖南教育出版社，2002。

徐小洲编著：《外国教育史略》，杭州，浙江科学技术出版社，2001。

杨汉麟：《外国幼儿教育史》，北京，人民教育出版社，2011。

杨汉麟主编：《外国教育实验史》，北京，人民教育出版社，2005。

叶浩生、杨文登：《教育心理学：历史、分歧与超越》，载《教育研究》，2012(6)。

袁梅、倪志勇：《蒙台梭利教育思想价值新探》，载《比较教育研究》，2015(2)。

曾荣光、叶菊艳、罗云：《教育科学的追求：教育研究工作者的百年朝圣之旅》，载《北京大学教育评论》，2020(1)。

曾荣光、叶菊艳、罗云：《教育科学的追求：教育研究工作者的百年朝圣之旅》，载《北京大学教育评论》，2020(1)。

张春兴：《在应用科学基础上建立教育心理学的独立体系》，载《教育研究与实验》，

1995(2)。

张厚粲主编，全国高等教育自学考试指导委员会组编：《心理学》，天津，南开大学出版社，2002。

张聚国：《杜波依斯与布克·华盛顿解决黑人问题方案比较》，载《南开学报(哲学社会科学版)》，2000(3)。

张述祖总审校：《西方心理学家文选》，北京，人民教育出版社，1983。

张志伟主编：《西方哲学史》，北京，中国人民大学出版社，2002。

赵厚勰、李贤智主编：《外国教育史教程》，武汉，华中科技大学出版社，2018。

赵祥麟、王承绪编译：《杜威教育论著选》，上海，华东师范大学出版社，1981。

赵祥麟主编：《外国教育家评传》第2卷，上海，上海教育出版社，1992。

赵祥麟主编：《外国现代教育史》，上海，华东师范大学出版社，1987。

赵修义、邵瑞欣：《教育与现代西方思潮》，北京，中国科学技术出版社，1990。

中国大百科全书总编辑委员会《心理学》编辑委员会心理学史编写组编：《心理学史》，北京，中国大百科全书出版社，1985。

中国科学院哲学研究所西方哲学史组编：《现代美国哲学》，北京，商务印书馆，1963。

周红安：《效率追求与学校变革——美国学校调查运动研究(1910—1929)》，博士学位论文，北京师范大学，2012。

周洪宇、陈竞蓉主编：《中国最需要何种教育原则——克伯屈在华演讲录》，合肥，安徽教育出版社，2013。

[澳]W. F. 康内尔：《二十世纪世界教育史》，张法琨、方能达、李乐天等译，北京，人民教育出版社，1990。

[比利时]德可乐利：《比利时德可乐利的新教育法》，崔载阳译，上海，中华书局，1932。

[德]弗·鲍尔生：《德国教育史》，滕大春、滕大生译，北京，人民教育出版社，1986。

[德]赫尔巴特：《普通教育学·教育学讲授纲要》，李其龙译，北京，人民教育出版社，1989。

[德]W. A. 拉伊：《实验教育学》，沈剑平、瞿葆奎译，北京，人民教育出版社，

2005。

[俄]普列汉诺夫：《论个人在历史上的作用问题》，唯真译，北京，生活·读书·新知三联书店，1964。

[美]阿瑟·林克、[美]威廉·卡顿：《一九〇〇年以来的美国史》，刘绪贻、王锦瑭、李世洞等译，北京，中国社会科学出版社，1983。

[美]埃里克·方纳等：《新美国历史》，齐文颖、林江等译，北京，北京师范大学出版社，1998。

[美]埃伦·康德利夫·拉格曼：《一门捉摸不定的科学：困扰不断的教育研究的历史》，花海燕、梁小燕、许笛等译，北京，教育科学出版社，2006。

[美]爱德华·桑代克：《教育心理学简编》，张奇译校，北京，中国人民大学出版社，2015。

[美]A.C.奥恩斯坦：《美国教育学基础》，刘付忱、姜文闵、陈泽川等译，北京，人民教育出版社，1984。

[美]白恩斯、[美]白劳纳：《当代资产阶级教育哲学》，瞿菊农译，北京，人民教育出版社，1964。

[美]E.G.波林：《实验心理学史》，高觉敷译，北京，商务印书馆，1981。

[美]波特：《现代教育学说》，孟宪承译，上海，商务印书馆，1930。

[美]戴维·B.泰亚克：《一种最佳体制——美国城市教育史》，赵立玮译，上海，上海人民出版社，2010。

[美]丹尼尔·坦纳、[美]劳雷尔·坦纳：《学校课程史》，崔允漷等译，北京，教育科学出版社，2006。

[美]杜威：《教育科学之源泉》，张岱年、傅继良译，上海，人文书店，1932。

[美]杜威：《哲学的改造》，许崇清译，北京，商务印书馆，1958。

[美]杜威：《自由与文化》，傅统先译，北京，商务印书馆，2013。

[美]范道伦编选：《爱默森文选》，张爱玲译，北京，生活·读书·新知三联书店，1986。

[美]R.弗里曼·伯茨：《西方教育文化史》，王凤玉译，济南，山东教育出版社，2013。

[美]B.R.赫根汉、[美]马修·H.奥尔森：《学习理论导论》(第七版)，郭本禹、崔

光辉、朱晓红等译，上海，上海教育出版社，2011。

[美]华盛顿：《力争上游——布克尔·华盛顿自传》，思果译，沈阳，辽宁教育出版社，1997。

[美]华虚朋等：《欧洲新学校》，唐现之译，上海，中华书局，1931。

[美]简·杜威等：《杜威传》，单中惠编译，合肥，安徽教育出版社，2009。

[美]凯瑟琳·坎普·梅休等：《杜威学校》，王承绪、赵祥麟、赵端瑛等译，北京，教育科学出版社，2007。

[美]H. S. 康马杰：《美国精神》，杨静予、崔妙英、王绍仁等译，北京，光明日报出版社，1988。

[美]柯布：《新教育的原则及实际》，崔载阳译，上海，中华书局，1933。

[美]劳伦斯·阿瑟·克雷明：《学校的变革》，单中惠、马晓斌译，济南，山东教育出版社，2009。

[美]劳伦斯·A. 克雷明：《美国教育史3：城市化时期的历程（1876～1980）》，朱旭东、王保星、张弛等译，北京，北京师范大学出版社，2002。

[美]劳伦斯·维赛：《美国现代大学的崛起》，栾鸾译，北京，北京大学出版社，2018。

[美]理查德·D. 范斯科德、[美]理查德·J. 克拉夫特、[美]约翰·D. 哈斯：《美国教育基础——社会展望》，北京师范大学外国教育研究所译，北京，教育科学出版社，1984。

[美]罗伯特·梅逊：《西方当代教育理论》，陆有铨译，北京，文化教育出版社，1984。

[美]罗尔德·F. 坎贝尔、[美]托马斯·弗莱明、[美]L. 杰克逊·纽厄尔等：《现代美国教育管理》，袁锐锷译，广州，广东高等教育出版社，1989。

[美]A. E. 迈耶：《现代欧洲教育家及其事业》，陈子明、方惇颐译，上海，中华书局，1935。

[美]米歇尔·波拉德：《蒙台梭利传》，陈美芳译，上海，世界图书出版公司，1997。

[美]推孟：《比纳西蒙智力测验》上，华超译，上海，商务印书馆，1924。

[美]威廉·福斯特：《美国历史中的黑人》，余家煌译，北京，生活·读书·新知三联

书店，1960。

[美]威廉·H. 克伯屈：《教学方法原理——教育漫谈》，王建新译，北京，人民教育出版社，1991。

[美]韦恩·厄本、[美]杰宁斯·瓦格纳：《美国教育：一部历史档案》，周晟、谢爱磊译，北京，中国人民大学出版社，2009。

[美]约翰·S. 布鲁巴克：《教育问题史》，单中惠、王强译，济南，山东教育出版社，2012。

[美]约翰·杜威：《杜威全集·早期著作(1882—1898) 第 5 卷(1895—1898)》，杨小微、罗德红等译，上海，华东师范大学出版社，2010。

[美]约翰·杜威：《杜威全集·中期著作(1899—1924) 第 2 卷(1902—1903)》，张留华译，上海，华东师范大学出版社，2012。

[美]约翰·杜威：《民主主义与教育》，王承绪译，北京，人民教育出版社，1990。

[美]约翰·杜威：《明日之学校》，朱经农、潘梓年译，上海，商务印书馆，1923。

[美]约翰·杜威：《人的问题》，傅统先、邱椿译，上海，上海人民出版社，1965。

[美]约翰·杜威：《我们怎样思维·经验与教育》，姜文闵译，北京，人民教育出版社，1991。

[美]约翰·杜威：《学校与社会·明日之学校》，赵祥麟、任钟印、吴志宏译，北京，人民教育出版社，1994。

[美]约翰·华生：《行为主义讲演录》，艾其来译，北京，现代出版社，2010。

[美]约翰·霍普·富兰克林：《美国黑人史》，张冰姿、何田、段志诚等译，北京，商务印书馆，1988。

[摩洛哥]扎古尔·摩西主编：《世界著名教育思想家》第 1 卷，梅祖培、龙治芳等译，北京，中国对外翻译出版公司，1994。

[摩洛哥]扎古尔·摩西主编：《世界著名教育思想家》第 3 卷，梅祖培、龙治芳等译，北京，中国对外翻译出版公司，1995。

[日]大河内一男、[日]海后宗臣等：《教育学的理论问题》，曲程、迟凤年译，北京，教育科学出版社，1984。

[日]日本世界教育史研究会编，[日]梅根悟主编：《世界幼儿教育史》下册，张举、梁

忠义、刘翠英等译，长春，吉林人民出版社，1986。

[日]小川正行：《德国新兴教育》，张安国译，上海，商务印书馆，1934。

[瑞典]爱伦·凯：《儿童的教育》，沈泽民译，上海，商务印书馆，1923。

[瑞士]皮亚杰：《皮亚杰教育论著选》，卢濬选译，北京，人民教育出版社，1990。

[意]玛丽亚·蒙台梭利：《童年的秘密》，马荣根译，北京，人民教育出版社，1990。

[英]阿萨·勃里格斯：《英国社会史》，陈叔平、刘城、刘幼勤等译，北京，中国人民大学出版社，1991。

[英]奥尔德里奇：《简明英国教育史》，诸惠芳、李洪绪、尹斌茴译，北京，人民教育出版社，1984。

[英]伯兰特·罗素：《自由之路》，李国山等译，北京，文化艺术出版社，1998。

[英]伯特兰·罗素：《教育论》，靳建国译，北京，东方出版社，1990。

[英]罗伯特·R. 拉斯克、[英]詹姆斯·斯科特兰：《伟大教育家的学说》，朱镜人、单中惠译，济南，山东教育出版社，2013。

[英]沛西·能：《教育原理》，王承绪、赵端瑛译，北京，人民教育出版社，1992。

[英]乔伊·帕尔默主编：《教育究竟是什么？100 位教育家论教育》，任钟印、诸惠芳译，北京，北京大学出版社，2008。

[英]伊丽莎白·劳伦斯：《现代教育的起源和发展》，纪晓林译，北京，北京语言学院出版社，1992。

[英]约翰·洛克：《教育漫话》，傅任敢译，北京，人民教育出版社，1985。

二、外文文献

Adolphe E. Meyer, *Grandmaster of Educational Thought*, New York, McGraw-Hill Book Co., 1975.

A. Ferriere, *The Activity School*, New York, The John Day Company, 1927.

Alfred Young, " The Educational Philosophy of Booker T. Washington: A Perspective for Black Liberation," *Phylon(1960—)*, vol. 37, No. 3, 1976.

A. M. Terrón, "Historical Origins of Statistics Applied to Pedagogy," *Revista Electroni-*

ca de Metodología Aplicada, 2003(8).

Angeline Lillard, Nicole Else-Quest, "The Early Years: Evaluating Montessori Education," *Science*, 2006.

B. J. Zimmerman, D. H. Schunk, *Educational Psychology: A Century of Contributions*, Hillsdale, New Jersey, Lawrence Erlbaum Associates Publishers, 2003.

Bobbitt, "Some General Principles of Management Applied to the Problem of City-School System," in *The Twelfth Yearbook of the National Society for the Study of Education*, Part I, Chicago, The University of Chicago Press, 1913.

Booker T. Gardner, "The Educational Contributions of Booker T. Washington," *The Journal of Negro Education*, vol. 44, No. 4, 1975.

Booker T. Washington, "Education Will Solve the Race Problem: A Reply Author(s)," *The North American Review*, vol. 171, No. 525, 1900.

Booker T. Washington, "Education Will Solve the Race Problem: A Reply Author(s)," *The North American Review*, vol. 171, No. 525, 1900.

Booker T. Washington, "Industrial Education and the Public Schools," *The Annals of the American Academy of Political and Social Science*, vol. 49, No. 1, 1913.

Booker T. Washington, "Industrial Education and the Public Schools," *The Annals of the American Academy of Political and Social Science*, vol. 49, No. 1, 1913.

Booker T. Washington, "Tuskegee: A Retrospect and Prospect," *The North American Review*, vol. 182, No. 593, 1906.

Boyce, *Fourteenth Yearbook of the National Society for the Study of Education*, Chicago, The University of Chicago Press, 1915.

Boyd H. Bode, *Modern Educational Theories*, New York, The Macmillan Company, 1927.

Charles H. Judd, "Summary of Typical School Surveys," in S. Chester Parker, *Thirteenth Yearbook of the National Society for the Study of Education*, Part II: The Plans for Organizing School Survey*, Chicago, The University of Chicago Press, 1914.

É. Claparède, *Experimental Pedagogy and the Psychology of the Child*, M. Louch,

H. Holman. (translation), New York, Longmans, Green And Co., 1911.

C. Spencer Poxpey, "The Washington-Dubois Controversy and Its Effect on the Negro Problem," *History of Education Journal*, vol. 8, No. 4, 1957.

Donald Generals, "Booker T. Washington and Progressive Education: An Experimentalist Approach to Curriculum Development and Reform," *The Journal of Negro Education*, vol. 69, No. 3, 2000.

D. Tröhlera, "The Discourse of German Geisteswissenschaftliche Pädagogik-A Contextual Reconstruction," *Paedagogica Historica*, 2003(39).

E. B. Harries, *Independent Schools Yearbook*, *1993-1994*, London, A&C Black, 1993.

E. C. Sanford, "Experimental Pedagogy and Experimental Psychology," *Journal of Educational Psychology*, 1910(10).

E. H. Cameron, "Book Review on Psychology of Learning: An Experimental Investigation of the Economy and Technique of Memory," *The American Journal of Psychology*, 1915(26).

Ellwood P. Cubberley, "Public School Administration," in I. L. Kandel, *Twenty-Five Years of American Education*, New York, Books for Libraries Press, 1924.

Ellwood P. Cubberley, *School Organization and Administration: A Concrete Study Based on the Salt Lake City School Survey*, Yonkers-on-Hudson, New York, World Book Company, 1916.

E. Meumann, *Abriss der Experimentellen Pädagogik*, Leipzig, Berlin, Wilheelm Engelmann, 1914.

E. Meumann, *Vorlesungen zur Einführung in die Expreimentelle Pädagogik und ihre Psychologischen Grundlanen*, Leipzig, Verlag von Wilhelm Engelmann, 1907.

E. M. Standing, *Maria Montessori: Her Life and Work*, New York, New American Library, 1962.

Francis Galton, *Hereditary Genius: An Inquiry into Its Laws and Consequences*, New York, Macillan and Co. Ltd., 1925.

Francis W. Parker, *Talks on Pedagogies*, New York, E. L. Kellogg, 1894.

George S. Counts, *Dare the School Build a New Social Order* ? , New York, Arno Press, 1969.

Guy M. Whipple, *Thirty-seventh Yearbook of the National Society for the Study of Education Part* II : *The Scientific Movement in Education*, Bloomington, IL. , The Public School Publishing Company, 1938.

Harry W. Laidler, *John Dewey at Ninety, Addresses and Greetings on the Occasion of Dr. Pewey's Ninetieth Birthday Dinner October* 20 1949 *at the Hotel Commodore*, New York, Logue for Industrial Democracy, 1950.

Helen Parkhuest, *Education on the Dalton Plan*, New York, E. P. Button, 1923.

H. H. Horne, *The Democratic Philosophy of Education*, New York, The Macmillan Co. , 1932.

Hollis L. Caswell, *City School Surveys: An Interpretation and Appraisal*, New York, Teachers College, Columbia University, 1929.

H. Warren Button, Jr. Eugene F. Provenzo, *History of Education and Culture in America*, Englewood Cliffs, New Jersey, Prentice-Hall, 1983.

Ida C. Heffron, *Francis Wayland Parker*, Los Angeles, Ivan Deach, Jr. 1934.

James Bowen, *A History of Western Education*, London, Methuen & Co. Ltd. , 1972.

J. H. G. I. Giesbers, *Cecil Reddie and Abbotsholme*, N. V. Nijmegen, Centrale Drukkerij, 1970.

J. Nisbet, "How it All Began: Educational Research 1880-1930," *Scottish Education Review*, 1999(31).

John Dewey and Evelyn Dewey, "Schools of Tomorrow," in John Dewey, *Democracy and Education*, The Elementary School Teacher, December, 1903.

John Dewey, "Authority and Resistance to Social Change," *The School and The Society*, October 10, 1936.

John Dewey, "Challenge to Liberal Thought," *Fortune*, August, 1944.

John Dewey, *Creative Democracy—The Task Before Us*, John Dewey and the Promise of America, Progressive Education Booklet, American Education Press, 1939.

John Dewey, "Democratic Faith and Education," *Antioch Review*, June, 1944.

John Dewey, "Democratic Faith and Education," *Antioch Review*, June, 1944.

John Dewey, *Experience and Education*, New York, Collier Books, 1963.

John Dewey, *Experience and Education*, New York, Collier Books, 1963.

John Dewey, "Individuality, Equality and Superiority," *The New Republic*, December 13, 1922.

John Dewey, " In Memorian: Colonel Francis Wayland Parker," in J. A. Boydston, *The Middle Works of John Dewey*, Carbondale, Southern Illinois University Press, vol. 2, 1976.

John Dewey, *Moral Principles in Education*, Boston, Houghton Mifflin Co. , 1909.

John Dewey, "Nationalizing Education," *Journal of Education*, November 2, 1916.

John Dewey, " Universal Service as Education," *The New Republic*, April 22 and 29, 1916.

Johnson, D. Malone. , *Dictionary of American Biography*, New York, Charles Scribner's Sons, vol. 4, 1960.

J. S. Brubacher, "Ten Misunderstanding of Dewey's Educational Philosophy," in *Bulletin of the School of Education*, Bloomington, Indiana University, 1960.

J. W. Selleck, " Mathematics and Individuality," in *English Primary Education and the Progressives 1914-1939*, London and Boston, Routledge & Kegan Paul Ltd. , 1972.

J. W. Selleck, "Psychology and Education British Journal of Psychology," in *English Primary Education and the Progressives 1914-1939*, London and Boston, Routledge & Kegan Paul Ltd. , 1972.

Kramer, *Maria Montessori: A Biography*, New York, G. P. Putnam's Sons, 1976.

Lawrence A. Cremin, *American Education: The Metropolitan Experience, 1876-1980*, New York, Harper & Row, 1988.

L. Criblez, "Experimental Pedagogy in German-speaking Switzerland after 1900, Scientific Bases for school reform?," in R. Hofstetter & B. Schneuwly, *Passion*, *Fusion*, *Tension*: *New Education and Educational Sciences*, *End 19th-middle 20th Century*, Bern Berlin, Bruxelles, Frankfurt am Main, New York, Oxford, Wien, PETER LANG, 2006.

L. Engelhardt, *A School Building Program for Cities*, New York, Teachers College, Columbia University, 1918.

Leonard P. Ayres, *The Cleveland School Survey* (*Summary Volume*), Cleveland, Ohio, The Survey Committee of the Cleveland Foundation, 1917.

Margrette Naumberg, *The Child and the World*, New York, Harcoart, Brace and Co., 1928.

Marrietta P. Johnson, *Thirty Years with an Idea*, New York, Teachers College, Columbia University, 1939.

Martin S. Dworkin, *Dewey on Education*, New York, Teachers College, Columbia University, 1959.

M. Montessori, T*he Absorbent Mind*, New York, Doll Publishing Co., 1967.

Monroe N. Work, "Tuskegee Institute More Than an Educational Institution," *Journal of Educational Sociology*, vol. 7, No. 3, 1933.

Montessori, *The Montessori Method*, New York, Shocken Books, 1964.

Paul D. Chapman, *School as Sorters*: *Lewis M. Terman*, *Applied Psychology*, *and the Intelligence Testing Movement*, *1890-1930*, New York, New York University Press, 1988.

Paul H. Hanus, *School Efficiency*: *A Constructive Study Applied to New York City*, Yonkers-on-Hudson, New York, World Book Company, 1913.

P. A. Young, *Instructional Design Frameworks and Intercultural Models*, New York, Information Science Reference, 2009.

P. Drewek, "The Educational System, Social Reproduction, and Educational Theory in Imperial Germany," in T. S. Popkewitz, *Educational Knowledge*: *Changing Relationships Between the State*, *Civil Society*, *and the Educational Community*, Albany, State University of New York Press, 2000.

Perey Nunn, " The Meaning of a Liberal Education in the Twentieth Century," in Z. L. Kandel, *Educational Yearbook of the International Institute of Teachers College*, Columbia University, New York, Teachers Columbia University, 1939.

P. Nunn P. V. , " Ballard's Comment is in the Changing School," in R. J. W. Selleck , *English Primary Education and the Progressives 1914-1939*, London and Boston, Routledge & Kegan Paul Ltd. , 1972.

P. R. Radosavljevich, "Experimental Pedagogy and School Hygiene," in T. A Storey, *Fourth International Congress on School Hygiene*, vol. 3, Buffalo, The Courier Co. of Buffalo, 1914.

P. Smeyers, M. Depaepe, *Beyond Empiricism: On Criteria for Educational Research*, Leuven, Leuven University Press, 2003.

Randolph S. Bourne, *The Gray Schools*, New York, Houghton Mifflin, 1916.

Raymond E. Callahan, *Education and the Cult of Efficiency*, Chicago, The University of Chicago Press, 1962.

Report of the Division of Education, Russell Sage Foundation, 1916.

R. Freeman Butts, *Public Education in the United States: From Revolution to Reform*, New York, Holt, Rinehart and Winston, 1978.

R. Jahrling, "Experimental Pedagogy, the Science of Education," *Pedagogical Seminary*, 1923(30).

Robert R. Moton, "The Scope and Aim of Tuskegee Institute," *The Journal of Educational Sociology*, vol. 7, No. 3, 1933.

Roger Cousinet, *Une Méthode de Traral Libre Par Groupes*, Paris, Editions du Cerf, 1945.

R. R. Rusk, *Introduction to Experimental Education*, London, New York, Bombay, Calcutta, Longman, Green and Co. , 1912.

Samuel R. Spencer, *Booker T. Washington and the Negro's Place in American Life*, Boston, Little, Brown and Company, 1955.

Samuel Tenenbaum, " Kilpatrick: The Man and His Works," *Education Theory*,

1966(1).

Samuel Tenenbaum, "William Heard Kilpatrick: Trail Blazer in Education," in *Dewey's Introduction*, New York, Harper & Brothers Publishers, 1951.

S. A. Sharp, A. P. W. Bray, "Winch: A Founder of the Experimental Approach in Education," *British Journal of Educational Studies*, 1980(28).

S. Hall, *Aspects of Child Life and Education*, Boston, Ginn & Company Publishers, 1912.

S. Hall, *Morale, The Supreme Standard of Life and Conduct*, New York, D. Appeleton and Company, 1920.

Shwang Chow Tai, *Objective Measures Used in Determining the Efficiency of the Administraion of Schools*, Paris, Librairie Louis Arnette, 1927.

Sidney Hook, "John Dewey: His Philosophy of Education and Its Critics," in *Dewey on Education*, edited by Reginald D. Archambault, 1966.

Sidney Hook, "John Dewey: His Philosophy of Education and Its Critics," in *Dewey on Education*, edited by Reginald D. Archambault, 1966.

Sol Cohen, *Education in the United States: A Documentary History*, New York, Random House, 1974.

Stuart Maclure, *Educational Documents: England and Wales 1816-1978*, London, Methuen, 1979.

T. B. Williams, "Is Tuskegee Just Another College?," *The Journal of Educational Sociology*, vol. 7, No. 3, 1933.

T. Husen, T. N. Postlethwaite, *International Encyclopedia of Education Research and Studies*, Oxford, New York, Toronto, Sydney, Paris, Frankfurt, Pergamon Press, 1985.

Tom Burke, *Dewey's New Logic*, Chicago, The University of Chicago Press, 1994.

W. A. C. Stewart, *Progressives and Radicals in English Education 1750-1970*, New Jersey, Augustus M. Kelley Publishers, 1972.

W. F. Connell, *A History of Education in the Twentieth Century World*, New York, Teacher College Press, 1980.

W. H. Kilpatrick, *Education and the Social Crisis*, New York, Liveright Inc. Publishers, 1932.

W. H. Kilpatrick, *Education for a Changing Civilization*, New York, The Macmillan Company, 1930.

William Boyd, Wyatt Rawson, *The Story of the New Education*, London, Heinemann Educational Books Ltd. , 1965.

William H. Kilpatrick, "Dangers and Difficulties of the Project Method and How to Overcome Them," *Teachers College Record*, 1926(26).

William H. Kilpatrick, "The Project Method," *Teachers College Record*, 1918(9).

William W. Brickman, "Kilpatrick and Internatinal Education," *Education Theory*, 1966(12).

William W. Brickman, "Kilpatrick and International Education," *Education Theory*, 1966(12).

W. J. Button, "The Meaning of Tuskegee(Ii)," *The Journal of Education*, vol. 83, No. 16, 1916.

W. J. Button, " The Meaning of Tuskegee (VIII) ," *The Journal of Education*, vol. 84, No. 13, 1916.

W. Kilpatrick, *The Montessori System Examined*, Boston, Houghton Mifflin, 1914.

W. M. Aikin, *The Story of the Eight-Year Study*, London and New York, Harper & Brothers, 1942.